환동해 문명사

환동해 문명사

— 잃어버린 문명의 회랑

주강현 지음

2015년 8월 24일 초판 1쇄 발행

2017년 5월 24일 초판 2쇄 발행

펴낸이 한철희 | 펴낸곳 돌베개 | 등록 1979년 8월 25일 제406-2003-000018호

주소 (10881) 경기도 파주시 회동길 77-20 (문발동)

전화 (031) 955-5020 | 팩스 (031) 955-5050

홈페이지 www.dolbegae.co.kr | 전자우편 book@dolbegae.co.kr

블로그 imdol79.blog.me | 트위터 @Dolbegae79

책임편집 김진구

표지디자인 민진기 | 본문디자인 민진기·정운정·이은정·김동신

마케팅 심찬식·고운성·조원형 | 제작·관리 윤국중·이수민

인쇄·제본 상지사 P&B

ISBN 978-89-7199-686-7 03910

이 도서의 국립중앙도서관 출판시도서목록(CIP)은 서지정보유통지원시스템(http://seoji.nl.go.kr)과 국가자료공동목록시스템(http://www.nl.go.kr/kolisent)에서 이용하실 수 있습니다. (CIP제어번호: CIP2015020305)

책값은 뒤표지에 있습니다.

※ 이 책은 한국해양수산개발원이 기획하는 환동해 연구 시리즈의 일환으로 출간되었습니다.

한국해양수산개발원(KMI) 환동해 연구 시리즈 II

환동해 문명사

잃어버린 문명의 회랑

주강현 지음

파도가 거침없이 들이칩니다. 바위를 때리고 모래사장으로 널브러진 파도는 흔적도 없이 다시금 '액체'로 돌아갈 뿐입니다. 그러나 인류는 파도 위에 배를 몰고 다니기도 하고 액체의 보이지 않는 힘을 이용하여 전 지구적 차원에서의 문명을 만들어왔습니다. 우리 곁에 있는 동해도 예외가 아닙니다. 이 책은 이들 바다, 즉 액체液體의 문명사에 관한 이야기입니다. 액체의 문명사는 해양 문명사, 바다 문명사 등으로 일반화할 수 있을 것입니다. 바다는 당연히 육지와 다르며, 수평선을 보는 방법과 지평선을 보는 방법이 동일할 수 없습니다. 해양 중심 사관으로 본다면, 국민국가의 경계보다는 동일 해역권에 의지해서 살아가는 사람들을 총합적으로 인지하는 것이 좀 더 원칙적이고 합리적입니다.

우리에게는 해양 문명사 연구 자체가 일천하고 환동해環東海 연구는 더욱 일천합니다. 환동해가 변방으로 인식되어 우리의 인식 서 너머에 있는 아득한 대상으로 남아 있기 때문이기도 합니다. 육지 중심 사고에 치우친 한국학계에서 해양 문명사 연구는 해양의 역사나 실체 자체가 대체로 유사무서有史無書인 조건에서 쉽지 않은 일입니다. 그러나 한반도의 좁은 울타리, 더군다나 남한이라는 '섬' 논리에 갇힌 상태에서 벗어나 유라시아로, 환동해와 오호츠크해로 나아가는 인식 전환은 국가 어젠다인 동북아 중심 사고나 북방정책의 누락 부분인 '해양으로의 진출'이라는 공백을 메우기 위해서라도 반드시 필요합니다.

왜 '회랑'回廊일까요. 환동해는 두말할 것 없이 둥글게 여러 나라와 종족들로 둘러싸인 '호수의 바다'입니다. 이 거대 호수를 둘러싸고 남한과 북한, 일본, 러시아, 중국, 몽골 등 동북아 모든 나라가 직간접적으로 연관이 있으며, 상호 교섭하면서 문명사적 파장을 일으키며 교호하였습니다. '문명의 회랑'이란 부제 표현은 문명의 단선적 교섭보다 중층적·망상적 교섭을 내포하며, '침묵의 바다'가 아닌 어떤 역동성을 지니고 있어 문명사적 궤적을 설명할 수 있는 공간을 뜻합니다. 물론 각 나라가 환동해에 관계하는 방식은 시기마다 달랐습니다. 우리 역사에서는 상고시대 이래로 북방에서 세력을 형성하면서 동해 쪽으로도 발을 뻗었고, 이후 고구려·발해의 환동해를 통한 일본로日本路 개척 등이 이루어졌습니다. 근세에 들어와 한국인의 간도와 연해주로의 디아스포라는 아무르강 너머까지 한국인을 밀어냈으며, 환동해 북부권에 다수의 한국인이 이주했습니다. 분단 상황에서 두만강 하구 권역의 나진항이 재조망되고 있으며, 이에 대해서는 유라시아 이니셔티브 등의 관점에서 여러 논의가 이루어지고 있습니다.

일본은 동해를 통한 한반도 도래인과 문물의 교섭, 환동해를 통한 발해 등과의 직접 교섭, 에도江戶 시대 기타마에부네北前船를 통한 번영, 그리고 페리 제독 이후에 태평양권의 부상과 더불어 시작된 우라니혼(환동해권)의 황혼, 제국주의의 대륙병참과 환동해 배후 기지화 등의 남다른 부침을 겪어왔습니다. 중국의 환동해 권역과의 관계에서 요체는 이른바 '만주란 무엇일까' 하는 근본적인 질문입니다. 본디 초원제국의 시각에서 본다면 몽골·만주는 분리가 불가하며, 더군다나 외몽골·내몽골의 분리는 오로지 국제정치의 논리에 의해 이루어졌습니다. 러시아에 연해주를 양도함으로써 중국은 동해 출구를 상실했습니다. 러시아와 중국에 끼인 '맹지국가' 몽골은 황해권으로 석탄자원 등의 교역품을 내다파는 입장인데, 강대국의 틈바귀에서 쉽지 않은 입장에 처해 있으며 북한의 나진 등 환동해권으로 나아가려고 노력 중입니다. 러시아가 극동에 출현한 사건은 실로 콜럼버스의 아메리카 상륙에 버금가는 전환점이었습니다. 러시아에게 연해주를 중심으로 한 환동해로의 진출은 장기적 과제였으며, 현재의 경제 발전에 부응하는 중요한 전략이기도 합니다. 이 같은 오늘의 현실 인식을 고려하면서, 이 책을 집필하며 염두에 두었던 바를 열두 가지만 뽑아보고자 합니다.

첫 번째, 각 나라의 환동해 관련 방식이 장기 지속과 단기 지속의 교호 속에서 이루어져왔다는 점입니다. 환동해 해역권의 정치적 헤게모니는 시기에 따라 변화해왔으며, 문명 교섭의 커다란 차원에서 조망해야 실체가 보일 것입니다.

어제의 역사는 미래의 역사를 짐작케 하는 거울이기도 합니다. 해륙 국가 한반도의 입장에서 환동해의 지정학적 조건은 장기 지속과 단기 지속의 변증법적 계기 속에서 흥망성쇠를 거듭하여 오늘에 이르게 했습니다. 가령 북극해 해빙에 따른 북극 항로가 최근 논의되고 있습니다만, 일찍이 바렌츠가 1594년에 북극 항로를 시도했던 장기 지속의 21세기 버전으로 볼 수도 있습니다. 동해를 변방의 바다로만 서술할 수는 없습니다. 지도를 거꾸로 돌려놓고 사고한다면, 이 호수 같은 바다가 얼마나 역동적인 조건들을 갖추고 있으며 문명 간 상호 교섭을 통하여 존재해왔는가를 일깨워줄 것입니다.

두 번째, 국민국가 중심으로만 서술해온 역사학, 정치학 등의 환동해 해역권 연구는 제한성을 가집니다. 두만강 하구의 여진족, 아무르 강변의 나나이족·우데게족 등의 수많은 소민족에 대한 민족지적·민속학적·인류학적 시각이 없이는 서술조차 곤란하기 때문입니다. 가령 발해의 연구에서, '국민국가 발해'와 '국민국가 일본'의 교섭만 강조하는 식으로 연구가 이루어지는 경향을 쉽게 발견할 수 있는데, 발해가 말갈이나 그 밖의 환동해 북부 권역에 살고 있던 수많은 종족을 포함했던 것을 고려한다면, '국민국가 발해'식의 접근은 제한적이라는 생각입니다. 소사회의 존재 방식과 역사적 분화에 관한 분석은 환동해 문명사 서술에서 중요한 몫을 차지할 것입니다. 더군다나 유라시아와 아메리카 북방의 문명 교섭 등은 전적으로 소사회 동향 연구를 통하지 않고는 아예 불가능합니다. 테사 모리스-스즈키가 말한, '변경에서 바라본 근대'의 시각이 요청되는 대목입니다.

세 번째, 위의 두 번째 이야기와 일면 겹치는 부분이 있지만, 문명 간 교섭을 국가 간의 교섭만으로 바라봐서는 안 된다는 것입니다. 산단山丹 교역에서 볼 수 있듯, 아무르강 하구 환동해와 오호츠크해 권역, 사할린 및 홋카이도 아이누의 네트워크 등을 놓친다면 문명 교섭의 실체에서 부분만을 바라보게 될 것입니다. 선사시대로 소급한다면, 숭가리강이나 자바이칼 일대의 시베리아 문명이 환동해 해역권이나 베링 해협까지 영향을 미치고 있음을 고고학적 증거물로 알 수 있습니다. 숙신肅愼이 일본 환동해 호쿠리쿠北陸 지방까지 와서 어업을 행한 기록이 나오고, 홋카이도의 조몬문화繩文文化는 대륙과 밀접한 관련이 있습니다.

네 번째, 환동해 해역권은 오호츠크 해역권 및 베링 해역권과 연결·확장되어 있다는 시각에서 좀 더 크게 바라볼 때 환동해의 특질이 잘 드러날 것입니다. 홋카이도와 사할린 권역은 동해권은 물론이고 오호츠크 해역권을 공유하기 때문입니다. 홋카이도와 쿠릴 열도는 캄차카 반도와 연결되며, 캄차카 반도와 알래스카 알류산 열도는 베링 해협을 공유하는 해양 문명사적 공통점을 보여줍니다. 연해주 북방 세계는 사할린을 징검다리 삼아서 그대로 일본 열도와 직결됩니다. 오호츠크 해양 세계에 대한 인식이 거의 없는 한국학계에서 인식의 지평을 넓게 확대할 필요를 느낍니다. 북극해 항로가 활성화된다면 자연스럽게 이들 지역은 우리의 관심 영역에서 상석을 차지하게 될지도 모릅니다. 물론 일본의 경우, 홋카이도와 사할린, 쿠릴 열도의 제 문제 덕분에 북방 해역권에 대한 남다른 연구가 진척되어왔으며, 미국이나 캐나다의 꾸준한 연구도 주목됩니다.

다섯 번째, 동몽골 초원은 지구의 허파로서 세계 초원의 하나인데, 오늘의 내몽골 후룬베이얼呼倫貝爾 초원과 그대로 연결됩니다. 가젤(영양)이 무리 지어 뛰어놀고 양 떼가 좋아하는 향긋한 풀이 펼쳐진 초원에서 흉노를 비롯한 무수한 문명이 흥망성쇠를 거듭했습니다. 스텝문명의 파장은 중앙아시아는 물론이고 유럽에까지 문명사적 흔적을 남기고 있으며, 레나강의 사하족처럼 터키어 계통 종족들이 아무르 강변까지 진출해 있는 상황입니다. 한국인이 일반적으로 범하기 쉬운 인식의 하나가 몽골은 유목민에 불과하다는 생각입니다. 대원제국은 '초원의 바다'에서 대양으로 나아갔으며, 최대 해양제국으로 탐라를 직영했고 일본을 경략하고자 했으며 사할린에 군대를 보내고 있었습니다. 대원이 멸망한 후에도 북원北元이 오랫동안 존립하였고 베이징北京 북부의 초원을 지배했습니다. 중국의 서진西進은 이들 유목민과의 오랜 전쟁의 장기 지속이며, 오늘날에도 현대 중국은 신장 위구르 등과 전쟁 아닌 전쟁을 치르는 중입니다. 몽골은 현재 기존의 황해 출구를 뛰어넘어 환동해 출구를 모색하는 중입니다.

여섯 번째, 몽골과 만주가 분리 불가임은 문명사적으로 잘 입증됩니다. 싱안링興安嶺을 넘어서면 곧바로 만주이고, 만주를 벗어나면 한반도에 당도합니다.

우리 민족의 태반이 성장한 곳으로 현지 지명과 건국신화에서 친연성이 높은 곳입니다. 유목문화와 농경문화가 결합된 '만주'는 수많은 정복 왕조를 태생시킨 심장이었으며, '만주'를 장악하는 이가 중국과 초원 세계도 장악했습니다. 우리는 동북3성에서 그 존재조차 사라진 이른바 만주족들이 환동해 변에도 다수 살았다는 사실을 기억해야 할 것입니다. 우리에게 잊힌 옷치긴가家를 고려하지 않더라도, 근세 역사로 좁혀서 생각해보아도 만주는 만주국 성립 등 동북아 정세에 결정적인 공간이었습니다. 요동遼東 반도에서 황해로 나아가고, 오늘의 연해주나 옌볜(연변)조선족자치구 두만강 하구를 통해 동해로 나아가는 동서 두 갈래 맥락은 오랜 전통을 지니고 있습니다. 한반도는 지정학적으로 그 두 맥락의 복판을 차지한 해륙국가입니다. 산동山東 반도 등주登州는 곧바로 요동 반도와 연계되어 있기에 요동 반도와 산동 반도는 해양 문명사적으로 연결되어 있습니다. 중국 한족왕조가 고구려 등을 칠 때 등주에서 섬들을 징검다리 삼아서 요동으로 진격했음은 익히 알려진 사실입니다. 오늘날 중국은 일대일로一帶一路로서 서진을 거듭하는 동시에 남방으로 해양 실크로드를 개척하는 전략을 구사하고 있습니다. 동북3성은 러시아에게 상실한 동해 출구를 차항출해借港出海로 만회하려 하며, 두만강 하구역에서 환동해를 관통하면서 닝보寧波 · 광저우廣州 등 중외중中外中 교역을 시작하여 중국 역사상 환동해 항로를 통한 초유의 무역로를 열어가는 중입니다.

일곱 번째, 소사회의 기록은 대체로 중국이나 러시아, 일본 등 제3자의 기록에 의존하기 때문에 역사적 진실을 알기에 부적합한 점이 많습니다. 약소국가로 고난의 행군을 거듭하던 근세 한국의 연해주 이주민들조차 해당 원주민에게는 강자였으며, 조선인의 화전경작이 연해주 환경을 파괴하여 원주민의 생존을 위협했다는 아르세니에프의 지적을 경청할 필요가 있습니다. 문명과 야만이라는 관점에서 세계사적으로 진행된 숲과 바다와 동식물에 가해진 인류의 야만적 행위는 환동해 해역권에서도 예외 없이 행해졌다는 점을 이 책은 줄곧 관심을 가지고 서술할 것입니다. 우리 시대에 가장 널리 퍼져 있는 유럽적 확산론 교의의 근본적 오류는 근대의 성립과 세계 지배가 유럽의 등장과 영향으로 결론지어지고 이것이 세계의 진보에 기여했다는 절대적 믿음입니다. 환동해권에서 마주치는 소사회 사람들의 영적 기반과 삶의 좌표는 지극히 휴머니즘적이고 생태적입니다. 고아시아족은 그 수로만 보면 매우 미미한 존재입니다. 그러나 시베리아와 환동해 해역권 역사에서 이들 소사회의 역사를 제거한다면, 소비에트 역사가들이 그랬듯이 '부인된 역사'가 되고, 오로지 강압적 힘만이 유력한 역사의 근거가 될 것입니다. 코사크 군대의 요새 또는 청나라 군대의 요새만 서술하고 소사회를 완전히 무시하는 역사 서술에 대해 이 책은 분명히 반대합니다.

여덟 번째, 환동해 해역권의 길은 단선이 아니라는 점입니다. 기존 실크로드가 육로 중심의 노선이었다면, 이 책은 다양한 '문명의 바닷길'을 주목하고 밝히려고 합니다. 모피를 구하기 위해 탐욕스럽게 유라시아 대륙을 횡단하여 알래스카까지 이른 '담비의 길', 멀리 발해까지 찾아와서 환동해 변에 거주지를 꾸렸던 '소그드 상인의 길', 해삼을 교역하던 '해삼의 길', 다시마가 홋카이도에서 혼슈를 거쳐 중국으로 넘어가던 '곤포昆布의 길', 아무르강 하구에서 홋카이도를 거쳐 혼슈로 넘어가던 '에조면蝦夷綿의 길', 학계에서 잘 알려진 발해 염주鹽州(지금의 크라스키노)에서 일본에 당도하는 '일본으로의 길' 등이 환동해 변에 망상網狀으로 펼쳐져 있었습니다. 기존의 실크로드 끝선을 오로지 신라 경주로만 그려온 오류가 확인되는 순간입니다. 한반도 북단에서 남단까지 이어지던 '식해의 길', 일본 환동해 권역 해양 도시의 네트워크를 통한 번영을 구가하던 '기타마에부네의 길' 등의 다양한 길도 존재합니다. 산인山陰 지방에서 울릉도를 거쳐 북방 대륙으로 이어지는 길은 특별히 '환동해 울릉도 길'이라 새롭게 작명을 해도 무방할 것입니다. 이는 이미 두만강 하구의 여진족이 울릉도를 거쳐서 기타큐슈北九州에 들이치고 유유히 되돌아갔던 일명 '도이의 난'刀夷の亂으로 잘 입증되었습니다. 오늘날에도 산인 지방이나 호쿠리쿠 지방에서 강원도 속초나 동해를 거쳐서 블라디보스토크나 자루비노로 정기선이 연결되는데, 환동해를 통한 북방 루트의 장기 지속적 재연이라는 관점에서 이를 바라볼 수 있을 것입니다.

아홉 번째, 환동해 해역권에는 다양한 출구가 있습니다. 동해는 일종의 호수 같은 심해저로서 쓰루가敦賀 해협, 대한해협, 타타르 해협 등을 통하여 태평양으로 연결됩니다. 각각의 연결 지점마다 도시가 형성되고, 해류를 통한 문명의 교류가 이루어졌습니다. 가령 남방에서 올라온 구로시오黑潮 난류는 쓰시마對馬島 난류로 분화하여 한반도 동남 해안과 일본 환동해권에 영향을 미치고 있어 인간은 물론이고 동식물의 전파에도 영향을 주어왔습니다. 산인 지방에 남방 남만선南蠻船이 당도했다는 기록 등은 환동해 남쪽 출구를 통한 '흑조黑潮의 길'이 파장을 남겼다는 좋은 사례일 것입니다. 라페루즈 함대를 비롯한 많은 탐험선이 환동해 출구를 찾으려 했던 것도 서양인의 환동해에 관한 전략적 관심을 보여주는 좋은 사례입니다. 이들 환동해 출구는 경제적 목적뿐만 아니라 지브롤터 같은 군사적 전략 거점으로 받아들여지고 있습니다.

열 번째, 환동해 해역권은 전통적으로 중심부에서 소외된 변방의 바다이기는 하나, 느닷없는 전쟁 등으로 소용돌이를 일으키는 공간이기도 합니다. '초원의 바다'에서 이루어진 선사 고대로부터의 '오랑캐'의 역사, 정복 왕조의 중국 통치와 다시 한족의 중국 통치라는 흥망성쇠의 연쇄, 중국의 서진과 '오랑캐' 나라들의 전쟁, 신흥 유라시아 국가인 러시아의 남하와 만주·연해주·사할린·쿠릴 등에서 빚어진 갈등과 전쟁, 일본의 야망이 불러일으킨 한국을 포함한 시베리아·몽골·중국에서의 전쟁 등 만만치 않은 역사의 무게를 보여주고 있습니다. 근 200년 안팎에 일어난 청일전쟁과 러일전쟁, 페리 제독의 동래東來와 미국의 태평양 제해권 획득으로 인한 태평양 패권, 더 나아가 캬흐타 조약·네르친스크 조약·베이징 조약 등 전쟁과 갈등 조정의 결과로 빚어진 다양한 국제 협약 등이 환동해의 영역 설정에 미친 영향에 대해서는 부연 설명이 필요 없을 것입니다. 변방은 결코 변방에 머무는 것이 아니며, 변방이 중심으로 이동하고, 세계를 바꾸어왔다는 것은 환동해 해역권에서도 예외가 아닙니다. 가령 두만강 하구와 백두산 권역에서 발흥한 건주여진建州女眞이 만주를 석권하고 중국을 정벌하여 청 제국을 만들어낸 좋은 사례가 있습니다. "중심부가 쇠락하는 가장 큰 이유는 변화하지 못하기 때문이다. 변방이 새로운 중심이 되는 것은 그곳이 변화의 공간이고, 창조의 공간이고, 생명의 공간이기 때문이다"라는 신영복 선생의 글을 떠올려봅니다.

열한 번째, 문명사적으로 우리는 '바다의 생태사관生態史觀'의 입장에서 환동해 권역을 설명하지 않으면 안 될 것입니다. 담비와 여우를 사냥하기 위하여 모피 장사꾼들이 유라시아와 환동해역의 육상동물 및 바다의 수피獸皮동물을 몰살시킨 탐욕의 과정, 시베리아와 환동해 권역의 곰, 연해주 시호테알린 산맥의 백두산 호랑이와 아무르 강변의 표범 무리, 귀신고래로 상징되는 환동해 고래의 대량 학살, 환동해권 북방 산림의 축소 및 이로 인한 원주민의 생존 위협, 근래에는 석유와 가스 채굴로 인한 원주민의 절박한 위기를 시시각각 확인할 수 있습니다. 지구 온난화와 남획으로 인해 '국민 생선' 명태가 동해에서 완전히 소멸하였고, 오호츠크해와 베링해 명태가 밥상에 올라오는 현실은 우리가 일상적으로 마주하는 경험입니다. 북극해 해빙에 따라 북극 항로가 개설된다면, 필경 부산항은 환동해 길목의 허브항으로 주목을 받을 수도 있지만, 이는 지구 아닌 수구水球의 절박한 위기가 바짝 다가왔음을 뜻하는 것입니다. 이 책의 목적은 생태학적 서술이 아닌 이상 부분적으로만 할애되었지만 이 같은 문제의식을 가능한 한 개입시키고자 했습니다.

열두 번째, 문명사적으로 우리는 민족지ethnography 입장에서도 환동해 권역을 설명하지 않으면 안 될 것입니다. 환동해권 소사회 연구는 북방 샤머니즘 연구의 모태이며, 유형자 슈테른베르크가 사할린에서 수행하여 프리드리히 엥겔스의 극찬을 받은 친족 연구처럼 원시공동체성을 입증하는 등 인류사 연구에 많은 족적을 남긴 바 있습니다. 청동기시대에 열풍이 불었던 샤머니즘의 전통이 환동해 해역권의 다양한 소사회에 21세기까지 장기 지속되고 있는 중입니다. 유목 사회에 정략적으로 포교된 라마교, 코사크 군대를 앞세운 러시아 정교회의 동정東征에 의한 샤머니즘 말살, 소비에트 사회주의의 샤먼에 대한 다양한 탄압과 살해 등이 문명과 야만이라는 이름으로 벌어졌습니다. 무엇보다 소사회 공동체의 공동 소유 같은 존립 근거가 자본의 침식과 이질적인 사회관의 도입으로 허물어졌으며 그 대신 알코올과 총기가 쥐어졌습니다. 러시아인과 고아시아족, 중국인과의 혼혈 등 다양한 혼혈도 이루어졌습니다. 캄차카에서 이텔멘족이 거의 사라지고 혼혈 캄차달족이 다수가 되고, 연해주 우수리강과 아무르 강변의 나나이족이 중국인과의 혼혈로 타즈족으로 변해간 것이 좋은 예입니다. 한국인을 비롯하여 우크라이나, 아르메니아, 심지어 유대인까지 포함한 제 민족이 시베리아 환동해 권역으로 이주하여 새로운 사회를 만들어냈습니다.

이외에도 환동해 해역권의 문명사적 고찰이 요구하는 분량은 만만치 않습니다. 우리 입장에서는 동해냐 일본해냐의 표기 문제부터 지난하게 지속되는 독도 문제, 남북 협력의 과제, 지구 온난화에 따른 북극해 해빙과 이를 기회로 삼은 북방 항로의 개척이라는 물류 측면에서의 대응, 부산·울산·포항·속초·동해 등의 북방 관계라는 현실적 과제까지 고려해야 할 것입니다.

이 책은 한국해양수산개발원(KMI)이 추진하고 있는 유라시아 환동해 네트워크에 관한 종합적 연구의 일환입니다. 그러나 당연히 필자가 오랜 세월 준비해온 북방 세계에 관한 현장 조사와 자료 수집에 기초합니다. 1993년 여름, 시베리아 레나 강가 사하공화국의 야쿠츠크 북방 원주민 조사로 첫발을 디딘 이래로 오랫동안 북방을 주목해왔습니다. 두만강 하구로부터 연해주 우수리스크와 아무르강 하바롭스크로의 답사, 상트페테르부르크에서 모스크바와 바이칼, 그리고 블라디보스토크에서 시베리아 횡단열차를 타고 치타와 울란우데·이르쿠츠크·바이칼에 이르는 두 번에 걸친 여정, 시모노세키下關에서 산인山陰 지방을 거쳐서 호쿠리쿠北陸의 환동해 변에 이르는 여정, 세토나이카이瀨戶內海에서 야마구치山口를 거쳐 오키 제도隱岐諸島에 이르는 여정, 홋카이도北海道의 아이누 문화와 이른바 개척 문화를 찾아나서는 여정, 울란바토르에서 남쪽으로 샤인샌드를 거쳐 고비사막권의 자민우드에 이르는 여정, 북쪽으로 수흐바타르를 거쳐 알탄불라크에서 러시아 국경을 넘어 캬흐타를 들르고 부랴트의 울란우데에 이르는 여정, 울란바토르에서 동몽골 초원의 초이발산에 이르고 초이발산에서 도르노드 초원을 거쳐 국경 도시 하비르가를 넘어서 내몽골 만저우리滿洲里에 이르는 여정, 초이발산에서 자바이칼 국경 도시 건너편 에렌차브로 가는 여정, 만저우리에서 하얼빈哈爾濱과 선양瀋陽, 다롄大連, 단둥丹東에 이르는 여정, 백두산에서 훈춘琿春·투먼圖們과 두만강에 이르는 여정, 톈진天津에서 등주登州, 칭타오靑島, 상하이上海, 닝보, 저우산舟山 군도 등 황해권을 누비는 여정, 그리고 블라디보스토크에서 캄차카 반도에 이르러 베링 해협에서 끝나는 여정, 국내는 수십 번에 걸친 울릉도·독도 탐방까지 시간과 공력을 들인 여정들이 총합되어 이 책에서 하나로 만나게 되었습니다. 이들 '문명의 회랑'을 넘나들며 문화적 충격과 융합의 대응을 경험하는 소중한 기회였습니다. 현장에 바탕을 둔 글이기에 가능한 한 군데군데 실제 현장의 경관을 답사기처럼 삽입하여 독자의 현장 이해를 돕고자 하였습니다.

사진은 대부분 직접 찍었거나 관련 문헌 자료, 현지에서 습득한 자료 및 박물관, 갤러리 등의 아카이브에 기반합니다. '쓰이지 아니한 역사'가 '쓰인 역사'보다 월등히 많은 이 공간에 대한 연구는 문헌 못지않게 박물관의 고고학적 물질 자료, 나아가서 구술 인터뷰 등이 소중하며, 무엇보다 발품이 중요한 덕목일 것입니다. 고고학, 역사학, 민속학, 인류학, 민족학, 생태학, 언어학, 종교학 등의 제 학문적 관심과 더불어 해양사 및 해양학의 해양 중심 사고를 기반으로 융복합적 연구를 진행하였기에 이런 연구에 전공 분야를 묻는 것은 무의미하다는 생각입니다. 존재 근거 자체가 융복합인 해양에서 융복합 방법은 당연하며, 이는 '인문의 바다', '바다의 인문학'이 지향할 적확한 방법이기 때문입니다.

을사보호조약 100년을 맞아 2005년에 펴낸 『제국의 바다 식민의 바다』가 일제와 연관된 동아시아 바다를 다루었다면, 2008년에 '남양군도' 미크로네시아를 다룬 『적도의 침묵』으로 태평양 권역 문명사에 대한 관심을 요청한 연구서를 펴낸 바 있습니다. 추후 중국 남부에서 출발하여 타이완과 베트남, 인도네시아와 말라카를 거쳐서 벵골만을 가로지르는 남방 해역에 관한 가칭 '남방 해양 문명사'가 나올 순서 같습니다. 각기 다른 책이지만 오랫동안 구상해온 해양 네트워크에 관한 내적 연관성을 지니므로 시차를 두고 집필되고 있을 뿐, 필자에게는 '하나의 작업'입니다. 이 책에서 분량 관계상 개론·개설 정도로만 서술된 부분들도 후속 연구가 뒤따르길 기대합니다.

현장 답사 과정에서 만난 무수한 사람들과 동행했던 사람들의 이름을 일일이 나열하기 어려울 것입니다. 특히 초상권과 자료 사용을 허락해준 많은 원주민들과 아카이브에 감사드립니다. 북방과 환동해권 탐험가이자 박물학자였던 아르세니에프Vladimir K. Arseniev는 시호테알린 산맥과 아무르 강변 및 캄차카에 이르기까지 환동해권·오호츠크 해역권을 두루 누빈 인물로 특별히 이 책을 헌정하고픈 귀감이 되는 인물이며, 시베리아 수형자들의 기록이나 안톤 체호프의 보고, 슈텔러G. Steller나 크라셰닌니코프S. Krasheninnikov 같은 베링 탐험대원의 기록, 에도 시대 마미야 린조間宮林藏나 제국주의 인류학자 도리이 류조鳥居龍藏의 보고, 알류샨에 표착했던 다이고쿠야 고다유大黑屋光太夫 같은 표류자의 보고, 북한 사회과학원 고고학 및 민속학연구소 초대 민속학연구실장을 맡았던 황철산이 함경도 여진족 촌락을 연구하여 문헌 및 구술 등으로 조사 보고한 여진족 기원에 관한 자료들, 미국 통신회사의 조지 케넌G. Kennan과 발더만J. Waldeman의 인류학적 보고서, 시베리아 역사와 샤먼의 탄압에 관한 포사이스J. Forsyth와 레인A. Lein의 정확한 저서, 스미스소니언 박물관이나 야쿠츠크의 북방연구소 등이 오랫동안 축적해온 현지 조사 아카이브 등등의 현지 체험에 입각한 생동감 넘치는 자료들에서 많은 것을 배웠으며, 물론 많은 부분을 인용했습니다. 언제나 그렇듯 현장을 뛰어넘는 학문방법론은 없다는 생각입니다. 페르낭 브로델Fernand Braudel이 말했듯이, "지중해의 역사를 가장 잘 아는 이는 지중해 자신"이기 때문입니다. 이 글을 쓰는 지금도 시베리아 벌판에 피었던 이름 없는 꽃들과 캄차카 베링 해협의 검은 모래물결, 니가타新潟 해안의 벚꽃과 훈춘의 물 오른 버드나무, 도르노드 초원의 가젤 떼와 향내 나는 풀, 호숫가의 이름 모를 새 떼가 떠오릅니다. 현장은 언제나 필자의 노마드적 삶에 활력을 주었으며, 바다 자체가 노마드적 삶이기에 해양 인문학은 끝없는 방랑의 결과물일 것이라는 결론에 도달합니다.

책을 내는 과정에서 한국해양수산개발원의 김성귀 원장, 최재선 연구기획본부장은 도움을 아끼지 않았습니다. 제임스 쿡의 해양탐험대에 당대 영국의 역량 있는 과학자, 인문학자, 생물학자, 화가 등이 동승했듯이, 국가적 어젠다를 구현하는 정책 연구 과정에서 좀처럼 쉽지 않은 해양 인문학을 가능하게 한 열린 안목과 격려는 이 책의 산파 역할을 했습니다. 돌베개출판사의 한철희 대표는 『유토피아의 탄생』으로 인연을 맺은 이래 방대한 양을 소화시켜 정확한 책으로 만들어주었습니다. 사진과 지도 등의 뒤범벅 속에서 잘 갈무리하여 책답게 만들어준 편집진, 그 밖의 출판노동자들에게 감사드립니다.

아쉽게도 국내 도서관에서는 만족할 만한 자료들을 충분히 얻지 못하여 우리의 북방 및 환동해 인식의 제한성을 재인식했습니다. 또한 이 책이 광복 70주년을 기념하는 출간이 되기를 희망합니다. 수많은 한국인이 북방 루트를 통해 환동해 권역 연해주, 아무르, 이른바 간도, 사할린, 홋카이도, 쿠릴 열도, 그리고 중앙아시아 등 유라시아로 떠나야 했던 '고난의 디아스포라'도 이 책 안에 포함되어 있기 때문입니다.

'태평양으로 진출한 제주도'에 아시아퍼시픽해양문화연구원(APOCC)을 만들고 나서 펴낸 첫 책이기도 합니다. 연구원에서 함께 해양의 어제는 물론이고 미래를 꿈꾸는 그들에게도 감사의 뜻을 전합니다. 외국어 표기 문제 등 예상될 수 있는 제 잘못에 대해서는 당연히 전적으로 필자의 부족으로 생각하며, 강호제현의 질정을 받아 추후 보완하고자 합니다. 더욱 정진하겠습니다. 감사합니다.

제주 산귤재山橘齋와 일산 정발학연鼎鉢學硏을 오가면서
어느덧 광복 70주년을 맞는 2015년 여름에
주강현

일러두기

- 중국어 발음 표기의 경우, 통상적으로 한국인들에게 널리 알려진 명칭은 우리말 한자 발음을 수용하는 방식을 채택하기도 했다.
  예: 산둥 반도 → 산동山東 반도, 랴오둥 반도 → 요동遼東 반도, 룽징 → 용정龍井

차례

프롤로그

환동해, 문명의 회랑

동해와 일본해를 넘어

1

환동해는 어느 곳이나 시원하고 청명하며 담백하다. 한국, 일본, 러시아 등 환동해의 전반적 특징이다. 수심이 깊고 갯벌이 없으며 강한 바람이 상시로 불어 닥쳐 모래언덕이 있을 뿐 군더더기가 없는 풍경이다. 자잘한 섬이 산재하고 천해淺海와 리아스식 해안의 서해와는 성질이 다르다. 한국 동해에서 느껴지는 청아함은 그대로 일본 환동해나 러시아 환동해에도 들어맞는다. 지구 어디를 다녀도 환동해처럼 상큼한 바다는 의외로 드물다. 환동해는 그것이 일본이 되었건 한국이건 러시아건, 동일한 청량함으로 우리를 대한다.

우리에게 통념상의 동해는 한반도 두만강 하구부터 경상도 남쪽 바다까지

한결같이 청아한 환동해의 풍경(니가타 해안).

다. 그러나 환동해라고 포괄적 영역을 지칭할 때는 중국 쪽에서 바라본 동쪽 바다, 러시아 연해주의 바다, 오호츠크와 인접한 사할린과 홋카이도의 바다, 일본 북서부 바다, 그리고 다양한 북방 소수민족들이 바라본 바다 등을 포괄한다. 이러한 환동해는 역사적으로 대체로 미궁迷宮의 바다이며, 유사무서有史無書의 변방 바닷가다. 환동해의 불연속성 같은 느닷없음은 역사적 서술의 연속성을 어렵게 하거나 빈 고리를 남겨두게 한다. 한국, 일본, 러시아, 중국의 역사만 가지고 환동해를 서술할 수 없으며, 유라시아 환동해 변의 다양한 소사회의 '쓰이지 않은 역사'를 무시하고 넘어갈 수도 없다.

환동해 문명사를 서술하기에 앞서 동해의 명칭 문제만큼은 장황해지더라도 정리하고 넘어가야 한다. 필자의 서재에 쌓여 있는 자료들에는 동해 또는 일본해로 명기되어 있다. 필자는 한국 사람으로서 당연히 동해라고 쓰고 있으나, 일본 학자들은 당연히 일본해로 쓴다. 일본 자료를 인용할 경우 원문에 일본해로 명기되어 있는 것을 동해로 바꾸었다. 이처럼 동해는 독도, 표기 문제 등 한일 간의 갈등이 현존하는 바다이며, 러시아와 일본 사이에도 긴장이 일상적으로 유지된다. 독도나 동해 표기 같은 한일 간의 문제에는 그 깊은 뿌리 안에 어떤 역사적 필연과 우연이 잠복되어 있게 마련이다. 동해를 어떻게 표기하는가 하는 근본적인 문제가 이 책에서도 대두하는 것이다.

세계 지도의 90퍼센트 이상은 동해East Sea보다 일본해Sea of Japan로 표기되어 있다. 한국인끼리야 당연히 동해라 부르지만 '국내용'일 뿐 국제사회에서는 일본해가 더 많이 쓰인다. 국제 논쟁이 벌어질 때, 결국은 역사적 연원을 거슬러 올라가면서 문제의 시말을 따질 수밖에 없다. 한반도에서 동해 명칭이 쓰인 역사는 얼마나 되었을까.[1] 역사적으로 동해를 부르는 명칭은 한두 가지가 아니었다. 당唐 이전의 중국 고지도나 문헌에는 한반도 동부 해역을 별다른 호칭 없이 단순히 해海 또는 대해大海로 표기했다. 『당회요』唐會要에는 '少海' 혹은 '小海'로 기록되어 있다. 원대元代에 일시적으로 경해鯨海로 불리다가 명청明淸대에 동해로

1 동해와 일본해에 관해서는 다음을 참조. 주강현, 『관해기』, 동쪽 바다 편, 웅진지식하우스, 2007.

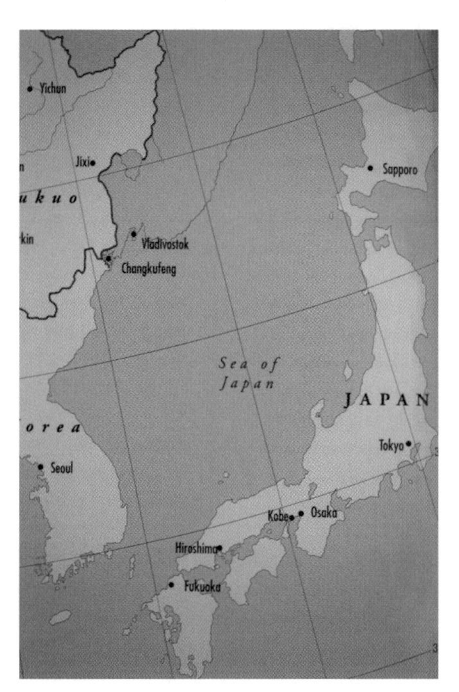

'일본해'로 표기된 지도.

불린다. 송·요시대 이후부터 청대에 이르기까지 동해라는 명칭이 기본적으로 사용되었다. 중국 청나라 때 위원魏源이 지은 『해국도지』海國圖志에도 동해라는 이름이 등장한다. 그러나 중국 문화에는 바다에 고유명사를 붙이는 전통이 없기 때문에 일반적으로 대해, 소해라고 하거나 방위에 따라 동해, 남해 등으로 불렀다. 현재의 황해와 동중국해 등을 합쳐서 동해라 부르는 식이다.[2]

한국은 중국보다 동해 명칭을 일관되게 사용하였다. 한국 문헌 기록에 동해 표기가 처음 선보인 것은 고구려 시조 동명왕 기사의 '동해지빈유지'東海之濱有地라는 구절이다.[3] 삼국 건립 이전인 기원전 59년부터 사용하기 시작한 말이니, 근 2,000년 이상 동해로 불려왔다. 고구려 장수왕이 부왕의 업적을 기리기 위하여 441년에 세운 광개토대왕비의 3면 수묘인守墓人 숫자에 '동해매'東海買(동해 물가라는 뜻)가 등장한다. 동해 이외에 다른 이름을 쓸 만도 한데 이상할 정도로 동해라는 일관된 명칭을 쓰고 있다. 통일신라시대는 물론이고 고려, 조선을 관통하면서도 동해 명칭의 위상은 흔들림이 없다. 왕조가 바뀌고 강역의 범주가 급변하는 와중에도 동해 명칭만큼은 의연하다. 당연히 한반도에서 제작된 모든 지도에는 동해로 명기되었다. 1,000년이 아니라 2,000년을 뛰어넘는 명칭의 장기 지속성이 문헌 기록으로 분명하게 입증된다.

그렇다면 일본해 명칭의 근원은 어떻게 될까. 일본해는커녕 일본이라는 나

2 동북아역사재단 편, 『고대 환동해 교류사』(1부), 동북아역사재단, 2010, 98쪽.
3 『삼국사기』 권13, 고구려본기 제1 동명성왕편.

라 이름 자체가 7세기부터 시작되었다. 7세기 이전에 '일본국'이라는 명칭은 어느 문헌에서도 확인되지 않는다. 일본의 석학 아미노 요시히코網野善彦는 '일본'이라는 명칭 자체가 '가상의 전제'에서 출발했음을 비판하면서 일본해라는 명칭은 성립할 수 없음을 역설한 바 있다.

16~18세기 후반까지 유럽 고지도에서 우리의 동해를 통칭하던 이름은 동양해Oriental Sea, Mer Orientale였다. 동양해는 발견되기 이전에 유럽인에게 아시아 대륙의 동쪽에 있는 알려지지 않은 '상상의 바다'를 의미했다. 이 해역에 대한 상세한 탐험이 있은 후, 태평양의 실체가 확인되면서 동양해 명칭은 17세기 후반 프랑스의 지도 제작자 당빌D'Anville이 그린 지도처럼 한국, 일본, 중국 연안해와 동해를 지칭하는 명칭으로 널리 사용되었다. 그러다가 18세기에 와서는 동해만을 지칭하는 바다 이름이 되었다.[4] 동양 탐험이 본격적으로 이루어지면서 이후 제작된 서양의 지도에 '한국해', '조선해', '동양해', '일본해' 등의 다양한 이름으로 표기되었다. 18세기 말부터 19세기 초에 걸쳐서 일본해가 유럽에서 널리 사용되었으며, 예부터 넓은 해역에 명칭을 붙이는 습관이 없던 일본도 일본해라는 명칭을 사용하기 시작했다. 『라페루즈 세계 항해』(1785~1788) 이전에는 유럽의 지도에서 한국해가 다수였으나, 동해를 직접 탐사한 라페루즈의 높은 신망 덕에 그가 일본해라고 명기한 것이 '한국해'에서 '일본해'로 바뀌는 데 결정적인 역할을 했다.

일제강점기에는 두말할 것 없이 일본해였다. 1929년에 국제수로기구(IHO)의 『해양과 바다의 경계』 제1판에서 '일본해' 명칭이 공식적으로 채택되었다. 한국은 1957년 국제수로기구에 가입했으며 국제수로기구 및 유엔 등 국제회의에서 일본해 명칭에 이의를 제기하여 표기 변경을 요구하고 있다.

이 책에서는 당연히 동해라는 명칭으로 일괄하여 쓴다. 그러나 일본해라 표기된 부분을 모두 동해로 바꾸어 서술하는 데는 어려움이 따른다. 가령 니가타 앞바다를 다루면서 '동해'로 표기하는 어려움 따위다. 현재 동해 및 일본어 표기

4 한국해양수산개발원, 『독도사전』, 푸른길, 2011, 127쪽.

문제는 해양 영토를 둘러싼 민족주의와 결합되어 불필요할 정도로 과열되어 있기에, 학문적 서술에도 어려움이 있다. 카이민海民의 역사에 천착한 아미노 요시히코의 다음 주장은 경청할 만하다.

> 동해에 있는 일본 열도의 북부 해안, 한반도, 연해주, 사할린을 포함한 독자적인 문화권이 예부터 성립되어 있었다고 생각한다. 나는 환일본해 문화의 독자성과 전통은 인정하지만, 이것을 일본해라는 호칭으로 묶는 데는 망설여진다. 오늘날의 일본인이 일본해라고 부르는 바다는 한반도에서는 동해이다. (……) 모든 바다에서 자기중심주의가 느껴진다. 이곳은 육지에서 바다를 바라보는 한 어느 정도는 피할 수 없을 것이다. 동해는 연해주의 주민에게는 남쪽 바다이다. 발해가 동해안 북단에 설치한 행정 중심지를 '남해부'라 이름 붙인 것은 그들의 위치 감각을 드러낸 것이다. (……) 환일본해 문화의 존재를 인정하면서도 그 명칭에 망설임을 느끼는 것은 이러한 사정이 있기 때문이다. 일본해를 중립적인 명칭, 예를 들어 '동북아시아해'라고 바꿔 부르는 발상의 전환 같은 게 있었으면 좋겠다. (……) 일본 열도·연해주·한반도에 둘러싸인 내해를 '일본해'로 부르는 것은 참칭僭稱이라고 생각한다. 진秦이 '지나'로 변해 지명화한 지나와 달리, '일본'은 지명이 아니며 여전히 특정 국가의 이름이기 때문이다. 물론 이것은 일본 제국주의와는 무관하게 17세기부터 서유럽의 지도에 사용되어온 명칭이라고는 해도, 여러 국가가 둘러싼 이 바다에 특정한 국명을 붙임은 바다의 성격에 어울리지 않는다. 언젠가 이 내해를 둘러싼 지역의 모든 사람들의 합의 아래, 이 바다에 어울리는 멋진 칭호가 정해질 날이 어서 도래하기를 진심으로 기대한다. 이미 한국의 지식인이 청해青海로 부르자고 제안한 적이 있는데, 에메랄드빛이 아름다운 이 바다의 특질을 잘 표현한 명칭이라고 생각한다.[5]

그는 '참칭'이란 말까지 썼다. 일본국 및 일본해 명칭이 동해 명칭보다 훨씬 후대의 일임은 두말할 것도 없다. 더욱이 일본국이라는 명칭만 7세기부터 쓰였

5 아미노 요시히코, 박훈 옮김, 『일본이란 무엇인가』, 창비, 2003, 39쪽.

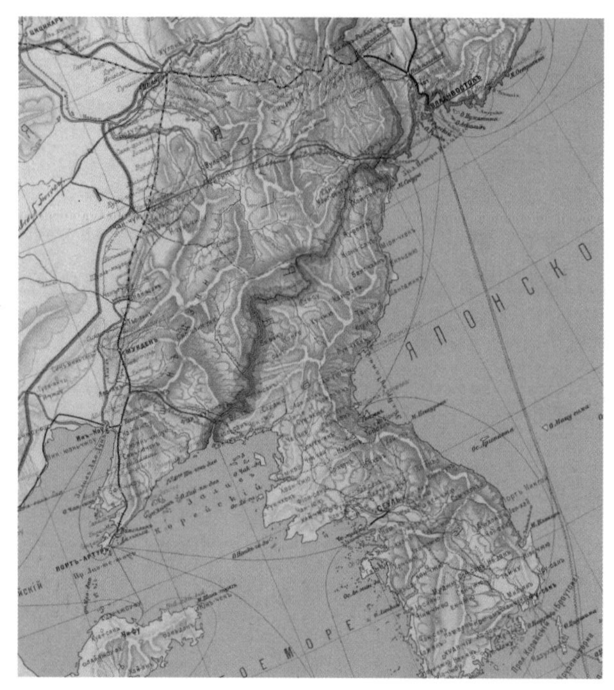

한반도를 둘러싼 동서의 해상로를 보여주는 지도(20세기 초반).

을 뿐, 일본해라는 명칭은 일본국보다 훨씬 후대에 쓰였다. 그러한즉 동해 명칭이 일본해에 비하여 역사적으로 선행하며, 역사적으로 선행하는 만큼 동해는 동해로 불려야 마땅하다. 그러나 아미노가 지적하였듯이 한국, 일본, 러시아 등으로 둘러싸인 바다를 특정 국가 입장에서만 선호하는 명칭으로 부를 수 없는 날이 올지도 모른다. 일본해 단독 표기의 부당성을 지적하면서도, 언젠가 이 내해를 둘러싼 지역의 모든 사람들의 합의가 필요한 대목이다. 아미노의 지적에 동의한다.

2

그렇다면 왜 세계 지도에 일본인이 선호하는 일본해 명칭이 보편화되었을까. 결론부터 말하자면, 이는 비단 동해 명칭뿐 아니라 한국과 관련된 무수한 용례와 문화적 함의 등이 일본이나 중국의 것으로 서구에 소개된 것과 같은 흐름에 있다. 중국과 일본 사이에서 한국은 '없었다'거나 과소평가되는 번역의 저열성을 드러내고 있다. 식민화와 전쟁 등을 겪으면서 한국 문화의 정체성이 올바르게 서구에 전달된 바 없었고, 동해 명칭이라고 예외가 아니다. 한국 문화 전반의 그릇된 전달과도 궤를 같이하므로 유달리 동해 명칭만 문제인 것으로 볼 필요는 없다. 21세기에 그나마 국력에 힘입어 한국 문화의 정체성이 조금씩 호전되는 방향으로 소개되는 것을 다행이라 해야 할 것이며, 동해 명칭 논쟁도 이러한 국력 신장에 얽혀서 문제 제기가 이루어지는 중이다.

제3자라고 할 수 있는 유럽인에게 동해는 어떻게 알려졌을까. 15~17세기 대다수 외국 지도에도 '동해', '한국해', '조선해', '오리엔탈해', 또한 '동해' 못지않게 '조선해'나 '오리엔탈해' 같은 명칭이 두루 쓰였다. 서양 지도에 나타난 표기 문제를 국립해양조사원의 공식 자료를 통하여 살펴보면 이렇다.[6] 1575년에 두라노가 제작한 해도에 'Comrai'가 표기된 것이 지도에 등장한 최초의 '한국해' 명칭이다. 1595년에 네덜란드의 반 랑그렌이 제작한 동인도 지도에서 한국을 둥근 섬으로 그리고 한국해Corea로 명기했다. 17세기에 접어들면 극동까지 진출한 포르투갈이나 영국의 지도가 다수 등장한다. 1615년 포르투갈의 에레디아Manoel Godinho De Eredia가 그린 아시아 지도에 한국해Mar Corea로 명기된다. 1646~1647년, 영국의 로버트 더들리Robert Dudley(1574~1649)가 그린 '신비로운 바다'라는 제목이 붙은 지도에도 한국해MARE DI CORAI로 명기된다. 지도의 역사에서 괄목할 만한 출판으로 간주되는 더들리의 아시아 지도에서 한반도는 미안하게도 섬으로 그려져 있다. 그렇지만 동쪽을 한국해로 명명하고, 한반도 남쪽과 일본 서남쪽은 일본해MARE DI GIAPPONE로 표기하였다. 1694년판 영국 세계 지도는 한반도와 일본 열도 사이를 오리엔탈해ORIENTAL SEA로 표기하고 있다.

18세기에 접어들면 프랑스나 러시아의 지도책에 한반도가 등장한다. 1705년판 프랑스의 드릴G. de l'Isle(1675~1725)이 그린, 정확도에서 명성이 높은 지도에서 동해는 오리엔탈해MER ORIENTAL, 한국해MERDE COREA로 병기되어 있다. 1714년판 네

6 "The Names East SEA Used for Two Millennia", 2003.

덜란드의 헤르만 몰Herman Moll(1681~1732)이 영국에서 제작한 중국 지도에는 한국해SEA OF COREA로 명기되어 있다. 1734년 러시아 키릴로프I. K. Kirilov(1689~1737)의 아시아 지도에는 한국해MOPE KOPEЙCKOE라 표기되었다. 1739년 독일 하제J. M. Hase(1684~1742)의 러시아 전도는 정확도에서 명성이 높았는데 동해를 작은 오리엔탈해MARE ORIENTAL MINUS로 명기하고 있다. 1748년 영국인 존 해리스John Harris(1667~1719)는 〈13세기의 마르코 폴로의 항해와 여행〉이라는 지도에서 동해EASTERN SEA라고 명기하고 있다. 이 지도가 발간된 것은 18세기 중엽이지만 13세기의 사실에 기초한다는 점이 주목된다. 1752년에 영국의 에마누엘 보언Emanuel Bowen(1700~1767)이 만든 지도는 18세기에 널리 알려졌으며, 당시 영국이 인식하고 있던 세계 표준지도였다. 그 지도에서 동해를 한국해SEA OF KOREA로 명기하고 있다. 1771년 영국 브리태니커사전 초판본에 한국해SEA OF COREA로 표기되어 있음은 공인된 백과사전에 실렸다는 점에서 중요하다. 제국주의 쟁탈전이 극성을 부렸던 19세기에 영국의 윌리엄 파던William Faden(1749~1836)은 『세계 일반 지도』를 펴내면서 동해를 한국만GULF OF COREA으로 명기하고 있다. 부산과 쓰시마 사이가 아니라 쓰시마와 규슈九州 사이의 해협을 한국해협STRAIT OF COREA으로 명기한 점이 흥미를 끈다. 1844년 러시아 수로국에서 제작한 〈북극해와 동아시아해〉 지도에서는 18세기 러시아 지도처럼 한국해KOPEЙCKOE MOPE 명칭을 쓰고 있다. 1845년에 영국의 제임스 와일드James Wyld(1812~1887)가 제작한 〈현대 일반 지도에서의 아시아 지도〉는 전 세계 지도를 집대성한 것 중의 하나로 한국해SEA OF KOREA로 명기되고 있다.

그렇다면 일본 쪽 사정은 어떠했을까. 일본에서 잘 알려진 지도 제작자인 다카하시 가게야스高橋景保는 1809년부터 1810년까지 막부의 지원과 허가를 받아 공식 지도를 제작했다. 그는 분명히 조선해朝鮮海 명칭을 썼다. 메이지 유신 뒤인 1871년에 학자 무라카미 요시히게가 만든 세계 지도에서는 한국과 일본 사이를 조선해朝鮮海로 명기하며, 그 대신에 일본 남부는 대일본해大日本海로 명기하고 있다. 이러한 정황을 보면 일본해라는 명칭이 기껏해야 19세기 말부터 쓰이기 시작했음을 알 수 있다. 일본에서조차도 일본해라는 명칭은 19세기 중엽까지 존재하지 않았다. 그렇다면 이처럼 명명백백한 증거들이 있는데도 어째서 서양인 지도에서 일본해라는 명칭이 등장하기 시작한 것일까.

마테오 리치는 1602년 〈곤여만국전도〉坤輿萬國全圖를 그리면서 일본해 명칭을 썼다. 서양인에 의하여 일본해라는 명칭이 처음 쓰였음을 알 수 있다. 그런데 일본인들은 마테오 리치의 〈곤여만국전도〉를 서양인이 처음으로 동해를 일본해라 명기한 유력 증거로 내세우지만 속사정은 조금 다르다. 마테오 리치는 일본 근역을 그저 일본해라고 명기했을 뿐이고, 동해 해역에는 한국에 관한 설명을 달았기 때문에 지면이 없는 관계로 명칭을 적지 않았다. 마테오 리치와 비슷한 시기에 중국에서 활약했던 선교사 알레니Giulio Aleni가 1623년에 제작한 〈만국전도〉萬國全圖에는 분명히 동해라고 명기되어 있다. 이상태가 19세기의 서양 지도들을 분석한 자료에 따르면, 이 시기에 일본해라 명기된 지도가 상당수 있지만 동해로 표시된 지도도 상당함을 알려준다.[7] 그가 분석한 고지도 104종 가운데 동해 표시 명칭 중 'Mer de Coree'가 25종, 'Sea of Corea'가 41종으로 다수를 차지한다. 재미있는 점은 시대가 뒤로 갈수록 동해 표기 지도가 급격히 줄어들어 14종밖에 되지 않는다는 것이다. 여기에는 두 가지 이유가 있다.

1809년에 제작된 다카하시 가게야스의 〈일본변계약도〉日本邊界略圖의 제작과 이 지도를 서양에 소개한 지볼트Siebold의 영향 때문이다. 다카하시는 일본 정부의 공식 지도를 제작하는 책임자였다. 그는 〈일본변계약도〉를 제작하면서 동해를 조선해라고 표기했다. 그가 일본 정부의 공식 지도 제작 책임자였다는 점, 그리고 일본 정부의 지시를 받아 제작된 지도라는 점에서 이것이 일본 정부의 공식 입장이다. 지볼트는 이 지도를 영어로 번역 소개하면서 일본해로 명기했다. 지볼트의 저서는 서양에 지대한 영향을 미쳤고, 서양인들이 대부분 이 지도를 참조하여 서양 지도를 그리면서 동해가 일본해로 바뀌게 되었다.[8]

7 이상태, "19세기 제작된 서양 고지도에 나타난 바다 명칭", *The 10th International Seminar on the Naming of Seas: Special Emphasis Concerning International Standardization of Sea Names*, 2004, Paris, 138~143쪽.
8 해양수산부, 『독도 자료실 자료 해제집』, 2004.

일본은 1854년 미국 페리 제독의 요구에 의해 문을 열면서 서구 열강과 차례로 수교한다. 따라서 조선이 문을 열지 않은 상태에서 일본의 입장이 반영된 일본해 명칭이 전 세계로 퍼져나가는 계기가 되었다. 더욱이 1910년 한국강제병합 이후에는 마음 놓고 동해를 일본해로 바꿀 수 있었다. 1929년에 열린 국제수로기구 회의에서 처음으로 바다 명칭을 공식화할 때, 한국은 피식민지로서 자국의 입장을 개진할 수 없는 여건에서 일본해가 국제적 공인을 얻게 되었다. 즉 1929년에 국제수로기구에서 발간한 『해양의 경계』*Limits of Oceans and Seas*에 일본해로 등재된 데서 사단이 발생했다. 몇십 쪽에 불과한 얇은 책자가 동해 명칭의 운명을 바꾸어버린 것이다.

국제수로기구는 국제 간 수로 부문 협력 체제를 모색하고 수로 관계 자료의 국제적 조정을 수행하는 기구다. 바다 명칭에 관한 건도 국제수로기구의 관할이다. 1921년에 설립된 이래로 74개국이 가입하고 있으며, 한국은 1957년에, 북한은 1987년에 가입했다. 『해양의 경계』는 세계 해양 지명의 표준화 교본으로 지명에 관한 한 '바이블'이다. 이 책에 기초하여 세계 각국이 자체 해도를 만들고, 관광지도, 특수지도 등의 2차 지도를 만든다. 게다가 교과서부터 신문·방송에 이르기까지 확산된다. 1929년에 열린 중요한 국제수로기구 회의에 한국인은 한 명도 참석하지 못했다. 우리 뜻과 무관하게 '일본해'로 등재되고, 일본해 명칭이 국제적으로 공식화되기에 이른 것이다. 식민지 시절의 후과다. 일본해의 세계화도 제국주의의 유산인 것이다.

우리의 입장은 당연히 동해 단독 표기다. 그러나 국제기구에서는 양국 간에 논란이 있는 지명에 관해서는 병기를 권장한다. 영국 명칭으로만 표기되다가 프랑스에서 논란을 제기한 영국 해협English Channel을 'La Manche'와 병기하여 해결한 사례가 있다. 동해 단독 표기가 정답임은 분명하지만 양국의 합의가 이루어지기까지 잠정적으로 '동해/일본해' 병기를 요구하는 이유가 여기에 있다. 일부 학자들은 연안 당사국 모두가 수용할 수 있는 'Orient Sea', 'Blue Sea'로 하자는 대안도 내놓고 있다.[9]

일본은 동해/일본해 병기는커녕 일본해의 단독 표기를 고수한다. 일본은

'일본해' 명칭은 지리적·역사적으로 확립되어 있고, 국제수로기구에서 지지·사용하고 있음을 강조한다. 일본 열도가 태평양을 가로지르면서 생겨난 해역이므로 동해역을 일본해로 명명해야 한다고 주장하고 있다. 일본은 일본해 명칭을 확고하게 하기 위하여 여러 나라 외교 당국과 지도 제작회사, 언론계 등에 일본해 명칭을 사용하도록 요구하는 문서를 배포하고, 외무성·해상보안청 등의 국가기관을 총동원하여 사력을 다하고 있다. 그러나 앞에서 밝혔듯이 동해는 한국, 일본만의 바다가 아니다. 환동해라는 큰 틀에서 본다면, 열렬한 애국주의자들에게는 미안한 말이지만 동해라는 명칭, 일본해라는 명칭, 그 모두도 아전인수격 해석일 것이다. 따라서 이 책의 제목부터 내용에 이르기까지 일관되게 쓰일 환동해라는 명칭은 한국 학자의 입장에서 바라보는 일관성일 뿐, 환동해권에 속하는 소민족 사회까지 포괄한다면 다른 시각도 도출될 것이다. '차라리'라는 표현은 진퇴양난의 위기에서 쓰이는 말이지만, 그 '차라리'라는 표현이 용인된다면 동해/일본해의 병기도 좋지만, 차라리 양자를 모두 각자 쓰던 대로 계속 알아서 쓰게 내버려두고, 만국 공통의 청해 혹은 동북아해 같은 공동의 명칭을 개발하자는 주장에 동의하는 것도 좋지 않을까.

3

동해는 깊고도 깊다. 태평양과 닮은꼴인 '소小 심해저'이기 때문이다. 조선의 문신 허목許穆(1595~1682)이, "무진장 많은 물 하늘까지 닿아/ 출렁댐이 넓고도 아득하니/ 바다가 일렁이고 음산하네"라고 했을 때, 천해淺海였다면 무진장 많은 물이라고 표현하지는 않았을 것이다. 허목의 시대와 달리 우리는 과학기술이라는 이름으로 동해 심해저에 관한 구체적 증거들을 속속 드러내는 중이다. 그러나 여전히 심해저는 어둠과 침묵의 공간이다. 태양빛이 차단되고 억겁의 세월 동안 묵묵히 버텨오면서 지구 탄생 이래의 비밀을 고스란히 간직하고 있다. 우리가 생각하는 것보다 훨씬 많은 생물들이 살고 있는 심해 생물의 보금자리이며

9 한상복, 『독도와 동해』, 한수당자연환경연구원, 2000.

대단히 역동적인 곳이다. 동해에는 우리가 알고 있는 상식보다 훨씬 더 많은 비밀들이 미궁으로 남아 있다. 허목의 시문으로부터 과연 무엇이 더 밝혀졌고 나아졌는지 알 수가 없다. 동해는 여전히 깊고도 출렁일 뿐이다.

지구의 70퍼센트를 차지하는 바다의 대부분은 심해저로 구성되어 있다. 인간의 발길이 닿은 바다래야 극히 일부일 뿐이다. 심해저에도 육지와 마찬가지로 산맥, 화산, 계곡, 평원 등이 있다. 깊게 파인 해구가 있으며, 높은 산맥이 솟아 있다. 심해저는 '자원의 마지막 보고'라는 축복과 '가공할 재앙의 진원지'라는 야누스적 위력을 지닌다. 그만큼 예측불허다.

동해는 호수 같은 바다이다. 3,000미터 이상의 심해부가 약 30만 제곱킬로미터이며, 평균 수심은 1,684미터다. 가장 깊은 곳은 북동쪽 오쿠시리섬奧尻島 부근의 3,762미터다. 대륙붕은 약 21만 제곱킬로미터로 전체 넓이의 약 5분의 1 정도다. 동부보다 서부가 깊고 남부보다 북부가 깊다. 해저 지형은 북위 40도선을 기준으로 북부가 단순하고 남부는 복잡하다. 동해 북부에 수심 3,000미터가 넘는 일본 분지가 놓여 있고, 남부에는 대화퇴를 중심으로 동쪽에 야마토大和 분지(수심 2,500미터 이상), 그리고 서쪽에 울릉 분지(수심 2,000미터 이상)가 위치한다. 해안 기복이 심하지 않고 심해저가 있기 때문에 거친 바람에 피항할 우량의 항포구가 황해에 비해 제한적이다. 이러한 사정은 일본이라고 다를 것이 없다. 세토나이카이가 고밀도의 복잡다단한 취락 구조를 보인다면, 동해 변은 상대적으로 단순한 취락 구조를 이룬다.

해양심층수는 태양광이 도달하지 않는 수심 200미터 아래의 깊은 바다이지만, 해류를 따라 자연적으로 순환·재생된다. 동해표층은 난류와 한류가 교차하여 흐르는 역동적인 공간이다. 난류와 한류가 충돌하면서 어업권, 해촌생활권, 해상교통권 등에 큰 영향을 미친다. 북상한 구로시오 해류에서 기원하는 쓰시마 해류는 북서태평양의 고온·고염의 해수를 대한해협을 통해 동해로 수송한다. 쓰시마 난류에 의해 동해로 운반된 쓰시마 난류수는 동해 상층부의 순환에 큰 영향을 미친다. 쓰시마 난류 전체 수송량의 약 70퍼센트는 쓰가루 해협을 통하여 북태평양으로 유출되고, 나머지는 라페루즈 해협을 통하여 오호츠크해로 유출되며, 일부는 동해 내에서 재순환한다. 동해에는 강력한 한류도 존재한다. 동해 북쪽의 반시계 방향 순환은 러시아와 북한 연안을 따라 남하하는 리만 해류와 북한 한류가 주된 해류다. 동해 전체 해수의 약 10퍼센트 정도인 표층수만이 인접 해역과 교환되며, 대부분의 중·저층수는 동해 내에서 형성, 순환, 변형되는 과정을 거친다. 동한 난류와 북한 한류가 만나 좋은 어장을 형성한다. 명태, 오징어, 대게, 청어, 대구, 아귀, 숭어, 농어, 도루묵, 쥐치, 까치복, 가자미, 꽁치, 멸치, 방어, 정어리, 붕장어, 볼락, 고등어, 전어 등이 난류와 한류의 충돌 속에서 서식 공간을 각자 확보하고 있다.

동해로 흐르는 강은 대부분 연어의 길이기도 하다. 러시아 아무르강, 북한의 두만강, 성천강, 용흥강, 남한의 낙동강, 태화강, 형산강, 남대천, 오십천, 외황강, 회야강 , 일본의 모가미강, 시나노강, 아가노강, 이시카리강 등이 그것이다. 연어의 길을 따라서 환동해의 다양한 소민족 사회가 집단을 이루었다. 이처럼 동해는 연어 같은 생물이 이동하는 자연사적 측면에서의 '소통의 바다'이기도 하다.

장기 지속적인 동해의 서사

4

환동해가 변방의 바다임은 익히 알려진 사실이다. 그렇다면 이 '변방'은 오로지 정체적, 수동적 바다였을까. 그렇지는 않았다. 오래전 『제국의 바다 식민의 바다』를 펴내면서 서문에 여진족의 동해 평정 과정을 짧게 언급했었다.[10] 다시금 여진족의 동해 평정 이야기를 시작하고자 한다. 1018년에 동북 여진 떼도둑이 우산국于山國을 침입한 기사가 『고려사절요』에 등장한다.

10 주강현, 『제국의 바다 식민의 바다』, 웅진지식하우스, 2005, 4쪽.

1018년(고려 현종 9)

11월 우산국이 동북 여진의 침구를 받고 폐농廢農하게 되었으므로, 이원구李元龜를 파견하여 농기를 보냄.

1019년(고려 현종 10)

7월 여진의 침구로 인해 본토로 도망 와 있던 우산국 사람들을 모두 돌려보내려 함.

1022년(고려 현종 13)

7월 여진의 침구를 피해 본토로 도망 와 있던 우산국 사람들을 예주禮州(지금의 영덕군 지역)에 정착하게 함.

이 짧은 기사들은 해양사적으로 중요하다. 여진족사 역시 오로지 육지 중심사로만 서술하고 있으나 그네들은 두만강 하구에서 동해로 진출하고 있었다. 동북 여진의 동해 공략으로 말미암아 울릉도가 초토화되고 그로부터 빈 섬이 되었다는 것은 잘 알려진 사실이다. 그러나 여진족이 동해를 가로질러 울릉도를 들이치고 규슈까지 들이친 사실이 뒤늦게 확인되었다.[11]

1019년 3월 27일, 적선 50여 척이 돌연 쓰시마에 침입했다. 당시 일본 측은 적의 정체를 알 수가 없어서 '도이刀伊의 적賊'이라 불렀다. '도이'는 만이蠻夷를 일컫는다. 일본 측에서 이들의 정체를 알게 된 것은 이들이 물러나고 넉 달이나 지난 뒤였다. 적은 쓰시마에 상륙하여 섬 각지를 방화하고 살인을 한 뒤에 퇴각했다. 피해는 전 도에 걸쳤으며, 죽은 사람이 382명이었고, 쓰시마의 주요 산업이었던 은광이 소각되었다. 태수는 간신히 목숨을 부지하여 태재부太宰府로 도망하여 사태를 보고했다.

쓰시마를 떠난 함대는 이키섬壹崎島 북서 해안으로 재차 침입했다. 배 크기는 평균 15미터에 달하였고, 30~40여 척이 매우 빠른 속도로 50~60명씩 태웠

11 中上史行, 『壹岐の風土と歴史』, 昭和堂, 1995, 128~136쪽.

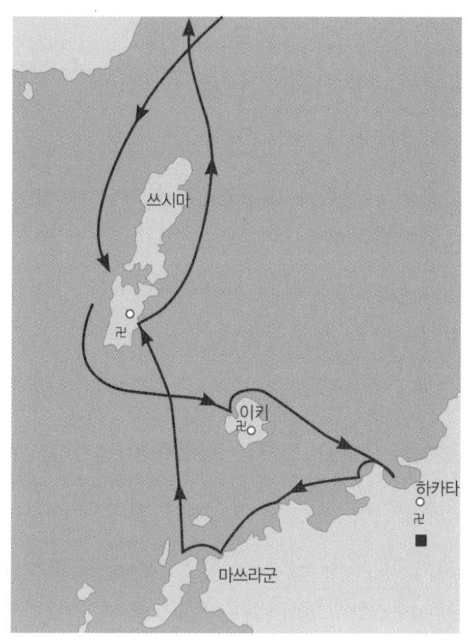

동해를 가로지르는 여진족의 일본 침략도.
출전: 中上史行, 『壹岐の風土と歷史』

으며, 약 3,000여 명에 이르는 대집단이 상륙했다. 침입자들은 산야를 누비면서 우마를 죽여서 먹어치우고 사람을 포로로 잡았다. 노인과 아이들을 참살하였으며, 장년 남녀는 배에 태우고 곡물도 함께 실었다. 민가는 불을 질러 초토화시켰다. 적의 전법에 압도당하여 이키섬의 태수가 전사하였다. 당시 섬 내의 사원을 총괄하던 고쿠분지國分寺의 강사 상각常覺이 탈출하여 4월 7일에 태재부에 알렸다. 이키의 피해는 148명(남성 44명, 법사 16명, 아동 29명, 여성 59명)이 살해, 포로로 잡혀간 여성 239명이었다. 대부분의 집은 불태워졌고 우마는 식량으로 도살되었다.

적선은 쓰시마와 이키섬에서 잡은 포로들을 태운 채로 4월 7일에 지쿠젠노쿠니筑前國를 들이쳐서 민가를 방화하고 살상하였다. 다음 날 8일에는 하카타만博多灣의 노고섬能古島을 공격하여 다수 섬사람을 포로로 삼았다. 9일에 적은 하카타에 상륙하여 경고소警固所를 불 질렀으며, 이에 대응한 일본 측과 격전이 벌어졌다. 일본 측이 활로 맹공을 가하자 적은 공포감으로 동요하기 시작하여 퇴각을 시도했다. 11일에는 강한 북풍이 불어 전투가 중단되었으며, 그 틈을 이용하여 태재부가 급히 병선 38척을 모았다. 12일에 태재부 정예병력이 적 40여 명을 사살하고 2명을 생포했다. 13일에 적은 히젠肥前 마쓰라군松浦郡 촌락을 습격하고 다시 쓰시마를 거쳐서 사라졌다. 남녀 600여 명 사망, 포로 1,210명, 38두의 우마, 대부분의 민가 소실이라는 피해를 가져왔다.

돌연 이키와 쓰시마, 규슈 각 지역을 약탈하고 바람처럼 홀연히 사라진 이 정체불명의 적에 대해서 태재부는 최초 보고 때부터 '도이'라는 명칭을 사용했으며 고려인이 아닐까 의심했다. 그러나 그들의 이상한 풍속, 즉 우마를 살상하여 폭식하고 말을 타고 빠르게 돌진하는 것, 무엇보다 3명의 포로를 심문한 결과 고려인이 아니라는 사실이 밝혀졌다. 게다가 돌아가던 적이 쓰시마에 들렀을 때 탈출한 모녀로부터 적의 퇴각 방향이 북쪽이었음을 확인했다. 6월 25일에는 작은 배를 고려로 도항시켜 통사(통역)를 들여보내 사건의 경과를 말하고 질의했다. 도이는 고려국 연안을 황폐화시키고 후일 일본으로 향했음을 알게 되었다. 고려국은 돌아가는 적을 습격하여 도이의 적을 격파하고 다수의 일본 포로들을 구출했다. 300여 명의 일본인이 송환되었다. 그들의 증언 등을 통하여 도이가 연해주의 만민蠻民임이 최종 확인되었다.[12]

오늘날의 연해주 일대의 동북 여진이 울릉도를 들이치고 동해를 관통하여 일본에 들이친 다음에 유유히 되돌아갔다! 발해가 동해를 가로질러 일본과 활발한 교류를 했음을 생각하면, 그 후예들이 일본 항로를 잘 알고 있다고 해서 새삼스러운 일도 아니었다. 그러나 육지 중심의 역사에서는 전혀 드러나지 않던 숨겨진 역사다. 역사 기록에서는 거의 사라졌으나 동해는 이런 극적인 장면을 생생하게 지켜보았을 터이다.

페르낭 브로델은 너무도 당연한 말로 『지중해의 기억』 서문을 열었다. "지중해의 유구한 역사를 곁에서 지켜본 최고의 목격자는 바로 지중해일 것이다. 누구도 이런 사실을 부인하지 못할 것이기 때문에 우리는 지중해를 보고 또 보아야만 한다."[13] 그대로 동해에 적용한다면, 동해의 유구한 역사를 곁에서 지켜본 최고의 목격자도 바로 동해일 것이다. 너무도 당연한 말이다. 이처럼 동해는 변방의 바다이면서도 놀라운 사건들이 불연속적으로 벌어지던 역동의 바다이기도 했다.

5

우리에게 동해는 매우 장엄한 어떤 영적인 무게로 다가오는 바다이기도 했다.

12 中上史行, 『壹崎の風土と歷史』, 昭和堂, 1995, 123~137쪽.

13 페르낭 브로델, 강주헌 옮김, 『지중해의 기억』, 한길사, 2006, 55쪽.

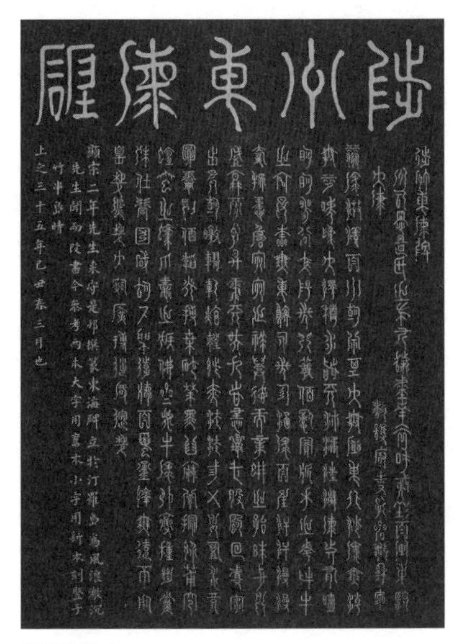

척주동해비.

동해가 동해답게 현현顯現한 특이한 사건을 한 낱 시문에서 찾는다면 너무 한가로운 시각인가. 삼척의 외진 바닷가에서 동해를 묵묵히 응시하던 한 선비의 시만큼 한국인의 동해관을 장중하게 표현한 것도 없었기 때문이다. 너무도 익숙하게 알려진 '척주동해비'陟州東海碑에 각인된 미수 허목의 「동해송」東海頌이 그것이다.

중세 사회의 삼척은 정동正東의 궁벽한 땅으로 옛 실직씨悉直氏의 터다. 경도京都에서 700리나 떨어져 있고, 바다 기운이 늘 암울하고 사나운 파도가 들이쳐서 오금잠제烏金簪祭를 비롯한 온갖 바닷가 변방의 서사가 풍부한 신령스러운 땅이었다. 그 궁벽진 땅에 허목이 벼슬길을 내려왔다. 허목은 유학자였지만 정통적 교조에 머무르지 않고 물 흐르듯이 명산대천을 방랑하면서 도가 인물들과 교유했던 이인이다. 사내는 「동해송」을 지어 바닷가 바위에 새겼다. 도합 190여 자의 글씨는 파도와 바람에 춤을 추고 영력을 뿜고 있어 오늘날에도 괴력난신이 숨어 있는 글씨로 받아들여지곤 한다. 허목은 저 멀리 동해 수평선 너머에 있는 그 무언의 영력, 그리고 심해저 깊숙이 가라앉은 바다의 침묵을 끌어올려 붓으로 휘갈기고 돌을 쪼아 글씨를 새기게 했다. 이름 하여 '척주동해비'다.

큰 바다 끝없이 넓어	瀛海漭瀁
온갖 물이 모여드니	百川朝宗
그 큼이 무궁하네	其大無窮
동북쪽은 사해라서	東北沙海
밀물도 없고 썰물도 없어	無潮無汐
대택이라 일렀네	號爲大澤

무진장 많은 물 하늘까지 닿아　　積水稽天
출렁댐이 넓고도 아득하니　　浡潏汪濊
바다가 일렁이고 음산하네　　海動有曀

겸재 정선의 해금강 그림이나 후대 시인묵객의 진경산수가 눈에 보이는 즉자적 동해 풍경이라면, 허목의 동해 풍경은 신이롭고 무궁하다. 상상력의 원천이 허목의 「동해송」에서 용이 구름을 만난 듯 춤을 추고 있다.

한국인에게 동해는 황해와 달랐다. 황해 저편에는 중국이 있었다. 중국은 미지의 땅은 아니었고 들려오는 풍문과 문헌과 직접 다녀온 목격담이 만발하던 이웃으로, 자못 가까운 바다였다. 동해는 달랐다. 저 너머 세계에 대한 인식도, 과학적 지식도, 깊이에 대한 지혜도 신이롭게 다가올 뿐이었기 때문이다. 고려시절 여진족의 침입으로 울릉도에 민간 출입이 금지되자, 어느덧 울릉도가 동해의 숨겨진 유토피아로 현현하여 온갖 비의秘儀의 대상이 되었으며, 미궁의 바다로 기억 속에서 사라졌다.

삼척에서 동해 변을 따라 북상하면 양양 남대천변에 동해신묘의 잔흔이 남아 있다. 허목의 신이神異가 개인적 행위와 감흥이었다면, 동해신묘는 국가 권력이 동해에 의탁한 비의였다. 양양의 동해신사東海神祠, 황해도 풍천의 서해신사西海神祠, 나주(지금의 전라남도 영암)의 남해신사南海神祠, 그리고 바다가 없어 해신을 모실 수 없는 북쪽에는 강신江神으로 함경북도 경원의 두만강신사豆滿江神祀, 평안북도 의주의 압록강사鴨綠江祠를 모셨다.

동해묘는 그 위치가 정확히 밝혀진 남한 땅의 유일한 국가적 해양 성소聖所다. 읍치 단위나 개별적으로 용신, 해신 등에 제사 지내는 신사와 굿당이 즐비하지만 국가 제사 터는 드물기에 동해신사가 각별하다. 동해는 묘廟, 서해는 단壇, 남해와 두만강은 신사神祠, 압록강은 사祠를 두었으니 동해묘의 위상이 가장 높았다.

일찍이 『고려사』 지리지에는 익령현翼嶺縣에 동해신사가 있다고 하였다. 익령은 양주襄州, 즉 오늘날의 양양군이니 동해신묘는 최소한 고려시대부터 양양에

지도 가운데 '동해묘'가 보인다(『양양읍지』, 1872년).

존재해온 중사中祠다. 『세종실록지리지』(153권)에도 "동해신사당東海神祀堂이 부의 동쪽에 있으며 나라에서 향축을 내려서 춘추로 중사 제사를 지낸다"고 하였다. 『신증동국여지승람』에도 동해신사에서 춘추로 제사 지낸다고 하였다. 1414년, 예조에서 산천에 제사 지내는 규정을 만들면서 동해신묘의 신격을 '동해지신'東海之神으로 확정한다. 위패를 봉안할 사묘를 건립하고 신주神廚와 고방庫房을 각 2칸씩 건립하도록 규정한다. 동해신묘 근처에 거주하는 양인良人, 보충군補充軍, 공천公賤 중에서 두 집을 정하여 신역身役을 면제해주는 대신에 단묘壇廟를 정결하게 하도록 규정한다. 아울러 잡인의 접근을 금하고 벌목을 금지하는 등의 엄한 규정을 내린다.[14] 국가에서는 강향사降香使를 보내 국가에서 내린 향을 사르면서 국가적 운명을 걸고 동해 용왕에게 장엄한 제례를 춘추로 봉행하였다.

세조 2년(1456)에 양성지가 올린 상소문에 따르면, 동해·남해·서해신사가

14 『태종실록』, 태종 14년 8월 신유.

모두 고려조 개성을 중심으로 정해졌기 때문에 한양을 중심으로 볼 때 방위가 맞지 않으니 이들 신사를 모두 옮겨야 한다고 건의했다. 동해신사는 강릉으로, 서해신사는 인천으로, 남해신사는 순천 등으로 옮겨야 한다고 주장했다. 그러나 그의 주장은 받아들여지지 않았던 것으로 보인다. 왜냐하면 후대에도 동해신묘 등이 여전히 제자리에 있었기 때문이다. 오히려 경종 2년(1722)과 영조 28년(1752)에 양양부사 채팽윤과 이성억에 의해 각각 중수되었으며, 정조 24년(1800)에 어사 권준과 강원도 관찰사 남공철의 주장으로 재차 중수되었다. 중수 당시인 1800년에 남공철이 지은 「동해신묘중수기사비」東海神廟重修記事及銘가 지금까지 전해진다.

비문에는 '바다와 왕이 동급'(海輿王公同位)이며, 만물을 윤택하게 하는 데 물보다 더함이 없다고 하였다. 담장이 쇠락하고 민가가 제당 가까이 들어차 있어 닭과 개 소리가 들리지 않게끔 하여 산천 제사를 엄숙하고 공경하게 할 필요가 있다고 하였다. 서울에서 향과 축을 보내어 제를 모시니, 백성들은 해신 보기를 부모와 같이 한다고도 하였다. 동해는 광덕왕廣德王, 서해는 광윤왕廣潤王, 남해는 광리왕廣利王, 북해는 광택왕廣澤王이라는 오랜 전통에 따른 것이다.

동해신묘에 철퇴가 가해진 것은 일제 통감부 시절인 순종 2년(1908) 12월 26일이다. 명을 받은 최종락 양양군수가 훼철에 나섰다가 갑자기 죽었는데, 동해신의 노여움 때문이라는 전설도 전해진다. 1,000년 넘게 이어져온 동해신묘가 훼철된 것은 신성한 동해가로 어느 결에 발가벗겨지고 능욕당하는 순간, 즉 제국주의의 동해 침탈이 신성 공간의 침해라는 형식으로 표징된 것으로 보인다.

제사祭祀와 건물은 사라졌으나 양양 사람들은 여전히 그곳을 성전 터라 부르고, 신전 일대의 소나무를 동해 금송란이라 하여 일절 손대지 않았다. 이처럼 국가 제사의 단절과 무관하게 민중의 삶 속에서 장기 지속적으로 신성성이 이어졌다. 훼철 당시에 「동해신묘중수기사비」는 동강난 채로 개인 집에 보관되어오다가 근년에 제자리를 찾았다.

6

동해신사비 훼철은 시대가 급변했음을 뜻했다. 이로써 중세 사회는 끝이 났다. 동해 역시 중세의 비의를 벗고 온전히 근대라는 이름의 시대적 요구에 부응해야 했다. 미수 허목의 무궁한 바다도, 동해신묘의 신이로운 제사도 끝이 났다. 동해에 관한 한국인의 근대적 인식의 지평을 넓혀준 것은 아이러니하게도 제국의 침략이었다. 많은 사람들이 북간도로, 연해주로 나갔다. 블라디보스토크에서 아무르강 하구에 이르기까지, 사할린에서 홋카이도에 이르기까지, 조선인들은 망명, 징용, 징병 혹은 돈벌이를 위해 환동해 변으로 이주함으로써 무수한 디아스포라가 이루어졌다. 육진 개척과 녹둔도, 간도 개척 등에 머물던 인식의 지평이 시베리아 동해안까지 확장된 것은 서글픈 디아스포라의 결과였다. 미궁의 바다 저 건너에는 홋카이도와 사할린, 그리고 연해주의 동해가 존재하였고, 일본의 니가타와 사카이미나토境港가 버티고 있었다. 그것은 한국인의 동해관에 큰 변화가 시작되었음을 의미한다.

우리가 기억해야 할 것은 발해로 표징되는 고대적 해양 세계에서는 동해가 '잊힌 바다'가 아니었다는 것이다. 근대의 디아스포라로 동해를 재발견하기 훨씬 이전에, 즉 고대적 세계관에서 북방 동해는 절대적 공간이었고 문명의 회랑이었다는 점을 인식함이 중요하다. 고대적 세기로부터 중세의 망각을 거쳐서 근대적 세기에 다시 동해가 한민족에게 접수되었다는 것은 동해의 장기 지속성이라는 점에서 의미 있는 대목이다. 이 책의 많은 부분은 바로 동해의 고대적 세계관과 근대적 세계관을 재구성하기 위한 부분에 할해될 것임을 예고하는 것이기도 하다.

7

동해의 한복판이 한국인의 일상생활에 깊숙이 들어오게 된 계기는 울릉도의 새로운 발견이었다. 울릉도에 주민이 공식 거주하면서 '동해의 심장'이 한국인의 생활 속으로 깊숙이 들어오게 된 것이다. 울릉도가 아니라면, 한국인이 동해 복판까지 쑥 나아갈 일이 별로 없었을 것이다. 어업 기술과 선박 기술의 제한적 발전 단계 속에서, 또한 연근해의 풍부한 어획량이라는 생태적 조건 속에서 굳이 울릉도까지 모험을 하면서 먼 바다로 나갈 일이 없었기 때문이다. 황해와 달리 무역 거래량이 많았던 교역의 바다도 아니었기에, 울릉도의 재발견과 주민 거주의 역사는 동해의 판도를 상징적으로 바꾸어놓았다. 물론 고대적 세계관에서 울릉도는 육지와 교섭하던 유력한 항로를 지니고 있었다.

930년(고려 태조 13)

8월 우릉도于陵島에서 고려에 내조來朝, 방물方物을 바쳐옴에 따라 정위正位와 정조正朝의 관계官階를 하사함.

1032년(고려 덕종 1)

11월 우릉성주羽陵城主가 아들 부어잉다랑夫於仍多郎을 보내 내조來朝, 토물土物을 바침.

위 기사들은 울릉도에서 동해를 횡단하는 항로가 그로부터 공식적으로 존재했음을 알려준다. 그러니 울릉도는 오랫동안 거주 금지 구역이었다. 여말선초, 동아시아는 왜구의 등쌀에 해변은 물론이고 내륙 깊숙이까지 편히 살 수가 없었다. 웬만한 섬은 무인도로 버려졌으며, 국가에서도 공도空島정책을 취했다.[15] 조선이 정권 안정기로 접어들자 단지 왜구 때문이 아니라 도망자 추쇄推刷의 방편으로 공도정책이 추진되었다. 도망자들은 울릉도에 근거지를 마련하고 왜구를 가장하여 동해안에 출몰하였다. 해로는 여전히 험했으며, 추쇄의 결산대조표는 적자였다.

조선시대의 해금解禁은 사실상 조선시대의 전통적인 도서관리 정책으로, 영유권 포기와는 무관한 것이었다. 그 증거로 조선 정부는 정기적인 수토搜討정책을 실시했으며, 이는 영유권을 포기하는 것과 상반된다. 안용복 사건을 계기로

15 공도정책은 그 섬에 대한 영유권을 포기하는 것이 아니라 왜구의 피해를 줄이기 위한 고육책이었다. 따라서 공도정책이라는 표현을 쓰지 않는 경우도 많다.

조선 정부는 울릉도를 3년에 1차 수토할 것을 결정하고, 삼척영장三陟營將 장한상을 파견했다. 수토제는 19세기 말엽까지 약 2세기에 걸쳐서 지속되었다. 이처럼 조선 정부는 비록 공도정책을 구사했을망정 지속적으로 섬을 관리했다.

공도정책과 무관하게 많은 사람들이 끊임없이 섬으로 숨어들었다. 가난한 민중에게 울릉도는 이상향으로 불리었기 때문이다. 역을 피하여, 혹자는 죄를 짓고, 혹자는 먹고살 길을 찾기 위하여 '이상향'으로 떠났다. 험한 뱃길에서 죽은 사람은 전혀 기록을 남기지 않았고, 설령 숨어들었다고 해도 국가의 법령을 어긴 것이었기에 기록으로 남길 리 만무하므로 기록 이상의 많은 사람들이 은적했을 것이다. 울릉도에 사는 주민들이 번번이 육지로 소환되었다. 울릉도 '거주 금지'와 '육지 소환'은 육지로부터 분리되어 섬에서 독립적 자유를 누리는 세력을 중앙 통치 권력에 대한 도전으로 간주했기 때문이다.

울릉도가 반역을 꿈꾸던 자들의 근거지로 활용되었음을 다양한 기사에서 확인할 수 있다. 출입 금지령으로 울릉도에 인적이 뜸해지자 역적 모의를 위해 무기를 몰래 준비하는 곳으로 백령도와 더불어 울릉도가 지목된 것이다. 역설적으로 오지의 섬에서 자유로운 해방자의 삶을 살고자 하는 무리가 존재하였고, 이를 억압·관리·통치하려는 국가의 개입이 수토사搜討使 등의 이름으로 장기 지속적으로 존재하였음은 그만큼 울릉도라는 섬이 조선 정부와 백성들의 지속적 관심의 영역이었음을 뜻한다.

대한제국기의 울릉도 개척은 한국인들이 취한 가장 선전적이면서도 도발적인 동해 개척이었다. 그 이전에도 수토사를 보냈으며, 많은 사람들이 울릉도로 잠입했다. 그러나 공식적 개척령과 개척민의 입도는 동해 깊숙이 한국인이 개입한 지극히 중요한 사건이었다. 수토사 시절에도 방문객이 없던 것이 아니었지만 거주민이 아닌 방문객이었을 뿐이다. 1883년, 개척령이 반포되어 이주민들이 입도하면서 사실상 수토정책은 종료된다.[16]

16 공식적으로 수토정책이 종료된 것은 대략 1894년이었을 것이다. 1894년 12월 27일, 총리대신 등의 건의로 월송 만호의 울릉도 수토를 '제도적'으로 폐지하게 됨으로써 수백여 년 동안 지속되던 수토제도가 완전히 사라졌다.

개척 이후인 1909년에 교통편은 국내선과 일본선이 존재했다. 강원도 울진의 죽변 항만에서 범선 보통선이 도동으로 나다녔는데 순풍이 불면 이틀이 소요되었다. 일본에서는 오늘날의 시마네현島根縣인 호키伯耆 국경 항로가 최단거리로 순풍을 받으면 1주야 반에 도항하였다. 거리는 부산 177리, 죽변 70리, 백기 186리였다. 한국강제병합 직전의 상황이다.[17] 공식 항로가 개설된 것은 동해의 심장부로 누구나 진입할 수 있는 가능성을 열어준 것이기도 하다.

오랑캐의 바다를 둘러싼 액체의 역사

8

이러한 동해를 어떻게 서술할 것인가. 페르낭 브로델로 돌아와본다. 그가 말한 '액체의 역사'가 떠오른다. 액체의 역사, 즉 해양 중심 사관으로 보지 않을 경우, 동해는 좀처럼 진면목을 드러내지 않을 것이다.[18] 한국의 경우, 한반도 중심의 반도라는 육지에서 바라보는 동해는 전체로서의 환동해를 이해하는 데 심각한 걸림돌이 된다. 환동해는 문자 그대로 동해가 아닌 '환'의 관계망이며, '관계의 역사'이기 때문이다.

동해는 '북방으로 가는 길'이며, 북방에서 '남방으로 가는 길'이다. 그 길은 '소통의 길'이기 때문이다. 동해는 구로시오 해류가 '북상하는 길'이기도 하다. 서해가 중국에 접속된 '정해진 길'이라면, 동해는 전인미답의 '열린 길'이다. 타타르 해협을 넘어서서 오호츠크해로 가면 이미 태평양이다. 태평양으로 열린 바다가 동해와 연결된다. 이들 오호츠크 해양 세계에서는 일찍부터 해삼이 거래되었다. 아이누와 청나라 상인이 오호츠크해에서 만났다. 발해와 북방 소수민족 네트워크에서 중요한 것은 발해와 요, 금, 거란, 여진 등 국가를 형성했던 집단만

17 『韓國水産誌』 2, 1910, 710쪽.
18 주강현, 『제국의 바다 식민의 바다』, 6~9쪽.

있는 게 아니라 다양한 소사회가 존재했다는 점이다. 환동해권 종족 문제에 관한 유연한 사고 없는 국민국가적 시각을 벗어나야 한다.

페르낭 브로델은 1946년 『지중해』 서문을 다음과 같은 말로 끝마쳤다. "거대 역사에 대한 두려움이 거대 역사를 죽였다." 브로델은 그 거대 역사를 지중해에서 부활시키고자 했다. 지중해 세계는 지중해를 에워싼 유럽과 아시아, 아프리카를 포함하며 16세기 아메리카까지 포괄하는 장기 지속의 역사다. '구조'의 힘은 이러한 시간 틀을 뛰어넘는다. 그러나 브로델의 후계자들은 거대한 역사를 계속하지 않았다. 오히려 그들은 역사의 희생자인 작은 역사들을 부활시켰다.[19] 그러나 브로델과 그의 후계자들의 역사 서술 과정을 유심히 지켜보고 이를 융합적으로 연결시켜본다면, 동해를 서술하는 데서도 많은 시사점을 얻을 수 있을 것이다.

동해를 둘러싼 역사 역시 거대 역사와 작은 역사들이 점철되어 교묘할 정도로 융합되어 있다. 그런데 기존의 동해를 바라보는 시각 역시 지중해만큼이나 왜곡과 편견으로 얼룩져 있다. 브로델이 유럽과 아시아, 아프리카를 포괄하는 지중해 역사를 서술하고자 했다지만 그의 지중해는 어디까지나 유럽 중심의 사관에 기초한다. 이슬람적 세계관에서는 북쪽으로 흑해Black Sea, 남쪽으로 홍해Rea Sea, 서쪽으로 청해Caspian Sea가 있으며, 지중해는 백해White Sea일 따름이다. 유럽의 지정학적 사고 틀에서는 오로지 '유럽의 바다'이길 희망하지만, 오랫동안 지중해는 '사라센의 바다'였고 '이슬람의 바다'였다. 그렇다면 이 책에서 다루는 동해는 어떠한가. 한국, 일본 혹은 중국이나 러시아의 동해인가? 그것이 아니라면 공평하게 여러 관점에서의 동해로 규정짓고 논의하고 서술하는 것이 마땅한 것이 아닌가.

한국의 입장에서는 지금의 경상남도에서 함경북도 두만강 하구까지를 동해로 규정짓고 있으며, 고대로 소급하는 영토관에서 발해의 북방 영토를 매개로 동해 북방 상한선을 올려 잡는 수준이다. 일본은 동해를 바라보는 입장이 좀 더 확장되어 홋카이도와 사할린을 포함하는 북방 상한선을 설정하고 있다. 그러나

19 김응종, 『페르낭 브로델』, 살림, 2006, 245~246쪽.

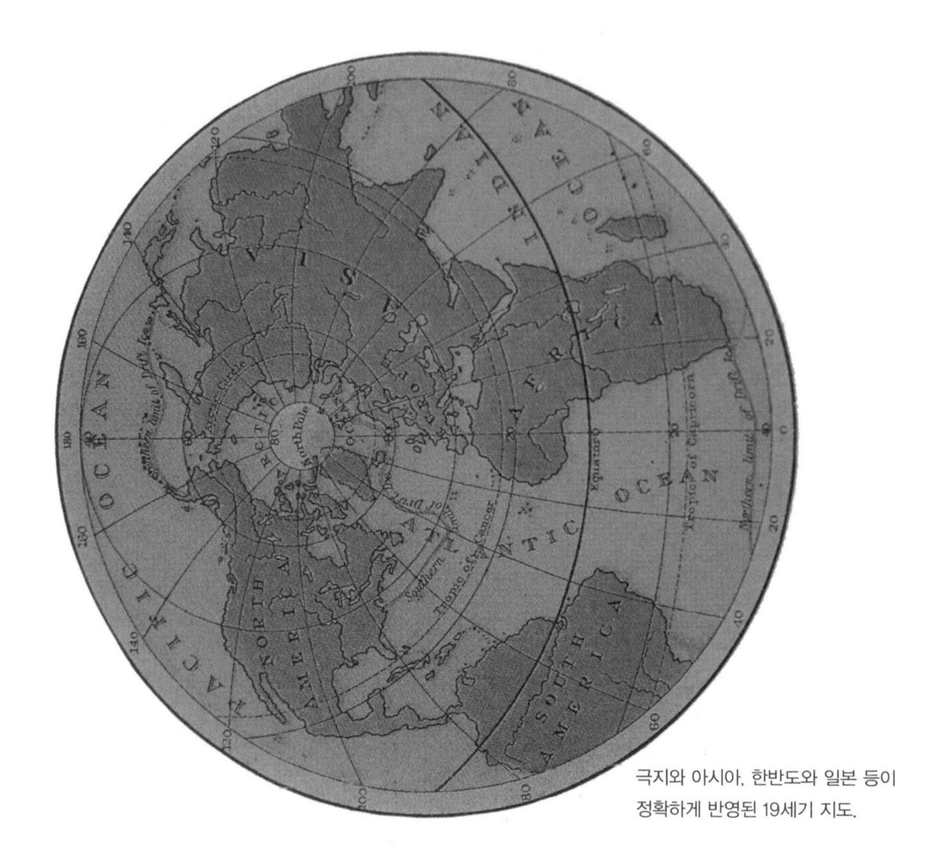

극지와 아시아, 한반도와 일본 등이
정확하게 반영된 19세기 지도.

본디 홋카이도와 사할린은 아이누의 땅이지 일본 혼슈와는 무관한 영역이었다. 러시아의 동방 진출 이후 아무르강 하구와 연해주 방면은 '차르의 바다'와 '소비에트의 바다'를 거쳐서 '러시아의 바다'로 간주되고 있으나, 이곳 역시 본디부터 다양한 소민족 '원주민의 바다'였다. 중국은 금, 원, 청 등 만주 지역까지 포괄하던 중화의 입장에서 동해를 바라보고 있으나 중국 동해권은 러시아와 마찬가지로 '원주민의 바다'였을 뿐이다. 오늘날에는 동해 출구가 봉쇄되어 '동해 없는 중국'으로서 만족할 따름이다.

이러한 각 나라의 이해관계와 그럴 수밖에 없는 시각의 한계는 동해를 자국의 관점에서만 규정짓게 한다. 그러나 동해는 단절된 공간이 아니다. 동해는 그 자체로 깊고 거대한 호수 같은 바다이다. '호수'를 둘러싸고 각 나라와 종족들이

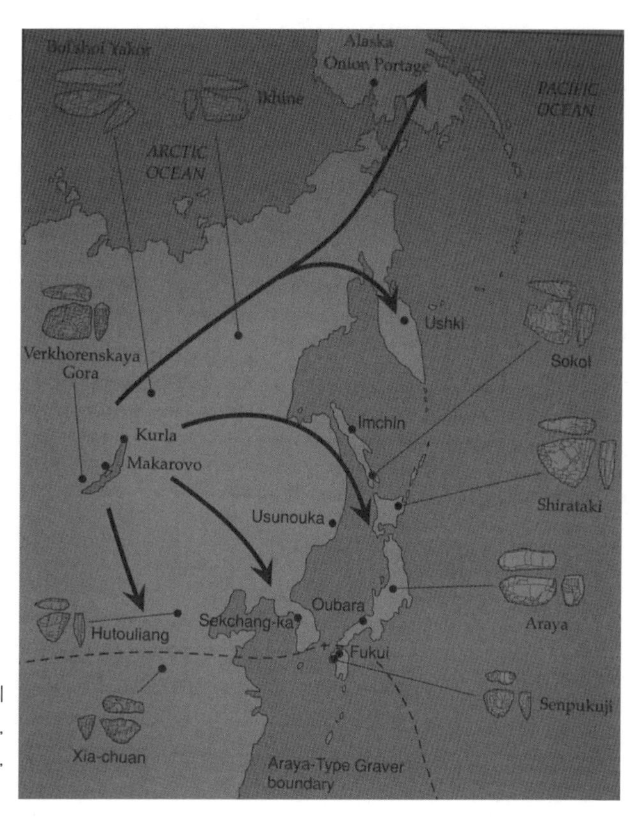

환동해와 오호츠크해의 시베리아 석기문명 전파로(『AINU』, Smithsonian Institution, 1999, 45쪽).

해안을 통해 이동하거나 바다를 건너가기도 했다. 연해주에서 사할린으로, 사할린에서 홋카이도로, 홋카이도에서 일본 열도로 순환되는 루트가 존재했다. 지금의 두만강 하구에서 동해를 관통하여 일본으로 오고 가는 사신 및 무역 루트가 형성되었으며, 일본에서 울릉도를 거치거나 경상도 해안으로 출몰하는 일이 흔했다. 한반도 동해안에 자주 출몰하던 왜구들은 일본과 한국 사이의 동해를 통한 내통을 보여주는 사례이기도 하다. 바다에 의지해서 살아가던 사람들은 기본적으로 '유목의 세계'였기 때문이다.[20]

20 中丸明, 『海の世界史』, 講談社, 1995, 19~35쪽.

9

동해의 순환 구조는 전적으로 바닷길에 의존했다. 바닷길은 연안을 끼고 내통하는 육로, 동해 자체를 관통하는 해로가 존재했다. 육로는 아무르강 하구와 연해주의 시호테알린 산맥 부근에서 출발하여 한반도의 백두대간과 연결된다. 이들 거대 산맥의 동편으로 가파르게 해안이 형성되어 육로 바닷길을 형성했다. 이들 육로 바닷길 곳곳에 크고 작은 포구와 항구가 시대에 따라 명멸했으며, 장기 지속적으로 오늘에까지 이어지는 항구와 포구들이 존재한다. 동고서저東高西低의 백두대간과 동해의 좁고 길쭉한 바닷길만을 염두에 두는 한국인의 '보편적 동해관'에는 북방으로 길게 이어지는 시호테알린 산맥까지 동해가 이어지고 있음을 고려하는 '확장된 동해관'이 없다. 백두산이 민족의 조종산祖宗山으로 호출되는 순간부터, 백두산은 백두대간의 정점으로서 꼭짓점을 형성하였고, 이는 영토와 국민국가 개념의 북방 한계선으로 작동했으며, 오히려 백두대간이 시호테알린 산맥과 길게 이어져 있는 현상을 바라보지 못하게 하는 역효과를 가져왔다. 한국인의 백두대간에 대한 시선은 대체로 두만강에서 멈출 수밖에 없기 때문이다.

고대로 소급하면 발해의 육로 바닷길은 바로 이들 산맥의 동쪽을 따라서 남북으로 오가던 길이었으며, 발해 이전에 옥저와 동예의 바닷길이 또한 이 길이었다. 이 동해 바닷길은 가자미식해, 명태식해 등 '식해의 길'이기도 했다. 식품으로서의 식해의 공간적 내통이 관동·관서의 동서 교류가 아니라 남북으로 길게 남북 교류로 관철되었음을 주목하는 것이다. 이는 동해 어종 분포의 생태적 통일성과도 연관된다. 가령 동해 북부의 명태어장은 전통적으로 오호츠크해부터 함경도 해안, 남쪽으로 강원도와 경상북도 해안까지 이어졌다. 이에 따라 어로 기술, 생산품의 가공 및 식생활 적용 등의 친연성이 한반도 동부 해안 바닷길을 따라서 길게 형성되었다. 미시적 소재에 불과한 명태식해의 환동해 바닷길 루트에는 이처럼 거대한 문명사적 교류의 거시적 소재가 잠복되어 있다.

일본의 기타마에부네가 오가던 시모노세키에서 아오모리青森와 홋카이도에 이르는 환동해 바다길 역시 사정은 비슷했다. 한반도 동해안이 수직적 질서로 곧추서 있다면, 일본 동해안은 수평적 질서로 비스듬히 누워 있다. 산요로山陽路

에 대비되는 산인로山陰路가 길게 도호쿠東北까지 흘러가는 해안가이기도 하다. 이 환동해 바닷길은 홋카이도를 넘어서며, 여기에서 사할린으로 연결되고, 결빙기에는 사할린에서 그대로 아무르강 하구의 대륙과 연결된다. 이로써 연해주로부터 한반도, 규슈로부터 호쿠리쿠 지방, 호쿠리쿠에서 홋카이도와 사할린으로 연결되어 다시금 오늘의 러시아령 연해주로 한 바퀴 도는 바닷길이 순환 구조로 완성되어 있었다.

동해는 시베리아 대륙과 한반도, 일본 열도에 둘러싸인 호수 같은 형상이기는 하나 갇혀 있는 바다가 아니기 때문이다. 동해는 끝없는 망망대해, 즉 대양大洋은 아니지만 심해저, 해류, 해저 지형 등에서 두루 대양의 소양小洋의 자격을 갖추고 있다. 소대양인 관계로 동해를 형성시켜주는 대륙과 섬 사이에는 많은 해협이 존재한다. 해협을 통하여 해상교통이 발달하였고, 각 해역 문화권이 형성되었으며, 인간과 물자 그리고 자연의 동식물이 운반되고 표착되었다.

해협	위치	연결되는 바다
대한해협	한반도와 규슈 사이의 동해	동중국해
제주해협	한반도와 제주도 사이의 동해	황해
간몬 해협	혼슈와 규슈 사이의 동해	세토나이카이
쓰가루 해협	홋카이도와 혼슈 사이의 동해	태평양
라페루즈 해협	홋카이도와 사할린섬 사이의 동해	오호츠크해
타타르 해협	러시아의 극동 본토와 사할린섬 사이의 동해	오호츠크해

제주해협은 황해로 연결된다는 점에서 동해권에 넣기에 애매한 점이 있지만, 대한해협의 길목이자 구로시오 해류가 북상하는 해협이라는 점에서 광의의 동해권역과 연계된다. 라페루즈 해협과 타타르 해협은 절반은 동해이지만, 절반은 오호츠크해와 연계된다. 쓰가루 해협도 태평양과 직결된다.

이처럼 육로가 아닌 바다로서의 환동해 바닷길은 좀 더 역동적이다. 한반도 동해안의 항구·포구를 연결하는 연안 항로, 일본의 기타마에부네가 오고 가던 연안 항로, 연해주 소수민족들이 오고 가던 연안 항로까지 순환적 구조를 보여준다. 그러나 역시 동해 항로의 백미는 두만강 하구에서 동해를 관통하여 일본 열도에 이르는 지름길이다. 발해의 사신로와 무역로, 제국일본의 만주 침탈로가 동일한 길이었다. 그렇지만 남북을 사선으로 가로지르는 지름 바닷길 이외에도 각 지역을 연결하는 바닷길이 무수하게 존재했다. 발해의 첫 사신이 잘못 당도했다가 죽임을 당한 루트는 오늘의 연해주에서 홋카이도에 이르는 바닷길이었다. 그러한 착오는 연해주에서 홋카이도까지 직접 닿을 수 있는 노선이 상시적으로 열려 있었음을 뜻한다. 일본 열도 남서쪽에서 동해를 관통하여 강원도나 경상도와 교류하고, 어민들의 울릉도 진출은 각 지역별로 무수한 내왕이 있었음을 뜻한다. 특히 우연 또는 필연에 의하여 많은 사람들이 동해에서 표류하여 한일 양국의 해안에 표착했다. 동해 내에서의 다양한 방식의 표류와 표착은 해류와 바람의 이동이 동해의 각 해안을 매우 긴밀하게 연결해주었다.

다시 브로델의 지중해 이야기로 돌아와본다. 브로델이 보기에, 당시 지중해에서의 장거리 무역은 소수 집단, 즉 사회 구성원의 일부에 불과한 상류층의 욕구를 채워주기 위한 사치품의 교환에 주력했다. 따라서 겉보기에는 휘황찬란한 문명이 실제로는 금박만큼도 깊이가 없었다고 보았다. 사람이 하루하루의 삶으로 나이를 먹어가듯이, 『지중해의 기억』은 개인들의 삶으로 이루어진 일종의 성장기와도 같았다. 브로델은 어떠한 특정한 발명 혹은 영웅으로 지중해를 바라보지 않았다. 지중해는 삶의 터전이었고, 이는 지금도 그렇고, 앞으로도 그럴 것이기 때문이었다. 『지중해의 기억』에는 그 과정의 한때의 시간이 그려져 있다.[21] 브로델이 제시한 지중해 담론이 유럽 중심 사관이라는 한계가 있음에도 불구하고 영웅이 아닌 개인적 삶의 터전으로서 지중해를 서술하고자 했던 그의 태도는 동해 문명사를 서술하는 데도 도움이 될 것이다. 그는 영웅들이 만들어낸 바다가 아닌, 지중해 변을 살아가던 보편적 '액체의 역사'를 말하고자 했다. 이 책 역시 동해의 영웅들이 등장하는 딱딱한 '고체의 역사'가 아니라, 보편적 역사 속에서 만들어진 '액체의 역사'라는 관점에서 동해 이야기를 시작하게 된 것이다. 한국

21 페르낭 브로델, 『지중해의 기억』, 2006.

과 일본, 오늘의 중국과 러시아의 해안가를 걷거나 연안 항로를 이용하거나 동해를 관통하는 이 모든 동력들은 '액체의 바다'를 근거로 하여 태어난 것이기 때문이다.

중심과 변방, 문명과 야만의 변증

10

북방 동해, 즉 오늘날의 러시아령 연해주, 중국령 만주(동북3성) 등의 동해 변은 소민족들이 살던 터전이었다. 그러나 이들 소민족들은 이 일대를 장악했던 고구려나 발해, 아니면 요나 거란, 금, 청 같은 만주에서 발흥한 세력과 국가를 형성하는 융합적 존재들, 즉 역사에서는 오랑캐라 부르던 존재였다. 동몽골 초원의 초이발산에 가면 거란의 옛 성곽이 그런대로 잘 보존되어 있다. 거란의 세력이 유라시아 연해주에서 동몽골까지 확고부동하게 미쳤다는 증거다. 이처럼 동해 변의 국가체제는 제국의 영역 내에 존재했을 뿐 제국의 하부에는 다양한 오랑캐들이 융합적으로 존재했다.

사실상 아시아는 유럽적인 개념으로, 20세기까지 그 지역에 사는 민족들은 아무도 '아시아'라는 개념을 받아들이지 않았다. 또한 '변방과 중심'이라는 관점은 동북아시아의 경우, 대체로 중국적 관점에서 비롯된 것이다. 변방 오랑캐에 관한 고대의 기록도 대체로 중국 문헌에 근거한다. 현존하는 당대 역사 기록을 보면, 이방인에 관한 한 중국 역사 기록에서 중요하게 평가되는 의례나 계보 같은 것이 상세하게 기록되지 않았을 뿐만 아니라 민속학 자료나 여타 자료도 남아 있지 않다. 이는 중국인들이 기본적으로 '문화적' 차이라고 여길 만한 것에 대해 관심이 없었음을 보여준다. 역사 기록자들은 다른 문화를 기록하는 지적 작업에 임하면서도 적극적으로 묘사하려는 시도를 하지 않았다. 이러한 사정은 중화 특유의 오랑캐관에서 비롯된다. 그나마 역사적 지식의 새로운 패러다임 가운데 진일보한 것으로서 종족 문화를 정확하게 묘사하는 태도를 발견할 수 있는

것은 『사기』가 유일하다.[22]

> 무릇 천자天子란 천하의 머리이니, 왜 그런가 하면 위이기 때문이다. 오랑캐蠻夷는 천하의 발이니, 왜 그런가 하면 아래이기 때문이다. 지금 흉노가 거만하게 굴며 지극히 불경한 것은 발이 위에 있고 머리가 아래에 있어 거꾸로 뒤집힌 것과 같다.
>
> —『한서』漢書 권48 「가의전」賈誼傳

말을 타고 황량한 들판을 떠돌며 국경을 넘어 약탈할 기회를 노리는 야만인들. 이것이 오늘날 우리의 의식에 깊이 박힌 오랑캐蠻夷의 이미지다. 동부 유라시아의 유목민과 중국인은 서로를 문자 그대로 동물처럼 경멸해왔다. 중국인은 서북의 '야만인'을 묘사하는 말에 '돼지'라는 어근을 썼고, 몽골인은 화베이華北 평원을 점령한 후 중국 농민을 몰아내야 할 '가축'으로 표현했다.[23]

수천 년간 우리의 정신을 지배해온 중국 중심의 역사관을 넘어서 문명의 적으로 낙인찍힌 유목민들의 진짜 역사는 동해의 문명사적 궤적에서도 중요한 문제다. 호전적이고 미개한 야만인으로 알려져온 중국 북방의 유목민은 실제로는 독자적인 금속기 문화를 발달시켰다. 융적戎狄, 호胡, 흉노匈奴 등의 이름으로 중국 역사서에 등장하는 유목민들은 일찍이 앞선 기마술과 금속기 문화를 토대로 드넓은 유라시아 초원을 지배했다. 중국에 기마 전술을 전해주었을 뿐 아니라 여러 부족이 연합하여 제국을 형성하고 중국을 견제하는 세력으로 성장하는 등 아시아 고대사의 한 축을 담당하며 왕성하게 활동했다. 기원전 3세기에 출현한 흉노 유목제국의 치자齊家 문화, 주카이거우朱開溝 문화, 샤자뎬夏家店 문화 등은 중원中原 문화권과 확연히 구별되는 청동기 문화를 바탕으로 형성되었다. 이들 문화권에서 소유자의 사회적 지위를 상징하는 장신구와 무기들이 출토되었음은 유목민이 '전사 귀족'의 지배를 받는 계급 사회를 형성했음을 입증한다. 그뿐 아

22 니콜라 디코스모, 이재정 옮김, 『오랑캐의 탄생』, 황금가지, 2005, 143쪽.
23 피터 C. 퍼듀, 공원국 옮김, 『중국의 서진: 청의 중앙유라시아 정복사』, 길, 2012, 60쪽.

중국 너머 동몽골 도르노드 초원.

니라 상商나라 유적에서 출토된 동물양식 공예품은 당시에 이미 중국과 교역을 했다는 증거이기도 하다. 유목민과의 접촉은 여러 방면에서 중국 문화에 영향을 주었다. 중국 미술은 시베리아에서 기원하여 흉노나 내륙 아시아인을 통해 중국에 전파된 동물양식으로부터 영향을 받았다. 상나라 기술보다 뒤떨어진 밀랍주조 청동기 주조법이 서방으로부터 중국에 전래되었으며, 유리 제품이 이집트에서 건너왔다. 동시에 중국의 비단은 로마제국과의 주요 무역상품의 하나였다.[24]

오늘날 중국 역사학자들은 "중국사의 범위는 현재 중화인민공화국의 영토를 범주로 한다"는 원칙에 따라 고대사를 서술한다. 고구려사 논쟁 또한 이러한 원칙으로 말미암아 벌어진 것이다. 이 논쟁에서 우리는 중국의 역사 왜곡을 비난하고 중화주의의 대두를 경계하지만, 유목민에 관한 한 우리도 중화 사관에서 자유롭지 않다. 중국의 관점에서 보면 한韓민족도 유목민과 마찬가지로 중국의

24 워렌 코헨, 이명화 · 정일준 옮김, 『세계의 중심 동아시아의 역사』, 일조각, 2009, 31쪽.

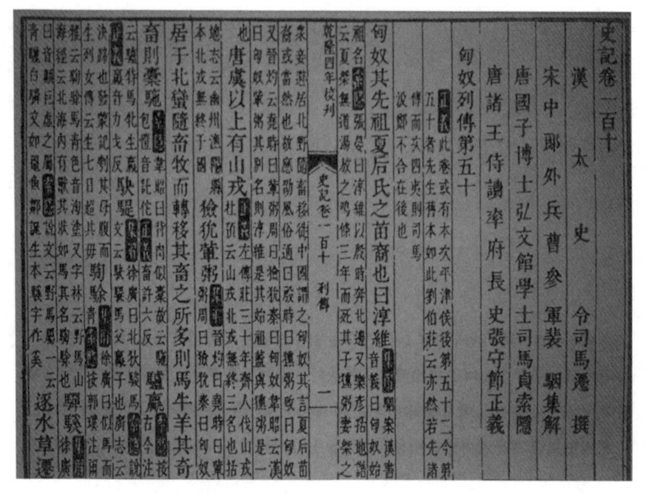
史記卷一百十
漢 太 史 令司馬遷 撰
宋 中 郎 外 兵 曹 參 軍裴 駰集解
唐國子博士弘文館學士司馬貞索隱
唐諸王侍讀率府長史張守節正義
匈奴列傳第五十
匈奴其先祖夏后氏之苗裔也曰淳維
唐虞以上有山戎
獫狁葷粥
居于北蠻隨畜牧而轉移其畜之所多則馬牛羊其奇
畜則橐駞
駃騠
騊駼
驒騱
逐水草遷

사마천의 『사기』에 등장하는 「흉노열전」.

변방에 위치한 오랑캐에 불과한데도 긴 세월 동안 중화 사관에 지배당한 탓에 이중적인 잣대를 가지게 된 것이다.

오죽하면 단재 신채호가 『조선사총론』에서, 『사기』의 「흉노열전」을 읽으며 "조선과 흉노가 3,000년 전에는 같은 집안의 형제였다는 생각을 가지고 그 해결을 구하였다"라고까지 강변했을까. 『오랑캐의 탄생』을 쓴 니콜라 디코스모는 중국 문헌에 의존하는 전통을 과감히 버리고 '대등한 역사 공동체들 간의 교류'를 동아시아 고대사의 패러다임으로 삼은 바 있다. 그는 역사를 국경 안에 가두려는 시도에 대응하는 한 가지 방법을 보여주었다. 그렇지만 주변 민족을 오랑캐의 울타리에 가두려는 중화적 시도는 번번이 실패했다. 청의 발흥이 좋은 예다.

명은 북쪽으로 누르하치奴兒哈赤, 동쪽으로 도요토미 히데요시風臣秀吉에게 시달림을 당한다. 여진족의 수장인 누르하치가 부족 통일 전쟁에 뛰어든 것과 도요토미 히데요시가 시즈가 타게賤ヶ岳 싸움에서 승리를 거둔 것이 같은 해였음은 우연이라고 볼 수 없는, 다시 말해 동아시아 사회의 큰 변동을 예고하는 사건이었다. 누르하치가 한위汗位에 올라 후금을 건국한 때는 도쿠가와 이에야스德川家康가 도요토미를 멸망시키고 천하태평으로 크게 일보를 내디딘 다음 해(1616)였다. 여기서도 무시할 수 없는 일치를 볼 수 있다. 한漢민족 입장에서 볼 때, 여진족은 '북적'北狄, '이'夷, '호'胡 등으로 불린 주변 민족에 불과했다. 일본도 옛날부터 동이東夷라 불리며 중화의 주변을 구성하는 민족의 하나로 취급되어왔다. 동아시아사의 관점에서 이 시대는 중화에 대한 주변 민족의 '반란의 시대'라 할 수 있다.[25]

동아시아 문명을 잉태시켰다는 중국의 역할을 너무 과장해서는 안 된다. 동아시아에서 이루어진 문화적 발전이 전적으로 중국에서 비롯된 것도 아니었고 한국인, 일본인, 열대 동남아시아인 등이 아무것도 발명하지 못하는 야만인도 아니었기 때문이다. 고대 일본인들은 세계에서 가장 먼저 토기를 만든 민족의 하나였으며, 식량 생산이 도입되기 훨씬 전부터 풍부한 해산물을 바탕으로 촌락에 정착하여 살던 수렵채집인이었다. 그러나 중국의 역할이 가장 컸다는 점은 부인할 수 없다. 중국 문자가 한국과 일본에서 끈질기게 버틴 것은 거의 1만 년 전 중국에서 시작되었던 동식물의 가축화, 작물화가 20세기에 남겨놓은 생생한 흔적이다. 동아시아 최초의 이 농경민들이 이룩한 업적 덕분에 중국은 중국화되었고, 타이에서 이스터섬으로 건너간 사람들이 중국인의 사촌들이었던 것도 그 때문이다.[26] 요컨대 균형 잡힌 시각이 요구되는 것이다.

11

울란바토르에서 서남쪽으로 300킬로미터 지점에 커다란 비석 세 개가 있다. 그 중 하나에 '고궐특근지비'故闕特勤之碑라는 한자명 비문이 있는데, 주인공은 1300년 북방 초원에 거대 제국을 건설했던 유목민 돌궐의 한 왕자였다. 이들 비문은 중국을 거치면서 왜곡된 기록이 아닌, 유목민의 생생한 육성을 들려준다. 그들의 세계관은 중국인들의 '중화'를 중심으로 하는 일원주의적 천하관과는 매우 대조적이다. 그들은 자신들을 둘러싼 주변 나라와 민족을 정치적 친소나 지리적 원근에 따라 배열하지 않고 태양의 운행에 기초한 독특한 세계관에 따라 정렬시

25 아사오 나오히로 외, 이계황 외 옮김, 『새로 쓴 일본사』, 창비, 2003, 252쪽.
26 재레드 다이아몬드, 김진준 옮김, 『총·균·쇠』, 문학사상사, 1998, 496쪽.

켰다. 비문에는 해가 뜨는 동방의 뵈클리라는 나라도 나오는데 바로 고구려다. 돌궐제국 창건자가 사망했을 때, 조문을 보내온 각국 명단에 고구려가 포함된 것이다. 주목할 점은 고구려 군주가 비문에서 '뵈클리 카간', 즉 최고 군주인 황제를 뜻하는 카간으로 기록되었다는 것이다. 고대 유목민은 '하늘에 두 개의 태양이 있을 수 없듯이 지상에 2명의 황제가 있을 수 없다'는 중국식 정치관념을 받아들이지 않았다. 그들은 돌궐 군주뿐만 아니라 중국, 고구려, 티베트, 키르키스 등 주변 나라를 지배하는 군주도 카간이라는 칭호로 불렀다. 주변을 야만인이라 규정하는 중국식 일원론적 세계관과 달리 투르크인들은 다른 지역, 문화, 국가, 민족을 나름대로 독자적인 정치적 질서와 문화적 특징을 지닌 존재로 인정했다. 몽골 초원의 비석은 그동안 중국의 기록을 통해 우리에게 각인된, '유목민은 잔인하고 미개한 문명의 파괴자'라는 이미지를 벗겨내고, 오히려 그들이 자신과 동등한 정치적 실체를 인정하고 다른 민족과 문화의 공존을 장려한 사람들이었음을 웅변해준다.[27]

고궐특근지비.

당이 와해된 후 중원의 일부 혹은 전부를 지배한 왕조 중에서 한족 왕조는 송, 명에 불과하다. 거란, 요, 여진, 금, 몽골, 원, 청은 모두 북방민족의 정복 국가였다. 1911년 동아시아의 마지막 전통 왕조가 붕괴하기까지 1,000여 년 동안 중원을 지배한 왕조의 절대다수는 만주에서 흥기한 정복 왕조였다. 이들 왕조의 동쪽 변경은 만주, 즉 유라시아의 끝자락인 동해 변이었다. 아무르강과 두만강 하구는 곧바로 동해에 접한 중국의 동쪽 해양 변경이었다.

거란 역사학자로 유명한 카를 비트포겔Karl Wittfogel이 체계화한 정복 왕조Conquest Dynasties는 북방 유목민족의 정치적 성격을 나타내는 데 적합한 개념이다.

27 박한제 외, 『유라시아 천년을 가다』, 사계절, 2002, 54~55쪽.

정복 왕조론은 중국을 지배한 이민족들이 결국 한화漢化된다는 한족 중심적 동화론의 일방적 관점에서 유목민족을 바라보던 시각에서 벗어나 한족과 이민족의 문화적 변용과 이원적 통치체제에 주목한다. 그러나 이런 시각은 중국 학계에서는 거의 무시되어왔는데, 이는 북방민족과 한족의 대립을 강조하는 정복 왕조론이 민족 융합과 한화를 중국 역사의 필연적 결과로 인식하는 그들의 공식적 입장과 대립되기 때문이다. 결국 전근대 중화주의의 문화적 '우월감'이 극명하게 표현된 것이 역사 서술이었고, 그러한 한족 중심적 편견과 왜곡은 만주에 대한 진정한 이해에 걸림돌이 되어왔다. 만주에서 흥기한 정복 왕조 거란과 여진의 역사는 결코 '중화민족'의 역사가 아니며, 북방 '오랑캐'의 '하찮은 역사'는 더더욱 아니다.

러시아가 중국을 키타이kitai(거란)라 부르는 것은 거란이 중국을 식민지로 통치한 북방민족 국가이기 때문이다. 거란제국은 예부터 이웃 민족의 역사를 무조건 자국 중심으로 보는 한족의 화이사관에 맞서 처음으로 북방민족(선비, 거란, 여진, 몽골) 중심의 사관, 즉 이화사관을 확립하고 중국 통치에 성공한 북방민족 국가다.[28] 그들의 역사는 현대의 만들어진 개념인 '중국', 즉 단지 한족 입장에서 보는 편협하고 왜곡된 시각에서 탈피할 수 있는 중요한 단서를 제공한다. 그러므로 한국사는 물론이고 동아시아사, 그리고 세계사의 진정한 이해를 위해서는 정복 왕조 만주의 역사에 소홀할 수 없는 것이다.[29]

흉노는 결코 사라지지 않았다. 중국사에서 부단 없이 중요한 역할을 했으며 유라시아의 광대한 초원을 가로질러 게르만족의 대이동을 유발시켜 서로마제국의 붕괴를 가져왔다. 그러나 오늘날 세계사에서 유라시아 내륙의 유목민만큼 부당한 취급을 받는 민족도 드물 것이다. 그 기조는 중화주의는 물론이고 더 나아가서 유럽 중심의 사관에서 비롯된다.[30] 유라시아 대륙의 중앙을 가로지르는 광대한 초원과 그 아래로 드넓게 펼쳐진 사막과 반半사막에서, 고대 중국의 한 역

28 서병국, 『거란제국사 연구』, 한국학술정보, 2006.
29 한정석 · 노기식 편, 『만주』, 소명출판, 2008, 26~41쪽.

칭기즈칸의 후예들(몽골 초이발산).

사가가 말했듯이 걸음마보다 말 타기를 먼저 배울 수밖에 없었던 유목민들은 지난 2,000년 이상의 세월 동안 자신들에게 주어진 환경에 적응하고 인내하며 역사의 부침에 동참하였고, 인류 문명사에 굵고 선명한 자국을 남겨놓았다. 그렇지만 중국과 유럽의 사가들은 이들 유목민에게 야만이라는 호칭을 달아주었다.

유목 전문가 르네 그루세René Grousset(1885~1952)는 "우리에게 닥쳐왔던 아시아의 위대한 유목민들을 야만으로 간주하는 것은 순전히 우리의 무지에서 비롯된 것이다. 야만인의 문제는 정확하게 서술되지 않으면 안 된다"라고 자신의 책 서문에서 밝혔다.

> 고전세계는 여러 종류의 야만인과 마주쳤다. 켈트족은 오랫동안 로마인의 야만인이었고, 게르만족은 갈리아인에게, 슬라브의 세계는 게르만인에게 그러하였다. 마

30 사와다 이사오澤田勳, 김숙경 옮김, 『흉노』, 아이필드, 2009, 5~7쪽.

찬가지로 후일 남중국으로 알려진 지역도 황하 유역에 있던 원래의 중국인들에게는 오랫동안 야만으로 남아 있었다. 만주에서 부다페스트에 이르기까지 중앙 유라시아 북방을 가로지르는 넓은 초원의 사람들은 다만 지역적인 조건으로 인해 다른 곳에서는 이미 오래전에 지나가버린 생활양식이 영속화되었을 뿐이다.[31]

12

동해를 중심에 놓고 한반도와 일본 열도, 중국과 러시아의 교류를 국가 간 관계로만 생각하면 무시되는 사람들이 나타난다. 예를 들어 고구려는 한반도 북부, 만주 남부, 연해주 남부에 걸친 영토를 가지고 있었다. 그곳에는 한민족 이외에 만주족, 퉁구스족, 길랴크, 오로치 등의 다양한 종족이 살고 있었을 것이다.

후대 역사에 등장하게 되는 러시아와 소민족의 관계는 좀 더 선명하다. 러시아인이 차지한 주권국가 러시아의 영토는 애초부터 존재하지 않았다. 러시아인이 유라시아 동해안에 등장하면서부터 소민족의 탄압과 길항관계가 형성되었으며, 오늘의 러시아령 유라시아 동단의 풍경은 매우 복합적이며 이질적인 종족, 풍습, 역사 등이 혼효된 상태다. 유라시아 북방권 문화는 북아메리카 원주민 문화와 다를 게 없을 정도로 친연성이 높다.[32] 유라시아에서 북아메리카까지 문명 간 교섭이 장기 지속적으로 이루어진 결과일 것이다.

통념상으로 발해와 일본이 교류했다고 할 때, 교류의 인종적 구성에 관해서는 문헌으로 확인된 바 없다. 그들 사신이 이른바 고구려 후예만으로 구성되었다고 볼 수 있을까. 또한 고구려의 인종 구성은 단선적이고 단일한 것인가. 우리는 후대의 문헌만을 가지고 발해를 논하고 있을 뿐이다.

홋카이도에서 사할린, 심지어 아무르 강변으로 이어지는 아이누의 교역과 인적 교류가 여러 민족지적 자료에서 확인된다. 연해주의 오로치족은 근세에 이르기까지 동해 변에서 활발하게 어업에 종사하던 집단이다. 환동해 북부 해역과 연

31 르네 그루세, 김호동·유원수·정재훈 옮김, 『유라시아 유목제국사』, 사계절, 2003, 11쪽.
32 힐러리 스튜어트, 주강현 옮김, 『인디언의 바다』, 블루앤노트, 2010.

오호츠크 해변을 그린 그림.

결되는 오호츠크 해양 세계로 접어들면 이들 소수 인종의 분포와 활동상은 좀 더 역동적이어서 이들을 제외하고서는 유라시아 동해 변을 서술할 수 없을 정도다.

앞에서 동해에는 쓰시마 난류가 흐른다고 했다. 해류가 동중국해에서 제주도와 규슈 사이를 거쳐 대한해협을 거치고 북상을 거듭함은 문명 전파와 교류의 흔적이 일본 동해 변에 강력하게 남아 있을 가능성을 부여한다. 가령 호쿠리쿠 지방인 노토能登에는 가마우지를 이용한 물고기잡이가 성하다. 이들 전통은 남방에 분포하는 풍습으로 일본 동해 문화의 남방적 영향으로 보아야 한다.[33]

환동해 문명 교류의 문헌적 증거에서 북방 소수민족은 열외다. 이들 소수민족이 동해에서 표류하다 일본에 표착했을 가능성이 농후하지만 이를 뒷받침하는 문헌이 거의 없다. 표류는 일상적으로 벌어졌을 것이고, 어딘가 표착한 것도 사실일 것이다. 이처럼 '국가'와 '작은 민족'의 접촉과 거래는 '쓰이지 않은 역사'

33 쓰루미 요시유키, 이경덕 옮김, 『해삼의 눈』, 뿌리와이파리, 2004, 377쪽.

로 존재할 뿐이다. 홋카이도와 아무르 강변 사이에 이루어진 산단山丹 무역 정도가 그나마 '국가'와 '작은 민족'이 접촉한 증거다. 그러나 이러한 연구는 주류가 아닌 비주류 연구에 머물고 있다. 일본의 농업 중심 역사관에 의문을 제기하며 비농민적 시점에서 새로운 일본 역사상을 구축한 아미노 요시히코는 카이민의 실상에 주목하였다.[34] 그러나 카이민의 재발견, 역사와 민속의 결합 등을 본격화하여 주류 학계를 뒤흔든 아미노에 대한 역사학계의 반발에서 보았듯이, 일본에서도 바다 중심의 연구는 매우 일천했음을 알 수 있다.[35]

해양사관을 주장한 가와가쓰 헤이타川勝平太는 에도 시대가 대외 폐쇄적 상태였음은 분명하지만 내부 시장의 동력이 만만치 않은 상황이었음을 규명했다. 그는 이매뉴얼 월러스틴이 말한 바 유럽의 '근대 세계체제'의 성립과 병렬적 상황으로 이해했다. 서유럽이 삼각무역(서부 유럽-미국-아프리카)을 전제로 상품시장을 발견하고 산업혁명으로 나아갔다면, 에도 시대는 쇄국은 하더라도 국내시장에서 산업혁명과 다름없는 혁명을 달성하고 노동 집약적인 경영을 만들어냈다고 본 것이다. 무로마치·전국시대에 일본의 은 생산량이 세계 생산량의 30퍼센트를 훌쩍 넘었음도 분명하다. 이 시기에는 또 섬유혁명(마에서 무명으로의 전환)도 일어났으며, 간장이 개발되어 향신료를 수입할 필요도 없었다. 쇄국을 해도 일본 경제가 돌아가던 상황이었다.[36] 이 책에서 다루게 될 환동해의 기타마에부네의 포구와 섬을 연결하던 네트워크는 환동해의 원동력이었으며, 환동해를 특징짓는 중요한 역사 발전 단계였다.

연구가 진척될수록 동해가 오랫동안 '변방의 바다'로 존속하고, '잊힌 바다'로 존속할 수밖에 없던 요인이 좀 더 밝혀질 것이다. 그러나 환동해는 국지적 바다, 정지된 바다에서 국한되는 것이 아니라 오호츠크해와 연결되고, 오호츠크는 베링해와 연결됨으로써 유라시아 대륙과 아메리카 대륙이 하나의 문명권으로 연

34 網野善彦, 『海民と日本社會』, 新人物往來社, 1998, 8~47쪽.
35 赤坂憲雄 外, 『網野善彦を繼ぐ。』, 講談社, 2004, 15쪽.
36 川勝平太, 『文明の海洋史觀』, 中央公論社, 1997.

환동해, 그 야생의 땅(캄차카 베링해 연안).

결되었다. 따라서 극동이라는 명칭은 지극히 유럽 중심적인 관점에서 바라본 동단東端일 뿐, 문명의 자유로운 교섭을 무시한 것이다. 이제 유럽 중심주의는 하나의 구성된 세계관으로서 객관적인 진리가 아니라는 반성이 확산되고 있다.[37] 마셜 호지슨Marshall G. S. Hodgson이 보기에 '중심의 역사'도 '주변의 역사'도 없다. 호지슨의 세계사 서술에서 중요한 초점은 서양사를 세계사의 맥락에서 유럽 중심적 목적론으로부터 자유롭게 하는 데 있다. 그는 진정한 의미의 세계사란 아시아와 그 주변(외곽)의 역사여야 하고, 유럽은 그 이야기의 전개 속에서 특권 역할을 하지 않았다는 명제에서 출발해야 한다고 주장한다. 호지슨은 '중동'이라는 이

37 재닛 아부-루고드, 박흥식·이은정 옮김, 『유럽 패권 이전: 13세기 세계체제』, 까치, 2006.

름 자체가 만들어진 명칭임을 분명히 했다. 유럽의 입장에서 중동이라는 가상의 공간을 만들어내어 공격을 일삼았다는 것이다. 우리에게 익숙한 세계 지도인 메르카토르Mercator 도법으로 작성된 지도도 과장, 허위라는 것이다. 이 도법은 극지방으로 갈수록 면적이 심하게 확대된다는 단점이 있다. 유럽에 유리한 도법일 뿐 실제 세계지도와는 다른 것이다.[38]

이 같은 탈유럽, 탈중화의 관점에서 본다면, 이른바 극동의 '잊힌 바다', '변방의 바다'가 일정 정도 사실임에도 불구하고, 그 관점을 '동단-극동-변방'이라는 오지로만 볼 것이 아니라, 환동해권 내에서 역동적으로 펼쳐졌던 내부의 동력을 더불어 살펴보는 혜안이 요구된다.

38 에드먼드 버크 엮음, 이은정 옮김, 『마셜 호지슨의 세계사론』, 사계절, 2006.

우리는 유럽에서는 식객이고 노예였다.
그러나 우리는 아시아에서는 주인님이다.
우리는 유럽에서는 타타르인이었다.
그러나 아시아에서는 우리도 유럽인이다.
— 도스토옙스키, 1881

1장

유라시아 대항해

—

러시아의 동진:
야쿠츠크, 하바롭스크, 아무르

—

I

유라시아 최대 사건,
동해와 태평양에 출현한 러시아

러시아가 동쪽으로 간 이유

상트페테르부르크는 페트로파블롭스크 요새 건축을 시점으로 18~19세기를 거치면서 수많은 대로, 궁전, 정원, 첨탑, 동상, 운하로 이루어진 독특한 도시로 형성되었다. 페테르부르크는 '근대' 러시아 문화의 새로운 이정표를 표상하는 상징적 기호였다. 페트로파블롭스크 요새와 똑같은 이름이 들어가는 페트로파블롭스크 캄차츠키 도시가 상트페테르부르크에서 가늠할 수 없이 멀리 떨어진 캄차카 반도에 존재한다는 사실은 서단에서 동단에 이르는 러시아의 광대한 영역과 극단적 개척의 시대를 은유적으로 상징한다.[1]

페트로파블롭스크 캄차츠키의 해양항만청이 있는 바다가 굽어 보이는 언덕의 순환도로 변에는 베링해의 전설적 영웅 비투스 베링Vitus Bering(1681~1741)의 기념비가 서 있다. 유라시아를 관통하는 대륙을 통한 '대항해'의 동단 기점이다. 수많은 탐험가와 모험가, 모피 상인과 러시아 정교 사제들이 상트페테르부르크에서 페트로파블롭스크 캄차츠키까지, 그리고 베링해를 넘어서 알래스카까지 대항해에 동참했다. 대항해는 수 세기에 걸쳐 진행되었다.

'달마가 동쪽으로 간 이유'만큼이나 '러시아가 동쪽으로 간 이유'도 자못 큰 역사적 사건이다. 러시아가 연해주, 즉 동해에 출몰하기까지 장구한 세월, 하지만 세계 역사에서 본다면 '순식간'에 이 장대한 역사적 서사敍事가 완료되었다.

1 북카자흐스탄 세베로주의 주도도 페트로파블롭스크다. 1752년 러시아의 요새로 세워졌으며, 곧이어 러시아, 중앙아시아, 카자흐 스텝 사이에서 이루어지는 교역의 중심지가 되었다. 1896년 시베리아 횡단철도가 연결되었으며, 카자흐스탄 횡단철도의 연결점이기도 하다.

상트페테르부르크 넵스키 거리(19세기).

캄차카 반도의 페트로파블롭스크(1799년).

그리하여 러시아는 어느 결에 두만강 하구쯤에서 한반도와 접경하게 되었으며, 조선의 영토인 녹둔도를 집어삼켰다. 러시아의 동해 출몰 사건은 우리 역사에 매우 중요한 의미를 가지며, 환동해의 역사에서도 중요하다. 따라서 우리의 이야기는 시간을 되돌려 차르 시대로 돌아갈 필요가 있다.

유라시아에는 본디 국민국가와 무관하게 다양한 민족과 언어들이 공생공존하며 살아갔다. 유라시아 샤머니즘으로 대변되는 고대 시베리아권 문화체계 속에는 수렵과 어로, 유목, 농업 대가족 공동체 문화 속에 자연과 어울린 확고한 대륙, 해양적 상상계가 내재했다. 유라시아는 드넓은 대륙과 동해와 베링, 오호츠크해와 북태평양권 속에 형성된 공통적 주제와 상징성이 잘 보존된 곳이었다. 러시아제국은 그러한 질서와 공생을 깨부수었다. 그리하여 유라시아는 '러시아제국의 시베리아'이자 원주민의 역사가 거세되어버린 '부인된 역사'가 되었다. 제국에 의해 강제로 '발견'되어 '정복'당했으며, 엄연히 다양한 민족들이 살아가던 땅이 '버려진 땅'으로 치부되었다.

시베리아에서 고古아시아계 황인들의 스러져간 족적을 밟아나감은 북아메리카 인디언의 궤멸사 추적과 다를 바 없다. 노엄 촘스키Noam Chomsky가 "507년, 정복은 계속된다"고 했을 때,[2] 그 논법은 고스란히 오늘의 시베리아에 부합된다. "유럽 중심의 역사, 소수 서구 국가들이 지구를 정복하고 통치하도록 운명 지워졌다는 확신, 콜럼버스가 아메리카에 도착한 1492년은 이 모든 것의 시작을 표시하는 해다"라고 에릭 홉스봄Eric Hobsbawm이 말한 것과 동일하게, 차르 러시아의 동방정책은 '유라시아－시베리아'를 휩쓰는 열병의 시작이었다.

대항해의 통속적 정의는 유럽 세력의 아시아, 라틴아메리카, 아프리카로의 대대적인 '진출/침략'을 뜻한다. 그런데 대항해에 관한 편견이랄까, 덜 인식되는 것의 하나가 차르 제국의 바다가 아닌 육지를 통한 동정東征이다. 포르투갈, 스페

2 노엄 촘스키, 오애리 옮김, 『507년, 정복은 계속된다』, 이후, 2000.

인, 네덜란드, 영국 등 해양강국의 대항해에 익숙한 상태에서 차르 제국의 동방 침략은 별개 현상으로 치부하는 경향이 강하다. 그러나 상트페테르부르크에서 야쿠츠크, 하바롭스크, 블라디보스토크까지, 더 나아가 캄차카를 거쳐 알래스카에 이르는 동정도 인류 문명사에 큰 변화를 가져온 충격의 한 갈래다. 동북아시아의 수많은 원주민, 그리고 한국, 중국, 일본 등이 버티는 지정학적 조건에서 러시아의 출현은 유라시아의 오랜 역사에서 어쩌면 전혀 새로운, 전혀 이질적인 역사가 시작되었음을 뜻한다. 대항해 시대가 이론적으로 잘 정비된 것에 비하여—물론 그 이론적 정비란 대체로 서구인들의 시각이겠지만—세계사적으로 차르의 동방 진출은 덜 주목받고 덜 정리된 것이다.

서방의 대항해 시대가 함포를 앞세운 폭력적인 것이었다면, 차르의 군대는 무장 코사크를 앞세우고 모피 상인이 뒤따르는 방식이었다. 코사크들은 조각배를 타고 사방으로 무리들을 보내어 원주민을 정복하고 요새를 지었다. 이들의 뒤를 따라 황야의 약탈자인 사냥꾼과 모피 상인이 따랐다. 곧이어 러시아 정교회 성직자들이 십자가를 들고 뒤따랐다.

육로는 애초에 없었기 때문에 정복자들은 강을 길로 이용했다. 시베리아 강들은 환상적이고 특이하여 강줄기들이 바다의 밀물과 썰물처럼 봄에는 강둑을 넘쳐서 바다를 이루고, 겨울에는 얼어서 빙하를 이루었다. 남쪽으로 떠난 코사크들은 예니세이강과 그 지류를 따라서 부랴트족과 퉁구스족이 '성스러운 바다'라고 부르는 바이칼호에 이르렀다. 1632년, 코사크족들은 드디어 레나 강가에 이르러 요새 야쿠츠크를 세웠다. 야쿠츠크를 기점으로 세 방향으로 정복이 계속 이루어졌다. 하나는 동북쪽 베링 해협, 다른 하나는 캄차카 반도와 곧바로 동쪽으로 오호츠크해에 이르는 길, 마지막으로 남쪽 아무르강(흑룡강)에 이르는 길이었다.

시베리아의 겨울은 길고도 잔인하다. 온도계가 얼어붙을 지경인 데다가 햇빛은 빛나고 추운 공기는 삐걱삐걱하여 소리를 내는 듯하며, 온 세상이 죽은 듯하다. 지구상에서 겨울과 여름의 온도차가 100도씩 나는 곳은 없을 것이다. 겨

일리야 레핀Ilya Repin (1844~1930)이 그린 코사크족.

울에는 60도까지 내려가다가 여름에는 40도까지 오른다. 그래서 시베리아 사람들이 가장 기다리는 계절은 역시 봄이다. 짧은 봄이야말로 야성적이며 채색으로 가득하다. 여름밤은 진정 붉고도 밝고 길기만 한데 상트페테르부르크의 백야에 비할 바가 아니다. 정복자들은 이 같은 시베리아 환경에 재빨리 적응해나갔다.

정복자들은 모피뿐만 아니라 고래 뼈, 해마 이빨, 맘모스 뼈 따위의 '북극 보물'을 찾아 나섰다. 북시베리아에서만 200여 년 동안 맘모스 2만 2,000여 마리를 찾아냈다. 17세기 중엽에는 동부 시베리아를 향해 본격적으로 동진하기 시작했다. 꿈같은 보화가 있다는 소문에 이성을 잃은 사람들이 하이에나처럼 몰려들었다. 정벌의 파동은 오호츠크해 해변까지 밀어닥쳤다. 시베리아 정복의 역사는 '러시아-아메리카'의 땅, 즉 알래스카에 당도함으로써 종료되었다. 지극히 짧은 기간에 모스크바에서 출발한 동진의 파동이 멀리 베링해와 오호츠크해에 미쳤으니 단기간에 이루어진 가장 넓은 정복이었다.

유럽-러시아가 우랄 산맥을 넘어 극동에 이르기까지 동진을 거듭하여 아시아-러시아를 건설해나간 역사는 식민지 경영의 역사 그 자체였다. 영국, 스페인 등이 바다를 통해 해외 침략에 나설 때 러시아인들은 내륙을 통한 식민지 확대에 몰두했다. 사회주의 혁명 후에도 사정은 변하지 않았으며 동진은 20세기 전 과정에 걸쳐 지속적으로 이루어졌다. 대항해 시대의 신념은 사실상 역사적이

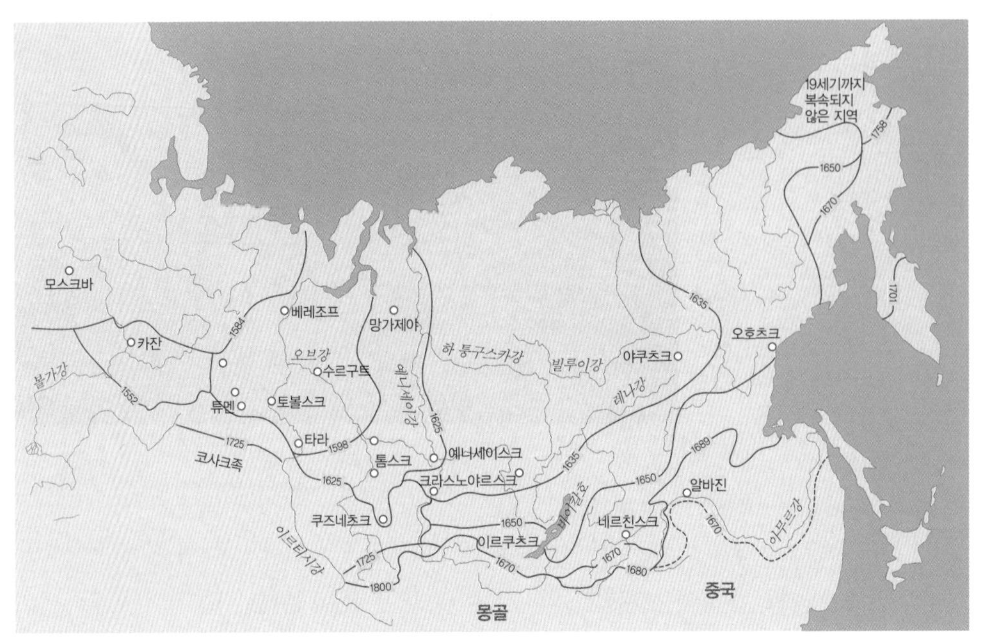

러시아의 시베리아 정복. 1552~1800년대의 대략적인 단계(제임스 포사이스, 『시베리아 원주민의 역사』 참조).

고 지리적인 것이었다. 대항해 시대의 유럽인관은 '역사의 창조자'로 간주되었다. 유럽은 변함없이 전진하고 진보하고 근대화한다는 신념이다. 나머지 세계는 훨씬 굼뜨게 전진하거나 정체되어 있었다. 말하자면 원주민은 영원히 '전통사회'에 머물렀다. 따라서 세계는 지리학적으로 영원한 중심부와 영원한 주변부로 나뉘었다. 즉 내부와 외부가 존재하는 것이다. 내부는 앞장서고 외부는 뒤따른다. 내부는 혁신하고 외부는 모방한다. 이 신념은 확산론, 좀 더 정확히는 유럽 중심적 확산론이다. 그것은 세계의 표면을 움직여나가는 문화화 과정에 관한 이론이었다. 문화화 과정은 유럽으로부터 흘러나와 비유럽으로 향하는 경향이었다.[3]

3 제임스 M. 블라우트, 김동택 옮김, 『식민주의자의 세계 모델』, 성균관대학교출판부, 2008, 24쪽.

부인된 역사, 지워진 역사

러시아인이 시베리아에 발을 들여놓은 16세기 말엽 이전에도 시베리아는 소위 '신세계'가 아니었다. 그전에도 시베리아에 사람들이 거주했기 때문이다. 정복 이전에 시베리아에는 30여 개 민족 25만 명가량이 살고 있었다. 몽골어, 투르크어, 피노우그리아어 계열의 언어를 쓰는 민족이 있었고, 언어학적 연관성이 전혀 없는 언어를 쓰는 민족도 있었다. 그들은 눈앞에 펼쳐진 드넓은 지평선 너머에서 세력을 넓혀오는 세상에 대해서는 전혀 모른 채 자신들을 '바다 사람들', '숲 사람들', 또는 그냥 '사람들'이라고 불렀다. 주변 환경에 철저히 적응한 그들의 생존 수단은 시베리아에 대한 존경의 표시인 동시에 시베리아와 싸워 획득한 전리품이었다.[4]

러시아의 동방(아시아)정책에 대한 문화적이고 사상적인 배경에는 19세기 서구의 제국주의 팽창에 대한 우려와 서유럽 문명에 대한 피해의식도 깔려 있었다. 이것은 신성한 사명holy mission이라는, 한편으로는 강제된 자기최면의, 한편으로는 러시아의 제국적 야망에 대한 위장이라는 이중적 함의를 지닌 것이기도 했다. 러시아 슬라브주의자들에 의해 전파된 신성한 사명은 발칸 지역에서의 범슬라브주의 운동을 거쳐 중앙아시아와 극동 진출로 구체화되었다. 동방주의로 대변되는 러시아 동방정책의 사상적·문화적 배경에는 유럽에서 태동한 지정학적 사고와 사회진화론적 조류가 자리 잡고 있었던 점을 부인하기 힘들다. 사회진화론에 근거하여 러시아는 중앙아시아나 몽골 등 극동의 변방 국가에 대한 정복활동을 반半미개 지역의 열등 국가에 대한 문명화로 합리화하려 했다.

러시아 동방주의는 러시아 내부에 아시아에 대한 문화적 공감대가 태생적으로 존재하기 때문에 서구보다 정서적으로 아시아에서 유리한 위치에 있다는 다소 빈약한 낙관론에서, 황인종 국가로부터 유럽 문명을 보호하기 위해 아시아에 진출하여 열등한 아시아 국가들을 복종시켜야 한다는 극단적인 인종주의적

4 안나 레이드, 윤철희 옮김, 『샤먼의 코트』, 미다스북스, 2003, 11쪽.

견해에 이르기까지 다양했다. 다양성에도 불구하고 아시아 진출을 통한 제국 러시아의 완성이라는 역사적 사명 완수라는 공통점이 있었다. 이러한 동방주의적 견해는 1890년대 러시아의 본격적인 동아시아 정책과 맥이 닿아 있었다.[5]

동방으로 공격적 진출을 했던 표트르 대제. 안드레이 마트베예프 그림, 1725년, 에르미타주 박물관.

러시아 역사가들은 정복당하기 전의 시베리아를 '적은 수의 원주민들이 흩어져' 사는 '비어 있는 땅'으로만 생각했다. 그러나 시베리아는 혹독한 기후에도 불구하고 17세기 러시아인들이 진출하기 수천 년 전부터 토착 원주민들이 전 지역에 흩어져 살고 있었다. 구석기시대 최초의 인간 거주지 흔적이 레나강 상류 계곡과 그 남부 지대에 나타나며, 기원전 3500년경에는 다양한 신석기 문화가 여기저기에서 나타났으며, 북극해 해안 지대를 포함한 북부 아시아 전체로 퍼져나갔다. 몇몇 물질문화 유적과 언어학적 증거로 미루어 볼 때, 이들 문화는 수 세기에 걸쳐 인종과 언어가 서로 혼합되면서 발전해온 것으로 추측된다.

문제는 17세기가 되어서야 비로소 대부분의 시베리아 원주민에 대한 역사적 기록이 러시아인의 손으로 시작되었다는 점이다. 시베리아는 분명 '비어 있는 땅', '사람이 살지 않는 땅'이 아니었음에도 침략자에 의해 '부인된 역사'로 서술되었다.

식민 팽창주의에서 유럽의 다른 국가들과 러시아의 근본적 차이는 단지 범선 함대를 구성하여 대양을 가로질렀느냐, 아니면 같은 유라시아 대륙에 있는 강과 산을 넘어 '미개척지'로 진출했느냐일 뿐이다. 러시아 탐험대는 동시대 서구 유럽인들이 누렸던 군사조직과 기술의 발달에 힘입어 화기를 소지하게 되었

5 백준기 외, 『아시아의 발칸, 만주와 서구열강의 제국주의 정책』, 동북아역사재단, 2007, 28~32쪽.

는데, 이것은 '덜 발달한' 원주민의 땅을 차지할 수 있게 만든 강력한 무기였다.[6]

예르마크 티모페예비치(?~1585) 같은 '고비 풀린 코사크족'은 무책임하고 야만스럽기로 악명이 높았다. 그러나 러시아의 식민지 확장에 앞서서 서부 시베리아를 열어놓은 예르마크의 역할은 러시아 민족주의자들의 시각에서 볼 때, 그를 위대한 영웅으로 만들어내기에 충분했다. 푸시킨Aleksandr Pushkin(1799~1837)은 죽기 직전 예르마크에 대한 서사시를 쓸 계획까지 세웠다. 1840년대의 인기 연극에 등장하는 나이 먹은 도적 예르마크는 마지막 숨결이 "너무도 맑고 투명하다. 이것이야말로 모국 러시아의 미래다"라고 연출되었다. 그가 "황홀경을 느끼며 침묵에 잠긴 후" 무대의 커튼이 내려갔다. 소비에트 입장에서 볼 때도 예르마크는 프롤레타리아의 선도적 역할을 수행한 탁월한 귀감이었다. 소비에트는 그를 활용하기 위해 발전소 이름을 예르마크라고 짓는가 하면, 예르마크 쇄빙선을 여러 척 건조하기도 했다. 예르마카, 예르마키, 예르마코바, 예르마콥스코예처럼 도시 이름으로 삼기도 했다.[7] 그러나 시베리아 원주민을 복속시키는 과정에서 큰 역할을 했던 코사크족을 이상적으로 미화하려는 러시아 공산주의 역사가의 시도는 설득력이 떨어진다. 16~17세기에 활개쳤던 도적 떼에게 '피점령지 국민들을 해방'시킨다는 민족해방 개념을 적용함은 적절하지 못하다.[8]

이주민 혹은 일당 노동자라는 의미를 지닌 코사크는 무거운 세금과 강제노역을 피해 변경으로 달아난 농노와 그 자손을 지칭하는 말이었다. 러시아 농민반란의 상징인 스테판 라진은 코사크의 상징이기도 하다. 코사크들은 품팔이, 수렵, 약탈로 생계를 이어갔지만 시베리아 정복에 투입되어 이전과는 전혀 다른 지배자의 삶을 살아갔다.

계층에 관계없이 모든 러시아 정복자들은 시베리아 원주민을 생활방식이나 군사력에서 자기들보다 열등한 적으로 보고 자신들의 부를 늘리기 위해 마음대

6 제임스 포사이스, 정재겸 옮김, 『시베리아 원주민의 역사』, 솔, 2009, 17쪽.

7 안나 레이드, 『샤먼의 코트』, 37쪽.

8 제임스 포사이스, 『시베리아 원주민의 역사』, 47쪽.

타타르를 공격하는 예르마크.

18세기 후반에 그려진 예르마크 초상.

노보고로드의 밀레니엄 기념비에 각인된 예르마크.

로, 그리고 무자비하게 착취하고 죽일 수 있는 대상으로 취급했다. 무장한 도적떼들이 만나는 대로 원주민을 죽이고 약탈물을 나누는 것은 아주 예사로운 일이었고, 정복 초기 단계에는 원주민을 동물처럼 사냥했다.[9] 상술을 이용하여 원주민을 경제적으로 강박했으며, 알코올 중독과 전염병, 매독이 창궐하여 인구가 급감했다. 코사크들은 도망치는 오이라트족 피난민을 습격하여 여자와 아이들을 사로잡아 시베리아의 노예시장으로 끌고 가는 등 이들의 괴로움을 가중시켰다. 코사크들은 소년소녀 노예들을 공물 대신 받아서 야쿠츠크에 내다팔았다. 1724년 캄차카강 상류와 볼샤이강 요새에 머물던 러시아인들은 209명의 노예들을 소유하고 있었다.[10]

러시아의 정복은 원주민의 인종적 특성에 깊은 자국을 남겼다. 우랄 산맥을 넘어 러시아인들이 침입해 들어온 초기부터 수천 명의 원주민 여성들은 보예보다부터 농민에 이르기까지 사회 전 부류에 걸친 침입자들의 아내, 첩, 노예가 되었다. 시베리아 정벌 초기에 이들은 러시아 여성들이 아니라 '아시아 여성' 또는 '불결한' 이교도 여성들을 아내로 삼았다. 시베리아의 러시아인들이 원주민에게서 부인이나 딸을 빼앗아서 '세례도 받지 않고 결혼식도 올리지 않은 채 부부관계를 맺으며 산다'고 러시아 정교 성직자들이 항의하곤 했다. 결과적으로 시베리아 사람들에게는 많은 혼혈 요소들이 포함되어 그들의 신체적 특성과 언어에 반영되었다. 유럽에서 들어온 새 인종은 '신시베리아인'이라 불렸다. 1911년 시베리아 인구는 940만 명에 달했고, 원주민 수는 107만 명이었다.[11]

그럼에도 불구하고 19세기 후반부터 러시아 역사가들은 '쓸모없는 땅'을 강조하고, '정복'이라는 단어 대신에 '병합·합병' 같은 단어를 동원했으며, '봉건영주의 탄압 아래 자발적으로 피어났던 부족 간 유대감이 약해졌다'는 식의 표현을 사용했다. 구소련 역사학자들이 도출한 시베리아 식민지화에 대한 '올바른'

9 위의 책, 50쪽.
10 위의 책, 143쪽.
11 위의 책, 201쪽.

러시아가 유라시아 대륙을 점령했음을 뜻하는 시베리아 문장.

견해는 시베리아의 생산력을 발전시킨 진정한 토대가 순수한 농민의 이주와 이들에 의한 땅의 경작이었다는 것이다. 고립되고 서로 떨어진 원주민 공동체들을 발전하는 러시아 국가경제 속에 편입시켜준 것이라는 설명이다. 이런 도식적 이론은 러시아 국가의 역할, 특히 군대의 역할을 조직적으로 축소한다. 즉 보야르의 자제, 관리, 스트렐치, 그리고 코사크 용병, 이들 모두는 수적으로 매우 적었던 것으로 묘사되고 있으며, 무분쟁이라는 신화로 지배되었다.[12]

러시아가 아시아에 남아 있는 마지막 유럽 세력이라는 사실만큼은 러시아인들도 인정한다. 하지만 그들은 러시아와 시베리아의 관계가 개척기의 미국과 미국 서부의 관계와 유사하다고 주장한다. 하나로 이어진 땅덩어리라는 사실로

12 위의 책, 124쪽.

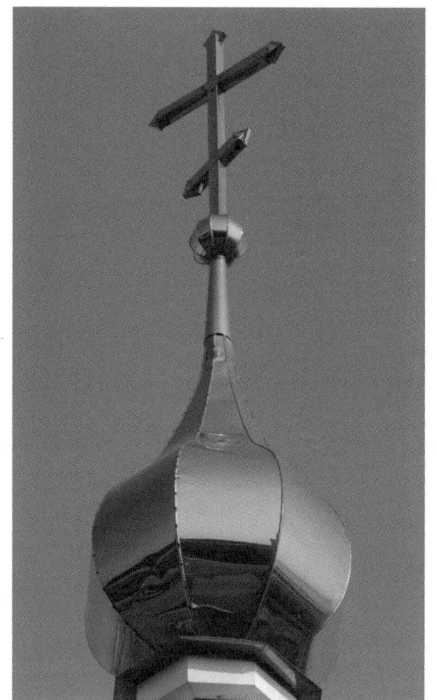
러시아 정교의 전파.

키릴문자의 전파. 블라디보스토크.

인해 식민지 지배국과 식민지 사이의 구분이 흐릿해졌다. 시베리아에 정착한 슬라브족 이주자들 상당수는 원주민을 아내로 맞았다. 그러나 러시아의 과거와 현재에서 시베리아 원주민의 존재를 떼어내는 것은 멕시코에서 마야를 떼어내기, 호주에서 애보리진을 분리하기, 미합중국에서 수족과 아파치족을 지워버리기 같은 거짓과 자기기만에 지나지 않는다.[13]

19세기 말과 20세기 초 시베리아 원주민들에 대한 러시아 저술가의 견해는 모두 어두운 내용뿐이었다. 원주민에게 가해진 경제적·도덕적·병리학적 영향은 '퇴화된 인종'이라는 개념을 보편적으로 이끌어냈으며, 결국 거의 모든 시베리아 원주민은 멸족 상태를 피할 수 없게 되었다.[14] 유럽인들이 식민지에서 생각

13 안나 레이드, 『샤먼의 코트』, 14쪽.

했던 것과 마찬가지로 시베리아의 원주민도 게으르고, 좀 더 나아지려는 욕망이 결여되어 있어서 러시아 식민주의자들을 위해 일하기보다 '야생의 숲을 뛰어다니며' 가난한 삶을 사는 것을 택한다고 알려졌던 것이다.[15]

문명과 교화라는 이름의 시베리아 식민지

일찍이 레닌Vladimir Lenin은 '민족 문제의 제기는 전 세계에 걸친 현상'임을 강조했고, 1917년 11월 2일에 선포된 역사적인 '러시아 인민 권리선언'을 거론했다. 레닌의 제안으로 채택된 이 역사적 문서는 러시아 영토에 사는 소수민족과 인종의 자유로운 발전을 보장하고 있다. 그러나 필자가 1993년 사하공화국에서 만나 길게 대화를 나누었던 국립모스크바대학 정치경제학부 출신의 유능한 사하족 올가는 영어로 또박또박 레닌주의를 비판했다.[16] 레닌이 민족 문제 해결에 남다른 인식을 가졌다고 믿어온 필자에게 그녀는 일대 반격을 가했다.

레닌의 민족 문제 해결은 오직 이론상으로만 그랬다.

모든 이론은 회색빛이라고 하던가. 레닌이 말한바, 민족 문제의 해결은 온데간데없었으며, 특히 스탈린 체제가 들어서면서 시베리아의 민족 인사들은 처형의 길을 걸어야 했다. '러시아-시베리아'로의 도식적인 발전 경로를 걷게 된 것이다. 시베리아 원주민 문화는 부인된 문화가 되었으며, '러시안 식민지'로 접어들었다. 샤먼은 오로지 '모든 종교는 아편이다'라는 명제 아래 철폐되었으며, 샤먼에 대한 탄압은 곧바로 시베리아 문화의 거의 전부라고 할 수 있는 정신적

14 제임스 포사이스, 『시베리아 원주민의 역사』, 173쪽.
15 위의 책, 234쪽.
16 주강현, 『21세기 우리문화』, 한겨레신문사, 1999.

동시베리아 선교의 진원지였던 이르쿠츠크 수도원.

정체성에 일대 타격을 가했다. 러시아식 서구화 물결은 시베리아에서도 예외가 아니었다.

1917년 볼셰비키 혁명이 일어나기 전까지 시베리아의 가장 중요한 종교는 샤머니즘이었다. 혁명 이전에도 정복자들에 의하여 러시아 정교로 개종할 것을 강요받았으나, 혁명 이후의 샤먼 탄압에 비할 바는 아니었다. 수많은 샤먼들이 처형당했으며, 아예 자신의 언어마저 부인되었다. 1930년대 소비에트 러시아는 원주민에게 전통적 생활방식의 잘못된 점을 말해주면서 궁극적으로 거의 모든 것, 즉 유목생활, 씨족 구조, 부족 종교, 족외혼, 신부 값 등을 포기하도록 유도했다. 절대적 계몽주의 시대와 같은 강한 신념을 가지고 행하는 일종의 개혁적 '선교 행위'였다.[17]

17 제임스 포사이스, 『시베리아 원주민의 역사』, 287쪽.

러시아인들은 대체로 평화적인 절차에 따라 시베리아를 지배했으며, 러시아와의 통합은 더 높은 문화와의 접촉으로 원주민들에게 해로움보다는 더 큰 이득을 주었고, 또한 러시아 식민체제는 원주민을 무자비하게 착취했던 다른 식민체제와 아무런 유사성이 없다는 등의 주장이 난무하고 있다. 레닌주의 민족정책이 시베리아 원주민을 포함한 소수민족 전체를 인도주의와 정의로 이끌었다고 주장해왔다. 그러나 실제로는 집단화, 유목생활 반대, 전통문화와 생업의 파괴 등 소비에트 러시아의 사회·정치제도로 강제 동화시키는 정책을 펼쳐 모든 원주민에게 압제와 고통을 가하였다.

다수의 마르크스주의 저술가들은 시베리아 원주민에 대해 왜곡되게 서술했으며, 원주민을 '문명과 교화'라는 이름으로 집단화시키면서 삶의 근거지를 파괴했다. 시베리아 식민지의 자원은 무한 약탈당했으며, 부패하면서도 중앙에서 통제받지 않는 관료들은 자신들의 배만 채웠다.

샤먼은 러시아 정교회에서 공격했듯이 단순한 '미신'이 아니었다. 이들은 소수민족의 지도자였으며, 평소에 약재를 갈무리해두었다가 치료해주는 치료사이기도 했다. 샤먼들은 마술적 의식에 따른 것이 아닌, 치료용 약초와 용액에 관한 축적된 민간전승 지식에 의지하는 민간의술 치료사로서 여전히 공동체에서 존경을 받고 있었다. 대부분의 샤먼들은 자신의 직업을 무거운 짐으로 여기고 자기가 베푼 행위에 대해 단지 적은 수고비와 답례품을 받으며 가난하게 살아갔다. 샤먼들은 대체로 공동선을 위해 살아가던 선한 사람이었다. 이들 샤먼은 대부분 학살당하거나 숲 속으로 내쫓겼다. 원시공산주의에 가까운 수렵 원주민들의 나눔을 뜻하는 '니마트'nimat를 공산주의자들은 미덕으로 보지 않고 사회적 기생과 착취라는 혐오스러운 행위로 간주했다.

민중신앙 운동사에 남은 저항도 뒤따랐다. 1904년 봄에 체트 첼판이라는 목자에게 신이 새로운 종교, 즉 백신앙을 계시했노라는 소문이 알타이 산맥 인근에 떠돌았다. 이 백신앙은 러시아 사제들이 흑신앙이라 불렀던 샤머니즘에 대응하는 것이었다. 이 새로운 종교는 알타이 지역을 한때 지배했던 오이라트족

17세기 네덜란드 여행서에 나오는 에벤키족 샤먼.

Oirat의 중가르Jungar제국 민속전통에서 나온 것이다. 몽골 서북쪽 홉스굴 지역에서 일어난 서몽골 오이라트는 동몽골 초원 지대와 다르게 초원산림 지대에서 생성되었기에 오이라트 자체가 '숲의 사람'을 뜻했다. 칭기즈칸이 지배하던 시절 산림 부족 가운데 가장 강했던 오이라트부는 칭기즈칸에게 귀순했으며, 많은 오이라트부 사람들이 원나라 권신이 되었다. 원이 멸망한 후 막북漠北에 북원北元이 세워지자 오이라트 수령 보칸이 북원의 타이시太師로 집권했다. 1416년에 이르러 오이라트는 몽골 초원의 패자가 되었다. 영락제는 몽골 부족에게 조공무역을 허락했고, 마시馬市 형태의 교역이 이루어졌다. 그러나 청은 번번이 마시를 통제했다. 오이라트는 번영과 쇠락을 거듭하면서 나중에 몽골 고원을 다시 장악하게 되는 중가르제국의 등장을 준비하게 된다.

오이라트계 유목민족의 '최후의 불꽃'이랄 수 있는 중가르는 청의 서북부 신장-위구르 지역과 카스피해, 외몽골과 티베트까지 영향력을 행사했다. 청은 분할 통치와 오랜 공략으로 주도면밀하게 중가르족 학살을 시도했으며, 집단학살의 비극을 불러온다. 이후 이 지역에 살던 중가르족이 사라지자 위구르인이 번성하게 된다. 러시아 역시 청에 못지않게 중가르를 억제하려 했기에 중가르는

중가르와 청의 전투.

반청·반러의식이 강했다. 이는 오늘날 몽골이 반중을 기본으로 하면서도 반러 속성을 일정하게 공유하는 것과 비슷하다.

종족 멸망이라는 유사 이래의 환난을 겪은 중가르족에게 자신들을 구원할 백신앙 메시아가 등장한 것이다. 이들 종족을 자유로 이끌어줄 메시아는 17~18세기 오이라트족 지도자들, 즉 갈단, 아무사르사나 등의 이름을 갖고 있었는데 보통 오이로트라 불렸다. 또 다른 이름은 '일본 황제'를 뜻하는 야폰칸이었는데, 이것은 러일전쟁에서 일본이 승리한 것이 알타이 지역에서 환영받고 있었다는 사실을 보여준다. 이들 메시아들의 계시는 반러시아주의였다.[18]

> 붉은 수염의 러시아인보다 더 못한 것은 없다네. 바람이 불어와 말라버린 풀이 사라져가고 (……) 러시아 성냥은 나쁜 불이고 털북숭이 러시아 사제는 나쁜 사람이라네. (……) 여섯 개의 활이 구부러질 때에는 알타이 전역에 불이 일어나고 황금의 오이로트가 오면 러시아는 더 이상 없을 것이라네.

성냥뿐만 아니라 러시아인이 사용하는 많은 것들, 즉 석유램프, 옷감, 바나

18 제임스 포사이스, 『시베리아 원주민의 역사』, 197쪽.

(사우나), 감자 등 러시아의 지배를 상징하는 모든 것이 알타이족 사람들의 땅에서 거부되었다. 러시아 정교가 식민주의 공물 강제 징수, 그리고 조상 땅의 강탈과 연계되어 있었으므로 이 새로운 백신앙은 빠르게 번성했다. 러시아 혁명이 일어나기 바로 전날 체트 첼판의 종교는 그들이 선호하는 오이로트라는 명칭을 앞세우고 알타이 투르크족의 국가적 자아 각성을 최초로, 또 조직적으로 표현했다.

19세기 대부분의 러시아인들은 유라시아 몽골과 부랴트 등에 퍼져 있는 라마교의 승려들을 단지 무지한 협잡꾼 또는 많은 첩과 과도한 섹스를 즐기는 게으른 기생충 같은 존재로 치부했다. 차르는 샤먼의 자리에 동방정교회 성직자를 세우려고 애썼다. 공산주의자들은 샤먼을 배척하면서 감옥에 집어넣었다. 스탈린은 그들을 총살하거나 헬리콥터에서 내던지는 만행을 저질렀다.[19] 샤먼을 비행기에서 밀어내며 "네가 신이라면 우주를 날아다닐 수 있으니 알아서 살아남으라"는 것이었다.

지금도 페트로파블롭스크 캄차츠키의 자연사박물관에 가면 '과학적'인 러시아 의사가 환자를 왕진하는 유명한 그림이 '비과학적'인 샤먼의 주술 치료에 대비되는 방식으로 전시되어 있다. 이런 그림은 스탈린 시대에 시베리아에 널리 배포되었다.

레닌의 이론에 비추어볼 때, 계급 차별과 봉건적 종속 관계에 비하면 민족적 차이는 사소한 것이었으므로, 자치는 단지 중앙집권으로 가는 과정에 있는 중간 단계일 뿐이었고, 궁극적인 목적은 모든 민족을 하나로 묶는 것이었다. 북부 원주민에 대한 소비에트 정부의 초기 활동은 인류애의 정신에 기초한 것이었다.

그러나 1926년에 '낡은 부족적 생활방식은 범죄를 구성한다'라고 법률로 규정했다. 오랜 세월 유지되어온 관습을 아무런 거리낌 없이 불법으로 규정하면

19 안나 레이드, 『샤먼의 코트』, 18쪽.

러시아의 의사가 샤먼의 집을 방문하자 샤먼이 웅크리고 있다. 문명에 의한 야만의 패배를 상징하는 이 그림은 소비에트 정권에 의해 널리 복사되어 시베리아에 뿌려졌다.

서 원주민의 바람과는 아무 상관 없는 러시아의 법을 부과했다. 시베리아에 어디에나 존재하는 공동체적 삶이 원시적 공산주의를 나타내는 것일 수 있으나 각자 능력에 맞게 일하고 과업에 따라 분배받는다는 사회주의 공식을 만족시키는 것은 아니었다. 소비에트 당국은 옛날 공동체적 관습을 존중하던 태도에서 벗어나 파괴하는 쪽으로 방향을 잡았고, 원주민의 시장과 화폐경제에 관여하기 시작했다. 이것은 역설적으로 당시 러시아의 많은 이상적 마르크스주의자의 신념과 배치되었다.

동부 시베리아의 거점인 사하공화국의 야쿠트족 볼셰비키 지도자들 역시 학살당했으며, 민족어의 사용이 금지되었다. 사할린과 캄차카의 소수민족들 대부분이 살해되거나 동화되어 혼혈화되었다. 이 같은 비극의 실체를 인식한다면, 또 다른 소수민족인 조선인들이 느닷없이 연해주 동해안에서 기차에 실려 중앙아시아 벌판에 내버려졌던 이유를 이해할 수 있을 것이다. 연해주의 탐험가이자 박물학자인 아르세니에프는 이런 말을 남겼다.

> 이른바 문명인들은 자신의 세계에 존재하는 악마는 인정하면서도 토착민이 두려워하는 악마는 믿지 않는 경우가 많다. 자신들의 악마는 이성적이고 합리적이지만, 토착민의 악마는 번개와 같은 자연현상에 불과하다는 것이다. 종교에 대해서도 마찬가지다. 문명인은 토착민의 신앙이 아니라 신앙의 대상을 문제 삼는다. 우리가 야만인으로 규정한 우데헤(우데게－인용자)들은 다른 종교에 대해 유럽인보다 훨씬 너그럽다. 오히려 더 합리적이고 이성적으로 판단한다. 우데헤들은 결코 타인의 신앙을 경멸하지 않는다. 그 이유는 각자 살아가는 방식이 다르듯, 삶에 영향을 미치는 신앙도 다를 수 있다고 생각하기 때문이다.[20]

20 블라디미르 클라우디에비치 아르세니에프, 김욱 옮김, 『데르수 우잘라』, 갈라파고스, 2005, 295쪽.

시베리아인의 정체성을 지탱시켜준 샤머니즘의 요체는 무엇인가. 1993년에 레나 강가의 사하공화국 야쿠츠크에서 만난 원주민 지식인들의 견해는 다음과 같은 민족생태학의 입장으로 정리된다.[21]

샤머니즘이란 타이가와 툰드라 생활 조건에서는 절대적으로 필요한 것이다. 그 지방의 숲 속에 있는 오두막집에서는 어떠한 여행자도 다른 누군가에 의해서 마련된 장작과 성냥, 음식을 발견할 수 있다. 그리고 그가 그곳을 떠날 때는 그 역시 자신이 가진 것 중 얼마를 남겨둔다. 그다음에 그곳에 올 누군가가 잠시 동안이나마 몸을 녹이고 휴식을 취할 수 있도록 말이다. 여러 면에서 샤머니즘은 사람들의 민족생태학을 이루는 구성 성분이다. 자연과 기후 조건, 환경과 민족생태학, 국가의 특징, 그리고 예술적이고 일반적인 인간에 대한 창조적인 생각을 형성하는 데 중요한 역할을 한다.

산업화된 지역에서는 오랜 세월 동안 형성되어온 민족생태학적인 관습과 토착민의 행동 규범이 잊혀가고 있다. 이 모든 것은 토착민의 분개를 야기하며, 수력·전기공학과 채취, 다른 인종의 이주에 대해서도 확실히 종종 부정적인 자세를 형성하게끔 한다. 사하공화국에서 일어나는 환경 보존 운동은 주로 민족생태학적인 특징을 가진다. 환경 보존 운동에 참여한 사람들은 정당하게, 생태학적 인식과 토착민의 관습의 회복과 함께, 채취 산업의 무절제한 증가에 제한을 둘 것을 주장한다.[22]

21 지금은 고인이 된 은사 김태곤 교수(경희대학교)가 단장이 된 시베리아 사하공화국 사절단(1993년)의 일환.

22 Zakharova A. Ye., Neustroyeva D.S., *ON ECOLOGICAL 'COMFORTABLE' ZONE OF YAKUT SHAMAN CONTACTS WITH HIGHER FORCES OF NATURE AND COSMOS*, Yakutsk, 1993.

골디족 샤먼과 사마르가 강가의 우데게 샤먼(아르세니에프 사진).

퉁구스족은 나무나 동물을 죽이는 것은 오직 인간이 생존을 위해 필요한 때만 자연이 허락하는 것이며, 불필요하게 고통을 주거나 죽이거나 파괴함은 잘못된 것이라 생각한다. 그래서 퉁구스족은 자기들이 사냥한 동물에 대해서도 어떤 존경심을 표시했다. 샤머니즘은 북아메리카뿐만 아니라 북부 유라시아의 종족 모두에게 공통된 것이며, 특히 자신들이 숭배하는 곰을 죽여야만 할 때는 곰 신체의 일부를 잘라내 그 뼈를 묻어주는 등 정중한 속죄의식을 거행했다.[23]

이렇듯 문화적 정체성을 지닌 퉁구스족은 러시아인에게 대항하는 시베리아 종족들 중에서도 지속적으로 저항한 가장 굳센 종족이었다. 이러한 북방 주술인들의 활동과 발전은 가까운 접촉, 북방 지방의 극한적 기후 조건 아래 천성, 환

23 제임스 포사이스, 『시베리아 원주민의 역사』, 68쪽.

경과의 영향이나 상호관계 안에서 일어났다. 다음은 19세기 말 미국인 조지 케넌의 현장 체험담이다.

> 많은 사람들이 샤머니즘이란 미신에 속아 넘어가는 원주민을 대상으로 소수의 교활한 샤먼이 벌이는 거대한 사기극이라고 주장하고 있다. 나는 분명 이것이 편견에 치우친 견해라고 생각한다. 시베리아 원주민과 같이 살아보고, 그들의 특성을 연구하고, 또 그들을 둘러싼 주변 환경을 직접 체험해본 사람이라면, 샤먼이나 그 추종자의 신실한 믿음을 의심할 수 없다. 또한 악령 숭배만이 그들의 유일한 종교라는 주장을 받아들일 수 없다. 그것은 혹독한 환경 속에서 가능한 종교일 뿐이다. (……) 샤머니즘이 야만 상태의 인간이 만들어낼 수 있는 자연스러운 결과물이란 사실에 또 다른 증거가 필요하다면, 샤머니즘이 북동부 시베리아의 다양한 종족들 사이에 보편적으로 퍼져 있다는 사실이 또 하나의 증거가 될 것이다. (……) 예를 들면 일단의 이슬람교도들이 북동부 시베리아로 이주해갔을 때, 그들은 수십 년 동안 계속해서 스타노보이 산맥의 거칠고 음울한 환경 속에서 텐트를 치고 외롭게 살아가야만 했다.
>
> 말로 표현할 수 없는 피해를 안겨다주는 무서운 눈폭풍, 갑작스레 순록 떼를 몰살시키는 전염병, 세상을 온통 불꽃으로 이글거리게 만들어놓는 오로라 등 이해할 수 없는 기이한 현상과 자연 재해는 이들을 무력하게 만들어 조금씩 이슬람 신앙을 잊어버리게 만들고, 결국은 시베리아 코랴크족, 축치족과 마찬가지로 샤머니즘을 신봉하게 만들어버린다. 한 세기 동안 문명과 기독교 세례를 받은 사람조차도 외롭고 적대적인 이 지역에서 지내다 보면 샤머니즘의 위력에 전적으로 맞서거나 거부할 수 없음을 느끼게 된다.[24]

민족운동이 활발히 전개되었던 야쿠츠크의 경우, 1926년 공산주의 작가인 오윤스키는 야쿠트어로 최초로 『붉은 샤먼』을 쓴다. 1922년에 설립된 문학단체

24 조지 케넌, 정재겸 옮김, 『시베리아 탐험기』, 우리역사연구재단, 2011, 246~249쪽.

연해주 원주민의 정령이 깃든 옷. 프리모리에 박물관.

인 사하 오묵의 주도 작가 쿨라콥스키는 자신의 시 「샤먼의 꿈」에서 러시아 이주자를 야쿠트족에게 파멸과 노예 상태를 가져다준 장본인으로 묘사했다.[25]

25 제임스 포사이스, 『시베리아 원주민의 역사』, 264쪽.

2

검은담비의 길

유라시아 동해안까지의 동력

옷이 세상을 바꾼다. 맞는 말이었다. 추위를 피하기 위해 입는 모피가 상류 계층의 위신재威信財가 되고 옷을 뛰어넘어 유력한 자본재資本財가 되었을 때, 모피는 더 이상 옷감이 아니었다. 모피에 대한 인류의 뜨거운 욕망은 실로 오래된 것이어서, 인류 문명사의 한 측면은 '동물의 가죽과 털을 벗겨 만들어낸 것'이기도 했다. 모피의 문명사에서 우리 민족이라고 예외는 아니었다.

시원적 순록 유목제국Pastoral nomadic empire이 이루어지고, 그 여세를 몰아 석기시대에서 청동기시대로 발전해갈 무렵에 '시베리아의 황금'이라 할 모피 시장 장악 과정에서 단군조선의 출현 물꼬가 트인 게 아닐까 하는 가설이 제시된 바 있다.[1] 예니세이강과 레나강이 시작되는 바이칼호 일대가 모피 시장을 이루었을 수 있었으리라 보면서 모피 교역의 시장 규모가 커지면서 치열하게 사회 분화가 일어나 상고대 동북아시아의 시원 유목제국이 건설되는 과정에서 순록 유목민 조족朝族을 중심으로 순록 방목민 선족鮮族이 통합되고 실체인 시원 조선朝鮮의 물꼬가 트였을 수 있다는 가설이다. 시베리아 모피의 주종은 수달水獺, 산달山獺, 해달海獺, 한달旱獺의 수달류였다. 거기서 달단韃靼(타타르)-달달獺獺-단단檀檀 등의 종족 이름으로 명명되고, 단군檀君의 단檀도 여기에서 예외가 아니라는 견해다.[2] 바이칼 거대 모피 시장에서는 주류 대종이 수달이겠는데, 특히 수컷 수달의 모피가 가장 값나가는 경제성 있는 상품이었다. 수컷 수달 모피를 팔아 축재

1 몽골-유라시아 전문가 주채혁의 교시.

2 張久和, 『原蒙古人的歷史: 室韋達怛研究』, 北京: 高等教育出版社, 1998.

하고 그 재부를 토대로 부국강병을 추구하여 우뚝 솟는 부이르夫餘가 출현하기 직전 단계까지 단군조선은 보편적인 '수달임금'으로 대를 이었던 것으로 간주한다. 지금의 부리야트 코리의 '부리'조차도 Buir(웅雄수달)+D(복수어미)에서 비롯되었을 것으로 본다. 이처럼 모피는 우리 상고대 역사의 결정적인 상품이었고, 금력이자 권력의 징표였다.

담비.

모피동물의 수난은 대항해 시대에 유럽인들의 유별난 모피 사랑에서 비롯한다. 러시아 내부 및 범유럽의 수요에 부응하면서 러시아 모피 장사꾼들이 준동하기 시작했다. 러시아인들이 저 멀리 연해주 동해와 오호츠크해, 베링해와 알래스카 태평양 연안까지 이동하게 된 동력으로 모피를 빼놓을 수 없다. 어쩌면 차르는 가만히 앉아서 이들 장사꾼의 욕망에 의거하여 영토를 부풀리고 있었는지도 모른다. 거대한 모피업자 스트로가노프Stroganov가에 고용된 코사크족을 비롯한 모피 사냥꾼은 시베리아를 도륙 내었으며, 담비를 비롯한 고귀한 동물이 멸종되었다. 유럽 귀부인의 몸을 감싸줄 모피를 만들기 위해 시베리아 눈밭이 피바다로 변했던 슬픈 환경 파괴의 역사가 전개되었다.

페루를 정복한 스페인 정복자들이 황금에 이끌렸던 것처럼, 러시아인을 시베리아로 유혹한 것은 모피, 그중에서도 족제비 모피와 비슷한 검은담비였다. 어둠보다 까맣고, 백설보다 부드러운 담비 모피는 유사 이래 절대적 지위의 상징이었다. 모피 중에서 가장 높은 가격을 받는 것이 검은담비였고, 다음으로 검은 여우, 그리고 일반 담비였다.[3] 12세기경에 이르면 유럽에서는 많은 숲이 사라져서 좋은 모피를 구할 수 없었다.

3 안나 레이드, 『샤먼의 코트』, 51쪽.

마르코 폴로는 암흑Darkness이라 불리던 지방, 즉 시베리아를 설명하면서, "그것은 항상 어둠에 싸여 있고 태양도 달도 별도 보이지 않는데, 항상 초저녁과 같은 어둠으로 덮여 있기 때문이다. 그들은 지배자를 갖지 않고 짐승처럼 살고 있다. 그들은 다른 사람들에게 예속되어 있지 않다"라고 하였다. 타타르들이 가끔 그들 지역에 들어와서 약탈을 한다고 기록했다.

> 이곳 주민들은 매우 진귀한 모피를 굉장히 많이 갖고 있다. 값비싼 담비 털을 갖고 있고, 이외에도 흰 담비, 에르콜린, 다람쥐, 검은 여우 등이 많다. 그들은 이러한 모피 동물을 포획하는 사냥꾼들로서 놀라울 정도로 많이 수집한다. 그들과 접경하고 있는 사람들, 즉 '광명의 지방에 사는 사람들'은 그들에게서 이러한 모피를 사들여 광명의 주민에게 갖고 가서 판매한다. 그들로부터 이런 모피를 사들이는 상인은 막대한 수입을 올린다. 바로 이 지방의 한쪽은 대러시아Great Rosie가 접경하고 있다.[4]

16세기에 이르면 영국의 모피 수요가 급증했다. 신대륙의 은銀 유입과 허세 부리는 신흥 상인 계급의 발흥 때문이었다. 급성장하는 모피 시장의 주요 공급처는 러시아였지만, 러시아의 유럽 쪽 삼림에서 모피는 씨가 말라버렸다. 검은 담비의 가격이 천정부지로 치솟아서, 러시아 남자들은 혼자 사냥에 나서 몇 마리만 잡아도 남은 생애를 편안하게 보낼 수 있었다. 결국 시베리아는 19세기 미국의 골드러시 현상에 비견될 모피 열풍 현상을 몰고 왔다.

러시아인들은 검은담비 사냥지가 새로 생길 때마다 재빨리 몰려가서 씨를 말리고는 뒤도 돌아보지 않고 다음 사냥지로 옮겨갔다. 동방으로, 시베리아로 모피 추적자들이 몰려갔다. 시베리아를 헤집고 다니던 사람들은 사냥꾼과 군인, 탐험가가 뒤섞인 잡종 인간들이었다. 러시아가 그렇게 빨리 시베리아를 정복하게 된 배경은 이런 동물의 멸종 과정과 깊게 연관된다. 러시아제국이 돈이 되는 모피를 찾아가는 과정에서 사용한 방법은 스페인 정복자들이 페루와 멕시코에

4 마르코 폴로, 김호동 역주, 『동방견문록』, 사계절, 2000, 542~543쪽.

서 사용한 방법과 유사하다. 원주민들을 강제로 복속시키고 돈이 되는 생산물들을 가져오도록 강제했다.

원주민들로부터 야삭이라 불리는 정기적 공물을 징수하기 위해 무력을 사용했으며, 야삭은 재정을 보충하기 위해 검은담비나 기타 모피를 획득할 수 있는 주요 수단이었다. 조공을 거두는 방식은 간단했다. 무장 부대가 마을에 들어와서 부족의 원로들을 모아놓고 앞으로 어떤 조공을 바쳐야 한다고 통보한다. 만약 원주민이 모피 상납을 거부하거나 너무 적게 내놓으면 폭력을 행사했다. 원주민 천막을 불지르고, 기르는 순록을 빼앗고, 반항하면 죽이고, 부인과 아이는 포로로 잡아갔다. 유럽 제국의 식민지에서처럼 순진무구한 원주민은 무방비로 속임수에 걸려들었고, 무역 거래는 곧 무기를 앞세운 강요로 대체되었다. 러시아인들은 값싼 항아리, 옥, 장신구 따위를 검은담비와 맞바꾸면서 사기를 쳐댔다.[5]

'모피의 길'은 저 멀리 베링 해협까지 이어졌다. 북태평양 연안의 생물자원 이용의 특징을 보면, 물개류와 고래류를 중심으로 한 해수海獸 수렵 생업이 중요한 비중을 차지한다. 특히 해수를 사냥하여 껍질을 벗겨 건조시켜 유통시키는 일은 북방 교역에서 중요한 비중을 차지한다. 해수 수렵의 문화적·경제적 영역은 사할린을 포함하고 시베리아 해안, 캄차카 서쪽 해안을 포괄하는 환오호츠크해 영역, 홋카이도와 쿠릴 열도에서 캄차카 남부까지 태평양의 영향을 받아 빙하가 없거나 소해빙이 떠다니는 도서 영역, 캄차카 북부에서 극지에 이르는 북극·아북극해 영역으로 3분 할 수 있다.[6]

러시아, 특히 마르크스주의 저술가들은 시베리아 원주민에게 끼친 식민주의의 나쁜 영향보다 그들을 고립 상태로부터 러시아 시장으로 끌어내어 더 수준 높은 러시아 문화와 접촉하게 했던 긍정적인 혜택이 더 많다고 주장했다. 그러나 원주민 공동체가 단 하나의 상품, 즉 유럽인의 귀중품인 모피에 전적으로 의

5 제임스 포사이스, 『시베리아 원주민의 역사』, 56쪽.

6 渡部裕, 「先住民社會と水産資源」, 『先住民社會と水産資源 ― ケサ·海獸·ナマコ』(第18回 特別展圖錄), 北海道立北方博物館, 2003, 7쪽.

중국 시장에 선보인 우수리 타이가 지역의 모피(아르세니예프 사진).

사할린의 모피 건조실(1945년).

존하도록 강요하는 상황에서, 원주민들은 스스로 자기들의 환경을 파괴해야만 했다. 상품이 고갈될 무렵 이들은 사회적·경제적 파탄 상태에 놓이게 되었다.[7] 고통을 받은 것은 원주민뿐만이 아니었다. 시베리아의 러시아 식민체제가 사회 조직의 붕괴에 직접적인 영향을 미친 것처럼 숲에 서식하는 모피동물들에게도 재앙이었다. 결국 원주민들은 가난하게 살아야 했으며, 수많은 동물이 멸종되었다. 1707~1715년에 약 2만 4,000마리의 검은담비, 5,000마리가 넘는 여우, 약 460마리의 해달 등이 희생되었다. 다른 시베리아 지역에서와 마찬가지로 이런 근시안적인 무차별 남획의 결과, 18세기 중엽 캄차카에서 검은담비는 고갈되었다.

동물 가죽 말리기. 동몽골 초이발산.

레나강의 모피 집결지 야쿠츠크와 시베리아의 유대인 사하족

1624년에 세워진 레나강의 야쿠츠크 요새는 동부 시베리아 모피 교역에서 중요한 곳이었다. 야쿠츠크는 동부 시베리아의 중심지로서 세 갈래의 마무리 작업이 진행된 교차점이기 때문이다. 동북쪽의 베링 해협에 이르는 길, 캄차카 반도와 오호츠크로 가는 길, 남쪽으로 아무르강에 이르는 길이 이곳에서 시작되었다. 그리하여 야쿠츠크로부터 동해와 태평양으로 가는 길이 마련된 것이다. 아무르와 동해, 오호츠크와 베링해에 이르는 과정을 이야기할 때, 야쿠츠크를 빼놓고

7 제임스 포사이스 『시베리아 원주민의 역사』, 79쪽.

러시아 야쿠츠크 요새(17세기).

넘어갈 수 없을 것이다.

오늘도 어김없이 장강대하 같은 레나강이 유장하게 북극으로 흘러들어간다. 야쿠츠크 시내에서 레나강을 따라 140여 킬로미터를 달리면 간빙기에 거대한 빙하가 고산준령을 치고 나가면서 형성된 기기묘묘한 바위산('레나강의 언덕'이라 부르는 렌스키에 스탈브이)이 강을 따라 무려 18킬로미터나 줄지어 서 있고, '호수의 공화국'답게 북극권은 온통 호수뿐이다. 철새들이 한여름을 보내는 곳이 바로 이러한 호수다. 새가 샤먼의 신적 상징이 된 것은 이 같은 환경에서 비롯되었다.

야쿠츠크는 일찍부터 고아시아족으로 알려진 유카기르족과 에벤키족의 거주지였다. 6세기부터 10세기에 걸쳐 남쪽에 있는 바이칼호 주변에서 투르크계 야쿠트인들이 이곳으로 이주해왔다. 고대 투르크족(돌궐이라 불리는)의 모태가 된 유목 부족이 바이칼호에서 레나강 쪽으로 이주하여 15~16세기경에는 오늘의 위치를 차지하게 되었다. 내륙 아시아 투르크족이 북부 삼림 지대로 침입해 들어온 가장 두드러진 경우다.[8]

야쿠트어는 투르크어이지만 몽골어의 영향도 받았다. 그들은 원뿔형 주거지에서 살았고 소젖과 말젖, 말고기가 식생활에서 매우 중요했다. 야쿠트족의

사하공화국의 순록 유목.

의상과 장식예술은 다른 시베리아 종족과 달랐다. 여느 시베리아인과 달리 쇠 다루는 기술이 뛰어났고, 대장장이는 마술적인 힘을 가진 샤먼으로 숭배되었다. 야쿠트는 정력적이고 적응을 잘하는 이주자들이라 17세기 이래로 북쪽, 서쪽, 동쪽으로 영토를 확장했다. 이 과정에서 많은 퉁구스족, 사모예드족, 유카기르족과 융합하였고, 결국 야쿠트족의 언어와 문화는 중부와 동부 시베리아의 드넓은 공간을 지배하게 되었다.[9]

러시아인이 야쿠트족 지역에 처음 도착한 곳은 칸갈라스Khangalass였다. 이것은 야쿠츠크 마을의 형성과, 야쿠츠크와 이르쿠츠크 사이의 정기적인 우편 연락

8 이들은 초원으로부터 약 1,200여 킬로미터 떨어진 레나 강변에서 퉁구스족 사이에 끼여 살고 있었다. 그들은 스스로 사하족이라 부르지만 처음에 퉁구스족이 그들을 에케트라 부르는 소리를 듣고 러시아인들이 야쿠트로 발음하였다. 17세기경 야쿠트족은 레나강이 북쪽으로 꺾이는 저지대와 레나강의 동부 지류인 알단강 하류에 정착했다(Jochelson Waldemar, *The YAKUT*, Anthropological Papers of the American Museum of National History, Vol.33(2), 35~225쪽).

9 제임스 포사이스, 『시베리아 원주민의 역사』, 70쪽.

레나 강가 사하족의 신부.

의 수립과 관련이 있었다. 그 러시아인들은 중앙 러시아의 여러 지역과 서부 시베리아에서 추방된 사람들이었는데 역마차 운전수로 고용되었다. 추방된 러시아인들은 러시아의 여러 지역에서 왔다. 그들의 사회적 배경은 매우 다양했다. 그들은 소작농이며 죄를 지어 유형을 받는 중류 계급이었다. 추방된 러시아인들 다수는 결혼하지 않았으므로 그 지역의 야쿠트 여성과 결혼했다. 가까운 가족들은 역마차 운전수들을 그 지역 야쿠트들과 연결시켜주었다. 러시아인은 식량 부족으로 땅을 경작하기 시작했다. 이 사람들은 일반 러시아 문화를 가져오지는 않았다. 제노폰토프G. V. Xenofontov는 이렇게 말했다.

> 러시아인 총수는 그 지역 인구의 10퍼센트도 안 되었다. 농업도 실험의 결과로 짧은 생장 주기를 가진 종류의 곡물이 얻어졌을 때, 일러도 지난 세기 중반이 되어서야 발달하기 시작했다. 그 결과, 첫 번째 러시아인 거주자는 그들이 러시아에서 했던 것처럼 땅을 경작할 수 있었으며, 그래서 그들은 원주민에 대해 문화적 우월감을 느끼지 않았다. 반대로 목축업을 터득하고 있던 러시아인은 그 땅을 혹독한 기후에

적응된 야쿠트들의 경험을 사용하였다.[10]

야쿠티아 러시아인은 대부분 칸갈라스와 올렉민스크 지역에 거주했는데 야쿠트로부터 많은 것을 배웠다. 그들 몇 명은 야쿠트인이 되려고 하기조차 했다. 19세기에 야쿠티아의 많은 여행자들이 야쿠츠크 러시아인들이 야쿠트어를 사용한다는 것을 지적했다. 지금도 칸갈라스와 올렉민스크에 사는 일부 러시아인들은 야쿠트어를 사용한다. 이주 러시아인은 특별한 기술이나 어떤 전문적 경험을 갖고 있지 않았다. 그들 사이에는 의료보조원이나 의사, 대장장이, 제혁업자, 구두 제조인도 없었다. 소작농들은 오래전에 베를 짜고 방적하고 수놓는 법을 잊어버렸다. 그들은 집안의 허드렛일을 하는 데 그들의 이웃인 야쿠트인에게 도움을 구해야만 했다. 이주 러시아인들은 자신들의 물질문화, 언어 같은 정신문화 대부분을 잃어버렸지만 러시아 노래를 기억하고 불렀다. 동시에 그들은 러시아 정교를 가져와서 보존했다. 1630년대에 러시아 영토로 편입되었고 야쿠트인들은 조세를 바치기는 했으나, 러시아제국의 행정기구 미비 덕분에 독자적인 전통사회 조직을 보존할 수 있었다.

한편 이 지역은 러시아 정부에 의해 유배지로 이용되었다. 1632년 예니세이스크 코사크족이 칸갈라스 씨족의 땅에 첫 요새를 세우면서 야쿠츠크는 태평양으로 나아가는 전초기지가 되었다. 그러나 17세기에 모스크바에서 야쿠츠크까지 가는 데는 1년 이상이 걸렸다. 교신 왕복에 족히 3~4년이 소요되었다. 이러한 장애물과 러시아 식민정부의 부패가 결합하여 거대한 야쿠티아 지역은 시베리아에서 가장 무법이 횡행하는 지역이 되었다. 제멋대로 행동하고 불의가 판치며 원주민이건 러시아 농민이건 사냥꾼이건 혹은 코사크 군인이건 간에 낮은 계급을 착취하여 부를 쌓았다. 여성에 대한 성적 착취도 만연했다. 멀리 나간 원정대군은 자기들이 머무는 곳에서 여자들을 충당했다.[11]

10 위의 책, 72쪽.

11 위의 책, 78쪽.

사하공화국의 모피동물 사냥(1993년).

18세기의 야쿠츠크는 동부 시베리아의 수도로 총독이 주재하고 있었고, 모피 거래의 중심지, 수형자를 유배하는 곳으로 활용되었다. 수비대에 근무하는 코사크, 사냥꾼, 러시아 모피 상인, 야쿠트족, 퉁구스족, 몽골족, 중국 밀수꾼, 어디에서인가 현혹되어 모여든 그리스 출신의 투기꾼들, 온갖 종족의 유배자, 온갖 언어, 온갖 사회계급, 콧구멍이 찢어진 살인범, 뺨에 불로 낙인이 찍힌 도적, 지난날의 상트페테르부르크 귀족, 연방주의자, 폴란드 사람, 헝가리 사람, 프랑스 사람, 스웨덴 사람 등등 잡다한 사람들을 지배했던 총독은 난폭하고 잔인한 인간이었다.[12]

20세기로 접어들면서 야쿠트인의 민족운동이 활발해졌다. 1905년 혁명기에는 '비슬라브계 이민족과 야쿠트인 동맹'을 결성하여, 유배자나 이민자에게 배당된 토지를 포함한 모든 땅을 야쿠트인의 소유로 인정하라고 요구했다. 타이가 지대에서 떨어져 있는 야쿠트족이 먼저 전통문화 보존에 대한 인식을 가졌음은 다른 지역의 소수민족이 19세기에 들어서 민족주의 운동을 벌인 것에 비하면 주목할 만한 일이다. 10월 혁명과 내전 시기에도 그들은 백색 군대와 함께 혁명정권에 끈질기게 저항하여, 이 지역에서 전투가 끝난 것은 1923년이었다. 대외적으로 야쿠티아로 알려졌으나 '러시아 식민'의 역사에서 탄생한 말이기에 정작 본토인들은 싫어하며, 스스로를 사하족이라 불렀다.[13]

1921년 야쿠트 민족주의 지도자들은 동부 시베리아를 합하여 일본의 보호

12 Juri Semjionow, 김우현 옮김, 『시베리아 정복사』, 경북대학교출판부, 1992, 282쪽.

아래 하나의 분리된 국가를 만들려는 생각을 품고 있었다. 일본은 군사지원을 함으로써 영토를 확장하려는 의도를 드러냈다. 1923년 야쿠트 금광에서 일하는 알단 강가의 노동자는 한국인과 중국인이 33.5퍼센트를 차지했다.[14]

이방인의 눈에 비친 시베리아 원주민(17세기). 『Remezov chronicle』.

1909년 이래 아무르 총독의 지배를 받았던 북극 및 아북극 지대는 무한대의 영토를 가지고 있었지만 인구는 고작 3만 6,000명이었다. 오호츠크 인구는 약 600명, 캄차카 파블롭스크는 약 1,100명이었으며, 멀리 남쪽으로 유일하게 아무르강 하구에 있는 주요 도시인 니콜라옙스크는 1만 6,000명이 넘었다. 북동의 전체 러시아인은 약 4,200명으로 퉁구스족, 코랴크족, 축치족 등의 원주민 총수 3만 1,000명에 비하면 소수이며, 이중 많은 사람들이 사하족의 피가 섞여 있었다.

동해 출구 아무르강 하구의 인종의 용광로

아무르강은 중국에서는 헤이룽강黑龍江이라 부르는 강이다. 일찍이 『수서』隨書 말갈전에 등장한 말갈 7부 중에서 흑수부(흑수말갈)가 바로 아무르강 하류에 살던

13 사하공화국은 국토 면적이 한반도의 15배이며, 총인구는 110만 명이다. 사하족과 에벤키족, 유카기르족, 축치족이 이주인인 러시아인, 우크라이나인 등과 동거하며, 120여 개 종족이 살고 있다. 한국인도 200여 명 살고 있는데, 이는 열두 번째로 많은 수다. 18~19세기 레나강 골드러시가 벌어졌을 때, 2,000여 명에 달하는 조선 사람들이 이 머나먼 곳을 찾았으며, 러시아 혁명에 200여 명의 혁명열사를 헌정하였다. 한국 여성 최초의 사회주의 혁명가였으나 스탈린에 의해 처형당한 알렉산드리아 김도 한때 이곳을 거쳐갔다.

14 제임스 포사이스 『시베리아 원주민의 역사』, 260쪽.

바다와 같이 드넓은 아무르강(하바롭스크, 2012년).

사람들로 추정된다. 이들은 강 하구에 자리 잡았으며, 동쪽으로 흘러들어 환동해 변에서도 활동했을 것이 분명하다. 에벤키 등 민족의 선대들이 헤이룽강 이북의 흑수말갈이었음을 나타내는 증거는 너무도 많다.[15] 우리 역사에서 발해와 말갈은 같은 뿌리를 지니고 있었으니 아무르강 일대는 우리 민족사에서 거대한 젖줄을 들이댄 곳이기도 하다.

그 아무르강과 우수리강이 만나는 드넓은 바다 같은 강가에 시베리아 식민 이주 도시인 하바롭스크 요새가 세워진 것은 러시아 동방경영에서 일대 사건이었다. 하바롭스크는 극동 시베리아의 심장부였다. 1858년에 동시베리아 총독 니콜라이 무라비요프Nikolai Muraviyov는 청나라로부터 아무르강 영유권을 빼앗기 위

15 孫進己, 임동석 옮김, 『동북민족원류』, 동문선, 2000, 365쪽.

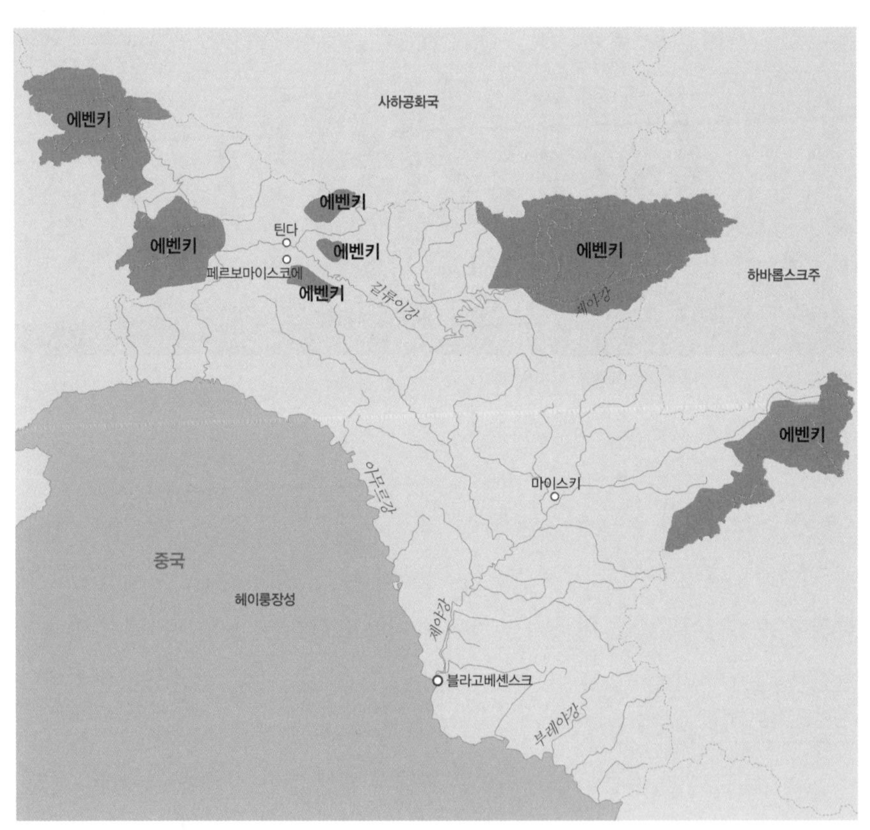

아무르 수계의 원주민 분포(By Newell and Zhou / Sources: Darman, 2000; ESRI, 2002 Josh Newell, *The Russian Far East*, Daniel&Daniel Publishers, Inc., 2004 참고).

한 전초기지로 하바롭스크 요새를 세웠다. 애당초 발상이 그러하다 보니 아무르강을 볼모로 국경 분쟁이 그치지 않았다. 1658년 대규모 중국 군대가 파견되어 코사크 용병 300여 명을 죽임으로써 15년간 아무르 강가에서 자행되어왔던 해적 행위가 공식적으로 끝났다. 시베리아 종족을 차례로 자신의 옥좌 아래로 복속시킨 차르, 그리고 러시아 대공의 오만함은 자기보다 더한 천자, 즉 중국 천제의 오만함이라는 강적을 만나게 된 것이다. 그때까지 러시아인들은 유라시아로 하염없이 진출만 하고 있었다. 하지만 강적 중국을 만나면서 아무르 강변 전체를 포기하고, 그 지역을 합병하려는 욕심도 버려야 했다.[16]

이후 청의 쇠약과 더불어 러시아는 다시금 이 지역을 장악했다. 하바롭스크는 헤이룽강의 중심지이며, 우수리강 유역을 통하여 블라디보스토크 쪽으로 교통이 연결되는 요충지이기에 러시아 동방경영에서 중요한 곳이었다. 총독관저를 비롯하여 병영, 관청 건물, 연해주, 아무르강과 관계있는 각종 기관들이 모여들었다.[17] 1896년 니콜라이 2세의 대관식에 참석했던 민영환이 상트페테르부르크에서 시베리아를 거쳐 귀국한 후 "여기서부터 장차 흑룡강이 되는데 강폭이 조금 넓고 물은 누렇고 탁하며 깊지는 않다. 남쪽은 만주 모허漠河[18]의 땅으로 청나라 사람의 가옥이 강가에 연해 있다. 북쪽은 러시아 경계인데 가끔 마을이 있다"라고 자신이 목격한 사실을 적었다.[19]

아무르강-우수리강 지역이 러시아에 합병될 무렵, 나나이, 울치, 니브흐, 우데게 등 많은 원주민이 살고 있었다. 아무르강 하구와 연해주 해변에는 아시아 몽골로이드Mongoloid 집단이 퍼져 있는 드넓은 지역이다. 중국과 몽골로부터 고대 무역 루트가 지나가던 아무르는 그 본뜻이 '거대한 강'이며, 이름만큼이나 큰 강이다. 아무르강은 아시아와 극지, 태평양으로 거대한 인구가 진출하던 '문명의 고속도로'였다. 다양한 언어권, 다양한 인종이 만나는 공간으로, 투르크, 몽

16 제임스 포사이스, 『시베리아 원주민의 역사』, 119쪽.

17 도리이 류조, 최석영 옮김, 『인류학자와 일본의 식민지 통치』, 서경문화사, 2007.

18 헤이룽장성黑龍江省 북부의 현으로 인구는 1998년 기준으로 8만 4,000명이다. 중국에서 가장 북쪽에 있다.

19 민영환 지음, 조재곤 옮김, 『海天秋帆』, 책과함께, 2007, 187쪽.

아무르 강변의 도시 하바롭스크 거리. 1910년대(아르세니에프 사진).

하바롭스크역(2012년).

골, 만주-퉁구스 언어가 이곳을 통과하여 다른 곳으로 전파되었다.[20]

아무르강 하구는 현재 하바롭스크에 속하며 여덟 개 종족이 산다. 종족 계보에서 워낙 동떨어진 니브흐(러시아 말로는 길랴크)족을 제외하고는 만주-퉁구스 언어권이다.[21] 남부 퉁구스 언어 사용자는 나나이족인데 중국 영내에 소수가 살고 있고, 러시아에는 1만 명이 조금 넘게 거주한다. 주로 아무르강 하구에서 살아간다.

좀 더 작은 소수민족 그룹은 아무르의 울치, 연해주의 오로치, 우데게 등이다. 니브흐족 영토로부터 강 상류를 따라 쭉 뻗어 있는 아무르강 분지와 동쪽 사할린섬 맞은편의 동해 해안가는 울치족의 터전이었다. 자신들은 스스로를 '나니'라고 부르며, 언어학적으로 나나이와 가깝고 문화적으로는 길랴크족과 가깝다. 그들은 수렵은 기본이고 아무르강 일대의 풍부한 물고기를 사냥하여 식량으로 삼았다. 해마다 여름에 알을 낳기 위해 바다에서 아무르강으로 올라오는 연어를 잡아 주식으로 삼았고, 큰 물고기 가죽으로 옷을 만들어 입었기 때문에 '물고기 가죽 타타르족'이라 불렸다. 바지 위에 겉옷을 입는 형태인데, 이 겉옷은 항상 오른쪽으로 두르며 깃 없는 목 부분에 색색의 장식을 하고, 소매 같은 끝부분은 둥글렸다. 만주 전역의 중앙난방식과 비슷한 온돌을 사용했다. 사람이 죽으면 나무 곽에 넣어 조그만 나무집 안의 땅 위에 모셔놓았다.[22]

오로치족은 타타르 해협의 환동해 변, 우데게는 우수리 강변과 시호테알린 산맥의 타이가에서 살았다. 소수의 오로치족은 사할린에도 살았는데 남부 퉁구스계 언어를 썼다. 전통적인 순록 유목문화에다 어로와 물개잡이를 결합했다. 북

20 William W. Fitzhugh and Aron Crowell, *Crossroads of Continents: Cultures of Siberia and Alaska*, Smithsonian, 1988, 25쪽.

21 퉁구스는 원래 야쿠트인이 에벤키인을 부르던 이름으로 뒤에 점차 유럽인에 의해 의미가 바뀐 채 불리기 시작했다. 소위 퉁구스 민족은 최초에는 에벤키 민족만을 지칭했으며 기타 민족은 포함되지 않았다. 그러나 뒤에 서양학자들은 만족滿族 등 허다한 민족의 언어가 퉁구스 언어와 유사함을 발견했다. 그래서 이들 일부 민족의 언어를 모두 묶어 퉁구스어라고 부르고, 아울러 이들 일부 민족을 모두 퉁구스어족에 포함시켰다. 현재까지 퉁구스어족에 포함되는 민족은 만족, 오로치, 나나이, 오로크, 에벤키, 오로첸, 니기다르 등이다(孫進己, 『동북민족원류』, 366쪽).

22 제임스 포사이스, 『시베리아 원주민의 역사』, 219쪽.

하바롭스크역의 하바로프 동상.

아무르 강변에 사는 니브흐족의 여름집.

쪽에는 3,500명의 에벤키와 1,500명의 에벤이 살았다. 북쪽 사하공화국 접경에는 사하족이 조금 살고 있는데 후대에 이주해온 이들이다. 에벤키는 시베리아 북극권에 가장 광범위하게 퍼져 있는 인종으로 대략 두 집단으로 나뉜다. 한 집단은 예니세이강에서부터 태평양까지 동쪽으로 분포하며, 다른 한 집단은 아무르강에서 북극해 북쪽으로 분포한다.[23] 그들은 순록을 유목하면서 이동한다. 에벤은 라무트라고도 부르는데 오호츠크해를 따라 해안가에 분포한다.

암군과 아무르 강변으로 19세기쯤에 이주해온 네기달족은 에벤키족과 관계있는 북방계 퉁구스어를 구사한다. 고립된 언어를 쓰는 니브흐족은 아무르강 어귀와 북쪽의 오호츠크 바다로 뻗어 있으며, 사할린 군도에 퍼져 있다. 아무르강 유역의 종족 중에서 지리적으로 맨 가장자리에 사는 니브흐족은 아무르강 하구 주변과 사할린 북반부에 살면서 아이누와 접촉하고 있었다. 근본적으로 해안지방 사람인 니브흐족은 북쪽의 축치족, 에스키모족과 마찬가지로 어로, 바다포유류 잡이에 종사했다. 물고기는 말려서 보관하여 겨울철 식량으로 썼고, 여름과 가을에는 거두어들인 어포를 보조식량으로 썼다. 생활방식은 아이누족, 이텔멘족, 그리고 기타 북태평양 종족과 공통점을 보인다. 범고래는 모든 동물의 지배자였으며 곰 숭배가 고도로 발달했다. 러시아 역사가들은 니브흐족을 아무르강 하류 신석기인의 후손으로 여긴다.

아무르강 하구의 니브흐족 정착지에는 울치족, 네기달족, 나나이족, 오로크족, 아이누족, 야쿠트족, 에벤키족, 한국인도 있었다. 이렇게 개인과 가족의 이주를 통하여 여러 종족이 혼합된 저장소 역할을 하는 것이 아무르 수계의 지리적 특성이었다. 무서운 포식자인 호랑이의 활동권에서 살던 나나이족은 우데게족 및 오로치족과 마찬가지로 호랑이를 외경심으로 대했으며, 가능한 한 이 성스러운 동물을 죽이는 것을 피했다.[24] 오래된 종족 아이누와 연계된 것으로 여겨지는

23 Wade Davis & K. David Harrison, "Book of Peoples of the World", *National Geographic*, Washington, 2007, 137~138쪽.

24 제임스 포사이스, 『시베리아 원주민의 역사』, 220쪽.

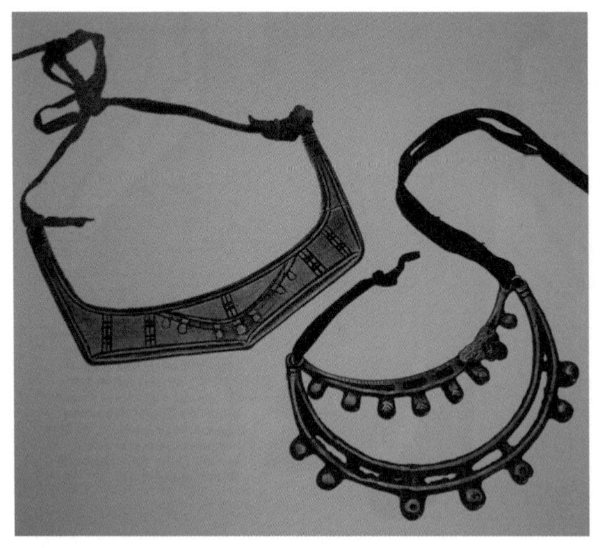

에벤족의 펜던트. 스미스소니언 자료.

아무르 강변의 중국인(아르세니에프 사진).

나나이는 '땅의 사람들'이라는 뜻이며, '골디'라고 불리기도 한다. 나나이는 가장 인구가 많은 소민족으로 문화적 차이를 가진 20개 이상의 부족으로 형성되며, 풍습은 울치족과 친연성이 높다. 남부 아무르에 살았고, 특히 숭가리 쪽을 따라서 살고 있었다. 나나이는 여기서 중국인들과 접촉했으며, 그들과 섞여서 '타즈'라는 혼혈 종족이 탄생했다. 나나이와 니브흐는 중국에 조공을 바쳤고 중국 상인과 무역을 했다. 일부는 사할린을 통해서 일본과 무역을 했다. 그들이 사는 구역으로 이동해온 중국 정착민은 원주민들로부터 그곳 토양에 맞는 농사법과 말 사육을 포함한 동물 사육 기술을 배웠다.

나나이와 니브흐는 뛰어난 철제 기술 장인이기도 했다. 본디 만주인에 의해 중국의 철제 기술을 배운 그네들은 제련 기술이 없었음에도 불구하고 뛰어난 손재주로 칼, 창, 방패, 쇠갑옷, 철제 투구 등의 무기를 만들어냈다. 그들은 카약 만들기에도 재주가 뛰어났으며, 카약은 대체로 강과 태평양 연안의 종족들 사이에서 발달했다. 풍부한 물을 이용한 카약은 나무로 몸체를 만들고 방수가 되게끔 가죽을 씌워서 완성했다. 개 사육은 생존에 꼭 필요한 일이었다. 니브흐족에게 개는 운송의 중요한 수단이었으며, 사냥에도 동원되었다.

아무르강 사람들의 삶에서는 공예도 중요했는데, 금속공예는 중국과 일본, 나중에는 러시아로 수출되었다. 나무는 집, 보트, 가구 등에 두루 쓰였다. 축제에 사용된 나무 접시는 오늘날에도 주요 예술품이다. 잘 조각된 상자와 요람이 만들어졌다. 주거지, 특히 겨울 숙소와 무덤집은 정교하게 장식되었다. 나무를 휘는 기술은 스키나 운반용 썰매를 만드는 데 적용되었다.

아이누족은 1940년대까지 사할린 남부 지역에 살고 있었다. 그들은 니브흐족처럼 고립된 언어 집단을 이루었다. 이는 아이누가 대륙에 살다가 만주-퉁구스어 집단에게 밀려서 섬으로 이주해왔기 때문으로 추측된다.

이러한 집단들은 서로 상호작용을 하면서 문화를 공유하거나 주고받았다. 그러나 중국인과 일본인, 한국인, 그리고 후대에 들어온 러시아인 같은 강력한 세력에 밀려서 쇠락을 면치 못했다. 북방으로 디아스포라를 당한 한국인은 국민국가 사이에서는 약소민족이었지만, 원주민에게는 강자였다. 수 세기 동안 문화적 정체성을 지켜나가면서 제의, 물질문화 등에서 전통을 유지하던 원주민의 삶은 급격한 영향을 받기 시작한다. 이들의 본원적 삶은 사냥과 어로 등으로 자신들의 수요에 부응하고, 러시아와 중국과의 모피 무역에 부응하는 것이었다.

태평양 연안의 아이누족은 해양 포유류를 사냥했는데 나나이족처럼 큰 그물을 이용하여 어획하고 여름철 어로 현장과 겨울철 정주를 번갈아가면서 종사했다. 이 같은 순환적 삶은 구석기시대로 소급된다. 에벤키족에서 기원한 네기달 같은 종족은 유목적 삶을 사는데, 타이가에서의 사냥이나 순록 키우기를 하면서 아무르 강변으로 이주하여 중국식 온돌 난방을 가진 주거 양식을 갖게 되었다. 오로치는 순록 경제권으로 유지되었다.

아무르강 사람들은 고기잡이 기술이 매우 발달하였고, 다양한 고기잡이법이 채용되었다. 연어는 경제생활의 기본이었으며 고기잡이는 줄을 띄워서 잡거나 작살이 이용되었다. 물고기는 날것, 건조, 훈제, 소금 절임, 식초 절임 등이 이용되었다. 물고기 가죽은 유리창 대용이나 방수천으로 쓰였으며, 특히 축제나 결혼식 같은 의례용, 샤먼의 복식 등에 쓰였다. 중국이나 만주에서 들어온 디자

에벤족.

에벤키족.

나나이족.

네기달족.

오로치족.

우데게족.

인이 채용되었으나, 이들은 천부적으로 뛰어난 기술과 심미적 안목을 지녔다.

아무르강 사람들에게 포유동물 사냥은 매우 중요한 생업이자 경제적·사회적 권위를 과시하는 행위가 되었다. 순록, 사슴, 담비, 곰, 늑대 등을 잡았는데, 특히 모피용 담비는 조공이나 강압적 수탈에 부응하여 더욱 많이 잡아야 했다. 사냥에는 화살, 칼, 창, 함정 등이 두루 쓰였다.

태평양 연안에 살던 사람들은 고래나 물개 같은 바다 포유류 사냥에 종사했다. 거기서 나온 가죽을 내륙인과 교환무역으로 팔았다. 바다 포유류 사냥은 집단의 노력이 요구되었으며, 동물은 해변 가에서 잡거나 보트를 이용하여 작살로 잡았다. 울치족은 특별하게 뜨는 작살을 개발하여 썼으며, 니브흐족은 얼음이 녹으면 배를 타고 나가 원해에서 흰고래를 잡았다. 고래잡이 시에 여성들은 집에 있어야 하며 고래를 잡는 행위 자체가 제의적인 것이어서 금기와 축제, 신성과 혼란이 교차하는 일상의 통과의례였다. 흰고래는 니브흐족에게는 아주 특별한 모험이었다. 낮은 바다로 돌진해온 고래를 작살로 잡았는데, 고래 머리는 땅에 묻어 제의를 거행하여 바다의 신에게 바쳤다.

아무르강 하구 사람들의 사회구조와 조직 원리는 철저하게 부계친족agnatatic kinship이었다. 아이가 태어나면 부계를 따랐으며, 각 씨족 집단도 부계를 중심으로 모였다. 이들의 제의와 축제에서 가장 중요한 사건은 곰을 사냥하고 분육하는 신성한 곰 의례다.

역사 전개 과정에서 중국인과 만주인, 그리고 한국인, 최종적으로는 러시아 정교가 중요한 영향을 미쳤다. 외부로부터 들어온 생각이 아무르 사람들을 오염시켰고 세계관과 제의를 타락시켰다. 샤먼의 옷도 만주 샤먼의 옷을 닮아갔으며, 나나이족은 중국의 설날을 축하하고 중국의 상징을 받아들였다.

1924년 소비에트법에 따라 아무르 사람들의 전통생활도 빠르게 변하기 시작했다. 농경지는 집단농장이 되었으며, 나나이족의 농업 집단화와 니브흐족의 집단 사냥, 어로 행위와 순록 사육의 집단화가 촉진되었다. 소수사회에서 거대도시 사회로 변모하면서 에스닉의 정체성은 무너졌다. 현재 아무르 강변 주변에는 40개의 전통 보호구역이 있으며, 그들을 위해 3,000만 헥타르의 땅이 할당되어 있다. 북방원주민협회The Association of Indigenous Peoples of the North 사무실이 하바롭스크 시내에 있다. 서류상으로는 협회가 힘을 갖고 있으나 자원 개발, 숲의 파괴에 있어 원주민의 의견은 무시되고 있다. 원주민은 자신들의 정체성을 가지고 싸우는 것이 아니라 생존 자체를 위해 허덕이며 싸워야 하는 처지다.

아무르 강변 트로이츠코예 무덤군

아무르 강변에는 알렉산드라 김Alexandra Kim(1885~1918)의 슬프고도 비장한 사연이 있다. 연해주 우수리스크에서 이주민의 딸로 태어난 알렉산드라 김은 러시아에 침입한 일본군의 후원을 받는 백군과의 싸움에서 체포되어 아무르 강변에서 총살되었다. 그녀는 한반도 13개도를 상징하는 열세 발짝을 뗀 뒤, 으젓하게 돌아서서 총탄을 맞았다. 그녀의 나이 33세였다. 젊은 혁명아의 시신은 그대로 강에 내던져졌다. 그 후 사람들은 비통한 마음에 오랫동안 이 강가에서 잡은 물고기를 먹지 않았다고 한다.

알렉산드라 페트로브나 김.

블라디보스토크와 우수리스크, 하바롭스크 등 연해주 지역 고려인이 선정한 항일투쟁 영웅 59인에는 안중근(1879~1910), 신채호(1880~1936), 이동휘(1872~1935), 이범진(1852~1911), 이상설(1870~1917), 박은식(1859~1925), 이동녕(1869~1940), 홍범도(1869~1943) 등 우리 근현대사에서 치열하게 일제에 맞서 싸웠던 독립운동가들이 포함되어 있다. 이중에는 하바롭스크에서 총살당한 포석 조명희抱石 趙明熙(1894~1938)도 있다.

선봉
우리 신문!

소설가 조명희가 발행에 관여했던 신문 『선봉』. 블라디보스토크.

조명희의 작품은 시종일관 일제의 압제에 항거하는 내용이다. 소설 『낙동강』은 물론이고, 소련으로 망명하여 집필한 대다수의 작품이 일제에 항거하는 내용이다. 최초의 소련 망명 작가인 조명희가 연해주 지역 한인들의 구심점이 되어 민족과 민중의 의식 계도에 앞장섰다. 1928년 8월 21일 소련으로 망명하여 고려인(카레이스키)의 구심점이 된 조명희

아무르 강변에는 발해의 최북단 무덤군이 위치해 있다.

는 언론인과 교육자로서 민족 계몽과 항일 투쟁의 선봉에 섰으나, 1938년 스탈린 정권으로부터 일제 스파이라는 누명을 쓴 채 총살형을 당하는 비극을 겪어야 했다. 이처럼 하바롭스크는 한말 이래로 한민족의 디아스포라가 점철된 유서 깊은 곳이기도 하다.

상고시대로 소급하면 이곳은 또 발해의 땅이었다. 아무르강 유역에는 시베리아 최대의 고분군 1,000여 기가 산재하는데, 해동성국 발해의 유적 트로이츠코예다. 8~10세기에 발해 사람들이 집단 매장된 고분인 점으로 미루어 오랜 기간 한민족과 인연을 맺은 공간이다. 러시아 트로이츠코예 지역을 발해의 최북단 영역으로 추정하는 학설은 꾸준히 제기되었으나 이를 입증하는 유물이 대거 발굴된 것은 근래의 일이다. 문화재청 국립문화재연구소는 러시아과학원 고고학민족학연구소와 함께 아무르강 유역의 트로이츠코예 유적을 조사한 결과, 발해 세력이 러시아 아무르강 유역에까지 미쳤음을 입증하는 고고학적 증거들을 발견했다.

고분군은 아무르강의 큰 지류인 제야강 인근 평탄대지에 위치하며 8~9세기 유물로 추정되는 총 19기의 토광묘土壙墓, 즉 구덩이를 파고 널에 주검을 넣어 묻는 널무덤이 나왔다. 조사를 통해 남만주 지역 발해 주민의 서아무르 유역으

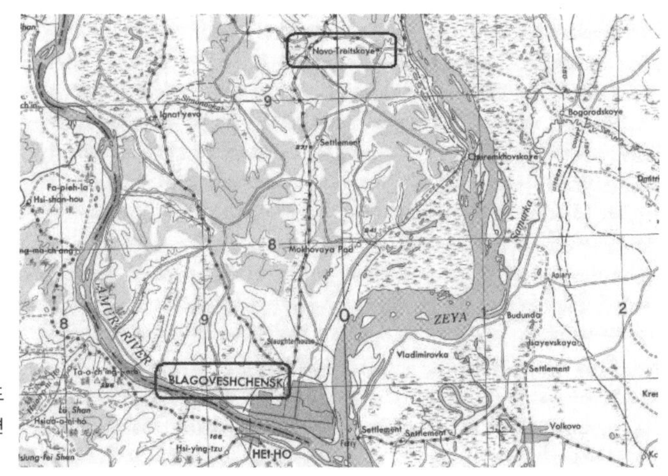

아무르강 북단의 주요 도시 블라고베셴스크 주변도 발해의 영역이었다.

로의 이주가 확인되며, 발해의 개척 과정을 밝히는 계기가 되었다. 목곽 또는 목관을 불태우는 장법葬法, 다인多人 2차 세골장법洗骨葬法, 말뼈 부장 등의 매장 풍습이 확인되었는데, 이는 중국과 연해주 지역의 발해 고분에서도 보편적으로 발견되는 것이다.

주변 지표 조사 결과, 고구려 전통을 잇는 발해 석실분이 발견되었으며, 행정치소로 사용된 것으로 보이는 대규모의 성이 여럿 분포하고 있음도 확인되었다. 발굴 결과를 통해 아무르 지역과 발해의 관련성을 확인할 수 있으며, 발해 무왕과 선왕대에 흑수말갈의 영역을 포함하여 주변으로 영토를 확장했다는 문헌 기록과 아무르주의 제야강 유역까지 발해 영역으로 보는 북한과 러시아 학계의 견해와 부합된다.[25]

25 국립문화재연구소, 『연해주의 문화유적 II』(트로이츠코예 고분군), 2007.

3

동해 출구를 둘러싼 중·러 쟁투의 장기 지속

아이훈과 베이징에서의 중·러

1618~1619년 이바시코 페틀린Ivashko Petlin과 온두르시카 몬도프Ondrushka Mondoff가 이끈 외교사절단은 '베이징에 도착해 안전하게 귀환한 근대 최초의 유럽 사절단'이었다. 그러나 이들은 황제를 알현하지 못했기 때문에 만족할 만한 정보를 가져오지는 못했다. 러시아 사절단은 계속해서 교역 가능성을 모색했다.

1653년 표도르 이사코비치 바이코프는 직접 교역을 목적으로 사절단을 이끌고 베이징에 왔다. 러시아인들은 모피 시장 개척에 필사적이었다. 삼궤구고두三跪九叩頭(무릎을 꿇고 머리를 세 번씩 땅에 닿게 절하기를 세 번 반복함)의 예를 거부한 탓에 바이코프의 예물은 거부당했지만, 그는 모피 판매에 관한 중요한 정보를 긁어모았다. 차츰 모피는 러시아-중국 교역의 핵심 품목이 되어 베이징에서 주로 비단이나 직물과 교환되었다.[1] 이와 같이 청은 러시아의 동향에 깊은 관심을 표명했고, 러시아도 마찬가지였다.

17세기 말엽에는 러시아에서 중국과의 교역에 종사하던 네덜란드 출신의 거상 이즙란트 이제스가 있다. 동진정책을 펴온 제정 러시아는 17세기 초엽부터 드보르스크를 거점으로 중앙아시아 상인을 통해 중국과 간접 교역을 진행했다. 그러다가 17세기 중엽에 신흥 청조가 안정 국면에 접어들자 러시아 상인은 중가리아 또는 몽골을 경유하여 직접 베이징까지 왕래했다. 그러면서 러시아 정부는 청조에 수차례 사절을 보내 자유통상을 요구했다. 그 결과 1689년에 네르친스크 조약이 체결되어 두 나라 상인이 국경을 넘나들며 교역하는 것이 허용되었

1 피터 C. 퍼듀, 『중국의 서진』, 212~213쪽.

다. 그러나 조약에는 원칙적인 규정만 있고 세부적인 시행 조치는 없었다. 그리하여 러시아에서는 구체적으로 교역을 성사시키는 한편, 중국의 대응 여부를 탐지하기 위해 사절을 보내기로 하고 마땅한 인물을 탐색했다. 이때 표트르 1세의 지기인 거상 이제스가 출사를 자원하고 나섰다.

이제스는 러시아 정부에서 현금 3,000루블을 받아 모피를 사들였으며, 국서를 가지고 400여 명의 수행원과 대상을 이끌고 1692년 3월 모스크바에서 출발했다. 이제스 일행은 드보르스크, 바이칼호, 네르친스크, 아르군강, 장자커우張家口를 거쳐 이듬해 11월 베이징에 당도했다. 이제스는 4개월여 동안 베이징에 머물며 청 정부와 끈질긴 담판을 진행했다. 그 결과 러시아 상인이 3년에 한 번씩 중국에 와서 교역을 하되 200명을 초과할 수 없고, 체재 기간은 80일로 협상이 이루어졌다. 청 정부는 동방정교 교회당 건립은 단호히 거절했다. 상인의 중국 입국이 지속됨에 따라 교역로도 1705년부터는 몽골과 장자커우를 지나는 더 빠른 길로 바뀌었다. 양국의 교역 품목을 보면, 러시아는 차, 대황大黃, 견직품, 면포 등을 사들였으며, 중국은 모피를 선호했다. 당시 러시아의 모피 값이 베이징의 모피보다 훨씬 누었기 때문에 러시아 상인은 많은 이득을 챙길 수 있었다.

청 강희제康熙帝(재위 1661~1722)는 신속臣屬 관계에 있던 볼가강 하류의 토르구트족[2]에게 일찍이 사절단을 파견했다(1712년 5월~1715년 3월). 만족滿族 출신의 도리침圖理琛(1667~1740)은 『이역록』異域錄이란 사행기를 만족어와 중국어로 찬술했다. 사행로의 산천과 도정, 러시아 풍습, 물산과 의례 등을 기술했다. 중국의 러시아 관련 저작으로 양국 관계의 전개나 러시아를 이해할 수 있는 기초적인 전거로 평가받는다. 일찍이 18세기에 프랑스어, 러시아어로 번역 출간되었으며, 1821년에는 영어로 번역되어 서구학계에 널리 알려졌다.

비슷한 시기에 이즈마일로프Izmaylov가 중국사행에 나선다(1719년 7월~1721

2 토르구트족은 명말明末에 몽골 북서부 지방에 살았던 오이라트의 한 종족으로, 중가르족에게 쫓겨났다. 1758년 청나라는 중가르족을 정복하고 토르구트족에게 귀환할 것을 권고했다. 부족장 우바시는 16만 9,000여 명을 이끌고 귀환의 길에 올랐으나 키르기스인, 카자흐인의 습격을 받아 이리에 도달했을 때에는 겨우 7만 명이 남아 있었다. 청나라는 이들을 환대하여 목초지를 나누어주고 분산시켰다.

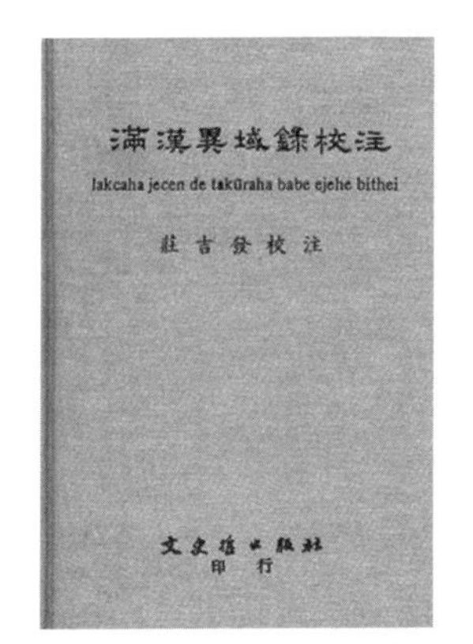

만족 출신의 도리침이 펴낸 러시아 사행기 『이역록』.

년 1월). 신흥 청조가 건국 초기의 혼란을 극복하고 안정기에 접어들자 러시아의 표트르 1세는 대청교역을 확대하기 위해 근위군 대위인 이즈마일로프를 단장으로 삼아 사절단 80명을 파견한다. 사절단은 상트페테르부르크를 출발하여 이르쿠츠크를 지나 몽골을 경유, 장자커우를 통해 1720년 11월에 베이징에 도착했다. 회담 결과, 이즈마일로프가 러시아 상무대표로 베이징에 상주할 수 있게 되었으며, 청 정부와 이즈마일로프가 공동 서명한 증서를 휴대한 러시아 상인에게 중국 입국이 허용되었다. 그러나 중국, 러시아, 몽골 간의 국경이 확정되기 전에는 양국 간 통상조약은 불가하다는 내용이 합의되었다. 본래의 사명은 완수하지 못했지만, 이 일을 계기로 추후 러시아는 적극적인 접근을 시도하게 되었다.[3]

그런데 이 같은 사신 행보와 무관하게 이미 1660년대 말부터 아무르강과 실카강이 만나는 지점 하류에 러시아 요새가 설치되어 알바진Albazin이라는 식민촌을 보호하고 있었다. 1685년 3,000명의 만주 기인旗人이 이곳을 습격하여 항복을 받아냈다. 이 같은 일련의 지방적 소규모 충돌과 두 차례의 알바진 포위 공략 및 점령을 거쳐, 러시아와 청은 외교 교섭을 하게 된 것이다. 러시아의 동정東征은 필연적으로 중국과 충돌할 수밖에 없었다. 1689년 네르친스크에서 조인된 이 조약에 따라 러시아인은 그 후 150년 동안 아무르 지역에서 배제되었다. 중국과 러시아 동부 변경이 1689년에 최초로 확정된 것이다. 양국은 아르군강, 고르비차강, 와이싱안링外興安嶺과 바다를 경계로 삼았다.

네르친스크 조약에서 러시아인, 몽골인, 만주인, 예수회 선교사들은 각기 다른 이해관계를 가지고 있었다. 프랑스, 포르투갈, 네덜란드에서 온 사람들과 선교사들은 몽골어를 배제하고 라틴어로 회담했다. 양 진영 모두에게서 더 나은 선교 조건을 얻는 데 혈안이 되었기에 몽골어를 배제한 것이다. 네르친스크 조약에

3 정수일 편저, 『실크로드 사전』, 창비, 2013, 644쪽.

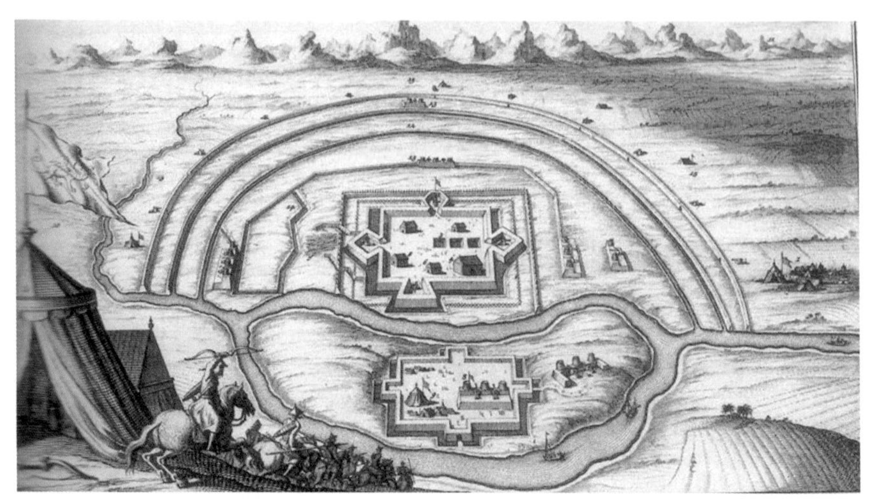

러시아의 요새 알바진(17세기 후반).

는 무역을 할 수 있는 조항이 포함되어 있었는데, 표트르 대제는 이 조항을 이용하여 중국과 새로운 통교제도를 만들었다. 베이징에 정기적으로 카라반(대상)을 보내 삼궤구고두의 예와 공물을 바치는 대신, 러시아인들은 풍성한 회사回賜를 받아 큰 이익을 올렸다. 굴복시킨 몽골인과 퉁구스인을 베이징으로 연행해간 것이 큰 도움이 되었다. 또 러시아 정교 선교사들도 10년씩 체재할 수 있게 되었다. 선교사들은 베이징에서 중국어를 배워 포로로 잡혀 팔기八旗에 편입되어 있던 러시아인들과 협력하여 번역과 통역일을 했다. 그 결과 1720년대에는 러시아인과 중국인을 연결하는 공통어로 쓰이던 라틴어가 필요 없어졌다. 네르친스크 조약을 체결한 후 러시아 경계 안에 있던 싱안링은 와이싱안링, 중국 경계 안의 싱안링은 네이內싱안링이라 부르기 시작했다.

1727년에 이전의 내용을 보충하는 후속 조약이 몽골-러시아 국경 지대인 캬흐타에서 체결되었다.[4]

국경의 두 곳에서 물물교환 형식으로 무역을 하기로 한 캬흐타 조약에 따라 몽골 쪽의 마이마이청賣買城 건너편에 시장이 형성되었다. 대상의 수는 줄었지만 러시아 상인과 관리는 베이징까지 왕래하는 힘든 여행을 하지 않아도 되었다. 중

번성하던 캬흐타 시장 (19세기).

국에서는 몽골과의 관계를 담당하는 관청인 이번원理藩院이 대러시아 무역까지 관리하게 되었다. 캬흐타 조약은 18세기 내내 유지되었는데, 중국은 이를 러시아의 조공으로 간주했으며, 러시아는 무역을 유지하고 수입을 확보하기 위해서 갖은 노력을 마다하지 않았다. 그러나 러시아도 나중에는 자존심이 높아지면서 형식적인 의례일지라도 종속적 태도를 취하는 데는 소극적이 되었다.[5]

19세기 중엽에 제정 러시아는 청 정부를 핍박하여 불평등조약인 아이훈 조약愛琿條約(1858)과 베이징 조약(1860)을 체결했다.[6] 청나라가 급격히 비틀거리는 형세를 보며 슬라브 민족이 수수방관할 이유가 없었다. 당시 러시아 내부 사정은 태평양으로 나아가는 길을 찾고 있었다. 1856년 크리미아 전쟁에서 실패하여 남쪽으로 나가는 항만이 모두 봉쇄되고 유일한 캄차카 방면까지 영국-프랑스 함대가 엿본다는 풍설은 틀린 보고가 아니었다. 러시아로서는 태평양 진출이

4 조약의 주요 내용은 다음과 같다. ① 몽골 지역의 국경을 정한다.—현재의 러시아와 몽골의 국경선. ② 러시아 대상隊商의 인원을 200명으로 정하고 3년에 한 번씩 베이징에 올 수 있게 한다. ③ 캬흐타와 아르군 강변에 교역장交易場을 설치한다. ④ 러시아는 베이징에 교회를 설립하고, 선교사와 어학語學 연구생(5명)을 둘 수 있다.

5 三谷博 外, 『동아시아 근대사』, 까치, 2011, 86~88쪽.

6 외만주外滿洲는 만주 동쪽의 러시아 영토로, 아이훈 조약과 베이징 조약으로 중국이 러시아에 넘겨준 지역이다. 중국에서는 외동북外東北이라고도 부르는데, 현재의 프리모르스키 지방(연해주), 하바롭스크 남부다.

필연적이었다. 그리하여 니콜라이 1세는 1847년에 니콜라이 무라비요프 장군에게 동부 시베리아 대총독의 임무를 맡겼는데, 무라비요프는 웅지가 만만했다. 그는 동부 시베리아를 개발하려면 아무르강 본류를 이용해야 하며, 나아가 강어귀를 다스리지 않으면 안 된다고 주장한다. 그리하여 1848년 러시아 수도에서 이르쿠츠크에 이르고, 1849년 오호츠크해에 이르렀으며, 이내 환동해 변에 니콜라옙스크가 건설되었다.

니콜라이 무라비요프 아무르스키 백작.

1854년, 무라비요프는 아무르를 원정할 준비를 서둘렀다. 그러고는 1858년 5월에 청나라 전권장군 혁산奕山과 아이훈에서 만나 새로 국경을 획정하는 담판을 개시했다. 때마침 청나라는 톈진에서 영국-프랑스 연합군에게 패한 상황인 데다 태평천국의 발호가 극심했다. 러시아로서는 담판에서 이길 수 있는 좋은 기회였다. 무라비요프는 처음에 아무르강 좌안 전부와 우수리를 한 부분 빼앗아서 조선 국경에 이를 것을 요구했다. 혁산은 아무르강 좌안의 양여는 승낙하되 우수리와 동해 사이의 일대를 공유하기를 원했다. 무라비요프는 하는 수 없이 동의했다. 겨우 5~6일의 협상을 통하여 광대한 영토를 한 명의 병사도 희생하지 않고 획득한 것은 매서운 수완이었다.[7]

1858년 헤이룽장성의 북쪽 아무르강 연안의 아이훈에서 러시아는 스타노보이 산맥과 아무르강 사이의 땅을 양도받음으로써 1689년에 맺은 네르친스크 조약을 뒤집었다. 시베리아에서 실질적으로 유일하게 농사를 지을 수 있는 60만 제곱킬로미터의 땅을 확보한 것이다. 아이훈은 부랴고뷔를 대상으로 한 러·청 무역의 중심지뿐 아니라 군사적, 외교적으로도 북만北滿의 중요한 군사 요지였

7 아나바 이와키치, 서병국 옮김, 『만주사 통론』, 한국학술정보, 2014, 401~402쪽.

아이훈 조약 문서(1858년). 아르세니에프 박물관.

다. 그러나 곧바로 부라고붜 바로 앞 해안에 에이허黑河라는 현이 헤이룽강 중류의 무역 중심이 되면서 그 영향을 받아 아이훈은 쇠퇴했다.[8]

아이훈 조약에 의해 청은 아무르강 이북을 러시아에 내주었다.[9] 청은 이 조약을 승인했다가 얼마 뒤에 부인했으나, 2년 후인 1860년에 러시아와 다시 베이징 조약을 체결해야 했다. 당시는 영국-프랑스 연합군이 베이징으로 육박하여 원명원圓明園을 불태워 문종이 열하熱河로 피신하고 사직이 위태로운 상태였다. 러시아는 영국-프랑스 연합군과 중국 사이를 조정했으며, 그 보상으로 2년 전의 아이훈 조약에서 이루지 못한 야망, 즉 우수리강 방면 환동해 일대를 차지할 수 있게 되었다. 1860년에 체결된 베이징 조약에서 아이훈 조약의 약정 내용을 재확인하게 되며, 베이징 조약으로 인해 우수리강 동쪽인 연해주마저 모두 러시아 영토가 되었다. 두 나라의 동쪽 변계가 아무르강, 우수리강에서 투먼강圖們江 입구에 이르는 지역으로 확정되어 오늘에 이르게 되었다. 이로써 중국은 만주 동쪽으로 나아가는 동해 출구를 상실하게 되었다.

중국의 동해 출구 상실을 오늘의 중국 입장에서만 생각하면 안 될 것이다. 이는 '만주'라는 애매모호한 공간으로부터 그 원인이 시원하기 때문이다. 청의 발원지가 만주이기는 하나 한족의 이입을 막았으며 만주는 어쩌면 한족 중심의

8 도리이 류조, 『인류학자와 일본의 식민지 통치』.

9 아이훈 조약의 골자는 다음과 같다. ① 헤이룽강黑龍江(아무르강) 좌안은 러시아령으로 한다. 헤이룽강 우안 중 우수리강 서쪽은 청나라 영토로 하고, 우수리강 동쪽은 두 나라가 공동 관리한다. ② 헤이룽강 좌안의 만주인 촌락은 청나라가 관할한다. ③ 헤이룽강·쑹화강松花江·우수리강의 항행은 두 나라의 배로 제한한다. ④ 위 세 강 연안의 주민 간에는 무역을 허용한다.

역사로 본다면 중국사 전체에서는 빈 공간이나 다름없었다. 만주족 팔기군은 만주족, 몽골족, 한족에다 현지 원주민인 다구르족, 퉁구스족, 나나이족 등의 부대를 합친 것이었다. 여러 민족의 혼합 현상은 18세기에 베이싱 정부가 만주를 '중국식 시베리아 유형지'로 이용함으로써 더욱 조장되었다. 만주는 점차 자연스러운 피난처가 되었다. 베이징 정부가 18세기에 만주를 일종의 중국식 시베리아, 즉 유배지로 생각한 결과다. 만주족 청은 자신의 영토를 헤이룽강에서 멈추었다. 아무르강과 우수리강을 따라 살고 있는 나나이족과 니브흐족 같은 '야만인'들은 모두 명목상 청나라에 신속되어 있었기 때문이다. 따라서 19세기 초 아이훈과 다롄의 국경수비대와 교역 마을을 제외하고 아무르 강변에 거주하던 중국인은 거의 없었다. 이런 빈 공간을 이용하여 러시아 사냥꾼과 코사크족이 사냥을 하면서 누비고 다녔다.

시베리아 총독 무라비요프 백작의 후원으로 제국 건설자인 네벨스코이Nevelskoi는 중요한 탐험을 했다. 1850년 중국 정부가 아무르강 하류에 군대를 보내지 않음을 확인하고 강어귀 부근에 나중에 니콜라옙스크로 이름이 바뀔 요새를 만들었다. 3년 후에는 사할린이 러시아 영토라고 주장하면서 동해의 중국 측 해안가에 두 개의 러시아 기지를 세웠다. 태평천국과 아편전쟁에 휩쓸린 중국은 아이훈 조약에 서명해야 했고, 이 조약으로 아무르강 북쪽의 영토는 러시아에 할양되었다. 1860년에 추가로 맺어진 베이징 조약은 우수리강과 동해 사이의 영토는 모두 러시아에 예속됨을 확인시켜주었다.

러시아인은 1856년부터 이들 지역을 연해주 지방 프리모르스키로 표시했으며, 표트르 대제의 이름을 붙인 만에서 툭 튀어나온 곶의 블라디보스토크를 전략 항구로 만들었다. 사방에서 공격당하는 중국의 약점을 이용하여 러시아는 결국 엥겔스가 말한 것처럼 프랑스와 독일을 합친 넓이의 땅과 도나우강만큼 큰 강을 중국에게서 약탈했다.[10] 베이징 조약을 기점으로 중국은 동해를 상실하고, 조선은 마침내 러시아와 국경을 접하게 되었다.[11]

10 박태근, 「1860년 북경조약과 한러 국경의 성립」, 『영토문제연구』, 고려대민족문화연구소, 1985.

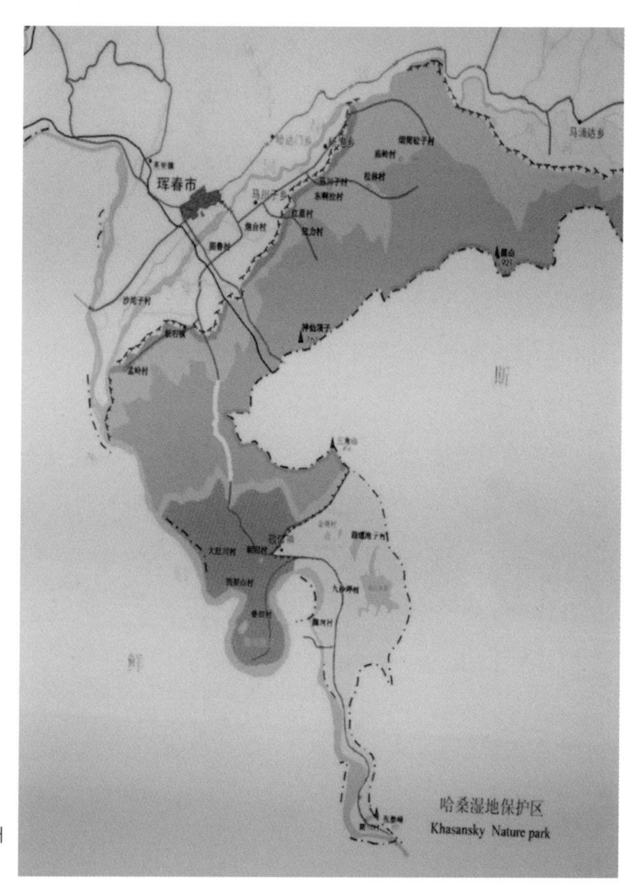

훈춘 지역 조·중·러 국경지대의 좁은 회랑을 보여주는 지도.

훈춘계약으로 알려진 1886년의 러·청 사이의 감계회담에서 양국은 이른바 '투먼강圖們江 하구'를 둘러싸고 치열한 논쟁을 벌였다. '투먼강 하구로부터 거리가 20리를 넘지 못한다'를 어떻게 해석하는가의 문제였다. 청은 '해탄진처'海灘盡

11 베이징 조약의 제1조는 다음과 같다. 우수리강 하구에서 남쪽으로 싱카이호興凱湖에 이르는 곳의 양국 간 국경선은 우수리강과 쑹아차허松阿察河로 한다. 쑹아차허의 수원에서 양국 국경은 싱카이호를 가로질러 백릉하白棱河에 이른다. 백릉하구부터는 산령山嶺을 따라 호포도瑚布圖 하구에 이른다. 다시 호포도 하구로부터는 훈춘강琿春河과 바다의 중간 령嶺을 따라서 투먼강구圖們江口에 이른다. 양국 간 국경선과 투먼강이 만나는 지점은 해당 투먼강 하구로부터 거리가 20리를 넘지 못한다.

處를 하구, 러시아는 '해탄내이십리'海灘內二十里를 하구라고 주장했다. 어느 쪽 주장을 수용하는가에 따라 국경선은 태평양으로 연결될 수도 있고, 그렇지 않을 수도 있었다. 청의 주장대로 해탄진처가 하구라면 청·러 국경선은 두민강이 동해로 유입되는 바다 가까이에서 결정될 가능성이 높았다. 그렇게 된다면 청나라는 두만강을 통해 태평양으로 진출하는 통로를 확보할 수 있었다. 러시아의 주장대로 한다면, 양국 국경선은 동해에서 육지 쪽으로 수십 리를 들어와야 했다. 그렇게 되면 청은 만주 방면에서 태평양으로 진출하는 통로를 완전히 봉쇄당하는 것이었다.

훈춘계약에서 벌어진 국경 논쟁의 핵심은 청의 태평양 진출이 좌우되는 매우 중요한 결정이었다. 그러나 훈춘계약은 러시아의 주장이 관철되어 청은 이후 태평양으로의 진출이 봉쇄되었다.[12] 이후 청은 태평양으로 진출하기 위해, 그리고 러시아의 남하를 저지하기 위해 조선 동해의 도서 또는 항구를 점유하려 시도했으나 무위로 돌아갔다.[13]

황화 공포증과 북방 공포증

19세기 후반기 중국 민요에는 종종 서양인에 대한 적대적인 감정이 노골적으로 표현되었다. 서양인을 도깨비鬼子, 서양도깨비洋鬼, 서양개洋狗, 변방놈老番, 야만인蠻子 따위로 칭하며 사나운 짐승에 빗대기도 했다. 언어적 표상은 다만 과장으로만 그치는 것은 아니었을 것이다.[14] 제국 러시아에 대한 적대감도 동일하게 나타났다. 1880년 일본 주재 중국 외교관 황준헌黃遵憲(1848~1905)은 소책자 『조선책략』朝鮮策略에서 러시아가 가장 위험한 침략국이므로 러시아의 '침투'를 막기

12 신명호, 「19세기 조·러의 국경 형성과 두만강 하구의 도서·영해 분쟁」, 『19세기 동북아 4개국의 도서 분쟁과 해양 경계』, 동북아역사재단, 2008, 83~84쪽.

13 유영박, 「대청관계에서 본 녹둔도의 귀속 문제」, 『영토문제연구 2』, 고려대민족문화연구소, 1985.

14 문정진 외, 『중국 근대의 풍경』, 그린비, 2008, 498쪽.

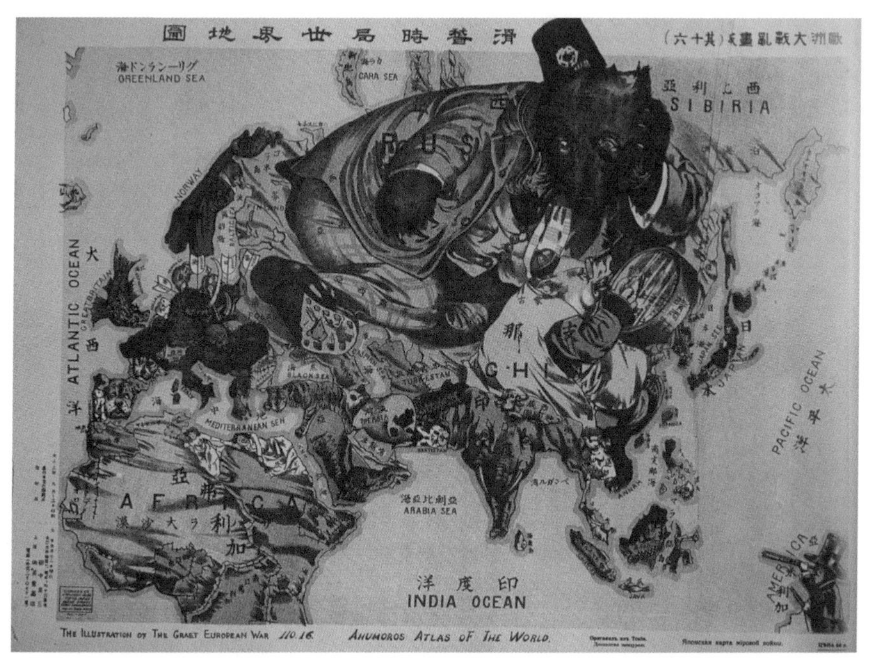

러시아의 두려움을 과장한 골계적인 지도.

위해 청, 일본, 미국의 동맹이 필요하다는 점을 역설했다.[15]

그런데 전혀 다른 양상도 빚어지고 있었다. 중국이 러시아의 침탈을 받고 있었지만, 동시에 중국인도 연해주 일대에서 인종적 팽창을 거듭하고 있었다. 러시아 탐험가 아르세니에프의 기록에 연해주 토착민 세계에서 지배자로 군림하는 중국인이 자주 등장한다. 아르세니에프는 중국인 및 원주민과 중국인의 혼혈인 타즈의 삶을 이렇게 기록하고 있다.

> 타케마 주변에 사는 타즈의 삶도 남부 우수리 지방의 타즈들과 별로 다를 게 없었다. 그나마 이곳은 중국인 영향력이 비교적 적은 편이었다. 이들은 전통가옥을 짓고 살면서 여름에는 농사를 짓고 겨울이면 검은담비를 사냥해 생계를 유지했다. 이들

15 黃遵憲, 김승일 옮김, 『조선책략』, 범우사, 2013.

의 생활에서는 작은 배와 설화雪靴도 필요했다. 의사소통은 중국어로 했고, 우데헤 말은 수사나 인사말 정도만 기억할 뿐이었다. 타케마의 중국인은 이 일대의 지배층이다. 토착민은 이곳에서도 중국인에게 밀려 형편이 어려웠다. 대부분의 토착민이 중국인에게 속아 엄청난 빚을 지고 있었다. 게다가 중국인이 도착하여 천연두를 퍼뜨렸고, 그 때문에 많은 토착민이 죽고 말았다. 1895년 비킨강의 토착민은 306명으로 줄어들었다.

어느새 토착민보다 수적으로 많아진 중국인은 본격적으로 토착민을 억압하였다. 중국인은 일대의 새로운 지배자로 행세하였다. 먼저 우데헤에게 도저히 갚을 수 없을 만큼 빚을 지게 한 후 노예로 전락시켰다. 토착민은 중국인에 의해 가축처럼 팔려가거나 몽둥이로 맞아죽기 일쑤였다. 중국인은 검은담비를 빼앗기 위해 고문도 서슴지 않았다. 이런 상황은 야스트레보프가 우수리 지방의 지사로 부임할 때까지 계속되었다. 그는 군대를 이끌고 강을 거슬러 비킨에 당도했다. 그리고 노인과 불구자를 제외한 모든 중국인을 다른 지역으로 추방했다. 덕분에 토착민들은 한숨을 돌릴 수 있었지만 또다시 중국인의 집단 이주가 시작되면서 다들 불안해하고 있었다.[16]

채권자인 중국인들은 채무자인 나나이족이나 우데게족의 아내와 딸을 첩으로 삼거나 다른 사람에게 팔았다. 많은 중국인 이주자들이 홍호자 같은 도적 집단과 연계된 범법자들이었으며, 원주민이 말을 듣지 않으면 혹독한 징벌을 가했다. 무자비한 외국인 침입자에게 억압받고 기근과 천연두 같은 질병 때문에 많은 사람이 죽어나간 나나이족과 우데게족은 자신들의 문화와 생활방식을 지키기가 힘들어졌고, 결국 가난에 쪼들리고 타락하는 처지가 되었다. 많은 사람이 결혼을 통해 중국인으로 동화되었고 자신들의 전통문화뿐만 아니라 토착 언어까지 잃어버렸다.[17]

이 같은 원주민–중국인 관계에서 보이듯, 러시아제국의 침탈, 즉 서양의

16 블라디미르 클라우디에비치 아르세니에프, 『데르수 우잘라』, 129쪽.
17 제임스 포사이스, 『시베리아 원주민의 역사』, 226쪽.

동양 침탈이라는 단선론적인 입장에서 당시의 유라시아-극동을 바라보아서는 안 될 것이다. 가령 1755~1756년 중가르의 몽골족과 투르크족 약 100만 명, 즉 그 지역의 인구 대부분이 중국인에 의해 살육당한 역사도 있었다.[18]

중국인이 러시아인에 대한 북방 공포증을 가지고 있었다면, 역으로 러시아인은 중국에 대한 증오심 혹은 멸시감을 일상적으로 가지고 있었다. 상층부를 러시아인이 차지한 동부 시베리아의 하부 단위에는 중국인이 일상생활에 존재했고, 한국인도 더러 일정 비율을 차지했다. 다음은 19세기 하바롭스크의 풍경이다.

> 러시아 시민들은 중국인 노동자가 만주산 목재로 만든 집에서 살았다. 벽난로는 중국 돌로 만들어졌고 부엌에서는 중국 소년이 주전자를 준비하고 있다. 집안의 가장은 만주산 밀가루로 중국 빵집에서 만든 빵을 먹으며 중국 차를 마신다. 여주인은 중국인 재봉사가 만든 중국 옷을 입고 있다. 마당에서는 한국인이 장작을 패고 있다.[19]

그만큼 중국인이 일상생활에 깊숙이 들어와 있었다는 증거다. 깨끗하고 멋진 러시아인 관리들이 역 구내를 걸어가면 위축된 중국인들이 놀랐으며, 한국인들이 굽실거리며 자리를 비켜주었다. 러시아인은 백인이며 문명화된 서구인으로서 그들의 발걸음은 정복자의 그것이었다. 러시아인의 황인종에 대한 오만함에는 인종 살육의 가능성이 깔려 있었다. 실제로 1900년 초 아무르 주도인 블라고베셴스크에서 악명 높은 대학살이 벌어져 현지 중국인과 만주족 5,000여 명이 물에 수장되었다.[20]

러시아인은 이른바 철도 수비대, 즉 시베리아 철도 직원과 그 밖의 관리들을 늘리고

18 위의 책, 143쪽.

19 Frazer, "The Real Siberia"(재인용).

20 제임스 포사이스, 『시베리아 원주민의 역사』, 230쪽.

있다. 러시아에서는 이주민들이 몰려오고 있다. 한국에서 월경하여 정착하는 이들이 증폭되는데 10만 명 정도로 추산된다. 러시아인들이 끌어들이는 인부의 수효도 엄청난데, 특히 연대에서 들어온다. 철도 부설이나 선로 인근의 여러 도시 건설에 투입되는 인부들이다. 러시아는 1900년 5월에 이 지역을 군사적으로 정복하기 시작했고, 그러한 점령 상태는 지금도 지속되고 있다. 7월 21일에 러시아 황제는 그로데코르 장군을 사령관에 임명했다. 일주일 뒤에 그는 블라고베셴스크에서 중국인을 제압했다. 당시 다섯 개 사단이 각기 다른 방향에서 하얼빈을 향해 만주로 진입했다. 사하로프 장군은 송화강을 따라 진군했고, 리네비치 장군은 여순에서 출발해 우장을 점령했다. 그리고 다시 봉천을 거쳐 하얼빈으로 진입했다. 케넨캄프 장군은 9시간의 전투를 벌이며 수많은 양민을 학살하고 그 일대를 불태우고 나서 아이훈을 점령했고, 그것에서 다시 치치하얼로, 치차고프 장군은 동부사단을 지휘하면서 포시예트만에 상륙했고, 다시 닝구타(영고탑)로 진군하면서 이렇다 할 저항을 받지 않았다. (……) 짧고 강력하며 결정적인 이 원정에서 러시아는 대단히 가혹한 압박을 가했다. 제1의 노림수는 주민들을 공포에 떨게 하는 것이었다. 장군들은 사실상 복수심에서 작전을 수행했다. 그들은 어느 한 도시를 점령했을 때는 무고한 민간인들 상당수를 체포하기도 했다. 그리고 100명에 1명, 혹은 10명에 1명꼴로 처형하기도 했다.[21]

『타임스』의 아피볼드 리틀 부인은 이런 기사를 썼다.

하바롭스크의 총독은 이렇게 보고했다. 전시에는 불을 지르고 파괴하라. 그리고 중국인들을 잡아들여 그들이 다룰 줄도 모르는 선박에 태웠다. 어머니들이 아이들을 강변으로 던지면서 무고한 아이들만이라도 살려달라고 애원했는데도 코사크 병사들은 아이들을 총검으로 찔러 토막을 냈다. 아이훈은 코사크 기병대가 철저히 초토화한 모습 그대로였다. 남은 것이라고는 높은 굴뚝뿐이었다. 수만 명의 주민도 거의

21 George Lynch, *The Path of Empire*, London: Duckworth & Co., 1903, 185쪽.

남아 있지 않았다. 러시아인들은 중국인의 기를 완전히 꺾어놓았다. 거침없이 휘두르는 이런 잔인하고 야만적인 수법으로 소기의 목적을 이루자 러시아인은 곧 정책 노선을 싹 바꾸었다. 그들은 이제 전에 없던 배려와 관용의 자세로 중국인을 대했다. 만주는 지금 그야말로 평화롭다. 군사적으로 말이다. 그러나 이면에서는 또 다른 싸움이 벌어지고 있다. 바로 황인종과 러시아인 사이의 소리 없는 전쟁이다. 소매상인 중국인을 물리치기는 어렵다. 그들은 이제 이르쿠츠크까지 진출했고, 그 너머까지 나간 사람도 있으며, 현지 사람들과의 거래에서 러시아 소매상을 따돌리고 있다. 중국 상인은 조계항구로 수입된 영국과 미국 제품을 널리 퍼뜨린다. (……) 중국 상인들은 만주뿐만 아니라 시베리아의 주요 도시에서도 두각을 나타낸다. 그들의 사업은 그야말로 발전일로에 있다. (……) 러시아에는 미개지가 널려 있다. 러시아는 그곳에 주민들을 정착시키고자 많은 노력을 기울이고 있다. 특히 유럽 쪽 주민을 이주시키려고 한다. 러시아는 향후 50년 혹은 100년 이내에 만주 전역을 완전히 삼키기 위해 당장 자국민을 이주시키는 데 더욱 주력할 것이다.[22]

20세기의 처음 몇십 년 동안 두드러졌던 러시아의 배타적 애국주의의 발로 중에서 이 같은 황인종에 대한 편견은 반유대주의에 뒤이은 것이었다. 러시아가 극동의 이웃 국가에 대해 경멸감과 공포심이 혼합된 자기방어적인 태도가 더 강해진 데는 의심할 나위 없이 러일전쟁에서 일본에게 당한 치욕 때문이기도 하다. 게다가 우수리강 유역에 계속 늘어나고 있던 중국인과 기타 황인종에 대한 거부감이나 공포감도 있었다. 1885년 무렵 아무르 강변에 1만 5,000명, 연해주에 9,500명의 중국인이 이주했으며, 같은 시기에 한국 농민은 두만강 계곡과 러시아 우수리 지방 남쪽의 수이펜 계곡으로 이주했다. 1880년대 초 약 8,800명의 한국인이 이곳에 이주했는데, 그중 수백 명은 아무르 강가에 블라고슬로벤노예라는 마을을 건설했다. 1897년 무렵 우수리-아무르강 지역에는 6만 5,000명이 넘는 중국인과 한국인이 살고 있었으며, 1902년 블라디보스토크의 인구 가운데

22 George Lynch, *The Path of Empire*, 192쪽.

황인종이 39.4퍼센트를 차지했다.[23]

모스크바와 프리모리에의 간극

제정 러시아의 학자이자 사회평론가 베뉴코프M. I. Venyukov(1832~1901)는 일찍이 연해변강주, 특히 변강주 남부 지역이 러시아에 기여하는 전략적·경제적·정치적·군사적 중요성을 다음과 같이 기술했다(1873).

> 세계를 향한 출구와 거리가 먼 광활한 러시아 영토에서 '아무르강 하구-두만강 하구' 구간의 동쪽 변방만큼 위대한 미래를 약속해주는 땅은 없다. 러시아는 이곳 동부에 유럽 지역이 제공하지 못하는 '바다를 향해 열린 창'을 보유한다. 그러기에 러시아는 전 세계적 패권 장악에 여념이 없는 적과의 투쟁에 힘을 결집해야 한다. (……) 미국, 순다 열도, 인도 등 전 세계에서 장기간 고갈되지 않는 부의 원천과 자유로운 해상무역을 위한 필수적인 항구를 확보할 수 있는 땅은 오직 이곳뿐이다. 한마디로 핀란드 만이나 흑해 연안, 캄카스 동쪽이나 시르강 연안 등 러시아의 아시아나 유럽 지역 중 그 어느 국경 지역도 연해변강주만큼 강력한 정치적 영향력과 장차 눈부신 경제 성장에 필요한 여러 유리한 여건을 제공하지 못한다. 또한 광대한 러시아 그 어느 곳의 영토를 잃는다 해도 이 지역의 땅을 잃는 것보다는 슬프지 않을 것이다. 영국이 아스콜드섬에 신新홍콩을 건설하거나 중국이 포시예트만을 점령한다고 상상하는 것만으로도 이 점을 충분히 이해할 수 있을 것이다.[24]

이처럼 러시아에게 소중한 연해주를 둘러싼 중국과 러시아의 쟁투는 아직

23 제임스 포사이스, 『시베리아 원주민의 역사』, 228쪽.

24 보리스 이바노비치 트카첸코, 성종환 옮김, 『러시아-중국 문서와 사실에 나타난 동부 국경』, 동북아역사재단, 2010.

연해주의 전략적 가치를 일찍이 주목한 제정 러시아의 학자 베뉴코프.

끝나지 않았으며 영원히 충돌이 지속될 것이다. 어차피 연해주는 중국도, 러시아도 본 주인이 아니었고 국민국가가 존속하지 않던 원주민의 땅이었기 때문이다. 따라서 역사적으로 애매모호한 구역이 존재하며, 그 애매모호성은 쉽사리 해결되지 않는다. 연해주를 둘러싸고 러시아 중앙과 연해주 변방의 시각 차도 존재한다. 블라디보스토크에 거주하는 영토 이론가 베뉴코프의 시각은 모스크바 중앙이 아니라 변방 연해주 러시아인들의 시각을 설명해준다. 그의 견해는 대체로 이러하다.

중국은 지정학적 요인 때문에 러시아, 중국, 북한 3국 국경의 교차점에 각별한 관심을 보인다. 헤이룽장성, 지린성吉林省 등의 동북 지방과 네이멍구 자치구의 집약적 경제 성장은 교통·운송 요인에 의해 제약을 받는다. 이들 지방은 직통 해양 진출로가 없기 때문에 중국 동북의 화물 운송으로 이미 포화 상태에 이른 다롄大連－하얼빈哈爾濱 구간의 철도에 화물 운송을 의존하고 있기 때문이다. 중국은 동북 지방의 동해 진출로를 확보하기 위해 많은 노력을 기울였다. 중국이 직통 해양 진출로를 확보할 경우 얻게 될 경제 효과는 실로 막대하다.[25]

1989년 5월 고르바초프의 베이징 방문 중에 이루어진 합의에 의해 1991년 5월 16일 중·소 동부 국경협정이 체결되었다. 고르바초프의 '신사고'는 중·소 관계라는 새로운 분야의 동부 국경협정에서 실현되었으며, 이웃 중국에 영토적, 전략적으로 이해할 수 없는 양보를 했음을 뜻한다. 1991년 협정 제9조에 선박 항행 규정이 있다. 소련 측은 자국 관련 구간에서 중국 선박이 이 협정 제2조에 명시된 국경점 아래 두만강을 따라 바다로 왕복 항행하는 데 동의한다고 되어 있다. 이는 연해변강주의 미래를 좌우할 순수 경제 문제라고 보면서 이 문제가

25 위의 책, 309쪽.

연해변강주 경제에 부정적인 영향을 미칠 것으로 확신했다.

중국은 아직 러시아에 대규모 영유권을 제기하지 않고 있다. 그러나 20~30년 후에 중국은 공식적으로 러시아령인 극동 지역과 심지어 동부 시베리아의 인구 희박 지역에 대한 영유권 문제를 제기할 수도 있다. 그 어떤 국제법이나 공인된 국경선도 이 문제에 대한 해결책이 되지 못할 것이다. 이처럼 21세기 중국 측의 영유권 주장을 목표로 서명된 1991년 동부 국경협정은 중·러 국경의 획기적 재검토를 위한 중간 단계 조치다.

팡찬의 좁고 긴 회랑. 중국과 러시아의 경계선이다.

중국은 두만강을 통한 동북 지방의 동해 진출을 위한 직항로를 얻으려는 욕심에서 조금씩, 그러나 일관되고 뚜렷한 목표를 가지고 움직이는 듯하다. 중국은 초기에 하산호 일대의 이국적 형태의 공기부양정선, 바지선 등 배수량이 적은 경흘수선을 수용할 수 있는 항만을 건설할 것이다. 그 후 더 큰 선박이 통행할 수 있도록 두만강 유역 수리구조물 건설 공사 문제를 제기할 것이다. 이로써 중국의 항만 자체가 확장될 것이다. 궁극적으로 중국은 러시아와 북한 양국에 두만강을 연안국 외에 다른 국가의 선박도 기항할 수 있는 국제 하천으로 격상시키는 문제를 제기할 것이다.

중국은 150년 전에도 그랬으며, 지금도 지린성과 동북 지방의 동해 직항로를 얻기 위해 노력하고 있다. 이 직항로는 연해변강주 포시예트 지역의 러시아 최남단 영토를 획득하거나 하상 준설 공사와 두만강-동해를 운항하는 하항의 건설을 통한 러시아-북한 간 국경 하천인 두만강을 통해서, 혹은 동해에 인접한 훈춘시-크라스키노-자루비노항을 잇는 러시아 철도 부지의 장기 임차를

두만강 하구의 러시아·중국·북한의 국경 표시.

통해서 확보할 수 있다. 마지막 방안은 유엔개발계획(UNDP)이 후원하는 두만강 프로젝트 국제 컨소시엄을 통해 실현될 것이다. 이렇게 되면 러시아의 전략적인 이 지역은 유엔 산하 초국적 국제기구의 지원으로, 혹은 유엔을 매개로, 특히 미국의 다국적기업을 비롯한 국제 금융자본을 위한 각국의 국토 운영 방안을 공식 승인하게 될 것이다. 장차 이 지역이 국제 관할권이 되면 러시아는 초국적 국제기구에 맞서야 하기 때문에 이 지역을 회복할 수 없을 것이다.

중국이 얻게 될 동해 직항로는 중국의 대일 운송로를 크게 단축시켜 중·일 양국 간에 새로운 운송 시스템을 구축해줄 것이다. 중국은 동북 지방의 경제 성장을 가속화하고, 일본은 상대적으로 낙후된 서부 지방의 경제 발전을 가속화하는 계기를 얻을 수 있을 뿐만 아니라, 중국 동북 지방으로부터 값싼 원자재의 수입을 위한 직통 채널을 확대할 수 있게 되므로 이 프로젝트는 중·일 양국에 상호 이익이 될 것이다. 또한 '동해–중국–카자흐스탄–유럽' 노선으로 이루어질 대외무역 운송은 극동, 특히 연해주의 시베리아 횡단철도와 항구에 치명타가 될 것이다. 블라디보스토크항, 나홋카항, 보스토치니항은 화물 운송 중계 거점으로서 누리던 경제적 가치를 상실하게 될 것이다.

극동 지역은 러시아에게 갈수록 중요한 의미를 지닌다. 소련이 해체된 이래 러시아는 바다로 나아가는 많은 출구를 상실하고 유라시아 북동쪽으로 밀려나

두만강의 노 젓는 뱃사공. 건너편이 북한이다(2014년).

있다. 따라서 러시아 극동은 고도 성장을 구가하는 아시아·태평양 지역 국가들과 교류의 장으로 주목받는다. 극동의 항만과 시베리아 횡단철도를 포함하는 복합 운송망은 일정 수준의 현대화만 거치면 아시아·태평양 지역과 서유럽 간 환적화물 운송에서 더 많은 비중을 차지하게 될 것이다. 또한 극동 지역은 여전히 러시아의 가장 큰 천연자원의 보고다. 다이아몬드, 금, 은, 주석, 붕소, 텅스텐, 안티몬, 아연, 납과 희귀금속을 비롯한 다양한 광물자원이 다량 집중되어 있다. 철광석, 석탄, 원유, 천연가스, 목재와 수자원은 말할 것도 없고, 극동 대륙붕에는 290억 톤의 탄화수소 자원도 매장되어 있다. 더 나아가 극동 지역의 군사 전략적 의미도 여전히 크다. 중국은 다음과 같은 이득을 얻게 될 것이다.

동해 진출로와 그에 뒤이은 미국, 일본, 싱가포르 등으로 향하는 해상 교역로 확보, 역으로 이들 국가로부터 들어오는 물류, 이제 기존의 중국 철도로 운송되는 아시아·태평양 지역발 화물은 블라디보스토크나 나홋카항을 지나

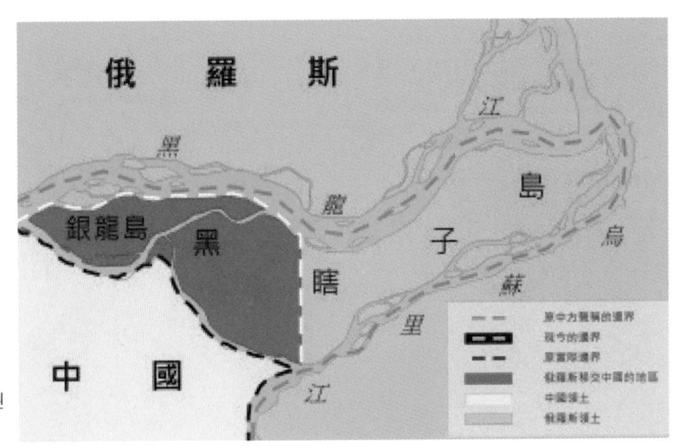

동서로 양분되어 반환된 헤이샤쯔섬.

BAM(바이칼-아무르선) 철도를 경유하는 것이 아니라 두만강 하류를 지나 동중국 철도를 경유하게 될 것이다. 이 노선은 러시아 경유 노선에 비해 약 2,000킬로미터나 단축되므로 당연히 업계에 매력적이다. 이로써 러시아 연해주 항만과 더불어 BAM 철도는 쇠락하는 반면에 중국 항만은 날로 번영할 것이다.

이와 같이 모스크바 중앙과 극동 지역 사이에 대중 동부 국경협정 체결에 대한 찬반이 극명하게 엇갈린다. 모스크바 쪽은 이 협정을 거시적·미래지향적·전략적 차원의 국익을 고려한 것으로 이해하는 반면, 극동에서는 상대적으로 미시적·지역적 이해를 언급하면서 현실적·구체적인 손실을 계산하고 잘못된 협정이라고 폄하한다. 블라디보스토크의 영토 국경 문제 전문가 보리스 이바노비치 트카첸코는 이러한 인식을 잘 반영해주고 있다.

그러나 중국 동부 국경의 판도가 확대됨은 엄연한 현실이다. 중국과 러시아가 양국 간 영유권 분쟁의 현안이었던 헤이샤쯔섬黑瞎子島(러시아 명칭은 볼쇼이우수리스키섬)을 분할하기로 합의한 섬 반환이 좋은 예다. 이 섬은 1929년부터 소비에트연방이 차지하고 있었다. 2004년 10월 14일에 중국과 러시아는 섬의 서부는 중국 영토, 동부는 러시아 영토로 정하는 국경 조약을 체결했으며, 2008년에 섬을 동서로 양분하여 영토 분쟁을 종결지었다. 중국은 홍콩과 마카오의 반환에 이어 헤이샤쯔섬의 절반을 반환받음으로써 중국 동북 판도가 재편되고 있다. 헤이샤쯔섬은 하바롭스크 근방의 헤이룽강과 우수리강이 만나는 지점에 있으며, 면적은 홍콩의 3분의 1에 해당하는 350제곱킬로미터다. 홍콩과 마카오가 소약 기한이 종료됨에 따라 반환되었다면, 헤이샤쯔섬은 새로운 국경 조약을 통하여 회수되었다. 이 조약에는 내몽골 근방의 만저우리 지역의 아바가이투저우 阿巴該圖州渚 삼각주 반환도 포함되었다.[26]

26 최덕규, 「중국의 동부판도 연구」, 『역대 중국의 판도 형성과 변강』, 한신대학교출판부, 2008, 387쪽.

동해 출구를 중국의 소유로 볼 수 없는 역사적 이유

전근대 '천하'와 '중국'은 무엇을 의미하였는가? 중국은 언제나 대다수의 '한족'이 거주하는 곳이며, 한족 왕조가 곧 중국이었는가. 그리고 중국 문화의 중심은 언제나 중국이었는가. 중국을 민족이나 문화 혹은 지리적 측면에서 일관성 있게 정의할 수 있는가.

역사에는 분명 중국이라는 한족 중심의 장소와 문화가 존재했다. 그러나 중국이라는 어느 특정한 불변의 지역이나 문화는 없었다. 중국의 실체를 정의하려면 현재 중국에 거주하는 사람들을 역사적으로 불변하는 존재로 보아야 하는 모순을 떠안는다. 결국 중국이라는 개념은 고정된 민족, 문화 혹은 국가를 의미하는 것이 아니라 시대에 따라 변하는 지정학적·문화적 용어로, 역사적으로 만들어진 것이다. 중국과 중국인이라는 개념의 역사적 유동성 때문에 역사적 사실과 근대 역사 서술이 그리는 모습은 상이할 수밖에 없다.[27]

오늘의 중국 사관에서 '중화 다민족국가'라는 현대적 개념을 부각시키고, 그러한 개념조차 존재하지 않았던 과거에 일률적으로 소급 적용하는 현재주의presentist 발상이 팽배해 있다. 과거에는 존재하지 않았거나 불투명했던 민족과 영토의 경계에 현대 민족국가가 만들어낸 경계로 새로 만들어내는 것인데, 이는 중국이라는 개념의 '가정'을 먼저 '사실'로 인정하고 출발하기 때문이다. 이런 관점에서 본다면, 중국이 잃었다고 하는 동해 출구는 본디 '중국'의 것은 아니었다.

27 윤영인, 「동아시아 맹약체제와 거란·금의 판도」, 『역대 중국의 판도 형성과 변강』, 한신대학교출판부, 2008, 149쪽.

시베리아 철도 건설은 세계사적인 사건이며, 러시아 역사에서 새로운 세기의 시작을 의미한다. 국제경제 관계에서도 본질적인 변화를 초래할 것이다. 태평양 연안에서 러시아의 군사력을 강화시켜줄 것이며 태평양 연안 국가들 간의 국제무역에서 러시아의 우위를 가져다줄 것이다.

— 스비테, 차르에게 올린 상주서, 1892

한 나라가 이익선을 상실하면 주권선이 위태로워지고, 이익선을 얻으면 주권선이 안정된다. 그러므로 이익선을 확보하는 것이야말로 일본 대외정책의 핵심이다. 시베리아 횡단철도가 완성되면 러시아는 반드시 조선을 침략한다. 일본은 이익선인 조선을 지켜야 한다.

— 야마가타 아리토모山縣有朋, 의견서, 1889

2장

시베리아 횡단열차와 동해 출구

—

극동의 심장:
블라디보스토크, 프리모리에, 시호테알린

—

4

유라시아 종착역의 끝나지 않은 항해

시베리아 초원로의 개척

실카강과 아르군강은 한데 합쳐져서 남동부 시베리아의 가장 큰 아무르강을 형성하는데, 거대한 S자를 그리면서 장장 2,860킬로미터를 흘러가서 사할린섬을 바라보는 해안에 도달한다. 이곳까지는 중부 시베리아와 같은 기후와 식생을 보여준다. 그러나 아무르강 중류 위쪽으로 현재의 하바롭스크시 아래부터는 아주 다른 지역이 펼쳐진다. 이 바다에 접한 지역, 즉 연해 지역(프리모리에라 부른다)은 여름에 더 따뜻한 날씨를 보이며, 몬순풍의 영향으로 태평양에서 많은 비가 올라온다. 저지대에는 침엽수림이 참나무, 단풍나무, 호두나무, 물푸레나무 같은 낙엽수림으로 대체되어 있다. 이런 산림, 초목, 그리고 강과 계곡의 숲에는 얼룩사슴, 흑곰, 호랑이 등이 서식하고 있다. 북태평양 해안 지대나 베링해 쪽으로 갈수록 동부 시베리아 내륙보다 기후가 다소 덜 극단적이며, 여름철에는 몬순풍이 비와 안개를 몰고 온다. 그래서 북동부 해안 지대는 여러 면에서 중부 시베리아 지대보다 인간 생존에 더 나은 조건이다. 캄차카 반도는 태평양의 남서쪽으로 돌출해 있는데 5,100미터에 달하는 높은 산들이 솟아 있다. 이 산맥은 활화산이 있는 젊은 화산대이며, 이 화산대는 캄차카에서 남쪽으로 띠를 이어 쿠릴 열도와 일본까지 연결되어 있다. 고맙게도 캄차카는 수분이 많은 지역이어서 풍부한 식생을 보이며, 낙엽수림과 초목이 무성하다.

이 드넓은 동부와 북태평양권을 아우르는 극동 시베리아의 중심은 단연 블라디보스토크다. 블라디보스토크가 극동 러시아의 심장이 된 것은 동해 출구와 시베리아 횡단철도가 있기 때문이다. 러시아의 유라시아 개척기에는 하바롭스크나 야쿠츠크가 훨씬 더 중요했다. 그러나 동해를 통해 러시아는 태평양으로 진출했으며, 한국, 중국, 일본과 접경하여 비로소 유라시아의 소수민족이 아닌 국민국가들과 마주 보게 되었다. 최남단에 자리 잡아 중국, 북한과 접경하는 프리모리에 지역은 러시아 태평양 함대의 본부가 자리 잡고 있으며 예나 지금이나 시베리아 물류의 중심지다. 무엇보다 블라디보스토크는 유라시아를 가로지르는 시베리아 횡단철도의 동쪽 기착지다. 1905년에 완공한 블라디보스토크 철도역은 항구에 접하며, 모스크바까지 9,302킬로미터에 달하는 횡단철도의 동쪽 출발역이다. 해삼위海蔘葳였던 블라디보스토크는 '동방을 지배하라'는 뜻을 가진 지명으로 러시아제국의 동해와 태평양으로의 진출 의지를 담고 있다.

러시아의 동진은 문명사적으로 시베리아 초원로의 개척을 가져왔다. 시베리아 초원로는 우랄 산맥 동쪽으로부터 남부 러시아의 광활한 초원 지대를 지나 부분적으로 북방 침엽수림대를 관통하여 아무르강 일대까지 이어진다. 이 길의 서단西端은 전통적인 초원로의 일부이나 동단東端은 새로 개척된 초원로다. 러시아는 초원로를 통해 모피를 대거 가져갔기 때문에 '모피의 길'로 명명할 수도 있는데, 이 길은 근대까지 상당히 활발하게 이용되었다.[1] 지난 100여 년 동안 새로운 시베리아 초원로의 역할을 한 것은 시베리아 횡단철도다. 신新실크로드가 등장한 것으로 볼 수 있다. 시베리아 철도가 실크로드의 역사에서 지니는 20세기적 의미는 아무리 강조해도 지나치지 않을 것이다.

시베리아와 바이칼-아무르 시베리아 횡단철도Trans-Siberian Railway(TSR)는 러시아의 우랄 산맥 동부의 첼랴빈스크와 블라디보스토크를 연결하는 약 7,400킬로미터의 대륙 횡단철도다. 정식 명칭은 '대시베리아 철도'다. 1891년부터 1916년까지 무려 25년 동안 약 10억 루블이 투입되었다. 지구 둘레의 3분의 1에 해당하는 9,297킬로미터의 구간을 포괄한다. 넓은 의미로는 몽골 횡단철도·동청철도·바이칼-아무르 철도(제2 시베리아 횡단철도)까지 포함하여 시베리아 횡단철도라고 부른다. 오늘날 모스크바의 야로슬라브스키역을 출발하여 블라디보스토크역까지 약 7일간에 걸쳐서 주파한다. 느린 속도다. 그러나 항공기가 등

1 정수일, 『실크로드 사전』, 164쪽.

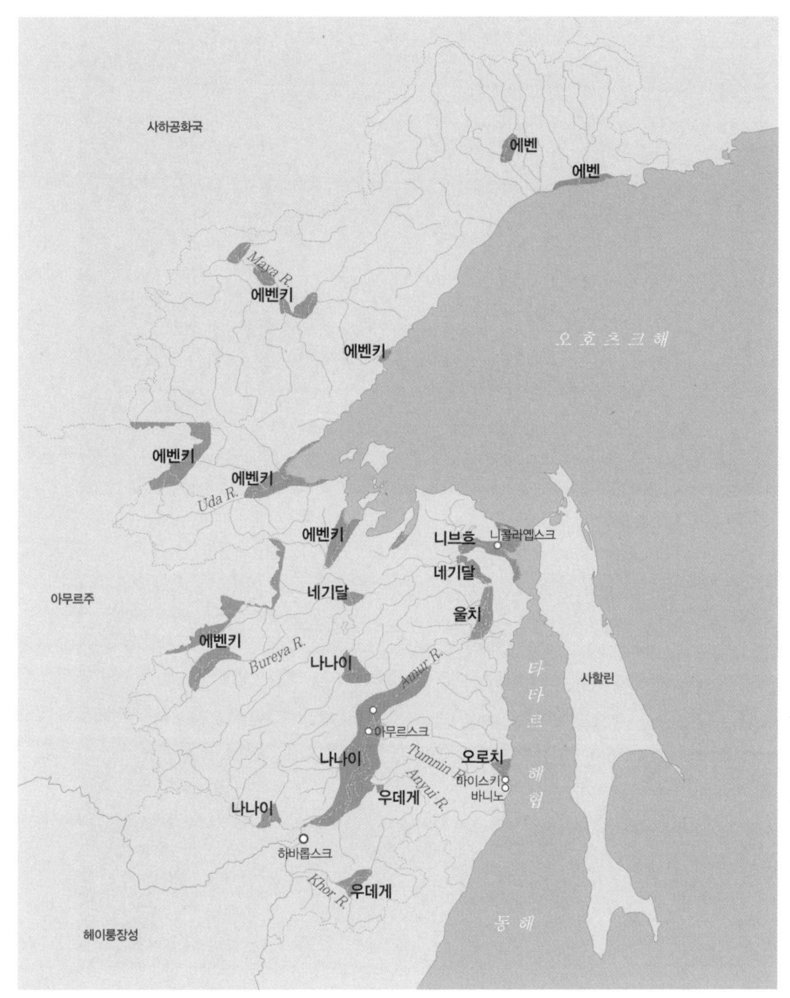

극동 하바롭스크 지역의 원주민 분포(By Newell and Zhou / Sources: Darman, 2000; ESRI, 2002. Josh Newell, 앞의 책 참고).

장하기 전까지는 아시아와 유럽을 잇는 가장 빠른 교통수단이었다. 블라디보스토크에서 출발하여 6박 7일을 달려 종착역인 모스크바에 도착할 때까지 총 60여 개의 역에서 정차한다. 블라디보스토크 → 하바롭스크 → 울란우데 → 이르쿠츠크 → 크라스노야르스크 → 노보시비르스크 → 옴스크 → 예카테린부르크 → 페름 → 모스크바로 연결되며, 북유럽의 헬싱키, 베를린 등으로도 연계된다.

19세기 말 블라디보스토크역 풍경(아르세니에프 사진).

1920년대의 블라디보스토크(아르세니에프 사진).

건축가 N. V. 코노발로프가 새로 지은 블라디보스토크역(1909~1911년).

달리는 동안 한 나라 안에서 시차가 일곱 번이나 바뀐다. 시차가 바뀔 때마다 유라시아의 다양한 문명이 교차되고 혼효되어 융합된다. 역전의 이름이야 러시아식 표기, 러시아식 의미를 지니겠지만 이들 역에서 타고 내리는 많은 사람들이 각처에 거주하는 원주민들이다. 사람이 섞이고 풍습이 섞여서 전혀 새로운 신실크로드 문화를 형성해나간 것이다. 처음 개통되었을 때는 신실크로드의 거점에 불과했으나 100년의 세월이 흐르면서 시베리아 초원로를 완성해나간 것이다.

블라디보스토크역에 들어서면 철길 앞에 시베리아 횡단열차의 종착역임을 표시하는 기념비가 서 있다. 이 기념비 앞에서 많은 사람들이 사진을 찍는다. 역사의 표징은 한낱 사진 한 장으로 기억되지만, 이 역전을 무수하게 지나쳤을 군상들, 독립운동을 위해 연해주에 온 조선인이나 장사꾼들, 일본영사관 밀정들, 적군과 백군 등 숱한 인간들이 이곳 철길을 기억할 것이다. 철길은 고단한 육신을 누이듯이 유라시아 대륙을 향해 몸을 누이고, 역전 뒤쪽으로는 동해의 푸른 물결을 남겨둔다. 시베리아 횡단철도는 동해를 만남으로써, 어쩌면 동해와 만나지 못하는 시베리아 횡단철도는 아무런 의미가 없을 것이다.

시베리아와 북극권의 원주민은 추위와 거친 파도와 무서운 곰과 같은 위협적 존재와 공존하며 살아왔다. 지난 식민화 역사 속에 수탈적 국가체제와 호전적 러시아 정교 문화에 대한 그들의 유약한 순응조차 타자와의 공생 전략에서 나온 것으로 보아야 한다. 외래인에 대한 무한대의 후의와 같은 공생 시스템은 고아시아적 시공간 속에서 단순히 관습이나 신앙이 아닌, 존속을 위한 실천적 담론이 되는 것이었다.

러시아 역사에서 새로운 세기의 시작

러시아 화가 니콜라이 니콜라예비치 게Nikolai Nikolayevich Ghe(1831~1894)의 그림 〈황태자 알렉세이 페트로비치를 문책하는 표트르 대제〉(1871)는 개혁을 둘러싸고 벌어진 갈등을 잘 보여준다. 매서운 표정으로 황태자를 쏘아보는 표트르 대

알렉세이 황태자를 문책하는 표트르 대제. 니콜라이 니콜라예비치 게의 그림, 1871년, 트레티야코프 미술관.

제(재위: 1682~1725), 바닥에 떨어진 문서, 창백하고 무기력하게 서 있는 황태자는 서구식 개혁주의를 추구하던 표트르와 러시아 정교회의 지지를 받는 보수적 아들의 대립을 암시해준다. 아들은 끝내 죽임을 당하고, 표트르는 장신의 키만큼이나 원대한 욕망으로 잠든 러시아를 세계사의 선봉으로 이끌어낸다.

러시아의 해양에 대한 갈망을 말할 때 표트르 대제의 열망을 빼놓을 수 없을 것이다. 바다에 대한 갈망은 표트르 대제의 일생을 지배했다. 표트르 대제는 바다로 나아가는 출구를 찾기 위해 스웨덴과 21년에 걸친 처절한 전투를 벌였다. 표트르 대제는 정체된 러시아의 개혁을 추진했으며 가장 큰 의의를 지니는 해군 창설을 도모했다. 젊은 시절부터 바다로 나갔고, 네덜란드에서 조선술을 배웠던 그답게 러시아 해군을 편성했다. 1701년부터 1721년까지 20년 동안 러시아의 해군 군비 지출은 15배나 증가했으며, 이를 통해 러시아는 48척의 전투함과 800척의 보트를 보유하게 되었다. 상트페테르부르크는 새로운 정치 중심지로 우뚝 서게 되었으며, 표트르 대제의 집권 마지막 해인 1725년에 이 신도시의 면적은 20제곱킬로미터를 넘었으며 드나드는 외국 함선이 180여 척에 육박했다. 독일인으로서 표트르 대제의 후계자를 자처했던 또 다른 혹독한 군주 예

러시아 재상 재임 시(1892~1903) 산업혁명을 주도했으며, 시베리아 횡단철도의 초석을 놓고 동청철도 부설권을 획득한 세르게이 율리예비치 비테.

카테리나 여제를 거치면서 러시아는 무적의 해군 함대를 보유하게 되었다.[2] 두 군주의 열망이었던가. 러시아는 확장을 거듭하여 마침내 환동해권에 당도하게 된다. 러시아가 환동해권의 출구를 만들어내면서 해낸 가장 큰 일은 아마도 시베리아 횡단열차가 환동해에 당도하게 된 사건이었을 것이다.

박람회의 시대에 러시아는 파리 만국박람회에 시베리아 횡단철도 기획안을 전시하였다. 건설자본을 끌어모으려는 의도도 있었겠지만, 그에 못지않게 차르 제국의 선진화와 제국화를 내외에 과시하는 디스플레이의 의미도 강했다. 시베리아 철도안은 모스크바-상트페테르부르크 철도가 완성된 후인 1850~1860년대에 최초로 기획되었다. 시베리아 가도를 따라 건설한다는 계획에 따라 1887년에 조사에 착수하여, 1891년에서 1892년에 걸쳐 착공했으며, 1897년에 부분 개통했다. 1892년 8월 재상에 취임한 세르게이 비테는 그해 12월 차르에게 올린 상주서에서 시베리아 철도 부설사업에 러시아의 운명이 걸린 것으로 설명하였다.

> 시베리아 철도 건설은 세계사적인 사건이며, 러시아 역사에서 새로운 세기의 시작을 의미하며, 국제경제 관계에서도 본질적인 변화를 초래할 것이다. 태평양 연안에서 러시아의 군사력을 강화시켜줄 것이며 태평양 연안 국가들 간의 국제 무역에서 러시아의 우위를 가져다줄 것이다.

비테는 재무성 산하에 아시아 국가들과의 교역 증진을 위한 특별위원회를

2 CCTV 다큐멘터리 대국굴기 제작진, 『大國屈起 강대국의 조건(러시아편)』, ag, 2007.

설치하고, 특히 조선·청·일본과의 교역 증진에 큰 관심을 드러냈다. 조선과 청의 내륙에 접근하기 어려운 유럽에 비하여 월등히 유리한 러시아의 지리적 조건, 한국·중국·일본의 4억 6,000명에 달하는 인구와 교역 규모, 시베리아 철도 완성 이후에 모스크바가 세계 물류시장의 중심이 될 가능성 등을 강조했다. 비테의 이 같은 계획은 러시아의 만주 침략을 야기했으며, 특히 동아시아 국제질서의 변동을 초래한 청일전쟁 이후 러시아는 청국의 약체를 틈타서 만주를 침략했다. 이는 중동철로 부설로 구체화되었다. 러시아 내부와 중국의 반대가 있었음에도 1896년 중국으로부터 중동철로 부설권을 획득한 후 1897년부터 1903년까지 부설하여 이를 시베리아 횡단철도와 연결했다. 동쪽으로는 만저우리–하얼빈–쑤이펀허綏芬河을 거쳐 블라디보스토크와 연결했으며, 남쪽으로는 러시아의 조차지 뤼순旅順과 다롄에 접속했다. 따라서 중동철도는 러시아의 만주 침략 및 태평양으로의 진출 수단이 되었다.

시베리아 철도 부설사업과 만주 진출 정책을 주도한 비테는, 러시아에게 만주는 인구가 더 많고 부유한 중국 남부로 진출하기 위한 출발점이라고 보았다. 20세기 초반 신채호는 동아시아를 제국 열강의 침탈 대상으로 보고 만주를 주목했다. 만주는 '동아시아의 화약고'이기에 동아시아 패권 다툼의 중심 무대가 되리라고 보았던 것이다. 이는 19세기 말 만주가 황금빛 미래를 보장하는 약속의 땅이자 이권을 둘러싼 제국주의 열강의 각축과 대립을 초래한 '동양의 발칸'이었음을 의미한다.[3] 세르게이 비테의 판단도 신채호의 생각과 같았다.

1891년 2월 23일 러시아 정부는 모스크바와 블라디보스토크를 직접 연결하는 시베리아 철도 부설 계획을 승인함으로써 중앙러시아에서 극동으로 대규모 병력을 이동시킬 수 있는 강력한 수단을 갖게 되었다. 1892년 말부터 본격화된 횡단철도 부설 공사는 전례 없이 신속하게 진행되어 연평균 약 590킬로미터씩 진전되었다. 철도부설 자금은 대부분 프랑스 파리의 증권시장에서 발행한 러시아 채권을 통해 조달되었다.

3 최덕규, 「만주에서의 러시아」, 한석정·노기식 편, 『만주』, 소명출판, 2008, 104쪽.

러시아는 청일전쟁을 계기로 만주로 진출하는 데 유리한 동청철도 부설권을 획득한다. 이는 시베리아 철도 부설 공사에서 가장 난공사 구간이었던 바이칼 호수 동부 지역에서 아무르까지의 구간을 대체하여 만주를 관통하는 직선 노선을 건설하여 블라디보스토크와 연결하려는 시도였다. 요컨대 러시아로서는 시베리아 철도 구간 일부를 러시아 영토가 아닌 만주 땅에 부설하려는 계획을 실현하는 문제가 만주 개발의 최우선 과제였다. 러시아에게 만주는 시장이 넓고 중국 남부로 남하할 수 있는 거점이었을 뿐만 아니라, 뤼순과 다롄을 군항과 부동항으로 이용하여 남하정책과 부동항 정책을 동시에 충족할 수 있는 요충지였다.

러시아 정책 당국은 한반도와 중국 남부로 진출하는 통로이자 천혜의 부동항을 가진 만주가 궁극적으로 러시아에 병합되어야 한다고 판단했다. 뤼순항은 러시아의 태평양 함대에 부동항을 제공했으며, 뤼순에서 하얼빈을 잇는 남만지선은 시베리아 횡단철도에 황해로 나아가는 해양 출구를 확보해주었다.[4] 유라시아 대륙을 허위허위 달려온 러시아에게 마지막 과제는 부동항을 확보하여 바다로 열린 출구를 공고하게 마련하는 일이었기 때문이다.[5]

러·일 비밀동맹을 체결한 대가로 획득한 동청철도 부설권은 치타에서 만주를 관통하여 블라디보스토크를 연결하는 총연장 800베르스트verst(1베르스트는 1.069킬로미터)에 달하는 시베리아 철도의 만주 관통 구간을 지칭한다. 이 철도는 러시아-청 국경을 따라 건설될 예정이던 총연장 1,300베르스트의 활모양의 아무르 노선을 만주를 통과하는 800베르스트의 직선 노선으로 대치시킴으로써 철도 부설 비용의 절감뿐 아니라 공사 기간과 거리를 단축하는 효과를 기대할 수 있었다. 동청철도를 근간으로 황해의 항구, 특히 요동 반도 및 한반도 북서부

4 위의 책, 108쪽.

5 그런데 부동항과 관련하여 우리가 흔히 쓰는 러시아의 남하정책, 부동항 확보 등의 논리에서 유의할 점이 있다. 한국 역사학은 19세기 후반 러시아의 태평양 정책을 남하정책이라고 부르고 그 정책은 주로 러시아의 부동항 획득 기도를 통해 추진되었다고 주장한다. 그러나 러시아는 17세기 말까지 함대가 없었으므로 태평양은커녕, 가까운 발트해와 흑해도 러시아의 관심 대상이 아니었다. 태평양은 러시아의 본토에서 너무 멀었기에 러시아 정부는 19세기 중반까지 태평양으로의 진출을 계획하지도 않았다(씸비르쩨바 따찌아나, 「19세기 후반 조러간 국교수립 과정과 그 성격」, 서울대학교 석사 논문, 1997).

시베리아 횡단철도 변의 노을(2013년 여름).

민영환이 황제의 대관식에 참석하기 위해 방문했던 러시아의 니콜라이 황제와 신하들(1891년).

의 부동항을 연결하는 지선의 부설을 염두에 두었다. 장차 한국의 철도망을 시베리아 철도에 연결하려는 계획이었다. 이는 러시아가 한국 시장을 확보하는 데 있어 중요한 의미를 지닐 뿐만 아니라 동항凍港이었던 블라디보스토크가 시베리아 철도의 종착역으로서 제 역할을 기대하기가 어려운 상황까지 염두에 둔 것이다. 한반도 서북부 항구를 시베리아 철도와 연결할 경우, 유럽과 아시아를 잇는 세계 무역의 주축으로 부상할 시베리아 철도는 연중무휴로 제 기능과 역할을 다할 수 있을 뿐만 아니라, 아관파천 이후 조성된 친러적 한국 정치 상황을 이용하여 대한해협의 통제권까지도 장악할 수 있다고 보았다. 이 경우 대한해협을 봉쇄하여 다른 열강 함대의 동해 진출을 차단함으로써 한반도를 연해주 지역 방위의 완충 지대로 이용할 수 있을 뿐만 아니라 이 지역의 방위에 소요될 막대한 경비를 연해주 지역의 경제 활성화에 사용할 수 있다는 것이었다.[6]

6 최덕규, 『제정 러시아의 한반도 정책 1891 – 1907』, 경인문화사, 2008, 10~12쪽.

시베리아 횡단열차는 한국인이 유라시아 문명권과 접촉하게 되는 계기를 제공했다. 여행이 되었건 정치적 망명이나 독립 항쟁, 또는 무역이 되었건 간에 한국인의 유럽행에서 횡단열차는 결정적이었다. 이광수가 소설 『유정』有情에서 바이칼로의 여행을 다룰 수 있었던 배경이기도 하다.

횡단열차 건설 과정을 처음 목격하면서 시베리아를 한국인 최초로 횡단한 사람들의 반열에 민영환閔泳煥(1861~1905)도 포함된다. 러시아 특명전권공사 민영환을 비롯하여 수원隨員 자격의 학부협판 윤치호尹致昊, 2등 참서관 김득련金得鍊, 3등 참서관 김도일金道一, 민영환의 수종隨從 손희영孫熙永, 통역 겸 안내자인 러시아인 스타인 등으로 꾸려진 특사 일행은 1896년 4월 1일에 서울을 출발했다. 상하이－요코하마－밴쿠버－뉴욕－리버풀－런던－플러싱－베를린－바르샤바 등을 거쳐 56일 만에 대관식 6일 전인 5월 20일, 모스크바에 도착했다. 이들이 모스크바－이르쿠츠크－바이칼호－울란우데－치타－블라고베셴스크－하바롭스크－블라디보스토크－부산－인천을 거쳐 서울에 도착한 것은 6개월 20일 만인 1896년 10월 21일이었다.

이들은 세계를 일주한 셈이었고, 시베리아를 처음 횡단한 한국인이었다. 하바롭스크, 블라디보스토크 등을 거치면서, 이 일대에 광범위하게 산재하던 한인 이주민에 관한 상세한 기록도 남겼다. 한인은 이 일대에서 수십 호에서 수천 또는 1만여 호에 이를 정도로 두루 편재한다고 기록했다.[7]

러시아 유라시아 정책의 끝판은 해양

청일전쟁에서 러일전쟁기까지 추진되었던 러시아 해군의 마산포 획득 정책은 태평양의 해양대국으로 부상하고자 하는 원대한 계획의 산물이었다. 러시아 해군성은 이 계획을 통해 태평양 연안의 부동항을 해군기지로 확보하고, 이를 시

7　민영환, 『海天秋帆』.

상트페테르부르크 차르 해군성의 상징인 노스트랄 등대(2010년 촬영).

베리아 횡단철도와 연결함으로써 동아시아에서 해양강국으로 부상하고자 했다. 그러나 마산포에 조차지를 획득하여 그곳에 저탄소, 군 휴양소 및 기상 관측소를 건립하고자 한 러시아 해군성의 계획은 대양 진출이라는 원대한 목적을 실현하기 위해 대한해협을 장악하려는 정책의 일부에 지나지 않았다.

러시아 정부가 청일개전(1894년 7월 25일)을 기화로 마산포와 거제도 점령을 심도 있게 논의한 배경에는 대한해협의 자유 항행권 확보와 깊은 관련이 있었다. 일본의 한국 점령은 러시아에게 동아시아에서 제2의 보스포루스 해협의 출현이라는 새로운 난관에 봉착할 가능성이 농후했다.[8] 러시아의 한반도 남부에서의 부동항 확보 계획은 한반도를 러·일 간의 세력권으로 양분하여 한반도 남부를 확보하고자 했던 일본의 책략에 난관을 초래했다. 한반도를 3·8선을 경계로 러·일이 분할하려는 일본의 책동은 러시아의 반대로 무산되었다. 마산포를 둘러싸고 러·일 간에 긴장이 고조되자 러시아 정책 당국 내부에서는 동아시아 정책의 관심을 요동 반도에 국한시켜야 한다는 주장이 설득력을 얻어갔다. 이는 뤼순항의 요새화 정책과 마산포 점령 계획의 좌절로 귀결되었다.[9]

러시아는 리훙장李鴻章(1823~1901)의 반대에도 불구하고 하얼빈과 뤼순을 연결하는 남만주 철도 부설사업을 강행하면서 결국 러일전쟁이 일어나는 결과

8 흑해와 마르마라해를 잇고, 아시아와 유럽을 나누는 터키의 보스포루스 해협은 18세기 이후에는 다르다넬스 해협과 함께 해협의 항행권航行權을 둘러싼 '해협 문제'로 세계의 관심을 끌었다.
9 최덕규, 『제정 러시아의 한반도 정책 1891-1907』, 49~96쪽.

를 빚었다. 동아시아 침략의 선봉장 야마가타 아리토모山縣有朋(1838~1922)는 일찍이 1889년에 소위 '야마가타 아리토모 의견서'를 제출했다.

> 한 나라가 이익선을 상실하면 주권선이 위태로워지고, 이익선을 얻으면 주권선이 안정된다. 그러므로 이익선을 확보하는 것이야말로 일본 대외정책의 핵심이다. 시베리아 횡단철도가 완성되면 러시아는 반드시 조선을 침략한다. 일본은 이익선인 조선을 지켜야 한다.

당시 러시아의 조선에 대한 정책은 다음과 같이 정리할 수 있다. 먼저 조선 문제는 만주 문제에 종속되어 있다고 보았다. 두 번째, '최대 계획'의 경우 조선은 만주와 더불어 러시아의 '방호지대'에 속해 있으며, '최소 계획'의 경우 조선을 '발칸화'할 수 있다는 것이었다. 마지막으로 일본과의 세력권 범위 확정을 통해 만주와 조선에서 세력권을 각각 확보한다는 것이었다. 영국이 러시아를 견제하기 위해 만주를 발칸화하려 했다면, 러시아는 조선을 발칸화하려 했던 것이다.[10] 와다 하루키和田春樹는 러일전쟁 속에 '조선'이 숨어 있음을 명시하면서, 과연 '조선'은 어디에 있는가라는 물음을 던지고 있다.[11] 러일전쟁의 그늘에 조선이 숨죽이고 있었던 것이다.

1904~1905년 러일전쟁에서 패배한 러시아는 창춘長春-뤼순 구간(남만철도)을 일본에 넘겨주었으나, 1917년 러시아 혁명 후에도 중동철로는 여전히 중국에 반환되지 않았다. 1차 세계대전 이전까지 제정 러시아는 하얼빈과 중동철로 연선에 약 9만 명의 병력을 주둔시켰다. 그러나 1차 세계대전이 발발하자 많은 군대를 유럽으로 이동시켰으며, 10월 혁명 이후에는 적군과 백군으로 갈라져 러시아 철도 관할권이 흔들렸다. 1920년 적군이 승리한 이후에 소비에트 철도 담당자들은 중국과 타협하여 중동철로에서 작업을 계속할 수 있었다. 중동철로

10 백준기 외, 『아시아의 발칸, 만주와 서구열강의 제국주의 정책』, 동북아역사재단, 2007, 61쪽.

11 와다 하루키, 『러일전쟁과 대한제국』, J&C, 2011.

블라디보스토크역의 천장화(2013년 촬영).

에 대한 중·소 공동관리 체제 수립은 소련이 중동철로에 대한 이권을 포기할 의사가 없었음을 반증한다. 소련은 만저우리에 극동은행을 개설하고 이를 통해 철도 경영을 장악했다.

중·소 관계사에서 최악으로 기록될 무장 충돌 사건인 중동철로사변(1929)에서 중국과 소련 양국은 약 20만 명의 병력을 동원하여 5개월 동안 격전을 치렀다. 중국의 군벌 장쉐량張學良은 만주판 국권 회복을 도모하였고, 최초로 무력을 동원하여 소련으로부터 중동철로를 회수하고자 했다.[12] 만저우리에서 협상이 진행되었으나 무산되었고, 1929년 하바롭스크에 주둔하던 소련 극동군이 세 개 방면에서 만주를 침략했다. 이 사건으로 동북군벌이 소멸되고 소련이 헤이샤쯔섬을 점령하는 계기가 되었다. 전쟁 이후 1929년 12월 4일에 우수리스크에서 중·소회담이 열려 하바롭스크 의정서가 체결되었다. 의정서 체결을 통해 중동

12 가토 요코, 김영숙 옮김, 『만주사변에서 중일전쟁으로』, 어문학사, 2012.

철로 사건을 마무리 짓고 중·소 국경의 평화 상태를 회복하기로 했다. 그러나 이 역시 번복되고 말았다.

중국의 중동철로 회수 시도는 소련과 일본의 접근을 촉발하는 기폭제가 되었다. 소련과 일본은 공히 만주를 침략 대상으로 보았으나, 이 사건을 계기로 양국은 만주를 지배하기 위해서는 상호 협력이 필요하다는 인식을 가지게 되었다. 결국 중·소 관계의 파국은 소련과 일본이라는 양대 강국이 중국에 대항하는 국면을 형성하고 말았다.[13]

슬라브주의 사상가 니콜라이 다닐렙스키.

이 같은 러시아, 일본, 중국의 동향 전개에서 러시아의 정책이 순차적으로 바뀌어가는 과정을 살펴볼 필요가 있다. 같은 제국의 입장이라 해도 러시아와 일본은 분명한 입장 차이를 보여주었기 때문이다. 대표적인 슬라브주의 사상가였던 니콜라이 다닐렙스키Nikolay Danilevski(1822~1885)는 아시아를 퇴보로, 러시아를 진보로 여기는 유럽 중심의 견해를 비판하고 아시아 문명에 대한 공정한 평가를 시도했다. 이는 아시아 연대론으로 귀결되었으며, 제국주의 열강 가운데 유일하게 러시아가 중국과 동맹을 체결(1896)하는 단초가 마련되었다. 아울러 아시아 연대론은 노령露領 지역으로 이주한 초기 한인에 대한 온정주의로 표출되었고, 실제로 이주 한인에 대한 다양한 동화정책이 구체화되었다.

반면에 슬라브주의와 더불어 러시아 사상계를 양분하고 있던 서구주의자들은 아시아의 문화적 수준을 낮게 평가하고 기독교권 국가의 제국주의적 침략을 정당화했다. 노령 지역 한인에 대한 러시아 지방 당국자들의 억압과 분리정책이 가시화되었고, 이에 따라 노령 지역이 해외 항일운동 성지로서의 의미를 상실하고 이후 중국으로 옮겨가는 계기가 되었다.[14]

13 최덕규, 「중국의 동부판도 연구」, 『역대 중국의 판도 형성과 변강』, 419쪽.

14 최덕규, 『제정 러시아의 한반도 정책 1891-1907』, 266~267쪽.

동해에 남은 차르 흔적의 장기 지속

한국의 동해에는 제정 러시아의 뼈아픈 역사가 문신처럼 남아 있다. 제정 러시아 발틱 함대의 침몰한 '보물선'은 러시아가 동해에 가졌던 지나간 관심에 관한 상징일 것이다. 1923년에 『개벽』開闢지 기자가 울릉도 저동을 찾았을 때만 해도 러일전쟁 시기에 폭침당한 배의 흔적이 남아 있었다. 기자는 마을 노인의 안내

무참하게 궤멸되는 러시아 발틱 함대.

환송을 받으며 출범하는 돈스코이호.

1905년 5월 27일에 격침된 돈스코이호에서 쓰던 동주전자. 독도박물관 소장.

를 받아 러시아 배를 구경한다.[15] 사정은 대략 이러했다.

1905년 5월, 발틱 함대 드미트리 돈스코이호(6,200톤)는 도죠東鄕 대장이 지휘하는 함대의 추격을 당했다. 배가 이롭지 못함을 간파한 중장 로제 스토빈스키는 부하 병사 700여 명을 모아놓고 최후의 비장한 성명을 발표한다. "이미 사로잡히게 된 이상 제군은 이 섬에 상륙하고, 배를 일본에 빼앗길 수는 없으니 건지지 못할 곳(깊이 90여 길)에서 폭파시켜 침몰하게 하고 전 책임을 지고 나라에 바친 몸이매 우리 장교들은 함께 침몰된 배와 운명을 같이하겠다. 그리고 금은 귀중품들은 조선 사람들에게 주라." 이렇게 비장한 결심을 말하고 최후를 맞았다.

당시 정금正金이 들어 있던 궤를 조선 사람에게 주려 했으나 겁이 나서 받지 않자, 후의를 모른다고 골이 나서 바다에 던졌다는 이야기가 이 섬에 자자하다. 제 손으로 폭파시켜 침몰하는 배와 운명을 같이한 그들의 비장한 결심! 국제장화한 울릉도! 그 배를 빼앗기지 않으려고 할 만큼 그 배는 발틱 함대의 정화였고, 또 수백만의 정금 궤가 있다 하여 일본 해군성에서 후쿠이福井 소장에게 명하여 이를 끌어올릴 방법을 연구 중이라고 한다. 운운.

15 이을李乙, 「동해의 一點碧인 울릉도를 찾고서」, 『개벽』 제41호, 1923년 11월.

1923년의 방문기이니 러일전쟁이 일어난 지 불과 18년 뒤의 일이다. 전쟁 목격자들이 모두 살아 있을 때의 기록이므로 신뢰성이 높다고 할 수 있다. 일본 군부도 가라앉은 금궤에 지대한 관심을 표명했다. 1933년, 일본 체신대신 고이즈미 마타지로小泉又次郎 외 2인이 세상의 흥미를 끌고 있는 울릉도 근해 해면 사용 허가원을 경북도에서 불원간 허가할 의향이라는 신문 기사가 확인된다.[16] 저동 앞바다의 보물선 찾기는 당시에도 세간의 화제가 되었던 것 같다.

그로부터 오랜 세월이 흐른 1990년대, 다시 보물선 찾기 사업이 남한 사회에서 벌어진다. 저동항 근처에서 해양 연구원이 돈스코이호로 추정되는 침몰선을 찾아내는 데 성공했다. 돈스코이호의 존재가 확인되면서 '울릉도 보물선 돈스코이를 찾는 모임' 사이트(www.donskoiclub.com)도 보물선을 찾는 사람들로 부산스러웠다. 침몰선을 탐사하는 과학적인 조사[17]와 무관하게 최소 수십조 원으로 추정되는 금괴에 대한 열망이 노다지 열풍을 일으켰던 것이다.

역사의 장기 지속 치고는 얄궂은 장난이었을까. 러시아 보물선 찾기의 장기 지속은 또다시 새로운 버전으로 재등장하고 있다. 왜냐하면 아무도 러시아 정금의 실체를 본 적이 없으며, 실체를 본 적이 없으니 그 금덩어리들이 저동 앞바다에 그대로 가라앉아 있다고 믿는 사람들의 욕망도 멈추지 않기 때문이다.

16 『동아일보』, 1933년 1월 12일.

17 유해수, 『울릉도 보물선 돈스코이호』, 지성사, 2007.

미완의 횡단철도와 신실크로드 경제 벨트

사회학자 블라디미르 수린Vladimir Surin은 연해주 인구가 줄어드는 것을 걱정하면서 한국과 러시아의 공생국가론Simbiotic States을 주장한 바 있다. 그가 추정한 공생의 공간은 시베리아, 연해주였다. 동해와 함께 연해주는 유라시아 제 민족의 공생 공간으로 발전해나갈 수 있음을 뜻한다. 남북철도가 시베리아 철도와 만난다면 전혀 새로운 역사가 동북아에서 시작되는 것이다. 남북철도가 연결되면 동해가 능동적 역할을 할 수 있는 계기가 될 것이다.

제국의 시대가 지나고 세계가 소통하는 시대가 도래하였다. 문명사적, 글로벌적 소통이라는 측면에서 본다면 시베리아 횡단철도는 제한적인 철도에 불과하다. 이를 보완 및 확충할 수 있는 것이 아시아 횡단철도Trans-Asian Railway(TAR), 즉 유럽과 아시아를 가로지르는 완전한 철도망을 만들기 위한 프로젝트다. 이는 유엔 아시아태평양 경제사회위원회(UNESCAP)의 프로젝트다. 계획은 1960년대에 시작되었으며, 화물선과 화물기의 운항이 아직 활성화되지 않던 시기였기 때문에 유럽과 아시아를 오고 가는 화물의 물류 비용을 크게 절감할 것이라는 평가를 받았다. 그러나 계획 초기부터 싱가포르에서 터키의 이스탄불까지 8,750마일(약 1만 4,000킬로미터) 구간의 건설을 반대하는 여론이 있었다. 더군다나 미국과 소련 양 진영 사이에 냉전이 한창이던 1960~1980년대에는 정치적·경제적 난관에 부딪혀 사실상 답보 상태가 되었다. 1990년대 들어 냉전이 종식되고 몇몇 국가들 간의 외교관계가 정상화되면서, 이 계획은 다시 추진되기 시작했다. 계획한 구간 내의 철도망은 대부분 존재하며 각 국가에서 홍보하고 있지만, 중요한 차이점에 대한 통일이나 대안 확보는 아직 지지부진하다. 가장 큰 문제는 각 국가의 철도 궤간이 다르다는 것이다.[18]

이외에도 큰 장애물은 한반도와 일본의 연계인데, 일본은 내륙국이 아닌 섬나라이기 때문에 한반도에서 일본까지는 해운 수송을 할 수밖에 없다. 컨테이너선은 기차보다 훨씬 많은 컨테이너를 싣기 때문에, 컨테이너선이 다 채워지지 않으면 경제적인 이유로 운항을 할 수 없다. 컨테이너선은 철도보다 정기

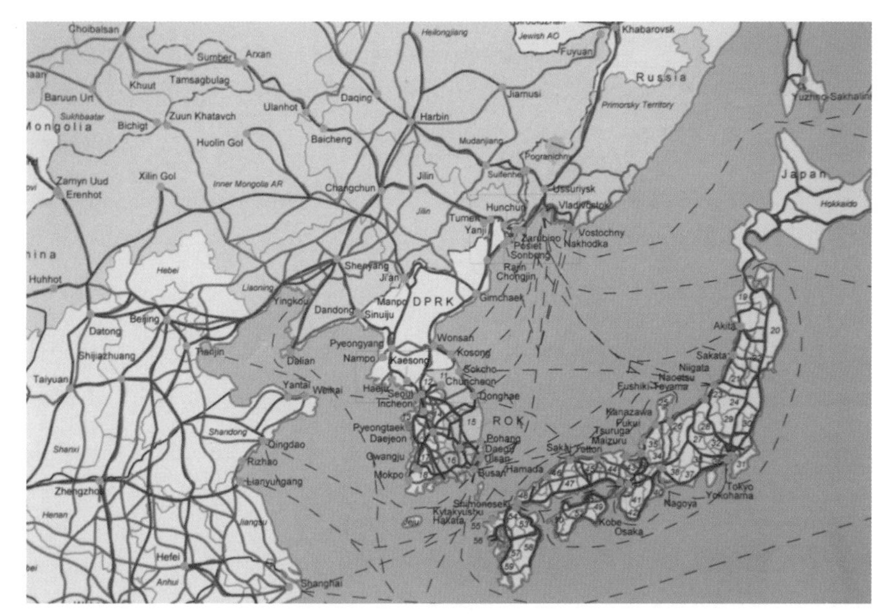

동북아시아 교통로.

시베리아 횡단철도.

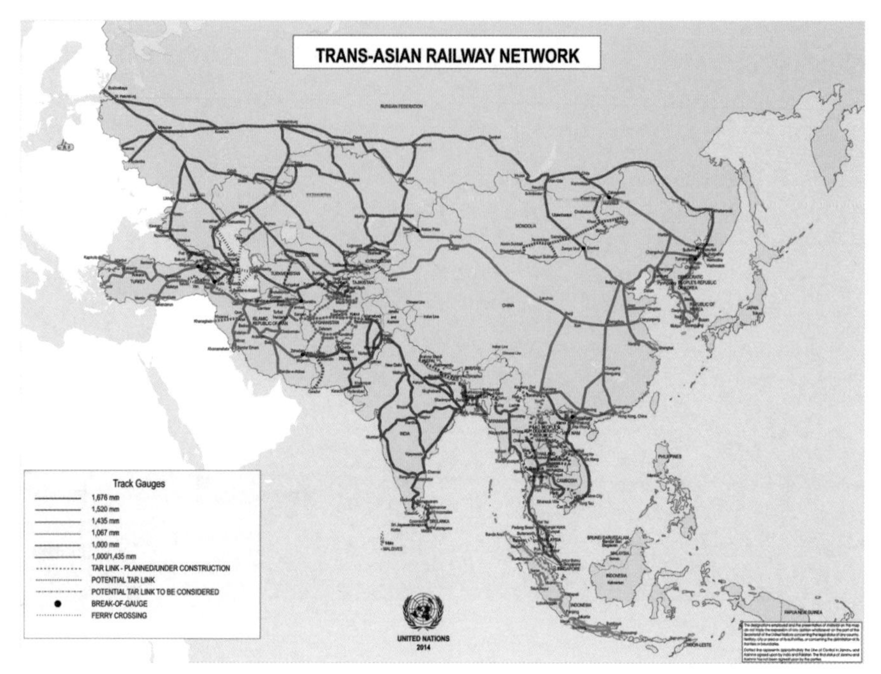

아시아 횡단철도의 네트워크.

운항 횟수가 적으며, 결과적으로 운송 시간도 길어지고 비용도 더 든다는 단점이 있다.

남부 노선Southern Corridor은 유럽에서 동남아시아를 연결하는 노선, 북서 노선North-South Corridor은 북유럽과 페르시아만을 연결한다. 한국과 연관된 노선은 북부 노선Northern Corridor으로 유럽과 태평양을 연결한다. 5,750마일(약 9,200킬로

18 각 나라 사이에 크게 네 가지의 궤도 폭 차이가 있는데, 대부분의 유럽 국가들과 남한과 북한, 터키, 이란, 중국은 표준궤 1,435밀리미터의 게이지를 사용한다. 반면 핀란드와 몽골, 러시아, 구소련에 속했던 공화국은 궤도 폭이 더 넓은 1,520밀리미터의 게이지를 사용한다. 또 인도 철도 구간의 대부분과 파키스탄, 방글라데시, 스리랑카는 1,676밀리미터의 광궤를 사용한다. 동남아시아 국가들은 대부분 협궤로 구별되는 1,000밀리미터의 '미터게이지'를 사용한다. 이 프로젝트에 포함되는 대부분의 국가들은 자국의 철도 운영 사정상 게이지를 쉽게 바꾸지 못할 것이기 때문에, 게이지가 바뀌는 구간의 역에는 컨테이너를 옮기거나 적하할 수 있는 대규모 부지와 설비를 갖추어야 한다.

미터)인 시베리아 횡단철도가 이 구간의 가장 긴 노선이다. 현재 동아시아에서 모스크바까지 대규모 운송이 이루어지고 있다. 북한을 통과하는 구간에서는 정치적인 이유로 남한까지 연계되지 않고 있다. 이론적으로는 시베리아 횡단철도와 한반도 종단철도의 연결과 시베리아–알래스카 간 베링 해저터널의 건설 프로젝트까지 논의되고 있으며 유라시아 대륙과 북태평양의 역사가 다시 만들어질 단계다. 이는 실로 유라시아 문명사에 큰 변화를 가져올 글로벌 메가 프로젝트인 셈이다.

환동해와 관련하여 러시아 정부는 거의 무관심 상태에 있던 환동해 북방 물류시장의 복합 물류 체계 구축에 많은 관심을 쏟고 있다. 하바롭스크와 블라디보스토크 같은 인구 밀집 지역에는 대형 복합 운송 물류센터, 블라고베셴스크·야쿠츠크·마가단·유즈노사할린스크 지역에는 중형 복합 운송 물류센터를 건설하는 등 15개 지역에 물류센터 및 터미널 건설이 진행 중이다. 하루 1,500킬로미터의 속도로 화물열차를 초고속으로 운행하는 시베리아 횡단철도 7일 프로젝트로, 나홋카항에서 유럽의 베레스트항까지 7일 만에 주파한다는 계획도 있다.[19] 러시아는 동북아시아뿐 아니라 아시아·태평양으로 자국의 역할을 확대하고 있다. 시베리아 철도와 블라디보스토크항 등 연해주 항구들을 교두보로 삼아 동북아시아와 아시아·태평양으로 진출한다는 미래 비전을 설정하고 있다. 그런데 환동해와 태평양에서 관련국들의 영토 및 역사 문제에서 걸림돌이 존재한다. 한국, 일본, 러시아, 중국은 각자의 논리로 싸우고 있는 중이다. 북방 4도와 독도 문제는 상호 윈윈게임을 만들어가는 데 절대적으로 방해가 된다. 가장 중요한 것은 전쟁이 없어야 한다. 전쟁만 하지 않으면 잘 살 수 있다는 것을 일본인들은 알고 있다. 그런데 일본의 국수주의자들은 자신들의 주장을 강화하여 사태를 악화시키는 경향이 있다. 환동해 문제를 풀어나가려면 어느 한 나라를 고립시켜서는 안 된다. 협력이 잘되고 있는가가 곧바로 국력일 것이다.

중국을 중심으로 미래를 내다보면 다른 시각이 도출될 것이다. 러시아와 중

19 강태호, 「환동해 판이 커진다」, 『한겨레』, 2014년 11월 21일.

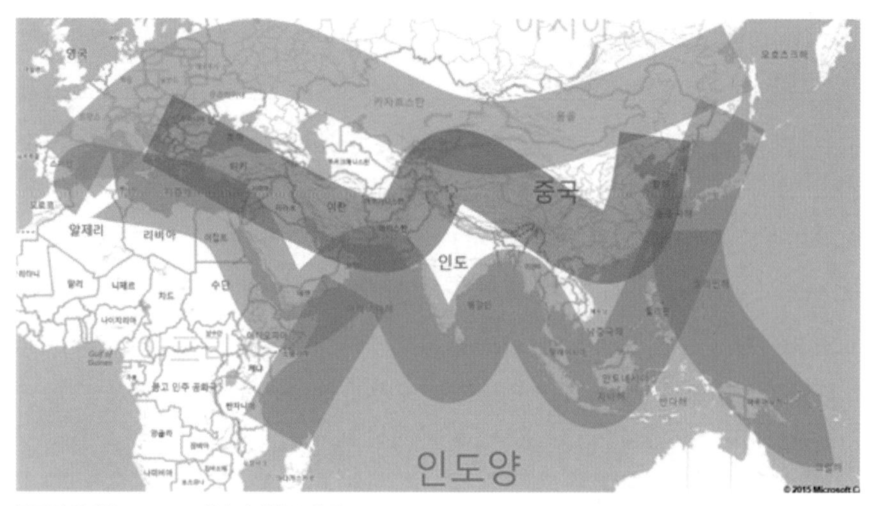

중국의 일대일로一帶一路 개념도(이창주 제공).

국 간의 에너지 협력이 상상 이상으로 커지고 있으며 환동해 배후 지역이 잠에서 깨어나는 중이다. 세기의 빅딜인 가스프롬의 4,000억 달러 규모의 동부 가스 파이프라인이 합의된 데 이어 서부 알타이 라인 공급도 합의되었다. 가스 파이프를 통한 '가스 실크로드'라는 새로운 길이 뚫린 것이다. 무엇보다 중국의 약진은 고속철이다.

국제 저임금 노동자였던 중국인 쿨리苦力의 노동을 바탕으로 미국 대륙 횡단철도가 건설되었다면, 그로부터 2세기가 안 되어 중국의 자본으로 세계 최장 고속전철인 베이징-광저우(2,298킬로미터) 철도가 개통되었다. 모스크바-베이징 철도와 인도 철도, 태국 철도, 아프리카 철도 등 세계 고속철 시장의 50퍼센트 이상을 점유하면서 미완의 철도를 뛰어넘는 표준궤의 고공행진을 거듭하는 중이다. 시진핑習近平 중국 국가주석이 언급한 신실크로드 경제 벨트가 고속철을 통해 완성되어가는 순간이다. 해안에서 시작한 중국의 경제 발전이 내륙으로 옮겨지면서 신장新疆 위구르 자치구를 비롯한 내륙 산업 전진기지에서 엄청난 물동량과 자원이 중앙아시아로 뻗어나가고 있으며, 그 철길의 역마다 중국 철도원들이 대거 나가 있다.

중국은 실크로드 경제 벨트와 동시에 해상 실크로드를 구축하는 일대일로一帶一路를 국가적 어젠다로 설정 중이다. 철도와 도로를 통해 중앙아시아 및 유럽을 중국의 중서부와 연결하고, 이를 동부 연해 지역으로 연결하여 궁극적으로 아시아·태평양 경제권과 유럽 경제권을 잇겠다는 구상이다. 세계에서 가장 길고 잠재력이 큰 물류 대통로를 구축하여 과거 실크로드의 영광을 재현하겠다는 구상이다. 중국은 내륙과 해양을 통한 실크로드를 개척하여 유럽에서 환동해에 이르는 거대한 유라시아 네트워크를 실현하고 신대륙주의의 흐름을 만들어내는 중이다. 중국의 패권적 힘은 대륙이면서 해양으로 나가는 해안선을 가지고 있는 반면, 한국에는 동해와 서해의 바다가 있다.[20] 한국의 서해와 동해는 중국과 러시아, 일본 등과 교섭하면서, 앞에서 거론한 러시아 연해주의 항구들과도 교섭하면서 환동해의 오랜 문명의 네트워크를 새로운 역사로 써나가야 할 처지에 놓여 있다.

20 강태호, 「유라시아 이니셔티브와 환동해 네트워크」, 『해양문화』 창간호, 인문의바다, 93~100쪽.

연해주의 환동해 항구들

1896년 상트페테르부르크에서 시베리아를 횡단하여 블라디보스토크를 통해 귀국했던 민영환은 당시 이 도시의 정황과 조선인의 이주 실태를 이렇게 묘사했다.

> 이곳은 원래 청나라 땅이었는데 무라비요프가 새로 개척하고 항구를 연 지가 30여 년이나 되었다고 한다. 인구가 2만 6,000명인데 우리나라 사람이 1,000여 명이요 청나라 사람이 1만여 명이고, 일본 사람은 400~500여 명이다. 각 기기창機器廠과 여러 시설을 설치하고 늘리고 보태기를 그치지 않았다. 러시아의 동쪽 끝으로 우리나라의 북쪽 경계와 서로 접하고 청과는 다만 한 줄기 물로 떨어져 있고, 동쪽으로는 동해와 접해 있다. 동쪽 바다로 오고 가는 군함이 머무니 이 항구에 모든 힘을 쏟는 것은 장차 철로가 상트페테르부르크와 통하기 때문이다. 우리 유민으로 이곳에 사는 사람은 수백 호이고 가까운 곳에 둘러 사는 자 또한 1만여 호나 된다. 대체로 기사년己巳年(1869) 흉년으로 인하여 북쪽 백성들이 들어오기 시작하여 지금에 이르러 팔도 사람들이 끊이지 않고 들어와서 돌아가지 않으니 이같이 수가 많아진 것이다.[21]

'동방을 지배하라'는 뜻에 걸맞게 블라디보스토크는 도시 설계도 철저히 슬라브 러시아 양식으로 진행되었다. 대표적인 건축물이 블라디보스토크 철도역사다. 신시가지와 별장·휴양 지대는 반도 북부의 구릉 지대로 뻗어 있다. 그럴 수밖에 없지만 해안가에 서면 우리 동해안 풍광과 흡사하다. 나나이족, 길랴크족, 우데게인의 고향인 이곳에 1856년경 러시아인이 도래하여 그 후 항구와 도시의 건설이 시작되었고, 1872년 군항도 니콜라옙스크에서 이곳으로 옮겨왔다.

21 민영환, 『海天秋帆』, 198쪽.

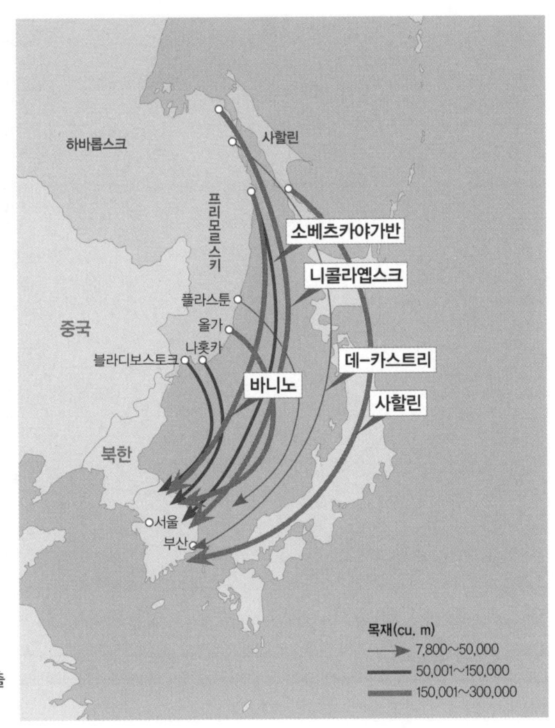

러시아 극동에서 한국으로의 목재 수출 노선(Josh Newell, 앞의 책 참고).

1890년대부터는 무역항으로 크게 발전했으며, 20세기 초 시베리아 철도가 완전히 개통됨으로써 모스크바와도 이어지게 되었다.

역사적으로 극동 러시아의 만형 도시는 블라디보스토크다. '미완의 횡단열차'이기는 하나 여전히 종착역이자 출발역이 있는 블라디보스토크는 동해 북단이 되고, 북극해와 태평양을 잇는 북빙양 항로의 종점이기도 하다. 17개의 부두가 대외 개방되어 있으며, 대형 여객선이 정박할 수 있고, 연간 50만 톤의 화물이 처리된다. 러시아 극동 지역과 동북아시아, 동남아시아, 미국의 서해안으로 뱃길이 닿는다. 항만은 표트르 대제만에서 남쪽으로 돌출한 무라비요프 아무르스크 반도 끝에 위치하며, 시가는 해안에서부터 구릉 위로 펼쳐진다.[22]

철도가 닿는 환동해 북방 물류시장의 끝점에서 환동해와 연결되는 항만은 블라디보스토크를 위시하여 최남단 포시에트, 자루비노, 나홋카, 보스토치니, 소

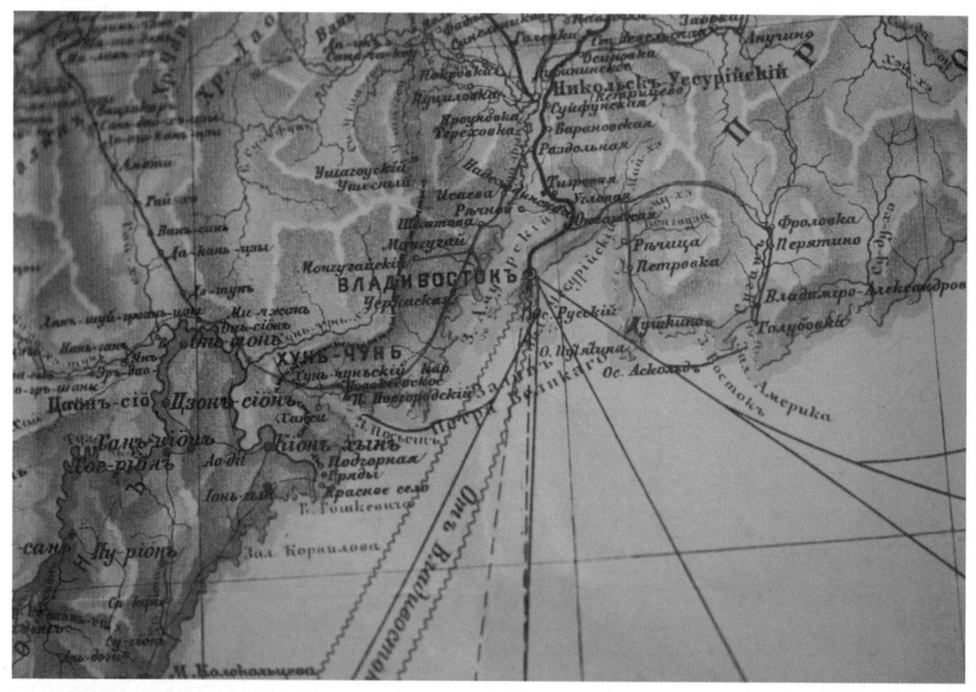

환동해 항로가 발달한 블라디보스토크(1904년).

블라디보스토크 풍경(20세기 초반).

베츠카야가반, 바니노항 등이다. 이들 항구들은 연해주의 남북으로 길게 입지하여 환동해로 출구를 열어놓고 있다. 전통적인 항구만 존재하는 것이 아니다. 한국, 일본, 중국으로 수출되는 물량이 급증하면서 연해주의 항구들은 지난 20여 년 동안 급속히 변모해왔다. 올가, 플라스툰, 스베틀라야, 아무구 네 개 항구가 새롭게 부상했다. 나무와 해산물을 수출하는 주된 항구로 주목받게 된 것이다. 전에는 군항인 소베츠카야가반항을 통해 목재를 수출했었다.[23]

블라디보스토크의 동쪽에 위치한 나홋카항은 한국 동해의 북단과 이어져 있다. 2차 세계대전 이후 성장한 수출항이자 어업기지로서 부동항이다. 시베리아 철도 지선의 종점이며 항해로가 한국, 일본, 중국, 싱가포르, 홍콩, 인도 등과 연결되어 시베리아 횡단철도로 들어가는 국제화물과 여객이 모여드는 항만이다. 인구 17만 2,300명의 나홋카는 연해주 제2의 항구로 블라디보스토크가 개방되기 전에 연해주의 상항, 무역항의 역할을 해왔으며, 특히 자유경제 지대가 설립되면서 중요한 무역항이 되었고, 어업기지로 성장하고 있는 항구다.

원유 선적 터미널이 있는 나홋카시의 코즈미노, 연해주에서 세 번째로 큰 나홋카항, 극동에서 최대 규모를 자랑하는 보스토치니항 등이 모두 나홋카시에 속

22 블라디보스토크 산업은 주로 어업, 조선업이었고, 해군기지였으나 최근 APEC 개최 도시로 거듭나고 있다. 러시아 정부는 2012년 9월 APEC 블라디보스토크 정상회의 개최를 통해 극동 지역 개발을 적극 추진 중이다. 특히 인프라 구축사업으로 루스키섬 APEC 정상회의장(극동연방대학) 건설을 통해 국제적 교육문화의 도시를 설계하고 있다. 블라디보스토크는 군항뿐만 아니라 무역항의 기능도 있었으나, 현재는 무역항의 기능이 시의 동쪽 약 90킬로미터 지점에 신설된 나홋카항으로 옮겨갔다. 블라디보스토크는 연해지방에서 최대 어업기지이며, 포경선·게 가공선·냉동선의 근거지다. 겨울철에는 항구 안이 다소 결빙되지만, 쇄빙선을 사용함으로써 1년 내내 활동이 중단되지 않는다. 시는 연해지방의 경제·문화의 중심지이며, 극동과학센터·국립극동대학을 비롯하여 의학·미술·과학기술·무역·수산 등의 여러 대학이 있다. 특히 국립극동대학 내에는 해외 최초의 한국학 단과대학인 한국학 대학이 있다. 그 밖에 태평양어업·해양학연구소와 부속 해양박물관이 유명하다.

23 첫째, 연해주 북부는 제한된 도로 인프라로 인하여 나홋카나 블라디보스토크, 보스토치니 항구까지의 물류 이동이 어려울뿐더러 비용이 과도하여 새 항구를 찾아야 했기 때문이다. 둘째, 올가나 플라스툰은 도시 자체가 목재 집산지다. 큰 도시의 복합 항구보다 목재회사들이 콘트롤하기가 쉽다. 한국소나무Korean pine 같은 나무들은 현장에서 처리하여 한국 등지로 내보내는 데 작은 항구가 유리한 것이다. 한국에서 소비되는 막대한 양의 나무들이 연해주와 시베리아에서 벌목되어 한국 항구로 들어오고 있다(Josh Newell, *The Russian Far East*, Daniel & Daniel Publishers, Inc., 2004, 111쪽).

나진–하산 연결선 증설 조인식.
프리마 미디어Prima Media.

한다. 1980년대 초에 신항을 건설하여, 목재·석탄·컨테이너까지 하역할 수 있는 최신 설비와 대형 선박이 정박할 수 있는 부두를 갖추었다. 나홋카시는 러시아 동부 최대의 항구 도시로 사할린, 캄차카로 물자를 수송하는 기지이기도 하다. 두만강 경제개발지구Tumen River Economic Development Area(TREDA)와도 연결된다.

자루비노는 하산스키군 포시예트만에 있는 항구 도시다. 1928년 10월 18일에 개항했으며, 엔지니어 이반 이바노비차 자루비나의 이름을 따서 자루비노로 명명되었다. 자루비노항에는 현재 네 개의 정박지가 있으며 1만 톤의 선박이 정박할 수 있다. 두만강 지역 국제 합작 개발이 진행되면 자루비노항은 연간 1,000만 톤 이상의 국제 화물 운송의 중심이 될 것이다.

자루비노에 항구 도시가 형성된 것은 1940년대다. 1970년대에 수산항으로 본격 출발한 부동항으로, 경제는 생선 공장과 철도, 항구로 유지된다. 니가타–속초–자루비노 노선이 있어 이곳을 통해 훈춘으로 건너가 백두산 관광이 이루어진다.[24] 자루비노 항구는 훈춘과 인접해 있어 동해안에서 중국 동북3성으로 향

24 속초에서 자루비노까지는 출항에서 입항까지 585킬로미터의 거리에 총 17시간이 걸린다. 역으로 자루비노에서 속초까지는 총 16시간이 걸린다. 속초시는 백두산 항로 개발을 위해 2002년 블라디보스토크 항만청과 협정을 맺었으며, 백두산 항로 활성화를 위해 한국과의 교류 활성화를 꾀하고 있다.

19세기의 포시예트항.

하는 유일한 항로다.

나진-하산 간의 최대 물류는 석탄이다. 하산은 러시아 국경수비대가 주둔하는 인구 1,000명 미만의 작은 마을이다. 블라디보스토크에서 하산을 거쳐 북한의 나진으로 들어갈 수 있다. 하산-나진은 54킬로미터에 불과하다.

포시예트항은 겨울에 얼지 않는 천연의 피난항으로, 세 개의 정박지를 갖추고 있으며, 수심은 9.46미터다. 1만 톤의 선박이 정박할 수 있으며, 연간 취급 가능 화물량은 1,000만 톤을 계획하고 있다. 북극해 항로가 뚫린다면, 연해주의 항구들은 더욱 분주해질 것이다.[25] 발해의 크라스키노, 즉 염주항이 근처에 있어 일본으로 가는 국제항이었으니, 1,000년의 장기 지속이 재현되고 있음은 부연 설명할 필요가 없을 것이다.

25 R. Young, Jong Deog Kim, and Yoon Hyung Kim, *The Arctic in World Affairs*, KMI · East West Center, 2013.

5

우수리 강변과 시호테알린의 민족지학

아르세니에프와 데르수 우잘라의 이중주

연해주 원주민인 우데게, 나나이, 오로치 등은 모두 퉁구스 만추리아Tungus Manchurian 집단에 속한다. 19세기 중엽에 원주민 여성과 중국 남성 사이의 혼혈인 타즈가 소수민족을 형성하고 있다. 타즈는 연해주 남동부에 살고 있다. 현재 연해주의 소수민족은 2,000여 명에 불과하다. 전통적으로 원주민 경제는 사냥, 고기잡이, 임산물 채취 등이었다. 대부분의 우데게는 실업 상태이며 숲에서 일

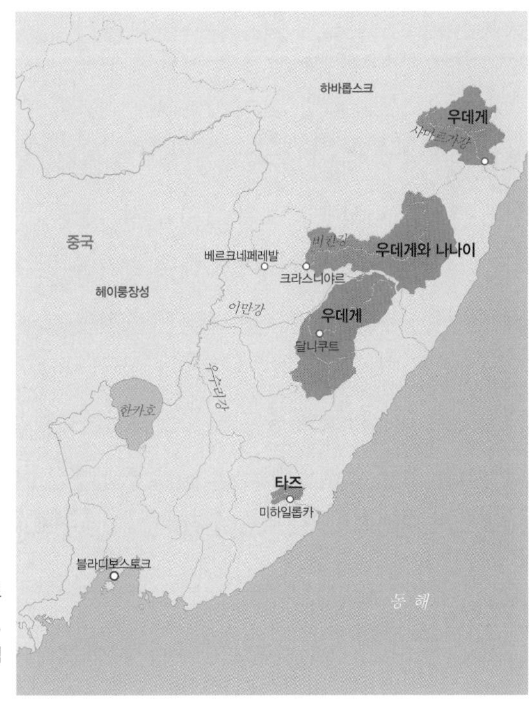

연해주 프리모르스키 지방의 원주민 분포 (By Newell and Zhou/Sources: Karakin, 2001; ESRI, 2002. Josh Newell, 앞의 책 참고).

용직에 종사한다. 타즈와 나나이는 농업과 가내서비스 업종에 종사한다. 원주민 특별보호구역Territories of Traditional Nature Use 같은 설정은 원주민의 생존과 문화를 보존하는 뜻도 있지만 박제된 원주민의 현실을 잘 설명해준다.[1]

데르수 우잘라(아르세니에프 사진).

우수리 지역의 암각화에는 정작 이들의 생존 기반이었던 어로에 관한 것이 없다. 이는 아무르 우수리강 지역의 암각화 집단이 후기 신석기 문화 이후에 타이가 지역이나 몽골에서 전파된 종족의 이주나 문화 접촉의 결과로 남겨진 흔적으로 보인다.[2] 이 모든 역사를 알려주는 박물관이 블라디보스토크에 있다. 블라디보스토크 프리모리에 주청사 옆에 자리 잡은 유서 깊은 아르세니에프 박물관이 그것이다.

영화 〈라쇼몽〉羅生門으로 주목을 받은 구로사와 아키라黑澤明 감독은 1975년에 소련의 지원으로 소련 배우들을 기용하여 볼셰비키 혁명 직전의 우수리강 유역을 배경으로 〈데르수 우잘라〉를 만든다. 영화는 주인공 러시아 장교와 골디족 사냥꾼 '데르수 우잘라'가 우수리강을 탐사하는 노정에서 싹튼 우정과 연해주의 자연, 당대의 역사가 펼쳐지는 아주 독특한 화면을 보여준다. 러시아 장교와 몽골리안 사냥꾼 사이의 우정, 우수리강을 탐사하면서 펼쳐지는 모험이 영화의 주된 내용이다. 자연의 일부인 사냥꾼 데르수를 통해 러시아로 대변되는 서구 물질문명을 비판하기도 한다. 마지막으로 러시아 장교에게 선물로 받은 신형 소총을 빼앗기고 살해당하는 데르수의 운명이 처절하게 다가온다. 데르수 우잘라는 골디족으로 묘사되는데 우수리강 유역이

1 Josh Newell, *The Russian Far East*, Daniel & Daniel Publishers, Inc., 2004, 118쪽.

2 황용훈, 『동북아시아의 암각화』, 민음사, 1987, 200쪽.

아르세니에프 초상.

나 사할린 등지에 거주하는 몽골리안으로 수렵과 어로를 주업으로 했던 나나이족이다.

러시아 장교의 이름은 블라디미르 클라우디에비치 아르세니에프Vladimir K.Arseniev다. 블라디보스토크에서 가장 중요한 역사적인 곳의 하나인 아르세니에프 박물관에 그의 이름이 남아 있다. 블라디보스토크에서 문명사적으로 이보다 소중한 공간은 없다. 박물관은 프리모리에 주정부 청사 바로 곁에 아담한 석조건물로 서 있다. 2005년 8월에 처음 방문했을 때는 소박한 모습으로 단층만 개방하고 있었는데 2014년 8월에는 세 개 층을 모두 쓰는 완벽하고도 현대적인 박물관으로 개조되어 있었다. 아르세니에프 연보부터 개괄적으로 살펴보자.[3]

아르세니에프는 1872년에 상트페테르부르크에서 출생했다. 육군유년학교를 졸업한 후 군대에 들어가 블라디보스토크에서 복무했다. 어려서부터 동식물학에 관심이 많아 지리학·지질학을 공부하는 한편, 쥘 베른의 여행소설이나 각종 탐험 서적을 즐겨 읽었다. 1902년부터 1910년에 걸쳐 당시만 해도 지도상의 공백 지대로 여겨지던 우수리 지방과 시호테알린 산맥[4]

3 아르세니에프는 러시아의 극동 탐험가, 지리학자, 인류학자, 작가이다. 그의 저서 『데르수 우잘라』는 세계적인 베스트셀러가 되었고, 노르웨이 탐험가 난센의 갈채를 받았으며, 일본으로부터 저자 강연 초청을 받기도 했다. 스탈린이 권력을 잡으면서, 외국인과 접촉한 아르세니에프는 곤경에 처하게 된다. 1930년 비밀경찰과 GPU(게페우, KGB의 전신)에서 심문을 받은 그는 불행인지 다행인지 블라디보스토크에서 심장마비로 숨졌다. 하지만 그의 아내는 일본 스파이로 몰려 총살당했고, 17세의 딸은 '반소비에트 선전선동죄'로 노동수용소에서 10년을 보내야 했다. 그를 기념하는 아르세니에프 마을이 있으며, 블라디보스토크에 아르세니에프 박물관이 세워졌다. 『데르수 우잘라』 외에도 『우수리 지방 탐험기』, 『시호테알린 산맥에서』, 『우수리 지방 고대사 연구자료』, 『우수리 지방의 중국인』 등의 저서가 있다.

4 시호테알린 산맥은 시베리아호랑이의 서식처로 프리모르스키 지방과 하바롭스크 지방에 걸쳐 있다. 블라디보스토크에서 북동쪽으로 900킬로미터나 뻗어 있으며, 가장 높은 산은 아닉산(1933미터)이다.

일대를 탐사했다. 1910년부터 1918년까지 하바롭스크 박물관장을 지냈고, 그 후 다시 탐사 여행에 나서 1919년에 캄차카 반도, 1923년에 컴맨드 제도, 1927년에 연해주의 3분의 1을 차지하는 시호테알린 산맥 일대를 탐사했다.[5]

오로치족 복장을 한 아르세니에프.

그는 극동 탐험에만 30년 이상의 세월을 바쳤다. 걸어서 우수리 타이가를 지나서 수십만 킬로미터를 탐사했으며, 배를 타고 홋카이도, 사할린, 쿠릴섬, 캄차카, 컴맨드섬, 오호츠크해를 탐사했다. 아무르강 하구에서 중류까지 탐사했으며, 한카 호수를 비롯한 프리모르스키의 모든 호수와 강의 지류를 확인했다. 모든 탐사에서 지도를 그리고 메모를 하고 오래된 물건을 수집했다. 탐사가 끝나면 지도의 여백에 산과 계곡, 강과 호수가 그득 표시되었다. 그는 자신이 발견한 지역을 명명하기도 했는데 자신의 이름을 붙이지는 않았다. 아르세니에프는 풍부한 지질학적 자료, 자연과학과 고고학, 민족학적 자료를 수집하여 박물관에 기증했다. 그중 일부는 바다를 건너가 워싱턴 박물관Washington National Museum에 소장되어 있다.[6]

블라디보스토크에 부임한 아르세니에프는 의용병 부대를 맡게 된다. 지리적으로 알려지지 않은 오지를 탐험하는 임무를 맡은 의용병의 지휘관이었던 아르세니에프는 연해주의 시호테알린 산맥을 탐험하면서 원주민 사냥꾼 데르수 우잘라를 만난다. 러시아 장교와 원주민의 만남은 극동이 인종의 용광로로 변해

5 블라디미르 클라우디에비치 아르세니에프, 『데르수 우잘라』, 2005.

6 *Vladimir K. Arseniev: A Biography in Photographys and Eyewitness Accounts*, Vladivostock: Ussury Publishing, 1997.

가고 있었음을 말해준다.

당시 블라디보스토크에서는 이상한 소문이 돌았다. 지기트만 일대에 엄청난 양의 사금과 다이아몬드가 매장되어 있다는 것이었다. 자연스레 실업자들이 지기트만으로 몰려들었다. 소문만 믿고 낯선 땅에 발을 들여놓은 것이다. 지기트만 근처에 상륙한 사람들은 배낭 하나만 짊어진 채 황금이 묻혀 있을지도 모르는 숲 속으로 들어갔다. 하지만 아무도 금을 찾지 못했다. 아르세니에프 탐험대는 시호테알린 산맥의 기슭에서 조선인의 유품을 발견하기도 한다. 그들은 금맥을 찾아서 먼 산속까지 들어왔다가 해안으로 나가지 못하고 끝내 굶어죽은 이들이었다. 탐험대는 시호테알린 산맥의 야트막한 산 정상에서 작은 사당 하나도 발견했다. 다음은 청이 연해주까지 변방 관리에 나섰음을 보여주는 소중한 기록이다.

> 예전에는 제나라가 지배했지만 지금은 대청국이 이곳 산림을 지킨다(昔日齊國爲大師 今在大淸治山林).

문명인과 야생의 사고

아르세니에프의 책에는 조선인도 자주 등장한다. 그는 나이나 단구의 기슭과 해안에서 조선인 오두막을 발견한다. 조선인은 주로 게를 잡거나 검은담비를 사냥하며 생활했다. 북방 게를 잡는 어업과 담비를 잡는 사냥이라는 두 가지 직업을 가지고 있었음을 알 수 있다. 오두막에는 아홉 명의 조선인 남자들이 살고 있었는데 두 명은 중국인 옷차림, 다른 한 명은 우데게 복장이었다. 그는 조선인의 삶을, "한마디로 약탈과 착취다. 비록 중국인처럼 토착민을 괴롭히지는 않았지만 자연에 미치는 악영향은 더 컸다. 그래서 당시의 운터베르게르 장관은 조선인 이주를 엄격히 단속했다"라고 기록했다.

아르세니에프는 조선인의 오두막에서 난생처음 보는 물건들을 접했는데, 맷돌과 온돌 등이었다. 북쪽 푸이마 하구 근처에서 무너진 조선식 오두막 한 채

연해주의 원주민 초상.

와 낡은 배도 발견한다. 낡은 배는 조선인들이 동해에서 어업을 하고 있었다는 증거다.[7] 자연주의자 아르세니에프의 기록에는 데르수 우잘라를 통해 인간에 의해 파괴되어가는 연해주의 미래에 대한 불길한 예감 같은 것이 담겨 있다.

> 데르수는 골디인과 우데헤인이 함께 어울려 살았던 어린 시절의 시호테알린을 떠올렸다. 그때는 모든 게 순소로웠다. 자연도, 사람도 저마다의 위치에서 서로를 존중할 줄 알았다. 그런데 언젠가부터 중국인이 나타나기 시작하더니 나중에는 러시아인도 나타났다. 데르수와 같은 토착민의 삶은 갈수록 힘겨워졌다. 그러던 무렵에 조선인이 나타났다. 하루가 멀다 하고 숲에서 불이 났다. 조선인이 밭을 일구기 위해 일부러 불을 질렀던 것이다. 그 와중에 차츰 살 곳을 잃은 검은담비는 먼 데로 도망쳤고, 다른 짐승도 어디론가 사라졌다. 평생을 사냥과 낚시로 생활해온 원주민에게는 삶을 지탱할 힘이 없었다. 나중에는 해안에 일본인까지 나타나기 시작했다. 늙은 고리드는 걱정이 태산 같았다. 나 역시 생각에 잠겼다. 앞으로 이곳이 어떻게 될지 걱정이었다. 연해 지방의 식민화 속도는 예사롭지가 않다. 원시림은 머지않아 사람들의 발길에 완전히 뭉개질 것이다. 검은담비나 붉은 사슴도 사라지고, 큰 도로가 숲 한가운데로 뚫리는가 하면, 호랑이가 포효하던 땅에는 기관차가 내달리게 될 것

7 블라디미르 클라우디에비치 아르세니에프, 『데르수 우잘라』, 81쪽.

이다. 나는 이곳의 운명에 대해 생각했다.[8]

아르세니에프는 쿠순강 산중턱에서 원주민이 흑요석 덩어리를 채굴하는 모습을 목격한다. 흑요석은 선사시대 사람들에게 가장 소중한 '신비의 돌'이었으니 당시까지만 해도 원주민들은 선사적 장기 지속의 삶을 살고 있었던 셈이다. 이 흑요석이 홋카이도를 거쳐 일본 남부로 전파되었다. 그는 '바다의 신' 우상을 섬긴 작은 배에 대해서도 기록했다. 작은 배 안에 있는 '바다의 신'은 관에 들어 있는 죽은 소년의 시체로 미라처럼 바짝 말라 있었다. 부서진 배와 썰매, 찢어진 어망과 노, 작살 등이 묘지 주변에 흩어져 있었다.[9] 연해주 환동해의 삶이 잘 드러나는 대목이다. '문명인' 아르세니에프의 눈에 '야만인' 데르수 우잘라는 '야생의 사고'를 간직한 인물의 표상으로 다가왔다.

그의 안목에 탄복했다. 난생처음으로 지도를 봤다고 했다. 그런데도 척도의 기준을 알아챘으며 평면도법을 계산하는 공식을 나름 유추했다. 허망한 생각이 들었다. 나는 이런 지도를 읽기 위해 얼마나 많은 공부를 했던가. 내가 휴대한 지도는 대단히 상세해서 전문가가 아닌 일반인은 감히 해독할 엄두도 내지 못한다. 하지만 태어나서 단 한 번도 문자를 써본 적이 없는 이 눈앞의 야만인은 자연에서 갈고닦은 경험과 노련한 눈썰미로 문명이 이룩한 지도를 꿰뚫고 있었다. 나는 그가 산속에서 오랜 시간을 보내는 동안 자신도 모르게 위에서 아래를 내려다보는 평면도법에 익숙해진 게 아닐까 생각했다. 또한 데르수를 통해서도 느끼는 점인데, 토착민들은 선천적으로 척도를 가늠하는 감각이 발달해 있는 듯했다.[10]

서구 문명의 멈출 줄 모르는 승리의 행진은 다른 문화와 민족에게는 재앙이

8 위의 책, 184쪽.
9 위의 책, 189쪽.
10 위의 책, 265쪽.

각 민족 대표의 모습. 조선인도 보인다(아르세니에프 사진).

조선인촌. 물지게꾼이 보인다(아르세니에프 사진).

되었다. 생태계 파괴는 기본이고 민족 살해Genozid와 문화 파괴Ethnozid가 시베리아에서도 끊임없이 되풀이해서 일어났다. 이 둘의 구분은 약간 모호하기는 하다. 그래도 문화 파괴에서 희생되는 사람들은 '다만' 그들의 문화적 정체성을 상실할 뿐 계속 생존할 수는 있다. 그에 반해 민족 살해는 민족 전체가 목숨을 잃음을 의미한다.[11] 무수한 종들이 사라져가듯이 수많은 민족 역시 사멸되어갔다. 그들 대다수는 '미개 민족'이라 불렸던 사람들이다. 미개 민족이라는 표현은 지극히 잘못된 것이다. 호모 사피엔스의 경우, '문화가 없는 사람'은 있을 수 없기 때문이다.[12] 데르수 우잘라의 죽음은 민족 살해와 문화 파괴를 상징하는 것이다.

캄차카에서 돌아오는 비행기에서 산정호수를 안고 있는 화산들을 만난다. 블라디보스토크까지 온통 산과 산이다. 시호테알린 산맥을 넘어 연해주 근처에 당도해서야 비교적 평탄한 지대와 숲과 간척된 밭이 나타난다. 연해주에도 야생의 숲이 아직은 남아 있지만 캄차카와 연해주의 간극은 분명히 존재한다. 아르세니에프가 탐험했던 연해주 북부의 시호테알린은 1935년에 보호구역으로 제정되었다. 180만 헥타르로 소련에서 가장 큰 면적이며 세계적으로도 손꼽을 만한 규모다. 그러나 1951년에 거의 6분의 1로 줄어들었으며, 1995년에는 해안가 2,900헥타르가 추가로 해제되었다.[13] 데르수 우잘라 같은 인간이 쉴 공간은 사라진 셈이다.

프랑스 작가 실뱅 테송Sylvain Tesson은 시베리아 동남부에 위치한 바이칼 호반의 숲 속에서 오두막 생활을 했는데, 겨울과 봄 6개월 동안의 '은둔'의 기록을 남겼다. 테송은 '방랑자'Wanderer라는 괴테의 별명을 빌려서 이렇게 말한다. "그 어떤 것에도 묶이지 않고, 자기가 버리는 것에 눈길 한 번 던지지 않고 바깥의 부름에 대답할 수 있는 사람들만이 진정한 방랑자로 살 수 있다."[14] 데르수 우잘라를 따르는 현대적 방랑자들은 여전히 숲을 그리워하고 있다.

11 프란츠 M. 부케티츠, 두행숙 옮김, 『멸종—사라진 것들: 종과 민족 그리고 언어』, 들녘, 2005, 219쪽.

12 주강현, 『적도의 침묵』, 김영사, 2007.

13 Josh Newell, *The Russian Far East*, Daniel & Daniel Publishers, Inc., 2004, 111쪽.

14 실뱅 테송, 임호경 옮김, 『희망의 발견: 시베리아의 숲에서』, 까치, 2012.

타이가 지역의 우데게 유목촌. 사진 아래쪽에 표시된 '1906'은 아르세니에프가 적은 것이다.

카누를 타고 사냥에 나선 우데게인. 아르세니에프 박물관 소장.

아르세니에프를 만난 도리이 류조

18세기 말 일본 경세사가 사토 노부히로佐藤信淵(1769~1850)는 황당무계해 보이는 대륙 침략론을 주창한 것으로 유명하다. 그는 『혼동비책』混同秘策(1823)에서 "다른 지역을 경략하는 방법은 약하여 취하기 쉬운 곳부터 시작하는 것이 길이다. 지금 세계 만국 중에 황국이 공격하기 쉬운 토지는 중국의 만주보다 쉬운 것은 없다"라고 썼다. 사토의 논의는 이른바 메이지 유신 이후에 일본 정계를 휩쓴 대륙 침략의 전거로 인용되었다. 막부 말기에 북방에 관한 관심은 러시아의 위협적 공세에 대응하는 과정에서 발전하였다. 이러한 상황에서 사토는 환동해의 대안 지역, 구체적으로는 러시아 연해주를 목표로 적극적인 공격을 꿈꾸었다.[15] 사토의 후예일까. 제국주의 인류학자 도리이 류조鳥居龍藏(1870~1953)는 연해주 등의 북방을 집중적으로 누볐다. 그는 1921년에 아르세니에프 박물관을 방문하여 비교적 상세한 기록을 남겼다.

그 당시에도 아르세니에프 박물관은 멋진 서양식 건물이었으며, 진열은 인류학적 진열과 박물학적 진열 두 가지였다. 박물학적 진열은 동물·식물·지질·광물 위주였고, 인류학 쪽은 인종학 방면과 고고학 방면으로 전시되고 있었다. 인종학 쪽은 길랴크, 코랴크, 축치, 유카기르, 아이누 등 오랜 시기의 시베리아 고아시아 민족, 퉁구스·골디·울치·오로크·오로치·만주인·조선인 등의 신시베리아 민족의 토속품이 전시되어 있었다. 아르세니에프가 그를 직접 안내해주었다. 도리이 류조는 아르세니에프를 언급하면서 종족 문제에서 다음과 같은 견해를 내놓았다.

15 나카미 다사오 외, 박선영 옮김, 『만주란 무엇이었는가』, 소명출판, 2013, 26~27쪽.

발해의 유물. 블라디보스토크 프리모리에 박물관.

북방식 석곽묘. 프리모리에 박물관.

연해주의 석불상. 프리모리에 박물관.

"종래 하바롭스크 박물관장이었던 아르세니에프라는 사람이 다행히도 블라디보스토크에 와 있어서 내게 박물관으로 간다는 말을 듣고는 나를 위해 하나하나 설명해 주었다. 이 사람은 민족지학의 토속학자로 특히 골디, 오로치 등과 같은 퉁구스 전문학자다. 그러면서 고고학도 약간 전공하고 있지만, 어느 쪽인가 하면 토속학자이다. (……) 그는 상당히 주의를 기울일 만하며 또 중요한 사람이다"라고 언급했다.

도리이 류조가 특별히 주목한 것은 고돌궐 문자, 즉 니콜스크, 발해 토성 주변에서 나온 문자였다. 이 문자는 홋카이도와 관계가 있다는 점을, 즉 발해 및 말갈에 투르크의 문화가 들어 있음을 확인한 것이다.[16]

16 도리이 류조, 『인류학자와 일본의 식민지 통치』, 59쪽.

6

조선인의 북방 DNA

연해주를 바라보는 시각

연해주를 바라보는 한민족의 시각에는 북방 DNA에 관한 복합적인 시선이 교차한다. 언젠가 이루어졌음직한 북방으로부터 한반도로의 민족 이동과 문화 전파가 이루어졌다는 계승의식이 어떤 '잃어버린 고대의 DNA'로 전해온다. '샤머니즘의 메카'인 바이칼 알혼섬의 신비롭고 장엄하기까지 한 풍경은 그곳 부랴트족에게만 그러한 것이 아니라 한민족에게도 그러하다. 길목마다 서 있는 세르게이의 오색천은 서낭당과 다를 바 없다. 부랴트족의 샤먼 의식과 노래, 춤, 구비서사시에서 한민족 문화의 무형적 고전을 발견해냄도 어려운 일이 아니다. 시베리아 샤머니즘이 '한국 문화의 DNA'라는 호사스러운 별칭은 결코 과잉 수사법이 아니기 때문이다. 시베리아에 널리 퍼져 있던 금기 중에는 산기가 있는 여성이 집 밖에 있는 춥고 불편한 임시 거처에서 여러 날을 보내며 아기를 낳는 관습이 있었다.[1] 피막避幕은 한민족의 오랜 풍습의 하나였다.

시베리아 종족은 상고사와 관련을 맺는다. 나나이족, 유카기르족 같은 소수민족은 우리 역사의 부여, 고구려, 발해, 여진족, 말갈족 등과 무관할 수 없다. 몽골 시대에는 초원으로부터 습래하여 제주도까지 거느렸던 엄청난 초원의 파동까지 역사에 남아 있다. 단재 신채호와 육당 최남선 이후 많은 고대사, 고고학, 민속학, 인류학자들이 밝혀왔듯이 연해주를 포함한 시베리아는 샤머니즘과 솟대로 표상되는 한민족의 기층 문화와 고대 이래 민족의 DNA를 공유하는 공간이다. 곰과 호랑이를 비롯하여 백두대간을 통해 동식물이 오갔고, 연해주 일대

1 제임스 포사이스, 『시베리아 원주민의 역사』, 290쪽.

우리의 서낭당과 유사한 몽골의 오보(2014년).

우리의 산신과 비슷한 몽골의 신 테레즈(2014년).

에서 뗏목을 타면 한반도 동해 일대에 닿거나 표류했다. 실제로 역사 속에서 연해주는 한민족의 고토故土였다.

그러나 DNA 분석으로는 다른 결과도 고려해야 할 것이다. 고구려연구재단이 주관하여 한국인 집단과 주변 동아시아 집단을 대상으로 DNA의 염기서열을 조사한 후, 이를 근거로 과거 한국인 집단의 모계 기원과 특히 한국 고대사의 주역이었던 고구려인의 유전학적 특성을 이해하는 데 필요한 유전학적 자료를 구축하려는 연구가 수행된 적이 있다. 지금까지 한국인의 기원에 관한 연구가 주로 문헌·유물 등에 근거한 고대사, 또는 고고학이나 인류학 분야에서 이루어진 반면에 분자유전학적 측면에서는 그 기원을 설명할 수 있는 구체적인 연구가 미흡한 수준이었다. 그러나 여러 인류 집단 연구를 통해서 mtDNA와 Y염색체 DNA로부터 매우 유용한 단일염기 다형성Single Necleotide Polymorphism(SNP)이 분석됨에 따라 인류 집단의 팽창 과정을 계통학적으로 해석할 수 있게 되었다.

mtDNA 분석에 의한 모계 기원을 볼 때, 한국인 집단은 전반적으로 동북아시아의 유전적 특성을 보인다. 한반도와 만주 일대에서 활동했던 고구려인의 유전적 특성은 중국 한족 집단보다 한국인 집단과 더 가깝다고 판단된다. 그러나 동남아시아 집단에서 흔히 나타나는 남방 기원의 계통도 한국인 집단에서 특이적으로 조사되었다. 한국인 집단에 남방 기원으로 해석되는 mtDNA가 전체적으로 약 40퍼센트 포함되어 있다고 볼 수 있다. 한국인에게 거의 없을 것으로 추정되던 남방 기원 mtDNA가 40퍼센트에 달할 정도로 나온 것은 한국인 집단이 주로 북방 계통의 유전자풀과 남방 계통의 유전자풀이 복합적으로 구성된 다기원적인 집단임을 보여준다.[2] 중국 한족과 다른 계통일뿐더러 만주족 등의 mtDNA와 연관된 것으로 나타나므로 북방 DNA와의 내적 친연성이 있음은 분명하지만, 남방적 요소도 추가로 고려해야 하는 것이다. 반도국가·해륙국가라는 측면에서 남방과 북방 모두에서 집단 팽창 과정이 개입된 것으로 해석되는

2 김욱, 「미토콘드리아 DNA 변이와 한국인의 기원」, 『미토콘드리아 DNA 변이와 한국인 집단의 기원에 관한 연구』, 고구려연구재단, 2005, 49쪽.

것이다.

우리 역사에서 북방에 관한 관심은 몇몇 역사학자들의 사관에서 뚜렷이 나타난다. 이종휘李種徽(1731~1797)는 『동사』東史에서 영역 문제를 중시했다. 그는 청이 비록 중국을 차지한 지 100여 년이 지났지만 언젠가는 그들의 본거지로 돌아갈 것이며, 그때 청과 국경이 인접한 조선에 다시금 커다란 위기가 닥칠 것이라고 걱정했다. 이에 대한 대비책으로 문무를 겸비한 서북 지역의 인재를 등용하고, 관서關西와 북관北關을 요새화하여 청의 공격에 대비할 것을 주장했다. 이종휘가 보기에 전략적 요충지는 만주 지역이었다. 만일 요동(랴오둥)과 심양(지금의 선양) 지역이 무너지면 조선의 양계 지역이 무너지고, 양계 지역이 무너지면 조선은 오랑캐의 손에 떨어질 것이라며 거란과 여진이 일어났던 만주 지역을 매우 중시했다. 더구나 그 지역이 조선에서 발해에 이르기까지 우리의 영역이었음을 감안한다면, 만주 지역을 수복할 필요성은 더욱 컸던 것이다. 그의 시각을 주목한 단재 신채호는 1930년대에 이종휘를 조선 후기의 가장 주체적인 역사가로 평가했다. 한국 고대사의 웅장한 규모와 강렬한 만주 수복 의식을 담고 있던 이종휘의 저술이, 국권을 상실한 뒤 만주 지역을 독립운동의 전략 거점으로 삼았던 당시 운동가들에게 새로운 활력소를 제공해줄 수 있었기 때문이다.[3]

유득공柳得恭(1748~1807)이 북방 역사에 주목한 것은 나약해져버린 조선 현실에 대한 비판적 시각과도 무관하지 않다. 『발해고』渤海考 서문에서 우리 역사의 무대였던 만주를 잃어버린 것을 통탄하였고, 『사군지』四郡志 서문에서는 조선의 숭문억무崇文抑武 정책을 비판하면서 북방 영토를 강건하고 상무적인 기질의 고향으로 생각했다. 유득공은 『발해고』에서 고려가 발해까지 우리 역사에 넣어 남북국사南北國史를 썼어야 하는데 그렇지 못했다고 서두를 꺼낸 뒤, 발해를 세운 대씨가 고구려인이고 발해가 차지한 땅도 고구려 땅이었다고 하며 발해가 고구려를 계승한 나라임을 강조했다. 이것은 이른바 '남북국 시대론'의 효시를 이루는 것이다. 나아가 발해 영토가 거란과 여진에게 넘어가버렸지만 고려가 발해사

3 조동걸 · 한영우 · 박찬승, 『한국의 역사가와 역사학』(상), 창비, 1994, 266~267쪽.

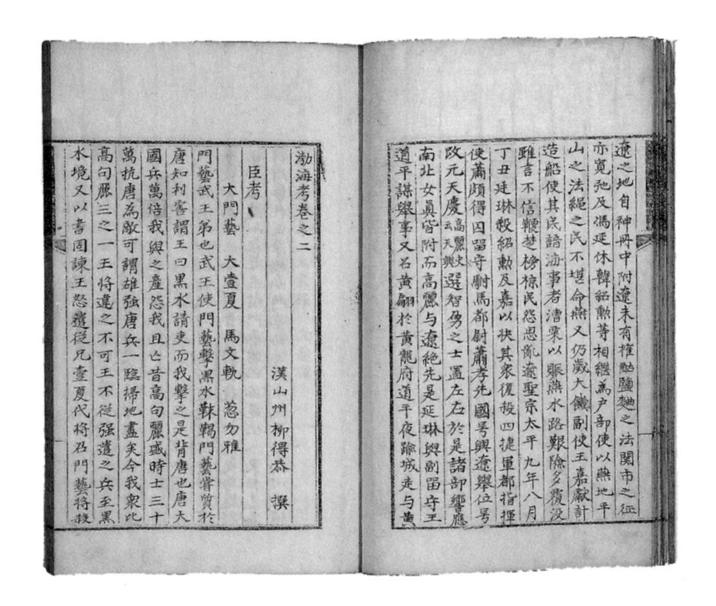

遼之地自神冊中附遼未有榷酤鹽麯之法關市之征
亦寬弛及馮延休韓紹勳等相繼爲戶部使以燕地平
山之法繩之民不堪命燕又仍歲大饑副使王嘉獻計
造船使其民諳海事者漕粟以賑燕水路艱險多覆沒
雖言不信鞭楚榜掠民怨思亂遼聖宗太平九年八月
丁丑延琳殺紹勳及嘉以挾其衆復援四捷軍都指揮
使蕭頗得囚留守駙馬都尉蕭孝先國號興遼紀位號
改元天慶(高麗史云天興)選智勇之士置左右於是諸部響應
南北女眞皆附而高麗與遼絶先是延琳與副留守王
道平謀擧事又名黃翩於黃龍府道平夜踰城走與黃

渤海考卷之二　漢山州 柳得恭 撰
臣考
大門藝　大壹夏　馬文軌　葱勿雅
門藝武王弟也武王使門藝擊黑水靺鞨門藝嘗質於
唐知利害謂王曰黑水請吏而我擊之是背唐也唐大
國兵萬倍我與之產怨我且亡昔高句麗盛時士三十
萬抗唐爲敵可謂雄强唐兵一臨掃地盡矣今我衆比
高句麗三之一王將違之不可王不從强遣之兵至黑
水境又以書固諫王怒遣從兄壹夏代將召門藝將殺

유득공의 『발해고』.

를 서술하지 않음으로써 이제는 이 땅을 도로 찾으려 해도 근거가 없게 되었다고 한탄했다. 이러한 시각은 18세기의 보편적인 북방 영토에 대한 관심을 반영하는 것이기도 하다.[4]

그러나 우리에게 각인된 연해주의 친연성은 발해 등의 상고사적 인식 외에도 근대사에서 각인된 효과가 더 강렬할 것이다. 연해주는 집단 이주민들이 정착하여 개간한 신천지였다. 1863년 가난에 시달리던 함경도 북단의 농민 13가구의 이주에 이어, 일제 치하에서 이주 한인들은 연해주에 한인촌을 세우고 항일 독립운동의 기지를 구축했다. 1937년 스탈린에 의해 중앙아시아로 강제 이주를 당하면서 연해주는 한동안 우리에게 잊힌 땅이 되었다. 다음은 1930년대에 이용악이 쓴 시다.

나와 함께 어머님의 아들이었던 당신 뽀구라니-츠나야의

4　위의 책, 306쪽.

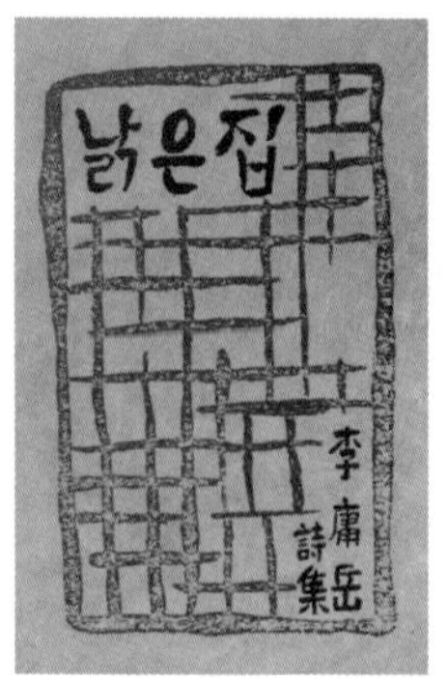

이용악의
북방 시집들.

길바닥에 엎디여 길이 돌아가신 나의 형이여

(……)

그곳 뽀구라니-츠나야의 밤이

꺼지는 나그네의 두 눈에

소리 없이 갈앉혀준 것은 무엇이였습니까

(……)

—「바람 속에서」

시인의 집안은 국경을 넘나들며 함경도와 연해주 인근에서 밀수에까지 손을 댄 내력이 있다. 국경 마을을 의미하는 '뽀구라니-츠나야'는 연해주-조선 국경의 내적 친연성을 정확히 설명해준다. 조선에서 연해주로의 1차 디아스포라, 그리고 연해주에서 중앙아시아로의 강제 이주라는 2차 디아스포라는 한국인에게 연해주라는 땅이 이끌어내는 묘한 힘이 있다. 당대 함경도 사람들은 러시아를 '마우재말', 블라디보스토크를 '우라지오'라고 불렀다. 마우재말과 우라지오로 오고 가는 사람이 많았으니 굳이 어려운 블라디보스토크의 말을 쓸 필요 없이 조선식으로 개명을 해버린 것이다. 그렇지만 연해주는 평탄한 평원의 길이었음에도 '노령'露領으로 표현되어 험난한 길이었음을 표상한다.

한국인 이주자들은 1910년 나라가 일본에 점령되자 피난처를 처음 제공한 러시아인의 방식에 동조하는 경향을 보였다. 이들은 러시아 신민으로 받아들여졌으며, 한국인 상당수가 러시아 정교를 받아들였다. 러시아제국의 국민으로서 역할을 다하려 했다. 1차 세계대전에 4,000명의 한국인이 러시아군에 복무했다. 1917년 5월 한국인 혁명기구의회가 열리는 등 혁명 이후의 제 민족 권리 주창에도 참여했다. 취약한 조건에서 1918년 오호츠크 금광에서 많은 비중을 차지하던 한국인들이 노동 조건을 개선하기 위해 소비에트를 구성했다. 러시아 정부는 1920년대 말 처음으로 자치구역을 대량으로 만들어가던 시기에 포시예트 부근에 한국인 구역을 설정하기도 했다.[5] 1926년 우수리강 분지에는 약 9만 명의 중국인, 17만 명에서 30만 명에 이르는 한국인이 거주했는데, 한국인 대다수가 농민이었다.[6]

당시 연해주에서 중국인이 아닌 다른 동양인은 덜 차별받았다. 1910년경 우수리 지방에 사는 한국인은 5만 1,000명이 넘었으며, 아무르에는 약 1,500명의 한국인이 살고 있었다. 이들은 조용한 성격, 좋은 체력, 양심적 행동 등으로 좋은 이주자라는 평판을 들었다. 주로 농민이나 금광 노동자였으며, 많은 한인들이 러시아 정교로 개종했다. 따라서 중국인에게 노동 금지령이 내려진 후에도 한국인들은 여전히 아무르 철도공사에서 일할 수 있었다. 또한 한국인 농민들은 극동에서 많은 농토를 지닌 러시아인 코사크족보다 훨씬 더 많은 효과를 거두었다. 한국인 이주자들이 많이 모여 살던 곳은 남부 우수리 지방, 즉 한국 국경 부근의 포시예트에서 블라디보스토크까지였다. 이곳에 20개가 넘는 한국인 마을이 있었다. 1912년 우수리 지방의 한국인 5만 7,200명 중에서 약 1만 7,500명이 기독교로 개종했는데, 공식적으로 러시아 시민으로 등록한 사람들이었다. 일본인은 포츠머스 조약 덕분에 러시아 극동에서 특별한 지위를 누렸다. 1910년에 블라디보스토크에만 약 4,000명의 일본인이 거주했다. 러시아인은 속으로 일본인이야말로 모두 간첩이라는 생각을 품고 있었다.[7]

5 제임스 포사이스, 『시베리아 원주민의 역사』, 274쪽.
6 위의 책, 266쪽.

조선인 개척자들.

양귀비를 채취하는 농민들. 조선인 복장이 보인다(아르세니에프 사진).

연해주의 빨치산, 한창걸 부대.

러시아 혁명 과정에서 내전이 벌어지자 내전의 영향을 가장 오래, 그리고 가장 파괴적으로 겪은 사람들은 아무르강 하류, 사할린 지역의 사람들, 즉 나나이족, 네기달족, 니브흐족, 오로치족, 우데게족, 울치족, 한국인, 중국인 등이었다. 볼셰비키가 최초로 권력을 장악한 1917~1918년 겨울과 그들이 블라디보스토크를 점령한 1922년 사이에 아무르강 유역은 주인이 여섯 번이나 바뀌었다. 연해주 지역은 그 중심지인 블라디보스토크와 함께 여전히 백군과 내전 참가국들(특히 일본)의 본거지로 남아 있었다. 아무르 강변의 원주민은 일본군에게 잔인한 폭력을 당했다. 일본군은 주민들을 강간하고 죽이고 약탈했으며, 산림과 야생동물, 어장 등을 파괴했다. 이에 따라 원주민과 한국인, 중국인 노동자들이 아무르 우수리강 지역에서 적군 유격대에 속속 입대했다. 1922년 10월에야 전투가 종료되었으나 일본군 잔당 소탕은 1926년까지 지속되었다.

연해주 지역은 중국과 일본의 근접성과 혼합된 민족성 때문에 소비에트 당국에 독특한 문제를 안겨주었다. 1926년 비옥한 우수리강 분지에는 러시아인, 많은 수의 우크라이나인, 약 9만 명의 중국인, 17만 명에서 30만 명에 달하는 한국인이 거주하고 있었기 때문이다. 중국인과 달리 한국인은 피식민지 국가의 백성으로서 러시아인의 생활방식에 일찍이 적응했으며, 대부분 러시아 정교로 개종하고 러시아군에 복무했다. 혁명 이후 1920년대 말에 처음으로 자치구역을 대량으로 만들어가던 시기에 주민의 95퍼센트가 한국인이었던 국경 도시 포시예트 부근에 한국인 민족 구역이 만들어졌다.

나선정벌과 러시아와의 첫 조우

1654년, 중국 북쪽 아무르 강변에서 조선 사람이 공식적으로는 최초로 러시아인과 조우하는 역사적 사건이 벌어진다. 그런데 서로 상대방이 어떤 종족인지도

7 위의 책, 230쪽.

모른 채 전쟁을 통해서 마주쳤다. 이 역사적인 나선정벌羅禪征伐은 우리 역사에서 실로 중요한 의미를 가진다. 러시아와 조우한 첫 사건이기 때문이다. 나선은 러시안Russian을 한자음으로 표기한 것이다. 러시아는 17세기 전반 헤이룽강 유역까지 진출했다. 이에 국경 부근에서 러시아와 청이 충돌하는 일이 빈번했다. 1651년(효종 2)에 헤이룽강의 우안에 알바진 성을 쌓아 군사기지로 삼고, 다음 해 우수리강 하구에 새로 성을 쌓으려 하여 청과 자주 충돌했다. 이에 청의 닝구타寧古塔 도통都統이 2,000명의 병력으로 러시아군을 공격했으나 총포를 가진 러시아군에게 패하고 말았다. 그 뒤 러시아가 헤이룽강의 지류인 쑹화강 유역까지 진출하자, 러시아군의 총포에 밀린 청은 1654년 조선에 조총수를 보내줄 것을 요청한다.

나선정벌을 위해 모인 청나라 군대.

조선에서는 호란胡亂을 겪은 뒤라 반청사상이 팽배했고, 일각에서는 북벌까지 주장하던 상황이었다. 조선병은 1654년 3월 26일에 출병하여 4월 16일 청병 3,000명과 닝구타에서 합세했고, 27일 후통강厚通江에 이르러 28일과 29일에 러시아군과 접전했다. 전투에서 조선군은 전승을 거두고 닝구타를 거쳐 귀국했다. 그 뒤에도 청은 러시아와 헤이룽강 방면에서 일진일퇴를 거듭하다가 조선에 원병을 재차 요청했다. 1658년 2월 19일자로 청 황제가 칙서를 보내옴에 따라 그해 5월 초에 다시 닝구타로 향하였다. 6월 10일, 헤이룽강 합류 지점에 이르러 러시아의 지휘관 스테파노프 선봉부대와 만나 격전을 치렀다. 조선군도 8명의 전사자와 25명의 부상자가 발생했으나, 조총수의 위력을 과시하며 러시아군 대부분을 섬멸했다. 조선군은 전투 직후 청의 요청에 따라 쑹화강 방면에 머무르다가, 그해 12월 12일에 회령會寧으로 귀환했다. 1658년에 출병한 신유申瀏(1619~1680) 장군은 러시아인이 당시 나가사키를 통해 동아시아에 자주 출몰하던 오란다(화란인)와 비슷하게 생겼다고 판단하여 북방인이 아니라 남만南蠻으로 보았다.

> 저들의 얼굴 모양과 머리털은 흡사 남만인을 닮았는데, 실은 그보다 더욱 영악하게 생겼으니 비록 남만인이 아닐지라도 남만의 이웃 오랑캐가 분명합니다.[8]

1680년대, 조선의 사신들은 베이징에서 러시아 사신들을 또다시 만나게 된다. 그들은 러시아인을 호기심과 함께 경멸감, 두려움 등이 복잡하게 혼재된 감정으로 바라보았다. 하지만 그들이 불과 30년 전까지 청의 북부 아무르강 일대에서 조선과 치열한 전투를 벌였던 나선 사람들이라는 것은 미처 몰랐다. 그저 자신들과 마찬가지로 중국의 위세에 굴복하여 조공을 바치러 온 이역의 오랑캐 정도로만 생각했다. 그러나 러시아 사람들은 굴욕적인 의례를 행하지도 않았고 청제국도 그들에게 종속적 예절을 강요하지 않았다. 더군다나 연행사가 매년 머물던 베이징의 관소를 점령한 후, 그대로 눌러앉아 양보하지 않았기에 조선인들은 임시 거처를 마련하고 옮겨 다녀야 했다. 이런 과정을 통해 조선인은 아라사我羅斯 혹은 악라사鄂羅斯라 호칭되던 러시아의 실체를 조금씩 파악하게 되었다. 약 200년에 걸쳐 연행사들이 베이징에서 러시아인을 조우한 것은 상대를 이해하는 데 중요한 통로가 되었다.[9]

러시아인들은 1658년 이후에도 아무르 강변에서 계속 청군과 크고 작은 전투를 벌이다가 1689년에 청국과 대등한 위치에서 네르친스크 조약을 맺고 화친하기에 이른다. 그런데 조선이 러시아인을 인식하지 못했듯이, 러시아인도 조선인이 나선정벌에서 싸웠던 상대임을 인식하지 못했다. 이는 청국이 양자의 관계가 친화되는 것을 저어하여 이이제이以夷制夷 정책을 폈기 때문으로 여겨진다. 그러나 조선 지식인들은 점차 러시아인과 능동적인 교류를 가지면서 청이 일방적으로 주입했던 편견이나 악감정에서 벗어나기 시작했다. 이는 관소의 사용을 매

8 『국역 北征日記』, 한국정신문화연구원, 1980, 94쪽.

9 박태근, 「러시아의 동방경략과 수교 이전의 한러 교섭」, 『한로관계 100년사』, 한국사연구협의회, 1984.

19세기에 북방의 러시아가 급속도로 남진하였다. 1804년 9월 나가사키에 당도한 러시아 사절단. 〈ロシア使節来航繪券〉, 도쿄대학교사료편찬소장東京大學校史料編纂所藏.

개로 한 기이한 인연 때문이었다. 조선 연행사는 1720년대부터 1860년대까지 약 140년 동안 아라사관을 오가면서 점차 실용적인 측면에서 러시아인들을 객관적으로 바라보게 되면서 그들의 장점과 우수함을 발견하고 칭찬하면서 그들의 선진문물을 수용하는 수준으로 나아가게 된다. 기실 조선 연행사는 자신들이 쓰던 회동관을 러시아 사절단에게 빼앗기면서 사찰과 민가 등에서 숙식을 해야 했지만, 이런 과정을 통해 러시아의 힘이 중국과 대등하다는 것을 인식하게 되었다. 18세기 초반 캬흐타 조약이 맺어지면서 러시아 사절이 자주 드나들고, 1750년대 들어오면 조선 연행사도 1~4개월의 짧은 시차를 두고 300~600명의 대규모 사절단을 이루어 드나들면서 러시아인들과 자주 접촉하게 되었다. 17~18세기 조선 연행사와 러시아인들은 길에서 가끔 마주치는 단계를 벗어나서 양국 사신의 관소 이전, 공유를 둘러싸고 자연스럽게 방문과 교류의 물꼬를 트기 시작했다.[10]

드디어 조선과 러시아의 질긴 인연의 역사가 시작된 것이다. 더욱이 러시아

10 원재연, 「동아시아로 진출하던 러시아와의 첫 만남」, 『러시아는 우리에게 무엇인가』, 신인문사, 2011, 37~51쪽.

가 극동 연해주를 점령함으로써 한·러 국경이 만들어졌다. 러시아라는 새로운 강자가 국경으로 직접 대면하게 된 것은 5,000년 역사에서 일대 사건이었으며, 같이 동해를 접하는 나라가 출현한 것이었다.

조선이 러시아와 공식 수교를 맺은 것은 1884년 윤 5월 15일이었다. 그러나 그사이에 접촉이 없었던 것은 아니다. 1854년에는 차르의 시종무관 푸탸틴E. V. Putyatin(1803~1883) 해군중장이 팔라다Pallada호를 기함으로 네 척의 함대를 이끌고 조선 근해를 방문했다. 그는 개항을 목적으로 일본을 방문했으나 임무를 완수하지 못했으며, 이 과정에서 인근에 위치한 거문도와 동해안 일대를 관측하게 되었다. 팔라다호가 거문도에 입항한 것은 3월 17일이었다. 러시아 측은 개항을 요구하는 서신을 현지 유생 김유金劉에게 전달했으나, 김유는 거문도 주민의 안전을 위해 서신을 중앙 정부에 전하지 않고 자신의 개인 기록인 『해상기문』海上奇聞에 적어두었다. 팔라다호는 동해를 항해하던 중 4월 중순에 강원도 통천군 금난진, 함경도 안변부 화등해진, 영흥부 고령사 대암진 등에 정박했다. 이때도 푸탸틴은 조선에 개항을 요구하는 공문을 보냈으며, 이 서한은 중앙의 비변사에 전달되었다. 푸탸틴은 자신의 공식 임무가 조선과의 통상은 아니었기에 조선 측의 회신을 압박하지 않고 곧바로 떠났으며, 조선 정부도 이에 회신할 필요성을 느끼지 못했다.

철책 사이로 보이는 토자비. 중국과 러시아가 일방적으로 세운 영토비다.

조선이 러시아와 공식 조약을 맺지 않은 상태에서 국경 문제가 발생했다. 1860년 청나라와 러시아 사이에 베이징 조약이 체결되어 이듬해인 1861년에 조선 정부와 상의 없이 러·청 양국은 싱카이호興凱湖(러시아명은 한카호)에서 연안 지대까지 정계비定界碑를 세움으로써 두만강 하구가 사실상 조선과 러시아의 국경이 되어버린 것이다. 조선 정부는 이를 미처 인지하지 못하다가 1861년 8월 1일에 러·청 국경위원들이 경흥부 대안 두만강 연안에서 마지막 국경비인 토자비土字碑를 세우는 것을 목도하고서야 사태를 알게 되었다. 조선 정부는 경흥부사 이석영의 첩정을 통하여 이 사실을 알게 되었다. 그러나 유례없이 무능한 세도정치에 옥죄어 있던 조선 정부의 처지, 게다가 러시아 쪽에서 뚜렷한 징후가 없다는 점, 국제법에 대한 무지 등이 작용하여 즉각적인 반응을 보이지 않았다. 이후 조선인이 국경을 넘어 러시아령으로 들어가는 일이 빈번해지면서 양국 관원들의 접촉이 이루어졌다. 쇄도하는 조선인 이주자를 억제하려는 러시아의 입장과 주민들의 월경을 금지하려는 조선의 입장이 맞아떨어지면서 양국 관원 사이에 최초로 '국교도 없는 상태에서' 약정서가 교환된다.[11]

조·러 접경의 결과는 녹둔도의 증발

조선이 러시아와 접경하면서 생긴 상징적인 사건의 하나는 녹둔도鹿屯島의 증발일 것이다. 두만강 하구 동해 변에 녹둔도가 있었다. 녹둔도는 조선과 건주여진의 국경 지대인 함경도 경흥부慶興府에 속해 있던 두만강 하구의 섬이다. 『연려실기술』에 이르길, "본래 고구려의 땅으로 고려 때에는 동북면東北面이라고 하였다. 그 뒤 함주咸州로부터 비스듬히 북쪽을 동여진에게 빼앗겼다"라고 하였다.[12]

녹둔도는 『세종실록지리지』에 사차마도沙次亇島라 표기되었다. 세조 원년에 비로소 녹둔도라는 이름을 얻는다. 태조가 개척했으나 언제나 여진족의 침입에 시달렸다. 세종 때 조선의 국경이 육진까지 확장된 이후 조선의 영토가 되었으며, 북쪽으로 여진족이 있어 섬 안에 토성과 6척 높이의 목책을 쳤다. 세종 대에 의정부에서 병조의 첩정에 의거하여 소나무에 관한 관리 감독에 대해 상신하는

11 연갑수, 「접경에서 수교까지」, 『러시아는 우리에게 무엇인가』, 신인문사, 2011, 57~71쪽.

12 『연려실기술』 별집, 제18권 邊圉典故.

대목이 나오는데, 허다한 지명 중에 녹둔도가 등장한다.[13] 조선 영토로 확실하게 들어왔다는 증거다.

이미 중종 대에 녹둔도 경작 여부에 관해 치계할 것을 청하는 대목이 나온다.[14] 녹둔도를 개간했던 병조판서 정언신鄭彦信이 적호의 빌미가 되었다며 죄를 청하는 대목도 나온다.[15] 여진족 거주지와 지근거리라 늘 우환이 뒤따랐다. 1583년 12월, 군량이 부족하자 녹둔도에 둔전을 설치하여 군량을 해결하자는 순찰사 정언신의 건의를 받아들여 부사의 주관 아래 둔전을 실시했고, 병사 약간을 두어 방비하도록 했다. 그러나 여진족의 지역과 가깝고 침탈 가능성이 높아 적은 수의 군사가 지키기에는 늘 문제가 있었다.

1587년, 이순신李舜臣(1545~1598)에게 녹둔도의 둔전을 관리하게 했다는 기록이 있다. 이순신이 이경록李慶祿과 함께 군대를 이끌고 녹둔도로 가서 추수를 하는 사이에 추도楸島에 거주하던 여진족이 기습공격하여 전투가 벌어졌다. 이 전투에서 조선군 11명이 죽고, 160여 명이 포로로 잡혀갔다. 여진족 추장 마니응개亇尼應介는 참루塹壘를 뛰어넘어 들어오다가 조선의 수장戍將 이몽서李夢瑞에게 죽임을 당했다. 이에 이순신과 이경록이 반격을 가하여 적 3명의 머리를 베고 포로로 잡혀간 조선인 50여 명을 빼앗아 돌아왔다. 북병사北兵使 이일李鎰은 이 사건의 책임을 이순신에게 덮어씌웠고, 이순신은 겨우 죽음을 면하고 백의종군하게 되었다. 1587년 9월 1일에는 적호가 녹둔도를 함락시켜 둔전이 폐지된다고 했다. 1588년 1월, 북병사 이일은 400여 명의 군사를 이끌고 여진족의 본거지인 추도를 기습 공격하여, 큰 전공을 세웠다. 이때 백의종군하던 이순신은 여진족의 우을기내于乙其乃를 사로잡은 공으로 사면을 받아 복직되었다.

녹둔도는 유배지로도 이용되었다. "함경감사 이기진이 장계를 올려 중국 쪽 해도海島에 모여 있는 사람과 녹둔도에 유배된 사람들은 그 인구의 다과多寡와

13 『세종실록』, 세종 30년 8월 27일.
14 『중종실록』, 중종 5년 3년 5일.
15 『선조실록』, 선조 20년 10월 4일.

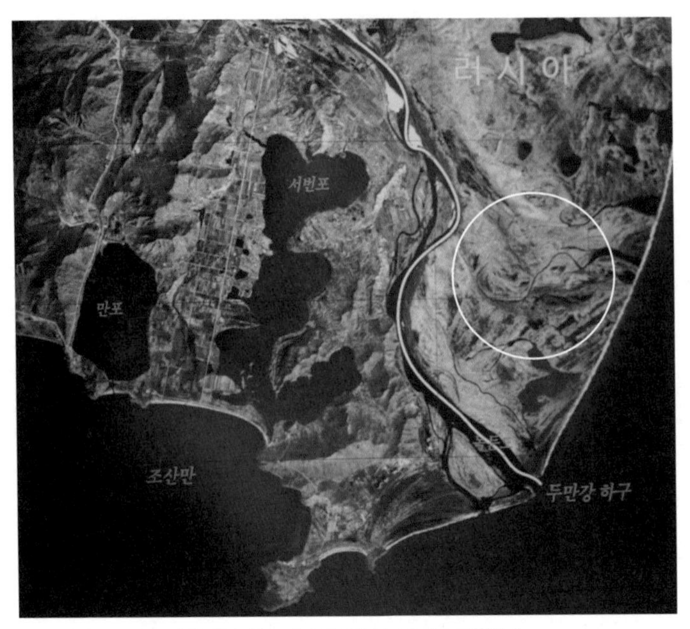

항공 사진으로 본 두만강 하구. 동그라미 친 곳이 녹둔도로 추정된다.

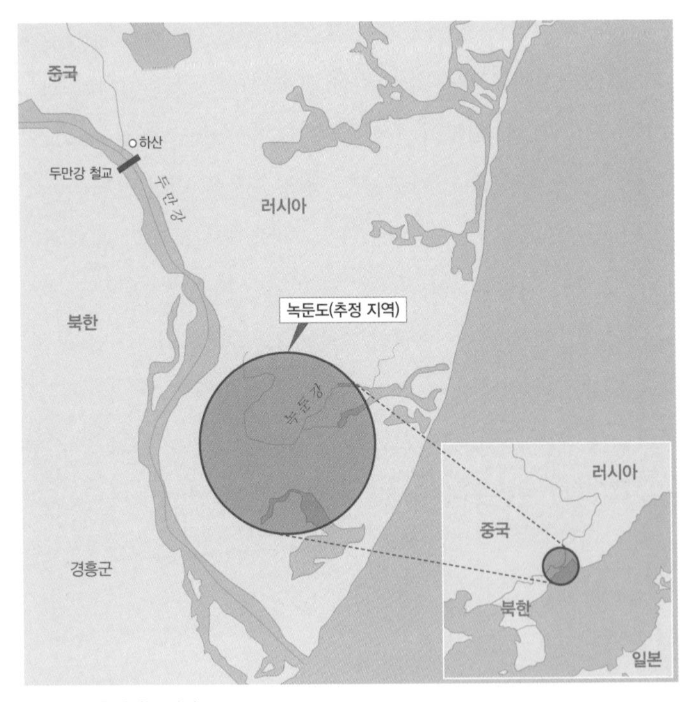

녹둔도로 추정되는 지역.

출몰하는 상황을 명백히 정탐할 길이 없으므로 북병사가 자문咨文을 보내도록 하라고 간청하였습니다"[16]라는 기사가 그것이다. 이에 변금邊禁을 엄하게 하여 강역을 견고히 할 것을 청하고 있다. 1781년에 이미 녹둔도는 육지와 연결되어 있는 것으로 보인다.

대사간 홍양호洪良浩(1724~1802)는 다음과 같이 소회를 밝혔다.

> 신이 연전에 북쪽 고을에서 재직할 때에 장새障塞를 몸소 살펴보았는데 관방關防에 하나도 믿을 만한 곳이 없었고, 변금邊禁은 극히 허술했습니다. (……) 녹둔도는 곧 충무공 이순신이 둔전을 설치하고 야인을 공격했던 지역이나, 지금은 이미 저쪽 땅으로 흡수되었으며 매번 장마가 심할 때에는 문득 붕괴되어 깎여나가는 걱정을 가져오는데, 생민生民이 업業을 잃는 것은 오히려 세세한 연고이고, 강토가 날로 줄어드는 것이 어찌 큰 걱정이 아니겠습니까?[17]

녹둔도는 둘레가 8킬로미터 남짓 되고, 면적은 약 4제곱킬로미터(여의도 면적의 1.5배 정도)였던 것으로 추정된다. 1750년대 초에 제작된 『해동지도』海東地圖에 녹둔도는 두만강 삼각주로 나타난다. 19세기 중엽에 제작된 『조선전도』에도 두만강 하구에 녹둔도가 뚜렷이 보이며 둔전과 보루도 표시되어 있다. 조선인은 벼, 조, 옥수수, 보리 등을 재배하였고, 주변에서는 연어, 붕어, 황어, 숭어 등이 많이 잡혔다고 기록되어 있다. 1884년경 녹둔도에는 113가구, 822명의 조선 사람이 살고 있었고, 외국인은 한 명도 없었다.

녹둔도는 두만강 퇴적 작용으로 인해 18세기에 강 동쪽의 연해주에 붙어 육지가 된다. 1860년 11월 베이징 조약(照依前換和約擬定條款)이 체결되고, 후속 조치로 싱카이호 조약이 맺어지면서 연해주를 획득한 러시아가 연해주에 붙은 녹둔도까지 점령함으로써 러시아 영토가 되었다. 이 조약은 아이훈 조약에서 결

16 『국역비변사등록』 97책, 1735년 3월 7일.
17 『국역비변사등록』 163책, 1781년 12월 25일.

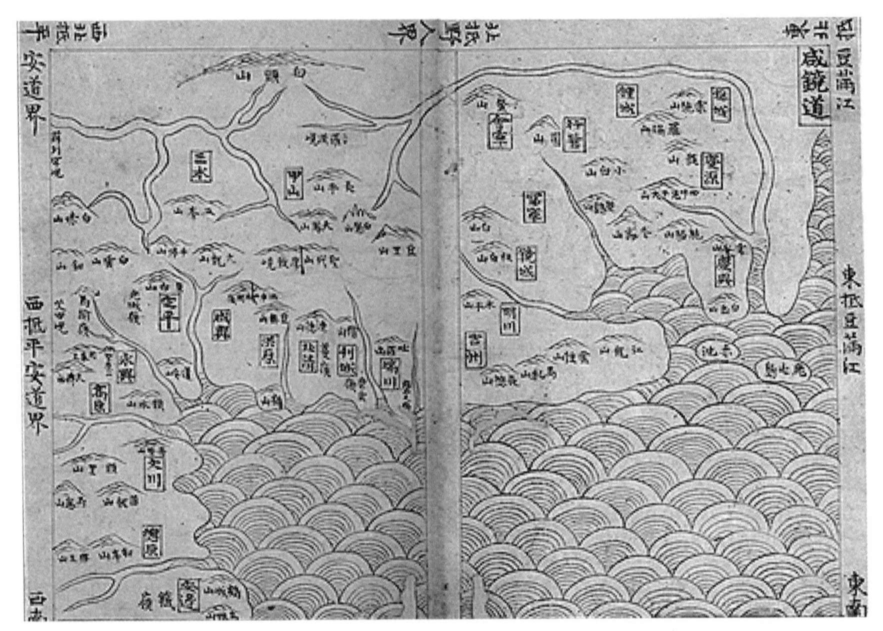

『신증동국여지승람』에 표시된 녹둔도(1530년).

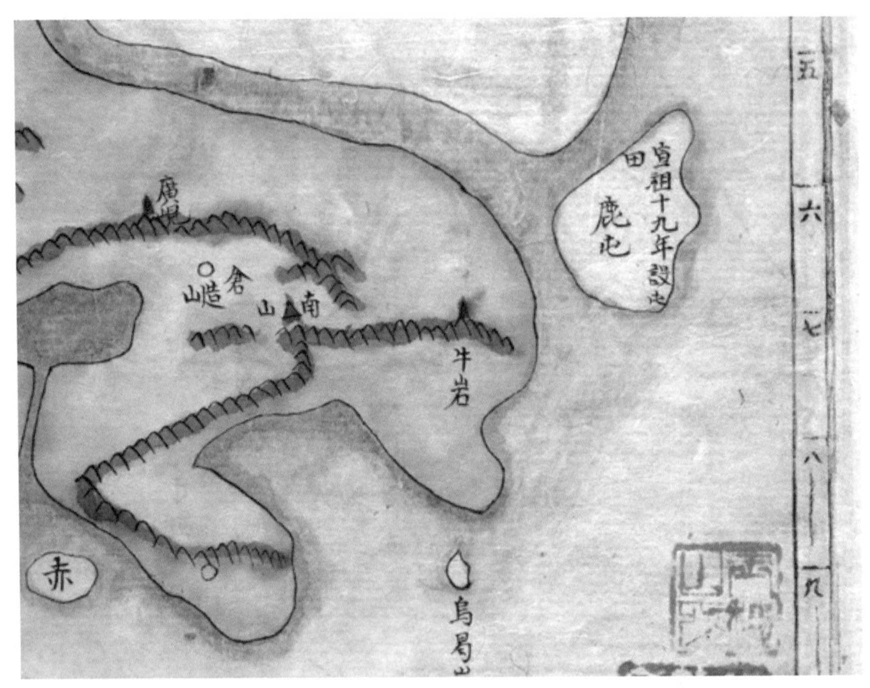

『청구도』에 표시된 녹둔도.

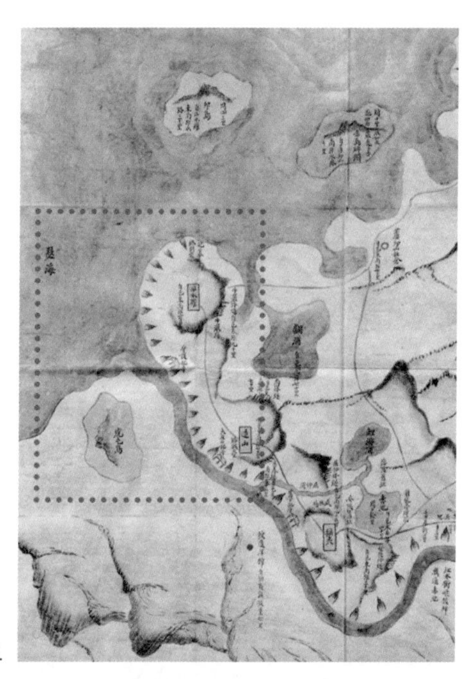

지방 지도의 하나인 『경흥지도』에 나오는 녹둔도.

섬으로 분명하게 표시되어 있는 녹둔도. 『서북피아양계만리일람지도』, 18세기 중반, 국립중앙도서관.

정된 러·청 경계선을 재확인하고, 우수리 공동관리 구역을 러시아령으로 하며, 러·청 간의 국경을 획정했다. 청에게 불리한 불평등조약으로 말미암아 러시아는 무려 17만 제곱마일의 영토를 획득했으며, 시베리아로 진출한 지 불과 60년 만에 태평양 출구인 동해에 당도한 것이다. 베이징 조약은 러·청 국경이 만나는 지점을 두만강 하구에서부터 20리로 정했으며, 지리적으로 연해주와 붙어버린 녹둔도를 이 조약을 통하여 자국 영토로 명문화한 것이다.[18] 그런데 이 조약은 우리와 아무런 상관이 없는 중국과 러시아의 조약이므로 불법인 것이다.

뒤늦게 이 사실을 안 조선 정부는 1882년에 어윤중을 서북경략사로 삼아 수차례 청나라에 항의하는 한편, 러시아에 러시아와 수교한 1884년부터 10여 차례에 걸쳐 반환을 요구했다. 1885년에는 청·러에 3국의 공동 감계안勘界案을 제의했으나 받아들여지지 않았다. 1890년에는 한성 주재 러시아 공사를 불러 반환을 요구하는 의사를 재차 전했으나, 러시아 측은 이를 묵살했다.[19] 그러나 "경흥월변녹둔도慶興越邊鹿屯島에 아이거자我移居者 다多ᄒᆞ기로 근일近日 정부政府에서 해도관리亥島官吏를 파송派送ᄒᆞᆫ다더라"는 기사가 『황성신문』에 실렸다.[20] 1908년 11월 17일에 녹둔도 교민 조양춘을 돌려보내라는 러시아 외교관의 조회가 언급된다.[21] 베이징 조약으로 러시아령이 된 것과 무관하게 조선인들이 현실적으로 녹둔도에 지속적으로 거주했다는 증거다. 20세기에 들어와서도 녹둔도는 나라 잃은 한인들의 근거가 되어 마을이 형성되었다.[22]

조선은 두만강 하구에서 러시아와 불과 16킬로미터를 접하게 되었지만 문

18 양태진, 『한국의 국경연구』, 동화출판공사, 1981.

19 1984년 11월 조선민주주의인민공화국과 소련 사이의 국경 회담에서 녹둔도 문제가 논의될 것인지 관심을 끌었다. 그러나 양국은 국경협정(1985)과 국경설정의정서(1990)를 체결하면서 두만강 중심선을 경계로 합의했다. 당시 협상 과정에서 조선민주주의인민공화국은 녹둔도 문제를 제기했지만, 결과적으로는 아무 성과 없이 녹둔도에 대한 소련(현 러시아)의 영유권을 인정하고 말았다. 대한민국은 녹둔도에 대한 러시아의 영유권을 인정도 부정도 하지 않고 있으며, 지도상에 이곳을 한국의 영토로 표시하고 있지도 않다.

20 『황성신문』, 1904년 1월 5일.

21 『관보』 2669호, 광무 7년 11월 13일.

22 반병률, 「러시아 연해주 두만강 하구의 한인 마을 크라스노예 셀로(녹둔도)의 형성과 변화」, 『한국 근현대사 연구』 54, 한국근현대사학회, 2010.

제는 이 16킬로미터가 중요하다. 광대한 유라시아 대륙을 확보한 러시아이지만 이 짧은 거리는 한반도와 러시아가 직접 접하는 경계이며, 중국에는 이 짧은 거리로 인해 동해를 상실하고 출구를 빼앗기는 혹독한 결과로 귀결되었기 때문이다. 청국은 훈춘 근처에 국경선이 설정됨에 따라 동해의 포시예트만을 상실하고 만주는 내륙의 땅이 되어 교통지리상의 일대 변혁을 초래하게 된 것이다.

녹둔도 문제보다 더 광범위하고 소중한 공간은 연해주 전체일 것이다. 소련이 해체되고 러시아가 들어서자 공산주의 혁명 이후에 붙여진 명칭을 제정 러시아식으로 되돌리는 작업이 진행되었다. 예를 들어 블라디보스토크의 레닌 거리는 스베틀란스카야 거리, 10월 25일 혁명 거리는 알레웃스카야 거리로 바뀌었다. 이에 앞서 소련은 연해주의 중국식 지명을 모두 러시아식 지명으로 바꾸었다. 어찌 보면 당연한 듯하지만, 자국의 영토를 확고히 하려는 의도가 담겨 있다. 중국에서는 연해주를 빼앗긴 땅으로 생각하고 있고, 지금도 러시아식 지명 대신에 과거 지명으로 표기하는 것을 볼 수 있다. 이런 과정에서 연해주와 관련된 한국 역사도 러시아 역사로 뒤바뀌고 있다. 당연한 결과이겠지만 연해주 원주민의 역사도 모두 러시아 역사에 편입되었다. 중국 내 소수민족의 역사도 모두 중국 역사라는 논리와 동일하다. 연해주에는 발해 유적과 독립운동사의 찬란한 역사가 숨 쉬고 있다. 그런 역사들이 앞의 논리에 따라 한국사가 아니라 러시아사로 다루어지고 있다.[23]

23 송기호, 『동아시아의 역사분쟁』, 솔, 2007, 95쪽.

발해는 본래 흑수말갈로서 고구려에 부속된 자이니, 성은 대씨다. 고구려가 멸망하자 무리를 이끌고 읍루挹婁의 동모산東牟山을 거점으로 하였다. 영주에서 동으로 2,000리 밖에 있으며, 남쪽은 신라와 맞닿고 니하泥河로 경계를 삼았다. 동쪽은 바다에 닿고 서쪽은 거란이다.
여기에다 성곽을 쌓고 사니 고려의 망명자들이 점점 몰려들었다.
—『신당서』 권219, 북적, 발해전

3장

발해의 동해 출구와 차항출해

만주의 바닷길:
발해와 두만강 하구

7

환동해 루트로서의 일본로

해륙국가의 운명과 선택

지정학적 요인은 역사의 장기 지속에서 얼마나 유효한 것인가. 그 어떤 역사도 지정학적 요인에 의한 규정성이 흔들리지 않던가. 결론부터 말하면, 적어도 한 반도와 대륙과의 관계에서는 그러할 것이다. 반도국가의 운명은 어느 한쪽이 대륙에 붙어 있고 세 면이 바다로 둘러싸여 있기에 대륙에서의 해양 출구는 자연스럽게 반도 양쪽으로 나아가거나 반도 전체를 이용함으로써 가능할 것이다. 해륙국가海陸國家의 운명이다. 오늘의 중국 동북3성에서의 서해 출구와 동해 출구는 오랜 역사성을 지닌다. 러시아 동해 출구가 대단히 짧은 단기 지속의 역사에 불과하다면, 이른바 만주 권역에 살던 다양한 종족들의 동해 출구는 오랜 장기 지속의 역사다.

오늘날에도 몽골에서 만주를 거쳐 바다로 나가는 동·서 두 갈래 길이 있다. 하나는 두만강 동해로 가는 길이고, 다른 하나는 요동 반도 다롄과 뤼순, 그리고 단둥으로 빠져서 발해만과 황해로 가는 길이다. 한국 근대사 입장에서 본다면, 한 길은 압록강 하구와 서간도로 가는 길이며, 다른 한 길은 두만강 하구와 북간도로 가는 길이기도 하다. 또한 한 길은 블라디보스토크 시베리아 횡단철도와 연결되며, 다른 한 길은 동청철도로 연결되어 만주를 가로지른다. 오늘의 현대 중국에서도 두 길은 의미가 깊다. 랴오닝성遼寧省을 필두로 동북3성의 물류가 다롄으로 나아가는 상황에서 정작 동북3성의 동쪽 자원과 물류는 동해 출구가 가로막혀 더 나아갈 수 없는 상황이다.

이러한 조건에서 동북3성이 동해 출구를 찾아 나섬은 당연한 일이다. 따라서 이 책에서 동쪽으로 훈춘, 서쪽으로 다롄을 찾아 나섬은 만주의 양쪽 바닷길을 살펴보는 정당한 방식일 것이다. 이 장에서는 먼저 두만강 하구를 둘러보고, 다음 장에서는 압록강 하구로 떠나보려고 한다.

두만강 하구를 중심으로 한 환동해권 북방에는 다양한 민족이 살고 있었다. 환동해 북동부권에 살던 예濊는 2세기경 고구려에 복속되었지만 분명히 어로생활을 하던 족속이었다. 후한 허신許愼의 『설문해자』說文解字에 "분은 물고기다. 예의 사두국에서 난다"(鲋魚也 出濊邪頭國)라는 기록이 보인다. 『삼국지』 위서 예조濊條에는 "바다에서 반어가죽이 난다"(海出斑魚皮)고 하였으니, 예의 땅에서 바다표범이 잡혔다는 뜻이다. 광개토왕비에서는 예를 동해매東海賈라고 했으며, 이들은 4~5세기경 고구려를 경유하여 중국에도 해산물을 팔았다. 동해매는 동해의 산물을 독점할 정도로 해산물을 팔았다는 증거이니 청대의 동해 해삼 수집과 매매가 동해 변 소수민족들을 상대로 이루어졌던 선행 역사일 가능성이 높다. 다양한 나라가 만들어졌어도 동해 변에서 살아가던 소수민족들의 삶의 형태와 방식은 그대로 장기 지속적으로 이어졌을 가능성이 높기 때문이다. 예·맥의 북쪽에는 옥저와 읍루인이 거주하고 있었다.[1] 『삼국지』 동이전은 읍루에 대해 이렇게 말하고 있다.

> 읍루는 부여의 동북 1,000여 리에 있고 바다를 접하고 있으며, 남으로는 북옥저와 닿고, 북으로는 그 끝이 어디까지인지 알 수 없다.

『후한서』 동이전에는 "동쪽으로 대해 가까이 있다"(東濱大海)라고 적혀 있다. 읍루가 환동해 변에 위치했음을 알 수 있다. 동옥저에는 바다신에게 산 폐백을 바치는 전설, 나아가서는 여인도 이야기 등 해양 생활사적 측면이 다수 확인된다. 배를 타고 노략질을 일삼았다는 『삼국지』 읍루전의 기록에서 보듯이, 항해술이 뛰어나 연해 지방을 남하하여 북옥저를 공격했던 것으로 보인다. 동해 변

1 두만강 유역의 단결문화團結文化는 중국학계에서 도출된 개념으로 옥저 연구의 돌파구가 될 것이다(권오영, 「해방 이후 한국고고학의 발달이 고대사 연구에 끼친 영향」, 『지역과 역사』 제3호, 1997).

나홋카 북쪽의 시니예 스칼리 유적. 읍루의 청동문화를 보여주는 거푸집이다.

읍루 유적으로 비정되는 연해주 크로우노브카 문화층의 토기.

을 따라서 육지를 바라보고 항해하는 연안 항로에 익숙했을 것이다. "그 나라 사람은 항시 배를 타고 물고기를 잡았다. 바람을 타고 수십 일을 가서 한 섬에 이르렀다. 그 사람들과는 말이 통하지 않았는데, 그 풍속에는 7월에 바다에 소녀를 바쳤다"라는 기사는 원해 항해의 가능성도 열어놓는다. "수십 일 걸렸다"는 대목을 유의해볼 일이다.[2]

예컨대 예, 옥저, 읍루 등은 오늘의 연해주 환동해 연안이 주 무대였으나 동해 건너편 일본까지 가서 해상활동을 했을 것이다. 다만 정례적, 지속적으로 이루어지기는 어려웠을 것이다.[3] 문헌에 고구려·발해 왕조에 이르러 정례적이고 지속적으로 일본과 내왕했음이 확인되기 때문이다.

기존 역사학의 시각에서 조금 벗어나면 전혀 달리 생각해볼 여지가 있다. 고대인의 해상 능력이 현대인이 생각하는 것보다 훨씬 월등했다는 측면이 그것이다. 해류, 조류, 바람을 이용하고 별을 관측하는 인지능력에서 선사 고대인은

2 러시아 고고학의 연구 성과에 따르면, 연해주에서 등장한 철제 농기구와 무기를 사용한 크로우노브카 문화와 폴체 문화가 『삼국지』 위지 동이전에 나오는 옥저와 읍루라고 보는 견해가 있다. 기원전 3세기에서 기원후 1세기 무렵 연해주 남부와 목량하木梁河, 쑤이펀강水芬河 유역, 두만강 유역에 존재하던 크로우노브카 문화를 옥저 또는 북옥저에 비정하는 견해도 있다(프리모리에(러시아연해주 문물전 도록), 한성백제박물관, 2015, 97쪽).

3 동북아역사재단 편, 『고대 환동해 교류사』 1부, 동북아역사재단, 2010, 98~99쪽.

본원적인 힘을 지니고 있었다. 연안 항해와 달리 야간 항해는 반드시 별을 헤아리는 능력이 요구되었으며, 별을 통한 항해 능력을 가진 집단이 정치적 헤게모니를 지녔을 가능성이 높다.

훗날 발해가 대일본 항로를 개발한 것은 발해 건국과 더불어 느닷없이 생겨난 능력이라기보다는, 오랫동안 동해 변에서 이루어진 원해 항해의 경험과 지식이 축적된 결과로 보는 것이 옳을 것이다.

문헌상으로 공식적 환동해 사신로가 시작된 것은 고구려 말기다. 『일본서기』에 흥미로운 기사가 전해진다. 570년(긴메이欽明 31) 고구려 사자가 동해를 건너 왜국 서해안에 상륙했고, 572년에 왜국 조정에 국서를 전달하고 귀국했다는 기록이다. 국서는 까마귀 깃털에 쓰여 있었고, 이를 일본인들이 해독하지 못하자 백제계 도래인 왕진이王辰爾가 해석했다. 긴메이 31년은 고구려 평원왕 12년이다. 평원왕 대에 이르러 고구려가 왜국과 외교관계를 맺고자 했던 것이다. 고구려는 574년까지 두 차례 더 사절을 파견했다. 5년 동안 세 차례나 사절을 보냈음은 이 시기 고구려의 대외관계에서 왜국이 중요한 상대였음을 짐작케 한다. 이처럼 동해가 국제적 교섭로로 자리 잡게 된 것은 6세기 중후반의 일이다. 그전에도 동해를 통한 항해와 표착 등이 있었을 테지만, 국가적·공식적 사행로를 통한 국제적 교섭은 6세기 중후반 고구려에서 확인되는 것이다.

고구려가 적대적 관계를 뒤로하고 바다 건너 왜에 사절을 파견한 것은 급변하던 국제정세에 대응하기 위한 방책의 하나였다. 고구려 입장에서 바다 건너 일본은 종속변수였다. 그러나 백제를 격파하고 대가야마저 병합한 신라가 고구려 영역까지 침식해 들어오고, 중국 남북조를 상대로 외교를 전개하자 고구려는 위협을 느꼈다. 이러한 새로운 국제정세는 훗날 수隋와 신라, 그리고 당과 신라의 연합을 연상시키며, 그 추세는 7세기까지 그대로 이어졌다. 고구려가 왜를 상대로 전개했던 외교는 평양성이 함락되던 668년까지 주요 대외전략이면서, 수·당과 신라의 위협에 맞서기 위한 대응책이기도 했다. 이러한 배경에서 고구려의 대왜 교섭은 동해를 주 무대로 전개되었다.[4]

고구려 사절이 도착한 곳은 오늘날의 호쿠리쿠 지방의 고시越, 즉 가나자와

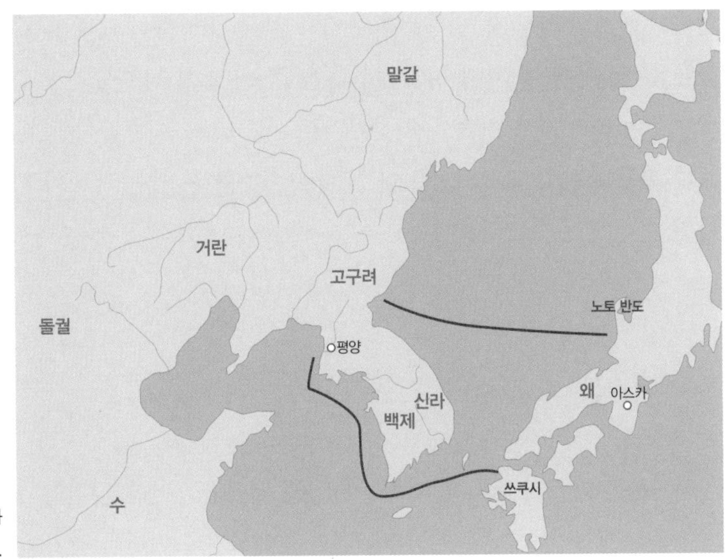

고구려와 왜의 항로도.

金澤 근처로 비정된다. 호쿠리쿠 지방으로 가는 고구려 사행로는 훗날 발해 사행로와 일치한다. 570년 첫 사절 이래로 동해를 통한 고구려의 교섭은 기록상으로는 네 차례가 이루어진다. 그러나 애써 교섭로를 개척한 것에 비하면 활용도는 서해 항로에 비해 많이 떨어졌다. 여전히 대중국 서해 항로가 중요했던 것이다.

그런데 공식 사절 이외에 고구려 승려 혜자惠慈가 외교활동의 일환으로 왜국에 파견되었던 사실이 확인된다. 기록에 나타난 네 차례의 교섭 외에도 비공식적 방문이 자주 있었을 것으로 판단된다. 현재 가나자와의 여러 유적에서 6세기의 유물과 유구가 나왔으며, 이것들은 당대 대외 교류의 흔적으로 여겨진다. 혜자가 왜국에 도착하기 전에 이미 가나자와가 고구려와 왜국의 오랜 교섭 창구였다는 점을 알려주는 것이 아닐까.

현장은 역사를 증거해준다. 고고학적 유구와 유물들, 그리고 문헌과의 교직은 환동해 문명 교류의 숨겨진 역사를 속속 드러내줄 것이다. 역사에서 현장이

4 위의 책, 28쪽.

얼마나 중요한 것인지는 두말할 나위가 없다. 오죽하면 단재 신채호가 『조선사총론』에서, 이 땅에 와서 지안현集安縣을 한 번 봄이 김부식의 고구려서를 만 번 읽는 것보다 낫다고 했을까. 마찬가지로 '호쿠리쿠 등 환동해에 한 번 와보는 것보다 환동해 문명 교류의 실체를 제대로 이해할 수 있는 방도가 있을까'라고 쓴다면?

발해의 일본로를 통한 환동해 루트

발해인들은 육로와 해로를 두루 이용했는데, 가장 편리한 천연 도로는 강이었다. 거의 모든 발해 취락지가 작은 배로 항해하기에 편리한 강가에 위치했다. 문자 그대로 발해 전역에 뻗어 있는 강 덕분에 발해인은 아무르강, 동몽골, 자바이칼 지역으로 통하는 출구를 가지고 있었다. 발해는 중앙아시아 소그드족(호상胡商)과도 교역하고 있었다.

소그드인과의 교류는 1000년 중엽, 또는 제1천년기 전반기에 남쪽 담비의 길을 따라 이루어졌다. 이 길은 동쪽 부분이 아무르강을 따라 이어지고, 다음에는 쑹화강과 우수리강을 따라 계속되었다. 소그드인은 이 길을 따라 발해의 가장 깊숙한 지역에까지 도달했다. 담비의 길 덕분에 발해인은 남부 시베리아의 민족들, 특히 위구르 칸국汗國과 교류할 수 있었다. 발해는 남쪽에 위치한 신라와 남북국을 이루고 중원, 거란, 서역 및 바다 건너 일본과 동서 문화권의 교량 역할을 했다.[5]

무엇보다 발해 시대에 이르러 환동해가 장기 지속적으로 국가 교통로로 채택되었다. 환동해 발해 교통로는 새로운 것이 아니라 고구려의 전통을 확대 발전시켰을 것이다. 발해는 영토 규모에 걸맞게 동서남북으로 뻗어나가는 다양한 교통로를 확보하고 있었다. 국토의 중요한 지역에 상경上京, 중경中京, 동경東京,

5 김은국, 「발해의 환동해 교류와 연해주」, 『백산학보』 97호, 백산학회, 2013.

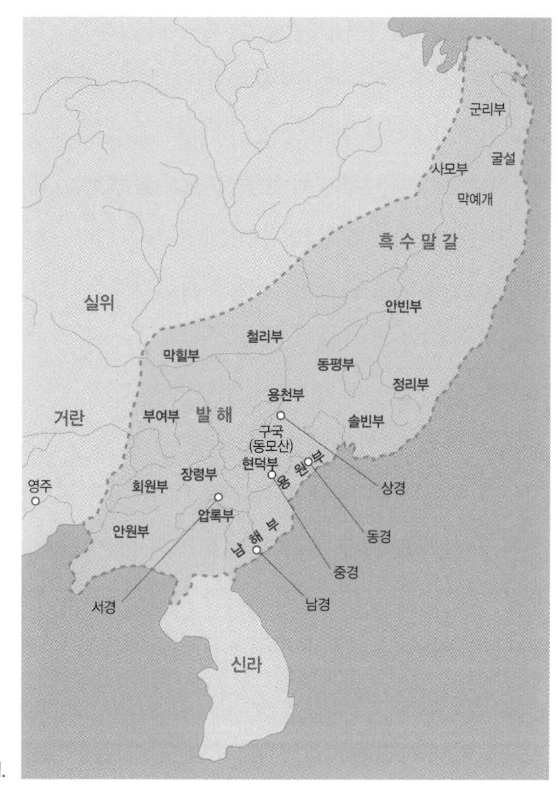

발해의 행정구역과 통치 시스템.

서경西京, 남경南京의 5경을 두었는데, 처음에는 서울을 중경에 두었다가 상경과 동경을 거쳐 다시 상경으로 옮겨갔다. 발해 5경의 도성은 방형 또는 장방형의 토성이나 토석성土石城으로 축성하고, 성안에는 남북과 동서로 교차하는 대로를 설정한 것이 특징이며, 특히 남북의 대로인 주작로朱雀路는 폭이 동서 대로보다 넓었다.

발해의 교통로는 5경을 중핵으로 삼아 뻗어나갔다. 문헌 자료에 따르면 다섯 개의 교통로가 있는데, 남해–신라도新羅道, 부여–거란도契丹道, 장령–영주도營州道, 용원–일본도日本道, 압록–조공도朝貢道이다.[6] 이중에서 대중국 루트와 더

6 김은국, 「발해와 일본의 교류와 크라스키노성」, 『동아시아 속의 발해와 일본』, 경인문화사, 2008.

불어 중요한 의미를 지닌 동해 출구는 일본도였다. 여기서 명칭을 분석해보면, 발해를 기준으로 신라로 가면 신라도, 거란으로 가면 거란도, 일본으로 가면 일본도임을 알 수 있다. 따라서 오늘의 입장에서 본다면 일본도는 동해를 관통하는 '환동해로'라 명명해도 무방할 것이다.

발해의 청동말을 탄 인물상. 체르타니노 고분군.

발해는 환동해 변에 드넓게 포진하고 있어 바다로 나아가는 데 유리했다. 과거 고구려 동변이 곧 발해 동쪽 변계의 중심이었다. 4세기에 이미 고구려에 예속된 동옥저 기사를 보면, 고구려와 발해의 동변 일부가 겹친다. 발해의 동북쪽 경계선은 흑수말갈과 맞닿는다. 북쪽 경계는 동류 쑹화강, 동쪽은 우수리강 연안으로 볼 수 있다.

특히 발해는 대륙 동북 지역의 경영에 치중했다. 가장 오랫동안 상경성에 도읍하여 흑수말갈의 남진을 막고 그 경략에 치중했던 점을 고려하면, 고구려보다는 오히려 동북 변경이 넓었다고 본다. 그 한계는 동쪽으로 시호테알린 산맥, 북쪽으로 아무르강까지였다고 확대해서 생각할 수 있다.[7]

발해는 군함과 상선을 보유한 해양제국이기도 했다. 건국 35년 만인 733년에 이미 발해 왕 대무예가 대규모 함대를 파견하여 당시 당에서 가장 큰 항구였던 산동 반도 등주를 공격하여 큰 피해를 입혔다. 나중에는 등주로부터 당과 발해 사이의 해양 교역로인 조공도가 시작되었다. 발해는 일본과의 항로를 매우 중요시했다. 일본 바닷길은 북선, 쓰쿠시선, 남해부선 등 세 갈래가 있었다. 북선은 염주에서 출발하여 동남쪽으로 바다를 건너 일본 혼슈의 서남쪽 해안에 이른다. 쓰쿠시선은 역시 염주에서 출발하여 한반도 동해안을 따라 남하하다가 쓰쿠시築紫에 이르는 선이다. 남해부선은 남해부(함경북도 북청군 청해리)에서 출발하

7 정진헌 외, 『고구려와 발해의 계승관계』, 고구려연구재단, 2005, 99쪽.

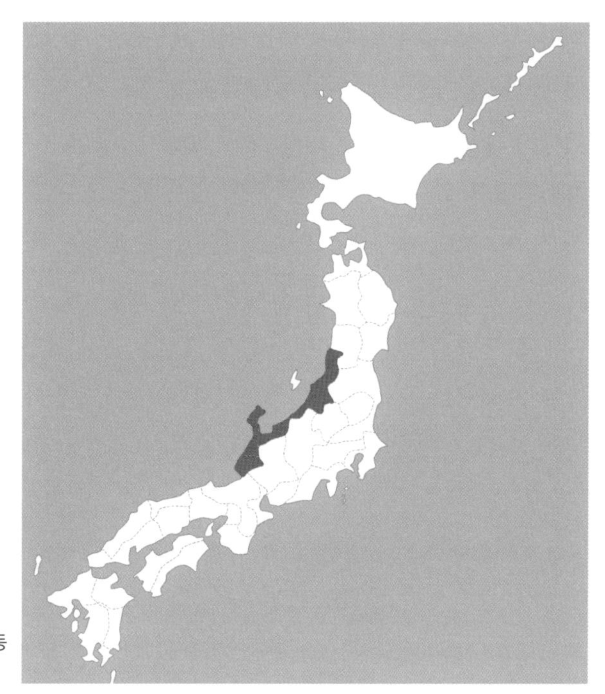

발해 사신들이 주로 당도했던 환동해의 호쿠리쿠 지방.

여 한반도 동해안을 따라 남하하다가 역시 일본의 쓰쿠시에 도착한다. 이 세 갈래 바닷길 중 쓰쿠시선과 남해부선은 각각 한 번씩 이용했을 뿐이고, 나머지 32회는 모두 북선을 이용했다. 이로써 당시 발해가 일본과 거래하는 데 북선이 중요한 역할을 했고, 염주가 일본으로 통하는 거점 항구였음을 알 수 있다.[8]

일본도를 이용한 발해 사신은 용원부에서 동남쪽으로 가다가 지금의 포시예트만 크라스키노에 도달했으니, 이곳이 발해의 염주다. 이곳에서 배를 타고 돛을 올려 바다로 나가 동남쪽으로 동해를 건너 에치젠越前, 가가加賀와 지금의 후쿠이福井, 이시카와石川인 노토能登에 당도했다.

용원 일본도는 발해와 일본뿐 아니라 거꾸로 당과 일본을 연결하는 역할도

8 김석주, 「동북아 경제·물류 네트워크 중심지로서의 연변지역」, 『동아시아 평화와 초국경 협력: 남북한, 중·러 변경 지역을 중심으로』, 동북아역사재단, 2013, 160쪽.

했다. 발해는 당과 일본의 교통로를 원활하게 유지할 의무가 있었다. 계절풍을 이용하여 동해를 건너 일본에 도착하였는데, 이는 당이 일본에 도착하는 최단거리이자 가장 안전한 통로였다. 당과 일본의 교류에서 발해는 당과 일본의 사자를 호위하였고, 안사의 난 시기에 발해 왕은 관원을 파견하여 일본 사자를 호위하기까지 했다. 환동해 루트는 발해와 일본이 왕래하는 비교적 가까운 항로였다.

15개 현으로 이루어진 용원부(책성부柵城府)는 여러 역사 기록과 유적 유물에 따르면 오늘의 훈춘이며, 용원부 팔련성 동남 방향이 동해다. 발해 동쪽의 중요한 요새지로서 콩을 비롯한 농작물의 중심지였다. 『신당서』新唐書 발해전에, "용원은 동남으로 바다에 접하니 일본도이다"라고 했다.

> 예맥 옛 땅으로 동경을 삼으니 부명府名은 용원부龍原府로 책성부라고 하며, 경주慶州, 염주鹽州, 목주穆州, 하주賀州 등 4주를 통치한다. 옥저의 옛 땅으로 남경을 삼으며 부명은 남해부이다.
>
> —『신당서』 권219, 북적, 발해전

두만강 하구에서 가까운 염주성에서 동경은 멀지 않은 곳에 위치했다. 동경이 발해의 수도 역할을 한 것은 그곳에 도읍을 정하고, 794년에 다시 상경으로 천도하기까지 10여 년의 짧은 기간이었다. 유득공은 "용원부는 동남 바닷가다. 고구려에서 경주로 이어졌으며 돌을 쌓아 성을 만들었는데 둘레가 20리였다"[9]라고 하였다. 발해 사신의 왕래는 동해를 통해서 이루어졌으므로 용원부 염주는 발해가 멸망할 때까지 중요한 항구 역할을 했을 것이다.

염주는 지금의 하산스키군에 있는 크라스키노다. 하산스키는 한·러 국경지대의 러시아 쪽 국경 도시이며, 두만강에서 북으로 60킬로미터, 동경으로 짐작되는 훈춘에서 동으로 40킬로미터, 블라디보스토크 남쪽 200킬로미터 거리의 포시예트만 안쪽 깊숙이에 위치한 해변의 국경 마을이다.[10] 주머니처럼 생긴 포

9 유득공, 『발해고』 활자본, 경문사, 1976, 34~49쪽.

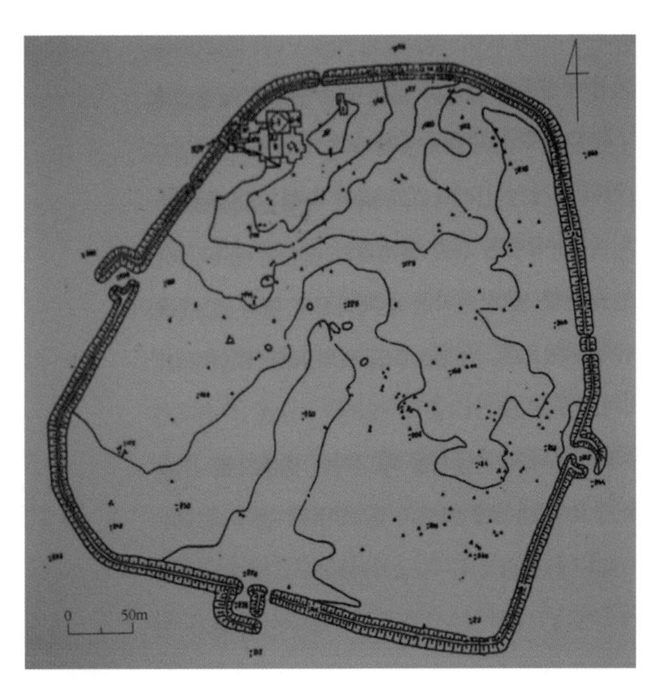

크라스키노성.

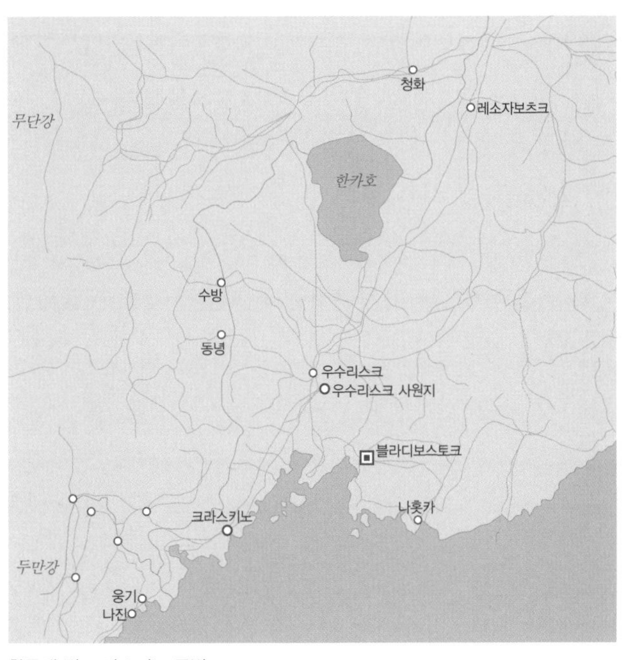

환동해 변 크라스키노 주변.

시예트만은 오른쪽에 노보고르드스키 반도가 동북쪽에서 서남쪽으로 길게 돌출되고, 끝에 포시예트항이 있다. 왼쪽인 남쪽에는 극동해 변의 보호구역으로 지정된 반도와 섬이 연결된 돌출 지역이 있는데 크라스키노성은 그 가운데인 해변에 면해서 펼쳐진 낮은 저지대다. 크라스키노 마을 한가운데 동서로 도로와 철도가 지나가고 마을 남쪽을 끼고 수카노프스카라는 작은 강이 남쪽으로 흘러 크라스키노성을 끼고 바다로 들어간다. 항만 유적은 하산스키군에 있는 포시예트만 안쪽의 습지로 남북 380미터, 동서 300미터의 사각형인데, 북쪽으로 뻗은 성벽에 둘러싸여 있다.

727년부터 922년까지 약 200년 동안 이 항구를 통해서 발해 사절이 35회나 일본을 오고 간 것으로 추정된다. 함흥 쪽에서도 왕래했겠지만 크라스키노에서 왕래한 횟수가 훨씬 많을 것이다. 염주성은 늦어도 727년경(1차 외교 사절 고인高仁 등) 전후부터 발해의 항구로 중요시되었으며, 항구 건설 시점도 바로 그 이전이었을 것이다.

탄소연대측정법에 의하면, 8~9세기에 걸쳐 성이 존재하였다. 크라스키노 사원지에서 출토된 불상과 기와도 9세기의 것이 압도적으로 많으며, 9세기 이후인 10세기 전반까지도 사원이 존재했음을 알려준다.[11] 토루에 둘러싸인 성안에는 와요瓦窯 등의 생산시설을 포함하여 불전佛殿 구획과 아직 조사되지 않은 초석 건물군 구획, 석루石樓의 성 밖 서쪽에는 무덤군이 있다. 장기 말 형태의 토성 서쪽에서 남쪽 해안 방향으로 도로의 흔적이 보인다. 출토 유물로는 당의 도자기가 산견되며, 중앙아시아계 유물도 있는 것으로 보아 소그드인 상인이 거주했던 것으로 비정된다.[12]

10 문명대, 『크라스키노 사원지 발굴』, 전망, 대륙연구소, 1994, 32~43쪽.
11 문명대·이남석, 『러시아 연해주 크라스키노 발해 사원지 발굴 보고서』, 고구려연구재단, 2004, 16~17쪽.
12 鈴木靖民, 「渤海の國家と對外交流」, 『동아시아 속의 발해와 일본』, 경인문화사, 2008.

염주성에서 출토된 구멍 뚫린 토제품.

염주성에서 출토된 집 모양의 토제품.

염주성에서 출토된 석불상.

염주성에서 출토된 토기와 와당. 프리모리에 박물관.

복잡다단한 동해 출구의 인종 분포

블라디보스토크의 아르세니에프 박물관에 소장된 유물의 층위와 편년은 복잡다양하다. 발해, 요, 금 등의 유적 층위가 시기별로 나타난다. 동해를 이용했거나 기반을 가지고 생활했던 종족의 구성이 간단하지 않은 이유다. 발해 구성원에는 퉁구스어 종족인 다수의 말갈족 외에 고구려인도 있었다. 대부분의 고구려인은 고구려의 옛 땅이면서 거대한 상업·수공업 중심지였던 발해의 남부 지역에 살았다. 서부 지역에는 대부분의 주민이 몽골어 종족인 실위와 거란, 그리고 위구르 및 다른 투르크어 종족으로 구성되었다. 북동쪽 및 동쪽에는 굴설窟說 또는 고공庫貢이라 불리던 종족이 살고 있었다. 이들은 15세기에 고이苦夷라고 불렸으며, 지금의 아이누다.

발해 주민 대다수는 속말부, 흑수부, 불녈부, 월희부, 백산부, 곰돌부 또는 고리순(오늘날의 나나이족) 등으로 구성되었다. 지금의 나나이족, 우데게족, 울치족, 만주족 및 다른 퉁구스 종족의 직접적인 조상이다. 발해인이 현재 극동의 퉁구스·만주족의 직계 조상이라는 사실은 발해 종족 구성에 관한 자료나 여진족의 형성에 발해인이 직접 동참한 자료뿐 아니라 문헌에 보이는 발해인의 어휘에서도 확인된다.[13]

환동해라는 측면에서, 발해사의 큰 수수께끼는 말갈이다. 말갈이 역사에 처음으로 기록된 것은 『북제서』北齊書이며, 정식으로 외국 열전에 수록된 것은 『수서』隋書 동이東夷 말갈전부터다. 그런데 『수서』에 등장하는 말갈은 그 거주 지역이 종래 말갈의 선조로 추측되던 숙신, 읍루보다 더 광범위할뿐더러, 『삼국사기』에도 등장한다는 특징을 지닌다.

13 에. 붸. 샤브꾸노프 편, 송기호·정석배 옮김, 『러시아 연해주와 발해 역사』, 민음사, 1996, 61쪽.

말갈은 대체로 옛날 숙신의 땅으로 후위後魏 때에는 물길勿吉이라 불렸는데, 경사京師의 동북쪽 6,000여 리 떨어진 곳이다. 동쪽으로 바다에 이르고, 서쪽으로는 돌궐과 접하며, 남쪽으로는 고구려와 경계를 이루고, 북쪽으로는 실위室韋와 이웃한다.

—『구당서』권199, 북적 말갈전

흑수말갈은 숙신 땅에 있는데 읍루라고도 하며 원위元魏 때에는 물길로도 불리었다. 경사京師 바로 동북쪽 6,000여 리 되는 곳에 있으며 동쪽으로는 바다에 닿아 있고, 서쪽으로는 돌궐, 남쪽은 고구려, 북쪽은 실위室韋에 소속되어 있다.

—『신당서』권219, 북적 흑수말갈전

발해는 본래 흑수말갈로서 고구려에 부속된 자이니, 성은 대씨이다. 고구려가 멸망하자 무리를 이끌고 읍루挹婁 동모산東牟山을 거점으로 하였다. 영주에서 동으로 2,000리 밖에 있으며, 남쪽은 신라와 맞닿고, 니하泥河로 경계를 삼았다. 동쪽은 바다에 닿고 서쪽은 거란이다. 여기에다 성곽을 쌓고 사니 고려 망명자들이 점점 몰려들었다.

—『신당서』 권219, 북적, 발해전[14]

그런데 문제가 되는 것은 발해국 주민 구성에서 이원론적 주민 구성론을 뒷받침하는 『유취국사』類聚國史(스가와라 노 미치자네菅原道眞 편찬)의 발해 기사다. '마을이 있는데 모두 말갈부락'이라 하였다.

문무천황文武天皇 2년(698)에 대조영은 발해국을 세웠고 화동和銅 6년(713)에 당조의 책봉을 받았다. 지역은 2,000리에 뻗치고 주현에는 관역館驛이 없으며 이르는 곳마다 마을이 있는데 모두 말갈부락이다. 백성은 말갈이 많고 사인士人은 적다. 모두 사인들로서 촌장을 삼는데 대촌을 도독, 다음의 것을 자사라 한다.[15]

14 정진헌 외, 『고구려와 발해의 계승관계』, 99쪽.

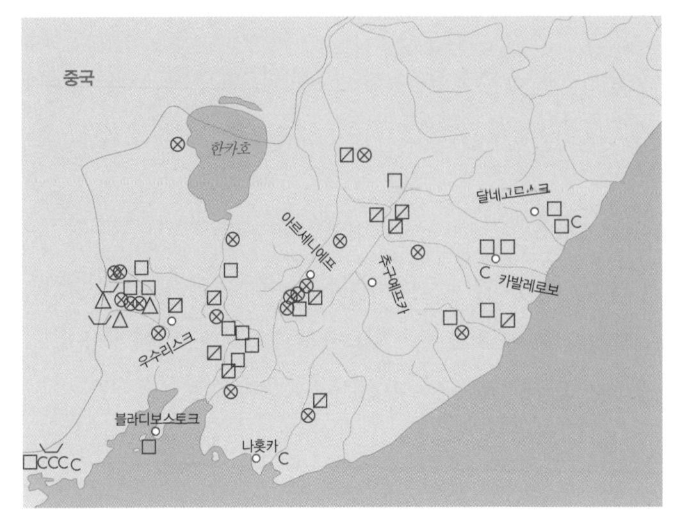

연해주 발해 유적 분포도. 에. 붸. 샤브꾸노프 작성.

당제국이 멸망한 후 등장한 거란, 여진, 몽골 등의 국가는 중국에 대항하는 민족의식을 가지고, 중국과 마찬가지의 요·금·원이라는 국호를 사용했으며, 부족 연합체 수준을 극복하여 유목·수렵·농경민족을 지배하는 중앙집권 국가로 도약했다. 그리고 중국 영토를 침략하여 정복했다. 5호 북위 국가와는 달리 중국 영내에 흡수되어 한문화나 한족 국가를 대표하는 왕조가 되지 않았다. 이 국가들을 특별히 '정복 왕조'라고 할 수 있다. 중국 측도 이에 대해 대항의식을 가지고 화이 융합보다 화이의 구별을 강조하고 민족 색채가 강한 문화를 만들어냈다.[16]

오늘날 중국은 발해를 비롯하여 동해를 접했던 나라들을 지방 정권으로 파악하고 있다. 중국학자들은 애써 당나라 자료를 토대로 발해를 말갈 국가로 규정하고 있다. 당시에 신라인들은 일반적으로 고구려와 발해를 동일시했던 것으로 생각된다. 중요한 것은 발해 지배층의 고구려 계승의식을 보여주는 사료들이 다수 발견된다는 점이다. 하부적으로는 옛 고구려 영토였던 발해의 서쪽은 아무

15 菅原道眞 撰, 『類聚國史』.

16 堀敏一, 정병준 옮김, 『중국과 고대 동아시아 세계』, 동국대학교출판부, 1993, 340쪽.

래도 고구려의 요소, 동쪽은 말갈의 성격이 강하게 나타날 것이다. 고고학자들의 발굴 성과에 따라 중국, 러시아의 입장이 다르게 나타나는 것도 이 같은 이유에서다.

그러나 차츰 말갈의 땅이었던 상경부에도 고구려적 요소가 강하게 드러나고, 연해주 방면으로도 고구려식 매장 풍습 등이 확산되어간 것으로 확인된다. 이처럼 고구려 문화가 발해 상층부에 짙게 깔려 있고, 지방에까지 확산되어나간 것은 발해의 고구려 계승성으로 설명할 수밖에 없다. 중국, 러시아, 남·북한 각각의 정치적 입장에 매몰되어 바라볼 것이 아니라 문물에서 드러나는 지역성과 계층성을 가지고 판단한다면 발해의 고구려 계승성은 분명한 사실이다.

무엇보다 중요한 것은 발해가 말갈을 계승했다는 기록이나 의식이 어디에도 없는 반면에 고구려의 계승을 반영하는 자료는 상당수라는 사실이다.[17] 말갈족이 하부의 기본을 이루었으나 발해는 기본적으로 다민족국가였으며, 발해를 고구려, 돌궐, 위구르, 거란, 실위, 소그드, 중국 민족의 문화를 흡수했던 제국으로 보는 것이 맞을 것이다.

퉁구스어 종족인 말갈족이 당나라, 고구려, 제2 동돌궐 등과 맺은 정치적·경제적 교류는 그들 사회의 원시공산 사회의 해체와 초기 계급 관계 형성을 촉진했다. 당나라가 말갈과 동맹을 맺어 고구려를 공격하고, 이후에는 말갈족 자체를 공격한 것은 결과적으로 말갈이 강력한 군사적·정치적 동맹체를 이루고 마침내 중국 동북 지방·연해주·북한 지역을 포괄하는 통일국가인 발해를 건국하도록 만들었다. 만약 발해국이 없었더라면 그와 혈족관계인 여진족의 금도 일어나지 못했을 것이다.[18]

말갈은 빈번히 백제와 신라의 북변을 침탈했다. 고구려에 의해 동원되어 신라와 백제 양국을 침공했던 말갈의 실체는 동예였다. 동예는 임진강 유역 일부와 영서, 그리고 원산만 일대에서 영일만 북단에 이르기까지 동해안에 거주했

17 송기호, 「발해의 고구려 계승성 보론」, 『동아시아 속의 발해와 일본』, 경인문화사, 2008.
18 에. 붸. 샤브꾸노프, 『러시아 연해주와 발해 역사』, 281쪽.

다양한 층위를 보여주는 연해주의 유물들. 프리모리에 박물관.

다. 통일전쟁기에 한반도에 등장했던 말갈은 원래 만주 지역에 살던 읍루-물길-말갈로 이어지는 집단이었다. 즉 말갈은 동예를 후대에 개서改書한 것이었다. 말갈로의 개서는 통일신라기 이후 어느 시기에 이루어졌다. 말갈은 읍루-물길-말갈-여진-만주족으로 이어지는 만족의 조상으로서 동부 만주 지역이 그 원주지였을 것이다.[19] 일부 중국학자는 숙신-읍루-물길을 동종이족同種異族으로 표현하기도 한다.[20]

19 노태돈, 「삼국사기에 등장하는 말갈의 실체」, 『한반도와 만주의 역사』, 서울대학교출판부, 2000, 318쪽.
20 孫進己, 『동북민족원류』, 308쪽.

발해의 또 다른 일본로는 식해의 길

용원부 이외의 일본로도 존재했다. 남해부를 이용하는 항로가 그것인데, 남해부 외항인 토호포吐號浦(오늘의 경성鏡城)에서 동해를 건너 들어갔다. 남경남해부南京南海府는 남쪽 신라로 가는 길목이었으며, 다시마의 산지였다.[21] 남경남해부의 도성 위치는 함흥이라는 설도 있으나, 북한에서 이루어진 발굴 성과에 따르면 북청의 동남방 16킬로미터의 남대천南大川 북안 평지에 있는 청해토성이 남해부다.

청해토성은 남북 길이 340미터, 동서 길이 500미터, 둘레 1,289미터에 이르는데, 신라와의 접경지대에 세워진 중요한 전초기지였다. 성벽은 현재 남벽, 서벽, 북벽만이 남아 있으나 성벽 크기나 축성법은 상경토성과 비슷하다. 성문 앞에는 서울 동대문의 것과 같은 반달형 옹성甕城이 있고, 성안은 직각 교차로로 구획되었다. 온돌 시설을 갖춘 집자리 네 개와 팔각 석축 우물이 발견된 바 있다.[22]

발해가 일본과 교류할 때인 776년(문왕 40)에 단 한 번 남경을 거쳐 토호포에서 배가 떴다고 하는데, 이때 풍랑을 만나 167명 중 120명이 실종되었다는 기록이 있다. 이로써 상경 용원부가 중요한 일본로였으며, 남경부는 보조적 기능에 머물렀을 가능성이 높다.

북청토성은 조선시대에도 많은 관심을 받았다. 유득공은 이 토성을 숙신토성肅愼土城이라 불렀으며, 여기에서 나온 청석 돌도끼 하나를 갈아서 벼루로 만든 뒤에 숙신노가를 지었다. 추사 김정희는 이 토성을 돌아보다가 돌촉을 발견하고 시를 지었다.

> 이 돌도끼와 돌촉이 단연코 숙신의 것이라면
> 동이東夷가 큰 활에 능하였음이 더욱 상상되는군

21 과학백과사전출판사, 『조선전사』 5권, 1979.

22 「청해토성 및 고성리토성 답사보고」, 『고고민속』, 1967년 4월; 「함경남도 일대의 고고유적 조사보고」, 『고고학자료』 4, 1974.

함경도 해안가가 상고대의 숙신의 땅이었다고 이해하는 추사의 생각은 상고사의 장기 지속이 조선 사람들의 인식 체계에까지 내재화되어 있었음을 말해준다. 이중환李重煥(1690~1796)은 『택리지』擇里志 함경도 팔도총론에서 '숙신-고구려-여진-고려'의 족보로 지역사를 정리했다.

> 옛날 옥저의 땅으로 남쪽은 철령이 한계가 되고 동북쪽은 두만강이 한계다. 본 도의 남북 길이는 2,000리가 넘고 바다가 가까워서 동서는 불과 100리다. 숙신에 속하였다가 한대에 현토玄菟에 속하게 되었고, 그 후 주몽의 점거지가 되었는데, 그가 멸망하자 여진이 살게 되었다. 고려는 함흥 이남쪽 정평부定平府로써 경계를 삼았다가, 중엽에 이르러 윤관으로 하여금 군사를 거느리고 여진을 쫓아내고 두만강 이북 700리에 있는 선춘령先春嶺을 경계 삼게 하였다.

기타큐슈 쓰쿠시에 이르는 길은 동해안을 따라서 남행하는 전형적인 연안 항로로 용원부나 남해부의 동해를 관통하는 원해 항해와는 달랐다. 기타큐슈에 당도한 이후의 관문은 두 곳이었다. 하나는 교토京都에 가까운 쓰루가敦賀에 상륙하여 육로로 입경하는 북로, 다른 하나는 남쪽 쓰쿠시筑紫에 상륙하여 대재부의 입국 허가를 받은 뒤 다시 내해의 동쪽으로 이동하여 나니와難波를 거쳐 입경하는 남로였다. 쓰루가로 가는 북로는 이후 에도 시대 환동해의 교역 루트인 기타마에부네 루트와 일치한다.

발해가 멸망한 후에도 동해 연안 항로는 사라지지 않았다. 인간이 자연과의 투쟁 속에서 획득한 항해 기술과 항로는 국가의 흥망과 무관하게 해당 지역의 후대 주거자들에게 장기 지속적으로 이어지기 때문이다. 기타큐슈로 가는 바닷길은 1019년 동북 여진의 규슈 습래 사건에서 관철되었던 노선과 거의 일치한다. 발해 멸망 이후에도 이 항로가 그대로 장기 지속적으로 남아 있었다는 증거다. 심지어 한반도 동해 북부의 연안 항로는 20세기까지도 고스란히 이어졌다.

신라도도 주목된다. 대항해 항로는 아니었으나 동해안 변을 따라서 왕래했기 때문에 동해의 문화가 형성되는 데 기여했을 것이다. 남경남해부는 신라와

동해안을 따라 형성된 생선 식해.

이웃했으며 용흥강을 경계로 삼고 있었다. 발해에서 신라로 가기 위해서는 반드시 남해부를 통과했으니, 동경용원부에서 천정군(지금의 함경남도 덕원)까지 39개의 역을 거쳤다. '남해-신라도'는 높은 산이 이어지고 지세가 험하여 매우 험한 교통로였다. 그런데 신라도에 육로 이외에도 해로가 이용되었음은 동해안 일대의 발해 유적을 통해 알 수 있다.[23] 북방에서 한민족이 내려오던 오랜 역사를 지닌 길이었다.

고구려시대에도 동해안 교통로로 쓰였으며, 발해 문왕 후기에는 신라-발해 간 상설 교통로로 이용되었다. 신라-발해의 갈등 요소를 부각시키면서 이 길을 저평가하는 경향도 있으나 이 길은 발해가 신라와 교류하기 위해 설치한 공식 교통로로 남북국시대 양국 간 소통의 근거로 강조되어야 할 것이다.[24]

신라도는 북방민족이 환동해를 통해 내려오는 루트로 '식해의 길'이기도 하다. 함경도에서 경상도까지 동해안을 따라서 형성되어 있는, 생선과 좁쌀 또는 멥쌀을 이용한 '식해'의 길은 오랜 민족사와 함께해온 바닷길 문화였다.

23 김종혁, 『동해안 일대의 발해 유적에 대한 연구』, 중심, 2002.

24 김은국, 「신라도를 통해 본 발해와 신라 관계」, 『백산학보』 52, 백산학회, 1999, 795쪽.

8

빈번했던 환동해 교류

험난한 바닷길, 고난의 항로

발해 건국 30년 되는 727년 8월에 일본으로 첫 사신을 파견하여 국교를 맺으면서 발해와 일본의 관계가 시작된다. 727년 대무예大武藝는 많은 선물과 함께 사절단을 일본에 보내 외교를 맺으려는 첫 시도를 했다. 그러나 사절단의 배가 폭풍을 만나 홋카이도로 표류했다. 아이누족이 사절단을 습격했고 서로 접전을 벌인 끝에 여덟 명만 살아남았다. 그들은 항해를 계속하여 728년 초에 교토에 있던 일본 천황의 관저에 당도했고, 마침내 국서를 전달할 수 있었다.

> 무예는 비록 서로 멀리 떨어져 있고 다른 나라에 살지만 일본 왕에게 경건히 존경을 표하고자 합니다. 사람들이 조상의 말씀에 순종하므로 천황의 영토가 영원히 번영하리라는 것을 확신합니다. 내가 고구려의 옛 땅을 확보하여 국가를 일으킨 것을 알립니다. 지금까지 국서를 보내지 못한 데에 용서를 빌고, 또한 이전과 마찬가지로 상호 간에 평화를 지키기 바랍니다. 존경과 신의의 표시로 담비 가죽 300장을 보냅니다.
>
> —『속일본기』續日本紀 권10, 쇼무 천황聖武天皇 신귀神龜 5년, 정월 갑인

일본 천황은 발해 사신이 온 것을 매우 기뻐하며 연회를 베풀었고, 답례로 사신을 발해로 보내 많은 선물과 함께 국서를 전했다.

> 발해 왕에게 존경을 표합니다. 서로 친목하게 지내자는 제의에 심히 기쁩니다. 나라를 강하게 통치하길 희망합니다. 비록 바다가 우리를 갈라놓고 있지만, 우리의 관계

를 방해하지는 못할 것입니다.

—『속일본기』 권10, 쇼무 천황 신귀 5년, 4월 임오

이로써 일본과 발해의 본격적인 교류가 환동해를 통해 시작되었다. 727년 최초의 사절이 홋카이도 경계를 건너온 이래로 발해가 멸망하기까지 약 200여 년 동안(727~919) 발해사渤海使 34회, 견발해사遣渤海使 12회를 통한 빈번한 교류였다.

사절단의 수는 보통 100여 명이었고 300명이 넘는 경우도 종종 있었다. 일본은 발해로 답례 사신을 보냈으며, 중국으로 가는 일본 사신도 점차 발해 영토를 지나는 새로운 길을 이용했다. 이는 국제적으로 발해의 위상이 높았음을 증명해준다. 환동해 항로가 그만큼 익숙한 노선으로 인정받고 있었다는 예증이기도 하다.

발해와 신라는 사이가 좋을 리 없었고, 신라는 발해의 위협에 대비해야 했다. 당 역시 신라를 통해 발해를 견제하려 했다. 발해와 신라의 모순은 더욱 깊어졌나. 그러나 선린우호는 일본과 발해의 공통된 바람이었다. 일본은 신라가 동쪽으로 바다를 건너와 난리를 일으키고 약탈할까 봐 두려워하여 신라에 인접한 발해와 사귐으로써 신라를 견제했다. 발해는 신라가 북으로 침략하는 것을 막기 위하여, 그리고 신라와 맞서기 위하여 적극적으로 일본과 친인결수親仁結授 영돈인호永敦仁好하였다. 그리하여 발해와 일본은 공동의 정치적 목적을 위하여 200여 년 동안 우호 왕래하였다.[1]

발해 통치자들은 험난한 바닷길에도 불구하고 일본과 좋은 관계를 유지하려고 했다. 정치적 목적 말고도 경제적 이득을 얻는 게 목적이었다. 발해 통치자는 남방 특산물과 사치품을 얻고, 일본 통치자들은 모피에 관심을 가졌다. 발해 사신은 호피, 웅피 등의 모피류나 인삼 등의 특산품을 교역품으로 가지고 왔으며, 일본 황족과 귀족에게 가져오는 모피류는 선망의 대상이었다. 발해사가 참

1 김은국, 「중국의 발해 대외교류 연구동향」, 『중국의 발해사 연구』, 고구려연구재단, 2004, 147쪽.

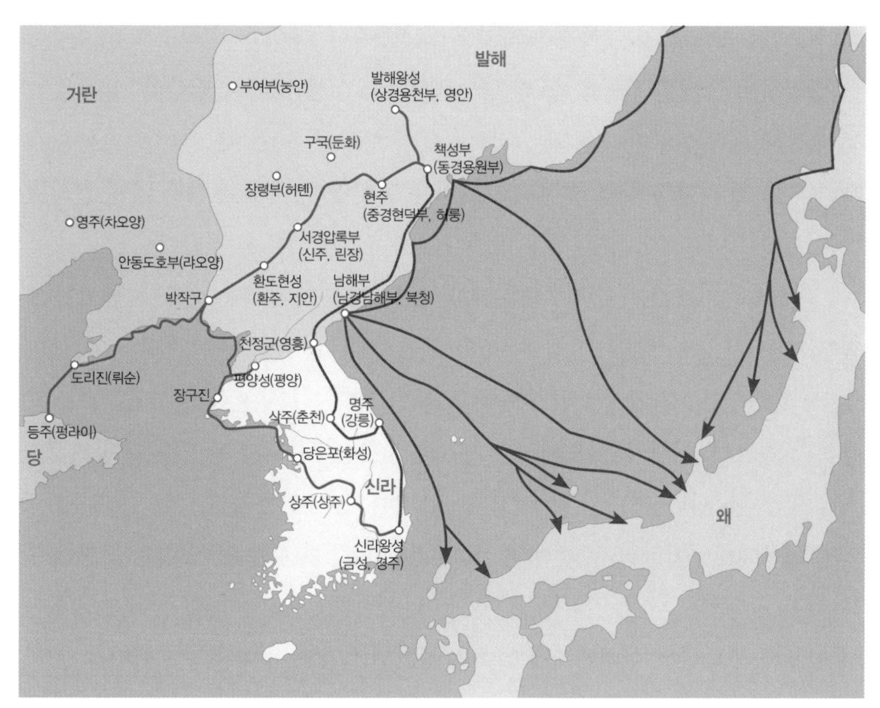

발해와 일본의 교류를 보여주는 해상 일본로.

가하는 각종 의례에 웅피熊皮를 까는 전통이 있었을 정도로 모피는 발해를 상징하는 것으로 강하게 의식되었다.[2]

사절단의 기본 임무는 선물 교환이나 일반적인 매매를 통해 왕궁에 소용되는 이국적이고 희귀한 상품을 구하는 것이었다. 발해인은 일본에서 야생 삼으로 만든 직물, 비단, 비단 실과 끈, 구리, 수은, 칠, 석류, 목재, 수정, 부채 등을 수집했다. 발해인은 일본에 곰 가죽, 담비 가죽, 도기, 굴을 수출했다.[3]

무역은 어려운 조건에서 이루어졌다. 동해를 건너 일본의 가가, 노토 등지의 해안에 도착하여 다시 육로로 교토까지 갔다가 돌아오는 것이었다. 발해 사

2 石井正敏, 『日本渤海關係史硏究』, 2001.

3 에. 붸. 샤브꾸노프, 『러시아 연해주와 발해 역사』, 234~237쪽.

절단은 한류와 난류가 교차하는 해로와 계절풍을 이용했다. 대체로 늦은 가을철에 출발하여 동해를 상당히 동쪽으로 우회하여 일본 해안에 닿았다. 돌아올 때는 이듬해 초여름에 떠나 동해를 서쪽으로 우회하여 용원부에 닿는 항로를 이용했다. 그러나 바닷길은 늘 위험이 도사리는 곳이었나. 시일노 적지 않게 설리고, 더러는 배가 난파되어 많은 사람이 죽거나 표류하여 곤란을 겪었다.

발해사는 8세기는 83회(서일본 2회, 중부 일본 5회, 북일본 76회), 9세기는 18회(서일본 8회, 중부 일본 5회, 북일본 0회, 불명 5회), 10세기는 3회(서일본 1회, 중부 일본 1회, 북일본 0회, 불명 1회) 파송되었다. 도래지는 북일본에서 서일본으로 이동하고 있으며, 이시카와현石川縣의 가가와 노토는 8~9세기에 일관되게 발해사 도래지로 나타난다. 가가가 발해사의 도착지이고, 노토가 출항지로서 자리를 잡았기 때문이다. 『속일본기』 등에는 가가(이시카와현 가네자와시 주변)에 도착해 발해 사절을 사처使處에 두었다는 기사가 있다. 가네자와시 해안에는 두 개의 항구가 있는데, 고대부터 현대에 이르기까지 중요한 항구로서 이용되고 있다.[4]

유라시아 담비길의 환동해 갈래

발해인의 해도로 이용된 일본도는 본질적으로 담비의 길이 바다로 연장된 것으로, 적어도 6세기부터 왕래했다. 일본 중세 사료에 따르면, 말갈족이 배를 타고 일본 본토와 홋카이도를 내왕했다고 한다. 7세기에 일본인이 말갈족으로부터 곰 가죽 또는 산 곰을 구하거나 때로는 강제로 빼앗으려고 연해주로 특별히 항해하곤 했다. 발해시대에 들어와 담비의 길에서 바다 부분을 따로 떼어내서 일본도라 부르게 된 것이다. 이 길은 연해주 남부 해안에서 시작되는데 염주에는 당시에 가장 중요한 조선소가 자리 잡고 있었다. 사실상 발해 사신은 모피 무역 상인

4 고지마 요시타카小嶋芳孝, 「고고학에서 본 발해와 일본의 교류사: 加賀(金澤市)에서 발해사 來着地의 고고학적 검토」, 『동아시아 속의 발해와 일본』, 경인문화사, 2008.

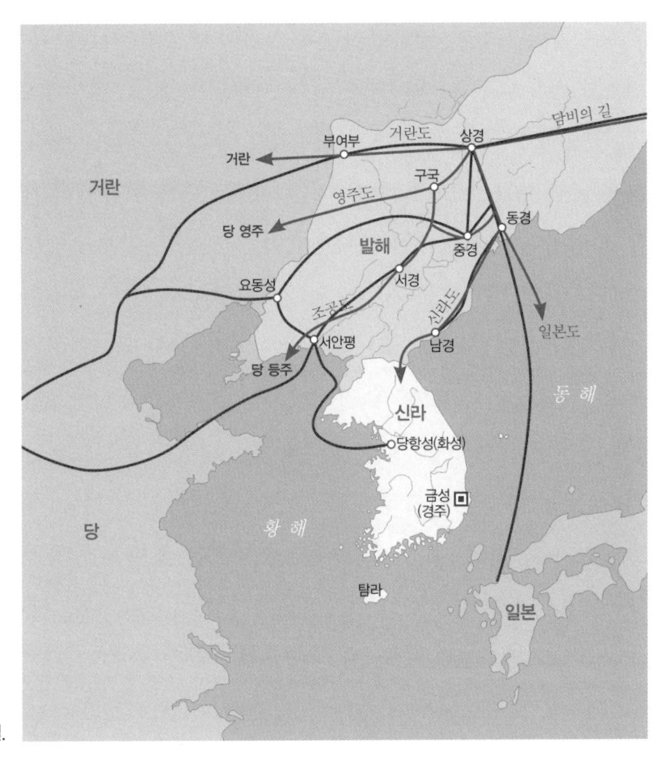

발해의 교통로와 담비의 길.

에 가까웠다. 일본의 왕족이나 귀족에게 인기를 끈 것은 단연 모피류였기에 일본도가 담비의 길에서 연장된 것이라는 주장이 설득력을 갖는 대목이다.[5]

샤브꾸노프E. V. Shavkunov는 중앙아시아의 소그드인과 발해인의 교류에 대해 연구하다가 연해주의 발해 유적 발굴을 통해서 '담비의 길'을 본격 주장하였다.[6] '담비의 길'은 세미레체(지금의 카자흐스탄 동남부와 키르기스스탄 북부)에서 시작하여 알타이 산지, 남부 시베리아, 몽골 서부, 셀렝가강, 술폰강 상류, 오논강 또는 케룰렌강 상류, 실카강 또는 아르군강, 헤이룽강, 쑹화강, 우수리강을 거쳐 동북아 내륙으로 이어지는 루트다. 담비의 길은 기존 실크로드를 거치지 않고 북

5 동북아역사재단 편, 『고대 환동해 교류사』 2부, 2010, 43쪽.
6 에. 웨. 샤브꾸노프 편, 『러시아 연해주와 발해 역사』, 234쪽.

아시아를 경유하여 중앙아시아와 동북아 지역을 연결한다. 그는 중앙아시아, 이란, 동동궐, 남부 시베리아의 여러 나라들이 모두 담비의 길을 통하여 발해, 신라, 일본과 교류했으며, 여기서 발해는 중간자 역할을 했다고 주장했다. 이에 반론을 제기하여 소그드인들은 기존 실크로드를 이용했나는 주장도 있다. 그럼에도 중앙아시아와 발해가 교류했으며, 신라와 일본으로 연계되어 교류가 이루어졌다는 점에 대해서는 대체로 의견이 일치한다.

서역 상인들은 상호라 불렸는데 페르시아, 소그디아나, 대식(아랍), 회흘(위구르), 유대상인이 포함되었다. 그들은 장안(지금의 시안西安), 뤄양洛陽, 광저우廣州 등의 주요 도시에서 대규모 상역활동을 벌였다 소그드인은 사업 수완이 천부적이라는 평가를 받았다. 당대 초기부터 소그드인은 서북, 중원, 동북, 쓰촨 등 광범위한 지역에 상주하면서 상역에 종사했다. 오아시스 육로의 관문인 둔황 동편에는 안성安城이라는 소그드인 집성촌이 있었는데, 8세기에는 '강康 · 조曹 · 석石 · 말末 · 하何 · 화심火尋 · 무지武地 · 사史 · 안安'의 9성姓 약 300호, 1,400명이 거주했다. 대부분 사마르칸트와 부하라, 타슈켄트, 카그탄, 토리스탄, 케쉬 등 중앙아시아 출신으로 장사를 업으로 삼았다. 하서河西의 양주洋州에서도 많은 소그드 상인이 상역商貿뿐 아니라 외교활동에 힘을 쏟았다. 소그드 상인과 페르시아 상인은 막강한 재력을 이용하여 장사뿐 아니라 자본을 투자하여 금융업에도 손을 뻗쳤다. 그 결과 동서 간 물질문명의 교류가 촉진되었고, 교역에 편승하여 인적 왕래나 정부 간 통교도 활발해졌다. 또한 호풍胡風의 만연 등 문화 교류에도 변화를 가져왔다.[7]

소그드인은 유라시아 역사상 5~10세기에 걸쳐 실크로드 교역에서 주도적인 역할을 했다. 소그드인은 몽골의 세계주의 구축 이전에 이미 유라시아 대륙을 느슨하게나마 통합시켜나갈 수 있었다. 유라시아 대륙 도처에서 상업을 경영하며 자신들의 이주지를 건설했는데, 러시아 연해주 아누치노 구역에 위치한 노보고르데예프카성은 발해시대 소그드인의 대표적인 집단 거주지로 알려졌다.[8]

7 정수일, 『실크로드 사전』, 창비, 2013, 364쪽.

발해는 거란에 의해 멸망했다. 발해의 멸망과 더불어 환동해 루트도, 담비의 길도 공식적으로 사라졌다. 현대 중국의 문장가 위치우위余秋雨는 번창했던 도시가 한순간에 흔적도 없이 사라져버린 일을 생각하면서 발해를 폼페이 이상으로 평가했다. 그는 발해 멸망에 관한 자신의 감회를 다음과 같이 썼다.

> 발해국은 대인수大仁秀 시기(817~830)에 전성기를 구가하여 해동성국으로 불리게 되었다. 도읍지 또한 당의 장안과 동서로 어깨를 나란히 하여 세상에 우뚝 섰다. 그러나 해동성국은 지나치게 주위의 시선을 끌면서 질투의 대상이 되었다. 당 왕조와의 빈번한 교류 역시 다른 유목민족의 눈에 거슬렸다. 그들의 재부는 다른 사람들의 질투를 샀으며 그들의 도시는 이를 점령하고 싶은 타인의 욕망을 부추겼다. 사해에 널리 알려진 위대한 이름은 이를 집어삼키고 싶은 타인의 야심을 부채질했다. 그렇기에 발해국이 가장 강성했던 시기는 바로 가장 나약했던 시기이기도 하다. 만인의 추앙을 받는다고 해도 절대 기뻐해서는 안 된다. 우러러보는 사람들의 눈빛을 보라, 최대의 심각한 위기가 이미 그곳에 도사리고 있다.
>
> 대인수 시기부터 100년째 되던 해인 926년, 발해국은 갑작스럽게 거란에게 멸망하고 만다. 그토록 강력한 문명을 지녔던 나라가 어떻게 일개 유목민족에게 파괴될 수 있단 말인가? 이런 질문을 던지는 사람은 너무 순진한 사람이다. 어떤 문명이건 간에 가장 표피적인 부분은 야만 세력에게 당해낼 재간이 없으니, 백면서생이 병사를 만난 것과 같은 비극적 상황이 빈번하게 연출되곤 한다. 발해국 수도의 성벽 안에는 이미 강인한 심리적 규범과 사회질서가 마련되어 있어 쉽게 퇴화하지 않았다. 그러나 야만적인 존재들은 이에 대한 자신들만의 방법을 가지고 있었다.
>
> 발해국 수도를 점령한 거란인들은 먼저 실컷 약탈을 일삼은 후에야 비로소 이 도시에 무엇인가 무형의 정서가 깃들어 있고, 일종의 문화적 묵계와 같은 틀이 마련되어 있음을 깨달았다. 소리 없는 벽돌, 담장, 도로까지도 강대한 고국에 대한 그리움과 복수를 향한 염원을 품고 있었다. 거란인들은 화가 나면서도 한편으로는 두려웠

8 동북아역사재단, 『고대 환동해 교류사』 2부, 75쪽.

다. 두려움과 야만스러움이 한데 뭉치면 세상에 가장 악한 일을 저지르게 마련이다. 그들은 발해인에게 수도를 벗어나 남부로 이동할 것을 명령했다. 그리고 도로와 건물에 깃들인 정서와 분위기를 흩어버리고 싶었기에 불을 질러 도시를 철저히 파괴했다.

지금은 그 불길의 모습을 묘사할 방법이 없다. 아시아의 대도시 전체가 불바다가 된 무시무시한 광경을 상상할 수 없다. 대도시의 호화로운 생활에 길들여진 무수한 발해인이 아이들을 데리고 비틀거리며 남하할 때, 그 불길을 바라보던 마음과 그 눈길을 도저히 상상할 수 없다. 발해국에서 남하한 사람들이 사방으로 흩어진 후 몇 대가 흐르자 발해국의 후예들은 찾아보기 힘들게 되었다. 이제 이 황량한 땅 위에서 오직 역사만이 도시에 관한 꿈을 꾼 적이 있었다고 말할 수 있다. 꿈은 곧 깨어지고 일어나보니 황량함만 남아 있었다.[9]

위 글에는 중국 한족이 바라보는 발해에 대한 시선이 담겨 있다. 이는 지나칠 정도로 단선적인 패배관에 속한다. 왜냐하면 동아시아사에서 발해의 역량은 926년 거란의 기습 공략으로 마지막 왕(말왕末王 대인선大諲譔)이 거란 왕 야율아보기에게 항복한 이후 더욱 빛을 발했기 때문이다. 거란은 마지막 왕을 비롯한 왕실 귀족과 다양한 계층의 발해민을 대거 이주시켜 거란의 통치에 활용했다.[10] 발해 멸망 이후 발해의 모든 것이 사라진 것이 아니라 오랜 기간에 걸쳐 발해 유민은 발해 영역을 중심으로 더욱 확산되어갔다. 대규모 공세에 마지막 왕이 항복했지만, 이후 200여 년 동안 이어진 발해 유민의 저항은 세계사상 드문 것이었다.

비록 거란은 발해의 항복을 얻어냈지만, 유민과 발해 지역을 안정적으로 통치하지 못했다. 유민 통제를 위해 설치한 동란국東丹國은 얼마 안 되어 통치 기능을 잃고 말았다. 동란국을 통한 발해민의 간접 통치는 발해 유민의 지속적인 부

9 위치우위, 유소영·심규호 옮김, 『중국문화기행』 (1), 미래M&B, 2007, 21~23쪽.

10 김은국, 「記錄과 遺物로 본 渤海滅亡의 이해」, 『2014년도 추계 발해국제학술회의—발해와 주변 민족의 역사와 문화』, 2014년 9월 19일, 한성백제박물관, 74~80쪽.

투먼圖們에서 용정龍井으로 가는 길에 자리한 마패마을에는 24개의 돌로 된 발해의 유적이 있다(2014년 촬영).

흥운동과 거란 왕위 계승 등 거란의 내부 문제로 인해 제대로 이루어지지 못했다.[11] 최근 동란국과 연관 지어 발해 팔련성의 폐기廢棄 연대를 비정한 보고서가 출간된 것은 주목할 만하다. 근 200여 년 동안 발해 유민이 부흥운동을 전개했던 점을 주목해야 한다. 발해 유민의 역할은 거란에 이은 금, 원 등의 유목국가에까지 이어져갔다.[12]

발해국이 망한 후 적지 않은 발해족이 고려로 흘러들어갔다. 또한 상당 부분의 발해인이 고지에 그대로 남아 있다가 여진족에 흡수되었다. 요는 유입된 발해 유민을 안무하고 다스리기 위해 발해인 우대정책을 채택했다. 정치적으로는 발

11 金渭顯,「東丹國考」,『渭堂申採湜教授停年紀念宋代史研究論叢』, 삼지원, 2000, 450~473쪽.

12 李成浩,「金代의 異民族統治政策研究—金의 建國時期를 中心으로」,『渭堂申採湜教授停年紀念宋代史研究論叢』, 삼지원, 2000, 535~571쪽.

염주의 와당.

발해 염주성(크라스키노 평지성)에서 출토된 항아리.

발해의 농기구.

해 유민의 과거 응시와 입사하여 관원이 되는 것, 황실과 발해인의 연혼을 허락했다. 경제적으로는 발해 유민에게 감세와 면세를 해주었다. 군사적으로는 발해인의 뛰어난 용맹과 싸움 잘하는 특징을 이용하여 발해군을 조직해서 변방을 지키게 하거나 전쟁에 참전하게 했다. 요 중후기에는 발해 유민 대책의 실패로 인해 민족 모순이 심해지고, 잇따라 발해 유민이 요의 통치에 저항하는 투쟁이 몇 차례 폭발하여 요의 통치를 약화하고 요의 멸망을 재촉했다. 그러나 한민족 주도의 발해가 사라진 뒤로 더 이상 동해를 통한 일본과의 국가적 교통은 소멸했다.

발해 유민은 유라시아 민족에 흡수되어 저 멀리 몽골까지 뻗어나갔다. 발해가 멸망한 10세기 대부터 몽골 지역은 위구르, 거란 등의 유목민족이 통치하고 있었다. 거란은 발해 유민을 거란의 내지로 이주시켰다. 거란은 11세기 초부터 몽골 고원에 본격적으로 진출했다. 몽골 고원에는 거란 시대에 많은 도시가 건설되었는데, 이는 물류를 확대하기 위해서라기보다는 몽골 고원을 지배하기 위한 군사 거점으로 삼기 위한 것이었다.

몽골 수도 울란바토르에서 서쪽으로 200킬로미터를 가면, 불간 아이막 내 툴강 유역에 수백 곳의 거란계 성터가 남아 있다. 본격 발굴은 소수에 그치지만 그중에서도 친톨고이와 엠겐트 성에는 거란에 의해 이주한 발해 유민의 흔적이 남아 있다.

몽골이 세계사 무대에 전면적으로 등장하기 전, 지금의 몽골 영역은 거란의 영역이었다. 10세기를 전후하여 거란은 흩어져 있던 부족을 통합하여 요나라를 세우고 동아시아의 강국으로 등장했다. 일찍이 거란은 동아시아 정복 왕조의 틀을 마련하고 지금의 '볼강 아이막'과 '투브 아이막' 지역에 군대를 주둔시키며 이곳에 성을 축조했다. 이 시기 몽골에 축조한 거란의 성은 그 용도와 방어 대상에 따라 거란식 성, 여진과 발해식 성, 위구르식 성 등으로 대별된다. 특히 툴강 중류 지역의 10~11세기 성터에서는 발해식 고고유적과 유물이 발견되어 몽골 내 발해 고고유적이 주목받고 있다.[13]

한-몽 발해 유적과 고누길Gonu-road은 몽골 초원으로부터 발해의 땅인 동해까지 이어지는 루트를 암시해준다.[14] 발해 유물 중 고누판 및 고누알을 통해 동아시아 교류상을 확인하고 나아가서 발해의 고누길을 상정해보는 것이다. 발굴조사에 따르면, 몽골의 거란 도성인 친톨고이 유적과 러시아 연해주에 위치한 발해 염주(크라스키노)성의 발굴 보고의 비교를 통해 발해 유민이 연계가 된 발해 문회의 파급을 상정할 수 있다. 발해 염주성의 고누판은 신라의 고누판과 더불어 시기가 가장 올라가는 것이다. 고누와 고누판의 성격을 반영한 고누길은 이른바 남북국사의 새로운 연구 주제로 자리매김할 수 있다. 한국사에서는 7세기부터 10세기까지를 신라와 발해가 남과 북의 두 나라 형세로 발전했던 남북국시대로 설정하지만, 그동안 이를 뒷받침하는 실증 자료가 없었다. 따라서 연해주 염주성에서 출토된 고누판은 남북국사의 고리를 이어주는 실물 자료로 재평가되어야 할 것이다.

13 木山克彦·臼杵勲·千田嘉博·正司哲朗·A. エンフトゥル,「チントルゴイ城址と周辺遺跡」, 荒川慎太郎·澤本光弘·高井康典行·渡辺健哉 編,『契丹［遼］と10~12世紀の東ユ_ラシア』(『アジア遊学』160), 勉誠出版, 2013.

14 김은국,「한-몽 발해 유적과 고누길Gonu-road」,『동북아 속의 한국과 몽골: 역사, 문화, 그리고 국제관계』(동북아역사재단·몽골과학아카데미, 2014년 9월 16~17일, 울란바토르, 81~86쪽); 김은국,「한·몽 발해 유적과 '고누길'Gonu-road」,『역사민속학』 제46호, 한국역사민속학회, 2014년 11월, 7~39쪽.

두만강 하구를 중심으로 조·중·러 국경 변경에는 무수한 종족들이 살고 있었다. 20세기 전반까지도 함경북도의 이른바 육진 지역에는 재가승이라 불리는 여진족 마을들이 있었으니, 단일민족 따위의 신화는 존재하지 않았다. 재가승이 여진의 후예임을 역사적 사실에 근거하여 논증하려는 시도는 다각도로 이루어졌다. 대표적인 연구가 1950년대 후반에 북한사회과학원 민속학연구실장이었던 황철산의 연구다.[15] 그의 연구는 오늘의 투먼, 훈춘을 비롯하여 나진, 청진, 회령 등 함경도 북부의 종족 구성을 검증할 수 있다는 점에서 중요하다. 단순하게 한국인, 조선족 따위로 구분하는 오늘의 구분 방식과 다른, 두만강 하구 권역에 관한 좀 더 문명사적 종족 관찰이 가능할 것이다.

15세기 중엽에 조선 정부가 육진을 개척하기 전까지는 오늘날의 부령 구읍 부근(당시 령북진寧北鎮 소재지)과 부거富居(부가참富家站, 당시 경원부慶源府 소재지)를 연결하는 선에서 멀지 않은 이북의 지역에는 남쪽 이주민이 전연 없었다. 여진족은 함흥까지 남하하여 정착했다. 두만강 이남인 육진은 순전한 '야인' 지역이었다. 때로는 우호적이고, 때로는 적대적이었던 여진족과 조선의 관계는 오래되었다. 조선 왕조는 건국 당시부터 일부 여진족 추장을 유력 협력자로 간주했다. 이성계의 충신이었던 이두란李豆蘭이 대표적이다. 그러나 조선 왕조의 창건 목표에는 여진족을 북쪽 압록강까지, 궁극적으로는 압록강을 넘어서 만주 지역까지 몰아낸다는 강력한 군사정책이 포함되었다.

훗날 조선시대 사서에 자주 등장하는 여진女眞은 만주와 한반도의 함경북

15 황철산, 『함경북도 북부 산간 부락("재가승" 부락)의 문화와 풍습』(과학원 고고학 및 민속학연구소 민속학연구총서 제3집), 평양: 과학원출판사, 1960; 주강현, 『황철산 민속학』, 민속원, 2015.

연해주 여진 성곽의 유물.

연해주 여진 성곽의 치미 문양.

도, 함경남도 일부, 러시아의 연해주, 하바롭스크 지방, 사할린에서 거주했던 퉁구스 계통이다. 17세기에 여진족은 청 황제의 명에 따라 만주족으로 불리게 되었다. 여진은 본래 갈족, 말갈족, 선비족이 융화된 민족이다.

그런데 야인이라 칭한 범주 안에는 종족적으로 서로 다른 여진인 오랑캐兀良哈, 우지캐兀狄哈가 포함되어 있었다.[16] 『용비어천가』龍飛御天歌 제53장 주에 근거하면 14세기 말경 여진족은 북으로 무단강牧丹江과 쑹화강이 합류하는 삼성三姓 지방으로부터 남으로 함흥평야에 이르는 광범한 지역에 분포하였다.[17] 추장들은 원元 지배기 투먼豆漫(만호萬戶), 맹안猛安(천호千戶), 탕고唐括(백호百戶)의 직을 받았다. 두만강 북쪽에는 여진족 집단 사이에 여진족과는 다른 우지캐와 오랑캐가 분포했는데, 그들에게 투먼, 맹안, 탕고 등의 직명이 전혀 붙지 않는 점으로 보아서 그들은 원 시기에는 아직 세력이 미약했음을 짐작할 수 있다. 또 우지캐, 오랑캐 성 거의 전부가 여진 추장에게도 있는 것으로 보아서 그들은 다분히 여진화했으며 여진인 행세를 하고 있었음을 짐작할 수 있다.

16 용비어천가 제4장: "我國之俗 統稱斡東等處兀良哈 兀狄哈及女眞諸種爲野人." 명에서 '야인여진'野人女眞이라 한 것은 막연히 헤이룽강 남북의 토착인을 지칭하는 것으로, '건주여진'建州女眞(오도리부와 동가강 유역의 여진)과 '모린'毛憐(오랑캐)은 포함하지 않았다.

17 『용비어천가』 제53장 주註에는 이성계가 왕위에 오르기 전(潛邸時)부터 벌써 래복하였다는 무수한 야인 추장들이 열거되어 있다.

오랑캐는 모린毛憐이라고도 불렸으며, 원거지는 무링허穆陵河 지방이었다. 14세기 말에 남하하여 훈춘 평야의 서부인 토문土門을 거점으로 삼았으며, 서쪽으로 두만강 상류인 동량북東良北(무산 지방)까지 뻗쳤다. 오도리부斡朶里部도 삼성지방에서 남하하여 훈춘강 유역에 거주하다가 태종 때에 오무허斡木河(회령 지방)로 이주했다. 그러면 오랑캐와 오도리부가 남하한 시기는 언제이며, 원인은 무엇이었을까?

『용비어천가』 기사에 따르면 오랑캐 추장의 근거지는 토문이며, 오도리부 추장의 거주지는 삼성지방이다. 이것으로 보면 오랑캐가 오도리부보다 먼저 훈춘 평야에 온 것이 틀림없다. 『조선왕조실록』에 따르면, 향화인向化人 은아리殷阿里가 말하기를, 자기 관하管下 300여 호가 원래 현성평縣城平(奚關城平野), 즉 훈춘 평야에 거주했는데 1372년(공민왕 21)에 함흥, 정평 등지로 이주했다고 하였다.[18] 또 어두어阿都哥 천호의 한 사람으로서 아간阿罕, 阿間(명천군)에 이주한 최야오내崔也吾乃는 같은 해인 1372년에 현성 지방이 우지캐의 달마치達麻赤에 의해 유린되었으므로 관하를 거느리고 아간 방면에 와서 살게 되었다고 진술한 바 있다.[19] 은아리 및 최야오내가 언급한 이동은 1372년에 훈춘 평야가 신흥 세력인 우지캐에 유린당했으며, 이 때문에 훈춘 평야에 거주하던 여진인들이 이산한 것을 말한다. 실로 오랑캐가 무링허 지방을 떠나 토문, 즉 훈춘 평야의 시부로 이동한 것은 이렇게 하여 비옥한 훈춘 평야가 비어 있는 틈을 노린 것이었다.

오도리부가 훈춘강 유역으로 이동한 것은, 명나라가 1388년(홍무 21)경에 후사가노侯史家奴로 하여금 보기步騎 2,000명을 거느리고 오도리(삼성 부근)에 삼만위三萬衛를 설치하게 했다가 그해 3월에 폐지하고 삼만위를 남만 개원開元으로 옮긴 일과 관련이 있다.[20] 명나라에서 오도리에 삼만위를 설치한 동기는 그곳에 있는 오도리부(여진족)의 협력을 얻기 위한 것으로 짐작되며, 이를 포기함은 신

18 『세종실록』, 세종 19년 8월 갑자조.
19 『태종실록』, 태종 7년 4월 임자조.
20 『황명실록』皇明實錄, 홍무洪武 21년 3월 신축조.

흥하는 우지캐의 침습을 견디지 못했기 때문으로 보인다. 그렇다면 오도리부가 삼성 부근에서 남하하여 훈춘강 유역에 기우하게 된 시기와 원인은 자명해진다. 즉 오도리부는 명과 협력하여 삼만위를 세우고 우지캐에 대항하려 하다가 1388년 명이 퇴각하게 되니 더는 오도리에 있을 수 없어 남하하여 훈춘강 유역으로 옮긴 것이다.

훈춘 평야에 들어와서 이웃하여 거주하게 된 오도리부와 오랑캐의 추장들은 고려 말에 이성계의 초유에 응하여 함께 개경開京으로 가서 만호萬戶, 천호千戶, 백호百戶 등의 적을 받았다. 그들은 개경에서 서로 사관舍館 다툼을 하다가 오도리부(여진인)의 제의로 다투지 않게 되었다 한다.[21] 이는 오도리부와 오랑캐가 서로 다른 종족이었으며, 양자는 일찍부터 친근한 관계를 맺고 있었음을 보여준다. 오도리부는 후에 오무허로 이주했다.

위와 같이 조선 초 육진 개척 직전의 두만강 유역에는 동량북에 오랑캐, 오무허에 오도리부(여진), 토문을 중심으로 한 두만강 회곡부에 오랑캐, 두만강 하류에 여진인과 골간骨幹 우지개가 거주하고 있었다. 『용비어천가』에 보이던 두만강 외의 여진인은 그 후 뚜렷이 나타나지 않았다. 이는 원 세력에 의거하여 우세했던 여진 집단이 원의 몰락과 함께 그 처지가 전도되어 일부는 두만강 내 또는 남만으로 이동하고 나머지는 신흥하는 우지캐, 오랑캐에 압도되어 쇠미해졌음을 뜻한다.

두만강 유역을 차지하여 조선과 인접하게 된 오도리부, 오랑캐, 골간우지캐는 조선에 귀순하여 만호, 천호 등의 직첩(벼슬 임명장)을 받았다. 그러나 그들은 또 명나라의 부름에도 응하여 명나라 직첩도 받았다. 즉 그들은 조선과 명나라 사이에서 기회를 보며 이득을 취하려 했다.

여진, 오랑캐, 우지캐의 종족적 소속 관계는 어떠한가? 여진족이 말갈의 후예임은 정설이다. 말갈족 일부는 고구려 북부에 거주했으며, 고구려가 멸망한 후에는 고구려 유민과 고구려 지배하의 말갈족 주류가 되어 발해국을 형성하고

21 『고려사』, 세가世家, 공양왕 4년 2월조.

고구려 문화를 계승했는데 발해가 멸망한 후 여진으로 불리게 되었다. 우지캐는 시대에 따라서 올야兀惹(요), 올적개(금), 오자야인吾者野人(원), 올자야인兀者野人(명), 올적합兀狄哈(조선), 우지개亏知介(조선), 올지개兀知介(조선) 등으로 불렸다. 우쟈, 우지는 만주어 '웨지'窩集(삼림森)의 대음對音이고, 개介는 '사람'을 뜻한다. 이 종족은 삼림 지대에 거주했기에 이런 명칭을 얻은 것임이 틀림없다. 와다和田清는 우지캐를 '골디'годбы족으로 보았다.[22] 그러나 오늘날 울창한 산림으로 덮인 시호테알린 산맥의 양측에 분포하는 우데게족은 자신들을 убээ(убеэ, уббэ) 또는 убехэ(убихэ, убегэ)라 칭한다. 이는 삼림을 의미하는 우쟈, 또는 산림 사람을 의미하는 우지캐와 일치하는데, 결코 우연의 일치로 볼 수 없다. 율리야 쉐쓰따꼬바에 따르면, 실지로 우데게인은 '산림 사람들'이라고 불리었다.[23] 위치로 보아도 그들의 일부가 시호테알린 산맥에서 서남하하여 우지캐가 되었다고 볼 수 있다. 쑹화강 하류에서 헤이룽강 하류에 걸쳐 분포하는 골디족에 대해서도 동일하게 말할 수 있다. 그러나 우지캐의 과거 풍습을 보면 골디족이 아닌 틀림없이 우데게의 풍습이었다.

오랑캐兀良哈, 吾郎哈는 조선에서 불렀던 명칭이고, 명에서는 모린毛憐, 청에서는, 와르카瓦爾喀라고 하였다. 오랑캐의 원거지가 무링허 지방이었음은 분명하나 오랑캐의 종족적 소속 관계를 밝힐 만한 확고한 자료를 발견할 수 없음은 유감이다. 다만 그들의 원거지가 바로 우데게 거주지에 인접했고, 가장 일찍이 두만강 유역으로 남하해왔으며, 여진(오도리)과 친근한 관계였던 점으로 보아서 그들은 역시 우데게의 일부였는데 일찍부터 여진과 접촉하여 우지캐보다 한층 더 여진화한 종족이 아닌가 싶다. 그리고 오도리부와 우지캐 사이는 항상 서로 분화分化하였으나 오랑캐와 우지캐의 사이는 그렇지 않았다. 이는 오랑캐와 우지캐는 종족적으로 가까운 관계였고, 둘 다 우데게에서 분화한 것이 아닌가 하는 추정을 가능케 한다. 우데게가 점령한 16세기에 두만강 지방에 사는 사람들을 오랑캐라

22 和田清, 『滿鮮歷史地理報告』 14, 181쪽.

23 『소련 녀성』, 1958년 1월호, 25쪽 참조(황철산, 앞의 책 재인용).

연해주 울치인 샤먼이 쓰던 북.

우데게인의 목우.

우데게인의 바구니.

불렀으며 이들 오랑캐는 우데게로 비정된다.

1433년(세종 15) 조선은 육진을 개척함으로써 천연의 험새인 두만강을 방어선으로 삼으려 했다. 석막상평石幕上平(지금의 부령 구읍)에 있던 영북진寧北鎭을 버연수소伯顔愁所(지금의 종성군 행영行營)에, 부거富居(富家站)에 있던 경원부를 회질가會叱家(지금의 경원)로 옮기고 함길도 주민 2,200호(주로 북부 주민)를 대량 이주시키고, 또 삼남三南 지방에서 일정한 우대 조건하에 자원자를 모집하여 이주하게 했다. 1440년(세종 22)에는 수주愁州(지금의 종성읍)에 종성鐘城, 두만강 회곡부回曲部의 정점인 다온평多溫平(지금의 온성)에 온성穩城을 설치하고 여기에 길주吉州 이남, 안변安邊 이북에서 1,600호를 이주시켰다. 그리하여 소위 '야인'野人 거주지이던 육진 지방에 이주민이 다수 들어가 살게 되었다. 오도리부, 오랑캐 중에서 투하하여 내지內地에 거주하려는 자는 길주 이남에 둠을 원칙으로 삼았다. 그들을 본토와 멀리 떨어지게 함으로써 배반하고 도망가지 못하게 하려는 의도였다.

오무허의 오도리부 추장 범찰凡察과 동창童倉(퉁명거터물의 차자)은 완전히 투화하여 편호便戶가 되는 것도 싫고 특정 구역에서 더부살이하면서 통제받기도 싫어서 1440년에 관하 300여 호를 거느리고 동량북을 거쳐서 퉁자강 유역으로 도망쳤다. 그리하여 새로 옮겨간 오도리(건주좌위)와 그곳에 이전부터 있던 여진(건주위)이 합세하여 일대 집단을 형성함으로써 후일 청나라가 일어날 수 있는 기초를 이루었다.

누르하치가 1500년대 후반에 건주여진을 부흥시키면서 야인野人들 사이에 긴장이 고조되었다. 16세기 말 건주여진이 성장하면서 만주에서 패권 경쟁이 격화되었다. 여진이 전통적인 유목 집단으로서의 이동성을 버리고 요동에 정착하여 농경국가로 변모해가는 과정은 후금이 자신들의 배타적인 강역을 명과 조선에게 주장하는 것으로 가시화되었다. 이후 후금이 요동을 정복하고 명나라와 전쟁을 하면서 조선을 군사적으로 정벌하는 일련의 발전 과정은 광역 내에서 생산되는 자연자원에 대한 외부인의 접근을 차단하고 '여진－만주'의 배타적인 소유권을 주장하는 것으로 나타났다.[24]

1595년 건주여진에게 잡힌 조선인 포로의 석방 등을 빌미로 신충일申忠一

청 태조 누르하치.

(1554~1622)이 건주여진에 파견되었다. 신충일은 만주를 지나가면서 다양한 민족들이 누르하치 일가의 통치 아래 통합되고 있으며, 점차 전문화되고 복합적인 역할을 수행하는 사회로 변모하는 과정을 목격했다. 명에서 넘어온 이민자, 조선인, 수많은 지역에서 온 여진족, 좀 더 먼 지역의 만주와 몽골 지역에서 온 몇몇의 전통적인 민족 등이 이에 속했다. 누르하치의 지배 영역에서 존재하던 민족적 다양성만큼이나 문화적 다양성이 존재했다. 중국, 몽골, 티베트, 투르크, 조선의 언어와 종교 및 민족문화가 어떠한 형태로든 알려져 있었고, 누르하치는 그런 것들을 교합하고 '연주'하였다. 신충일은 그들을 달자韃子(타타르)라고 불렀는데, 이들은 요동 북부에서 지린성을 가로질러 뻗어 있었다.

24 인하대학교한국학연구소, 『범월과 이산: 만주로 건너간 조선인들』, 인하대학교출판부, 2010, 20쪽.

이 일대에서는 몽골족과 여진족의 요소가 결합하여 독특한 문화가 창조되었는데, 이 문화는 누르하치와 연계된 남쪽의 집단보다는 북부의 몽골족 문화와 더 강하게 밀착되어 있었다. 누르하치는 이런 다양한 민족들을 통합하기 위한 몇 가지 정책을 실시했는데, 강력한 사회적·경제적·군사적 체제인 팔기제도八旗制度, 변발辮髮을 위시한 두발과 복식제도 등이 그것이다. 그런데 변발 풍습은 여진족의 오랜 복식 정책이기도 했다.[25]

25 패멀라 카일 크로슬리, 양휘웅 옮김, 『만주족의 역사』, 돌베개, 2013, 81~93쪽.

9

동해 출구의 장기 지속

간도로 가는 길

문명사적으로 볼 때 우리는 제정 러시아로부터 소비에트 러시아에 이르는 전 과정에 걸친 여러 유라시아 정복 루트가 서쪽에서 동쪽으로 진행된 것과 마찬가지로 민족 이동 역시 같은 방향으로 이루어졌음을 알게 된다. 바이칼을 중심으로 한 부랴트 등지에서 민족적 시원이 동쪽 해안, 즉 환동해 해양 세계로 뻗은 것이다. 우리 역사에서 동예라는 나라, 후대의 발해 같은 나라가 동해라는 '거대한 호수'에 발을 담갔다. 시베리아에서 동해에 이르는 길은 차르 시대에 모스크바에서 동해에 이르는 길 이전에 이미 존재했던 민족의 이동 통로였던 셈이다.

19세기에 이르면 전혀 새로운 차원의 루트가 만들어진다. 함경도를 중심으로 많은 조선인이 연해주로 숨어들었다. 합방 이후에는 본격적으로 망명객과 이주민이 흘러들었으며, 일제강점기에는 일제에 의한 의도적인 이민이 만주를 중심으로 장려되었다. 우리가 환동해로 부르는 영역은 북방의 연해주와 사할린, 그리고 일본의 홋카이도와 더불어 오호츠크 해양 세계의 남쪽 권역을 아우르는 해역이다. 메르카토르 도법의 지도로는 실감이 나지 않지만, 둥근 지구 위로 볼 때 바이칼에서 오호츠크 및 동해 북부권, 캄차카 반도에서 알래스카와 알류샨 열도로 이어지는 거대한 역사적 루트가 확인된다. 그리고 이들 곳곳에 아이누, 알류트 등 시베리아 소민족들이 존재한다. 그들의 영역으로 한민족이 북상하기 시작한 것이다.

청의 봉금정책과 조선의 월강 금지 정책에도 불구하고 수많은 조선인이 일찍부터 간도間島로 넘어갔다. 이들 이주민은 주로 평안북도 압록강과 함경북도 두만강 변 거주자들이었으며 궁핍에서 탈출하여 새 땅에서 생계를 모색하려는 불법적인 월경잠입越境潛入이었다. 그리하여 만주는 한민족에게 범월犯越과 이산離散의 공간이 되었다.[1] 이로부터 간도라는 명칭이 생겨났다. 간도는 두말할 것 없이 동해를 끼고 있었다.[2]

간도는 봉금封禁의 땅이었다. 만주족은 동북(만주)에서 흥기했기 때문에 청대에 동북이 갖는 의미는 매우 컸다. 17세기 중반에 기원하는 청조의 봉금정책은 조선에 대한 변경 정책의 일환이었고, 이에 따라 압록강·두만강 변계에 대한 관리와 조선 유민의 월경에 대한 처벌이 엄격하게 이루어져왔다. 목극등비穆克登碑(백두산정계비白頭山定界碑)는 조선 유민의 월경을 방지하기 위한 변계 관리의 일환으로 설치되었으며, 정계비에서 '압록강–소백산–홍단수–두만강' 국경선이 확정되었다.[3]

그러나 간도는 1670년대까지 임자 없는 땅이었다. 오랜 세월 명과 조선 사이의 완충 지대이자 '버려진 땅'이었다. 기록에는 나오지 않지만 그 이전부터 올라가 살던 사람들이 없던 것은 아니었을 것이다. 1644년 만주의 여진족이 청을 일으켜 중원을 차지한 뒤로 상황이 달라졌다. 청은 백두산을 조상 발상지로 성역화하고 공백 지대인 간도를 봉금, 즉 한인漢人이건 조선인이건 금하는 무인화 정책을 폈다. 간도의 무인화는 인삼과 녹용, 진주 등의 지역 특산물을 독점하려

1 인하대학교한국학연구소, 『범월과 이산: 만주로 건너간 조선인들』, 111쪽.

2 간도는 만주(중국 동북) 동남부, 즉 지린성 동남부 지역을 가리키며 북간도라고도 한다. 이와 별개로 압록강 이북을 서간도라고 한다. 그러나 간도라 하면 일반적으로 북간도, 즉 지금의 옌볜조선족자치주를 일컫는다. 일반적으로 간도, 특히 북간도는 지금의 옌볜 일대, 즉 옌지延吉, 허룽和龍, 왕칭汪清, 훈춘琿春 4개 현을 지칭한다(심여추, 『20세기 중국조선족 역사자료집』, 중국 조선민족문화예술출판사, 2002, 9쪽).

3 조선 유민의 쇄환을 피하기 위한 '두만–토문' 양강설을 일축하고 무산茂山에서 두만강 하류에 이르는 경계선을 확정 지었으며, 이후 일본의 간도 문제 조작을 통한 옌지 지역 침탈 시도에 맞서 '압록강–정계비–석을수石乙水–두만강' 국경선을 관철시킴으로써 국경 분쟁을 종결지었다는 것이 중국의 공식 입장이다. 조·청 국경에 대한 중국의 이러한 논리는 두만–토문 양강설을 전제로 이루어지는 한국 측 국경 문제 연구의 취약점을 보여준다. 즉 간도 역사의 상한선을 19세기 이전으로 끌어올리고 백두산정계비를 통해 토문강–쑹화강임을 입증하고자 하는 한국 측 연구에 대하여, 두만–토문 양강설은 19세기 말 조선 유민의 쇄환을 피하기 위하여 만들어진 것이고, 간도 문제 역시 20세기 초 일본이 이들 지역을 탈취하기 위해 만들어낸 것이라는 지적은 목극등비의 설치, 1880년대 조·청 국경 회담, 간도 문제와 간도협약이 이루어지는 역사적 배경과 맥락을 재검토해볼 필요성을 제기한다(고구려연구재단, 『중국의 동북변강 연구』, 고구려연구재단, 2004, 135쪽).

는 술책이자 중원에서 밀려나는 만일의 경우까지 대비하는 포석이었다. 이어 1712년에 목극등을 시켜 '동위토문東爲土門 서위압록西爲鴨綠' 석비를 세웠다.

병자호란(1636)에서 패하여 청에 엎드려야 했던 조선 정부는 외교 마찰을 피하기 위해 봉금에 협조적인 자세로 두만강과 압록강을 넘나드는 백성을 중죄(월강죄)로 다스렸다. 백성을 두만강 이북으로 내몬 것은 두말할 것 없이 학정과 연이은 기근, 무엇보다 새로운 유토피아를 찾아 신천지로 떠날 수밖에 없던 민중의 꿈이었다. 조선인들은 불모의 땅에서 농사를 지었으며, 특히 쌀농사가 만주 벌판에 뿌리를 내린 단초를 마련했다.

1869년과 1870년에 많은 함경도 사람들이 대흉작을 피해 강을 건너 간도에 정착했다. 청의 관심이 소홀한 틈을 타서 조선인들은 건너가서 농사짓고 자기 땅처럼 살았다. 청이 이들을 관리하기 시작한 것은 1860년 청과 러시아 사이에 베이징 조약이 체결된 이후다. 러시아와 변경 문제가 터지자 관리에 들어간 것이다. 이에 주민들은 백두산 일대를 답사한 후, '두만강과 토문강은 엄연히 별개의 것이므로 두만강 이북 지역에 대해 배타적인 권리를 행사하려는 청의 시도를 막아달라'고 조선 정부에 청원한다. 조선 정부는 이를 수용하여 1885년과 1887년에 청과 감계 회담을 벌인다. 회담은 결론을 내리지 못한 채 중단되었다.

조선조 이전부터 북방 지역에 뿌리내리고 살던 한민족의 영토의식은 정사에 뿌리를 내리지 못하고 이단시된 채 야사에만 전해져 제대로 계승되지 못했다. 당시에 국경 개념은 선이 아니라 지대, 즉 공간이었다. 압록강 대안도 서간도로 불릴 만큼 간도는 넓게 통용되던 개념이었다. 조선 조정이 서간도에 대해 서변계간리사를 임명하고(1897), 평북관찰사가 이 지역 주민을 보호하는 조치를 취한 것(1900)을 보면, 간도 주민도 조선 백성이라는 의식을 분명히 갖고 있었음을 알 수 있다.

1897년 대한제국 수립 후, 한국 정부는 자주독립국으로서 한·청 국경 문제와 한인 이주민 문제에 임했다. 1901년 한국 정부는 북간도 한인의 생명 안전을 도모하기 위해 두만강 연안에 진위대와 변계정무서를 설치했으며, 1903년에는 이범윤李範允(1856~1940)을 북간도간리사로 임명하여 한인 이주민들을 관할하도

간도 용정의 우시장.

간도에 남아 있는 조선인의 자취. 백년마을의 100년 전통.

만주는 독립운동의 본거지이기도 했다. 체포된 박철의 모습.

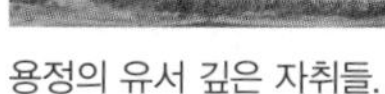

용정의 유서 깊은 자취들.

용정의 윤동주 생가.

록 했다. 이에 청 정부는 무력으로 이범윤과 사포대를 축출했으며, 옌지청延吉廳은 방곡령防穀令을 반포하여 북간도와 한국 사이의 양곡 매매를 금지하고, 두만강 도선장渡船場을 봉쇄했다. 방곡령 실시는 북간도 한인들은 물론이고 대부분의 식량을 북간도에 의지하던 무산·회령·종성 변민邊民의 생계에도 막대한 곤란을 주었다. 그리하여 이들은 변계경무서를 찾아가 이범윤에게 철거를 요구하였다. 이러한 상황에서 1904년 6월 15일, 한·청 양국의 관원들은 '한중변계선후장정'韓中邊界善後章程을 체결하여 수년간의 국경 분쟁을 종결지었다.

1907년 일제의 간도 침략은 청 정부는 물론이고 북간도 한인 이주자에게도 커다란 충격과 고통을 안겨주었다. 간도 문제는 한국 정부와 중국 정부 간의 국경 교섭의 일환이었으나 일제는 통감부를 설치하여 한국의 외교권을 박탈하고 간도 문제를 저들의 대륙 침략에 이용하고자 했다. 간도협약은 조·중 간의 국경 교섭은 사라지고 오히려 일제의 대륙 침략과 중국 정부의 주권 보호에 초점이 맞추어졌다. 그 결과 1909년 9월 4일 청일 양국은 간도협약間島協約을 체결했다.[4]

4 동북아역사재단, 『근대 변경의 형성과 변경민의 삶』, 동북아역사재단, 2009, 227~228쪽.

20세기 들어서면서 간도행의 목적과 사유가 달라진다. 간도로 향한 코리안 디아스포라는 일제의 직간접적인 정책의 결과라는 점에서 제국주의적·식민주의적 유산이었다. 만주사변 이후 조선인의 이민은 완전히 다른 사정에서 전개되었다. 외형적으로는 국세 이민의 형식이었으나 내면적으로는 공식적 식민지인 조선에서 비공식적 식민지인 만주국으로 이주한 것이다. 이것은 일본 식민 제국 내의 식민지와 식민지 사이의 이동으로서 '제국 내 이민'intra-colonial migration이었다.[5]

백두산에서 두만강 하구 동해까지

건륭기에 편찬된, 만주족의 조상과 청 태조 누르하치의 사적을 서술한 관찬 기록 『만주실록』의 대부분은 누르하치의 일대기에 할애하고 있기에 책명과 무관하게 실질적으로 청 태조의 실록이다. 기록은 '장백산'으로 시작한다.[6]

> 장백산은 높이 200리, 둘레 1,000리이다. 산의 정상에 타문이라는 호수가 있고 둘레는 80리이다. 산에서 나오는 것은 알루, 훈퉁, 아이후라는 세 강이다.[7] 알루강은 산의 남쪽에서 나와서 서쪽으로 흘러서 요동 남쪽 바다로 들어간다. 훈퉁강은 산의 북쪽에서 나와서 북으로 흘러서 북쪽 바다에 들어간다. 아이후강은 동쪽으로 흘러서 동쪽 바다에 들어간다. 이 세 강에서 보배스러운 동주東珠와 밝은 진주가 난다. 백산은 바람이 심하고 지역이 추워서 여름철이 된 후, 주위 산의 짐승들이 모두 백산에 가 있다. 해 뜨는 쪽의 부석浮石투성이 하얀 산이 그것이다. (……) 만주국 기원은 장백산의 해 뜨는 방향의 부쿠리라는 산의 불후리라는 연못에서 비롯되었다.

5 한석정·노기식, 『만주』, 197쪽.

6 『만주실록』 1권, 1584년 9월(고려대민족문화연구원 만주학센터, 『만주실록 역주』, 소명출판, 2014, 17쪽).

7 알루강은 압록강, 훈퉁강은 쑹화강, 아이후강은 두만강의 다른 이름으로 생각된다.

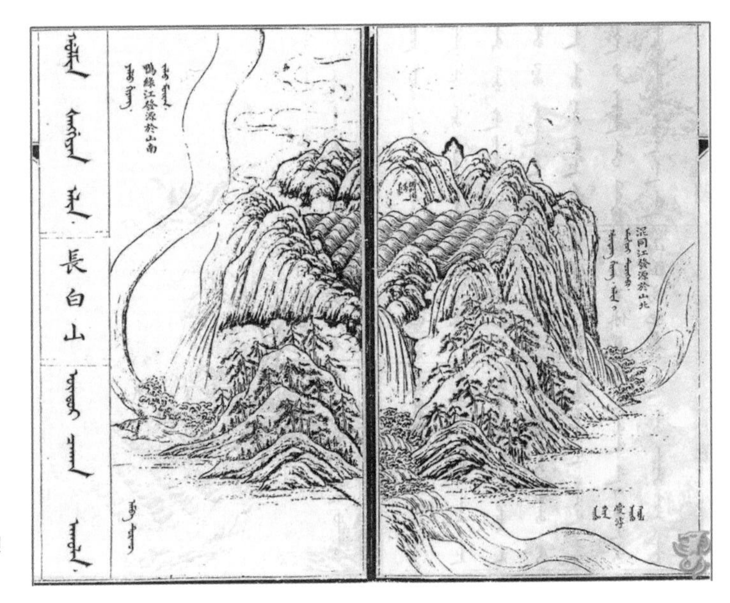

『만주실록』에 실린 '장백산'의 모습.

여기서 중요한 것은 두만강이다. 19세기 말에 이르면 두만강이 천지에서 발원하지 않는다는 것은 한·중·일 3국이 다 아는 사실이 되었다. 그러나 1909년의 간도협약 이후로는 두만강 발원지가 천지가 되었다. 중국에서는 두만강을 토문강土門江 또는 도문강圖們江이라고 표기했다. 중국어 발음은 모두 '투먼'인데, 이는 만주어를 음차한 것으로 숫자 '만'萬을 뜻한다. 조선에서 줄곧 불러왔던 두만강도 만주어를 음차한 것이다.

조선 후기의 학자들은 토문, 두만이 같은 강임을 인정하고 2강 인식을 극복하고자 했다. 이익의 『성호사설』, 홍양호의 『북새기략』, 황윤석의 『팔도지도』, 김정호의 『대동지지』에는 모두 두만강으로 나온다. 그러나 정계 당시와 그 이후의 조선 사료를 통해 목극등이 두만강 수원을 정하려 했으나 쑹화강 상류를 잘못 지정했고, 목극등이 귀국한 후 조선에서 목책과 토돈을 두만강 제2파 수원에 이어놓은 사실이 명백하므로 1880년대 당시 목책이 쑹화강 상류에만 남아 있다고 해서 쑹화강 상류가 토문강이고 그 안에 들어 있는 간도가 조선 땅이라고 하기에는 무리가 있었다. 조선은 압록강, 두만강 양강 이북에 관리를 파견하고 본국

1712년에 세워진 백두산정계비.

의 형정 체제 속에 편입시키려는 조치를 취했지만, 청 정부 옌지청延吉廳의 반대 및 길강군吉强軍의 반격, 그리고 조선을 지지하던 러시아 세력이 만주에서 철거함으로써 부득불 강북에서 관리를 철수하게 되었다.[8]

이에 관한 국제법 학계의 견해는 다음과 같다. 현재 중국에서 토문이라는 지명은 쓰지 않는다. 정계비와 토퇴, 석퇴에 표시된 '토문'은 두만강이 아니라 쑹화강 상류다. 19세기 조선 지도를 보면 토문과 두만이 명확히 다른 지역이다. 그러나 1712년에 정계비를 세울 때 청은 국경으로 두만강을 상정했으며, 토문과 도문을 별개로 생각하지 않고 혼용했다.

1885년과 1887년의 감계 때 조선은 "국경 축조물이 세워진 대로", "눈앞에 보이는 대로" 쑹화강을 국경으로 삼아야 한다고 주장했다. 이 경우 간도는 조선에 속한다. 청은 "정계비에 쓰인 토문은 두만을 지칭하는 것"이라며, "두만강이 안 보이는 곳에 정계비가 서 있다는 것은 조선인이 임의로 비석을 옮겼다는 증

8 동북아역사재단, 『근대 변경의 형성과 변경민의 삶』, 67~100쪽.

거"라고 주장했다. 양측 모두 정계비가 실수라는 주장은 펴지 않았다. 그러나 현지 역사학자들은 목극등이 세 가지 실수를 저질렀다고 믿는다. 두만강을 경계로 생각했으면서도 정계비를 두만강이 안 보이는 곳에 잘못 세웠으며, 두만을 토문으로 오기했으며, 두만강이 아닌 물줄기에 토퇴와 석퇴로 표시했다는 것이다.

그러나 중국의 주류 역사학은 조선 정부가 두만강 북쪽 영토를 차지하기 위해 위증과 망언을 하여 국제외교 사기극을 도모한 것이라는 발언까지 서슴지 않는다. 그러나 정계비 위치의 잘못이나 비문의 오기 등의 실수가 있었다면 이는 청의 중대한 과실에 해당한다는 국제법 학계의 시각이 존재한다.

한말에 조선이 간도 정책을 추진한 내적 조건은 1880년대 감계협상의 결과에 대한 불충분한 공유와 간도 영유권 주장, 변경 지역에 대한 토지와 호구의 파악이 근대국가 사명이라는 판단이 크게 작용했다. 이러한 조건에서 한국 영토임을 전제로 한 내부 주장은 차츰 힘을 얻게 되었다. 그러나 간도 거주 주민의 읍소, 청국이 부당하게 간도를 점유하고 있다는 이범윤의 보고서가 여과 없이 『황성신문』에 실리면서 간도 문제는 전 국민적 관심을 받았다. 국권 상실기라서 '잃어버린 간도'에 대한 열망은 더욱 커져갔다. 그러나 대한제국기 외부와 내부의 간도에 관한 입장 차이는 무시되었으며 다양한 주체들이 개입하고 갈등 구조에 놓여 있다는 사실은 사라진 채 오직 '상실'의 흔적만이 우리에게 전해지고 있다.[9]

간도 문제는 민족감정만으로는 해결되지 않는다. 더구나 동북공정 같은 고구려사는 역사 문제이지만 간도는 현실적인 영토 문제다. 따라서 누가 보아도 명명백백한 근거를 가지고 영유권 논리를 펼쳐야 한다. 간도 영유권을 주장하면서도 누구도 간도가 어느 지역을 가리키는지 정확히 모른다는 점, 즉 영유권을 주장해야 할 지역의 지리적 범위가 불분명한 것은 논의가 허술하다는 증거다. 북한과 중국이 협정한 조선-중국 국경조약도 고려해야 한다.

게다가 중국 학계 일각에서는 고려시대에 동북쪽 국경이 함흥 일대까지였는데 조선이 들어서면서 그 이북의 중국 영토를 빼앗았다는 관점을 제기하고 있다.

9 위의 책, 197쪽.

윤관尹瓘(?~1111)이 정복한 공험진公嶮鎭이 함흥 일대이고, 명 태조가 설치하려 한 철령위鐵嶺衛도 함경도와 강원도의 경계선에 있었다고 주장한다. 사실 공험진과 철령위의 위치에 대해서는 우리 학계에서 합의가 이루어지지 못한 상태다. 중국 연구자들은 공험진과 철령위를 함흥 일대로 국한함으로써 그 이북은 원래 원나라 땅이었다고 주장하고, 간도 문제의 출발점을 여기서부터 잡고 있는 것이다.[10]

새로운 동해 출구, 훈춘·투먼·나진

중국은 1886년 중·러 훈춘 동계약東契約을 체결하여 훈춘에서 동해로 나가는 출해권을 한때 인정받기도 했으나 일본이 동북을 점령하고 만주국을 창설하게 되자 중국이 아닌 일본과 러시아의 국경 충돌이 시작된다. 훈춘의 동해 끝 팡촨防川으로 이어지는 긴 띠 모양의 중국 땅과 러시아 땅 사이에 해발 150미터의 작은 장구산張鼓山이 있다. 1938년 일본은 장구산에서 소련군과 전투를 벌였다. 전차와 전투기를 앞세우고 나타난 소련군의 전투력에 고전을 면치 못하던 일본군은 고지를 내주었다. 소련과 일본 모두가 전쟁을 계속하기를 원치 않았기 때문에 휴전에 합의했지만 일본군은 이 지역을 포기하고 두만강 항로를 봉쇄해버렸다. 그때부터 훈춘 사람들은 동해로 나가던 두만강 출구를 잃었고, 그 뒤 70여 년 넘게 북한과 러시아의 경계에 가로막혀 있었다. 게다가 강 하구 쪽은 수심이 얕고, 조·러 친선대교(두만강 철교)가 있어 높이 9미터 이상의 배는 지나 다닐 수도 없었다.[11]

오늘날 바다 출구가 없는 조건에서 차항출해의 전략적 거점은 훈춘과 투먼이다. 훈춘에 있던 발해 염주는 일본과 교역하는 항구였고 동시에 발해의 용제항龍濟港과 토호포항吐號浦港 등 한반도 동해안 주요 항구와 현재 러시아 연해주

10 송기호, 『동아시아의 역사분쟁』, 솔, 2007, 81쪽.

11 강태호 외, 『북방 루트 리포트』, 돌베개, 2014, 79쪽.

〈흑룡회만한신도〉, 1904, 흑룡회본부 홍문관, 독도박물관 소장.

의 나홋카, 올가, 바니노, 누르칸 등의 항구와도 해상운수를 했다. 오늘의 훈춘은 일본과의 무역 외에도 국내 여타 지역과의 교역에서 중요한 역할을 했다. 게다가 대흠무大欽茂(발해 3대 문왕, 재위 737~793)가 785년에 수도를 상경성에서 동경인 팔련성八連城으로 옮기면서 9년 동안 발해의 정치·군사·경제·문화의 중심지가 되었다. 대흠무는 57년간 재위하면서 발해를 '해동성국'으로 발전시킨 장본인이다. 따라서 현재의 훈춘 지역은 발해 시기에 상당한 발전을 이루었다.

이처럼 동경용원부 소속의 염주는 환동해 교통사에서 중요한 지위를 차지한다. 1,000여 년 전 발해에서 일본으로 통하는 '실크로드'의 중요한 관문이었던 스터우허쯔구청石頭河子古城 부근에 현재 훈춘에서 러시아로 통하는 중요한 관문

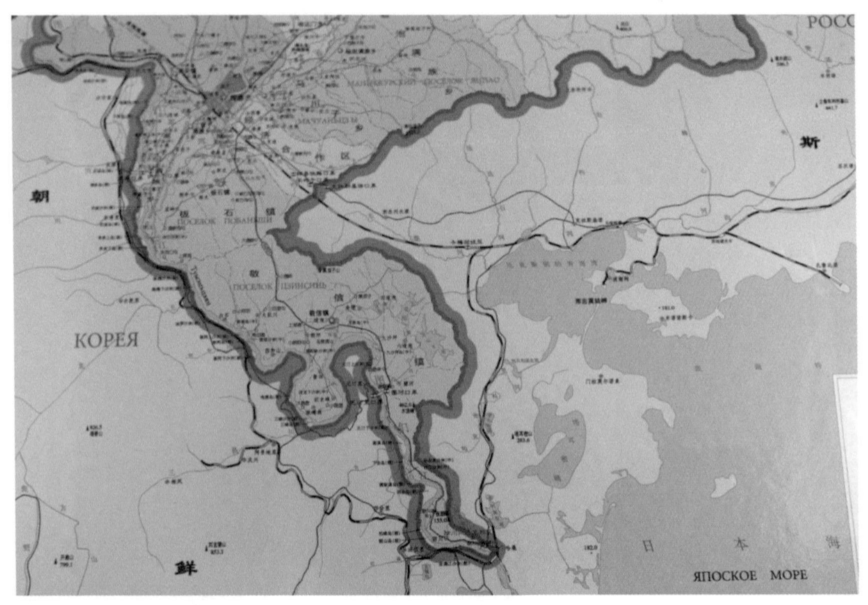

훈춘 부근 동해 출구를 보여주는 지도.

인 장령자 세관이 건설되었음은 우연의 일치라고 보기 어려운 역사의 필연이라 하겠다.[12]

청대에는 만주 일대에 금지령이 공포된 1644년(순치 원년)부터 훈춘 지역도 정착이 제한되어 있었다. 1714년(강희 53)에 훈춘 협령이 설치되어 닝구타 부도총(1870년 길림 장군 관할이 됨) 관할로 되어 있었다. 1881년(광서 7)에 협령이 폐지되고 새로이 훈춘부도총(1889년 훈춘부, 1910년에 훈춘청으로 개편)을 설치하여 정착을 허용하자 인구가 증가했다. 청조는 러시아의 침략을 저지하기 위해 훈춘에 군사 증가, 봉금 폐지, 이민 장려 등의 조처를 취했으며 민간무역을 허용했다. 덕분에 훈춘은 업무량이 급증하고, 기구의 확장이 불가피했다. 인구 증가와 경제활동 활성화에 따라 변경 무역도 급증했다.

12 김석주, 「동북아 경제·물류 네트워크 중심지로서의 연변지역」, 『동아시아 평화와 초국경협력: 남북한·중·러 변경지역을 중심으로』, 동북아역사재단, 2013, 161쪽.

환동해의 산물이 모여드는 훈춘 시장.

1909년에 이르면 훈춘에는 500여 상호가 있어서 조선의 경원, 종성 등과 무역을 했으며, 러시아의 크라스키노, 블라디보스토크와도 해상무역을 했다. 1910년 한국강제병합 이후 훈춘에서 많은 화물이 두만강 하구를 거쳐 수출되었다. 중국의 산동과 상하이 등지의 상품도 훈춘으로 유입된 후에 다시 룽징龍井(용정), 왕칭汪淸, 둔화敦化 등지로 수송되었다. 반대로 지린성吉林省의 농산물은 훈춘에 이른 후 다시 크라스키노와 블라디보스토크를 거쳐 러시아 연해주 지역과 일본 및 산동 등지로 수송되어 상업무역 네트워크를 형성했다. 그리하여 훈춘은 조선, 중국, 러시아 3국의 교통 중심지인 동시에 무역의 집산지가 되었으며 중요한 상업 도시로 발돋움했다. 청조의 군사 요충지에서 점차 물류 중심지로 발전한 것이다.[13]

훈춘은 일찍이 1900년대 초에 지린성 최초로 세관이 설치된 중국 동북의 변방 도시로서 오늘날 '거점 도시', '창구 도시'로 비약적인 발전을 거듭하는 중이다. 훈춘은 북한, 중국, 러시아의 '황금 트라이앵글'이다. 거대 건축물로 새롭

훈춘 곳곳에 러시아풍이 스며들고 있다.

게 지어진 국제 버스터미널의 안내판에는 중국은 물론이고 북한, 러시아로 떠나는 버스시간표가 국경 도시임을 잘 말해준다. 훈춘은 비록 바다는 없어도 항무국港務局을 만들어 환동해 출구 전략을 모색하고 있다. 국경을 넘나드는 일명 '보따리장사' 러시아인들이 곳곳에서 쇼핑을 하고 단체 관광버스로 되돌아가는 모습을 목격하게 된다. 간판에도 옌볜조선족자치주답게 한글은 물론이고 러시아어로도 병기되어 또 하나의 아라사俄羅斯 풍경을 연출하고 있다. 수산시장에서는 북한산 북어와 해삼, 조개, 다시마 등이 팔리고 있어 환동해의 생기가 훈춘 시가

13 중화민국이 성립되자 1913년(중화민국 2년) 청 제도 폐지와 함께 훈춘현이 되었고, 1988년 6월 14일 현급시로 승격되어 훈춘시로 개칭되어 현재에 이르고 있다. 오늘날 훈춘은 옌볜조선족자치주의 동부에 위치한 현급시로, 북한과 러시아에 인접해 있어 국경 개방 도시로 지정되어 있다. 시의 인구는 25만여 명이고, 이중 조선족이 약 45퍼센트를 차지한다. 남쪽은 두만강을 경계로 북한 나선, 동쪽은 프리모르스키 지방과 국경을 접한다. 동해에서 15킬로미터, 포시예트와 철도로 연결되어 있으며, 러시아 자루비노 항구와는 63킬로미터 떨어져 있다. 창춘-훈춘 고속도로로 연결되어 있다(김석주, 「동북아 경제·물류 네트워크 중심지로서의 연변 지역」, 169쪽).

훈춘의 물오른 버드나무.

지로 스며들고 있다. 부산항과 속초항, 일본 니가타 등 환동해 직항로로 나가기 위한 화물이 훈춘에 집하됨으로써 환동해 물류의 거점이 되고 있다. 이는 갑작스러운 일이 아니며 20세기 초반 이래로 지속된 훈춘의 장기 지속적 역할이다. 훈춘에 있던 발해의 대일본 출구까지 계산에 넣는다면 환동해 출구의 지속성은 그야말로 1,000년이 넘는 오랜 전통이다. 전통시대에는 없던 중국 동북변강과 강남 이남의 닝보 같은 항구와의 연결도 새로운 항로의 출현이다. 훈춘－나진－동해－상하이 혹은 닝보로 가기 위해 외국을 경유하기는 하지만 중국 국내 무역인 중외중中外中(중국－해외－중국) 항로를 열어 환동해 시대를 여는 중이다. 오랜 항구 도시인 취안저우泉州, 광저우 등으로 중외중 항로가 활성화되어 동북의 자원과 물류가 들어가고, 남방 생산품 등이 동북으로 유입되고 있다.

또 하나의 환동해 출구 도시인 투먼圖們은 옌볜조선족자치주에 위치한다. 인구 13만 6,000명 중에 58퍼센트가 조선족이다. 그 외에도 한족, 만주족, 후이족, 몽골족 등 10여 개 민족이 거주한다. 두만강을 사이에 두고 남쪽으로 함경북

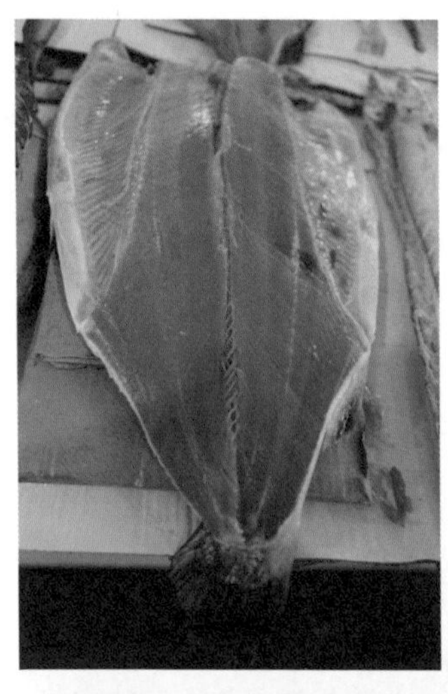

연지의 시장에 선보이는 동해의 수산물들.
❶ 동해산 연어.
❷ 동해의 북방 게.
❸ 두만강 하구의 조개.

❶ 북한산 문어.

❷ 북한산 다시마와 미역.

❸ 옌지 서시장의 북한산 북어.

도 온성군과 이웃하고, 동쪽으로는 훈춘, 서쪽으로는 옌지, 북쪽으로는 왕칭현汪淸縣에 접한다. 북한의 나선특별시까지는 160킬로미터 떨어져 있다.

두만강가 투먼의 북·중 국경. 건너편이 북한이다.

투먼은 중국 동북철도의 중심지로 북한의 나진, 러시아의 하산, 중국의 옌지와 창춘·하얼빈 철도로 연결된다. 일찍이 1930년대에 북한-중국 철도가 놓였고, 일본 군부는 나진을 통해 니가타, 호쿠리쿠 등 환동해 변 항구와 연결 지어 대륙 경영에 나섰다. 좁은 두만강 하구에 걸쳐진 투먼의 짧은 다리를 건너면 곧바로 북한 땅 남양이고, 두만강 변의 철길이 보인다. 투먼과 남양이 동반자 관계로 성장해왔음을 알 수 있다. 창지투長吉圖(창춘, 지린, 투먼) 개발이 활성화된다면 나진항과의 연계는 더욱 강화될 전망이다.

2009년 8월 30일 중국 국무원은 '중국 두만강 지역 협력개발 창지투 개발선도지구 지정'을 정식 비준했다. 이로써 옌볜 조선족자치주는 두만강 개발의 핵심 지역이 되었다. 이 계획은 두만강 지역의 투자와 기본 건설을 적극 촉진하고, 두만강 지역의 국제 협력을 촉진, 두만강의 협력 개발을 위한 내륙 지역의 지지대 역할을 강화하기 위한 것이다. 오랜 동안 이 지역에 살아온 조선족은 지역의 안정과 발전의 초석이자 원동력으로 간주되는 것이다.[14]

주목할 점은 광역두만강개발계획의 '중국 이니셔티브'가 중국 영토 내부의

14 衣保中, 「중국 두만강 지역 협력개발계획과 조선족의 역할」, 『동아시아 평화와 초국경협력: 남북한,중·러 변경지역을 중심으로』, 동북아역사재단, 2013, 368쪽.

개발에 그치지 않고 국경 반대편까지 미친다는 것이다. 첫째, 2006년 러시아 우수리스크에 설치된 중·러 경제무역 합작구다. 당시에 설치된 중국 19개 경외境外 경제합작구의 하나인 이곳은 바닷길을 통하지 않고 교역이 이루어지는 세 곳 가운데 하나라는 점에서 특징적이다. 중국과 러시아의 경제 협력이 상품 교환을 넘어 직접 투자를 매개로 새로운 패턴을 만들어내고 있다는 점에서 주목되는 사례다. 둘째, 북한을 경유하는 중국의 출해出海 시도다. 2008년 다롄의 창리그룹創立集團의 나진항구 1번 부두의 사용권이 2010년부터 50년 연장되고, 2012년에는 4번, 5번, 6번 부두의 사용권을 추가로 획득했다. 2010년 1월 나선이 '특별시'로 선포되고, 2011년 7월 중국의 화물이 나진항에서 선적되는 것이 허용되면서 중국의 차항출해借港出海의 꿈이 한 단계 진전되었다. 뒤이어 중국의 취엔허圈下와 북한의 원정리를 잇는 통상구를 거쳐 훈춘과 나진을 연결하는 도로가 개선되었다. 훈춘과 투먼 등 북한과 국경을 맞댄 중국 변경 도시의 개발구에서는 북한의 노동력이 공식적으로 고용되고 있다.

이러한 일련의 변화는 광역 두만강 권역이 내부 동학에 의해 작동하고 있으며, 특히 중국의 치국治國, statecraft으로 자리 잡은 것을 실증하고 있다. 동북아시아의 '가난한' 세 나라들이 한국과 일본을 비롯한 '부유한' 나라의 관심과 투자를 기다리던 상황에서, 경제 발전을 이룩한 중국이 국가적·국제적 스케일 모두에서 대규모 투자를 통해 경제개발을 추진하는 상황으로 변화한 것이다. 북한, 중국, 러시아 모두 정치적으로는 여전히 이몽異夢을 꾸고 있지만, 그 꿈이 권역 경제 협력과 연계될 수밖에 없는 환경이 조성된 것이다.[15]

투먼을 바라보는 일본의 입장은 NPO법인 '북동아시아운송회랑네트워크'의 견해에 잘 드러난다. 투먼강 수송회랑을 뛰어넘는 다양한 회랑이 남한과 북한, 일본, 몽골, 러시아, 중국 6개국 사이에서 설정될 필요성을 강조하고 있다.

북동의 국제환경 속에서 타지방에 비해 일본 북동은 6개 관련국들의 다양한 힘이

15 신현준, 「두만강 과경권역의 개발과 조선족의 이동성」, 『아시아의 접촉지대』, 그린비, 2013, 84~85쪽.

모여야 하는 곳입니다. 환동해 북동은 냉전시대의 잔영이 남아 있었습니다. 우리가 말하는 북동은 극동 및 동아시아, 즉 중국 동북3성과 내몽골자치구, 한국, 북조선 및 일본을 포괄하는 권역을 뜻합니다. 기초적 정비가 안 된 상태에서 자유로운 왕래, 효율적 운송을 제한하는 요인이 존재했지요. 그러나 일본 쪽 대안 도시의 무역과 투자가 증대되었으며, 국경 무역이 증가하고 관광과 계절노동자 인입이 활발해졌습니다. 그 중심에는 흑룡강성, 내몽골자치구를 포함하여 국제 무역의 발전을 위해 환동해로 나아가려는 움직임에 힘입고 있습니다.

동해로의 출해出海, 즉 동북아의 중요 회랑回廊이지요. 도문강 회랑의 활성화에 관해 조사·연구·의견 조정이 각 관계국들 사이에서 행해지고, 환동해를 횡단하는 항로 개설 사업, 자원 관련 항만 개량 사업을 지원하는 활동, 환동해에서 물자의 유통을 꾀하고 환동해를 교류의 바다로 변화시켜 북동 및 연관 지역 활성화로 평화와 진흥에 기여해야 합니다. 나아가 도문강 수송회랑을 뛰어넘는 다양한 회랑이 필요합니다.[16]

훈춘, 투먼과 더불어 중요한 곳이 나선특별시다. 나선은 나진항과 선봉항을 갖추고 밑으로는 청진항과 원산항까지 연결 가능한 네트워크의 중심 노드이면서 북한 개방을 측정할 수 있는 바로미터다. 중국과 러시아, 그리고 몽골이 해양으로 나아가는 출구이고, 한국과 일본이 대륙으로 진입하기 위한 입구다. 중국은 차항출해 전략 아래 북한의 항구를 빌려 적극적으로 동해로 진출하기 위한 인프라 건설에 투자하는 중이다.[17] 중국이 나진항을 이용하면서 구상할 수 있는 정치적·경제적 정책 방안은 지린성과 타이완을 연결하는 해운 항선이다. 또한 일본과 서태평양으로 진출하는 길도 열게 된다. 중국 역시 북극해 항로 진출까지 계산하고 있을 것이다.[18]

유의할 점은 조건은 다르지만, 나진항 차항출해 전략이 이미 일제강점기에

16 NPO 북동아시아운송회랑네트워크는 일본 전역의 전문가들이 모여 결성되었고, 해외에서도 한국, 창춘, 베이징, 옌지, 훈춘 등이 참여한다. 위 증언은 2014년 4월에 도쿄의 사무실에서 채록되었다.

17 이창주, 『변방이 중심이 되는 동북아 신네트워크』, 산지니, 2014, 103쪽.

18 위의 책, 145~159쪽.

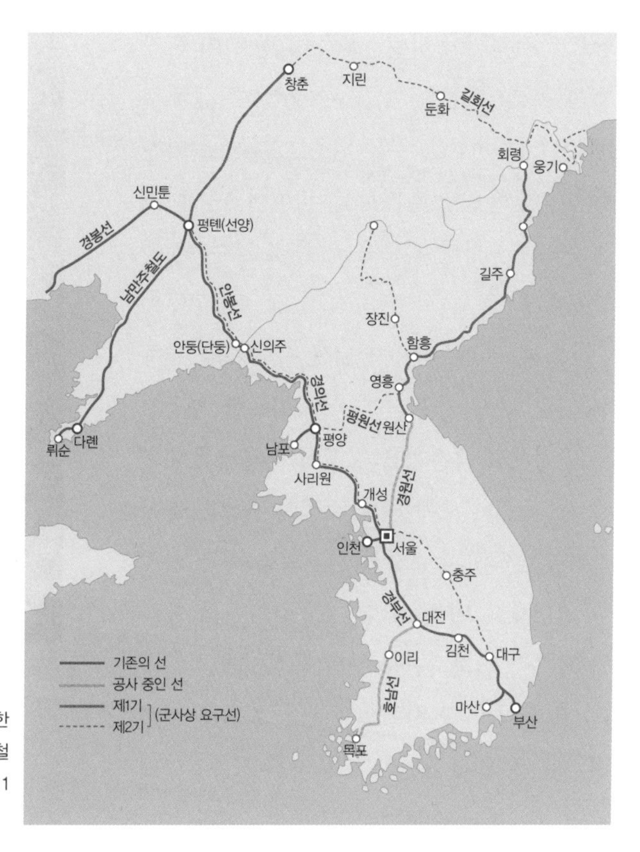

야마가타 아리토모山縣有朋의 한국종관철도 부설 구상도(만선철도경영방책滿鮮鐵道經營方策, 1911년).

나진항을 종점으로 동해를 이용한다는 것으로 설정되었다는 것이다. 길회선吉會線(지린-회령) 종단항으로 나진이 지정되었는데 그 배후에는 일본 군부의 입김이 강하게 작용했다. 1920년대 중반 이후 일본 군부는 군사적인 관점에서 볼 때도 다롄항보다는 조선 북부의 나진항을 선정함으로써 유사시 만주와 일본을 최단거리로 연결해야 한다는 주장을 견지했다. 당시 일본의 입장은 만몽의 화물을 나진에 집중시켜 블라디보스토크에 대항해야 하며, 이를 통해 일본의 경제적 독립을 보장할 수 있다고 판단했다.

육군성의 일부 나진론자들은 웅기의 경우 소련의 연해주 및 훈춘과 맞닿아 있어 유사시 적에게 노출될 수 있다고 주장했다. 이러한 이유에서 나진을 종단항으로 결정해야 하며, 나진-회령 사이에 직통 철도를 부설할 것을 주장했다. 실제로 1932년 5월 11일, 일본 외상의 지시로 나진항을 종단항으로 결정하고, 곧이어 8월에 조선총독부는 항만 매립을 위한 토지수용령을 발표했다.[19]

항공 사진으로 본 천혜의 양항 나진항.

일본 제국주의는 길회선 철도 부설을 통해 삼국 간섭 이후 러시아가 획득한 동청철도의 경제적 효용성을 현저히 저하시켰으며, 사실상 동청철도에 대한 소련의 관심을 줄이는 데 성공했다. 길회선 철도의 완성과 나진항 발전으로 인해 블라디보스토크항의 영화가 급속히 쇠퇴하면서 무역 중심지였던 훈춘의 지위 역시 급격히 쇠락했다. 반면에 길회선 철도를 통해 조선으로 물자가 급증하면서 무역 중심지로서 투먼이 크게 부상했다. 그전에는 유럽으로 가려면 블라디보스토크를 거쳐야 했으나 길회선 철도가 완성되면서 회령을 거쳐 시베리아 철도와 연결할 수 있었다. 길회선 철도는 동청철도와 평행선이기 때문에 동청철도와 블라디보스토크가 심각한 영향을 받게 된 것이고, 따라서 나진이 '동양의 교통 대동맥' 종점을 장악하게 된 것이다.

동북에는 옌볜조선족자치주가 있다. 조선족만 사는 것이 아니라 한국인과 조교(북한 교포)도 산다. 북한과 거래가 끊긴 상태에서 옌볜의 조선인은 중요한 역할을 한다. 두만강 하구는 중국인과 러시아인, 북한과 남한인, 옌볜 조선인, 그리고 일본인이 모여드는 인종의 용광로가 될 수 있을 것인가. 그 용광로에서 문물이 교류하고 물류를 통한 경제 이동이 환동해를 평화의 바다로 녹여낼 수 있

19 김지환, 『철도로 보는 중국 역사』, 학고방, 2014, 67쪽.

훈춘 국제버스터미널의 시간표에는 북한 나선행도 있다.

을까. 나진항은 바로 그러한 역사적·경제적 총량의 시금석이리라. 나진항의 동해를 통한 새로운 변신은 무엇이며, 어떻게 될 것인가. 지나간 역사는 다가올 역사의 반복일 수도 있기에 과거 나진항을 둘러싼 철도와 항만의 역사를 반추해보는 것이다.

철도는 '제국의 길'이다. 오늘은 물론 내일도 그럴 것이다. 극동의 한국과 중국, 만주, 몽골, 시베리아를 지나는 여행자는 최근에 깔린 철로를 만난다. 이미 완공된 것도 있고 공사 중인 것도 있다. 이는 새로운 침략 방식을 명백히 입증한다. 피를 흘리지 않는 은근한 침략이다. 국가의 재산이나 교역 및 자원을 둘러싸고 다투지만, 병사들이 싸우는 것이 아니라 외교관이나 상인, 금융인, 회사원, 무역상, 기술자들이 싸운다. 거칠고 비용이 많이 드는 과거의 원정전쟁 대신, 이제는 좀 더 개화된 정복 방법이 동원된다. 세계에서 사실상 가장 관심을 둘 만한 제국의 길은 바로 시베리아 횡단철도라고 할 수 있다. 그 여행 중에 점점 더 거대해져가는 러시아제국의 큰 그림을 보게 된다. 무엇보다도 그 후경은 망망한 대양 같은 인상을 준다. 끝도 없이 펼쳐지는 초원의 전망과 깊게 드리운 원시림의 우수, 실로 감탄할 만한 풍광이다. 송림이 '하느님의 그림자'처럼 산을 덮고 있는가 하면 강물은 영원한 하느님처럼 까마득한 끝을 향해, 북빙양을 향해 흘러간다. 장대한 물줄기는 압도적인 위엄으로 물살에 수수께끼 같은 운명의 힘을 불어넣는 듯하다. 인간의 진보라는 것은 이를테면 이 강물의 성스러운 혼이다. 강물과 나란히 떠오르는 해를 향해 멈출 줄 모르고 흘러가는 또 다른 흐름이다.

— 조지 린치George Lynch, 『제국의 통로』*The Path of Empire*.

4장

아시아의 발칸, 만주

만주의 서쪽 바닷길:
요동 반도와 압록강 하구

IO

랴오닝 반도와 황해 출구

만주에 이르는 초원 실크로드

실크로드는 흔히 동서양을 이어준 간선도로라 불린다. 1877년 독일 지리학자 리히트호펜이 'die Seidenstrasse'라 부른 데서 시작되었다. 영미권의 실크로드와 중국의 사주지로絲綢之路, 터키의 이펙 욜루, 우리의 비단길이 그것이다. 실크로드는 유라시아라는 몸통을 구성하는 여러 지체들, 즉 남과 북, 그리고 동과 서의 다양한 문명이 유기적으로 연관되어 움직일 수 있도록 해준 '혈관' 같은 것이었다. 그러나 우리가 실크로드를 혈관이나 간선도로라고 부르는 것은 자칫 역사적 현실을 호도할 수 있다. '길' 혹은 '선'으로서의 실크로드 개념에 대해 회의를 품지 않을 수 없기 때문이다. 실크로드는 단순히 중국이나 서구 문화가 상대편에게 옮겨질 때 사용된 도로가 아니었다. 그것은 상이한 문화들이 도입되어 머물면서 변화하고, 다시 다른 지역으로 전달되는 장이자 면面이었던 것이다. 그리고 이 면은 바로 초원과 사막을 무대로 하는 중앙유라시아Central Eurasia였다. 실크로드는 새로운 개념으로 다시 태어나야 할 때다. 왜냐하면 그것은 동양과 서양의 가교가 아니라 유라시아의 가교였고, 역사적으로 그 역할을 수행했던 중앙유라시아 세계야말로 실크로드의 모태였기 때문이다.[1] 중국 한족에게는 남북 마역로, 만주와 한민족에게는 다싱안링大興安嶺 루트가 더 중요한 의미를 지닐 것이다.

동몽골 초원은 내몽골 후룬베이얼呼倫貝爾 초원과 연결된다. 중국에서 네 번째 규모의 후룬호呼倫湖와 동몽골 동부의 부이르호가 있는데, 부이르호는 부여로 불렸다. 고구려는 물론이고 숙신, 발해 등 겨레의 기원이 시작된 곳으로 비정되

1 박한제 외, 『유라시아 천년을 가다』, 사계절, 2002, 34~35쪽.

말을 모는 목자.

몽골 초원로에 있는 호수와 길목의 수호신.

는 곳이자 흉노로부터 탁발선비拓跋鮮卑, 부랴트족 등이 뻗어나간 시원지다.

내몽골의 인구 15만 명의 시린하오터錫林浩特는 몽골 6대 초원 가운데서도 가장 기름진 초원인 시린궈러錫林郭勒 대초원의 한복판에 자리한 '초원의 명주明州'다. 중국 한대漢代부터 흉노와 유연柔然, 탁발선비, 돌궐 등 북방계 유목민이 살아왔으며, 원대에는 칭기즈칸 일족의 본향이기도 하여 줄곧 그 후손들의 영지나 방목지로 남아 있었다. 시린하오터에서 베이징으로 남행하는 207번 도로는 600킬로미터를 달려가야 하는 만만찮은 여정이다. 자고로 이 길은 북방 기마문화의 남북 통로 역할을 함으로써 실크로드의 당당한 일익을 담당했던 마역로馬易路다. 지금까지 학계에서는 실크로드라는 범칭 아래 문명 교류의 통로라고 하면 주로 동서를 횡단하는 초원로와 오아시스로, 해로海路의 세 개 길만 염두에 두었지 남북을 잇는 여러 길은 도외시했다. 그런데 문명 교류는 마역로와 같은 남북 통로를 통해서도 실현되었다. 문명 교류의 동서 통로가 간선이라면, 남북 통로는 지선이다. 따라서 문명 교류의 통로를 동서 횡단의 간선에만 국한시킨 통념에서 벗어나서 남북 여러 지선을 망라하여 동서남북으로 사통팔달한 하나의 거대한 망상적網狀的 교통망으로 인식해야 할 것이다. 이 루트는 외몽골 카라코룸哈剌和林에서 상도와 대도를 지나 화난華南의 항저우杭州나 광저우에 닿아 해로와 접한다.

이 길은 일찍부터 북방 유목민족과 한족의 동아시아 쟁탈전을 위한 전로였으며, 이 길을 따라 이 양대 민족 간에는 군사적, 사회적으로 큰 역할을 한 말들이 교역되고 북방 기마유목 민족문화와 남방 농경문화가 교류되고 소통되었다. 초원로의 갓길이기도 한 이 마역로를 통해 북방 유목문화가 한반도를 비롯한 동북아시아 일원에까지 영향을 미쳤다. 중국 한조漢朝와 흉노 사이에 중국의 견직물과 흉노의 말이 오고 간 견마무역絹馬貿易의 길이기도 했다. 이 길의 주역은 몽골말이었다. 몽골말은 작달막하지만 추위에 강하고 지구력이 뛰어난 초원고마로 추정된다.[2]

다싱안링을 넘는 길은 만주와 한반도로 가는 지름길이었다. 중앙유라시아를

2 정수일, 『초원 실크로드를 가다』, 창비, 2010, 148쪽.

관통하는 실크로드는 장애물이기도 한 다싱안링을 넘어야만 만주로 들어설 수 있다. 녹색의 보고인 다싱안링은 남북 길이 1,200킬로미터, 동서 너비 200~300킬로미터의 울창한 수림 지대다. 거대한 장애물이기는 하지만 큰 산맥치고는 의외로 높지 않고 정상도 평퍼짐한 초원이다.[3]

고구려 기마군단이 이 산맥을 넘나든 것은 이 같은 지형조건 때문에 가능했다. 몽골에서 다싱안링을 넘으면 곧바로 만주 벌판이다. 다싱안링은 몽골이나 시베리아 초원에서 출발하여 한반도로 이어지는 초원 실크로드의 중간 경유지다. 한민족의 북방기원설과 관련하여 바이칼 주변에 살던 구석기인 일파가 해빙기에 남하하여 다싱안링을 넘어 만주와 한반도로 이동했다는 설도 이러한 지리적 조건 때문에 타당성이 높다.[4]

만주로 이어지는 초원 실크로드 오아시스로는 곧바로 한반도까지 이어졌다. 오늘날 고분, 특히 신라고분에서 종종 발굴되는 장식보검裝飾寶劍[5]·인물무늬 목걸이·유리그릇 등의 서역계西域界 유물, 사마르칸트 아프라시압Afrasiab 궁전벽화나 둔황敦煌 벽화에 그려진 한국인의 모습은 비단길과 초원길을 통한 고대 국제 교류의 실상을 짐작케 한다.[6]

한반도와 만주를 이어주는 실크로드 오아시스로의 동단 구간은 명도전로明刀錢路라 부를 수 있다. 교역과 지불 수단으로 쓰였던 명도전이 출토된 지역은 교역 장소였을 가능성이 높기 때문이다. 오늘날 만주, 즉 동북3성의 중요한 거점인 선양瀋陽은 오랜 실크로드 거점이었으며 2,700여 년의 유구한 역사를 지닌 곳이다. 지리적으로 교통의 요지에 자리 잡아 숱한 이민족이 각축을 벌이던 정점이었다. 선양의 훈허강渾河(비류수沸流水)은 고구려 주몽의 건국신화가 깃들어 있는 곳이기도 하고, 4세기 한때 고구려 속령이었다. 고구려가 중국이나 북방 유목민족과 통교할 때, 수도 환도에서 북으로 가는 두 개의 길 중 하나로 한반도로

3 今西錦司編, 『大興安嶺探險 ―1942年 探險報告書』(復刻), 朝日文庫, 1991.
4 정수일, 『실크로드 사전』, 79쪽.
5 김원룡, 「고대 한국과 서역」, 『미술자료』 34, 1984.
6 권오영, 「해방 이후 한국고고학의 발달이 고대사 연구에 끼친 영향」, 『지역과 역사』 3, 1997.

이어지는 실크로드 초원로의 동구東口 역할을 했다.

선양과 베이징의 거의 정중앙에 위치한 랴오닝성遼寧省 차오양朝陽은 영주로 불렸으며 이 도시 역시 오랜 역사를 지녔다. 5,000~6,000년 전의 홍샨문화紅山文化의 본거지 중 하나나. 고고학 발굴에 의하면, 차오양 동쪽, 남쪽 발해만, 서쪽 내몽골內蒙古 초원, 북쪽 다싱안링 남록까지 홍샨문화가 확인된다. 홍샨문화는 화하족華夏族이 창조한 중원문화와 다르다.[7] 홍샨문화를 창조한 주역은 동이족東夷族이다. 이러한 근원에서 홍샨문화는 한민족 문화와 상관성이 있다. 영주는 6세기를 전후하여 고구려 치하에 있었다. 영주는 고조선으로부터 삼국시대에 이르기까지 오아시스 육로가 한반도로 이어지는 길목의 관문 역할을 했으며, 영주로부터 육로로 초원로와 연결되었다. 페르시아를 비롯한 서역과의 교역이나 북방 유목민과의 교역이 활발하게 전개되었던 명실상부한 국제 무역 도시였다. 차오양은 동북 불교의 요람으로서 불교의 한반도 동전東傳에 가교 역할을 하였다.

8세기 이후 국제 무역상으로 등장한 중앙아시아 소그드인의 취락과 페르시아 상인들이 영주에 있었다. 645년에 당나라 이세적이 고구려를 정벌할 때도 영주에서 출발했으며, 발해가 외국과 통하던 이른바 발해 5도道의 하나가 바로 상경용천부에서 영주를 거쳐 중원에 이르는 영주로였다.[8] 고구려 고분벽화 무용총의 〈수박도〉나 각저총 벽화의 〈씨름도〉에 보이는 심목고비深目高鼻한 상대방은 다름 아닌 영주 땅을 거쳐 고구려에 들어온 외국인이었을 것이다. 이러한 왕래는 발해의 5대 국제 통로 중 하나인 상경에서 영주를 거쳐 중원에 이르는 영주로를 통해 이루어졌을 것이다.

다싱안링 동남쪽 기슭에는 우란하오터烏蘭浩特가 있다. 몽골어로 '붉은색'을 뜻하는 우란, '시'라는 뜻의 하오터가 합쳐져서 우란하오터가 되었다. 옛 고구려로 들어가는 초원길의 길목이었으며 오래전부터 한민족의 주거지였다. 주변에

7 중국은 홍샨문화를 '중화문명적 서곡', '중화적 탄생지' 등 대중적으로 부각시키고 있다(『內蒙古』, 中國旅遊出版社, 2013).

8 정수일, 『초원 실크로드를 가다』, 158쪽.

무용총에 그려진 〈수박도〉.

고구려 마을과 성곽 유적이 산재하며, 지금도 내몽골 조선족의 절반가량이 우란하오터에 살고 있다. 다싱안링은 초원의 대륙사에서 절대적으로 중요한 길목이었다. 훗날 북위北魏를 건설하게 되는 선비족의 역사도 이곳에서 펼쳐졌다. 선비족은 여섯 개의 부족이 강성하다가 탁발부가 5호 16국을 정리하고 화베이華北를 통일하여 북위를 세웠다. 이후 말갈, 갈족은 선비족의 예하 부대에 포함되어 그들의 영향을 받다가 점차 요동으로 이동했다.

옛적 중국 동북방에 남북으로 길게 뻗은 싱안링興安嶺 동록東麓의 한 커다란 동굴에서 산돼지와 순록 등 야생동물을 잡아 먹으며 생계를 유지하던 가난한 수렵민이 있었다. 그 동굴이 유명한 알선동嘎仙洞이다.[9] 그들은 기마전사의 말굽소리로 요란한 초원 뒤뜰에서 작은 백성, 작은 국가를 유지하면서 오랫동안 살았다. 세월과 더불어 영내 주민이 늘어났다. 그들은 정든 고향, 동굴을 떠나기로 마음먹었다. 1,000여 명이 살 수 있는 큰 동굴이었으나 더 이상 머무를 수가 없었다. 여러 가지 난관이 그들이 가는 길을 가로막았지만 굴하지 않았다. 남천을 계속하여 오랫동안 초원의 맹주로 유목민족을 호령하던 흉노가 떠나버린 땅에 도달했다. 남천 과정에서 수많은 유목민을 흡수했으며, 어느덧 대유목족 '선비'라는 명칭이 붙여졌다. 그들은 5호가 중화세계를 뒤흔든 16국 시대 말미에 북위를 세우면서 중국 중원을 통치하기 시작했다. 얼마 지나지 않아 화베이를 통일하여 중국 역사에 커다란 족적을 남겼다. 그들은 동굴을 떠난 후 자기 종족, 자기 문화에 집착하지 않았다. 그들은 수도를 화족의 오랜 중심이었던 뤄양洛陽으로 옮

9　다싱안링 북록의 탁발부 선대의 석굴 유적은 그 부락이 다싱안링의 아리강阿里江 일대에서 일어났음을 증명하는 것이다. 이 탁발부는 몽골어족에 속한다(孫進己, 임동석 옮김, 『동북민족원류』, 동문선, 2000/1992, 367쪽).

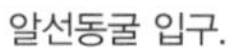
알선동굴 입구.

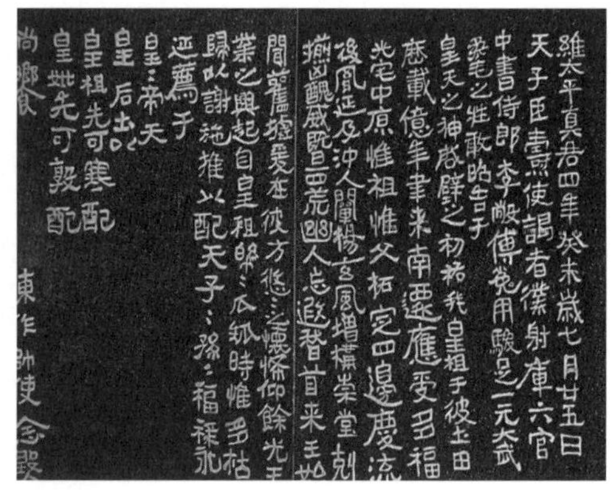
維太平真君四年癸未歲七月廿五日
天子臣燾使謁者僕射庫六官
中書侍郎李敞傅㝹用駿足一元大武
柔毛之牲敢昭告于
皇天之神啓闢之初祐我皇祖于彼土田
歷載億年聿來南遷應受多福
光宅中原惟祖惟父拓定四邊慶流
後胤延及沖人闡揚玄風增構崇堂剋
揃凶醜威暨四荒幽人忘遐稽首來王始
聞舊墟爰在彼方悠悠之懷希仰餘光王
業之興起自皇祖緜緜瓜瓞時惟多祜
歸以謝施推以配天子子孫孫福祿永
延薦于
皇皇帝天
皇皇后土以
皇祖先可寒配
皇妣先可敦配
尚饗
東作帥使念鑿

알선동굴 탁본.

졌다. 당시 세계의 모든 길은 뤄양을 향해 뚫리기 시작했다. 북위는 대당제국의 전신이었다. 북위 뤄양은 바로 화려한 장안을 예감하고 있었던 것이다. 그들이 살던 알선동굴에는 탁발부의 남천로와 그 과정을 정확하게 기록한 금석문이 전해온다.

> 개벽 초기에 우리(탁발) 황조를 그 토전(알선동 지역 일대)에서 도우셨고,
> 억년을 거친 후에 마침내 남천南遷했다.
> 많은 복을 받은 덕분에 중원을 널리 안정시킬 수 있었다.
> 오직 우리 할아버지, 우리 아버지만이 사변을 개척하여 안정시켰던 것이다.[10]

고구려사, 요동사, 만주사

오늘날 고대의 동단 초원로는 만주 또는 동북3성 정도로 불리고 있다. 만주는 오늘의 중국에서는 사어死語다. 과거 실크로드의 거점이었던 선양은 오늘날에도

10 박한제, 『제국으로 가는 긴 여정』, 23쪽.

시베리아 횡단철도의 황해 종착역인 다롄의 모습(조지 린치의 사진).

시베리아 횡단철도(TSR), 한반도 종단철도(TKR), 중국 횡단철도(TCR), 만주 횡단철도(TMR)의 4대 철로를 하나로 묶는 '철의 실크로드' 역할을 하고 있어 지정학적 장기 지속의 역사를 이어나간다. '문명의 용광로'로 알려진 만주는 19세기에 질적으로 다른 변화와 도전을 받아들이게 된다. 아시아에서 유럽 열강의 제국주의적 경쟁이 오리엔탈리즘적으로 미화된 것이 '거대한 게임'Great Game으로 명명되는 중앙아시아 문제였다면, 만주 문제는 유럽 지성계에서 제국주의에 대한 냉소와 환멸이 피어오르던 시기에 발생한 문명적 동기가 거세된 아시아의 발칸 문제였다. 발칸, 중앙아시아, 그리고 만주 문제는 영국과 러시아 간의 지정학적 경쟁을 통해 당시 '세계'와 동의어인 유럽과 아시아가 전략상으로 하나로 이어지고 있음을 보여준다. 특히 19세기 말 아시아 문제의 핵심에 만주가 자리하고 있음을 이후 전개된 일련의 사건을 통해 확인할 수 있다.

만주는 1895~1904년의 중요한 시기를 관통하는 한반도 문제의 핵심 이해관계였으며, 동아시아의 운명을 가른 청일전쟁과 러일전쟁 두 전쟁도 궁극적으로 만주 문제로 집중되며, 한반도의 운명도 이 범위 내에서 결정되었다. 초기에 아시아 문제를 주도한 것이 영국·프랑스·러시아였고, 독일과 미국이 뒤에 합류한 데 비해, 두 전쟁을 통해 만주·한반도 문제가 파국적으로 해결되면서 동아시아 세력전이 발생하여 미국과 일본이 동아시아의 주요 행위자로 등장한 것이다. 즉 만주 문제는 동아시아의 '발칸 문제'였던 것이다.[11] 만주가 '동아시아의 발칸'이 될 수밖에 없던 저간의 사정은 한족 이외의 다양한 역사적 민족 구성에서 비롯된다. 만주는 중국사 본류에서 보면 변경이다. 오늘의 중국에서 바라보는 동북변강 인식은 다음과 같다.

중국을 침략하는 데 혈안이 된 열강을 풍자한 그림. 영국·독일·일본·러시아·프랑스가 보인다. 『Le Petit Journal』, 1898년 1월 16일.

> 동북은 중요 변강지구로 드넓은 토지와 풍부한 자원을 가지고 있다. 근대 이래 구舊중국은 국력이 쇠퇴하였고 통치자는 나약하고 무능하여 동북은 열강이 침략과 확장을 시도하고 패권을 쟁탈하는 곳이 되었다. 제국주의 어용문인들은 동북을 분열시키는 각종 괴이한 담론을 날조하였고, 동북 지역을 강점하는 데 이른바 '역사적 근거'를 제공하였다. 그때부터 동북변강 문제는 많은 뜻있는 지식인들이 관심을 갖고 연구하는 대상이 되었고 동북을 분열하려는 여러 잘못된 논의에 대해 비판과 반격을 진행하였다. (……) 최근에 조선과 한국의 소수 연구기구와 학자들이 중국과 조선 관계사 연구에서 사실을 왜곡하고 혼란을 조장하고, 소수 정객은 정치적 목적에서 공개적으로 여러 잘못된 논의들을 선전하여 일종의 도전이 되고 있다. 첫째, 딴마음을 품고서 고구려·발해 등 고대 중국 지방 속국 정권이 고대 조선족의 독립

11 백준기 외, 「아시아의 발칸」, 『만주와 서구열강의 제국주의 정책』, 동북아역사재단, 2007, 9쪽.

국이라고 '논증'하고, 오늘날 중국 동북변강은 역사적으로 고대 조선의 영토라고 호언한다. 둘째, 역사상 민족 분포와 천도 문제에서 사실을 왜곡하고 환난을 조장하여 청동단검이 출토된 지역은 모두 고대 조선 영역이라 호언한다. 심지어 부여 등 고대 중국 동북변강의 원주민족이 고조선으로부터 갈라져 나온 후국이고 고조선의 일부라고 '논증'함으로써, 그것을 근거로 중국 동북을 고조선의 범위로 편입시키기까지 한다. 셋째, 이른바 '간도 문제'로 길림과 연변의 근대 조선의 이민 문제를 '변계'邊界 문제로 제기하고, 그것을 근거로 영토를 요구한다. 그와 동시에 현재 일부 러시아 학자들이 중·러 관계사를 왜곡하는 저술을 발표하고, 시베리아와 원동 지방관리도 중·러 우호관계를 해치는 '중국 위협론'과 같은 논의를 하고 있다.[12]

이처럼 중국에게 만주, 즉 동북변강 문제는 학술적 문제일 뿐만 아니라 국가의 영토·강역·주권 등에 관련된 중대한 정치 문제다. 그들이 보기에 홍샨문화는 중국의 대표적인 동북 원시문화이며, 고구려와 발해 문화는 민족적 특색과 지역 특색을 갖추고 있으되 중국 고대 다민족 문화 통일체 중에서 독특한 특색을 지닌 구성 요소로 간주된다. 거란족이 세운 요, 여진족이 세운 금, 몽골족이 세운 원, 만주족이 세운 청 등의 왕조도 오로지 중국 다민족 국가의 역사로만 기록될 뿐이다. 오늘날 중국은 여전히 변강의 내지화에 대한 고민을 하고 있는 중이다.

중국은 변강과 내지가 비교적 큰 차이가 있는 통일 다민족 국가이다. 이러한 국가의 안정은 변강 지역과 내지의 하나 됨을 전제로 하고, 반드시 변강의 안정에 의존해야 한다. 변강의 안정 여부는 반드시 변강 지역의 진보와 발전, 지속적인 내지와의 격차 축소를 기초로 해야 한다. 이것은 곧 '내지화'이다. 역사적으로든 현실적으로든 '내지화'는 중국 변강 발전의 시대적 요구이고 필연적 추세이다. '변강의 내지화'는 결코 내지의 현실적 구조와 발전 방식을 변강에 요구하는 것이 아니고, 변방의 민족

12 고구려연구재단, 『중국의 동북변강 연구』, 17~19쪽.

적·인문학적 특징을 제거하는 것도 아니다. 그것은 '변방'의 '사회'적 속성을 약화시키고, 변강과 내지 사회의 발전 수준 사이에 존재하는 격차를 제거하는 것이다. 동태적 관점에서, 변강과 내지의 격차가 지속적으로 축소되는 것이 바로 '변강 내지화' 과정이다. 정태적 관점에서, 변강이 내지의 선진적 수준으로 접근하는 단계가 바로 '변강 내지화'의 상태이다. 변강 사회 전체의 수준과 내지의 선진적 수준 사이에 격차가 기본적으로 해소될 때, '변강 내지화'가 완성되었음이 선언될 것이고, '변강'은 단지 자연 또는 지리적인 의미만을 가지게 될 것이다. 그때가 되면 변강과 내지의 일체화가 될 것이다.[13]

'내지화'라는 단어가 자주 언급되는 것은 흡사 일제강점기 일본 본토를 내지라 불렀던 것을 연상시킨다. 그만큼 변경의 내지화를 통한 체제의 안정을 도모하려는 중국 중앙의 입장이 엿보인다. 사실 역사 공동체를 구성하는 가장 중요한 요소는 동류의식과 역사의식을 공유하는 것이다. 고구려가 중국의 일부였는지 한국의 일부였는지를 가늠할 수 있는 가장 명확한 기준은 고구려인이 중국인이라는 자의식을 갖고 있었는지, 혹은 한국인이라는 자의식을 표명한 적이 있는지를 확인하는 것이다. 당시 중국인이나 한국인이 고구려인과 동류의식을 갖고 있었는가도 중요한 기준이 될 수 있다. 그러나 그 어떤 경우에서도 중국인과 고구려인이 동류의식을 가졌다는 증거는 발견되지 않는다. 고구려인은 중국인과 생활 공간을 함께하지 않았으며, 동류의식을 갖지도 않았고, 역사의식이나 문화 양식·언어·역사적 경험 등을 달리했다.[14] 따라서 만주라는 공간이 지니는 역사적 의미를 받아들이는 한족의 입장과 고구려의 후예라고 생각하는 한민족의 입장은 상이할 수밖에 없다.

만주의 중요성은 비단 근대에 들어와서만 강조된 것이 아니다. 일찍이 칭기즈칸의 막냇동생 옷치긴이 만주의 지배자가 되었던 역사를 기억해야 한다. 옷치

13 위의 책, 59쪽.

14 김한규, 『요동사』, 문학과지성사, 2004, 11쪽.

긴가家의 통치 지역인 만주는 한반도 역사에도 큰 파장을 일으켰다. 만주는 농경 또는 유목의 어느 일방의 경제 환경이 아니라 이 모두를 아우르는 천혜의 자연 조건을 가지고 있었기 때문에 만주에서 흥한 세력은 대제국으로 발전할 수 있었다. 스텝의 몽골리아에서 발흥한 정권도 만주를 장악해야만 거대 세력으로 급성장했다. 또한 세계사에 이름을 남긴 거대 제국이라 할지라도 만주를 상실하게 되면 결국 약소국으로 전락할 수밖에 없다는 법칙을 지닌 곳이기도 하다. 흉노제국 이래 거란, 여진과 몽골제국 등이 한결같이 만주가 주는 혜택을 모태로 세계사에 걸출한 대제국으로 부상했다. 더 나아가 옷치긴 왕가가 다져놓은 만주 기반은 조선과 200년 후의 후금을 배태시키는 토대로 작용하기도 했다.[15]

청이 만주에서 흥기했기 때문에 청대에 동북의 의미는 심대했다. 근대의 시작이라는 측면에서 서양 세력인 러시아의 중국 침략이 먼저 이루어진 곳도 동북이었다. 중화인민공화국은 만주를 둘러싸고 전개되었던 이러한 역사적 기억이 있기 때문에 현재에도 그러한 상황이 발생할 가능성이 있다고 판단하고 있다.[16] 또한 만주는 중국 북방 세력이 동해나 서해로 나아가는 출구이기도 하다. 압록강 출구와 두만강 출구는 곧바로 서해와 동해로 이어진다.

우리 입장에서는 여전히 고구려사나 발해사가 중요하다. 고구려사는 요동사에서 절대적인 위치와 비중을 차지한다. 고구려는 한국사나 중국사에서는 주변의 위치만을 차지하는 데 반하여, 요동사에서는 핵심적이며 주축적 위상을 갖는 만큼, 고구려의 역사적 위상은 요동사에서 재확립되어야 할 것이다. 요동 반도는 독립적이지 않다. 요동에서 군도를 거치면 징검다리 삼아서 산동 반도의 등주登州에 당도한다. 요동과 다롄을 연결하는 선 안에 발해만이 위치하며, 발해만 바깥이 황해다. 발해만은 요동 반도의 내해이며, 발해만이란 명칭에서 그러하듯 발해와 고구려의 내만內灣 같은 해역이다. 따라서 요동은 고구려사나 발해

15 고명수, 「몽골제국 시기 옷치긴 왕가의 세력 기반과 그 변화」, 『사총』, 고대역사연구소, 2004; 윤은숙, 『몽골제국의 만주 지배사』, 소나무, 2010, 17쪽.
16 고구려연구재단, 『중국의 동북변강 연구』, 81쪽.

사에서 중요한 곳이다.

기원전부터 문헌에 등장하는 맥이나 요 등은 요동사의 대표적인 역사 공동체였으며, 이후 출현한 거란이나 여진, 만주 등도 모두 요동의 역사 공동체였다. 이들 여러 역사 공동체는 한국이나 중국과 달리 통일된 '나라'의 이름을 갖지 못했다. 이런 의미에서 요동에 별개의 역사 공동체가 존재하지 않았다고 할 수는 없다. 왜냐하면 맥이나 거란, 여진, 만주 등은 특정 종족의 배타적 명칭이라기보다는 요동에 존재했던 여러 인적 집단을 용해한 거대한 용광로의 명칭이었다.[17] 요동사를 중국의 일개 지방사로만 간주해온 그간의 사관에서 이 같은 인식은 매우 독특하면서도 열린 역사를 위하여 생각해볼 여지가 있는 것이다.

또한 서구에 의해 만들어진 오리엔탈리즘 시각에 대한 비판도 만주를 둘러싸고 치열하게 전개될 필요가 있다. 유럽인에게 만주를 뜻하는 '타타르'는 분명 정주 문화권을 괴롭히고 특별한 경우에 그들을 정복하기도 하는, 자유로운 영혼의 유라시아 기마민족을 지칭하는 상투적인 명칭이었다. 만주족을 '유목민'이라고 부를 정도로 몽골족과 만주족을 혼동한 근대 역사학자들의 잘못은 용서되지 않을 것이다. 이 같은 그릇된 시각은 한국인의 만주관 및 만주족관에도 그대로 반영되어 만주족이 유목민이라고 생각하는 한국인이 적지 않다.

만주족의 입장으로 돌아온다면 제3의 주변부 인종으로서 청산되었던 종족적 비극이 잠복되어 있다. 민족주의 운동이 주창한 의도적 민족 차별의 정치적 타당성이 무엇이건 간에, 몽골족을 비롯하여 새로운 사회에서 환영받지 못하게 된 만주족 등이 치른 희생은 엄청났다. 한족 중심의 민족주의 운동이 과격화된 1905년부터 1911년 사이에 고위급 만주족은 암살의 표적이 되었다. 1911년 혁명이 본격화되자 민족주의자들과 지방의 비밀결사 출신의 지지자들은 본격적으로 민족적 증오심을 분출하기 시작했다. 혁명이 시작된 우한武漢에서는 도시를 장악한 후에 며칠 동안 만주족을 색출했다. 거리는 텅 비었고 사방에 만주족의 시체가 즐비했으며, 반란군은 만주족을 동물처럼 사냥했다. 민족주의를 표방하

17 김한규, 『요동사』, 18쪽.

만주족 여인(아르세니에프 사진).

는 반군이 청제국을 지키기 위해 싸울 것으로 예상되는 만주족을 학살했다는 평가는 전혀 허위가 아니었다. 대다수 만주족은 낯선 지역으로 도주할 수단도 의지도 없었다. 그들은 남의 눈에 띄지 않으려 했고, 가족사에 관한 질문에는 거의 대답하지 않았으며, 정치에 관여하지 않는 등 좀 더 쉬운 전략을 택했다. 20세기에 만주족에게 닥친 고통은 많은 근대 소수민족 집단이 겪었던 공동의 경험이다. 많은 만주족은 자기의 부모와 조부모들이 평생 떳떳하지 못한 비밀을 가진 것처럼 행동했고, 임종의 순간에야 갑자기 만주족의 혈통을 밝히며 기인旗人과 종족의 상세한 정보를 실토했다고 말했다.[18]

일본인들의 만주사관도 비판적으로 검토할 필요가 있다. 일본 연구자들은 고구려를 조선사와 만주사 양쪽에 속하는 것으로, 발해는 만주사로 인식했다. 이러한 인식은 1900년 초반 일본이 정치적 의도를 가지고 한반도와 만주를 구분한 바에 따른 것이다. 1945년 이전에 발간된 대부분의 자료들은 발해를 고구려의 계승으로 보면서도, 그러한 계승성을 무시한 채 당시 만주라는 하나의 정치적 체제에서 발해를 만주의 유일한 독립국가, 즉 만주사로 편입시키고자 했던 것이다. 일본이 만주국을 세우는 시점에 이르면, 모든 일본 연구자들이 발해를 한국사가 아닌 만주사로 취급하게 된다. 고구려와 발해 유적 조사도 모두 일본의 정치적 목적에 따라 진행되었으며, 1883년 일본 육군참모본부에서 지안현集

18 패멀라 카일 크로슬리, 『만주족의 역사』, 321쪽.

安縣 퉁거우通溝에 있는 광개토대왕비의 탁본을 구해오는 등 매우 이른 시기부터 식민화를 위한 철저한 준비를 했다고 할 수 있다. 그러나 고구려와 발해를 포함한 우리 역사와 관련한 수많은 고고학적 조사는 결과적으로 한반도와 일본이 고대부터 밀접한 관련을 맺고 있었음을 알려주었고, 이러한 고고학 자료들은 당시 일본의 일선동조론日鮮同祖論과 같이 정책적으로 조작된 논거의 주요 근거로 사용된 것이다.[19] 그러나 이러한 국제정치적인 이용과 무관하게 순수 고고학적 측면에서 본다면, 제3의 시각도 가능할 것이다. 재레드 다이아몬드는 『총·균·쇠』에서 다음과 같은 말을 했다.

> 오늘날 일본과 한국은 모두 경제부국이 되었다. 대한해협을 사이에 둔 이 두 나라는 잘못된 신화와 참혹했던 과거라는 굴절된 렌즈를 통해 상대방을 바라본다. 이 대단한 두 나라 사람들이 서로의 공통점을 발견하지 못하고 계속 대립한다면 동아시아의 미래는 암울할 것이다. 일본인이 진정 누구이며, 그들과 밀접하게 연관된 한국인과는 어떻게 갈라지게 되었는지 하는 문제를 바르게 이해하는 작업은 그들 사이의 공통점을 찾기 위한 기초가 될 것이다.[20]

만들어진 만주

제국주의 인류학자 도리이 류조가 북만주를 조사하면서 남긴 글은 이 거대한 대륙이 우리와 얼마나 가까운 곳이었던가를 말해준다. 그러나 발해가 일찍이 망하면서 우리의 기억 속에서 만주가 다시 본격 등장하려면 한참을 기다려 19세기가 되어서야 가능해졌다.

19 양시은, 「일본의 고구려·발해 유적 조사에 대한 검토」, 『일제시기 만주사·조선사 인식』, 동북아역사재단, 2009, 157~203쪽.
20 재레드 다이아몬드, 『총·균·쇠』, 629쪽.

> 기차가 점점 이동하여 자단강, 목단강 유역에 들어가니 더욱더 토지가 잘 경작되어 있다. 이것을 보아도 얼마나 한인 세력이 북만에 미쳤는가에 놀라지 않을 수 없다. 지금 기차가 달리는 이 장단강 유역은 영고탑에 가장 가까운, 즉 이전 발해 상경 지역으로 발해왕국 중심이다. 이곳에 발해가 세력을 뻗치고 있었다는 것은 어느 정도 주의할 만한 가치가 있다. 이 근처 넓은 평원에 도착했을 때 들꽃이 아름답게 피어 있는 것은 아무리 보아도 대륙적인 풍경이다. 마침 기차가 꽃 들판을 달리고 있는 것과 같은 기분이 든다. 나는 이 광경을 보면서 동시에 발해나 금나라의 옛 시절을 떠올리고 지금 이전 기분으로 허무한 무엇인가를 느꼈다.[21]

만주는 비단 우리에게만이 아니라 동아시아 역사에서 오랫동안 망각 상태에 있었다. 동서양 학계에서 만주는 국민국가적 구획하의 한국, 중국, 일본사 어디에도 속하지 않는 변방이었다. 무엇보다 중국 민족주의는 역사적인 지역성과 혼재성을 용납하지 않았다. 그러나 만주는 청조를 세운 만주족의 본향이다. 만주족은 후금을 건설하고 세력을 확장하여 중국을 정복하여 청을 세웠다. 후금과 청의 성공에는 청조 건설을 도운 한족과 몽골인 등 여러 민족 집단을 아우르는 융화정책이 있었다. 청은 오랫동안 한족 중심의 역사에서 과소평가되었지만 기실 중국 역사상 최대의 강역을 구축한 왕조였으며, 오늘날 폐쇄적인 민족주의 시대에 상상하기 어려운 민족 집단의 대융합을 시도했다. 만주족, 한족, 위구르, 몽골, 티베트의 다섯 개 언어와 문화의 보존, 유목문화와 유교문화, 티베트 문화와 이슬람교, 유교 등의 공존은 청의 장기적 성공에 기여했다. 일본이 만주국을 만들면서 공식화한 이념인 민족협화, 오족협화五族協和는 역사적인 만주의 이질성, 즉 만주족, 한족, 조선인, 러시아인, 몽골인뿐만 아니라 오로첸, 골디, 허저족赫哲族 등 10여 개 민족 집단의 혼재를 반영한 측면이 있다. 당시 하얼빈에는 50개 이상의 민족 집단, 45개의 언어가 있었다.[22]

21 도리이 류조, 『인류학자와 일본의 식민지 통치』, 51쪽.
22 한석정 · 노기식, 『만주』, 6쪽.

그러나 일본인이 '목표'로 삼은 만주는 청이 바라본 만주와 많이 달랐다. 메이지 시대에 무수한 낭인들이 만주로 진출하고 있었다. 메이지 시기 흑룡회黑龍會 낭인의 활동을 살펴보면 왜 그들이 만주국을 세우려 했는가를 알 수 있다. 흑룡회 낭인들은 '동이북적문명론'東夷北狄文明論과 '동일혈통론'을 내세워 일본, 조선, 만주, 시베리아를 하나의 권역으로 설정했다. '동이북적' 민족은 중국 한족과 같은 황색인종이지만 혈통적, 문명적으로 서로 다르다. 본래 중국 한족은 서역 지방에서 이주해온 민족이고, '동이·북적'족은 동일 혈통의 같은 민족으로 중국 동북 지방에 흩어져 살아왔으며, 현재는 일본, 조선, 만주, 시베리아 등에 산재한다. 중국 한족의 문명을 '문'文의 문명이라 한다면, 이 민족들은 '무'武의 문명을 떨치고 있었다. 양 민족은 종래 번갈아 아시아를 제패해왔으나 지금은 동문동조同文同祖의 일본이 동양과 서양의 문명, 대륙 문명과 해양 문명, '문'의 문명과 '무'의 문명을 융합하여 신문명을 만들어 세계에서 유례없는 성공을 거두고 있다. 그러므로 이제 같은 혈통의 '동이북적' 민족이 일본을 중핵中核으로 합쳐야 한다는 논리다. 그들은 러시아에 대해서도 단순히 적대 감정만으로 전쟁을 주창하지 않았다. 억압체제 아래서 신음하는 러시아 민족, 특히 시베리아 민족을 구제해야 한다고 주장했다. 거기에는 낭인 활동에서 체득한 인종적 친근감이 깔려 있다. 동시에 이들 낭인들은 직접 체험에서 얻은 정세 판단에 근거하여 러시아와 전쟁을 하면 반드시 승리한다고 믿었다. 실제로 일본이 승리했고, 이들의 논리는 조선을 거쳐 만주로 뻗어나가게 된다.[23]

이러한 일본인 나름의 '동이북적' 문명관이 구체적인 결실로 실체를 드러낸 것은 만주사변 때였다. 만주 땅에 이시하라 간지石原莞爾가 관동군 작전 주임참모로 부임한 것은 1928년 10월, 장쭤린張作霖 폭살사건의 여진이 남아 있을 때였다. 장쭤린 폭살 후 동북3성의 중앙화라는 위기 상황에 내몰려 있던 것을 역으로 이용하여 세계의 최종 국면에서 거꾸로 사고함으로써 만몽 문제에 대처했던 것이 이시하라였고, 그 해결책은 만몽영유론滿蒙領有論이었다. 이 만몽영유론 때문에

23 강창일, 『근대 일본의 조선 침략과 대아시아주의』, 역사비평사, 2002, 374쪽.

만주국을 획책한 이단의 전략가 이시하라 간지.

만주사변이 일어났지만 그 기획은 실현되지 못하고 만주국 건국이라는 형태로 전환되었다. 그렇다면 다른 나라도 아닌 일본이 만몽을 영유하는 것이 어떻게 정당화되었을까. 이러한 정당화론의 논거로 거론된 것이 만몽은 중국 고유의 영토가 아니라는 설과 더불어, 중국과 만주족은 다르며 오히려 만주·조선·일본이 동근同根이라는 인종설이었다. 이시하라 간지 등이 주장한 만몽영유론은 일본인의 지도에 의해서만 재만몽 각 민족의 행복이 보호되고 증진된다는 것이었으며, 행복 후견주의後見主義는 만주국의 이상이라고 일본인이 상정한 것과 긴밀하게 결부되어 있었다. 즉 일본 민족을 지도 민족으로 삼은 민족협화와 그에 의해서 이룩되는 '왕도낙토'王道樂土가 그것이었다.[24]

만주라는 이름은 서구와 일본이 제국주의적 야심을 위해 주로 사용해온 근대적 창조물a modern creation이다. 이러한 이유에서 오늘날에는 중국 지도에서 '만주'라는 이름을 찾아볼 수 없다. 주요 제국주의 세력들이 정치적 헤게모니를 위한 야심을 키워온 장소라는 점에서 만주는 초국적 현상transnational phenomena이었다. 만주는 중국이나 일본의 역사라는 시공간의 조합에 의해 궁극적으로 결정되는 것을 거부하는, 항상 열려 있는 역사의 작용을 검토하는 장으로 이해된다. 그러나 이 초국적 공간은 중국과 일본에서 근대 민족주의가 정당성을 획득하면서 만들어진 것이었다. 따라서 일본과 중국은 자신의 민족주의를 창출하고 유지하기 위해 초민족주의transnationalism 이데올로기를 거부하고, 획득하고, 전용하고자 했던 것이다. 이와 같이 만주는 이산, 정착, 유리遊離와 탈출, 방황으로 점철된 무

24 야마무로 신이치, 윤대석 옮김, 『키메라—만주국의 초상』, 소명출판, 10쪽.

'유토피아' 만주국의 걸인들.

'무지개가 뜨는 이상향' 만주국으로 오라고 유혹하는 남만철도의 포스터.

수한 다중적 정체성이 형성되고 경험되어왔던 역사적 · 현재적 장소였다.[25]

오늘날 일본의 고령층에는 현실의 '만주 체험'이 있는 사람이 많고 이 국민적 체험은 '왕도낙토'에 관하여 한층 실감나는 인상으로 다가온다. 망막한 평원, 지평선에서 올라와 지평선으로 가라앉는 커다랗고 붉은 태양, 평야 천리의 군데군데에 마을이 흩어져 있고, 콩밭 또는 수수밭에서 농부가 유유히 일하고 있다. 그 가운데를 한 줄기 철로가 지나가는 것은 일본의 권익을 상징하는 만철선이다. 그 만철이 경영하는 근대도시 다롄의 당당한 집들이 늘어선 거리나 무진장의 노천굴 탄광, 차창으로 내다보이는 대제철소……. 고령층 일본인 상당수가 만주에 대해 대강 이러한 이미지를 가지고 있을 것이다. 그들은 일본의 자본이

25 김경일 외, 『동아시아의 민족 이산과 도시』, 역사비평사, 2004, 17쪽.

만주국 푸이 황제.

나 기술, 인재가 만주 벌판에 뛰어들어 급속히 개발이 진척되는 데 대해 민족적인 자부심을 느꼈다. 일본인의 만주와의 관련은 지나가버린 과거의 일에 그치지 않고 오늘날까지 잔상을 남기고 있다.[26]

이렇듯 일본인은 만주국과 근대라는 창을 통해 만주를 바라보았다. 일찍이 만주국이라는 국가가 잠시나마 존재했었기 때문이다. 1932년 3월 1일 중국 동북 지방에 홀연히 나타나, 1945년 8월 18일 황제 푸이薄儀의 퇴위 선언과 함께 졸연히 모습을 감춘 만주국은 그 생명이 13년 5개월에 지나지 않았다. 만주국은 분명히 괴뢰국가였고 위만주국僞滿洲國, 위만僞滿이었다. 그렇지만 일본인에게 만주는 단순 괴뢰국가, 식민지 국가가 아니라 서구 제국주의 지배를 배제하고 아시아에 이상 국가를 건설하려는 운동의 장이었다. 만주국 건설은 유토피아 실현의 시도였다는 시각이 일본인에게 남아 있는 것이다. 야마무로 신이치山宝信一는 만주국 초상을 그리스 신화에 나오는 괴물 키메라에 비유했다. 만주국을 머리가 사자, 몸뚱이가 양, 꼬리가 용인 괴물에 빗대어 사자는 관동군, 양은 천황제 국가, 용은 중국 황제 및 근대 중국에 대비시켰다.[27]

만주국 건국과 더불어 이나바 이와키치稻葉岩吉의 '만선불가분론'滿鮮不可分論과 같이 일본의 만주 침략을 역사적으로 뒷받침하려는 노력이 빛을 보았다. 만주사와 조선사를 하나로 묶은 것으로 여겨지는 만선사관滿鮮史觀은 실제로는 역사 체계가 성립되지 못한 주장에 지나지 않았다.[28] 그럼에도 육당 최남선을 위시

26 오카베 마키오, 최혜주 옮김, 『만주국의 탄생과 유산』, 어문학사, 2009, 15쪽.
27 야마무로 신이치, 『키메라—만주국의 초상』, 40쪽.

한 많은 지식인들이 만주에 관심을 가졌다. 만주국 건국은 만주에서 살아가는 조선인들의 삶에도 변화를 가져다주었다. 오랫동안 군벌체제의 혼란 속에서 신음하던 만주의 여러 민족 인민에게 안정된 삶에 대한 환상을 심어주었다. 특히 청말부터 살길을 찾아 동북으로 이수한 후, 근대적 국적법의 미비로 법의 사각지대에 놓여 있던 조선인들에게 구군벌의 통치와 학정은 생존을 심각하게 위협했는데 그러한 것이 소멸되는 '새 만주국'의 '왕도낙토'와 '오족협화'는 조선인에게 일정한 환상을 심어준 것도 사실이다. 재만 조선인은 만주국 국민이 됨으로써 만주국 내의 한 민족으로 자치권을 향유할 수 있을 것을 기대했으며, 만주국 국민이 됨으로써 일체의 내선일체 정책과 거리를 두려 했고 친일의 협의에서 자유롭고자 했다.[29]

식민지 조선의 지식인들에게 만주는 민족의 고토를 찾아나서는 '고단한 행로'이거나 '행복한 행로'였다. 단재 신채호가 앞의 행로였다면, 나중에 친일로 돌아선 육당 최남선은 후자의 행로였을 것이다. 아래 인용문에서 보이듯이, 육당에게 만주 여행은 민족적 서사를 발견해내는 역사기행이었다. 그는 민족의 '잃어버린 땅'을 찾자는 점에서는 신채호와 다를 게 없었지만, 그가 만주의 조선인들에게 바랐던 민족적 사명은 일본 제국이 주장하는 대동아 건설과 크게 다르지 않았다. 일본에게도 육당에게도 '만주'는 새롭게 개척해야만 하는 땅이었기 때문이다. 만주 선주민의 영토를 빼앗고 '조선 민족 공동체'의 말뚝을 박는 행위는 일본의 대동아 건설의 논리와 다를 것이 없었다.[30]

> 여러분의 재주로 오늘날 여기까지를 싸워 나온 것도 아니다. 여러분의 덜미에 보이지 않는 커다란 힘이 있어서 여러분을 여기로 오게 한 것이니라. 그것은 무엇이냐

28 사쿠라자아 아이, 「이나바 이와키치의 만선불가분론」, 『일제시기 만주사·조선사 인식』, 동북아역사재단, 2009, 15~44쪽.

29 이해영, 「만주국의 국가 성격과 안수길의 북향정신」, 『문명의 충격과 근대 동아시아의 전환』, 경진출판, 2012, 267쪽.

30 이승원, 『세계로 떠난 조선의 지식인들』, 휴머니스트, 2009, 93~94쪽.

하면, 우리로 하여금 조상의 땅을 찾게 하는 뜻이다. 만주는 조선 및 조선인의 고향이요, 또 옛날 옛적부터 세세細細로 물려 가지던 우리의 세간이다.[31]

만주국은 일본 좌파에게도 탈출구였다. 많은 좌익 이상주의자에게 만주국은 '놀이터'였다. 그들은 자신이 아시아 국민을 개혁하고 근대화하는 것을 돕는다는 생각으로 철도회사의 연구원이나 고문으로 일했다. 식민지 모델은 대중의 저항 없이 실험할 수 있다는 큰 이점이 있었다. 이 때문에 만주국이나 타이완은 건축가들과 기술자들에게 매우 매력적이었다. 일본의 소설가와 수필가들이 만주국으로 몰려와서 그 놀랄 만한 근대성, 다롄의 멋진 공원, 하얼빈의 국제 도시적인 밤 생활에 관해 마치 기차 같은 속도로 써댔다.[32] 식민지 조선에서도 '한탕' 하려는 사람들이 만주로 몰려갔다.

휘황한 일루미네이션
소란스런 재즈의 흐름
비천한 추파를 흘리는 주장酒場의 아가씨
오늘의 하룻밤도 이 거리는 환락과 고혹蠱惑 속에 허위를 가리우며 깊어가고 있다.[33]

만주국은 조선, 일본, 중국 등지로부터 수백만 명의 인구와 지식인을 흡인한 동양의 엘도라도였다 '만주낭만'이라는 장르가 생겨났고 숱한 조선의 일본 지식인이 만주를 여행했다. 만주를 소재로 한 노래만도 수백 곡이 만들어졌다. '동아 관문'이라 불렸던 부산에서 만주로 특급열차 노조미, 히카리가, 부산에서 베이징으로 다이리쿠 등이 '탄환처럼' 달렸다. 1930~1940년대 부산에 거주하던 일본인들의 생활 리듬도 상당히 만주에 맞추어져 있는 등 만주는 동북아판 국제

31 최남선, 「松漠燕雲錄」 22, 『매일신보』, 1937년 11월 20일.
32 이안 부루마, 최은봉 옮김, 『근대 일본』, 을유문화사, 2004, 98~99쪽.
33 鄕民生, 「漫筆 滿洲見聞錄」, 『新人文學』 2권 6호, 1935, 124쪽.

만주국을 풍미하던 배우이자 가수, 정치가 리샹란李香蘭(일본명 야마구치 요시코山口淑子).

만주국 시대에 가장 빠른 속도로 달렸던 아세아호. 현재 다롄에 보존되어 있다.

화 시대를 열었다.[34]

그러나 그 어떤 경우에도 '만들어진 만주'는 국가적 폭력, 즉 군사와 무기 체제, 인종 차별과 신분 차별, 자원 약탈과 자연 파괴, 개발과 속도와 효율 등에 기초한 신기루 같은 나라였다. 전쟁이 끝났을 때, 신기루는 눈 녹듯이 사라지고 푸이 황제가 일개 서민으로 되돌아가듯이 만들어진 만주도 양초처럼 녹아버렸다. 해양사적 측면에서는, 군사적 목적이었건 자원 수탈을 목적으로 했건 당대에 만들어진 항구들이 서해와 동해로 나아가는 창구로서 기능하게 되었다.

만주의 다양한 민족을 밀어내면서 다수를 차지하게 된 한족의 진출도 눈여

34 한석정·노기식, 『만주』, 10쪽.

20세기 초반 요동 반도와 발해만 주변의 항로.

겨보아야 할 것이다. 만주는 분명히 중국 동북에서 태어났다. 그러나 중국 동북은 만주족에게 버려졌다. 그 대신에 그것을 추스른 것은 한족 농민이었다. 그들은 동북 대지를 계속 착실하게 일구어 사실상의 주인이 되었다. 그런 땅에 만주국이라는 이름은 어울리지 않는 것이 확실했다. 어떻게 보아도 만주국이라는 이름은 그 실체를 드러내지 못했으며, 그런 의미에서 허구의 국가였다.[35]

35 나카미 다사오 외, 『만주란 무엇이었는가』, 47쪽.

II

제국의 통로, 제국의 동맥

대륙 루트 남만철도와 동청철도

러시아의 시베리아 횡단철도 부설 목적은 전통적인 가상 적국 영국과의 대결뿐 아니라 프랑스, 독일, 미국 등 구미 제국과의 관계, 나아가 일본의 팽창과 조선 문제 등 종합적인 구도 속에서 이해되어야 한다. 그러나 역사적으로 오랜 기간 국경을 접해온 중국과의 관계를 해명하지 않으면 이 철도 부설에 대해 온전히 이해하기는 힘들 것이다.[1]

1857년 시베리아 총독 로바노프Robanov가 시베리아 철도의 부설을 건의한 이래, 중국은 러시아 철도의 동점 현상에 주의를 기울이고 있었다. 시베리아 횡단철도 부설 계획은 중국인에게 철도의 가치를 재인식하게 하는 계기였다. 중국에 거주하던 외국인들도 시베리아 철도의 침략성을 수시로 환기하였다. 리훙장 등 양무파洋務派 관료들은 철도 부설을 적극 주창하면서 러시아의 침략에 대비해야 한다는 국방의 목적을 누차 강조했다. 중국 내부에서는 자체적으로 철도를 건설해야 한다는 여론이 비등하고 있었다. 관동철도關東鐵道가 부설되기 시작하여, 1894년에는 산해관山海關 밖 65킬로미터까지 부설되었다. 그런데 바로 이 시점에서 청일전쟁이 일어나는 바람에 중단되었으며, 3년여에 걸쳐서 부설된 철도가 예산 부족 등의 이유로 190킬로미터에도 미치지 못했다. 이러한 배경 속에서 러시아는 청일전쟁에서 이긴 일본의 요동 반도 영유를 막은 대가로 청나라와 협상해서 동청철도 부설권을 얻었다.

중국에서는 청일전쟁을 계기로 일본의 세력 확대에 대비하기 위한 방안이

1 김지환, 『철도로 보는 중국 역사』, 67쪽.

러시아와 일본의 중국 분할을 풍자한 그림(『Le Petit Journal』, 1900년).

활발하게 제기되었는데 러시아와 연합하여 일본에 대항해야 한다는 주장이 가장 많았다. 중국은 청일전쟁이라는 엄청난 패배를 겪게 되자 확고한 동맹국의 필요성을 절감하고 동맹국으로 러시아를 지목했다. 이로써 만주의 철도 침략 첫발인 러시아에 의한 동청철도東淸鐵道, Chinese Eastern Railway(CER)가 가시화되었다. 이는 하얼빈을 중심으로 만저우리와 쑤이펀허綏芬河, 그리고 다롄을 잇는, 1911년 중화민국이 성립한 뒤에는 중동철도中東鐵道로 불린 노선이다. 러시아는 치타에서 출발하여 만주 북부를 횡단, 블라디보스토크에 이르는 철도 노선을 계획했다.

양국 간 동맹조약은 리훙장이 니콜라이 2세의 대관식에 참석하게 된 것을 계기로 이루어졌다. 리훙장은 73세의 노구를 이끌고 1896년 3월에 러시아를 향해 출발했다. 노령에도 불구하고 긴 여행을 떠나기 때문에 목재관을 분해하여 갖고 갔다. 시베리아 횡단철도가 완공되지 않아서 상하이를 출발, 수에즈 운하를

1896년 니콜라이 2세의 대관식 참석차 상트페테르부르크에 도착한 리훙장. 비밀협상에서 동청철도 부설권을 러시아에 넘겨주었다.

거쳐 오데사항에 도착했으며 특별열차편으로 상트페테르부르크에 도착했다. 대관식 3주일 전이었다. 리훙장의 회담 상대는 세르게이 비테(1892~1903 재직)였다. 회담은 5월 3일에 시작되었다. 비테는 회담의 주제를 철도 문제에 국한하려 했다. 철도 문제란 물론 동청철도 부설권을 가리키는 것이었다. 동청철도는 만저우리-하얼빈-쑤이펀허 철도로서 중국에서는 전에 중동철도라 불렀다. 1898년 뤼순, 다롄이 러시아에 조차된 후에 하얼빈과 연결되는 철도 부설권을 러시아가 다시 얻게 되자 이 노선까지 합하여 동청철도라고 부르게 된 것이다. 6개 항에 관한 비밀협약이 맺어졌다.[2]

러시아는 1898년 3월 뤼순과 다롄 일대를 조차하고 하얼빈에서 다롄에 이

2 ① 일본이 극동의 러시아 영토, 청국, 조선을 침략하는 경우 상호 원조한다. ② 단독으로 강화하지 않는다. ③ 전쟁 중에는 청국의 모든 항만을 러시아 군함에 개방한다. ④ 청국은 러시아의 시베리아 철도가 헤이룽장성, 지린성을 횡단하여 블라디보스토크에 이르는 철도의 건설에 동의한다. ⑤ 러시아는 전시에나 평시에나 이 철도를 이용할 수 있다. ⑥ 유효기간은 철도 계약이 발효한 때로부터 15년간으로 한다(김용구, 『세계외교사』, 서울대학교출판부, 2000, 395쪽).

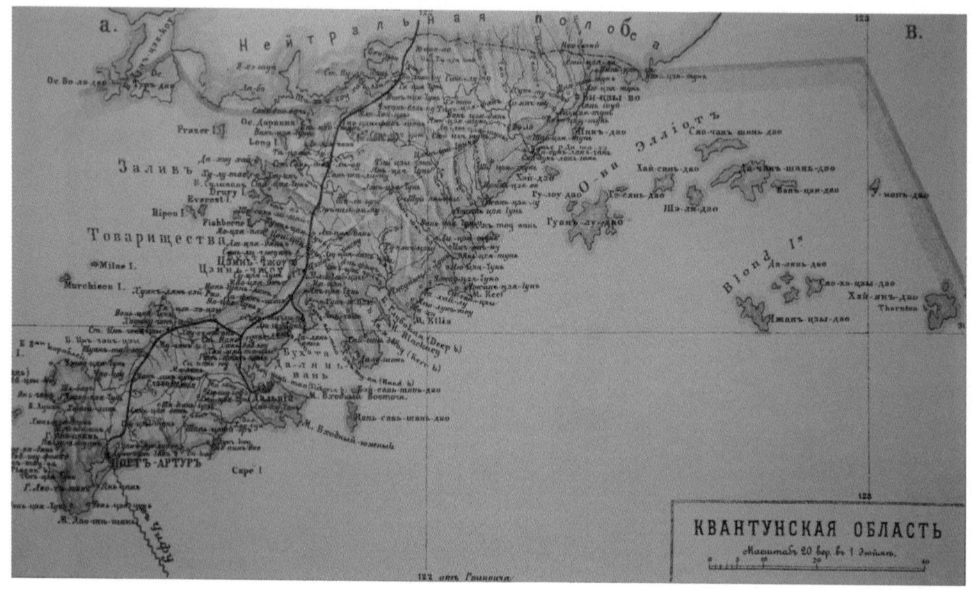

러시아 조차 지구(1904년).

르는 남만주철도의 부설권도 얻었다. 비테는 시베리아 철도의 북만주 횡단에 대해서 이는 경제적·기술적 요구에 부응하는 결과이지 결코 정치적·군사적·침략적 의도는 없다고 주장했다. 그러나 비테 역시 "동청철도의 부설은 경제적 의의뿐 아니라 정치적·전략적 의의를 가지고 있다. 즉 이를 통해서 러시아는 언제라도 최단시간 내에 군사력을 블라디보스토크와 만주, 황해 해안 및 중국 수도에서 가까운 지역으로 운송할 수 있다"라고 역설했다. 러시아가 청일전쟁 이후에 삼국 간섭을 통하여 일본으로부터 환수한 뤼순, 다롄을 탈취한 사건은 동청철도 밀약과 더불어 일본으로 하여금 전쟁의 길로 나아가도록 재촉했다.

1903년 6월 만주와 조선에 대한 강경론자 알렉세이 쿠로파트킨Aleksei Kuropatkin이 일본을 방문했는데, 일본 정세를 파악하여 자국 정책에 반영하려는 목적이었다. 러시아 정부 내에서는 만주와 조선 점령 주창자들의 의견이 득세하고 있었다. 마침내 조선 반도까지 세력을 확장하자는 결의가 어전회의에서 채택되었다.[3] 러시아의 강경책은 만주를 점령한 다음에 조선 반도까지 식민정책의 신장을 위한 발

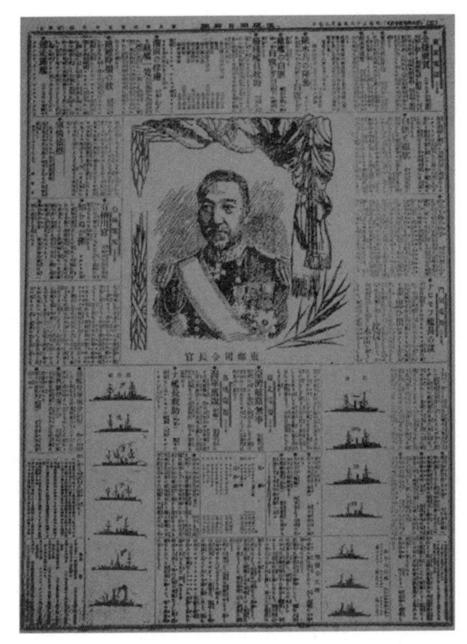

일본의 전쟁 선포를 다룬 『오사카신문』(1905년 5월 30일).

판으로 구축하려는 것이었다. 특히 조선에 대한 침략 의도를 노골화했다. 대한제국의 북쪽 경계선에 군인들을 출동시켜 삼림 벌채를 이유로 용암포 일대를 점령하고 대한제국 정부에 대해서는 조차권을 강요했으며, 일본에 대해서는 대한제국 영내의 자유 행동을 용인하는 대가로 거제도의 조차를 승인하도록 하여 쓰시마 해협의 관건을 장악하려고 기도했다. 일본은 즉각 반응했다. 일본과 러시아는 협상을 통해 갈등과 긴장을 누그러뜨리려 했으나 만주와 조선을 둘러싼 이해관계가 첨예화되면서 1904년 2월에 마침내 양자 간 협상이 결렬되었다.

일본은 일찍이 삼국 간섭 이후 러시아를 명확히 가상 적국으로 설정했으며, 일본 천황은 10년의 와신상담을 통해 국력을 확충하여 러시아를 제압할 것을 전 국민에게 지시했다. 그 지시가 10년 후 러일 전쟁에서 그대로 실현되었던 것이다.[4] 1904년 2월 10일, 일본 천황은 러시아와 전쟁을 벌이겠다는 칙서를 공표했다.

> 우리는 이제 러시아와 전쟁을 선포한다. (……) 러시아에 의한 만주 점령은 중국의 영토 보전을 불가능한 일로 만들뿐더러 극동 지역 내의 평화에 대한 희망을 완전히 포기할 수도 있다. (……) 우리는 러시아와 처음부터 평화를 참되게 원했다고 인정할 수 없다. 러시아는 우리 정부의 제안을 거절하였고, 한국의 안전은 위험에 처해 있으며 우리 제국의 이익은 위협을 받고 있다.

3 이철, 『시베리아 개발사』, 민음사, 1990, 147쪽.
4 김지환, 『철도로 보는 중국 역사』, 110쪽.

한국의 영토 보존, 만주를 러시아의 불법적 점령에서 해방시키는 것, 중국의 영토 보존을 위해 전쟁을 하겠다는 일본의 논리는 러시아의 의도만큼이나 궤변이었다. 전쟁은 벌어졌고, 일본이 승리를 거두었다. 러시아가 패배하자 포츠머스 조약에 의해 창춘 이남의 남만철도는 일본 소유가 되었다. 1905년 6월 9일 루스벨트 미국 대통령의 중재에 의해 강화회담이 열려 사안들이 체결된다.[5] 이 조약에 의해 제정 러시아의 남만주에 대한 식민정책 신장 기반이 완전히 무너진 반면, 일본은 침략의 토대를 확보하게 되었다. 제정 러시아는 조선 반도에서의 정치, 군사, 경제에 걸친 일본의 특수지위를 인정해야 했으며, 곧바로 조선은 식민지의 길로 접어들게 된다. 일본이 한반도에서 철도를 건설, 장악한 것에 대해 독일 신문기자 루돌프 차벨Rudolf Zabel(1876~?)은 러시아가 요동 반도에서 행한 일과 다를 게 없다고 말했다.

> 그 수법은 동청철도를 러시아가 차지한 것과 동일한 것이었다. 러시아는 자국의 신설 철도 인근에 러시아인으로 구성된 식민지 개척자들을 이주시켰다. 다시 말해 만주의 러시아화에 필요한 근거지 조성에 착수한 셈이었다. 일본의 경우, 인계받은 철도 부설사업을 일본인 일꾼들을 동원해 계속 진행시켰다. 이들은 철도 구간 근처에 집과 토지를 불하받으면서 한반도 전역에 걸쳐 일련의 일본인 거류지가 만들어졌고, 바로 거기에서부터 한국의 일본화가 진행되고 있다. 한편 러시아는 자국의 철도 노선에 이른바 철도 위병을 투입해 병참도로로 운용했다. 명목상은 무장한 선로 지기였으나 실상 러시아의 철도 감시병은 제대한 코사크 기병 중에서 뽑아온 정예부대였다. 이 조처는 군사 식민지를 통해 토지 지배를 확고히 한다는, 일찍이 시베리아에서 검증된 원칙의 연장선 위에 있었다. 반면 일본은 한국에 부설한 철도의 출발 및 종착역에 수비대를 배치했는데, 일본인 거류지를 보호한다는 명목을 내걸었다.

5 ① 러시아군은 조차권의 효력이 미치는 동북 지역 이외의 문제로부터 즉시 철수하고 청국에게 주권을 돌려준다. ② 러시아 정부는 뤼순, 다롄 및 그 부속 영토의 조차권 등 일체 권리를 일본에게 이양한다. ③ 러시아 정부는 창춘과 뤼순 간의 철도 및 지선 철도와 그와 연관된 특권을 일본 정부에 이양한다.

하지만 철도 주변에서 소요라도 발생할 경우 쉽게 주둔군을 동원할 수 있다는 점에서 한국의 철도를 점령한 것과 마찬가지였다.[6]

1918년 러시아 제국이 멸망하자, 소비에트연방(소련)이 동청철도의 이권을 계승했다. 1924년 5월 중화민국과 소련 양국은 국교를 맺기 위해 수교 협정을 체결했다. 이 수교 협정에서 동청철도의 소련 소유가 인정되었다. 협정에 불만을 가진 장쭤린 군벌 정권은 중화민국 정부와 별도로 1924년 9월 소련과 협정을 체결했다. 1929년 장쉐량은 소련의 협정 위반을 이유로 동청철도 회수를 시도했으나 소련군의 방해로 실패한다. 1931년 만주사변이 발발하고, 1932년 일본에 의해 괴뢰국 만주국이 성립하자 소련은 일본과의 무력 충돌을 피하기 위해 동청철도에 관한 권리를 만주국에 팔았다. 동청철도를 판 소련은 1935년 3월 만주에서 철수했다. 동청철도가 만주국 국유 철도가 되자, 일본은 중국 대륙 침공을 원활히 하기 위해 광궤였던 궤도를 표준궤로 바꾸었다. 1945년 8월 소련은 일본에게 선전포고를 하는 동시에 만주를 침공하면서 동청철도 및 남만주철도를 차지했다. 그리고 이 두 철도를 합해 창춘長春철도라 개칭했다.

1945년 8월 소련은 중화민국 국민정부의 장제스蔣介石와 동맹 조약을 맺어 창춘철도를 소련과 중국이 30여 년 동안 공동으로 사용하기로 합의했다. 그러나 1949년 중국 공산당이 중화인민공화국을 수립하고 장제스의 중화민국 정부가 타이완으로 이전하자, 소련과 중국은 1949년 동맹 조약을 개정하여 창춘철도의 소유권을 중화인민공화국이 가진다는 것을 합의함으로써 창춘철도의 모든 권리는 중화인민공화국으로 넘어갔다. 중화인민공화국이 수립된 후, 만저우리-하얼빈 구간은 빈저우철로濱洲鐵路, 하얼빈-쑤이펀허 구간은 빈쑤이철로濱綏鐵路, 하얼빈-다롄 구간은 하다철로로 분할되었다.

6 루돌프 차벨, 이상희 옮김, 『독일인 부부의 한국 신혼여행 1904』, 살림, 2009, 171쪽.

만철에 관한 회고를 잠시 해볼 필요가 있을 것이다. 본격적인 만주 식민철도를 만들어내고 이끌어간 남만주철도주식회사南滿洲鐵道株式會社, Manchuria Railways Corporation, 또는 줄여서 만철滿鐵이라 부르는 철도회사가 대륙 루트의 핵심으로

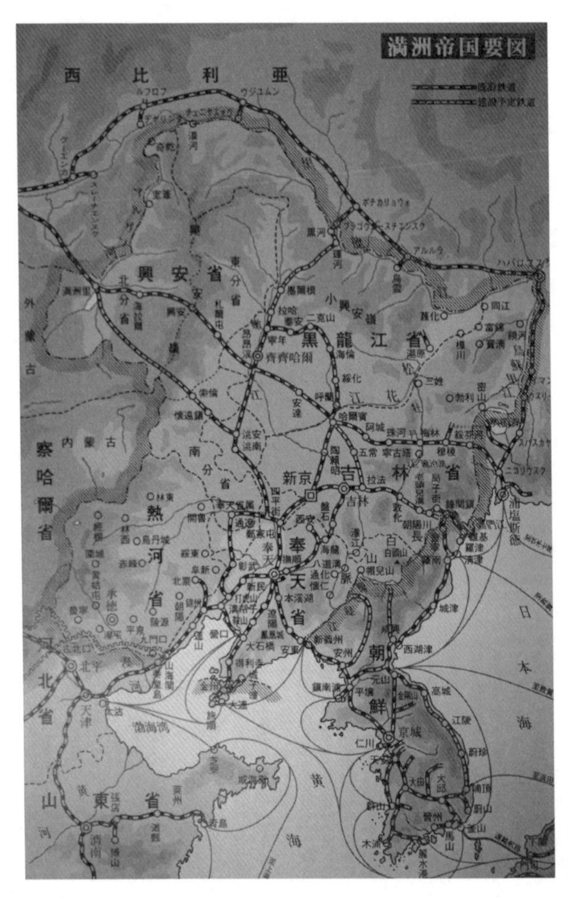

만주국 지도. 『滿洲帝國の戰跡』, 河出書房, 2008.

작동하기 시작했다.[7] 의사제국疑似帝國 만주국의 탄생은 관동군이 경영하는 만철의 탄생으로 안받침되었고, 만철은 이러한 만주국을 운영하는 '제국의 주식회사'이자 '제국의 싱크탱크'였다.[8]

만철은 러일전쟁 강화조약인 포츠머스 조약(1905)에 의해 일본이 러시아로부터 양도받은 철도 및 부속지를 기반으로 1906년에 설립되었다. 러일전쟁에서 패배한 러시아는 일본과 15개조로 구성된 조약을 맺게 된다. 조약 내용에는 철도에 관한 사안이 많은 비중을 차지한다. 만철은 이를 토대로 출발하게 된 것이다. 이중에서 철도에 관련된 내용만 살펴보면 다음과 같다.

- 러·일 양군은 요동 반도 이외의 만주 지역에서 철수하며 만주에서의 청국 주권과 기회 균등 원칙을 준수한다. 그리고 이날 체결된 추가 약관에서 만주의 각자의 철도 보호를 위한 수비군의 주둔은 상호 인정한다.
- 러시아 정부는 청국 정부의 승인을 얻어 요동 반도 조차권, 창춘-뤼순 간의 철도, 그 지선, 그리고 이와 관련된 모든 권리, 특권을 일본에 양도한다.
- 양국은 만주의 철도들을 비군사적인 목적으로 경영한다. 단 요동 반도 지역은 예외로 한다.[9]

만철은 철도사업을 중심으로 했으나 광업·제조업 등 광범위한 분야에 걸쳐 사업을 전개한 복합 기업이었으며 만주 식민화의 중핵 역할을 했다. 초기에는 다롄, 이후 신징新京(지금의 창춘)에 본사를 두었다. 일제강점기 당시 일본 정부는 연락 운송을 증진하고 각 노선 운영의 통일을 기하기 위해 남만주철도주식회사에 조선 철도의 운영을 위탁한 적이 있다. 1917년 7월 31일부로 조선총독부 소유의 전 노선이 만철의 위탁경영 체제로 운영되었다. 그러나 연락 운송이 그리

7 1945년에 2차 세계대전 종전까지 만주에 있던 일본의 국책회사. 만철선滿鐵線으로 통칭하는 다롄-창춘-하얼빈 철도 노선(남만주 본선 구간) 및 여기에 부속된 남만주철도주식회사의 각 지선을 의미하기도 한다.

8 고바야시 히데오, 임성모 옮김, 『만철』, 산처럼, 2004.

9 김용구, 『세계외교사』, 446쪽.

원활하지 못했으며, 만철 역시 조선 철도 경영을 통해 충분한 수익을 거두기는커녕 총독부 측의 납입금 부담이 발생했다. 총독부 측 역시 한반도 통치에 활용하기 위해 직영 체제로의 전환이 필요했다. 만철과 총독부의 이해가 일치했기에 큰 지장 없이 1925년 4월 1일부로 총독부 산하의 철도국으로 환원되었다.

남만주철도주식회사는 초기부터 함경도 북부 지역에서 동해로 연결될 수 있는 루트로 지린-회령 노선을 주목하고 있었는데, 이후 만주사변으로 일본의 만주 통제력이 크게 신장되면서 중국 측 부설 노선 등의 노선 통합을 통해 신징에서 나진에 이르는 루트를 완성할 수 있었다. 관동군은 1931년 9월 18일 일본인 소유의 남만철도를 폭파하고 이를 중국의 소행으로 몰아붙인 뒤, 수천 명의 일본군이 치밀한 계획에 따라 만주 정복에 나섰다.[10] 2년 뒤인 1933년 10월 1일부터 한반도 내 구간 등 북선선北鮮線 구간에 대해 대국적 견지에서 만철에 위탁하게 된다. 이후 계약 방식과 위탁 구간의 변동이 있었으나 함경도 북부의 철도는 만철의 영향력이 해방 전까지 유지되었다.

한편 해방된 후에도 만철의 영향은 지속되었다. 다롄 인근의 사하구沙河口 등에 설치된 만철공장으로부터 조달된 차량이 해방 이후에도 운영되었다. 1930년대에 조달된 조차, 유개차, 무개차 중 일부가 만철 산하 또는 관련 공장에서 생산되었다. 1945년에 소련에 의해 점령되어 실질적 기능을 상실했고, 이후 연합군 최고사령부(GHQ)에 의해 해산되었다.

10 워렌 코헨, 『세계의 중심 동아시아의 역사』, 390쪽.

한반도 철도와 해륙국가의 운명

근대문명의 형성 과정에서 철도의 역할은 가히 절대적이었다. 특히 19세기 전반 이래 20세기 전반까지 150여 년 동안 선진 자본주의 국가에서 철도의 사회경제적 비중은 오늘날의 자동차보다 컸다. 철도의 건설과 운영에는 대량의 자금과 노동력, 노하우가 필요하기 때문에 철도산업은 자본, 기술, 회계, 고용, 관리 등 여러 측면에서 다른 산업의 선구자가 되었다. 선진 여러 나라에서는 철도의 이러한 플러스적 장점을 최대한 살려서 철도를 국민경제 형성과 민족국가 수립의 지렛대로 활용했다. 그러나 식민지 철도는 그 역할과 성격이 무척 달랐다. 제국주의 국가의 자본, 상품, 군대, 이민을 침투시키는 한편, 그곳으로부터 원료 식량을 수탈하는 역할을 담당하는 경우가 많았다. 근대문명의 전파자로서 기능한 측면도 있었지만 총체적으로는 국민경제의 형성을 왜곡하고 현지인의 주체적 성장을 억압하는 성격이 강했다. 1892~1945년의 한국 철도도 예외가 아니었다. 한국 철도는 한국과 일본 사이에 존재했던 침략과 저항, 지배와 동화, 개발과 수탈, 억압과 성장 등의 상극관계를 한 몸에 간직하고 있던 민족 모순의 핵심 고리였다. 이것은 서양 여러 나라가 별다른 이의 없이 철도를 근대문명의 총아로 흔쾌하게 받아들인 것과는 다른 상황이었다.[11]

해륙국가로서 한반도는 만주 대륙과 일본을 잇는 징검다리 역할을 했다. 민족사적 비극이었으며, 지정학적 비극이기도 했다. 일본은 일본 열도를 한반도를 징검다리 삼아서 대륙으로 나아가는 통로로 활용했으며 동해와 서해 양쪽 바다를 이용하여 대중국, 대만주, 대러시아 전략을 구사했다. 대륙으로 들어가자면 일단 철도가 중요했다. 일본의 경부철도 부설 구상은 일본이 청일전쟁에서 승리함에 따라 대륙철도론으로 확대되어갔다. 한국 파견 일본군사령관 야마가타 아리토모山縣有朋는 1894년 11월 이토 히로부미伊藤博文에게 다음과 같은 의견을 피력했다.

11 정재정, 『일제 침략과 한국철도 1892-1945』, 서울대학교출판부, 1999, 5쪽.

부산-의주 간 철도는 동아대륙으로 통하는 대도大道로서, 장래 지나를 횡단하여 곧바로 인도에 도달하는 철도가 될 것은 조금도 의심할 여지가 없을 뿐만 아니라, 우리나라가 패를 동양에 떨치고 오랫동안 열국 간에 웅시하기를 바란다면 인도에 통하는 대도를 만들지 않으면 안 된다.[12]

이처럼 일본 군부의 한국 철도관, 특히 한반도에서 남북으로 종관하여 만주로 연결되는 경부철도와 경의철도에 대한 인식은 철저하게 군사 논리로 무장된 것이었다. 또한 경제적 측면에서 조선 철도와 시베리아 철도, 일본 철도를 연결하여 세계의 간선철도를 만들어야 한다고도 했다. 경의철도는 군사적·경제적 가치가 높아 처음부터 열강의 이권 쟁탈의 표적이 되었다. 그중에서도 한반도에서 부동항을 장악하려고 하는 러시아와, 한반도를 통해 대륙으로 진출하려는 일본이 경의철도의 국제적 성격에 주목한 중심 세력이었다. 러시아의 후원을 받은 프랑스가 1896년 7월에 경의철도 부설권을 장악한 것은 바로 이러한 양국 세력의 대립에서 나온 산물이었다. 경의철도 부설권을 탈취하기 위해 적극적으로 행동하던 일본은 러시아가 만주 지역으로 후퇴하자 기왕에 1898년에 이미 장악했던 경부철도와 접속할 운명을 지니고 있는 경의철도를 장악하기 위해 적극적으로 나섰다.

1904년 5월 31일 일본 원로회의와 각의는 『대한방침 및 대한시설강령』을 작성한다. 한국 침략 정책의 대강을 제시한 문서였다. 여기서 교통기관의 장악, 즉 "교통 및 통신기관의 중요한 부분을 우리 쪽이 장악하는 것은 정치, 군사, 경제상의 여러 점에서 매우 긴요한 것으로서 그중 교통기관인 철도사업은 한국 경영의 골자"라고 하면서 경부철도, 경의철도, 경원 및 원산에서 웅기만에 이르는 철도 등을 거론하였다. 웅기만에 이르는 철도는 한국종관선韓國縱貫線을 중앙에서 일본해(동해) 방면과 연결시키고, 나아가 두만강 부근에 이르는 것으로 북변北邊 방비상 필요한 선로에 속한다고 했다.

12 德富猪一郎, 『公爵山縣有朋傳』(下), 出縣有朋公記念事業會, 1933, 150~151쪽(정재정 책에서 재인용, 37쪽).

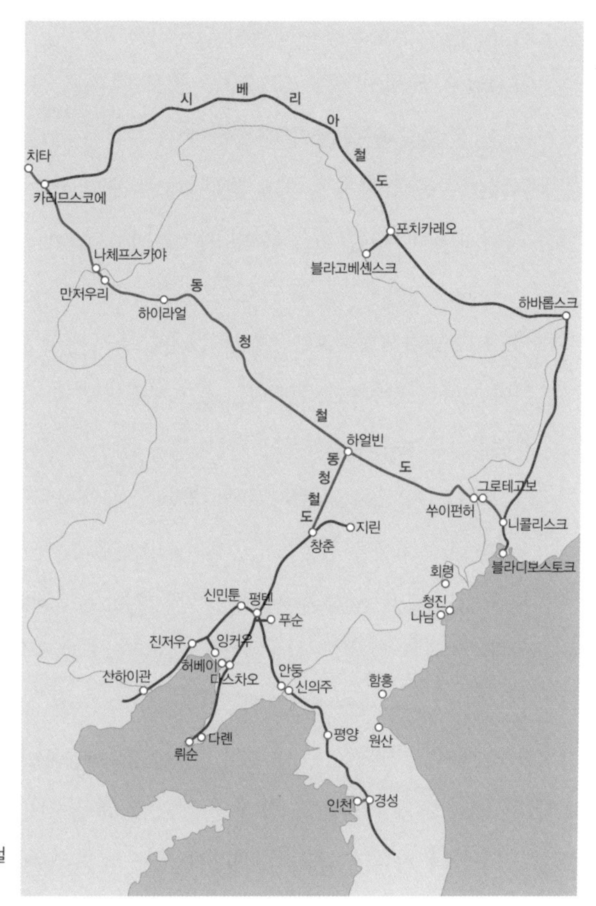

만철 창립 당시의 조선과 만주의 철도망. 原田勝正, 『滿鐵』.

경부철도와 경의철도의 일원적 지배를 완료한 일본은 한걸음 더 나아가 한국철도와 만주철도의 일체화를 꾀했다. 만한철도 일원화론은 러일전쟁 직후부터 등장했다.[13] 일본이 1907년 국책회사인 남만주철도주식회사를 설립하여 다롄-펑톈奉天, 단둥丹東(안둥安東)-펑톈의 간선철도를 장악하자, 대륙 침략주의자들은 유사시에 한국철도와 만주철도가 최대한의 수송 능력을 발휘하려면 평상시 동일한 운수체제와 철도 설비를 갖추고 있어야 한다고 주장했다. 물론 남만

13 정재정, 『일제 침략과 한국철도 1892-1945』, 111쪽.

철도의 위탁을 끝내고 총독부에서 관할하게 되지만 기능은 연결되었다.

일제의 동아시아 식민화 전략은 일본 열도를 아래에 두고 한반도를 중심으로 서해와 동해를 연동시키면서 만주와 연결하고 최종적으로는 화베이와 화중華中에 이르는 중국 본토를 지배한다는 것이었다. 일제는 중일전쟁 이후 기존 시설을 정비하면서 '대륙 루트'를 몇 가지로 분류하여 정비했다.

> 제1루트: 대한해협으로부터 부산을 거쳐 경부, 경의, 안봉선(단둥-펑톈)철도를 경유하여 만주국 펑톈으로 연결하고, 그로부터 만주국 각지를 연결하거나 경봉선(베이징-펑톈)을 경유하여 화베이까지 이어져 몽골, 화중華中에 이르는 코스
>
> 제2루트: 일명 북선北鮮 루트로 니가타, 쓰루가에 명령항로를 개설하여 길회선(지린-회령), 경도선을 경유하여 동북만주와 연결하는 코스
>
> 제3루트: 이른바 황해 루트로서 중일전쟁 이후 화베이를 점령한 일제가 황해가 세력권에 완전히 들어오자 이 지역으로 교통로를 크게 확충

이러한 주요 교통로를 연결하기 위해 일제는 1941년 4월 1일 평원선(평양-원산)을 개통하여 경원선과 함께 황해와 동해를 잇는 철로를 완공하여 대륙 루트로서 조선의 가치가 더욱 높아졌다. 반도국가의 이점을 살려 중간 허리인 평양-원산을 철도로 연결함으로써 황해와 동해를 잇고, 일본의 화중·화베이, 동북3성에 대한 전략에서 우월한 지위를 확보하고자 했다.[14] 대륙 루트의 핵심은 어디까지나 조선 철도 수송 능력과 밀접하게 관련되어 있었다. 중일전쟁과 태평양전쟁 이후 조선 철도 수송량은 여객이나 화물 모두 크게 증가했으며, 이른바 북방권 무역이 압도적으로 증가했다.

1930년대에 들어서서 일본-한국-만주를 연결하는 제2의 대륙간선 철도망이 구축되었다. 일본-동해-북선 3항(나진, 청진, 웅기)-북선철도-길회선(지린-회령)을 연결하는 소위 북선 루트가 그것이다. 이 교통로는 만주 침략을 개

14 송규진, 「일제의 대륙 침략과 조선의 대북방권 무역」, 『문명의 충격과 근대 동아시아의 전환』, 경진출판, 2009, 73쪽.

시하면서부터 만몽滿蒙에 대한 관심이 고조되자 종래에 사용해왔던 일본－대한해협－경부·경의철도(1940년대부터는 중앙선도 가세)－안봉(단둥－펑톈)철도라는 육로와 일본－황해－남만철도(다롄－잉커우營口－뤼순)－만철이라는, 해로를 보완할 수 있는 또 하나의 첩경 루트로서 각광을 받았다. 그러나 북선 루트는 일찍이 단초가 있었다. 중국이 동북 지방을 관통하여 한국의 국경 지대에 이르는 길회선(지린－회령)을 부설하기로 계획한 것은 러시아가 동청철도를 부설한 1890년대 중반으로 소급된다. 현지 군벌이 추진한 이 계획은 러일 세력의 각축으로 모두 좌절되었다. 그 후 이 문제는 일본과 청이 체결한 간도에 관한 일청협약(1909)에 다시 언급되었으며, 이는 길회철도를 일본의 세력 아래 두려는 의도에서 비롯되었다.

일본은 만주를 침략하여 그곳에 괴뢰국을 수립하면서 한국 북부와 동북만주를 하나로 엮는 교통망에 혼신의 힘을 기울였다. 교통로는 일본 중부 지방의 동해 쪽 항구인 니가타, 쓰루가－나진, 청진, 웅기－함경선, 도문선圖們線(함북 청진과 나진을 잇는 선)－길회선을 직접 연결하는 노선이었다. 관동군사령부는 길회선과 창춘－다롄선을 주목했다. 이 철도들은 러시아 동청철도에 대항하는 노선이었다. 즉 일본 관동군이 새롭게 획책한 철도는 동해로 나아가는 소위 북선루트였다. 일본은 만주 중앙부로부터 한국 북부를 거쳐 일본으로 가는 최단거리를 장악함으로써 북만주를 횡단하는 동청철도를 공략하고자 했던 것이다. 이를 위해서는 둔화敦化－회령의 철도부설, 지린－창춘 및 지린－둔화철도의 합병이 가장 시급한 과제였다. 실제로 일본은 길회선의 미착수 구간이었던 둔화와 투먼圖們 사이를 준공하였다(1933년 4월).

둔화와 투먼을 연결하는 돈도선敦圖線은 러일전쟁 이래 일본이 자주 요구하면서도 중국의 자주적 철도정책으로 실현이 저지되어온 노선이었다. 간도 지방을 통과하여 동북과 조선 북부를 연결하는 일본 제국주의의 대륙 정책에 큰 의미를 지니고 있었다. 북선 루트는 황해－다롄－만철본선 루트 및 대한해협－경부·경의선－안봉선 루트와 경쟁하면서 일본의 패전 시까지 한국 북부 지역과 동북만주 일대의 식량과 원료를 수탈하고, 일본의 상품을 이들 지역에 침투시키는 중요한 기능을 담당했다.[15] 대륙 만주와 일본 열도를 연결하는 환동해 루트가 철도와 항로로 이어진 것이다.

철로변 근대 도시의 탄생

철도를 따라서 도시들이 들어섰다. 만주 벌판에 문명사적으로 전혀 다른 근대적 괴물들이 들어선 것이다. 시베리아 횡단열차의 종착역이었던 동청철도, 즉 만저우리에서 다롄까지 가는 철도변의 초기 모습을 가장 정확하게 기록한 사람은 20세기 초반에 만주 철도변을 여행했던 조지 린치George Lynch일 것이다.[16] 그는 "만주를 지나가는 길의 초반 풍경이 특별하지도, 그림처럼 아름답지도 않다"라고 적었다. 다롄에서 하얼빈까지 철로 양쪽으로 광활한 들판이 펼쳐져 있었다. 마을과 도시는 중국식이지만, 후경으로는 어디서나 러시아인들이 세운 육중한 건물들이 펼쳐졌다. 철도 근처에서는 러시아가 정착시키는 데 애를 먹고 있는 식민 거류자들을 자주 만났다.

옛날부터 만주 발전의 모든 중심은 펑톈奉天이었다. 펑톈 일대의 평야는 일찍이 한대漢代의 현토성玄菟城, 발해·요·금의 심주瀋州로서 당대의 도시였다. 원조와 명조, 청조에 선양瀋陽이란 명칭이 쓰였다. 1631년에 베이징을 모방한 선양성이 수축되었으며, 1644년 수도가 연경(지금의 베이징)으로 옮겨가고 만주팔기滿洲八旗도 중국 관내로 옮겨가면서 펑톈에는 장군만이 남게 되었다. 1657년 펑톈부가 설치되면서 펑톈이란 호칭이 생겨났고, 이후 청조가 만주 지역을 봉금封禁하자 이 지역은 정치적으로 점차 잊혀갔다.[17]

20세기 초반 펑톈은 세계에서 제일 큰 모피 시장이었다. 중국 전국에서 이

15 정재정, 『일제 침략과 한국 철도 1892-1945』, 161쪽.
16 조지 린치, 『제국의 통로』*The Path of Empire*, 1903.
17 김경일 외, 『동아시아의 민족 이산과 도시』, 92~93쪽.

오늘날의 선양역(2014년).

곳으로 모피를 사러 왔으며, 모피를 아주 좋은 값에 구입할 수 있었다. 러시아가 지배하던 당시, 선교사들이 운영하는 병원과 의과대학이 있고, 시내에서 가장 큰 건물은 어느 면에서는 은행 역할을 하는 전당포였다. 당시에 이 도시를 다스리던 거대한 군사령부가 있었고 중국인 무기는 철저히 통제되었으며 코사크 기병대가 순찰을 돌았다. 이후 일본군이 이들 시설을 접수하여 더 확고한 군사 병영을 만들어냈다.

신해혁명 이후에도 펑톈은 그 명칭이 유지되었다. 1929년에 펑톈현은 랴오닝성으로, 펑톈은 선양瀋陽으로 개칭되었다. 만주국이 건국되고 신징이 수도로 정해지면서 민국시대의 선양은 다시 펑톈으로 불리었고, 정치 도시에서 상공업 중심 도시로, 또한 소비 도시인 동시에 유력한 물자집산 시장으로 변모해갔다. 만주국, 만철, 관동군 3자는 펑톈도읍계획준비위원회를 만들었으며, 특히 만철은 1905년 러일전쟁 후에 러시아에게서 물려받은 동청철도 용지를 이용하고, 계획에 의한 가로와 상하수도, 전등, 공원, 묘지, 병원, 학교 등의 시설을 갖추었다. 시가지는 모두 일본식이었고 아스팔트로 덮였다. 만철 부속지에는 주로 일본인이 거주했는데 만철 종업원, 상업 종사자, 기생이나 작부, 농업 종사자 등이 살았다. 펑톈은 훗날 선양으로 개칭되어 옛 전통을 되찾게 된다.

만주국 수도로 탄생한 신징新京은 본디 창춘長春에서 출발하였다. 창춘은 원대에 중국에 편입되었으며, 청 건국 후에도 내몽골 공왕의 영지(몽지蒙地)였다. 봉금정책에도 불구하고 중국 북부에서 농민 이주가 활발하게 전개되어 만주 평원에서 봉금정책이 가장 먼저 타파된 지역이 되었다. 이후 일제는 펑톈 만철 부속지와 함께 창춘 만철 부속지의 시가지 건설에 가장 큰 힘을 쏟아 부었다. 남만철도 창춘역은 펑톈, 다롄, 뤼순, 무순 각 역과 함께 '5대 역'으로 불리었다. 창춘이 일반에게 알려지게 된 계기는 무엇보다 러일전쟁의 결과, 만철과 북철의 중계지로서 러시아와 일본 교통상의 국경이기 때문이었다.[18] 일제는 철도 부속지와 상부지商埠地의 시가지 건설을 진행하여 만주에 제국의 도시를 건설했다. 1932년 3월 창춘은 만주국 수도로 정해지면서 신징이란 새로운 도시로 태어나게 되었다.

창춘을 수도로 정한 것은 지리적으로 만주 중심에 위치하여 어떤 성의 세력에도 치우치지 않기 때문이었다. 글자 그대로 '새 수도'(新京)로서 재탄생 당시의 인구는 10만 명 정도였다.[19] 도시설계 단계에서는 50만 명으로 예상했고, 300만 도시를 목표로 했다. 신징은 '콩의 도시'로 불렸다. 만주가 주산지인 콩이 연간 100만 석 집하되었고 잡곡 50만 석, 목재·축산품 등이 집결하는 경제 중심지였다. 무엇보다 남만주철도의 종착점으로 신징에서 동지철도東支鐵道가 이어지고, 만저우리를 경유하여 시베리아 횡단철도로 연결되며, 중국이 경영하는 길장선吉長線(지린-창춘)으로 지린까지 이어졌다.[20]

만주의 빼어난 계획 도시로는 하얼빈이 중요하다. 하얼빈은 '동양의 파리'

18 위의 책, 179쪽.
19 「만주제국총람」(1934)에 따르면 당시 인구는 12만 6,000명 수준이었다.
20 太平洋戰爭研究會, 『圖說 滿洲帝國』, 河書房新社, 1996.

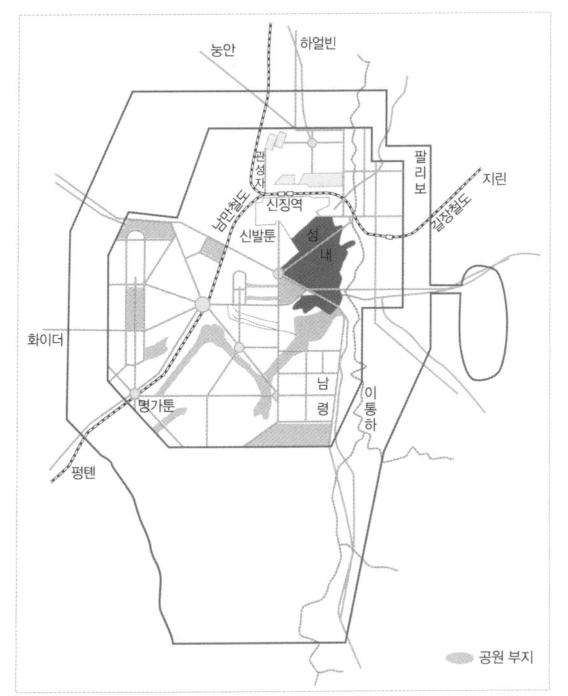

신징 시가도(김경일 외, 『동아시아의 민족 이산과 도시』 참조).

1930년대의 신징역.

라 불렸으며 러시아인이 다수 들어와서 국제 도시의 품격을 보여주었다. 유명한 러시아 작가 니콜라이 바이코프Nikolai Apollonovich Baikov는 러시아가 만들었던 도시 하얼빈 개설 당시(1902)의 만주 평야에 대해 "하얼빈은 무성하게 풀이 우거진 아무것도 없는 초원과 덤불로 덮인 습지였다. 임시로 설치한 흙으로 지은 연립주택에 철도 관리 사무실, 아무르강 국경경비대 본부, 기상대, 전보국, 병원 등이 건립되어 있었다"라고 묘사했다.[21]

신도시는 3년 만에 조성되었다. 넓은 공원과 극장, 가두판매점, 기상관측소, 대성당도 눈에 띄었다. 제방 한쪽에는 미국 설비를 들여놓은 제분공장이 쉴 새 없이 가동되고 시내는 완전히 전기로 돌아가고 있었다. 흥미롭게도 하얼빈에서

21 나카미 다사오 외, 『만주란 무엇이었는가』, 467쪽.

는 세계 어느 나라 사람이든 다 볼 수 있었다. 블라디보스토크에서 온 러시아인과 미국 상사 대리점의 직원도 많았다. 그렇지만 영국 사람은 단 한 명도 없었다. 러시아인들은 투자를 해서 많은 돈을 벌어들이고 있었다. 하얼빈에서 생산된 뒤 각 지역으로 공급하게 될 온갖 종류의 산업자재가 엄청나게 비축되어 있었다. 독일인은 이 분야 사업에서 성공을 거두었다. 함부르크의 쿤스트&알베르스 상사는 이곳에 큰 기업체를 소유하고 있었다. 미국인 몇 명은 사업을 더욱 세련되게 추진했지만 영국인은 완전히 배제되었다. 영국인은 하얼빈에서 땅 한 뙈기를 사들이거나 상점 하나 개업하기도 어려웠다. 하얼빈에 400개의 객실을 갖춘 호텔이 개업했는데 빈방이 없을 정도였다. 이 도시는 만주의 상업 거점으로서, 또한 러시아의 군사적 점령 사령부로서 빛이 날 것이라고 했다. 이상에서 살펴본 바와 같은 조지 린치가 본 풍경은 1910년 전의 모습이다. 물론 그 하얼빈 역전에서 러시아 대장성을 만나러 온 이토 히로부미가 안중근 의사에게 저격되었음은 동아시아인들이 다 알고 있을 것이다. 그만큼 하얼빈은 러시아와 깊은 관련을 맺고 있었다.[22]

러일전쟁의 결과 포츠머스 조약에 따라 러시아는 만주에서 군대를 철수하고 많은 이권을 청에게 돌려주어야 했다. 그러나 동청철도 왕국에서는 여러 제한에도 불구하고 지배를 계속했다. 러일전쟁의 결과와 무관하게 하얼빈은 크게 발전했다. 러일전쟁의 충격파와 짧은 혁명 후 1907년부터 1914년까지 비교적 안정된 시기가 계속된 결과 경제가 급성장했다. 하얼빈은 원격지임에도 불구하고 유럽과 아시아를 연결하는 국제선상에 있는 곳으로 중요성을 획득해갔다. 1차 세계대전의 발발은 철도사업을 활성화시켜 하얼빈시의 발전에 크게 기여했다. 1917년 혁명 와중에 만주로 탈출한 러시아인은 25만 명에 달했다. 이중에서 60퍼센트 이상이 만주로 이주했으며 이들이 주로 정착했던 하얼빈시의 경우 주민 48만 5,000명 가운데 12만 명이 러시아인이었다. 볼셰비키의 탄압 속에서 백군이 시베리아를 거쳐 하얼빈으로 탈출한 것이다. 블라디보스토크는 이미 공산

22 조지 린치, 『제국의 통로』*The Path of Empire*, 1903.

러시아풍이 어우러진 하얼빈의 건축물들.

하얼빈역에 있는 안중근 의사 기념관.

주의자들의 손에 들어갔기 때문에 하얼빈으로 난민이 쇄도했다. 탈주와 망명의 분위기 속에서 하얼빈에서는 반볼셰비키 애국집단들이 생겨났나. 그중 하나가 러시아 파시스트 조직으로 발전한 것은 1925년의 일이었다.[23]

난민 속에는 많은 작가, 예술가, 학자 등이 있었다. 그들 난민의 창조성으로 하얼빈은 화려한 문화활동의 중심지가 되었다. 하얼빈시에는 20여 곳의 러시아 정교회당, 우수한 교향악단, 수많은 극장, 댄스홀, 바, 호텔과 레스토랑 등이 속속 들어섰다. 하얼빈시는 균질적인 것은 아니었다. 러시아인이 80퍼센트 이상을 차지했는데, 그중에는 러시아제국에 속했던 우크라이나인, 폴란드인, 유대인, 아르메니아인, 그루지야(조지아)인, 타타르인 들도 있었다. 이들의 목가적 삶은 1930년대 초 일본군이 만주를 점령하면서 타격을 받기 시작한다.[24]

오늘날 중국인들은 가능하면 하얼빈의 역사에서 러시아의 흔적을 지우려 한다. 러시아인들이 동청철로를 신설하면서 만들어진 '동양의 파리' 하얼빈의 100주년 기념학술회의(1998)가 중국 정부의 반대로 무산되었다. 중국 민족주의 담론에서 하얼빈은 오로지 '중국인들이 만든 도시'였다.

다롄은 시베리아 철도의 황해 종착역이었다. 동해 종착역이 블라디보스토크라면, 다롄의 존재 근거도 또 다른 종착역에 있었다. 다롄에는 아시아를 통틀어 가장 큰 규모의 전력 설비가 들어섰다. 제방이 쌓이고 상품 창고와 격납고가 들어섰다. 당시(1903) 다롄에서 특급열차가 주 2회 출발했다. 화요일과 토요일 밤 11시에 출발해서 13일 후인 월요일과 금요일 1시 30분에 모스크바에 도착했다. 철로는 8,110킬로미터에 달했다.

다롄은 당시 동북 지역에서 가장 중요한 항구였다. 다롄 무역에서 각 나라의 세력 분포를 보면, 일본이 1위, 미국은 2위, 그다음으로 영국, 이집트, 네덜란드, 독일이었다. 민국 14년, 다롄항이 일본에서 수입한 상품은 5,000만 냥 어치

23 제임스 포사이스, 『시베리아 원주민의 역사』, 238쪽.
24 나카미 다사오 외, 『만주란 무엇이었는가』, 467쪽.

시베리아 횡단철도 종착역이 놓이고 항구가 완성되어가는 다롄의 풍경.

다롄역(1924년).

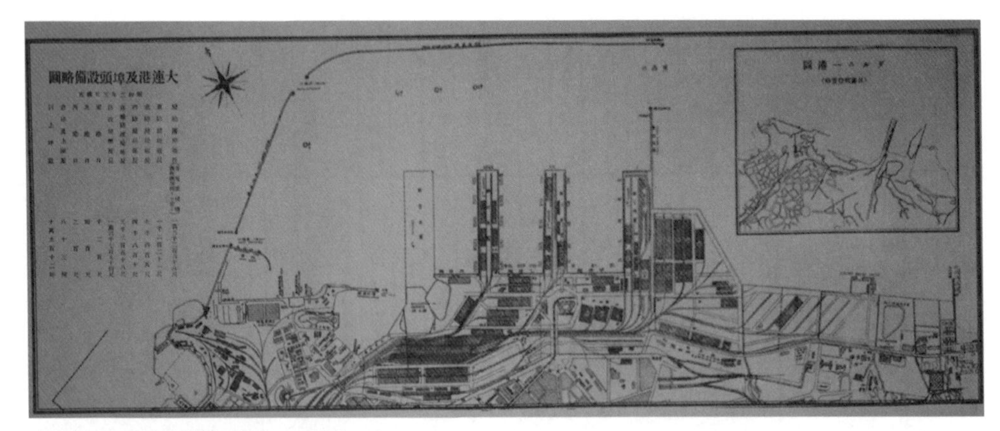

다롄항 부두 증설도(『滿鐵20年史』, 1927년).

다롄 부두에서 하역하는 중국 노동자들.

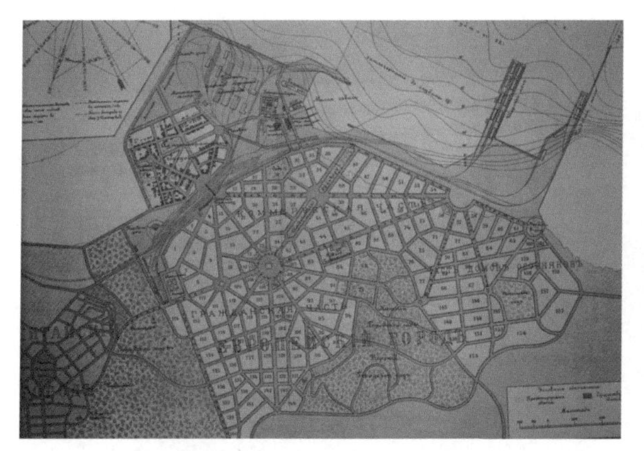

서양식의 방사형 도시계획도(다롄, 1900년).

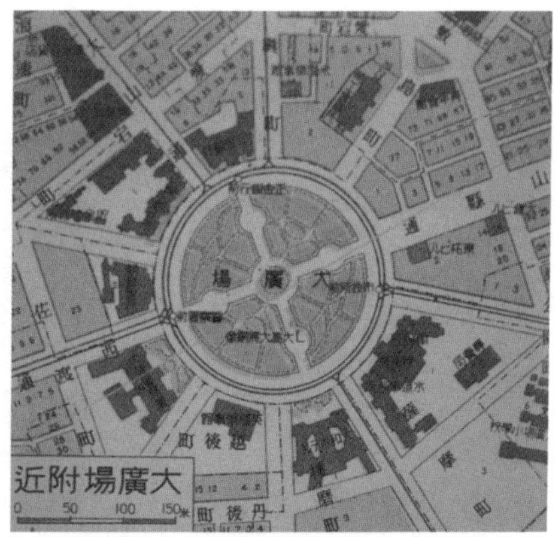

다롄의 중앙광장 지도(1935년).

에 가까웠고, 일본으로 수출한 상품은 8,400만 냥을 넘었다. 일본과의 무역 총액은 미국의 9배, 영국의 13배로, 다른 나라와 더 비교할 필요가 없었다. 다롄항에 출입한 각 나라의 화물량 중에서 일본의 화물은 70퍼센트 이상을 차지했다.

다롄은 러시아와 일본을 거치면서 계획 도시로 거듭났다. 러시아 입장에서는 국가 전략의 결정적 출발점이자 북방 세력이 바다로 나아가는 출구였다. 일본 입장에서도 항구를 통해 내륙 만주로 들어가는 관문이었다. 오늘날에 중산광장이라 불리는 중앙로터리에 들어서 있는 장중한 제국의 건물은 다롄의 역할과 위상을 잘 말해준다. 조선은행 건물도 눈에 띈다.

다롄 민정서 청사(1907~1909, 후에 다롄 경찰서)

요코하마 정금正金은행(1907~1910)

대화大和여관(1908~1914)

영국 영사관(1913)

다롄 시역소(1917)

조선은행(1917)

동양척식주식회사(1926)

체신국(1925)[25]

다롄의 아라사 거리(1901년).

다롄의 아라사 거리(2014년). 위의 사진과 비교해보면 110여 년의 시간적 간극에도 러시아 풍경은 장기 지속되고 있음을 알 수 있다.

다렌과 짝을 이루는 뤼순커우旅順口는 러시아가 들어오기 전에 리훙장의 근대화 정책이 수행된 북양함대의 거점이었다. 이곳으로 진입하는 것만으로 엄청난 자연적 이점을 얻을 수 있기 때문에 적절히 수비한다면 난공불락이었다. 발해와 황해로 돌출되어 요동 반도의 돌출 위치와 산동 반도의 웨이하이威海를 마주 보면서 황해에서 발해만으로 진입하는 함대를 감시할 수 있는 위치다. 만주 세 지방 가운데 하나인 성성盛省 남부 지역은 바다로 돌출되어 있고, 끝부분에서 매우 좁은 지협으로 연장된 반도를 형성하고 있다. 뤼순커우는 반도 끝단에 위치했으며 반도의 목 부분인 지협은 진저우錦州라는 요새화된 도시와 중국군 함대의 정박지 다롄만 요새가 수비하고 있었다.[26]

양무파 리훙장은 서양의 기술과 원조를 끌어들여서 1874년에 복건수사福建水使, 남양수사南洋水使, 북양수사北洋水使의 3대 함대로 해군을 창설했다. 북양함대는 다구大沽와 뤼순커우, 잉커우營口, 옌타이烟台에 나뉘어 주둔했으며 발해만을 통하여 톈진天津과 베이징으로 진입하는 적을 방어하고자 했다. 함대의 주요 거점은 웨이하이와 뤼순커우에 두었다. 1880년 리훙장은 뤼순커우의 요새화에 착수하여 독일 군사고문의 자문을 받아 요새를 완성했다.[27]

뤼순커우는 러시아에 점령된 뒤에 포트아서로 불렸으며 더욱 완벽한 요새가 되어 해상과 육상으로 견고하게 방어되고 있었다. 다렌이 상업적 종점이라면, 뤼순커우는 시베리아 횡단철도의 군사 종착지였다. 러시아인은 뤼순커우에서도 다렌과 하얼빈이나 기타 만주 지역에서처럼 일시적 정착이 아니라 '눌러 살려고' 건설을 하고 있었다. 건축은 주로 프랑스식의 아르누보 스타일이 지배적이었다.[28]

압록강구 철로변의 단둥은 만주 자체보다도 한반도에 절대적으로 중요했

25 蔣耀輝, 『大連 埠頭建市』, 大連出版國, 2013.

26 제노네 볼피첼리, 유영문 옮김, 『구한말 러시아 외교관의 눈으로 본 청일전쟁』, 살림, 2009, 147쪽.

27 『圖說 大連 都市物語』, 河書房新社, 1996.

28 조지 린치, 『제국의 통로』, 80쪽.

러일전쟁 승전탑이 서 있는 뤼순항.

일본군의 폭격으로 무너진 뤼순의 러시아군 건물들.

19세기 중국의 함정. 영국인 고문이 보인다.

단둥 철교(2014년).

다. 동북 대외무역의 개항장으로 다롄과 함께 일본을 주요 무역 상대국으로 삼았다. 단둥과 다롄은 실로 대일본 무역의 2대 개항장이었다. 단둥에 한반도와 연결된 철도가 있고, 쓰시마 해협을 넘으면 일본 철도와 연결되는 교통의 편리성으로 단둥은 조선 및 일본과의 무역에 중요한 개항장이 되었다. 단둥에서 수입된 일본산 면화는 동북 지역의 어느 항구보다 많았고 다른 일본산 상품도 많이 수입되었다. 1920년대 이후 단둥에서 일본으로 수출되는 물건도 많았다.

동북 지역은 19세기 말까지 여전히 농업생산을 중심으로 하여 대외무역이 전국의 1퍼센트를 차지하는 수준이었다. 1930년대에 이르러 다롄 등 항구의 수출무역으로 인해 동북3성의 농업이 급속히 발전했고, 농산품의 수출량이 확대되자 지역 항구의 수출입액은 전국의 17퍼센트로 올랐다.

사신들이 달릴 때 백성이 사는 곳을 따라 달리게 한다. 그렇게 하면 달리는 사신의 이동이 지체된다. 나라 백성에게도 고통이다. 이제 우리는 완벽하게 정비하여 방방곡곡의 천호로부터 역참지기와 역마지기를 내어 자리자리마다 역참을 두어 사신이 쓸데없이 백성 사는 곳을 따라 달리지 않고 역참을 따라 달리게 하면 옳지 않겠는가.

—『몽골비사』

5장

초원의 노마드, 바다의 노마드

몽골의 동해 바닷길:
울란바토르, 울란우데, 초이발산, 만저우리

12

대륙과 해양의 네트워크를 통한 세계 경영

맹지국가 몽골의 선택

몽골이라는 땅은 그저 푸르른 초원이 끊임없이 펼쳐져 있는 것으로 알기 쉬우나 실상 그 경관은 그렇게 단조롭지만은 않다. 북쪽은 시베리아 삼림 지대와 접하며, 그곳에는 겔렝, 오르혼, 셀렝가 등의 하천이 흐른다. 서쪽으로는 항가이와 알타이 양 산맥이 동서로 뻗어 있고, 동쪽은 다싱안링 산맥을 사이에 두고 만주와 연결되며, 남쪽은 광대한 고비사막이 펼쳐진다. 이들 경관의 중앙에 위치한 대초원이 바로 몽골 고원이다. 몽골 고원은 해발 약 1,500미터에 이른다. 혹독한 기상 조건 속에서 인간과 말과 소, 양, 산양, 낙타들이 함께 유목생활을 한다.

몽골은 바다였다. 상전벽해로 바다가 사라진 자리에 풀의 바다가 들어섰다. 빙하가 녹는 간빙기에 이르러 곳곳에 호수가 생겨났다. 태평양을 횡단할 때 언

초원의 백마.

제나 구름이 지평선에 걸렸다. 몽골 초원의 석양도 구름 그림자가 덮어가고 구름은 초원 위로 쏟아져 내릴 듯한 형상이다. 게르에서 잠을 자노라면 밤하늘에서 별이 쏟아져 내려 비닐봉지에라도 담아오고 싶어진다. 끝없이 펼쳐져서 지루하기만 한 초원도 남쪽 고비사막 쪽으로 가면 그나마 황량한 모래받으로 바뀌어 초원이 그리워진다. 공룡은 이들 자연사의 긴 역사를 화석이라는 강력한 흔적으로 남긴다. '공룡의 보고'라는 뜻은 몽골이 '광물의 보고'임을 암시한다. 곳곳이 광물이고, 없는 광물이 없고, 그것도 노천광이 수두룩하다. 자원과 에너지 시대에 광물은 그 자체로 돈이다.

당연한 말이지만 광물은 무겁다. 무거운 광물을 운반하는 것은 매우 어려운 일이다. 몽골처럼 석탄 수출이 총수출량의 30퍼센트를 차지하는 처지에서는 물류가 중요하다. 몽골의 화물은 모두 철도로 이동한다. 그러나 러시아와 중국 사이에 끼어 있는 이 내륙국가의 운명은 강대국의 간섭에 놓여 있어 주체적 경제를 펼쳐나가기 쉽지 않다.

몽골은 자신들의 출구 전략으로 바다를 선택하는 중이다. 초원에서 바다라? 터무니없는 이야기는 아닐 것이다. 몽골은 초원의 나라이지만 동시에 호수의 나라이기도 하다. 그런데 몽골인은 호수를 큰 바다로 간주한다. 몽골은 바다를 뜻하는 달라이dalai를 세계인의 마음에 깊이 새겨놓은 민족이기도 하다. 바다와 같이 깊고 고결한 스승이라는 뜻을 지닌 달라이 라마Dalai-Lama가 그것이다. 동아시아 고대적 세계관에서 옛 몽골 땅인 바이칼 호수는 거대한 달라이인 북해北海였다. 몽골은 홉스굴 호수를 '초원의 진주'로 소개하면서 바다로 내세우는 중이다.

초원은 기본적으로 노마드적 삶이다. 바다 역시 노마드적 삶이다. 이 항구에서 저 항구로 떠돈다. 어제의 낙타부대가 오늘의 컨테이너 선박일 수도 있다. 망망대해 같은 초원이 '녹색의 바다'라면 바다 역시 망망대해의 '푸른 초원'이다. 유라시아 초원은 종종 '육지로 된 바다'라 불려왔는데, 그 도시는 항구이고 대상은 호송선이었다. 따라서 내륙국가 몽골이 항만청을 만든 것은 전혀 이상한 일이 아니다. 산악국가 스위스가 세계 2위의 해운사 MSC를 거느린 것을 주목한다

큰 호수 달라이.

면? 현대상선과 한진해운을 합쳐도 세계 5위권이다. 생각을 조금만 바꾸면 세상은 전혀 다르게 보인다. 초원에 세운 몽골 항만청이 좋은 예다.

유목민은 말에서 태어나서 말 위에서 죽는 법이다. 거침없이 초원을 횡단하고 바람의 아들로 제국을 건설했다. 바다 사람들도 바닷바람을 받으며 거침없이 대양을 횡단하면서 제국을 만들어냈다. 이러한 노마드적 삶의 공통점은 개방성이다. 세계의 수도였던 카라코룸에는 유럽인도 와 있었고, 당연히 불교, 이슬람교, 기독교 등 종교 박람회장을 방불케 했다. 스텝 문명사의 관점에서 본다면, 국경은 온전히 존재하지 않았고 매우 유동적으로 넘실댔다.

오늘은 내몽골과 몽골이 분리되었지만 본디 하나다. 중국은 내륙국 몽골을 준식민지, 혹은 작은 오랑캐 정도로 생각하면서 몽골인은 무비자로 통과시킨다. 오늘의 동아시아 역사는 지나칠 정도로 중화주의적이다. 어찌 보면 중화와 오랑캐의 대립과 타협으로 이루어진 역사임에도 중국만 돋보인다. 대륙굴기大陸屈起, 해양굴기海洋屈起에 나선 경제 강국 중국의 주도권을 인정한다고 해도 중국 이외의 오랑캐들에 대한 이해는 또 다른 각별함이 있다.

하나로 이어졌던 몽골과 만주

우리의 인식에 몽골과 만주는 분리된 별개의 것으로 들어와 있다. 그러나 몽골과 만주는 하나로 이어졌으며 역사적으로 같이 움직이는 경우가 많았다. 몽골과 만주의 분리적 사고, 외몽골과 내몽골의 분리는 중국의 오랜 변강 정책, 그리고 일제의 술책에 기인한 것일 뿐, 만주와 몽골, 외몽골과 내몽골은 분리된 별개의 것이 아니었다.

익숙한 세계지도인 메르카토르 도법으로 작성된 지도의 과장과 허위에 중독된 우리의 세계지리 인식이 아주 잘못되어 있는 측면도 있다. 북방의 유럽인들이 만든 이 도법은 극지방으로 갈수록 면적이 심하게 확대된다는 단점이 있다. 유럽인들에게 유리한 도법일 뿐 실제와는 다른 모습이다. 이 도법에서는 몽골이 한반도와 매우 멀게 느껴지나 실제로는 몽골과 만주가 하나로 연결되며, 곧바로 한반도로 연결된다. 내몽골 아래가 만주이고, 만주 아래가 한반도다.

일제강점기 일본의 일부 동양사학자들은 만주·몽골이 역사적으로 중국과 별개의 지역이었다고 간주했다. 일제의 만주 침략과 만주국 수립을 뒷받침하는 것이었다. 이 지점에서 일본 제국주의 역사학과 중국 중화주의 역사학이 대립 충돌했다. 가령 최남선의 만몽문화론도 이 같은 배경에서 나온 것이었다.[1]

만주와 원, 만주와 청의 장기 지속적 역사를 관찰해보면, 몽골과 만주는 오랜 관계를 가지고 세계사에서 중요한 역할을 맡았다. 옷치긴 왕조의 장기 지속

1 최남선은 동아시아 역사를 동(중국), 서(서장西藏)의 교섭과 남(중국)·북(만몽)의 대립으로 파악했다. 특히 후자를 강조했으며 북방문화가 중국 문화 형성에 크게 기여했다고 파악했다. 이는 만주국 성립의 근거를 제시한 셈이 되었고, 북방민족의 중국에 대한 연고권을 상기시킴으로써 일제의 중국 침략에 대한 근거의 일부를 제공했다는 혐의도 있다. 최남선의 만몽문화론은 일제의 침략주의와 일면 궤를 같이하는 것이었다(「최남선의 만몽문화론」, 『일제시기 만주사·조선사 인식』, 동북아역사재단, 2009, 150~151쪽).

동몽골 초원에 남아 있는 거란의 성(초이발산).

이 그것이다. 이들 동방왕가는 광활한 대만주권의 목농·농업지대 및 스텝 초원의 유목지대를 배경으로 집요하게 세력을 강화했다. 만주의 자연과 역사에 기반을 둔 풍부한 인적·경제적 자원은 동방왕가에게 세력을 강화할 수 있는 토대를 제공해주었다.[2]

옷치긴 왕조는 오늘의 연해주 방면을 통해 늘 바다에 접경하고 있었다. 그런데 역사적으로 보면 몽골의 해양 진출과 해양 경영은 세계사적으로도 남다른 데가 있다. 여몽 연합군은 900척의 전함과 4만 명의 군사를 이끌고 규슈 하카타博多에 상륙했다. 하지만 폭풍우 덕분에 일본은 구사일생으로 살아남았다. 역사적으로 일본인이 갖고 있는 북방 세력에 대한 일정한 공포심은 이러한 경험과 무관할 수 없다.

몽골은 각별하게 탐라라는 섬 경영을 했다. 몽골이 삼별초의 난을 진압한

2 칭기즈칸이 아꼈던 형제 옷치긴을 역사 기록은 이들 관계가 마치 부자관계 같았다고 하였다. 칭기즈칸은 옷치긴에게 몽골족의 옛 땅인 에르구네의 동쪽을 봉분해주었다. 옷치긴 왕자는 몽골족 선조인 몽올실위의 활동무대인 에르구네의 동쪽 싱안링 일대를 중심으로 성장하고 중앙정부에 저항하고 타협하는 과정을 통해 결국 동쪽의 광활한 만주 벌판으로 세력을 확대해갔다. 옷치긴 왕자가 다져놓은 만주 기반은 조선과 200여 년 후의 후금을 배태시키는 토대로 작용했다. 13~14세기 만주의 지배자였던 옷치긴 왕가는 유목과 농경을 아우르는 풍요로운 환경으로 말미암아 몽·원제국 제왕 중에서 최고의 경제력을 소유할 수 있었다. 옷치긴 왕가는 몽·원제국과 고려를 연결하는 중간 지점에 위치하는 지정학적 특수성도 갖추었다. 칭기즈칸의 서방 원정 기간 동안 옷치긴은 고려에 사신을 파견하여 대규모 공물을 징수했고, 이후에도 고려에 직간접적인 영향력을 행사했다. 이후 조선 왕조의 성립도 이성계 가문과 옷치긴 왕가의 직간접 연결에서 찾아볼 수 있다. 이성계의 고조부 이안사李安社는 옷치긴 왕가로부터 1255년에 난징南京 등지를 지배하던 천호장 겸 다루가치의 직위를 하사받아 이 일대를 세력 기반으로 삼았다. 이성계 가문은 세습 지위를 이용하여 고려인과 여진인 등을 지배했기 때문에 옷치긴 왕가와 깊은 관계를 가진 세력일 수밖에 없었다. 이성계의 위화도 회군은 몽골 내부 사정을 잘 아는 처지에서 북원北元의 기본 무력이 이미 무너졌음을 파악한 데서 나온 결과로 보아야 한다(윤은숙, 『몽골제국의 만주 지배사』, 소나무, 2010, 17쪽).

동해 루트와 몽골족의 태반胎盤 권역. 왼쪽의 바이칼호 주변은 몽골족 시족의 탄생지다. 대만주 권역은 몽골족 강해 태반 권역이다. 출전: 보르지기다이 에르데니 바타르, 『팍스 몽골리카와 고려』.

후에 제주도에 설치한 탐라총관부耽羅總管府에서는 목마장을 경영했다. 높고 낮은 오름과 드넓은 초원은 어쩌면 몽골 초원과 흡사하다. 최영에 의해 진압될 때까지 말을 키우던 목호들은 끝까지 저항했다. 이로써 몽골의 도서 경영은 막을 내렸다. 몽골이 보르네오 정벌에 나선 일은 덜 알려져 있다. 오늘날 쿠칭Kuching 등에는 몽골 습래의 흔적이 남아 있으며, 이로부터 초기 화교촌이 형성되었다. 보르네오 화교 사회의 성립이 1,000년에 육박하는 오랜 장기 지속의 역사적 맥락을 지니는 것이다.

원의 역사를 한족의 관점에서 바라보자면, 기존 중국에 뿌리를 내린 문명사적 자화상들이 몽골의 역동적 힘에 의해 철저하게 흔들렸던 시기로 여겨진다. 대원제국大元帝國이 몽골인 지상주의를 내세운 칭기즈칸 후예들의 왕조임은 부

몽골제국의 영광을 그린 포스터(2014년).

정할 수 없는 사실이다. 그러나 대원제국 역시 중국적 성격을 배제한 채 역사 전개를 논할 수는 없다. 대원제국의 다양성을 도외시한 채 어느 한 가지 요소에만 집착하는 경향은 조심해야 한다. 몽골의 통치를 받았던 사대부로 대표되는 중국인 치자治者 집단에게는 대원의 통치가 아픔으로 기억되겠지만, 오히려 일반 대중에게는 일정 정도 출세의 기회가 보장된 수평적 사회로 비쳤다. 대원이 주도하는 문화의 대중화 현상은 명대를 거쳐 청대로 전해졌다.

몽골인들은 사실 중국 통치에 미숙한 점이 많았다. 이 미숙함은 유목 환경에 익숙한 몽골인에게는 이미 예견된 문제였다. 그런데 앞선 북방 왕조들이 중국 통치에 실패했던 이유의 하나가 한화漢化였던 점을 감안한다면, 의도했건 의도하지 않았건 간에 이 미숙함은 몽골 통치자들이 자신들의 정체성을 유지하는

데 일정 부분 기여했다. 몽골은 자신들의 유목적 속성과 지향을 포기하지 않기 위해 색목인을 일종의 방어망으로 활용했다. 일련의 몽골 중심주의 원칙을 통해 동화력이 강한 중국 문화로부터 자신들의 정체성을 지켜야 했던 소수자 몽골의 깊은 고뇌가 엿보인다. 절반의 성공과 절반의 실패를 동시에 감당할 수밖에 없던 몽골인들에게 이러한 통치 방식은 어쩌면 당연한 순리였을 것이다. 어찌되었건 대원제국의 출현은, 10세기 이래 요·금·서하와 송 등 왕조들의 각축장이 되었던 동아시아가 분열의 종지부를 찍고 대통합으로 가는 단초를 제공했다. 동아시아 분열은 단지 중국적 요소들에 의한 것이 아니라 정복 왕조와 한족 왕조의 대립이 그 바탕에 놓여 있었다. 대원제국의 출현은 이러한 양자 사이의 대립에서 결국 힘의 우위를 가진 이민족 왕조가 승리한 것을 의미한다. 몽골의 중국 지배는 그것이 긍정적이든 부정적이든 향후 역사 전개에 돌이킬 수 없는 거대한 흔적을 남겼다.

대원제국이 멸망한 후에 성립된 명조明朝는 대원제국 100년의 통치를 부정하는 것으로 시작했지만 100년의 흔적은 오히려 명조 270년의 역사를 특징짓는 하나의 전형으로 작용했다. 대원제국이 명조에 남긴 가장 큰 유산은 통일왕조의 수도 베이징일 것이다. 대원이 만들어낸 통일의 기조는 명을 거쳐 청대로 연결되었으며, 예외 없이 청의 수도는 베이징이 되었다. 베이징은 유목의 마지노선으로 불릴 정도로 건조한 곳이기에 중국인의 수도로는 적합한 곳이 아니었다. 그러나 북방의 유목적 요소와 남방의 농경적 요소를 제어하기 위한 통일왕조의 수도로서는 최적의 장소 가운데 하나임은 분명하다. 비록 대원제국의 중국 지배는 14세기 말에 종결되지만, 이민족 왕조의 중국 정복은 200여 년 후 만주족 청淸에 의해서 재현된다. 대청제국의 등장은 대원제국의 흔적이 200여 년 후에도 여전히 살아 숨 쉬고 있는 증거라 할 수 있다.[3]

3 오타기 마쓰오, 윤은숙·임대희 옮김, 『대원제국』, 혜안, 2013, 284쪽.

대도는 바다와 육지를 연결하는 터미널

『몽골비사』는 동아시아 역사상 유례가 드물게 몽골인의 손으로 직접 완성된 몽골의 역사서다. 『몽골비사』는 다음과 같이 시작한다.

> 테무친은 1206년 봄 대사만인 텝 텡게리로부터 대몽골제국의 칸khan 호칭인 칭기즈Chinggis 칭호를 부여받았다. 칭기즈칸은 근원이 위 하늘에서 이미 정해진 운명을 가지고 태어났던 버르테치노, 즉 푸른 이리다.

하늘에서 점지한 칸이라서 그랬을까. 칭기즈칸은 한 곳에 치우친 지역 패권자가 아닌 세계 경영을 지향한 맹주였다. 인류 역사에서 가장 큰 영역을 자랑했던 몽골제국의 출현으로 유라시아 대륙은 하나의 교역권망 속에 들어가게 되었다. 두 대륙을 연결하는 육로나 해로가 이때 뚫린 것은 아니지만, 두 세계의 거리는 크게 단축되었고 왕래자도 크게 늘어났다. 몽골제국에 대해 중국, 이란, 러시아, 고려, 인도, 이집트 등 수많은 민족이 각기 자신들의 언어와 문자로 기록을 남겼다. 이들 수많은 기록들 가운데 정확성과 상세함에서 타의 추종을 불허하는 것이 바로 『집사』集史다.[4]

14세기 초 페르시아의 몽골 정권인 일한국에서 출간된 『집사』는 몽골제국을 건설하고 통치했던 여러 군주들의 연대기를 종합하여 서술했고, 몽골 이외에도 중국, 인도, 아랍, 투르크, 유럽, 유대 등 여러 민족의 역사까지 집대성했다. 한반도 동해부터 지중해에 이르는 광대한 지역이 몽골이라는 하나의 정치질서에 편입되었다. 실크로드는 번성했으며, 바닷길도 활짝 열렸다. 이처럼 몽골인이 이룩한 정치적 안정과 경제적 번영, 그리고 이를 바탕으로 팍스Pax 몽골리카의 동서 교류 시대를 열었다.

팍스 몽골리카의 배경에는 몽골제국이라는 거대한 정치 조직과 이를 효율

4 라시드 앗 딘, 김호동 옮김, 『부족지』, 사계절, 2002.

울란바토르 광장의 칭기즈 칸 동상.

적으로 관리하기 위한 역체제도驛遞制度가 있었다. 도처에 설치한 역참驛站을 서로 연결하여 교통과 통신수단으로 이용한 역참은 선박으로 연결되는 수참水站, 축력이나 인력으로 연결되는 육참陸站의 두 종류가 있었다. 중국 경내에만 역참이 1,400여 개에 이르렀다. 역참은 잠치라 불렸는데, '잠'jam은 길을 뜻한다. 잠치는 요로에 배치되어 길 관리를 담당하던 사람을 뜻한다. 역참은 제국 전체에 뻗어나간 정보망이자 교통망으로, 초광역으로 네트워크화되어 있었다. 그 루트를 따라 제국 내 정보가 대칸에게 전해지고, 마찬가지로 대칸의 명령이 제국 각지로 전달되었다. 이런 점에서 역참은 정치, 경제, 군사, 문화 등 모든 방면에서 몽골제국을 지탱해준 근간이었다. 몽골제국의 교통 발달은 정연하고도 신속한 교통제도와 수단에 의거했기에 가능했다.

제국의 대동맥이 정착된 것은 2대 오고타이(1186~1241) 시대였다. 1227년 칭기즈칸이 세상을 떠난 뒤 유언대로 3남 오고타이를 제국의 대칸으로 추대했다. 그는 세계를 유지, 통제하기 위하여 행정·재정 등 중앙정부 조직을 정비해 나갔다. 문명사적으로 볼 때 초원의 길은 매우 오랜 시간을 두고 누적되듯이 만들어졌을 것이고, 대물림된 전통 지식으로서 이들 교통로를 알고 있었을 것이다. 다만 제국의 공식적인 교통로로 정비되고 규정화된 것은 몽골제국에 이르러

초원을 연결하던 바퀴의 힘. 초이발산 아이막 박물관.

서였으리라. 역참 정비와 함께 오고타이는 기존 역로를 확장하여 제국 전역에 걸치는 광역 네트워크를 구축했다. 그의 시대에 동서 원정이 수행되어 금을 멸하고 북중국을 접수했으며, 서방원정을 수행하여 러시아를 제국의 영역으로 편입시켰다. 이때 제국의 본영과 각지가 연결되는 역참이 정비되었다. 이렇게 하여 그의 시대에 새로이 건설된 수도 카라코룸을 중심으로 하는 역참이 완비된 것이다.

뒤를 이은 3대 구유크카간(1206~1248), 4대 멍케카간(1206~1259) 대에는 동서양을 잇는 대제국으로 확장되어갔다. 특히 확고한 원칙 제시와 뛰어난 기획력을 겸비한 멍케카간은 칭기즈칸 이래의 소원이었던 초원과 바다를 하나로 엮는 대통합을 시도하고 나섰다.

제국 전역을 아우르는 광역 교통망이 갖춰짐으로써 동서 간에 대대적인 인적 교류가 이루어지는 대여행의 시대가 개막되었다. 이를테면 아버지를 따라 동방으로 간 마르코 폴로, 루이 9세의 명으로 카라코룸을 방문한 가톨릭 수도사 기욤 루브루크(여행 기간 1253~1254)는 모두 몽골인이 개척해놓은 역참을 이용하여 동방을 여행했다. 네스토리우스 교도로서 서아시아 성지를 순례하고, 거기에서 다리 일한국 군주의 명을 받고 서유럽을 방문한 내몽골 옹구트부 출신의 랍

몽골 풍속도.

게르 안에서 바라본 하늘.

반 사우마Rabban Sauma(1225~1294), 시리아 출신으로 쿠빌라이 조정에서 근무하다 쿠빌라이의 명으로 중앙아시아와 이란으로 갔다가 다시 유럽을 방문하고 중국으로 돌아온 이사 켈레메치Isa Kelemechi 역시 역참을 이용했다.[5] 마르코 폴로는 자신이 목격한 역참을 이렇게 묘사했다.

> 누군가가 캄발룩을 출발하여 내가 말한 그 길들을 따라 25마일 정도 가면, 그 25마일을 간 대군주의 전령은 역참 하나를 만나게 된다는 것을 알아야 한다. 이것은 그들의 언어로 얌이라 부르는데, 우리말로는 '말이 준비된 역'을 말한다. 전령들은 각각의 역참에서 매우 크고 멋있는 숙소를 보게 되고, 대군주의 전령은 그곳에 숙박할 수 있다. 이러한 방식으로 대군주의 전령들은 온 사방으로 파견되며, 그들은 하루 거리마다 숙박소와 말들을 찾을 수 있다. 이것은 정말로 지상의 어떤 사람, 어떤 황제도 느낄 수 없는 최대의 자부심과 최상의 웅장함이라고 할 수 있다.[6]

그의 기행문은 원제가 '동방견문록'이 아니라 '세계의 서술'Description of the World이었으니, 매우 정확한 서술 기록임을 알 수 있다. 마르코 폴로가 자부심과 웅장함을 느낄 정도로 역참은 타의 추종을 불허했다. 특히 신속성이 뛰어났다. 울란바토르 광장에서 조금 벗어난 곳에 마르코 폴로 호텔이 있고, 그 앞에 동상이 서 있어 몽골인들의 기억에 그가 오랫동안 남아 있음을 알 수 있다.

조반니 카르피니Giovanni Carpini(1182~1252)는 1245년 6월에 리옹을 출발하여 이듬해 1246년 4월에 볼가강 할에 있는 킵차크 칸국 바투(1227~1256)의 궁정에 도착하고, 같은 달 중순 그곳을 출발하여 7월 22일에 카라코룸에서 반나절 거리에 있는 대칸 구유크(재위 1246~1248)의 '시라 오르도'(황금 천막)에 도착했다. 3개월이 채 안 되는 기간에 4,000킬로미터가 넘는 거리를 주파한 셈이니 당

5 김호동, 「몽원제국기 한 색목인 관리의 초상: 이사 켈레메치(1227~1308)의 생애와 활동」, 『중앙아시아연구』 11, 241~261쪽.

6 마르코 폴로, 김호동 역주, 『동방견문록』, 사계절, 2000.

대 교통을 고려한다면 엄청나게 빠른 속도였다. 카르피니의 여행은 매우 절박한 상황에서 이루어진 것이었다. 몽골군이 동유럽을 휩쓸어 서유럽 기독교 세계는 풍전등화였다. 교황 인노켄티우스 4세는 카르피니에게 공포의 대상이 된 타타르인의 정체와 그 목적, 기독교로의 개종 가능성 등을 알아오게 했다. 당시 유럽 최대의 군주였던 프랑스의 루이 9세가 파견한 루브루크의 몽골 파견도 정적 시찰이 목적이었다. 이들의 여행 역시 잠치가 지닌 빠른 노선과 속도에 힘입었다. 이들의 여행담은 기록으로 남았으나 오랫동안 암흑 속에 갇혀 있었다. '타자'들을 길들일 능력이 없던 중세 유럽으로서는 그 현실을 애써 외면할 도리밖에 달리 방안이 없었을 것이다.[7]

척박하고 텅 비어 있고, 여기저기 흩어진 유목민 부족이 드문드문 살고 있고, 몇 주를 여행해도 지역 내의 자원을 이용할 것이 거의 없고, 거대한 넓은 사막 지역이 있다는 식의 언급이 이 접근하기 어려운 지역에 대한 중세의 방어적 서술일 것이다. 이 범접하기 어려운 땅은 부유한 땅을 약탈하기 위해 떠났던 일련의 집단들의 발원지였다. 가장 이른 시기부터 유목민은 이 생산성이 낮은 지대로부터 좀 더 나은 초지, 더 넓은 공간, 혹은 더 풍부한 오아시스와 교역 도시에서 만들었던 잉여물을 '원시적' 축적에 의해서 취할 기회를 찾아 이동했다. 이들 유목민에게 정복당한 정주민들은 그들의 잉여를 새 주인에게 '공물'로 바치도록 강요당했다.

몽골인이 대외 정복에만 의존한 것은 아니었다. 그들의 영토를 통과하는 교역으로부터도 이익을 얻었다. 그 권역이 13세기 중엽 첫 탐사 사절을 보내기 전까지는 유럽인들에게 '미지의 땅'이었지만, 교역이 완전히 자취를 감춘 적이 없는 중동의 상인에게는 사정이 달랐다. 중앙아시아 교통로가 몽골인에 의해 통합되기 이전에도 이 접근하기 어려운 지역을 횡단한 사람들이 있었으니, 이슬람교도와 유대 상인들이었다. 위험과 비용에도 불구하고 이슬람 상인들은 귀중한 상품을 서쪽에서 동쪽으로, 그리고 다시 동쪽에서 서쪽으로 운반했다. 몽골 통치

7 박한제 외, 『유라시아 천년을 가다』, 156~160쪽.

하의 거대한 지역의 통일은 여행로를 따라 경쟁적으로 공납을 요구하던 자들의 수를 줄였으며, 좀 더 안전한 여행을 보장받게 되었다.[8] 잠치는 통일된 몽골제국의 상징과도 같은 교통로가 되었다.

세계 해양 경영으로 나아간 몽골

본디 '잠'은 길, '치'는 사람을 뜻하는 말이었다. 잠치는 내륙 교통만을 뜻하지 않았다. 몽골은 초원의 노마드였지만 바다의 노마드이기도 했다. 제5대 쿠빌라이칸(재위 1260~1294)은 점차 독립 영역화 경향을 보이던 서방 3대 지역을 묶어 세계 연방을 구축할 필요를 느꼈으며, 경제와 유통을 장악함으로써 그의 명령에 일률적으로 움직이지 않는 몽골제국 전체를 연결하려 했다. 쿠빌라이칸은 1226년에 카라코룸에서 자신의 본거지인 중원으로 제국의 중심을 옮기고, 새 수도를 중심으로 육상과 해상 교통망을 정비했다. 쿠빌라이의 원대한 꿈은 세계 통합 수도를 치밀한 계획과 원칙 아래 건설하는 것이었으니, 1266년부터 1283년까지 오랜 시간과 공력을 들여 '중세의 메가 프로젝트'를 완성했다.

쿠빌라이는 카라코룸에 집중되었던 내륙 역참망을 상도上都 중심으로 재편하고, 퉁저우通州와 즈구直沽(지금의 톈진)를 중심으로 하는 운하 및 해상 교통망을 대도大都에 집중시켰다. 아울러 대도와 상도 사이에는 주요 간선 교통망을 건설했다. 이렇게 하여 원은 물론이고 서방의 세 칸국을 연결하는 육상과 해상 교통망이 완성되었다.[9] 수도 대도는 바다와 육지를 연결하는 터미널이었다. 대도는 지금의 베이징과 달리 도시 안에 항구를 안고 있었다.

대도는 1368년 주원장朱元璋(1328~1398)에 의해 파괴되어 현재는 명나라 영락제 때 건설한 도성과 베이징 시민의 낚시터로 변한 지쉐이단積水潭이 남아 있

8 재닛 아부-루고드, 박홍식·이은정 옮김, 『유럽 패권 이전—13세기 세계체제』, 까치, 2006, 178~184쪽.
9 스기야마 마사아키, 임대희 옮김, 『몽골 세계제국』, 신서원, 1999, 205쪽.

몽골의 전쟁(울란바토르 국립박물관).

다. 지쉐이단에서 운하를 통해 퉁저우로, 다시 해항海港 즈구로 연결되었다. 남송의 수도 항저우를 비롯하여 닝보寧波, 푸저우福州, 취안저우泉州, 광저우廣州 등 항만 도시로부터 동남아시아 인도양까지 무역선이 항해했다. 대도는 초원과 바다를 잇는 상징이었으며, 오늘날 잔존하는 베이하이공원北海公園과 고위 관리들의 주거지인 중난하이中南海가 바로 몽골의 흔적이다.

쿠빌라이가 남송을 수중에 넣고 나니 습윤 아시아의 열대해가 시야에 들어왔다. 능동적이고 해양 지향적 경제관을 가진 쿠빌라이에게는 당연한 일이었다. 몽골제국이라는 하나의 큰 순환체계로 연결시키기 위해서는 유라시아를 꿰뚫는 해상 교통상의 거점과 진로 확보가 선결 과제였다. 이 지역에 대한 군사적 행진은 크게 성공하지 않았다 할지라도 해상로는 확보되었다.

광저우를 떠난 징더전景德鎭 도자기가 동남아시아의 팔렘방, 브루나이, 인도 남단의 여러 항구를 거쳐 서쪽 페르시아만에 임한 호르무즈에 도착한다. 그리고 북쪽 흑해의 수다크, 지중해 베네치아, 제노바 등의 항구 도시로 다시 운반되었다. 마르코 폴로가 돌아간 길도 바로 이 항로였다. 쿠빌라이의 구상은 몽골이 가진 초원의 군사력에다 유라시아 최대의 '중화 경제력'을 합체시키고, 종래 몽골과 공생관계에 있던 무슬림 상업권을 전면적으로 활용하는 경제 지배라는 신 방

식이었다.[10]

쿠빌라이는 이 과정에서 의외의 걸물을 얻게 되었다. 바로 아랍계 또는 이란계로 여겨지는 포수경蒲壽庚이란 자로, 그는 남송 정부에서 제거시박制擧市舶으로 임명되어 취안저우를 거점으로 무려 30년 동안 무역과 선박 관리 쪽을 장악해왔던 해양상업의 전문가였다. 포수경이 그의 능력을 알아주는 쿠빌라이에게 헌신한 것은 당연했다. 포수경이 근무했던 시박사市舶司도 당 현종玄宗 때 만들어진 것이고, 당말唐末 황소黃巢의 난(879)이 일어났을 때 광저우에서 학살된 이방인이 12만 명이었던 사실은 당시 남중국이 이미 유라시아 해상로의 중심지 역할을 하고 있었음을 말해준다.

몽골 경제의 주된 담당자였던 이란계 무슬림과 위구르 상인 집단도 당대 내륙통상에서 활약한 소그드 상인의 전통과 혈맥을 계승한 사람들이었다. 그들은 '동료 조합'의 의미인 오르톡Ortoq(알탈斡脫)이라는 기업 조직을 형성하고 있었다. 쿠빌라이는 이 무리의 사업 집단을 국가 경영에 끌어들였다. 이들 무리가 가진 정치, 문화, 정보의 능력과 연줄이 유라시아의 넓은 지역에서 발휘되었다.

원조인元朝人들은 전대의 조선술과 항해술을 진일보시켜 해로에 관한 새로운 지식과 기술을 습득했다. 그들은 축적된 항해술과 지리지식에 기초하여 사상 처음으로 '동양'과 '서양'의 개념을 제시했으며, 항해와 해상무역 및 해외사海外事에 관한 귀중한 저술도 상당수 남겨놓았다. 대표적인 것이 왕대연汪大淵의 『도이지략』島夷誌略이다. 저자는 두 차례에 걸쳐서 페르시아만과 홍해, 동아프리카 연안까지 7년간 체험한 99개 국가와 지역에 관한 사정을 상세하게 기술했다.

원제국은 유목국가의 숙명이랄 수 있는 중상주의를 추구하여 상업에 대한 욕구가 강했으며, 문화적으로는 개방주의를 표방하여 대외 교류에 적극적이었다. 『남해지』南海誌에는 원대 광저우를 기점으로 한 남해 교통과 무려 143개 번국蕃國(외국)의 사정이 담겨 있다.[11] 특히 서양과 동양의 구체적인 경계를 설정한 점이 중요하다. 동양과 서양은 광저우-칼리만탄 서안-순다 해협을 경계로 갈

10 박한제 외, 『유라시아 천년을 가다』, 156~160쪽.

기타큐슈에서 몽골군과의 해전을 보여주는 그림. 출전: 『몽골습래회사』蒙古襲來繪詞.

랐으며, 소동양과 대동양으로 세분하였다. 서양은 자바 서쪽에서부터 수마트라와 말라카 해협에 이르는 해역을 소서양, 말라카 해협 서쪽의 인도양을 대서양이라 하였다. 동서양 경계를 가르고 무수한 외국을 기록한 능력과 정보력은 원 제국이 세계 경영에 나선 결과다.[12]

산동 사람 장춘진인長春眞人 구처기丘處機는 당대의 도인으로 아랍 정벌에 나섰던 칭기즈칸의 명을 받고 갖은 고난 끝에 1222년 초여름에 대설산(현재의 아프가니스탄의 힌두쿠시산)에 도착하여 칭기즈칸을 만나게 된다. 그는 전쟁과 살인에 몰두하던 몽골군에게 인간의 본령을 알게 해준 인물로 역사에 길이 남게 된다. 그는 서방에서 돌아온 후 1227년에 병으로 사망한다. 이때 그의 나이 79세였다. 그가 죽은 후 제자들이 『장춘진인서유기』長春眞人西遊記를 편찬하여 서행의 여정을 상세히 기록했다. 지금의 몽골, 키르기스스탄, 카자흐스탄, 우즈베키스탄, 아프가니스탄 등에 관한 중요한 자료로서 훗날 13세기 중앙아시아의 역사와 문화

11 본래 광저우의 지서志書로서 20권이었으나 소실되어 현재 남은 것은 5권뿐이다. 『영락대전』永樂大典의 광주부지廣州府志에 일부 남아 있어 개략적인 내용을 살펴볼 수 있다(정수일 엮음, 『해상실크로드 사전』, 창비, 2014, 44쪽).

12 위의 책.

를 연구하는 1차 사료가 되었다. 구처기는 왕대연과 더불어 동양의 마르코 폴로였다.

〈혼일강리역대국도지도〉混一疆理歷代國都之圖에는 유라시아 초원 루트와 바닷길을 이은 몽골의 소통 흔적이 잘 나타나 있다. 일본 정토진종의 본산이며 800년 역사를 자랑하는 교토 니시혼간지西本願寺 수장고에 모셔져 있는 〈혼일강리역대국도지도〉는 1402년(태종 2)에 제작되었다. 한반도와 중국 대륙, 인도, 아라비아 반도는 물론 아프리카까지 그려져 있다. 그런데 우리의 손으로 그려진 이 뛰어난 세계지도는 원의 지도와 세계 인식 및 세계 경영을 빼놓고 설명하기 어렵다. 몽골제국의 쿠빌라이칸의 여름 휴양지 카이펑開平 등의 지명으로 볼 때 지도의 본디 연원을 소급할 수 있을 것이다. 당시 원은 내정을 아흐마드 같은 유능한 이슬람 상인에게 위임했다. 몽골인들은 통일된 제국의 장점을 이용하여 활발한 대외무역을 전개했고, 수많은 이슬람 상인들이 중국에 와서 정착하게 되었다. 그들이 가져온 지리정보는 중국 지도 제작에 이용되었고, 명나라가 중국을 통일한 후 조선과의 교류를 통해 중국 측 지리정보가 조선으로 넘어온 것이다. 이러한 지도 제작에 많은 기여를 한 이슬람 상인들은 뛰어난 항해술을 가지고 인도양을 자유롭게 넘나들었다.

대도는 고려 사람들도 자주 드나들던 국제 도시였다. 익재益齋 이제현李齊賢(1287~1367)이 대표적인 인물이다. 그는 26세 때 송도 왕궁에서 열린 팔관회 자리에서 그의 운명을 바꾸는 충선왕忠宣王과 만나게 된다. 충선왕은 우리 역사상 국력이 가장 취약한 시기에 옥좌를 지킨 왕으로 난국을 타개할 여러 가지 방책을 모색했다. 그런 면에서 당시 세계 제일의 도시요, 팍스 몽골리카의 중심이었던 중국 연경에 만권당萬卷堂이라는 일종의 사립 도서관을 세운 것은 고려의 문화 위상을 높이는 일이자 원나라 대신들 사이에 친親고려 여론을 형성하는 고도의 외교 방책이었다. 익재는 충선왕을 도와 원나라 황실과 조정에 고려의 정당성과 우수성을 인식시키는 데 기여했다. 이 과정에서 몇 달에 걸친 대륙 여행을 여러 차례 했고 이를 기록으로 남겼다.[13]

'통상입국'의 자세를 띤 몽골의 해양 진출이 중국에 남긴 영향은 기간은 짧

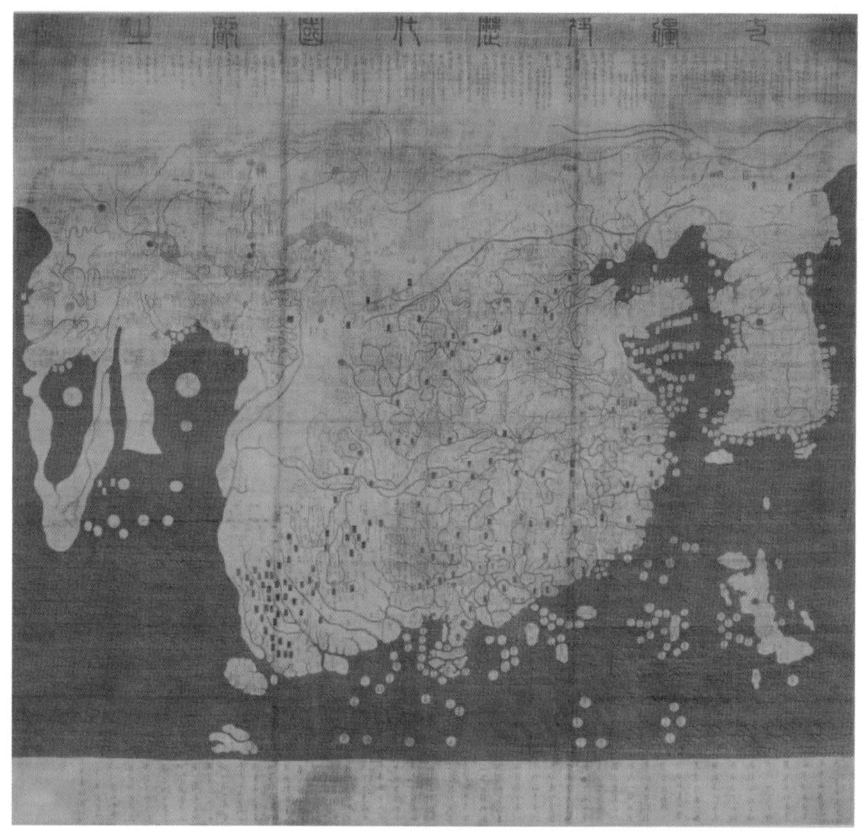

원나라 지도에서 영향받았을 것이 분명한 1402년의 〈혼일강리역대국도지도〉.

지만 그 파장은 매우 컸다. 명 성조成祖 영락제永樂帝는 아버지가 정한 난징南京에서 베이징으로 수도를 바꾼 것이 상징하듯이 태조 주원장의 충실한 후계자가 아니라 원 세조 쿠빌라이의 재현이었다. 나라는 원에서 명으로 바뀌었지만 전통은 끊이지 않았다. 그는 수차례 스스로 몽골 사막을 넘어 북방민족과 싸운 유일의 한족 출신 중국 천자였다. 남방으로 베트남을 정복했고, 남아시아의 여러 나라를 빼앗기 위해 정화鄭和(1371~1433)를 지휘관으로 삼아 대함대를 파견하여 아

13 지영재, 『서정록을 찾아서』, 푸른역사, 2003.

프리카 동쪽 해안까지 진출했다. 그는 마치 몽골 대제국의 재건을 꿈꾸는 것처럼 보였다.[14]

명이 정화 함대의 파견이라는 해양 진출을 포기하고 해금海禁으로 돌아섰을 때, 당과 원의 원대한 해양을 통한 문명 교류는 대폭 축소되었다. 바다를 포기한 결과는 훗날 바다 세력에게 침략당하는 수모로 귀결된다. 세계 경영의 거대한 문화적 자산이 개인과 집단 모두에게 확산되지는 못했다. 문화 교류가 국가적 차원에 멈추었고, 그것이 중국의 문화적 자산으로 승화 발전하는 기회를 상실했다. 이와 대조적으로 서양의 경우 몽골 시대에 축적된 다양한 경험이 그들의 소중한 지적 전통으로 이어졌고, 이것이 결국 15세기 이후의 대항해 시대로 이어졌다고 할 수 있다. 이런 점에서 몽골인이 건설한 역참의 진정한 수혜자는 서양인들이라고 할 수도 있다.[15]

14 박한제 외, 『유라시아 천년을 가다』, 129쪽.

15 이평래, 「몽골·중앙아시아사 전개와 말의 기능」, 『세계의 말문화』 1, 마사박물관, 2009, 99쪽.

고려는 몽원제국의 팍스 몽골리카 체제에 접목되면서 '세계 속의 고려'로 다시 태어나게 된다. 'COREA'란 명칭이 이에서 비롯했음은 잘 알려진 사실이다. 탐라는 남송과 일본으로 가는 길목에 위치하여 그 전략적 위치가 매우 중요했다. 몽골에게 탐라는 일본 정벌을 위한 기지이며 요충지였다. 쿠빌라이는 "탐라를 거쳐 가면 남송과 일본에 쉽게 도착한다"[16]는 보고를 받고는 일본과 남송을 공략하기 위해 일찍부터 탐라에 관심을 기울였다. 그리하여 1269년 7월, 쿠빌라이는 신하를 고려에 보내 탐라의 도로 및 고려에서 준비한 군대와 함선을 검열하게 했으며, 동시에 고려 왕에게 명하여 바다에 익숙한 관리를 뽑아 그들과 대동하게 했다.[17]

무엇보다 원은 전국에 14개 왕실 목장을 두었으며, 탐라 목장은 그중의 하나였다. 말 공납은 원 조정에 대한 탐라의 주요 부역의 하나였다. 원은 제주에서 스스로 종마를 얻기 위해 고려인의 손을 빌리지 않았고, 고려인의 목장 접근을 금지했으며, 목장에는 원조 목호들이 모여 살면서 자신들의 풍부한 훈마 경험을 통해 순종 몽골 말을 키워냈다. 목축 노하우를 비공개로 했음에도 불구하고 그들이 가져온 목축업의 경험과 기술은 이후 제주 목축업의 발전을 촉진했다.

원나라가 탐라국을 제2의 외이外夷로 격상시키고 중앙정권에 직속시킬 만큼 탐라를 비중 있게 다룬 것은 쿠빌라이칸의 원대한 해양제국 구상이 잠재되어 있었기 때문이다. 그가 칸발리크를 태평양과 유라시아 대스텝을 잇는 연경에 정초한 것도 그렇지만, 그는 이미 무한개방으로 무한경쟁이 강요되는 스텝 제국에

16 『원사』元史 권208, 고려전.

17 보르지기다이 에르데니 바타르, 『팍스 몽골리카와 고려』, 혜안, 2009, 135쪽.

이어 같은 특성을 공유하는 '해양제국 시대'를 내다보는 원대한 구상을 했던 것으로 여겨진다. 쿠빌라이칸의 정치적·군사적 모체는 칭기즈칸이고, 칭기즈칸이야말로 스텝 세계제국을 정초한 불세출의 인물이었다면, 이를 역사적으로 바다에서 다시 태어나게 한 이는 그의 손자 쿠빌라이였다.[18]

몽골의 한반도 바다 경영에서 가장 중요한 섬은 역시 탐라였다.[19] 몽골은 삼별초를 평정한 이후 탐라를 직할령으로 삼았다. 이때부터 100여 년 동안 탐라는 몽골의 손아귀에 들어갔다. 바다의 제패를 꿈꾼 쿠빌라이칸은 탐라를 끔찍이 아꼈다. 탐라는 태평양에 뜬 '유라시아 대륙의 향기'라고 불릴 만큼 쿠빌라이칸의 섬이었기 때문이다. 몽골 복속 2년 뒤인 1275년, 원나라에서 도적질한 죄수 100여 명을 탐라로 귀양 보낸다. 그로부터 불과 1년 뒤인 1276년, 원나라에서 진주를 채취하러 관리를 직접 탐라로 보낸다. 진주가 없자 백성들이 가지고 있던 100여 개의 진주를 탈취하여 원나라로 돌아갔다. 같은 해 원나라의 목장이 설치되었다. 원은 새로운 전리품인 탐라를 해중보배이자 전략적 변방으로 생각하고 귀양객도 보내고 진주 채취까지 요구하는 등 식민 지배를 시작했다.

원나라는 1294년(충렬왕 20)에 탐라를 고려에 돌려주었으나 목축에 관해서는 여전히 지배권을 행사했고, 몇 차례 재경영을 시도하면서 각종 관리를 파견하기도 했다. 원나라 공주를 부인으로 얻는 부마국 고려의 다른 요청을 받아들이면서도 목축권만큼은 절대 부동이었다. 유목민에게 목축권이야말로 최대의 권력이자 군사적 힘이었기 때문이다. 탐라가 원나라에 복속되면서 해낸 가장 큰 일은 원나라의 일본 정벌을 위해 배를 만들어 바친 것이었다. 정벌은 일부 성공하기는 했으나 가미카제神風 덕분에 실패로 돌아간다.

최부崔溥(1454~1504)의 『표해록』漂海錄에, "고려 때 탐라와 대원大元은 명월포에서 편한 바람을 만나면 직행길 7주야 사이면 백해白海를 지나 큰 바다를 건널 수 있다"고 하였다. 바닷길이 그야말로 '하이웨이'였던 셈이다. 사람과 말을

18 위의 책, 167쪽.

19 주강현, 『제주기행』, 웅진지식하우스, 2010.

실은 배들이 부단 없이 중국 대륙과 제주도를 오갔다. 탐라의 본격적 변화는 원의 약화 및 명의 대두와 더불어 시작되었다.

1370년, 공민왕은 명나라에 사신을 보내 탐라가 본디부터 고려 소속임을 강조했다. 90년간의 원 지배가 끝나고 탐라를 고려에 돌려준 뒤에도 몽골군은 계속 주둔했다. 1360년대에 원이 쇠망하자 중국 영토 내의 몽골인들은 말을 타고 유유히 북쪽으로 돌아갔다. 이를 '원의 북귀北歸'라 일컫는다. 그런데 탐라의 몽골군은 그대로 잔류하여 토착화해버렸다. 1374년, 공민왕은 마침내 최영 등에게 교서를 내린다.

> 탐라국은 바다 가운데 있으면서 대대로 조공하여 이미 거의 500년이 되었다. 근년에 와서 목호牧胡 석질리필사, 초고독불화, 관음보 등이 나의 신하를 살육하고, 나의 백성을 노비로 만들어 그 죄악이 이미 극도에 도달하였다. 지금 너희에게 통수 권한을 주니, 가서 모든 군대를 독려하여, 반드시 소정 기일 내에 그들을 모두 섬멸하라.
>
> —『고려사』 권44

그해 8월, 최영은 탐라에 도착하여 목호들을 격파하고 이로써 탐라가 평정되었다. 목호들이 최후까지 강렬하게 저항할 수 있었던 데에는 몽골-탐라 여인의 혼혈아들이 뒷심으로 작용하였다. 탐라 여성과 몽골족 사이에 낳은 자식과 그 후손이 상당수에 달한다. 몽골의 지배가 끝났어도 원나라와의 관계가 모두 끝난 것은 아니었다. 원나라의 항복한 양왕梁王과 그 왕자 등 가속을 모두 탐라로 옮긴다. 그러나 척박한 제주도에서 그네들이 살아갈 재간이 없었다. 공양왕 1년(1389) 『고려사』 기사에 이런 대목이 나온다.

> 원나라 자손으로 항복해온 자에게 봉급을 주십시오. 탐라는 궁벽한 땅으로 유랑하는 호인胡人을 다 여기에 두면 밖에서는 승두升斗의 수입이 없으니 사망하기를 기다리는 것입니다.

왕족뿐 아니라 북원을 정벌할 때 귀순한 사람들도 탐라에서 살게 했다. 따라서 함부로 단일민족 운운하지 말 일이다. 국민국가를 위한 한국사가 아니라 다소 불편한 점이 있다손 치더라도 진실된 역사, '한국사'가 아니라 '역사'가 필요할 것이다.

몽골과 한반도의 바다는 귀양지로도 깊은 인연을 지녔다.[20] 귀족은 피를 흘리지 않고 죽이는 몽골의 습속에 따라 고려의 섬이 종신유배지로 선호되었다. 『고려사』는 21명의 몽골 귀족과 장군이 고려의 섬으로 유배되었음을 기록하고 있다. 고려의 서해안 섬 백령도에서 탐라에 이르기까지 몽골 귀족의 귀양 벨트로 나타난다. 유배된 자들도 예사로운 인물들이 아니다. 황제의 아들부터 미래의 황제, 쿠빌라이칸의 야망에 도전했던 장군 등 황금씨족 출신의 인물들이 더러는 돌아가기도 했지만 대부분 비운을 안고 탐라에서 잠들었다.

몽골은 동해와 울릉도에도 관심을 보였다. 원나라는 1272년 3월 이추李樞를 울릉도로 파견하여 궁실宮室을 짓는 데 필요한 목재를 징발하고자 했다. 이는 엄청난 시도였지만 1273년 12월 이추는 고려 첨서추밀원사簽書樞密院事 허공許珙과 함께 울릉도로 갔다. 그러자 위기를 느낀 고려가 황제에게 직소하여 울릉도 목재의 징발을 막았고 할 일이 없어진 이추는 원나라로 돌아갔다. 이 사건은 동해와 울릉도의 존재를 몽골인에게 각인시켰던 좋은 예일 것이다.

20 박원길, 「몽골인과 바다」, 『해양과 문화』 18집, 해양문화재단, 2009.

13

중국의 서진과 러시아의 남진

서쪽으로 간 중화제국주의

초원의 양이 좋아하는 풀은 실처럼 가늘고 부추(韮)계에 속하며 은은한 향내를 풍긴다. 그러한 풀이 나는 장소는 그 생육에 알맞은 기온과 건조함을 필요로 한다. 지구 규모로 볼 때, 유라시아 대륙에서도 몽골 고원의 초원이 최적지다. 면적이 드넓을뿐더러 기복이 완만하다. 기복도 유목에 알맞은 조건의 하나다. 여름에는 산 위에서 방목하고, 가을이 되어 산을 내려오면 저지에는 가을이 늦게 찾아오기 때문에 목초가 아직도 푸른빛을 띠고 있어 안성맞춤이다.[1] 이러한 유목의 세계는 정주 농경의 세계와 근본적으로 다른 것이다.

그러한 면에서 만리장성은 유목국가와 농업국가 사이의 투쟁을 나타내는 상징이었다. 이는 건조한 유목 세계와 습윤한 농업 세계를 지구 규모로 구분하고 있다. 그래서 장성의 안과 밖은 전혀 다르다. 대체로 역사 서술은 유목민의 침략을 논하는 방식인데, 거꾸로 유목민의 입장에서는 농민 쪽이 초원의 침략자다. 인구 증가를 주체하지 못하고 처녀지를 찾아 흉노의 땅인 초원으로 슬금슬금 기어들어가 괭이를 꽂았던 것이다.

유목민은 초원의 땅을 뒤집어 파는 것을 극도로 싫어했다. 초원은 동물처럼 살아 있는 가죽으로 덮여 있다. 그 가죽은 엷고, 더욱이 포장된 것처럼 단단하다. 그 때문에 표토 안의 토양이 바람에 날아가지 않고 지탱될 수 있다. 거기에 풀이 그물처럼 뿌리를 뻗어내려 표토를 단단히 얽어매고 있다. 농민은 그런 사정은 생각하지도 않고, 한 번의 괭이질로 표토를 산산이 부수어버린다. 그다음에는

1 시바 료타로, 양억관 옮김, 『몽골의 초원』, 고려원, 1993, 26쪽.

양들이 좋아하는 몽골의 향기로운 풀밭. 동몽골 초이발산.

초원의 노마드. 초이발산.

뜨거운 태양이 가루가 된 흙을 굽고, 겨울바람이 그것을 날려 보내어 바위가 얼굴을 드러내게 된다. 한 번 표토가 날아가버리면, 초원은 두 번 다시 본래 모습으로 돌아오지 않는다.

농민이 땅을 가는 것은 하늘이 내려준 기쁨이다. 그러나 유목민의 하늘은 그것을 악이라 한다. '파지 마!' 흉노와 그 후의 몽골인은 이 말을 끊임없이 외쳤으리라. 그러나 농업제국의 역사 속에 그들의 목소리가 기록된 적은 없다. 흉노와 농민은 각기 다른 하늘을 가지고 있었던 것이다.[2] 중국, 좀 더 정확하게 중화제국의 팽창은 이들 농민이 유목의 세계로 서진하는 것이었다. 방향으로 본다면 북진도 포함되겠지만 유라시아적 규모에서 본다면 서진이 맞을 것이다.

대륙을 가로질러 아메리카가 서부로 팽창한 것은 18~19세기의 세계적 농경 팽창의 일부분으로 보아야 한다. 16~17세기에 러시아제국과 중국제국도 모두 유라시아를 가로질러 서로 다른 방향에서 밀고 나왔다. 사실 북아메리카와 북유라시아의 자연환경은 여러 측면에서 유사하다. 양쪽 모두 원주민의 사냥감인 모피동물이 서식하는 온대림이 있고, 유목민이 돌아다니는 초원이 있고, 비옥한 농경 지대뿐 아니라 사막과 건조한 지역이 있다. 중국인도 아메리카의 서부개척처럼 땅을 찾아 서부로 이동했다. 러시아인들은 모피를 향한 포기할 수 없는 욕망 때문에 태평양에 도달하고, 더 나아가 알래스카까지 갔다. 이 세 경우 모두에서 서로 엮여 있는 숲, 사막, 초원의 환경과 농경 이주가 그 역사를 만들었다. 인간의 통제 범위를 넘어서는 자연의 힘과 환경을 인간의 생존을 위해 사용하려는 조직화된 노력이 이주민들을 계속해서 몰아갔다.[3]

유럽인들의 아메리카 대륙 유린에 대한 비판이 일정하게 존재하는 것에 반하여, 중국인의 서진에 관해서는 너그럽거나 무시하는 경향이 있다. 그러나 중국의 서진은 분명한 사실이었고, 그 과정에서 많은 인종 학살과 자연의 유린이 있었다.

2 위의 책, 21쪽.

3 피터 C. 퍼듀, 『중국의 서진』, 43쪽.

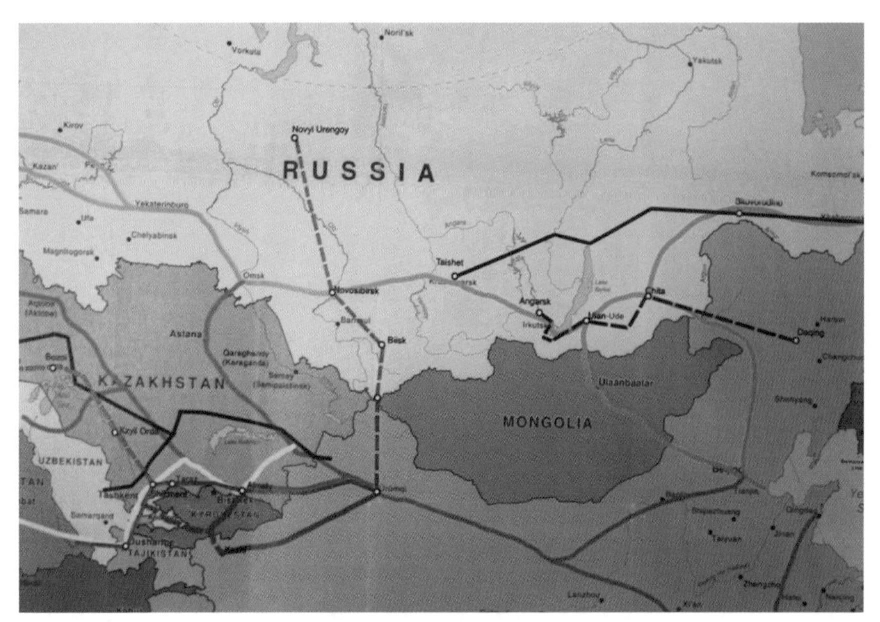

현대 중국의 서진이 철도로 새롭게 확장되는 중임을 보여주는 지도.

유라시아에서 중국과 러시아는 전혀 다른 방식으로 서진과 동진을 거듭했다. 러시아의 동진은 더 추운 북방 지역을 중심으로 이루어졌고, 중국의 서진은 그 아래의 스텝 지역을 중심으로 이루어졌다. 중국의 요새들이 내륙과 더 긴밀하게 연계된 것은 초원과 더 느슨하게 통합되었음을 의미하는 반면, 시베리아 요새들이 더욱 고립된 덕분에 이곳 이주자들은 새로운 환경에 적응할 수밖에 없었다. 상트페테르부르크라는 '서양'에서 멀리 떨어진 시베리아 오지에서 생존하기 위해서는 북방민족과의 교역이 필수적이었다. 그리하여 착취하고 착취당하는 억압적인 관계에도 불구하고, 러시아인들은 시베리아 일대에 살던 민족들을 완전히 이해할 수 없는 이질적인 존재로 보지 않았다. 반면 중국은 자신과 이질적이면서도 위협적인 유목민과의 차이를 더 첨예화하기 위해 방어망을 강화했다. 중국이 방어적인 변경을 체계적으로 제국의 중심과 통합했던 반면, 러시아는 주둔지들을 스스로 꾸려가게 했다.[4]

청의 몽골 정복은 세 가지 관점에서 세계사적인 사건이었다. 우선 제국의

울란바토르의 라마교 사원.

지배자들과 신민들에게 이 승리는 그들이 차지하고 있던 세계의 범위를 완전히 바꾸어놓았다. 정복으로 국가 영토가 광범위하게 확장됨으로써 신민들의 이주, 무역, 행정, 그리고 역사적 상상력의 새로운 장이 열렸다. 둘째, 청의 확장은 17~18세기에 일어난 세계화 과정의 한 부분을 이루었다. 중국의 제국주의적 팽창을 세계화 과정의 일부로 취급하게 되면, 중국제국의 경험은 중국 고유의 것만이 아닌 더 큰 관점으로 바라볼 수 있다. 셋째, 중국의 팽창은 유라시아 역사의 전환점을 마련했다. 경계에서 만난 러시아와 중국은 협상을 통해 조약을 체결함으로써 초원, 사막, 오아시스를 가로질러 고정된 경계선을 그었으며, 변경의 이동 민족을 위한 피난처를 남겨놓지 않았다. 국경선이 확정되면서 유목 목축인들은 역사의 무대에서 주요 행위자의 지위를 영원히 박탈당했다.[5] 나아가 중국

4 위의 책, 133쪽.
5 위의 책, 37쪽.

청나라 사람이 몽골인을 탄압하고 착취하는 모습을 그렸다(울란바토르 국립박물관).

은 티베트와 더불어 몽골에 대한 정치적 야심을 가지고 라마교를 대대적으로 포교하기 시작했다.[6]

중국의 몽골에 대한 철저한 통치는 오늘날의 몽골인들에게 반청, 반중국이라는 반감을 뿌리내리게 했다. 울란바토르의 풍경이 지나간 착취의 역사적 결과를 잘 설명해준다. 울란바토르에는 성산이 있다. 그 성산의 기슭을 오르혼강의 지류인 도라강이 돌아가면서 감싼다. 17세기, 이곳이 유목지였을 때 이 땅에 대추장이 와서 화려한 이동식 궁전(오르고)을 지었다. 1639년에 활불活佛이 헨티산에 이동 사원인 게르사원(오르고)를 세운 데서 싹트기 시작했다는 설도 있다. 이것이 울란바토르의 시초라고 해도 좋다. 러시아인들은 오르고를 와전하여 우르가urga라 불렀고, 이것이 유럽에 퍼지게 되었다. 중국인들은 몽골어로 성벽을 뜻하는 '후레'xure에서 비롯된 고륜庫倫이란 한자음으로 불렀으며, 이것이 '구론'이 되었다. 청이 몽골을 복속시킨 후에 울란바토르는 청 왕조가 몽골을 지배하는 중심지가 되었다.

6 Baabar · Christopher Kaplonski, *History of Mongolia: from World Power to Soviet Satellite*, University of Cambridge, 1999, 64~73쪽.

구론이란 지명은 몽골인에게 가렴주구의 상징이 되었고, 청국인 고리대금업자의 근거지가 되었다. 몽골인은 시가지보다 초원에서 지내는 것을 좋아했기에 18~19세기 구론의 주민은 주로 한족이었다. 1921년경의 자료에 따르면, 인구 10만 명 가운데 7만 명이 중국인이었다. 거리에 사는 주민은 라마승이나 빈민들뿐이었다. 초원의 백성에게 시가지만큼 저주스러운 것은 없었다. 지금의 울란바토르에도 소수의 중국인이 거주하지만, 거리에서 자주 만날 수 없다. 1930년대부터 서서히 시작된 도시계획에 의해 불쾌했던 구론 시대의 잔해들이 제거되고 중국 양식은 사라졌다. 라마교 사원에 일부 중국 양식이 남아 있을 뿐이다. 러시아풍이 몽골 취향에 가미되면서 독특한 도시 경관을 이루게 되었다. 한마디로 중국식 거리는 생각하기도 싫었던 것이다.[7]

만들어진 내몽골과 초원의 분단

그렇다면 내몽골은 어떻게 외몽골과 분리되었을까. 명나라 군대가 북상하자 원조는 북방으로 철수했는데, 이 과정에서 서로 밀고 밀리는 경계선이 만들어졌다. 몽골은 초원으로 물러난 이후에도 북원北元 체제를 유지하며 중원 회복을 꾀했다. 명 태조 홍무제는 판도를 모두 차지하려고 초원으로 공격해 들어갔지만 몽골 세력을 소멸시킬 수 없었다. 대개의 중국 사서에서 북원을 인정하지 않고 원의 소멸과 더불어 몽골 왕실이 완전히 사라진 것으로 호도하지만, 북원은 분명히 살아남았고 몽골을 통치했다. 명조는 북쪽에 군사 거점을 만들어 몽골의 남침을 막는 북변 방어체제를 구축하기 시작했다. 명초에 만들어진 국경선은 이후 장기간 유지되면서 변장邊長(변방의 장성)으로 정착되어갔다. 명 북변에는 만리장성이 구축되어 군사 거점 도시와 각종 도시 기지가 하나의 변장으로 연결되었다. 현대 국가 사이에도 국경이 이처럼 장벽으로 나누어져 철저하게 구분된

7 시바 료타로, 『몽골의 초원』, 108쪽.

곳은 많지 않을 것이다.

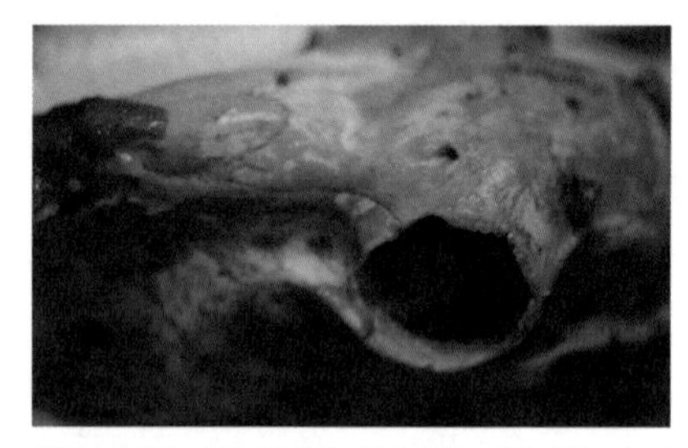

양의 두개골. 중국인에게 착취당하는 몽골인들의 처지는 이와 같았다.

군사적 전선의 의미를 지녔던 만리장성은 1571년 명조가 몽골에 대한 경제적 봉쇄를 풀고 무역을 허용하면서 국경 무역시장의 역할도 겸하게 되었다. 그러나 장성 지역에서 여진 세력이 흥기하면서 몽골의 상황은 변화했다. 청이 득세하자 명조와 몽골의 국경선은 명조와 청의 국경선으로 바뀌었다. 곧 명조가 멸망하고 청이 입조하면서 장성은 더 이상 국경선의 의미를 갖지 않게 되었다.[8]

1644년 만주족의 발흥을 이끈 누르하치는 부족연맹체에서 국가로 발전하기 위한 기본을 닦아놓았다. 여덟 번째 아들 아바하이는 명을 무너뜨리고 청을 건국했다. 청 건국의 지정학적 전략은 만주에 접한 동몽골 지역의 부족들을 하나씩 복속시키고, 고비사막 이남(막남漠南)의 몽골 부족 지원을 등에 업어 남쪽의 명을 공격하는 형태였다. 이러한 전략이 성공적으로 활용되어 1644년 청이 건국되었다. 1696년 강희제는 친히 군대를 이끌고 고비사막 이북(막북漠北)의 몽골 부족을 공격하여 항복을 받아냈으며, 18세기에 이르러 전체 몽골을 청에 복속시켰다. 이렇게 52년의 차이를 두고 청에 복속된 몽골을 청의 입장에서 고비사막 이남은 '내몽골', 고비사막 이북은 '외몽골'로 분류한 것이다.

이 과정에서 청의 황제들은 몽골 지배의 원칙을 세웠다. 그것은 '분리 후 통치'였다. 물론 몽골의 응집력을 견제하기 위한 전략이었다. 할하 부족이 많이 거주하는 고비사막 이북을 외몽골, 오르도스 몽골인이 많이 거주하는 고비사막 이남을 내몽골로 분리한 후 서부 이오라트, 차하르 등을 다시 맹과 기로 나누고, 월계금지越界禁止를 엄격하게 시행하여 몽골인의 분열을 고착시켰다. 이것이 바로 외몽골과 내몽골로 나누어지는 몽골 분단의 시작이다.[9]

8 노기식, 「명조와 몽골의 국경 형성과 변천」, 『역대 중국의 판도 형성과 변강』, 한신대학교출판부, 2008, 232~234쪽.
9 김선호, 『내몽골, 외몽골—20세기 분단의 몽골 역사』, 한국학술정보, 2014, 21~22쪽.

서양에 소개된 중국 병사들의 모습(『The Illustrated London News』, 1856).

청초의 몽골 지배는 몽골 요충지에 정부고관을 파견하여 현지 지배자를 통제, 관리하는 간접 지배 방식이었다. 그러나 19세기 중엽 이후 내외 위기가 고조되면서 청조의 변강 정책은 몽골 왕족에 대한 직접 통치로 바뀌었다. 내몽골에는 일찍부터 한족의 거주가 촉진되었고 신정新政이라 불릴 만한 제도가 실행되어 상공업이 활성화되었다. 반면 외몽골에서는 신정이 시행 단계부터 좌절되었다. 목초지 개간을 둘러싸고 몽골인은 전통사회의 파괴와 중국화에 대한 우려를 품고 무장투쟁을 전개했다. 내몽골에서는 목초지 개간이 어느 정도 이루어진 반면, 외몽골에서는 신정 반대투쟁이 좀 더 뚜렷한 민족주의적 색채를 띠기 시작했다. 이 투쟁 열기가 반청투쟁으로 진화함으로써 1911년 독립선언의 바탕이 되었다.

신정은 1901년에 시작하여 1911년의 신해혁명辛亥革命으로 청조가 멸망할 때까지 지속된 청의 마지막 개혁운동이었다. 의화단 사건을 계기로 베이징이 서양 연합군에 의해 유린되고, 굴욕적인 신축화약辛丑和約(북경의정서北京議定書, 1901)을 맺는 등 위기를 맞은 청 정부는 어떤 식으로든 구체제를 개혁하지 않고는 나라를 지킬 수 없음을 깨닫고 정치·경제·군사·문화·교육 등 19세기 중엽 중국-영국 전쟁 이후에 제기되어온 각종 개혁적 요소를 망라한 광범위한 개혁운동에 착수했다. 신정에 대해 몽골인은 극렬하게 저항했다. 몽골 왕공王公들이 가장 우려했던 상황은 하나의 민족으로서 몽골족, 하나의 국가로서의 몽골의 상실, 즉 몽골이 중국화되어 중국의 일부로 편입되는 것이었다. 이를 저지하기 위해 혼신의 노력을 기울였고, 그 결과가 외몽골의 독립선언으로 나타났다고 볼 수 있다.

내몽골에서는 몽골의 내지화 또는 중국화가 진행되는 다른 길이 열렸다. 내지와 인접한 내몽골 일부에는 신정 시행 이전부터 많은 한족 이주민이 거주하고 있었고, 이들을 통치하기 위한 중국식 행정기구도 설립되어 있었다. 몽골 왕공들에 의한 사적 겸용이 촉진되었기에 내몽골은 목초지 반대투쟁에서 비롯한 반한 봉기가 격렬하게 전개되었음에도 불구하고, 왕공들의 신분이 봉건지주로 바뀌어 청조의 운명과 어느 정도 일체화되었다. 몽골인 상층부의 봉건지주로의 전환이 내몽골을 중국에 안착시키는 데 물적 토대로 작용한 것이다. 내몽골이 중국화되어 중국 땅으로 남게 된 가장 큰 이유라고 할 수 있다.[10]

몽골인은 중국인을 극도로 싫어한다. 청의 식민정책은 유목을 부정하는 것이라고 할 수 있을 정도로 어처구니없는 것이었다. 몽골인들은 이에 저항했다. 저항자들은 20세기 초엽의 청나라 말로 몽비(蒙匪邊患勦靖)였다. 청은 한족 농민들을 보내어 몽골을 식민화하고 이들로 하여금 농사를 짓게 하여 러시아의 남하를 막는 둔전병으로 활용했다. 저항이 거세지자 군대를 파견하여 진압했다. 탄압은 외몽골인을 러시아로 기울게 하는 결과를 낳았다. 1911년 가을에 신해혁명으로 청이 쓰러지자 몽골인들은 당연히 독립을 선언했다. 그러나 러시아를 등에 업은 독립이었다. 당시 몽골인들은 틈을 타서 내몽골까지 포함하여 몽골국가를 건설하고자 했다. 제정 러시아는 중국의 눈치를 보면서 외몽골 내의 자치구만을 지원하기로 했다. 러시아는 중국과 교섭을 벌여 캬흐타 조약(1912)을 맺었으며, 이 협정으로 지금의 몽골인민공화국의 원형이 만들어졌다.

러시아 혁명의 혼란기라는 공백기에 북방을 탐사한 도리이 류조는 후룬베이얼의 주도인 하이라얼海拉爾을 방문하고 청이 내몽골을 지배하는 현황을 다음과 같이 묘사했다. 중국이 다시금 손을 뻗고 몽골인들이 이에 반대하던 격동기를 생동감 있게 그리고 있다.

10 이평래, 「청말 몽골 지역의 신정」, 『역대 중국의 판도 형성과 변강』, 한신대학교출판부, 2008, 232~234쪽.

몽골의 매서운 겨울.

흥안령 동쪽은 만주이고 쑹화강의 유역인데 이를 넘어서 서쪽으로 가면 몽골 지역으로 헤이룽강 유역이다. 역사와 민족에서 흥안령 북쪽에서 남으로 뻗어 있는 일대 장벽이라는 것은 깊은 의미가 있다. 하이라얼은 흥안령 서쪽의 한족 근거지로서 이곳을 중심으로 그들은 정치적, 상업적으로 몽골에서 활동해왔다. 어느 의미에서 한족은 흥안령 서쪽 하이라얼에 그들 세력을 심었던 것이다. 만주 조정에서도 하이라얼에 중점을 두고 특별 관청을 두어 만주기인旗人을 특별관리로 이곳에 배치했을 정도이다. 하이라얼은 정치적으로 중국 세력의 최북방 근거지다. 청나라는 하이라얼을 주목하고 관청을 설치하여 다스렸다. 주변에 몽골 세력이 버티는 형세여서 이 거친 족속을 통솔하고 몽골에 상업적이고 정치적인 권력을 뻗치려 하는 것은 어떻든 이 지역을 물자집산의 중추로 삼아서 만일의 경우 병참기지로 만들 필요가 있었기 때문이다.

하이라얼은 청나라가 이 땅을 정복하기 이전부터 요나라 유민으로서 잔존해온 다우르 사람이 청 멸망을 계기로 독립 깃발을 들고 러시아의 가르침 하에 후룬베이얼 정청政廳을 세운 곳이다. 그러나 불행하게도 기초가 굳어지기 전에 러시아가 붕괴되어 그 후원을 받을 수 없게 되었다. 그와 동시에 중국은 러시아 붕괴에 따라 북방에서 활동을 시작하고, 1915년 러·중조약이 쓸모없이 되자 중국은 하이라얼에 들어와 후룬베이얼 정청의 독립 취소를 강요하였다. 결국 외몽골도 자주성을 빼앗기고 다시 중국에 복속되게 되었다. 후룬베이얼 정청의 관내는 극동 내륙에서는 매우 작은 크기이지만 정치·군사·경제, 그리고 인류학적으로 보면 실로 흥미의 중심으로서 주의를 늦출 수 없는 지역이다.

라마교 동굴사원 안에서 바라본 몽골 사막.

정청의 독립은 일장춘몽처럼 사라졌지만, 극동의 바람은 어떻게 될지 모른다. 요나라 유민으로서 다우르 사람, 원나라 유민으로서 몽골인, 그들은 우세한 러시아인과 중국인 때문에 압도되고 있지만 야율아보기나 칭기즈칸의 혈통을 이어받은 그들은 언제 어느 때에 분기할지 모른다. 외몽골은 거의 중국의 지배에서 벗어나 있고, 후룬베이얼의 독립 취소도 아직 여진이 남아 있는 것으로 생각된다. 그 외에 부랴트의 문제 내지 서방의 칼마크 문제도 완전하게 소멸된 것은 아닌 것으로 보인다.[11]

몽골은 세의 흐름에 따라 나뭇조각처럼 떠돌아다녔다. 캬흐타 협정을 맺은 지 5년 만에 지원자인 제정 러시아가 붕괴되었다. 그 후 러시아 혁명이 일어나고 혼란한 틈을 타서 중국은 다시 초원의 통치권을 행사하려 했다. 몽골인에게 한족은 모두 고리대금업자로 보였다. 그들은 비명을 지르면서 러시아 혁명 정권에

11 도리이 류조, 『인류학자와 일본의 식민지 통치』, 53쪽.

몽골의 칸을 자처한 운게른 백작.

손을 내밀었다.

1917년 볼셰비키 혁명이 성공한 이후, 소련 군대는 동쪽으로 피신했다가 재기하려는 백러시아 운게른 슈테른베르크Ungern Sternberg(1885~1921) 백작의 군대를 추격하여 외몽골에 당도했다. 오스트리아 태생의 러시아 코사크 기병대 출신으로 '전쟁에 미친 사람'이란 소리를 듣던 운게른 백작은 니콜라이 2세가 살해당하자 백군에 가담했으며, 1921년에 몽골 수도 우르가에서 복드칸을 체포하여 폐위시켰다. 그는 스스로 몽골의 칸을 자칭하고는 공포정치를 시행했다. 운게른 군대는 몽골 귀족세력과 손잡고 중국으로부터의 독립을 미끼로 군사적 억압을 자행하고 있었다. 스스로를 칭기즈칸의 환생으로 여겨 중국 대륙에서 만주와 티베트에 이르는 대제국을 세울 것을 천명하고, 몽골 전통을 부활시킨다는 명목으로 도시민들을 초원으로 내쫓고 유목생활을 강요했다. 1921년 단 1년 동안이지만 유럽인으로서 처음이자 마지막으로 몽골을 지배하여 독재정치를 폈으며, 짧은 통치 기간 동안에 엄청난 수의 몽골인을 학살했다.[12]

1921년 담디니 수흐바타르가 지휘하는 혁명군과 소련의 붉은 군대가 운게른을 체포하여 노보시비르스크로 압송했다. 그는 그곳에서 열린 재판에서 사형을 선고받고, 9월 15일에 처형되었다. 이후 블라디미르 레닌은 그의 시신을 몽골에 돌려주었으나, 몽골인들은 그의 시체를 우르가의 길거리에 내던져버렸다. 운게른의 죽음 이후 우르가는 울란바토르로 개칭되었고, 복드칸은 스스로 퇴위하고 정권을 국민의 지지를 받던 공산당에 넘겨주어, 아시아 최초의 공산주의 국가인 몽골인민공화국이 성립되었다.

12 James Palmer, *The Bloody White Baron: The Extraordinary Story of the Russian Nobleman Who Became the Last Khan of Mongolia*, Basic Books, 2011.

몽골의 중심은 역시 울란바토르 역이다.

소비에트 군대는 사전에 외몽골 청년 지식인들을 적극 지원하여 1921년 몽골 공산당 창당을 이루어냈다. 외몽골에는 수흐바타르를 중심으로 하는 몽골 민족주의 세력, 이르쿠츠크와 같은 소련 영내에서 공산주의를 초기에 접했던 초이발산 같은 '러시아 영사관 그룹'이 하나의 정치적 정당으로 결속되었고 이들은 제일 먼저 소련의 적극적인 지원을 받게 된다. 그들이 사회주의를 선택한 것은 마르크스가 말하는 역사 발전의 결과가 아니라, 단지 한족으로부터 초원을 지키고 싶었을 뿐이었다.

몽골 공산당의 첫 번째 임무는 1915년 캬흐타 조약에 의해 중국 영토로 전락한 외몽골의 독립이었다. 소련은 외몽골을 친소 완충 지대로 만들어 중국을 견제하려는 의도를 바탕으로 적극적인 군사적 개입과 지원을 하게 된다. 수흐바타르와 초이발산은 서로 연합하여 1920년에 몽골인민당(후일의 인민혁명당)을 결성하고 소련에 원조를 청했다. 몽골 공산당군과 소련 군대는 1921년 7월 10일 우르가를 점령하고 백러시아군과 캬흐타까지 온 중국군을 동시에 물리치고 몽

울란바토르 광장에 있는 수흐바타르 동상.

골인민공화국을 건국했다.

중국의 대응도 만만치 않았다. 두 차례 북벌을 통해 군벌을 통합하고 동북과 내몽골에서 실질적으로 영향력을 행사하기 시작한 장제스의 국민당은 1928년 9월 17일 내몽골을 중국의 성으로 행정 개편했다. 중부 내몽골은 러허熱河, 차하얼察哈爾, 쑤이위안綏遠으로 분리하여 성을 만들고, 동부 내몽골은 헤이룽장, 지린성에 편입시키며, 서부 내몽골은 간쑤성甘肅省에 편입시켜 내몽골 민족 지역의 행정조직의 관점에서 통일성과 특수성을 없앴다. 국민당은 몽골과 티베트에 대한 주권행사를 대내외적으로 강력하게 실시하면서, 특히 내몽골을 분할하여 조직적인 저항을 없애는 정책을 폈다. 이는 내몽골의 반국민당 감정을 불러일으켰다. 1932년 일본의 만주국 수립은 내몽골의 민족주의자들에게 커다란 자극을 주었다. 혹시 일본의 도움으로 위성국 형태라도 내몽골의 국가 건립이 가능하지 않을까 하는 기대감이었다.

중국 공산당은 내몽골의 공산화를 체계적으로 조직하고 지도하기 위해

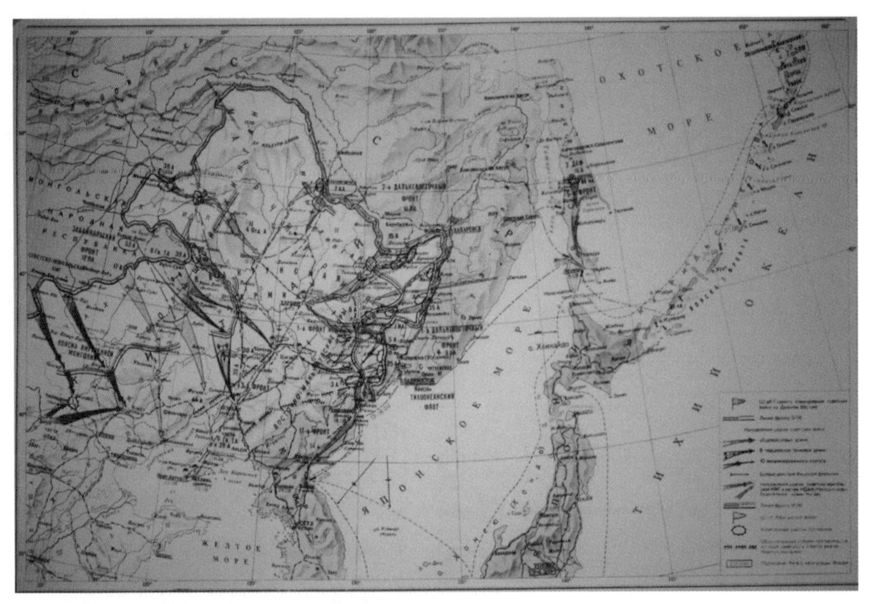

소·몽 연합군의 만주 공격을 보여주는 지도(1945년).

1928년 톈진에서 중공내몽골특별위원회를 수립했다. 중국 공산당이 좀 더 적극적으로, 그리고 자연스럽게 각 소수민족의 독립 의지를 약화시키며, 중국 내 소수민족의 자치에 대한 찬성을 이끌어내는 계기는 역시 1937년 7·7사변에 의한 일본의 중국 침략이었다.

1945년 8월 10일 몽골인민공화국이 일본에 선전포고를 하고 소·몽 연합군이 다싱안링 산맥 북쪽에서 만주로 진격했을 때, 이들은 자연스럽게 내몽골 지도자들과 접촉했고, 내몽골 민족주의자들에 의해 몽골 민족의 통일을 위한 행동이 진행되기 시작했다. 이에 내몽골 동북, 즉 다싱안링 지역에서는 몽골인민공화국과의 내외 몽골 합병운동이 일어나고 있었다. 그런데 문제는 이러한 민족통합운동을 지도할 수 있는 칭기즈칸 같은 강력한 중심인물이 없다는 것이었다. 8월 15일 일본의 항복선언 시, 내몽골은 여러 세력과 집단의 각축 지역이 되었지만, 중국 공산당은 내몽골에서 이미 동북 지역으로 진출한 팔로군과 연계하여 국민당 군대에 커다란 타격을 주며 내전에서 유리한 위치를 점했다.

지금은 실생활에서 잘 쓰이지 않는 몽골어.

1945년 8월 8일 소련의 대일본 선전포고와 10일 몽골인민공화국의 대일본 선전포고 직후, 소·몽 연합군은 만저우리를 통과하여 싱안링 지역으로 진군하고, 이어 동몽골 지역을 장악했다. 이때 내몽골 귀족층과 청년들은 내몽골 인민혁명당을 결성하고 내몽골과 외몽골의 합병을 주장했다. 그러나 몽골인민공화국은 합병을 거절했다. 소련과 몽골이 내몽골과 외몽골의 합병을 거절한 데는 나름의 이유가 있었다. 몽골인민공화국은 아직 국제사회의 승인을 통해 완전한 독립을 얻어내지 못한 상태였고, 1940년부터 정권을 장악한 초이발산으로서는 스탈린식 독재와 철저한 소련에의 의존을 통해 몽골인민공화국의 독립을 이룩하려는 시기였기 때문이다. 1945년 일본의 패망은 바로 이러한 몽골인민공화국을 국제사회로 진출시키는 중요한 기회가 되었다. 결국 내몽골과 외몽골의 합병이 무산되었을 뿐만 아니라 내몽골은 중국 공산당과 국민당 내전 발발의 핵심 지역이 되었다.

내몽골이 중국의 자치구로 남게 된 과정을 정리해보면 다음과 같다. 1920년대 군벌과 국민당의 통치를 받았던 이 지역이 1930년대와 1940년대에 일본과의 전쟁을 겪으면서 여러 세력 집단을 통해 끊임없이 독립을 시도했다. 일본이 패망한 후 결국 각기 독립, 합병, 자치 등을 주장하는 분열된 집단들이 공존하던 상황은 공산당의 대리인으로 활약하던 울란후에 의해 공산당 안으로 흡수

1990년 몽골의 민주화를 요구하는 모습을 보여주는 사진(울란바토르 국립역사박물관).

되는 결과로 끝을 맺었다.[13]

소련의 직접적인 영향으로 외몽골이 1921년에 몽골인민공화국을 수립했다면, 내몽골은 1947년 중화인민공화국의 첫 번째 소수민족 자치정부를 세운 이래로 외부 세력에 의한 분열의 현대사를 시작하게 되었다. 외몽골과 내몽골은 1960~1970년대 문화대혁명과 소련의 직접적인 영향으로 민족 정체성의 위협을 받는 시련의 시대를 거쳤으며, 1980년부터 새로운 전환점을 맞이했다. 1978년 중국의 개혁개방과 1989년 몽골국의 개혁개방 및 민주화 정책 이래 중국에 속하는 네이멍구자치구 몽골인과 몽골국 할하 몽골인의 관계 변화가 다양한 분야에서 시작되었다. 경제 발전에 집중한 네이멍구자치구의 몽골인들은 먼저 정치개혁을 성공적으로 이끈 외몽골 몽골인과 근본적인 차이를 보인다. 중국 안에서의 풍요로움이냐, 아니면 당장은 빈곤하지만 당당한 독립국으로서의 몽골국

13 김선호, 『내몽골, 외몽골—20세기 분단의 몽골 역사』, 58쪽.

국민이냐라는 문제인 것이다.

문화 정체성에서 네이멍구자치구는 전통적으로 위구르 몽골어 문자를 현대 사회에 접목시킨 반면, 몽골인민공화국은 키릴문자를 사용한다. 민족 정체성에서 네이멍구자치구의 몽골인이 더 잘 지킬 것 같지만 실제로 위구르 문자는 일부 전문가나 사용할 뿐 일반인은 모두 한자를 사용한다. 반면 전통을 잃어버릴 것 같은 몽골인민공화국의 키릴문자는 아이러니하게 문맹률을 낮추고 일반 몽골인의 의식수준을 높여주었다. 또한 역사 정체성에 있어 중국이 몽골사를 중국 역사의 일부분으로 조작하는 것에 대한 몽골인의 비난도 여전히 격렬하다.[14]

14 위의 책, 11~14쪽.

14

몽골 초원에서 바다로 가는 길

남쪽 루트: 고비사막에서 자민우드로

몽골에서 중국, 러시아를 거쳐 바다로 가는 길은 세 개의 노선이 있을 것이다. 첫 번째는 남쪽으로 샤인샌드를 거쳐 고비사막권의 자민우드에서 중국 국경을 넘고 베이징을 거쳐 톈진이나 발해만·동중국해로 가는 길이다. 두 번째는 북쪽으로 울란우데를 지나 시베리아 횡단철도를 타고 가는 길이다. 세 번째는 동쪽으로 도르노드 초원을 관통하여 중국의 내몽골, 동북3성을 통해 환동해로 가는 길이다. 먼저 남진하여 중국으로 가는 길을 선택했다.

울란바토르에서 남쪽 고비사막 쪽으로 달렸다. 비포장으로 하염없이 달렸던 노선인데 고속도로가 완공되어 8시간이면 중국 국경에 닿는다. 초원의 도시, '물이 솟는다'는 뜻의 샤인샌드에서 점심을 먹는데 초원로에서 오아시스였던 거점이다. 이곳에는 무불습합巫佛習合된 하무렝히트hkhareen 성소와 샤머니즘의 성소

고비사막을 횡단하는 낙타.

자민우드와 중국을 드나드는 보따리상.

로 '검은 산'이란 뜻의 하루을Khar uul이 있다. 또 하나의 도시 아일릭에는 붉은 돌과 흙으로 이루어진 화산토 동굴에서 수도하는 라마승들이 집거한 샤인우드 라마교 성지가 있다. 저녁 무렵에 국경 도시 자민우드에 도착하여 하룻밤을 잤다.

마침 5월 1일 메이데이다. 마르고 찬바람이 휘감고 모래가 쌓인다. 보따리 장수 여인들, 리어카꾼, 통관 절차를 허가받은 차량들이 줄지어 지나가다가 국경선 출입이 통제되는 야심한 밤에 인적이 끊긴 국경은 적막 그 자체다. 중국과 몽골 사이에는 관세가 없다. 중국의 엄청난 건축자재, 생필품 등이 사막의 국경 도시 자민우드를 통해 오고 간다. 보따리장사꾼들을 잔뜩 실은 기차가 중국 쪽 국경 도시 얼렌(얼렌하오터)에서 자민우드역으로 넘어와 울란바토르로 돌아갈 때, 국경수비대원들이 마침 국방의 의무를 마치고 돌아가는 몽골 병사를 위해 군악대를 동원하여 환송해주고 있었다. 군대가 진주하는 곳, 국경이 분명하다.

중국과 국경선을 맞대고 있는 자민우드는 육상에 건설된 드라이포트dry port다. 그 옛날 몽골제국 통치술에서 가장 중요했던 교통로인 잠치 역시 역사적으로 보면 전혀 이상할 것이 없다. 인류 역사에서 세금만큼이나 오래된 것이 교역

자민우드 역전에서 만난 한국 택시. 전주에서 몽·중 국경까지 흘러들었다.

의 역사이고, 교역은 곧바로 물류의 역사이기도 하다. 몽골은 제국 내에 20만 5,000필의 말과 1만여 곳 이상의 잠치를 두어 제국을 경영했다. 풍부한 자원에도 불구하고 약소국으로 전락한 몽골이 옛 영화를 어떻게 새로운 잠치로 만회해낼 것인가.

넘어오는 화물들을 분석이랄 것은 없지만 유심히 살펴본다. 건축자재, 중고자동차, 심지어 문방구와 커피, 그릇, 과자, 생리대에 이르기까지 없는 것이 없다. 초원을 달리다 보면 게르 옆에 말은 없어도 반드시 차는 있다. 낙타와 말 대신에 차량은 필수품이 되었다. 모든 게 넘어오고 오로지 광물 따위만이 넘어갈 뿐이다. 많은 중국 노동자들이 몽골의 건설 현장으로 넘어온다. 유목민의 피가 흐르는 이들에게 정착생활에 부합되는 건설 노동자는 잘 맞지 않는 직업이다. 몽골에서 온 화물은 톈진으로 많이 나가는데 항구가 적체되어 쉽지 않다. 북만주를 거쳐서 다소 한가한 단둥으로 화물을 빼려고 하지만 철길이 미완성된 곳이 있다. 선양-단둥 노선 이외에 창춘-훈춘-자루비노, 혹은 나진항으로 물류를 빼려는 노력이 가시화되고 있다.

자민우드 건너편 중국 측은 초식공룡 울트라사우루스 아치가 서 있는 얼롄하오터二連浩特다. 공룡의 무덤으로 불리는 만큼 세계 고생물학자들과 공룡화석 채집자들이 성지로 여기는 곳이다. 네이멍구자치구 북단 인구 6만 명의 도시는

고비사막의 아이락 라마교 성지.

자민우드와 마찬가지로 고비사막의 황량한 들판에 세워졌다. 몽골에서 들어오는 자원과 러시아의 목재 등이 이곳의 표준궤로 옮겨져서 톈진항으로 나가고, 이곳에서 협궤에 실린 생필품 등이 자민우드를 거쳐서 울란바토르까지 간다. 표준궤와 협궤의 불일치는 세상의 소통이 그리 쉽게 되지는 않음을 뜻하기도 한다.

내륙국가의 항만은 언제나 상대국의 봉쇄라는 정치적 결정에 따라 운명이 좌우된다. 중국과 러시아는 느닷없이 국경을 봉쇄하여 자국의 정치적·경제적 이득을 챙긴다. 몽골은 '맹지국가'다. 결핏하면 중국과 러시아가 국경선 숨통을 적당히 쥐어 정치적 영향력을 행사하고 자국의 이득을 취한다. 땅값 계산에서 맹지는 주변부의 판단과 허락에 의존한다. 자신의 운명을 타국에게 저당 잡힌 맹지국가의 선택은 결국 새로운 길을 만들어내어 맹지에서 벗어나는 방법밖에 없다.

2003년 중국이 극도로 배척하는 달라이 라마가 몽골을 방문하자 중국은 이

틀간이나 자민우드를 봉쇄하여 열차가 끊겼다. 모든 소비품을 중국에서 들여다 쓰는 몽골에서는 엄청난 혼란이 일어났다. 이런 식으로 정치적인 문제가 발생할 때마다 강대국의 옥죄임이 뒤따르기 때문에 몽골 입장에서는 특단의 대책을 마련하지 않는 한 맹지국가의 고단한 삶을 살아가야 한다. 러시아에 대해서도 마찬가지다. 몽골은 산유국임에도 정유시설이 없기 때문에 원유를 수출하여 완제품을 들여다 쓰는 고단한 처지이며, 이는 러시아의 개입으로 하루아침에 차량교통이나 여타 산업이 멈출 수 있는 상황에 놓여 있음을 뜻한다. 석탄자원이 풍부한데도 전력의 대부분을 러시아에서 수입하는 등 기간 인프라가 취약한 조건에서 러시아의 개입은 언제나 준비되어 있다.

몽골 남부에 방대한 양의 광물을 채취하는 타반톨고이 기업이 캐나다와의 합작으로 운영 중이나 아무리 서구의 선진 채광기술을 들여와도 철도의 미비로 물류비용을 감당할 수 없다. 몽골 초원에는 곳곳에 러시아가 채굴하다가 중단한 노지광산이 즐비하다. 표토만 제거하면 그대로 광물이다. 러시아는 자국의 뛰어난 탐사기술로 몽골 전체의 광물 지도를 작성했으며, 오늘날에도 몽골은 러시아가 유산으로 물려준 지도에 근거하여 광물을 채굴하고 있다.

오직 몽골 종단철도만이 러시아와 중국으로 연결되고 있을 뿐이다. 이 때문에 남부 자원의 보고인 타반톨고이에서 동몽골로 가는 기차를 놓아서 몽골의 국경 에렌차브를 거쳐서 러시아나 중국의 만저우리로 연결되는 노선과, 다른 한편 몽골의 국경 님룩을 거쳐서 아얼산으로 가는 노선을 준비 중이다. 열악한 자금력은 물론이고 동몽골 초원의 야생동물들이 살아가는 자연의 파괴라는 절대적인 문제를 안고 있어 쉽지 않은 사업이지만 몽골과 러시아, 중국이 연결되는 세기의 사업으로 평가된다. 그럼에도 몽골이 추구하는 방향은 분명하다. 몽골을 내륙에 갇혀 있는land locked 국가에서 내륙을 연계하는land-linked 교통망 국가로 만들겠다는 것이다.[1] 그러나 몽골 종단철도를 활성화시키겠다는 몽골의 전략에 대해 러시아와 중국이 협조할 리가 없는 상황이고, 몽골 내부의 정치적 상황이

1 강태호 외, 『북방 루트 리포트』, 115쪽.

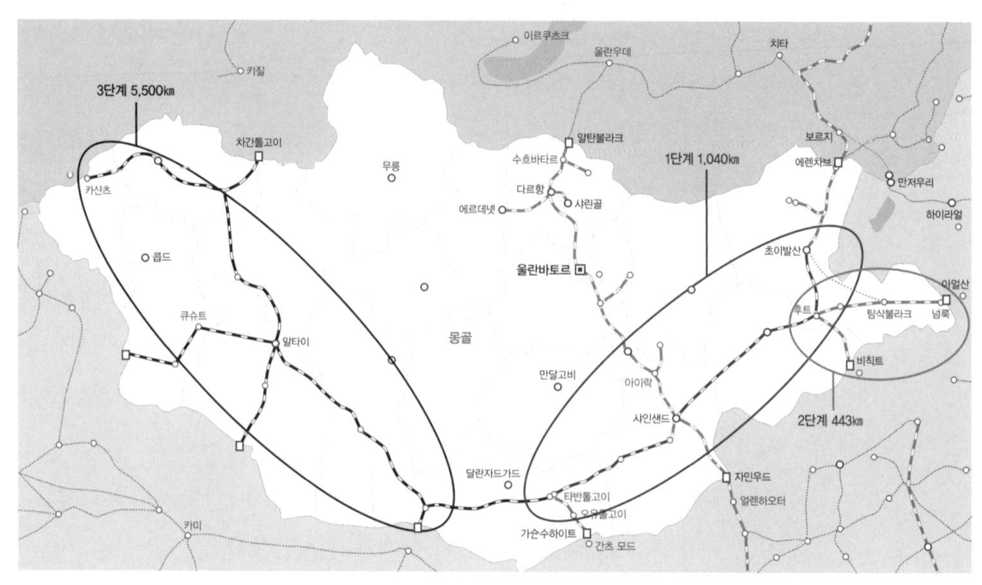

중국과 러시아로 이어지려는 몽골의 철도. 몽골 신선철도 부설을 위한 3단계 계획을 보여준다. 몽골 교통부 영문자료 참고(『북방 루트 리포트』, 돌베개, 2014에서 재인용).

나 경제적 곤궁함 때문에 쉽지 않을 것이다.

길은 언제나 새롭게 열렸다. 그것이 물류 이동 같은 좋은 의미이든 전쟁 같은 나쁜 의미이든 초원의 길도 새롭게 개척되어온 길이다. 언제나 같은 길은 존재하지 않았다. 그러나 자본의 블랙홀이 되어 자원을 빨아들이고 수출 전진기지를 찾아나서는 중국이 이웃에 존재하는 맹지국가의 입장에서는 불투명한 길이 되어 있다. 게다가 인류 입장에서 본다면 그나마 남아 있는 '초원의 허파'인 동몽골 초원이 야생성을 잃어 가젤의 본향이 산업과 교통로로 바뀔 때, 자본의 침탈이 어떤 결과를 가져올지 생각하지 않을 수 없다. 세계 환경운동가들이 동몽골의 환경 파괴에 민감한 반응을 보이는 것도 이 같은 이유에서다.

대몽골제국 시절에 누렸던 잠치의 영화는 영화 속에서나 가능하며, 이들은 바다로 나아가서 오션포트를 이용하게 되는 또 다른 잠치를 염원하는 중이다. 몽골은 시베리아나 만주 벌판을 가로질러 환동해로 나아가고자 한다. 국제정치와 경제의 논리만 풀린다면, 몽골리안의 또 하나의 도전이 동해에서 가능해질 것이다. 몽골의 나진항을 통한 환동해권으로의 진입은 역사적 의미가 크다. 물류 이동을 통한 자원 확보라는 경제적 의미와 별도로 몽골의 환동해권 진입은 해양 문명사적 입장에서 몽골이 아주 오랜 옛날처럼 바다와 접하게 되는 기회를 마련해주기 때문이다. 몽골은 해양 경영을 꿈꾸며 항만청을 새로 만들었다. 싱가포르 선적을 이용하여 300여 척의 배를 사들여 선사를 운영 중이다.

동쪽 루트: 도르노드 초원에서 만저우리로

울란바토르 칭기즈칸 공항에서 작은 프로펠러 비행기가 뜬다. 비행기는 낮게 난다. 초원과 초원이 연속되다가 이따금 호수가 굽어보일 뿐 오로지 초록의 풍경이다. 초이발산喬巴山은 동몽골의 최대 도시라지만 공항 풍경은 여느 시골 공항일 뿐이다. 들판에 그대로 활주로를 깔고 공항을 만들었다. 참으로 편한 공항 건설이었으리라. 초이발산은 도르노드 아이막의 주도이며 몽골에서 네 번째로 큰 도시다. 인근에 흐르는 케룰렌강에서 유래한 헤를린이었다가 1924년 이후 몽골 사회주의 혁명의 영웅 초이발산의 이름을 붙였다. 도시 전체에 공산주의자 초이발산의 스탈린식 이미지가 여전히 덮여 있는 느낌이다.

도시의 총면적은 281제곱킬로미터이며, 해발 747미터에 위치한다. 인구는 3만 8,000명 선을 유지하고 있다. 사람이라고는 구경도 할 수 없는 초원에서 이만한 인구와 규모라면 대단히 큰 도시다. 외지인의 눈에는 그저 그런 낮은 저층 건물과 굴뚝들, 사회주의 종료와 더불어 시간이 멈추어버린 듯한 '고장난 시계' 같은 풍경으로 다가올 뿐이다.

이곳은 수 세기 전부터 무역이 성행했다. 19세기에 도시로 성장했으며, 1940년에는 시베리아 횡단철도의 지선이 부설되어 몽골 동부 지역의 교통 요지가 되었다. 2차 세계대전 당시에는 중국 동북 지방에 대한 군사기지로서 그 중요성이 부각되었다. 그러나 1992년에 공산정권이 붕괴하고 민주화되자, 지역경제가 악화되어 초이발산은 몽골에서 가장 높은 실업률을 기록하고 있다. 도시 근

초이발산의 풍경.

울란바토르에서 중국과 접경한 도시 자민우드까지 달리는 횡단열차.

교에 수력발전소와 석탄광산이 있어 석탄이 채굴되고 있고, 식품가공업·농산물 가공업 등이 발달했으며, 농업대학이 있다고 하는데 가진 자원에 비해 삶은 남루한 편이다.

중국행 철도가 연결된다면, 동몽골의 경제는 한결 좋아질 것이다. 몽골 종단철도Trans Mongolian Railway(TMR)는 시베리아 횡단철도의 울란우데에서 분기하여 몽골과 수도 울란바토르를 관통하여 중국에 이르는 철도이나 지선이 부족하여 대외 연결이 제한적이다. 몽골 종단철도는 1949년부터 1961년까지 건설되었다. 몽골과 러시아 구간은 단선 러시아 궤간, 중국 구간은 복선 표준궤라는 제한성도 갖고 있다.

하루 종일 차를 달려 도르노드 초원으로 나아간다. 가젤gazelle 떼가 살아 있다. 섬세하고 우아하며, 몸통이 좁고 길며 네 다리는 가늘고 길다. 암수가 모두 테가 있는 하프 모양의 뿔이 있으며, 그 길이는 종류에 따라 다르다. 수컷의 뿔은 대개 가늘고 짧다. 털은 노란빛을 띤 갈색이며, 대개 얼굴이나 몸 옆쪽에 짙은 반점이 있다. 꼬리 끝은 검은색이다. 가젤이 살아 있음은 아직 몽골에 야생의

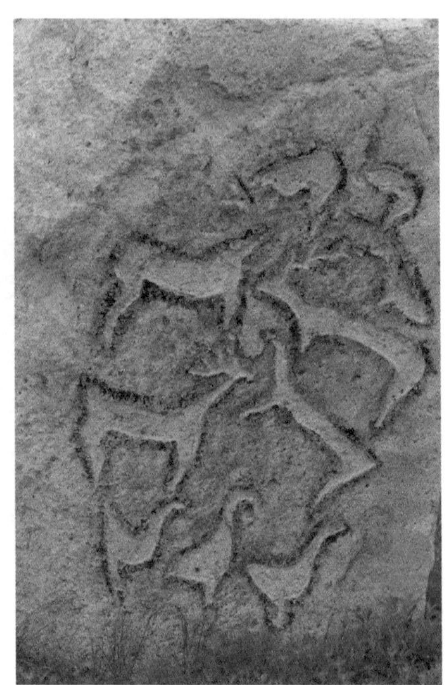

동몽골 도르노드 초원의 암각화.

환경이 살아 있다는 증거다. 그러나 가젤은 '당연히' 사라지고 있다. 인간의 총과 탐욕에 의해 초원의 영성은 소멸 중이다.

도르노드 초원에는 초원 호수 부이르 같은 거대한 '바다'가 있다. 옛사람들은 부이르호를 부여라고 불렀다. 심상치 않은 명칭이다. 전설은 함부로 무시되어서 안 된다. 선에 의한 국경이 존재하지 않고 면에 의한 영토만이 존재하고 유사무서有史無書의 대체로 '쓰이지 아니한 역사'로 이어져온 초원에서 지명에 얽힌 전설은 강력한 물적 증거가 된다.

몽골인들은 큰 호수를 달라이dalai, 즉 바다라고 부른다. 남북 길이 40킬로미터, 동서 길이 20킬로미터이며, 평균 수심은 10미터다. 물고기가 아주 풍부한 호수로 연간 포획량이 340~600톤에 이른다. 물고기가 가장 잘 잡히는 곳은 호수 남쪽 할하강과 부이르 호수가 만나는 지점의 수심 30~50미터에 이르는 깊은 곳이다. 호수 주변에는 각양각색의 새들이 살고 있으며 다양한 조개들이 모래사장

스탈린주의자 초이발산 상.

초이발산의 레닌 상.

에서 서식한다. 수심이 조개껍데기같이 할흐골솜 쪽은 매우 얕고 내몽골 쪽은 아주 깊기 때문에 이 호수를 '고개와 같은 호수'라는 뜻에서 몽골어로 동노르, 이를 한역한 베이얼호貝爾湖로 부른다. 컬렌호는 부이르호보다 큰 호수로 남북 길이 100킬로미터, 동서 길이 30~40킬로미터에 이른다. 몽골 사람들은 이 호수도 바다처럼 크다고 하여 달라이라고 부른다. 이 호수는 케룰렌강의 종착지이기도 하다.[2]

케룰렌강은 도르노드 주의 수도인 초이발산을 흐르는 젖줄이다. 초이발산은 도시 자체가 전쟁과 승리 같은 주제들로 장엄되어 있다. 박물관에는 '위대한' 초이발산의 동상이 흔들림 없이 서 있고, 소련군이 주둔하던 옛 군사기지에는 레닌이 팔을 들어 여전히 무언가를 선동하는 느낌이다. 일찍이 지붕이 사라지고

2 최기호 외 옮김, 『몽골비사』, 두솔, 1997, 124~125쪽.

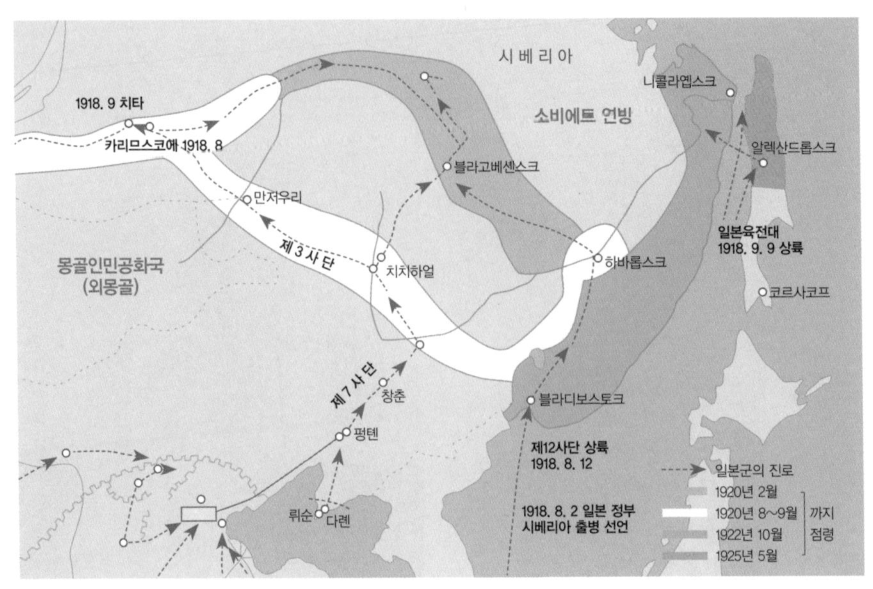

러시아 혁명 이후 일본군의 시베리아 출병을 보여주는 지도.

무너진 벽과 돌무더기가 고고학 발굴 터처럼 남아 있는 군사기지에 레닌의 동상만이 완연하게 남아 있다. 박물관 건너편의 승전 기념탑은 온전하게 남아 있어 자랑스러운 애국의 열기를 고조시키고 있다.

이 고풍스러운 도시에서 우리가 잊지 않고 만나야 할 사람은 게오르기 주코프Georgii Zhukov(1896~1974)다. 2차 세계대전의 영웅으로 유럽 장군들을 중심으로 칭송되는 분위기에서 주코프는 미안하게도 한국인에게는 거의 알려지지 않았으나, 유라시아 및 러시아의 진정한 전쟁영웅은 주코프다. 할힌골강 전투 박물관에서 그의 자취를 만날 수 있다. 그의 연보는 대략 이러하다.

10월 혁명이 발발하여 러시아군이 해체되자 주코프는 집에 돌아왔고, 티푸스에 걸려 1년여를 요양했다. 이후 소련군 부사관으로 입대하여 러시아 내전에 참전하고 소련 공산당에 입당한다. 훗날 원수가 된 주코프는 군대의 기계화에 의한 전쟁, 곧 군대의 시대 변화에 대비한 유능한 군인이었다. 기계화 부대의 운용과 새로운 이론의 강력한 제창자 중의 한 명이었으며, 자신이 수립한 계획에

초이발산의 대일본 승전 기념탑.

치밀하여 엄격한 훈련과 군율을 실시하는 군인으로 유명했다. 1937년부터 1939년까지 벌어졌던 대숙청에서 살아남았고, 중장으로 승진하여 벨라루스 군관구 사령관을 역임했다. 당시에 괴뢰정권 만주국과 몽골국의 국경 구획이 불확실했기 때문에 국경에서 관동군과의 충돌이 여러 차례 일어났다. 몽골인민공화국군과 만주국군의 작은 충돌은 양국의 보호자 노릇을 하던 소련과 일본의 충돌로 비화했다. 처음에 관동군은 소련의 국경 방위 능력을 시험하기 위한 의도로 전투를 개시했으나 대규모 전투로 발전했다.

일본이 몽골에 관심을 쏟은 것은 실로 오래된 일이었다. 1929년부터 일본은 내몽골과 몽골인민공화국을 엮어서 독립된 자치공화국으로 만들고자 했다. 한 해 전에 중국이 내몽골 지역을 중국 통제하의 세 지역으로 나누는 사건이 벌어졌다. 일본의 숨은 의도와 무관하게 하나의 몽골을 만드는 것은 몽골인들의 오랜 숙원이었다. 몽골의 반청 분위기는 일본의 정치적 개입을 용이하게 만들었다. 이러한 상태에서 일단 만주국이 성립되고 일본과 중국이 전쟁을 시작하자

초원의 목자(초이발산).

몽골과 만주국 사이의 경계선이 문제되었다. 할힌골은 만주와 몽골이 첨예하게 대립되는 국경선이 되었다. 일본의 점증하는 힘에 위협을 느낀 소비에트가 적극 개입하면서 전쟁은 확대되었다.[3]

할힌골 전투는 전차 500대 이상, 항공기 500기 이상, 병력 수만 명이 투입된 정규전 수준이었다. 일본군은 악착같이 맞서 싸우기는 했으나 결국 수천여 명의 사상자를 낸 채 4~5일에 걸쳐 일방적으로 패주했다. 일본군 전사자 중에는 익사자도 적지 않았다. 소련군도 수천여 명에 달하는 사상자를 냈다. 일본군의 공세가 소진되기를 기다리던 주코프는 현대화된 기갑 전력을 이용하여 대담한 기동 작전을 감행했다. 2만 수천여 명의 잔존 일본군은 강력하게 저항하면서 소련군에게 큰 피해를 입혔지만, 소련-몽골군의 500여 대의 전차와 5만여 명의 병력은 피해에 아랑곳하지 않고 일본군을 포위하기 시작했고, 그 결과 일본군

3 Baabar, *History of Mongolia: from World Power to Soviet Satellite*, 338~344쪽.

2차 세계대전의 '영웅' 주코프 원수.

제23사단은 소련군의 넓은 포위망 안에 갇혀버렸다. 일본군의 잔여 병력은 만주국 국경으로 겨우 빠져나갔으며 병력의 절반을 잃었다. 전투가 벌어진 할힌골은 드넓고 황량한 평야였기에, 기계화되고 근대화된 소련군이 역량을 펼치기에는 더할 나위 없이 좋았다. 관동군은 할힌골 전장에서 처참하게 전멸당한 채 후퇴했다. 중국군과의 전투에서 승승장구하던 일본 육군이 최초의 재앙적 대패를 맛보았다.

소련이 요구하는 대로 할힌골강을 경계로 만주국과 몽골의 국경선이 확정되었다. 소련과 일본의 국경 분쟁은 이로써 끝을 맺었다. 소련은 유럽 전선에 몰두해야 하는 상황이었기 때문에 일본과 불가침 조약을 맺었고, 바르샤바 작전 이후 독일이 소련의 극동을 공격해달라는 요청을 계속했음에도 불구하고 일본이 끝까지 소련과의 조약을 지킨 것도 바로 이 전투에서 패배한 영향이 컸다. 할힌골 전투에서의 승리가 독일과 일본이 손을 잡고 소련을 공격하는 것을 저지한 것이다. 소련이 대승했지만 1991년 소련 붕괴 이후 밝혀진 문서에 따르면 소련의 피해도 적지 않았던 것으로 나타났다. 주코프는 '소련 영웅'의 칭호를 하사받았고 실제로 영웅이 되었다.[4]

초이발산에서 비포장길을 달린다. 동몽골 초원에서 러시아 자바이칼의 국경 솔로비옙스크로 넘어가는 에렌차브는 드문드문 주택들이 서 있고 1층 단독 건물의 국경 검문서와 세관, 그리고 망루가 있을 뿐이다. 그 머나먼 길을 달렸지

4 주코프의 후대 업적으로는 1942년의 스탈린그라드 전투를 손꼽을 수 있을 것이다. 소련군 최고사령관 대리에 임명된 후, 독일군의 맹공을 받던 스탈린그라드 구출을 위해 파견되었다. 스탈린그라드 전투에서는 소련 측도 100만 명에 가까운 사망자가 나왔지만, 1943년 1월 독일 제6군을 포위 궤멸시켜 동부전선의 전환점을 마련하는 데 성공했다. 이 공적으로 주코프는 원수로 승진했다. 숙청과 좌천, 복권을 반복했으나 정계에 복귀하지 않았으며, 소련에서 가장 대중적인 인기를 얻었던 인물 중 한 명이다. 후에 2차 세계대전 회고록 『추억과 회고』를 집필하여 세계 30개국, 19개 언어로 출간되어 약 800만 부가 출판되었다. 1974년에 사망했고, 군인으로서 최고의 영예를 누리며 다른 원수들과 마찬가지로 크렘린 벽 묘지에 안장되었다.

러시아와 접경한 동몽골의 에렌차브.

만 몽골에서 부랴트공화국을 방문했다가 되돌아왔기 때문에 그 통과 비자로는 다시 러시아로 나갈 수 없다고 한다. 망연자실, 에렌차브의 초등학교 교실에 놓인 간이침대에서 하룻밤을 청하고 컵라면으로 끼니를 때운다. 초원의 낭만 따위는 책에서나 가능한 이야기다. 에렌차브에서 동남쪽으로 250킬로미터 떨어진 중국-몽골 국경의 하비르가로 가면 된다고 하여 이튿날 천신만고 끝에 내달려서 저녁 무렵 국경에 당도했지만 또다시 퇴짜를 맞아 다시금 밤을 새워 초이발산으로 되돌아오는 '비극의 여로'가 되고 말았다. 하비르가에서는 중국과 몽골 여권 소지자만 통과할 수 있다고 하니 그릇된 정보를 알려준 에렌차브 몽골 국경선원들의 무심한 한마디가 초원을 방황하게 만든 것이다. 초원을 넘나들던 자유로운 영혼은 존재할 수 없고 우리는 오로지 비자, 여권 등으로 결정되는 포로된 영혼으로 국민국가의 경계선을 검문검색을 당하며 오고 갈 뿐이다. 바로 저 국경만 넘으면 곧바로 중국으로 가는 최단거리인데 엄청난 거리의 초원을 다시금 내달려 초이발산으로 되돌아오고, 무려 이틀을 더 소비하고서야 비행기를 타고 만저우리로 향할 수 있었다.

외몽골과 내몽골은 국경 아닌 국경이 되어 분단의 철책처럼 몽골을 가른다. 초이발산의 드넓은 초원에서 국경까지 아무런 도시도 없다가 느닷없이 국경에

몽·중 국경 에렌차브에서 마주친 몽골 군인.

닿는다. 몽골인들은 비자를 내지 않아도 무사통과다. 외몽골이건 내몽골이건 같은 몽골이라는 입장, 즉 오늘의 몽골 땅도 광의의 중국 대륙이라는 인식에서 비자를 면제한다.

만저우리는 광막한 사막이며 다른 한편 구릉이 기복起伏하는 지역으로, 20세기에 구릉 위에 마을이 형성되었다. 러시아와 중국의 장사꾼들, 부랴트족뿐만 아니라 바라카족 몽골 사람도 살고 있는 지역에 들어선 새로운 무역시장이고, 특히 러시아 사람들이 이곳에 손을 댄 이후 한층 번창하게 되었다. 만저우리는 고대에 동호, 흉노, 선비, 거란, 여진, 몽골을 포함한 만주에 살던 많은 부족이 살았다.

만저우리는 청초에 아르군강 유역에서 생겨나 러시아와의 국경이 되었다. 1896년 중·러 밀약에 따라 시베리아, 만주, 러시아 극동을 연결하는 동청철도가 1901년에 완성되었다. 러시아인들을 위한 만주의 첫 번째 정거장 만츠주리야Manchzhuriya역 주변으로 정착촌이 형성되었다. 러시아 이름 만츠주리야가 만저우리의 기원이 되었다. 1905년 중일조약에 따라 만저우리는 교역 중심지로 지정되었다. 1908년 만저우리에 세관이 설치되었다. 중화민국 통치기에는 싱안성 관할이었다.

러시아 혁명기에 이곳을 방문했던 도리이 류조는, "지금 형세로 보아 앞으로는 하이라얼을 능가하는 번화한 지역이 될 것이다. 오늘날도 하이라얼보다 만저우리가 무역지로서 좋은 위치에 있다. 만몽, 시베리아 무역에서 만저우리가 오히려 중심지가 되고 있다. 하이라얼의 세력은 만저우리의 발달로 인해 상당히 침체되어 있다. 러시아도 그 좋은 위치에 주목하여 크게 힘을 기울이고 있기 때문에 완연한 러시아풍의 마을이 몽골 안에 생긴 것이다"라며 이 신흥 마을의 번창에 대해 긍정적으로 기술했다.

1927년에 만저우리는 도시로 지정되었다. 만저우리는 1931년에 일본군의 손에 들어갔고, 1932년부터 1945년 사이에는 만주국의 일부였다. 1946년에 중화인민공화국의 네이멍구자치구의 일부가 되었다. 1992년에 만저우리는 첫 번째 내륙 개방 도시가 되었다. 오늘날에도 만저우리는 중국에서 가장 분주한 내륙 통관항으로 러시아와 동유럽 수출입 화물의 60퍼센트를 담당한다. 만저우리 주민의 95퍼센트 이상이 한족이다. 일부 몽골족, 만주족 등이 거주한다. 베이징과 모스크바에서 기차가 오고 가기에 치타와 크라스노카멘스크, 이르쿠츠크, 울란우데로 갈 수 있다.

동몽골 초원을 벗어나서 만저우리에 들어서자마자 아주 이상한 풍경을 마주하게 된다. 만국박람회처럼 흡사 모형 같은 건축군이 들어서서 '모형 도시', '만들어진 도시'의 느낌을 강하게 준다. 생경함과 유치함, 한편으로는 모형이면서도 거대한 건축물로 축조하여 과감함과 돌연성을 강조하는 이 이국적인 풍경에 방문객들은 압도당하면서도 미소를 자아내게 하는 이 이상한 도시, 아마 지구상에 이런 도시는 없을 것이다.

비행기에서 바라본 모습은 내몽골과 외몽골의 풍경이 얼마나 다른가를 웅변해준다. 초원의 땅에서 갑자기 도로와 밭과 숲이 많아진다. 간척이 대대적으로 이루어져서 내몽골은 유목의 땅이 아니라 정착의 땅으로 변해 있다. 공항에는 서양식 부조가 우람하게 서 있어 '이 땅부터는 몽골의 정체성 같은 것은 묻지

러시아와 중국의 민간 교역을 보여주는 만저우리의 조형물.

만저우리의 러시아풍 건축물.

마시오' 하고 항변하는 듯하다. 만들어진 도시는 내몽골의 정체성을 일면 강조하면서도 일면 해체하는 방식으로 성립되어 있다.

오늘날 아리사俄羅斯 군병관, 러시아 정교회 건물, 낡은 러시아 목조건물, 그리고 러시아 영사관 유지 등 국경의 도시 풍경이 곳곳에 남아 있다. 만저우리 시장에는 중국인보다 러시아인이 더 많이 보인다. 오늘날 몽골에서 만주로 들어오는 길은 철길이나 항공으로만 연결된다. 그러나 이 길은 과거에도 존재하던 초원의 실크로드에서 비롯된 것이다. 내몽골의 관문인 만저우리역에서 달리면 하얼빈과 선양을 거쳐 톈진까지 아무런 장애 없이 달릴 것이다.

북쪽 루트: 캬흐타에서 이르쿠츠크와 울란우데로

북쪽으로 올라가서 부랴트의 울란우데에서 시베리아 횡단열차를 타러 가는 길이다. 울란바토르에서 하루 종일 북상하면 몽골-러시아의 국경 도시 수흐바타르에 당도한다. 기차역만 있을 뿐 황량한 역전인데, 20킬로미터를 더 북상하면 국경 도시 알탄불라크에 이른다. '황금의 샘'이란 뜻의 알탄불라크는 캬흐타 조약에 의해 러시아와 중국이 교역하던 무역 도시 마이마이청賣買城에서 기원한다. 마이마이청의 번영은 사라진 지 오래지만 여전히 부랴트공화국으로 넘어가는 트럭 등이 줄지어 서 있다. 몽골이 알탄불라크를 자유무역 지대로 선포한 것도 국경 너머 캬흐타와의 오랜 교역의 역사적 맥락과 교통 입지를 중시했기 때문이다.

러·몽 국경을 넘어서 울란우데로 가는 길에 캬흐타를 만난다. 한때 캬흐타는 중국으로 통하는 러시아의 창구였다. 1728년에 체결된 청·러 통상조약에 따라 세워진 캬흐타는 청과 러시아가 맞댄 기다란 국경선 중에서 합법적인 통상이 가능한 두 곳 중 하나였다. 그 덕에 캬흐타는 18~19세기에 1세기 동안 러시아에서 가장 부유한 도시의 하나가 되었다.

러시아는 캬흐타를 통해 모피, 가죽, 양모, 철제, 유리제품과 사냥개를 수출

몽골 쪽 국경선 알탄불라크.

했다. 그 대신 비단, 향신료, 도자기, 칠기, 호피, 루비, 그리고 가장 중요한 차를 수입했다. 1780년대에는 매년 약 100만 상자의 차가 캬흐타를 거쳐 갔다. 19세기 중반에는 거의 2배로 늘어났고, 여행자들은 이르쿠츠크로 가는 도로를 가득 메운 수 킬로미터에 걸친 대상 행렬을 향해 욕설을 퍼부었다. 당시 캬흐타의 번성하던 풍경은 놀라울 정도였다.

> 몽골에서 건너온 외국인 여행자들이 볼 때, 황무지나 다름없는 스텝 한복판에서 만난 문명의 오아시스는 충격적이었다. 러시아인들이 보기에 캬흐타는 라스베이거스나 사마르칸트에 버금가는 멋진 도시였다. '사막의 베니스'의 대부호들은 저택에 당구장과 온실을 설치했고, 아내에게는 유럽 유명 브랜드 의상을 입혔다. 딸을 파리로 유학 보냈고, 교회를 건축할 이탈리아 건축기사를 데려왔다. 수정을 깎아 교회 기둥을 세웠고, 은으로 된 교회 문은 귀금속으로 반짝거렸다. 국경선 너머에는 캬흐타의 중국 쪽 쌍둥이 마을인 마이마이청이 있었다. 변발을 하고 몸에 꽉 붙는 비단옷을

러시아와 접경한 국경 마을 알탄불라크의 레닌 상.

입은 중국 상인은 앞이 트인 노점에서 마노瑪瑙 사발과 휴대용 해시계, 목판화 등을 팔았다.[5]

그러나 수에즈 운하와 시베리아 횡단철도가 건설되고 2차 아편전쟁이 끝난 후 청나라가 무역항을 개방하면서 사막을 통한 대상무역은 쇠퇴의 길을 걸었다. 철도도 자동차도 캬흐타에 찾아오지 않았다. 캬흐타는 힘없이 무너졌다. 마이마이청은 완전히 흔적을 감추었다. 러시아 내전이 벌어지는 동안 잿더미가 된 것이다.

캬흐타는 무역 도시로서의 힘을 잃은 것이지 여전히 울란바토르에서 국경을 넘어 캬흐타를 지나 울란우데와 하바롭스크로 넘어가는 길목으로서의 기능까지 잃은 것은 아니었다. 위대한 탐험가 니콜라이 프르제발스키Nikolai Przhevalsky

5 안나 레이드, 『샤먼의 코트』, 120~122쪽.

캬흐타 전경(2014년).

(1839~1888)가 불굴의 집념으로 중앙아시아에서 출발하여 알타이 산맥 아래로 몽골을 거쳐 둔황과 고비사막, 그리고 울란바토르를 거쳐 마지막으로 돌아온 지점도 캬흐타였다. 그의 여행은 중국이 지배하는 중앙아시아의 심장부로 진출하기 위한 교두보를 마련하는 위대한 역사적 원정이었다. 시베리아의 아무르에서 출발하여 몽골, 고비사막, 신장, 티베트로 들어갔다. 수준급 식물학자답게 가는 곳마다 식물을 수집했고, 민족학에 대한 정보를 수집한 인류학자이기도 했다. 군인이기에 중앙아시아 경략이 전략적으로 얼마나 중요한지를 잘 알고 있었다. 상트페테르부르크에서 그의 원정을 적극 지지한 것은 그의 제국주의적 야심 때문이기도 했다. 끝내 라싸에 가지 못했고(중국은 단호하고 위협적인 태도로 그를 가로막았다) 쇼비니즘을 노골적으로 표방했으나 그가 이룬 지리적 발견 성과는 널리 인정받았다. 몽골 남부를 거쳐 울란바토르, 바이칼로 가는 길목의 캬흐타를 지나는 길은 필자가 지나갔던 길이기도 하다.[6]

이르쿠츠크는 시베리아 초원로를 따라서 그 연변에 세워진 도시 가운데 가장 오래되었다. 1615년 코사크 기병대가 안가라 강변에 세운 작은 기지촌에서 출발하여 점차 동시베리아 경략의 거점으로 확장되었다. 18세기 초엽에 이르러 시베리아 정치, 경제의 중심지로 급부상했다. 18세기 중엽에 이르쿠츠크 원정대와 상인들이 알래스카까지 진출함으로써 이르쿠츠크는 시베리아의 맹주로 군림하게 되었다. 19세기에 들어와 유형지로 변하였고, 청년혁명가 데카브리스트가 유배 올 때 순정한 부인들이 뒤따라오면서 이르쿠츠크에 자유의 바람이 불었다.

이르쿠츠크 바이칼 호수 인근에는 시베리아 바로크 양식의 독특한 즈나멘스키Znamenskiy 수도원이 남아 있다. 1689년에 문을 연 이 유서 깊은 수도원은 이르쿠츠크, 울란우데, 치타 지역까지 관장하는 동부 시베리아 러시아 정교회의 본산이다. 공동묘지도 같이 있는데 특히 알래스카와 쿠릴 반도를 발견한 '러시아의 콜럼버스' 셸리호프G. I. Shelikhov가 묻혀 있다. 묘비에는 그의 업적을 기리는 지도와 컴퍼스, 닻, 원고 등이 청동으로 부조되어 있다. 이르쿠츠크에서 태평양까지 어떤 보이지 않는 선이 연결되어 있는 것이다.

이르쿠츠크 부근에는 바이칼 호수를 중심으로 부랴트족이 많이 보인다. 부랴트는 한민족과 혈연적·문화적 친연성을 강하게 지닌다. DNA 분석에 따르면 한민족과 부랴트, 야쿠트인, 아메리카 원주민 등이 모두 비슷한 DNA를 가지고 있다. 이들은 몽골과 조상이 같다. 바이칼 동쪽에 살고 있는 부랴트족이 자신들을 순수한 몽골족으로 생각하는 데는 타당한 이유가 있다. 이들 몽골족에는 코리족이 포함되어 있는데, 코리족은 호수 서부 연안과 가장 큰 섬인 알혼섬에 살고 있었다. 그들 가운데 대장장이는 전적인 힘을 가지고 있었으며 '백 샤먼'과 '흑 샤먼'이 지배하였고, 샤먼은 방울과 말 형상의 제의 도구를 사용하고 천상의 신 텡그리에게 희생을 올렸다. 투르크족과의 오랜 접촉으로 말미암아 부랴트어에는 많은 투르크어가 포함되어 있으며, 중국어, 산스크리트어, 티베트어, 만주어, 그리고 기타 언어로부터 차용된 말이 포함되어 있다. 부랴트족과 기타 몽골

6 John Ure, *Exploring Central & East Asia, The Seventy Great Journeys in History*, Thames & Hudson, 2006, 222~225쪽.

바이칼 호수와 이르쿠츠크를 보여 주는 지도.

족이 내륙 아시아의 문화를 복합적으로 만드는 데 한몫을 했다는 사실은 그들의 전통 의상에도 나타난다.[7]

13세기에 칭기즈칸에 의해 시베리아 북쪽으로 밀려났고, 19세기 말에는 주로 이르쿠츠크 지역에 퍼져 살았다. 부랴트족은 러시아의 침입에 격렬하게 저항했고, 14세기에는 32년간 중국의 서진을 막아냈다. 유목민이자 전사의 부족으로서 이들은 18세기 말에야 농사를 짓기 시작했다. 그러나 지금은 시베리아에서 가장 훌륭한 농장들을 운영하고 있다. 러시아는 이들을 동원해서 코사크 부대를 창설했다. 근세에 러시아는 이들 부랴트 부대의 일부를 몽골에 파견하기도 했다.[8] 부랴트인들이 러시아인을 쉽게 받아들이게 된 원인을 다음과 같이 설명한다.

> 다양한 민족으로 구성된 러시아 국가와 아시아의 호전적인 봉건 유목 군주들의 압제 아래 시들어가는 시베리아 민족들과의 자발적인 연합은 부랴트족을 포함한 인

7 제임스 포사이스, 『시베리아 원주민의 역사』, 99쪽.
8 조지 린치, 『제국의 통로』, 232쪽.

바이칼 호수 변의 부랴트 마을.

민대중의 이익에 활발하게 답하였다. 그것은 파멸해가는 봉건적 분쟁으로부터, 그리고 몽골 민족을 나락에 빠뜨린 만주족 봉건군주들의 폭력으로부터 이들을 해방시켜주었으며, 또한 더 나은 경제 형태, 일상생활, 문화 등을 이들에게 알려주었다. 러시아 원정대가 부랴트족 거주 지역으로 빠르게 전진하면서도 그들로부터 그 어떤 심각한 저항도 만나지 않았던 것은 바로 이런 이유 때문이었다.[9]

시베리아 횡단열차와 베이징에서 몽골을 거쳐 모스크바까지 가는 열차가 만나는 접합지에 부랴트공화국의 수도인 울란우데가 자리 잡고 있다. 바이칼 호수의 남동쪽에 자리 잡은 이 도시 이름에서 '울란'은 붉다, '우데'는 우다라는 강에서 기원했다. 러시아와 몽골 국경 지대의 원주민은 몽골계 민족인 부랴트족이다. 바이칼호 남쪽 연안의 삼림과 스텝에서 유목생활을 하는 부랴트족은 오늘날

9 제임스 포사이스, 『시베리아 원주민의 역사』, 115쪽.

정식으로 차려입은 부랴트 남자.

몽골에 거주하는 할하족, 중가르족과 밀접하다. 바이칼 호수 분지와 안가라 유역, 동사얀 산맥에서 유목생활을 해온 고대 아시아인의 몽골계 인종이다.

부랴트족은 문자를 사용했고 화기와 쇠를 다루었으며, 케트족과 네네츠족에게서 조공을 받았고, 엄청난 수의 가축을 길렀다. 강력한 지도자가 이끄는 부랴트족은 시베리아로 진출하던 러시아인들이 타타르족 이후 처음 마주친 강력한 상대였다. 러시아는 부랴트족을 정복하는 데 30년 넘게 걸렸다. 계속된 기습과 역습, 매복과 포위를 일컬어 부랴트 전쟁이라고 부르게 되었다. 코사크는 1631년에 안가라강 인근에 최초의 요새를 세웠으며, 1641년에는 레나강 상류에 최초의 요새 베르흘렌스크를 세웠다. 이후 5년 동안 최고 2,000명에 달하는 강인한 부랴트족 병사들이 요새를 공격했다. 러시아는 수도 많고 무장도 잘된 부랴트족을 상대로 타타르족에게 이미 써먹었던 '정복 후 동화'라는 회유정책을 사용했다. 부족의 지도자들은 차르에게 복종하는 대가로 작위와 봉토를 받고 조공을 면제받았다.

19세기 무렵에 평화가 찾아왔다. 복종의 대가로 상대적 번영을 누렸으며, 러시아화도 상당 부분 진척되었다. 상당수의 부랴트족이 러시아 정교로 개종했고, 밀과 감자를 재배하기 위해 말과 소를 포기했다. 19세기 중반에 부랴트족 사회에는 그럴듯한 규모의 유럽화된 중산층이 형성되었다. 중산층 및 시베리아 분권주의자들과 손잡은 민족주의 세력이 점차 생겨났다. 그들은 유목생활을 근절하려는 상트페테르부르크의 노력을 회피했고, 다양한 부랴트어 방언들의 이점

부랴트의 영혼의 본향인 바이칼호의 알혼섬.

부랴트에 들어온 러시아 정교회.

울란우데의 라마교 사원.

20세기 초반의 울란우데 거리(위)와 같은 장소에서 찍은 현재의 모습.

부랴트족의 수난사를 표현한 그림.

을 주장하며 모스크바를 맹렬히 반박했으며, 광활한 스텝의 낭만을 노래한 장편 서정시들을 발표했다.[10]

몽골의 할하족과 중가르족은 1920년 소련 지배 당시에 그들의 앞잡이 노릇을 했던 부랴트족에 악감정을 품고 있었다. 150년 동안 중국의 속국 신세로 지냈던 몽골은 청이 멸망한 1911년부터 일대 혼란에 빠져들었다. 그리고 1921년 소비에트 군대가 침공했다. 그들은 부랴트족 사회혁명당 당원인 엘베크도르지 린치노가 이끄는 폭압적인 군사정부를 세웠다. 모든 권력층에 부랴트족이 배치되었다. 부랴트족 관리들은 몽골인을 공포로 몰아넣었다. 그러나 10년 조금 지나면서 린치노는 1937년에 처형당했으며 몽골의 요직을 독차지했던 부랴트족

10 안나 레이드, 『샤먼의 코트』, 124쪽.

울란우데에서 마주친 레닌 두상.

울란우데의 공산주의자 추모비. 한글도 보인다.

들이 궁지에 몰리게 되었다. 부랴트족에 대한 몽골인의 불신은 모두 과거의 역사에서 비롯된 것이다.

부랴트족은 다양한 것을 잘 받아들이는 편이다. 1700년대 초반에 불교를 선교하려고 티베트 승려가 처음으로 왔다. 그 승려는 샤머니즘을 배척하지 않고 흡수했다. 기존의 신령들이 불교 제단을 향해 몰려들었고, 헝겊이 매달린 호숫가나 산등성이 등 기존의 신성한 장소들은 명목상 라마교 사원이 되었다. 평화주의의 찬양을 승인한 차르의 조심스러운 장려 정책 덕분에 혼성 종교가 번창했다. 1917년에 부랴트의 불교 사찰은 37군데였고, 라마승이 1만 5,000명에 이르렀다. 성인 남성 인구의 5분의 1에 해당하는 수다. 서구인들은 중국인들이 라마승을 게으른 기생충으로 여겼으면서도 호전적인 민족을 순화시키려는 책략으로 라마교를 보급했다고 여겼다.

차르가 망하고 1918년에 러시아 내전이 발발하자 부랴트는 혼돈의 도가니가 되었다. 향후 4년 동안 14개의 상이한 정부와 6개의 군벌이 제각기 부랴트에 대한 통치권을 주장했다. 반란을 일으킨 체코군 포로들이 울란우데와 이르쿠츠크를 점령했으며 무자비한 학살이 이루어졌다. 스탈린은 1929년부터 반부랴트 캠페인을 벌이기 시작했다. 1930년대 후반에 이르러 절정에 달했다. 1929년에 집단농장화가 전국적으로 시행되었으며 수많은 목축업자와 농민들이 처형당했다. 한편 라마교 사원의 파괴는 1940년대와 1950년대에도 여전히 자행되었다. 스탈린 정책에 대한 저항은 산발적이지만 널리 확산되었다. 첫 봉기는 1930년 봄에 일어났다. 1934년까지 최소 1,000여 명의 소비에트 관리가 살해당했다. 가장 보편적인 저항은 살아 있는 가축을 도살하는 것이었다. 가축 수는 절반 이하로 줄어들었고 심각한 기근이 이어졌다. 인구도 감소했다. 공산당은 본격적으로 승려를 탄압하기 시작했다. 1926년부터 라마교 사원에 과중한 세금이 부과되었다. 라마교 승려는 특권과 여행의 자유를 빼앗겼다.

부랴트족에게 러시아로부터의 독립은 거의 불가능한 일일 것이다. 오늘날에도 평범한 부랴트족 사람들은 체제에 저항하지 않는다. 민주화 요구로 격렬했던 1980년대 후반과 1990년대 초반에도 울란우데에서 민주주의를 요구하는 시위는 한 번도 벌어진 적이 없다. 부랴트족은 독립을 추구하지 않는다. 그러나 알면 알수록 그들은 러시아인들과 다른 존재다.

천박한 '진보사관'과 '농촌중심주의'로 인해 지금까지 역사학 연구가 거의 무시해 온 결과로 남겨진 공백은 너무도 광대하다. 예를 들면 여성·노인·아이들, 나아가 사회 속에서 피차별민의 역할, 산과 들, 강과 바다에 관계되는 생업, 하천·해상교통의 실태, 유통, 정보전달의 문제 등을 들 수 있는데, 근년에 들어서 본격적인 연구 개척이 시작되었다고는 해도, 아직 해명을 기다리는 분야는 여전히 넓다. '진보'를 추진해온 사람들이 쟁취한 승리의 역사에서 배제된 사람들, '패자'의 실태, 그리고 기본적인 생산관계에서 멀리 떨어져 있다는 이유로 무시되어온 각종 생업과 그 담당자들에게 눈을 돌려 그곳에서 살아가는 인간의 예지를 남김없이 끌어담는 일은 진정한 의미에서 인간의 '진보'란 무엇인가를 생각하는 데에도 오늘날 무엇보다 중요하지 않을까 생각한다.

— 아미노 요시히코網野善彦, 『일본이란 무엇인가』

6장

기타마에부네 시대와 태평양 시대

일본의 환동해 바닷길:
호쿠리쿠 지방

15

동북아시아의 십자로인 실크로드 북회경로

잊힌 산단무역로

동해를 관통하여 대륙과 일본 열도를 이어주던 일본도는 발해를 경유하여 당과 거란 등 각지로 향하는 도로와 연결되었다. 발해와 일본 사신이 동해를 관통하는 사신로가 있는 반면, 일본 사신이 발해를 경유하여 당의 장안長安으로 들어가는 견당사遣唐使도 있었다. 일본과 발해의 연결 루트는 서아시아에서 일본에 이르는 실크로드의 북회경로北回經路이기도 했다.

모든 문명이 한반도를 거쳐 북쪽에서 남쪽으로 내려와 일본 규슈 등으로 들어간다는 사고는 해양 교통을 무시하는 고정적·고착적 사고일 뿐이다. 또한 연

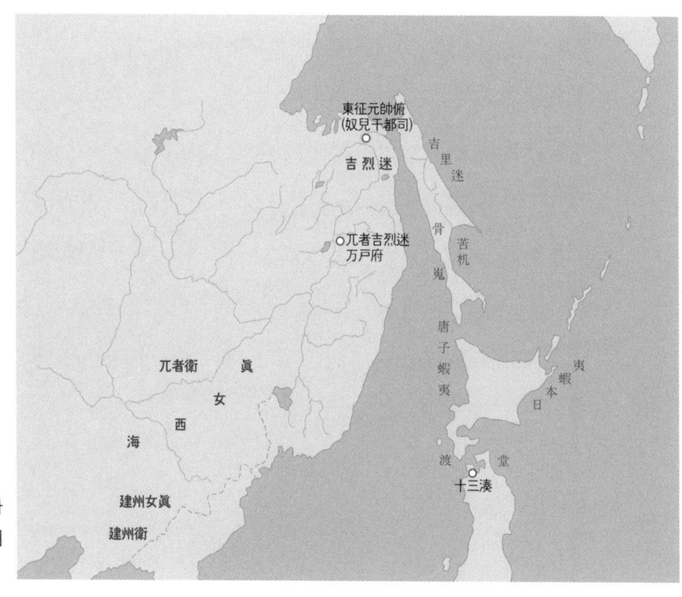

13~15세기의 동북아시아 지도(한자는 명대明代의 표기임).

해주에서 곧바로 홋카이도로 들어가는 북방 노선에 대해서도 종종 무시하는 사고가 팽배해 있다. 홋카이도의 원주민 문화를 인정하지 않고 오로지 혼슈 중심의 일본사를 서술하기 위해 애써 북방민족 간의 문명 교섭에 대해서는 눈감고 있는 것이다. 10세기 이후에 홋카이도 남서부에서 여진계의 유물이 출토되고 있어 연해주와 홋카이도의 교류가 확인되고 있다.[1] 그런 의미에서 북회경로는 동북아시아의 십자로로 볼 수 있다. 727년 발해 사신이 오기 전에 일본은 이미 사신을 말갈국에 보냈다는 기록이 있다.[2] 발해와 공식적으로 교류하기 이전에 일본 조정이 이미 대륙 정세에 관심을 갖고 말갈국을 관찰하고 있었다는 증거다. 일본이 교류 초기에 발해를 어떻게 인식하고 있었는지를 알려주는 『유취국사』類聚國史에 말갈이 등장한다.

> 발해국은 고려의 옛 땅이다. 천명개별천황 7년 고려 왕 고씨가 당에 멸망되었다. 뒤에 천지진종풍조부천황 2년(698) 대조영이 비로소 발해국을 건국하고, 동화 6년 당의 책립을 받았다. 그 나라는 넓이가 2,000리, 주현관역州縣館驛이 없고, 곳곳에 촌리가 있는데 모두 말갈부락이다. 그 백성은 말갈이 많고 토인이 적다.[3]

평면 지도에서 본다면 말갈은 머나먼 땅이지만 둥근 지구 위에서 보면, 말갈의 땅에서 환동해 북부를 관통하여 그대로 홋카이도나 도호쿠東北 지방에 당도할 수 있다. 말갈의 땅과 일본 사이에 사전 교감이 이루어진 상태에서 결국 727년 발해와 일본 양국은 교류의 필요성을 공감하고 있었다.[4]

일본 열도와 북방의 무역은 산단교역山丹交易으로 불리면서 일찍부터 이루어지고 있었다. 만주 쪽에서 올라온 정보에 의해 중국은 일찍부터 홋카이도의 실체를 잘 알고 있었다. 송대 지반志磐의 『불조통기』佛祖統紀에 수록된 〈동진단지

1 아미노 요시히코網野善彦, 『일본이란 무엇인가』, 57쪽.
2 『속일본기』 권8, 養老 4년 1월조.
3 『類聚國史』 193, 殊谷部 渤海 上 延曆, 15년 4월 무자조(동북아역사재단, 『고대 환동해 교류사』 2부, 37쪽 재인용).
4 동북아역사재단, 『고대 환동해 교류사』 2부, 35쪽.

리도〉東震旦地理圖를 보면 에조가 등장한다. 신숙주의 『해동제국기』海東諸國記(1471)에도 '이도'夷島가 그려져 있다. 1602년의 〈곤여만국전도〉坤輿萬國全圖에 에조를 '야작'野作이라 명기했으며, 야작 서측으로 여진女眞을 명기하였다.[5]

청조는 아무르강 하구에서 원주민들과 조공교역을 실시했다. 선주민이 중국의 조공체계에 확실하게 들어감으로써 산단무역이라는 형식으로 새로운 교역이 만들어진 것이다. 1809년 마미야 린조間宮林藏(1775~1844)는 아무르강 하구에서 청조와 선주민 간의 조공의식과 교역을 목격한 바 있다. 그의 『동달東韃 지방기행』은 산단교역의 귀중한 기록이다. 조공교역에서 청조는 선주민들에게 중국제 견직물을 주었으며, 이 견직물이 홋카이도로 들어와서 에조면이라 불리게 된다. 중국 강남의 쑤저우蘇州에서 만들어진 견직물이 베이징을 거쳐서 동북부 아무르강 하구로 이동하며, 거기서 마미야 해협을 건너 사할린과 홋카이도로 건너가서 혼슈로 넘어가는 방식의 교역이었다.

일본에서는 연해주 지방을 중국과 분리된 동단으로 독립적으로 인식했다. '단'은 타타르라는 말에서 비롯되었다. 만주에 대한 분리 이해가 이루어진 것이다. 에도 시대, 1644년 청조가 수도를 베이징北京으로 천도한 바로 그해에 에치젠越前의 선주 다케우치 도우에몬竹內藤右衛門 일행 43명이 사도가시마佐渡島를 출항한 후 조난되었고, 지금의 러시아 연해주 갈레와라만 근처에 표류하여 많은 사람이 죽었다. 생존자 15명은 성경盛京(지금의 선양)을 거쳐 베이징으로 보내졌다. 그들은 반년가량 베이징에 체재한 후, 조선을 거쳐 일본으로 귀국했다. 귀환자들이 에도 막부에 불려가서 취조를 당한 진술서가 『달단표류기』韃靼漂流記다. 귀환자들은 청국이 아니라 '달단국'韃靼國이라 불렀다. 달단이라는 이름은 중국 당대부터 있었고, 명대에는 몽골을 달단이라 불렀다. 한편 유럽에서는 중국 북쪽, 북방 유라시아 지방을 타르타리아, 즉 타타르인 혹은 타타르족의 땅이라고 명명했다.[6]

산단무역의 중간 고리에 마쓰마에번松前藩이 있었다. 에도 막부가 성립되고

5 中村和之, 「大陸から見中世日本の北方地域」, 『日本海域歷史大系』 第3卷, 淸文堂出版, 2005, 77~102쪽.
6 나카미 다사오 외, 『만주란 무엇이었는가』, 22쪽.

난 다음, 마쓰마에번은 아이누 민족과의 교역을 전담하였고, 아이누는 와진和人과 산단인山丹人 사이의 교역을 중계했다. 18세기에 러시아의 남하에 두려움을 느낀 막부가 아이누 민족 지배를 통한 에조치 경영으로 방향을 선회한 결과다. 막부는 쇄국정책을 감행했음에도 북방교역은 정치적·경제적으로 지속시켰고, 그 결과 중국 강남으로부터 오늘의 연해주를 거쳐서 일본 북방에 이르는 '북의 실크로드'가 이어진 것이다.

북의 실크로도를 보여주는 증거물이 다수 남아 있다. 현재 홋카이도 박물관이나 사찰, 오래된 가문에 실제의 견직물이 전승되고 있다. 그런데 현존 에조치면의 과반수가 아오모리현青森縣에 소장되어 있다.[7] 오래된 것은 쑤저우의 관립직물공장에서 1770~1778년에 제작되었다는 직인이 찍혀 있다. 소장자들은 대체로 기타마에부네 선박을 운용하거나 어업 경영자 등 홋카이도와 연관이 있는 사람들이다.[8]

중국제 비단과 일본제 검을 지참한 아이누인의 모습을 통해 교역의 결과물을 확인할 수 있다. 고다마 데이료 그림.

7 青森縣鄕土館, 『特別展 '夷島綿と北方交易'』(도록), 2003.
8 慵本壽史, 「夷島綿の來た道」, 『日本海域歷史大系』 第5卷 近世篇 (2), 淸文堂出版, 2005, 91쪽.

대륙과의 문명 교섭 창구, 노토 반도

환동해를 통한 대륙과 일본의 교류에서 문헌에 가장 많이 등장하는 지역은 호쿠리쿠北陸다. 호쿠리쿠에 존재했던 '에치젠'越前의 실체는 『일본서기』의 긴메이欽明 5년에 등장한다. 사도가시마로 숙신肅愼이 도래한 사실을 '에치젠'에 보고한 기사가 등장한다. 숙신인은 봄·여름에 도래하여 고기를 잡았다. 당시 북적北狄으로 불리던 고구려와 접하던 숙신이 호쿠리쿠에 등장한 것은 호쿠리쿠가 북방 세계와 접촉하던 최전선이었음을 뜻한다. 왜냐하면 아이누의 영역은 홋카이도는 물론이고 혼슈의 북쪽까지 차지하고 있었기 때문에 호쿠리쿠가 혼슈의 북단이었다. 570~573년의 기사에서 고구려 사신의 도래를 꾸준히 확인할 수 있다.[9]

호쿠리쿠의 대안은 러시아 연해주 지방과 직선거리로 800킬로미터 떨어져 있다. 쓰시마와 조선이 160킬로미터 떨어져 있고, 산인山陰 지방의 대안인 조선반도 북부는 650킬로미터 거리다. 동북 지방과 연해주 지방 북부까지는 거리가 약 650킬로미터이며, 홋카이도 북부의 서해안과 연해주 지방 북부까지는 약 330킬로미터다. 봄부터 가을까지 동해를 남북으로 관통하는 쓰시마 해류가 리만 해류와 교차하여 동해 연안을 시계 반대 방향으로 순환하는 조류가 생겨난다. 또한 봄의 남풍, 가을부터 겨울까지 부는 북서 계절풍은 동해를 횡단하는 무역선에 동력을 부여하는 절대적 힘이다.

사료에 따르면, 570년 에치의 가가加賀로 고구려선이 도래한 기사가 나온다. 730년에는 1차 발해 사절이 가가에 도착한 후, 발해선이 가가에 자주 나타난다. 이로써 호쿠리쿠 지방은 동해 대안 세계와 왕래하는 다수의 기록에 등장하는 것이다. 가가는 고구려선의 도래지로 확인된다. 가가 고분유적은 조선 남부 세계와 접촉했을 가능성을 보여주며, 가나자와金澤 서부에는 고구려선이 도래하기 이전인 6세기 전반 시대의 유적이 산재해 있다.

9 小嶋芳孝, 「日本海對岸世界との交通」, 『日本海域歷史大系』 第1卷 古代篇 (1), 清文堂出版, 2005, 193~221쪽.

동해 해류는 가을에는 동해에서 일본으로, 봄에는 일본에서 한국으로 흐른다. 발해 사절이 가을에 왔다가 봄에 돌아갔던 것도 이런 해류를 이용한 것이리라. 발해 사절의 절반 이상이 노토를 통해 들어왔다. 사절단에는 배 목수나 선원이 들어 있었다. 이들은 신분이 낮은 사람들이었기에 역사서에는 등장하지 않지만 민중 교류사에서는 이들의 활약이 매우 중요하다. 발해 사절의 배가 표류하거나 파손되는 일이 잦았기에 노토에서 배를 건조하려고 나무를 벌채하는 일이 많아 벌채 금지령이 내려졌을 정도다. 배를 만드는 장인들이 장기 체류하면서 배를 건조하거나 수리했고, 이 과정에서 발해와 노토 사이에 조선 기술의 교류가 있었음을 추정할 수 있다.[10] 동시에 아래 표에서 볼 수 있듯이 안전하게 당도하는 일보다 표류·표착에 가까울 정도로 힘들게 당도하는 일이 많았을 것으로 여겨진다. 그만큼 동해 횡단은 쉬운 일이 아니었다.

노토, 가가, 고구려, 발해 사신 도착 및 표착[11]

연도	표류·표착
570	고구려 사절이 가가에 표착.
573	고구려 사절이 고시국越國 해안에 표착. 익사자 다수 발생. 되돌아감이 의심.
574	고구려 사절이 고시의 해안에 당도.
771	발해 사절이 발해에서 노토국能登國으로 표착.
776	발해사 도몽都夢이 186인을 이끌고 당도. 폭풍우 때문에 46인이 가가에 표착.
778	표착한 발해사 익사자 30인을 매장.
824	노토국에 신라금新羅琴이 표착.
859	발해사 오효진 등 104인 노토국 스즈군珠洲郡에 도착.
871	발해사 양성규揚成規 가가에 표착.
882	가가에서 발해사 당도 소식을 들었으며, 사교역을 금지시킴.
882	발해선 수리. 노토국 후쿠라진福良津의 벌채를 금함.

10 쓰루미 요시유키, 『해삼의 눈』, 377쪽.

11 佃和雄, 『新能登·加賀 漂流物語』, 北國新聞社出版國, 2006.

에도 시대의 노토 반도 일원.

동해를 횡단하여 이루어지는 유라시아 대륙과 혼슈의 교류는 생각 이상으로 활발했다. 6세기에서 7세기에 걸쳐 고구려와 교류했던 흔적인 다수의 유물들이 노토의 고분에서 발견된다. 8~10세기에 발해 사신들이 연안에 다양한 흔적을 남긴 것이다. 이시카와현石川縣 누가미마치額見町 유적에서 발굴된 7세기 전반의 온돌을 갖춘 주거는 한반도 온돌과 연관된다. 고구려인이 도래했다는 기록을 보면 내항의 초기와 마지막의 목적지가 가가임을 알 수 있다. 7세기에 고마쓰시小松市의 시비야마가타紫山潟에는 아궁이에서 실내 벽을 따라 연도를 두어 복사열로 난방하는 원시적 온돌 시설인 구들이 있는 취락이 출현했다. 이런 방식은 구들의 초기적 원형으로, 만주에서는 '캉'이라 부르며 오늘날까지 사용되고 있다. 7세기 초의 구들 수혈주거가 25동이 발굴되었는데 이들은 한반도에서 7세기 초에 도래한 사람들의 온돌 마을로 여겨진다. 석실고분 양식 등으로 미루어 이들은 백제계 도래인의 거주지로 판명되었지만, 가가에 도래한 고구려 사절이 선박을 계류하고 수리가 가능한 환경이었던 것으로 비정된다. 가가가 안착지이고 노

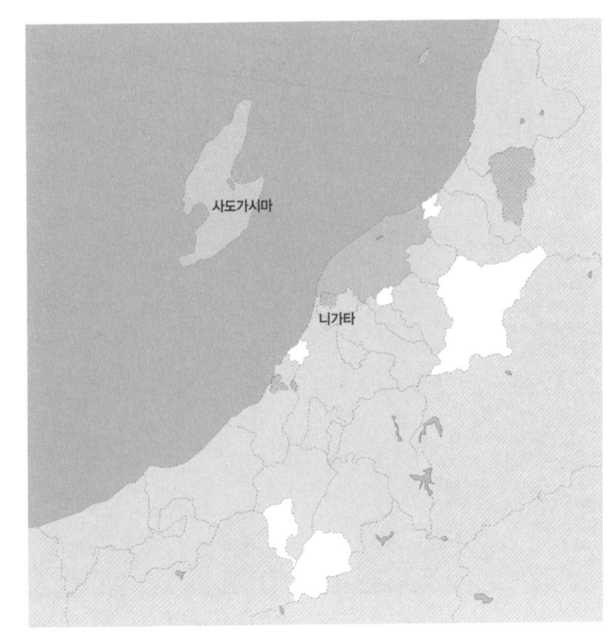

환동해의 중요 거점인 사도가시마.

토가 출항지였던 고구려 선박의 활동 사항이 흔적을 남긴 것이다.[12]

고대 율령국가의 교통 시스템은 육로를 중심으로 연결되었다. 그러나 물류의 이동에서는 역시 선박이 중요한 역할을 했다. 호쿠리쿠의 교통은 세토나이카이 항로와 병행하여 해상교통에서 중요한 곳이었다. 육로를 거쳐온 물류가 호쿠리쿠에서 바다를 만나게 되며 호쿠리쿠의 교통로는 북상하여 해로를 통해 사도가시마까지 이어졌다.[13]

그런데 노토의 이시자키石崎 앞에 있는 노토섬에 '에조인의 고분'이라 불리는 암실이 있다. 확실히 노토는 7세기 키나이畿內 정권이 벌인 에조 정벌의 근거지였기 때문에 에조와 관련된 전승이 많다. 그런데 훗날 이들 에조인 무덤은 북부에서 건너온 고구려인의 묘지로 판명되었다. 이 고분은 깐돌로 만든 평면, 전

12 동북아역사재단, 『고대 환동해 교류사』 1부, 118~123쪽.
13 淺井勝利, 「古代北陸の交通」, 『日本海域歷史大系』 第1卷, 古代篇 (1), 清文堂出版, 2005, 125~128쪽.

곽식 쌓기, 아치 모양의 삼각형 까치발 양식의 천장이라는 세 가지 특징이 있다. 대체로 7세기 후반의 것으로 비정되며 만주나 조선 북부의 고구려 고분에서 쉽게 볼 수 있는 양식이다. 노토에서는 '고려검'이라 불리는 조선 계통의 쌍룡식 환두병두태도環頭柄頭太刀(칼자루 끝에 고리 모양의 장식이 달린 칼)가 출토되었다. 이 고려검은 누구의 검이었을까.

658년 에조로의 진격 명령이 내려져서 대선단이 조직되었다. 이 작전을 위해 조선, 식량 조달, 수군 편성에 사람들을 징용했는데 이들이 고려검을 찬 도래인 집단이었다. 이세신궁伊勢神宮이 6세기 초부터 황조신으로 숭배된 것은 이세 지방이 키나이 권력 집단의 동방 최전선이었기 때문이다. 게다가 이곳은 예부터 한반도와의 교통 요충지였다. 동해를 남하한 리만 해류는 노토 반도의 대륙 쪽 연안(지금의 연해주)에서 역전되어 북상해온 구로시오 난류와 함께 흐른다. 난류가 함께 흐르는 해류의 작용으로 이 해역을 풍요로운 어장으로 만드는 동시에 노토를 대륙과의 교통 요충지로 만들었다. 노토에 표류 신앙이 많은 것도 이 때문이다.

후쿠라福良도 북방 루트에서 중요한 곳이었다. 지금의 후쿠라항은 에도 시대에는 홋카이도와 왕래하는 기타마에부네 기항지로 번성했다. 후쿠라항은 서북으로 열린 크고 작은 두 개의 만입으로 이루어져 태풍을 방어할 수 있는 천혜의 항구이기 때문에 근세는 물론이고 중세에도 태풍과 조난을 피하는 항구로 동해 항로에서 중요한 위치를 점했다. 옛 후쿠라 등대는 현존 일본 최고의 등대로 일컬어지고 이시카와현 지정문화재로 되어 있다. 『속일본기』續日本紀에 해상에서 조난하여 표착한 발해 사절을 후쿠라진에 머물게 했다는 기록이 나온다.[14] 후쿠라 역시 일본에서 발해로 가는 도항지이자 발해로 건너갈 배를 건조하던 곳으로 비정된다. 후쿠라에서 바다로 나간 배는 북상하여 러시아 연해주 하산 지구에 있는 포시예트만, 즉 염주鹽州로 향했을 것이다.[15]

14 『續日本紀』, 寶龜 3년(772년 9월조).

15 동북아역사재단, 『고대 환동해 교류사』 2부, 121쪽.

환동해 해삼의 길

환동해는 해삼의 길이기도 했다. 환동해의 말린 해삼은 중국과의 무역에서 중요한 품목이었다. 무역은 공식적으로 이루어지는 진상, 공무역뿐 아니라 비밀리에 이루어지는 잠상潛商이 혼재되었다. 어떤 경우에도 해삼을 채취하여 말린 해삼을 바쳐야 했던 어민들의 고통이 예상된다. 실제로 기록에는 환동해 어민들의 무한 고통이 곳곳에 등장한다.

『만기요람』萬機要覽(1808)에 이르길, "별사방물別使方物을 보면, 사은謝恩에 황제에게 대구 200마리, 해삼 200근, 홍합 200근, 다시마 200근, 광어 100마리를 바친다"고 하였다.[16] 해삼은 두말할 것 없이 말린 해삼이었다. 사신을 통한 공무역으로는 부족했으므로 중국과 거래하는 개시開市가 마련되었다. 중강개시中江開市에서 거래된 공매매 총수에 다시마 1만 5,795근, 해삼 2,200근, 소금 310석이 등장한다.[17] 말린 해삼 2,200근이면 상당한 양이다. 함경도의 회령개시, 경원개시와 더불어 압록강 변에서 열렸던 중강개시는 명나라로 들어가는 물자의 통로 역할을 했으며, 후금의 요구에 의해 다시 개설되었다. 개시에 내보내는 물자는 엄격히 통제되었으며 국가에 의해 조정되었다. 개시에 내보낼 해삼 문제로 비변사에 보낸 함경감사 성수묵成遂默의 장계를 보자. 민읍民邑의 폐막을 조목별로 진술하고, 이어 묘당에서 품지하여 분부하기를 청하고 있다.

> 청국淸國의 차사差使에게 증급하는 해삼 1두斗 가격이 전미田米 10두인 것은 바로 정례定例에 기재되어 있는 것으로, 해삼 1두는 무게가 5근斤 15냥兩이요, 1근의 가격은 적어도 2냥 영零에 내려가지 않아 1두의 값이 거의 12냥이 되지만, 값으로 받는 쌀 10두를 상정詳定 값에 비교하면 삼가蔘價는 11분의 1에 차지 않으니, 실로 바닷가 백성들이 지탱하기 어려운 폐막이 되고 있습니다. (……) 개시開市가 있는 고을의 해삼

16 『만기요람』, 재용편 5.
17 中江開市 公買賣摠數.

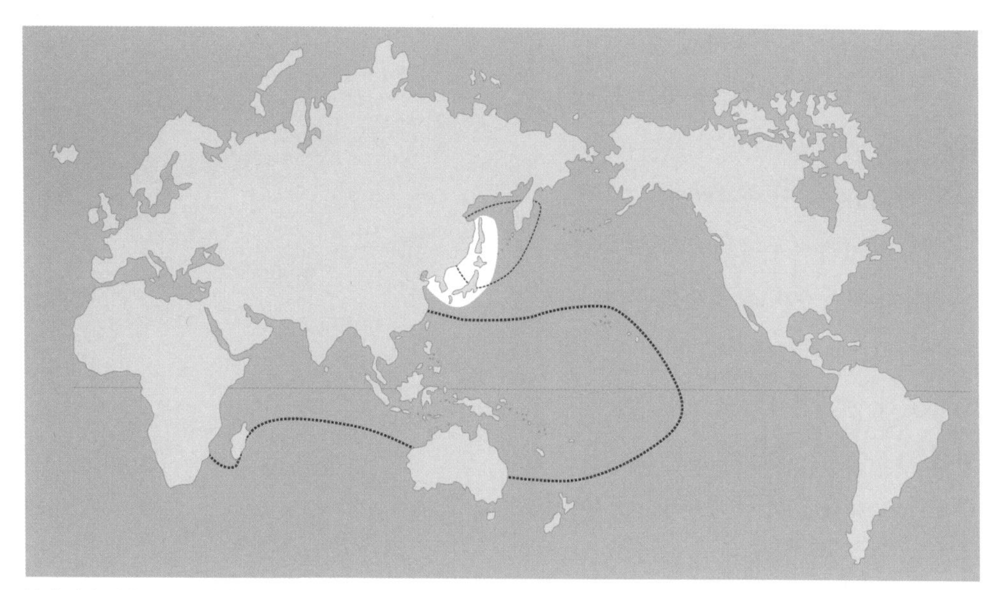

북과 남의 해삼 분포도. 아키미치 도모야 작성(오사카 국립민족학박물관).

에 대한 행정이 실로 포민浦民에게는 뼈에 사무치는 고통이 되지만 개시에 관한 정례와 관계되고, 또 바닷가 가호의 신역身役이 되기 때문에 변통을 하지 않고 어물어물 지금까지 내려왔습니다"라고 하였다.[18]

한마디로 개시에서 해삼 가격을 싸게 후려쳤다는 것이다. 함경도 해삼은 두말할 것 없이 동해 변에서 채취되었을 것이다. 해삼을 채취하여 건조, 가공하여 내보내는 어민들의 고통이 여간 아니었다. 그만큼 중국 측의 해삼 수요가 간절했다는 뜻이다. 조선 후기 연행무역에서 의주부 수검소의 수출입품 목록을 보면, 수출품은 담배·해삼·홍삼, 수입품은 모자·수은·주홍이 주력품이었다.[19] 전반적으로 조선에서 중국으로 해삼이 건너갔음을 알 수 있다. 당시 조선에서도 말린

18 『비변사등록』, 헌종 11년 12월 26일.

19 이철성, 「조선 후기 연행무역과 수출입 품목」, 『한국실학연구』 20, 2010.

해삼을 보편적으로 식용했던 것 같다.

사신을 통한 무역이나 개시의 무역에서만 해삼이 거래된 것이 아니다. 돈이 되는 해삼을 찾아서 중국의 모든 무역선이 해삼을 거래 품목에 올려두었다는 것을 주목할 필요가 있다. 중국의 무역선들은 일상적으로 해삼을 수집하여 교역하고 있었다. 일본에서도 해삼을 수입했다. 전해서煎海鼠, 즉 말린 해삼은 중국에서 수요가 많아 일본이 나가사키長崎 무역을 통해 중국으로 수출하기 위해 조선에서 수입해가기도 했다.[20] 중국인들은 아예 상품성 있는 해삼을 채취하기 위해 조선 해안에 직접 출몰하기도 했다.[21]

일본 쪽 환동해에서 채취된 해삼은 전량 나가사키를 통해 중국으로 건너갔다. 도쿠가와 막부의 후반기인 1695년경부터 말린 해삼은 막부의 통화정책, 물가정책의 중요한 과제가 되었다. 도쿠가와 막부 초기에 일본은 금과 은을 수출하고 중국에서 생사와 견직물을 수입했다. 그런데 금과 은이 모자라게 되었다. 그래서 구리로 바꾸었지만 이 역시 부족했다. 금, 은, 동은 수출 상품인 동시에 통화였다. 부족한 구리 대신 새롭게 개발된 바터barter 상품이 다와라모노, 즉

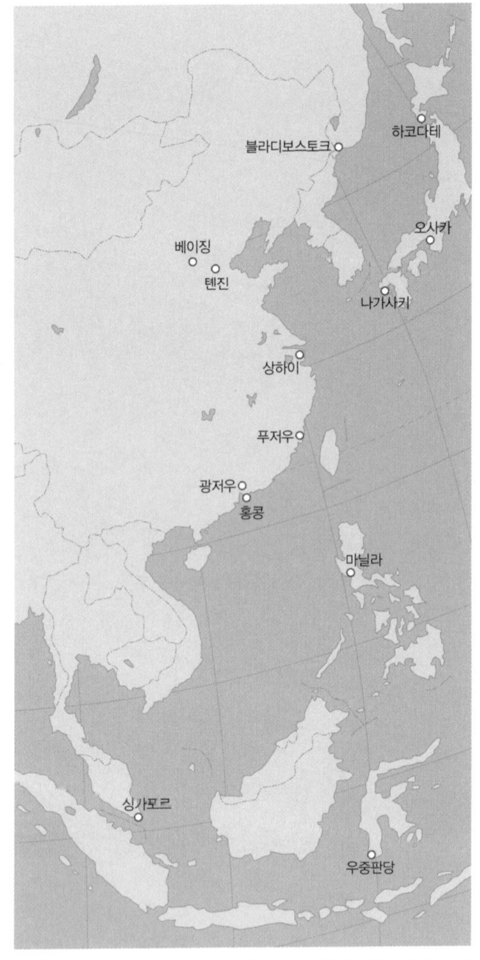

18~20세기 초반 아시아의 해삼 유통 집결처. 아키미치 도모야 작성(출전: 『北太平洋の先住民交易と工藝』, 2003).

20 정성일, 『조선 후기 대일무역』, 신서원, 1999, 168쪽.

21 『비변사등록』, 영조 18년 10월 6일.

서에조치의 나가사키 표물.

세 가지 표물俵物이었다. 세 가지 해산물을 가나미俵에 넣었기에 표물이라 부른 것이다. 표물은 건해삼, 상어 지느러미, 말린 오징어, 조각난 건해삼, 조각난 전복, 말린 새우, 우무, 말린 새우, 말린 가다랑어, 쪄서 말린 정어리 등이다. 구리 대신이었기 때문에 이 바터교역을 구리 대체상품이라고 했다. 모두 해산물이었다. 이 대목이 중요하다. 이들 해산물 가운데 가장 큰 비중을 차지한 것이 이리코, 즉 해삼이었다.

에도 막부가 새로운 수출상품으로 해삼 생산을 독려하기 시작했던 1744년, 나가사키에서 수출된 해삼의 총량은 31만 7,430근(약 190톤)이었다. 막부의 요청에 가장 잘 부응한 곳은 다섯 군데의 해역이었다. ① 기타큐슈 지방, ② 세토나이카이 지방, ③ 노토를 중심으로 한 동해 지방, ④ 이세伊勢, 시마志摩 지방, ⑤ 홋카이도 지방.

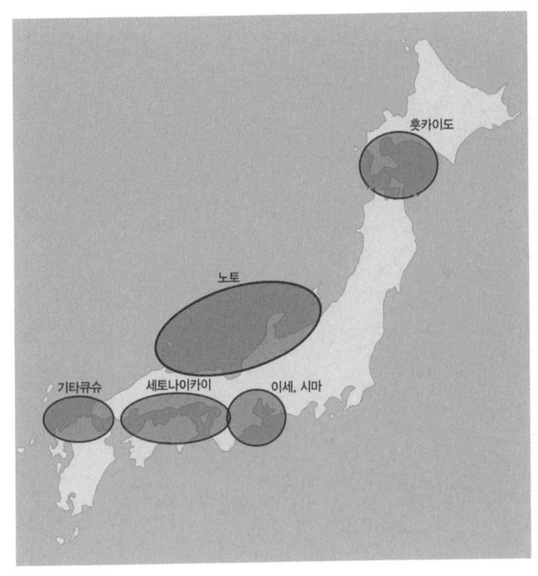

일본 열도의 해삼 생산지(『해삼의 눈』 참조).

일본 열도 해삼의 수출량(1744년, 단위: 근)[22]

일본 전국	수출 317,430(190톤)	비율(%)
기타큐슈	49,800	16
세토나이카이	69,520	22
노토	22,700	7
이세, 시마	30,400	10
홋카이도	98,980	31
소계	271,400	86

생산량을 살펴보면 환동해 권역이 50퍼센트 이상을 차지한다. 『이즈모국 풍토기』出雲國風土記에는 오히大井 해변과 구리에사키栗江埼를 해삼 산지로 들고 있다. 헤이조코平城京에서 출토된 목간에도 해삼, 이리코(건해삼乾海蔘)가 등장한다. 759년 목간에 노토국 해삼이 확인된다. 동해에서 이리코를 공납한 곳은 노토와

22 쓰루미 요시유키, 『해삼의 눈』, 362쪽.

옌지 서시장의 북한산 해삼.

동해로 나아간 오키隱崎 제도였다. 이리코는 고대부터 조공, 진상물, 신의 음식이었다. 이러한 고대 관습은 중세부터 막부 말기까지 이어졌다. 해삼 창자로 담근 젓갈을 필두로 이리코 진상이 문헌에 자주 등장한다. 일본의 해삼 문화사에서 무엇보다 눈길을 끄는 것은 이리코라는 가공식품의 계급성이다. 이리코는 일찍부터 지배층의 산물이었다. 노토는 이리코의 명산지로, 번의 창시자인 도시이에가 직접 생산을 장려할 정도였다. 해삼을 말리고 가공하는 데는 쇠솥이 가장 좋은데 노토의 제철업은 오구노토奧能登, 나카이中居의 주물이 유명했다. 노토의 이리코 생산지는 안쪽의 포구 이시자키와 노토 반도였다.

북방에서 환동해는 중요한 해삼 서식지다. 『신증동국여지승람』新增東國輿地勝覽을 분석한 아키미치 도모야秋道智彌의 연구에 따르면, 한반도 동해안은 중요한 해삼 서식지이며, 일본 환동해권 역시 예외가 아니다. 연해주를 해삼위海蔘威라 부른 것도 중국인들이 원주민에게 건해삼을 수집하던 역사에서 비롯되었다.

중국인들은 아시아·태평양 전역에서 해삼을 수집하고 있었다. 원주민에게 해삼 건조기술을 가르쳐주면서 양질의 해삼을 구하고자 했으며, 상업적 수요에 의해 동북아시아와 동남아시아 전역, 심지어 오스트레일리아의 원주민 애보리진에게서도 해삼을 구했다. 주로 중국인의 요구에 의해 형성된 세계 해삼 루트에서 북방의 해삼 집결지는 홋카이도의 하코다테, 연해주의 블라디보스토크, 간사이關西의 오사카大阪, 개항장으로 대외 출구였던 나가사키, 그리고 중국은 베이징·톈진·푸저우·광저우·홍콩, 남방 해삼 집결지는 싱가포르, 마닐라 등이었다.[23]

23 아키미치 도모야, 이선애 옮김, 『해양인류학』, 민속원, 2005, 290쪽; 大塚和義, 『北太平洋の先住民交易と工藝』, 思文閣出版, 2003.

16

일본 열도의 환동해 황금시대

기타마에부네와 바다의 네트워크

에도 막부는 에도, 오사카, 교토를 비롯하여 나가사키, 사카이堺, 나라奈良, 야마다山田 등 주요 도시를 직할 관리함과 동시에 육지와 바다의 교통을 관리·장악하여 중앙집권 정권으로서의 실질을 확보할 수 있었다. 막부의 쇄국정책은 대형 선박의 건조와 원양 항해를 금지했지만 물류의 중요한 수단인 연안 항로의 정비에 힘을 쏟아 해상교통을 촉진시켰다. 17세기 초 이래 에도와 오사카 사이에 남해로南海路를 정비했으며, 17세기 중엽에는 막부의 명을 맏은 가와무라 즈이켄河村瑞賢이 동회항로東回航路, 서회항로西回航路 정비에 성공했다. 그리하여 전국 규모의 해상교통로 체계가 확립되었다.[1]

동회항로, 서회항로의 정비는 환동해의 번영을 가져오는 촉매가 되었으며, '해상교통의 대동맥 일본해'[2]라는 표현이 가능할 정도로 환동해의 큰 변화를 가져왔다. 그 주역은 기타마에부네北前船였다. 기타마에부네는 상품을 맡아 운송하는 화물선 물류 시스템이 아니라 항해하는 선주가 직접 상품을 사고 판매하여 이익을 얻는 운송선으로서 기능하였다. 마쓰마에번松前藩은 재정 기반 안정 강화의 일환으로 17세기 말에 운상금運上金을 취하는 상장商場 경영을 상인에게 위임했다. 장소청부제場所請負制는 18세기 전기에는 일반화 경향을 띠었다. 청부상인은 주로 교토시 동쪽 비와호琵琶湖 지대의 오미계近江系 상인으로 키나이畿內의 상품적 농업 생산의 발전과 에조치 경영을 담보로 결합되었다. 청부상인은 스스로

1 아사오 나오히로, 이계황·서각수·연민수·임성모 옮김, 『새로 쓴 일본사』, 창비, 2000, 284쪽.

2 網野善彦, 『海民と日本社會』, 新人物往來社, 1998, 13~63쪽.

적극적으로 어장을 개발하여 에조치에서 어류 비료와 어류 기름을 공급하였고, 이들 비료는 다시금 키나이의 농업 생산을 증대시켰다. 그러나 주도권을 쥐었던 상인들은 훗날에는 그 주도권을 선주들에게 넘겨주게 된다.[3]

세토나이카이에서 빠져나오면 간몬關門 해협을 통과하여 위로 갈 때는 쓰시마 해류에 저항하여 호쿠리쿠 이북의 동해 연안 항구까지 갔다. 돌아올 때는 다시금 시모노세키 간몬 해협을 통과하여 세토나이카이로 접어들어 오사카로 향하는 항로를 취했다. 서쪽 돌기 항로는 후에 홋카이도까지 연장되었다.

〈1년 1항의 경우〉

3월 하순	오사카 출범.
4~5월	항로에서 세토나이카이, 동해에서 중간 장사를 하면서 북상.
5월 하순경	에조(홋카이도) 도착.
7월 하순경	에조에서 출범.
8~10월	항로의 기항지에서 장사를 하면서 남하.
11월 초	오사카에 도착.

『북국해상일기』北國海上日記(1850)를 보면, 오늘의 니가타 북쪽 사카타酒田에서 4월 5일에 출발하여 사시마佐島를 거쳐 5월 17일에 오늘의 시모노세키에 당도하며, 세토나이카이로 접어들어 64일 만에 간사이 지방에 당도하게 된다. 두 달여이면 동해에서 출발하여 오사카에 입성할 수 있는 속도였다.[4]

기타마에부네의 주요 기항지는 다음 지도와 같다. 출항지는 홋카이도의 마쓰마에를 중심으로 에사시江差와 하코다테, 좀 더 후대에 개발된 오타루小樽다. 니가타를 거쳐서 사도가시마佐渡島를 들르고, 사도가시마에서 곧바로 노토 반도를 거치며, 오늘의 사카이미나토境港와 오키섬, 야마구치현山口縣의 하기萩를 거

3 慵本壽史,「蝦夷綿の來た道」,『日本海域歷史大系』第5卷, 近世篇 (2), 淸文堂出版, 2005, 91쪽.

4 大阪市立博物館,『北前船と大阪』(第95回 特別展圖錄), 1983, 31쪽.

기타마에부네의 주요 기항지.

쳐서 세토나이카이로 들어왔다는 것을 알 수 있다.[5]

1672년 에도 막부가 데와 쌀을 오사카까지 효율적으로 대량 수송할 수 있도록 가와무라瑞賢에게 명령한 것을 계기로 이 항로가 생기게 되었다. 그러나 막부의 공식 명령 이전에도 동해 연안을 잇는 항로는 제한된 수준에서 미약하게나마 존재했을 것이다. 회전 항로의 개통과 함께 서쪽 돌기 항로의 완성으로 오사카 시장은 '천하의 부엌'으로 발전했으며, 이는 다시 기타마에부네의 발전으로 이어졌다. 근세 초기에서 중기까지 환동해 해운의 주역으로 활동하던 이들 회선을 북국선北國船이라 불렀다.

5 위의 책, 26쪽.

17세기 중기 변재선, 긴푸센지金峯山寺 소장.

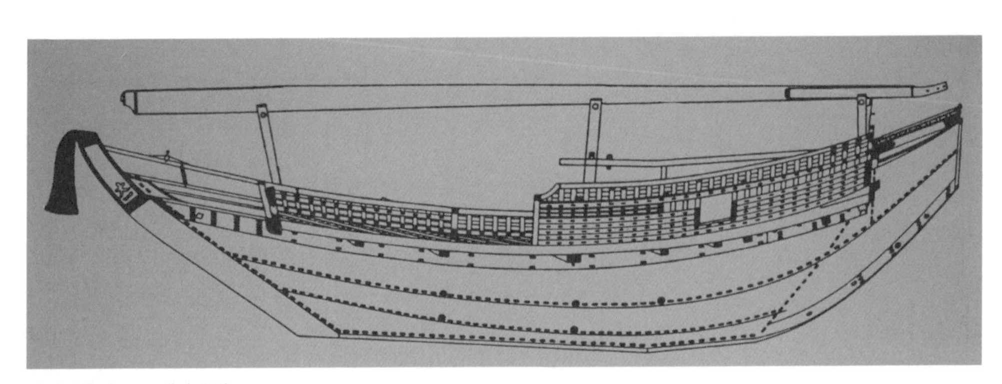

변재선 측면도. 19세기 초반.

북국선은 쓰루가, 노토, 에치고越後 등의 화선和船을 통칭하는 이름이었다. 이들 배는 조주漕走·항해 겸용이었다. 18세기 중기에는 항해 전용으로 경제적인 화선과 변재弁才선박도 대중적으로 쓰였다. 변재선박의 특징은 선수·선미의 썰매가 강하고, 근붕根棚(가지 키)이라는 현측 하단 판이 항공(배 밑바닥 겸 용골) 수준으로 두껍다는 것이다. 변재는 천석선千石船으로도 불렸는데, 실제 천석을 적재할 수 있는 것은 아니었다.[6]

항해는 일반적으로 1년에 1항에서 2항 할 수 있을 정도에 그쳤다. 이러한 불편함과 해난 위험, 항로 단축을 노리고, 하리마국의 이치카와와 지마국의 마루야마강円山川을 통과하는 항로를 개척한다는 계획과 유라강由良川과 호즈강保津川을 통행하는 방안이 나왔지만, 다양한 이해관계와 여러 영지에 걸친 공사의 어려움 등으로 실현되지 않았다. 메이지 시대에 들어오면 한 척의 배가 1년에 1항 정도밖에 할 수 없었던 것이 연 3~4항씩 가능해졌다. 그 이유는 마쓰마에번의 입항 제한이 철폐되었기 때문이다. 스쿠너 등 서양식 범선이 등장한 요인도 있었다. 그렇지만 운항 선박의 주력은 서양식 범선이 아닌 재래식 변재선박, 또는 일부를 서양식으로 개량한 선박이었다.

호쿠리쿠 등 각지의 기타마에부네 선원은 오사카에서 도보로 현지에 가서 설을 맞아 초봄에 도보로 오사카에 돌아왔다. 에조 사람들에게 일상생활 제품(주류, 식음료류, 의류용품, 담배), 내륙 각지의 소금(어획물 처리에 필수적), 종이, 설탕, 쌀, 밀짚제품(줄, 무시로), 초(원산지는 세토치瀬戸内), 술 등을 팔았다. 돌아올 때는 연박鰊粕(재배용 비료), 청어 알, 말린 해삼, 다시마, 간약干鰯(기름을 짠 정어리를 말린 것) 등의 해산물을 싣고 왔으며, 특히 다시마는 오사카에서 사쓰마薩摩를 거쳐 오키나와를 통해 중국으로 수출했다. 홋카이도, 사쓰마, 류큐, 청나라까지의 루트를 '다시마 로드'라고 할 수 있을 것이다.

기타마에부네의 왕래는 주변 지역에 큰 영향을 주었다. 그중 하나는 주변 농촌 생산력의 증가다. 화물 가운데 겨울 동안의 농한기를 이용한 부업(프로토

6 石井治, 『和船』 2, 法政大出版局, 141~152쪽.

기타마에부네. 메이지 30년.

메이지 시대의 서양식 범선과 변재선. 天満神社 소장.

양선과 전통선이 혼재된 니가타항 전경. 1859년. 니가타시 역사박물관 소장.

기타마에부네의 선전 포스터. 加賀市 北前船資料館 소장.

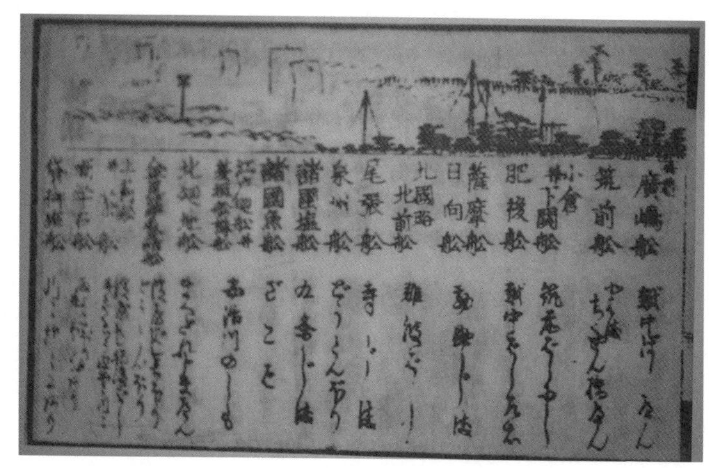

오사카 선착장에 걸려 있던 각 지역에서 온 기타마에부네의 명단. 『日本航路細見記』, 1851, 와세다대학교도서관 소장.

공업화proto-industrialization)에 의해 생산된 것도 있었다. 수요가 높아짐에 따라 상품이 신속하고 효율적으로 생산되었다. 다른 하나는 조선 산업이 발생하여 기항지에서 선박 수리, 선박 건조가 이루어졌다. 또한 기항지 주변에서 긴키近畿의 문화가 전해져 말·음식 문화 등에 영향을 주었으며, 반대로 동해 문화가 긴키로 전해지는 전파역 역할도 수행했다.

그런데 기타마에부네가 호쿠리쿠 등에만 강력한 영향을 미친 것은 아니었다. 18세기 말 오사카 상방上方 중앙시장을 구심점으로 형성되었던 막번제幕藩制 시장이 동요·해체되어 지방에서 다양한 시장권이 생기고, 종래의 중앙시장과 조카마치城下町 경제에서 벗어나 지방이 직접 연결되는 다양한 유통 경로가 생성되었다. 중앙과 지방의 직접적 결합은 근세 회선回船 해운업으로 말미암아 촉진되었다. 가령 세토나이카이에서 돌아오자마자 만나는 야마구치현의 나가토쿠니長門國에서는 반지半紙로 알려진 유명한 종이를 유통시킬 수 있었고, 본디 은광으로 유명한 시마네현島根縣 이와미石見에서는 중소 제철업이 성행하여 철제품을 적재했다. 그 밖에도 종이, 소금, 면 등이 이들 항구에서 유통되었다.[7]

일본의 상인과 카이민海民이 만나는 곳에서 시장이 형성되었고, 특히 기타마에부네 같은 회선이 순회하면서 상업활동이 전국화되었다. 지독한 장사꾼으로 이름났던 오미상인近江商人과 이세상인伊勢商人은 모두 카이민과 연관이 있었다.[8]

오사카의 문명 교섭 창구로서의 장기 지속적 위상도 눈여겨볼 필요가 있다. 일찍이 간사이 지방(고대 나니와難波)은 일본뿐 아니라 동아시아 세계에서 교통의 거점이었고, 외교 창구로서 중요한 위치를 점했다. "나니와진難波津에 피는 이 꽃 겨울잠에 들고, 이제 곧 오는 봄에 피는 이 꽃"이라는 노래에 나오는 나니와진은 고대의 국제항이었으며, 중국 대륙과 한반도에서 건너온 사람들이 제일 먼저 발을 딛는 곳이었다. 고대의 나니와는 바다를 통해서 동아시아 세계와 이어졌던 까닭에 일본 유수의 선진 지역으로 번영했다.

이후 도요토미 히데요시가 본거지로 삼은 오사카 지방은 '천하의 부엌'으로 불리면서 전국의 중앙시장으로 발돋움했다. 에도 시대 오사카 현관의 하나였던 인치천구의 항은 일본 각지에서 쌀과 특산물이 운반되고, 반대로 오사카와 그 주변에서 생산된 목면木棉, 기름, 술 등의 각종 가공품이 에도와 전국 각지로 운반되어갔다.[9] 그런 의미에서 기타마에부네가 저 멀리 홋카이도까지 연결되어 북방의 물산이 이곳 간사이까지 들어왔음은 나니와의 해양 거점으로서의 중심이 에도 시대와 메이지 시대까지 장기 지속적으로 방식만 다를 뿐이지 꾸준히 관철되고 있었다는 좋은 증거다.

우라니혼의 황혼

나카하마 만지로中浜萬次郎(1827~1898)라는 아주 독특한 인물이 있다. 그는 어부의 아들로 태어나 열여섯 살에 도사土佐의 우사宇佐에서 출항했다가 조난당했다.

7 本部和昭, 「長門石見の回船と地域社會」, 『日本海域歷史大系』 第5卷, 近世篇 (2), 大阪: 淸文堂出版, 2005, 299쪽.

8 網野善彦·川村湊, 『列島と半島の社會史』, 作品社, 1988, 77쪽.

9 大阪市立博物館, 『大阪市立博物館(綜合案內)』, 1976; 大阪歷史博物館, 『大阪歷史博物館(圖錄)』, 2008.

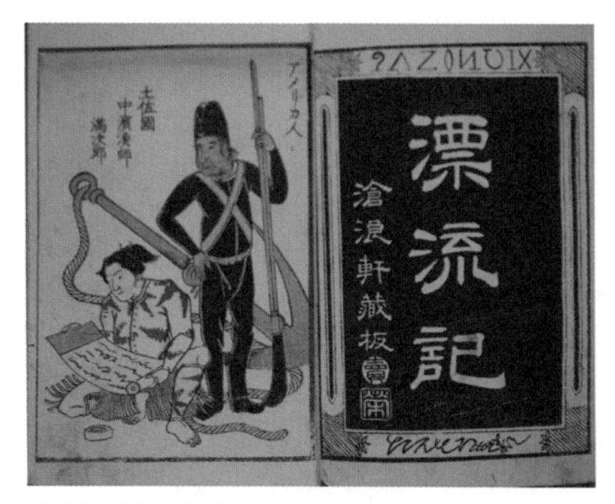

태평양 시대를 알리는 만지로 표류기.

미국 포경선에 구조되어 미국에서 존 맨John Man(존 만지로)이라는 이름으로 교육을 받았다. 1851년에 귀국했으며, 1853년 막신幕臣이 되어 번역, 군함 조련, 영어교수 등의 일을 했다. 1860년 통역으로 간린마루咸臨丸를 타고 다시 미국으로 건너갔으며, 메이지 유신 이후에는 메이지 초기의 관립학교인 가이세이 학교開成學校의 영어교수가 되었다.

만지로의 인생이 말해주는 역사적 함의는 무엇일까. 이는 과거 환동해 중심의 시대에서 태평양 시대, 즉 아시아권에 태평양 세력인 미국이 본격적으로 개입하게 된 새로운 역사가 열리게 되었음을 뜻한다. 해군전략사가 머핸Alfred Thayer Mahan(1840~1914)이 말한 "미국인은 이제 바깥을 바라보기 시작해야 한다"는 생각이 실천에 옮겨졌고,[10] 그 첫 작품 중의 하나가 일본의 개항이었으며, 개항으로써 미국이 개입한 태평양 시대 패권의 역사극이 막을 올린 것이다.[11]

물론 일본은 일찌감치 태평양으로 진출했다. 류큐국을 징검다리 삼아서 베트남 호이안에 일본인 거류지가 존재했으며, 네덜란드 식민지였던 바타비아(오늘의 자카르타)에도 일본인이 있었다. 루손 스케자이몬呂宋助左衛門은 대를 이어가면서 동남아시아를 무대로 활약했던 집안이다.[12] 16세기 후반에 타이완과 필리핀에 그들의 활동 흔적을 남기고 있다. 그러나 일본의 이와 같은 주체적인 태평양 진출은 매우 제한적인 수준이었고, 미국 페리 이후의 급격한 변화와는 상대가 되지 않았다.

10 Alfred Thayer Mahan, 「바깥으로 눈길을 돌리는 미합중국」, 『해양문화』(창간호), 인문의바다, 2014, 85쪽.
11 브루스 커밍스, 박진빈 · 김동노 · 임종명 옮김, 『미국 패권의 역사』, 서해문집, 2011.
12 石井治, 『和船』 2, 法政大出版局, 6쪽.

가나가와에 상륙하는 페리 제독. 1854년. 요코하마개항자료관橫浜開港資料館 소장.

1890년 무렵까지 일본에서는 태평양 연안을 오모테니혼表日本, 동해 연안을 우라니혼裏日本이라 불렀다. 20세기 접어들어 공업화가 진행되면서 도쿄를 중심으로 오사카를 잇는 태평양 연안을 오모테니혼, 발전이 뒤처진 연안을 우라니혼으로 구분한 것이다. 여기에는 도쿄 중심 의식이 내포되어 있다. 도보나 말을 이용한 운송업이 주류였던 19세기 이전에는 일본 열도에서 우라니혼이라 불리는 지역은 존재하지 않았다. 따라서 우라니혼이라는 발상은 철도와 도로망이 정비된 20세기의 산물이다.[13]

환동해는 전통적으로 북방 교역을 통해 발전해나갔는데 태평양 시대가 열리면서 상황이 전혀 달라졌다. 비교적 순조로운 경제 발전을 해오다가 메이지 중기의 산업혁명을 거치면서 태평양 연해 지역과 환동해 지역 경제 성장의 격차가 현저해졌다. 환동해 지역을 우라니혼이라 부른 것도 여기에서 비롯되었다. 도쿄와 오사카 등의 공업화와 자본 규모가 대규모로 축적되는 가운데 환동해권

13 동북아역사재단, 『고대 환동해 교류사』 1부, 113쪽.

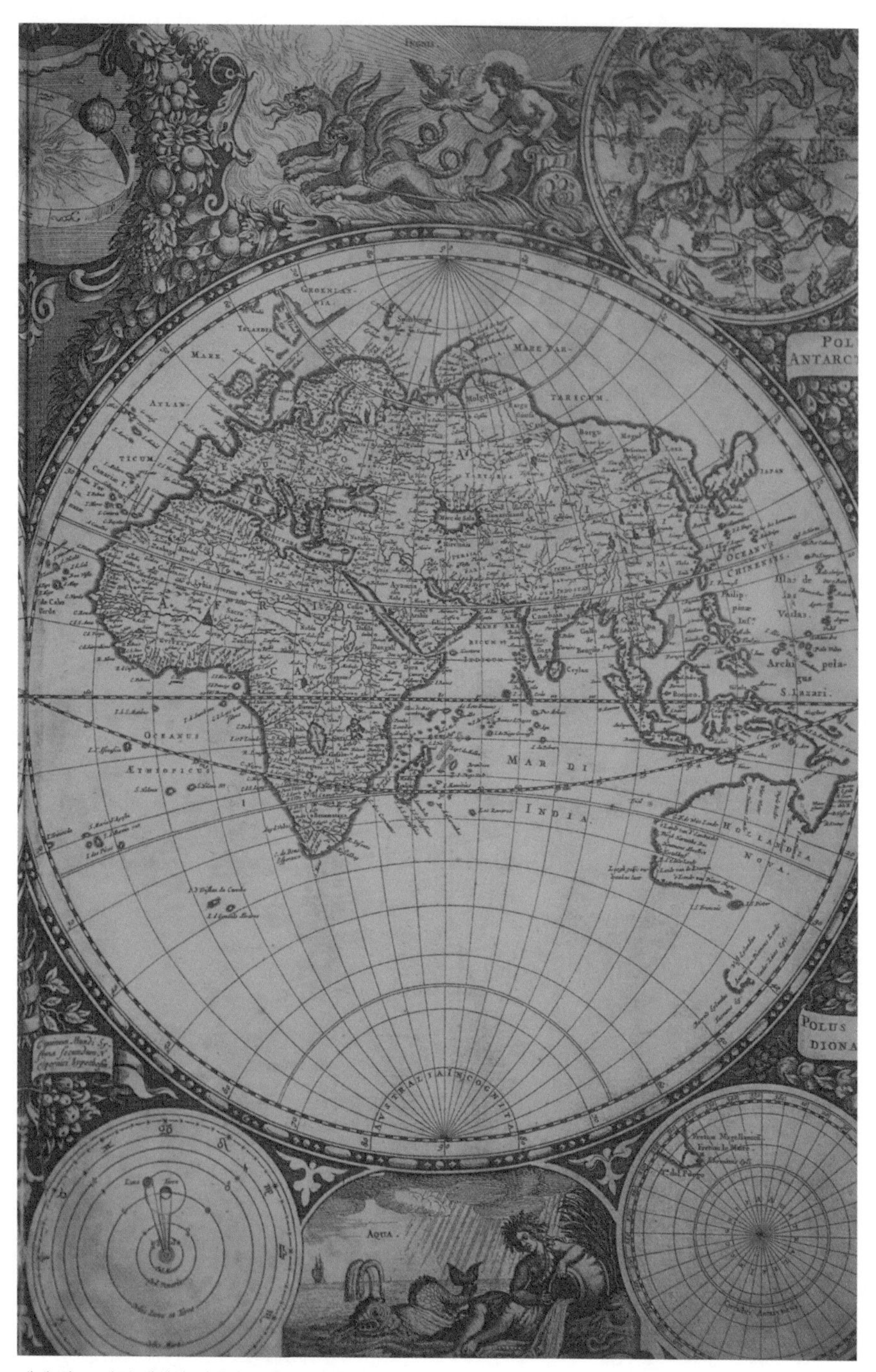

세계 전도. 아직 태평양 시대가 도래하기 전이다.

태평양 시대의 총아로 떠오른 고베항. 1910년의 모습(E. S. Morse collection, Peabody Museum).

은 전국에서 저하되었다. 과거의 전통이 강했던 운수 분야는 환동해 연안이 전국 22퍼센트, 자본금의 40퍼센트를 차지했으나 오사카, 도쿄, 고베神戸에 오사카상선大阪商船, 닛폰유센日本郵船, 산요철도山陽鐵道 등의 거대 운수회사가 속속 들어서면서 환동해는 급격히 저하되었다. 메이지 33년(1900) 시점, 홋카이도의 산업은 홋카이도탄광철도회사北海道炭鑛鐵道會社가 대부분을 차지했고, 은행과 기타 금융업은 전국의 22퍼센트, 자본금은 10.8퍼센트에 불과했다. 도쿄와 오사카가 금융업의 중심이 되었다.[14]

이 때문에 환동해 지역에는 지금은 인구가 아주 적은 쇠락한 마을이 중세와 근세에는 매우 부유하고 번화를 누렸던 항구마을이었던 사례가 아주 많다. 가령 아오모리青森에서 가까운 데와出羽의 도비지마飛島는 지금은 낙후한 마을이지만 에도 시대에는 기타마에부네가 활발하게 드나들던 항구였다. 농업이 발달하지

14 中西聰, 「日本海沿岸地域の企業勃興」, 『日本海域歷史大系』 第5卷, 近世篇 (2), 清文堂出版, 2005, 363쪽.

못해 가난하고 뒤처진 지역으로 평가해버리는 것이 지금까지의 상식이었으나 발굴 결과 이러한 상식이 뒤집혔다. 한 시대를 풍미했던 기타마에부네가 소멸하면서 환동해권의 몰락은 필연적이었던 것이다.

17

페리 제독 이후

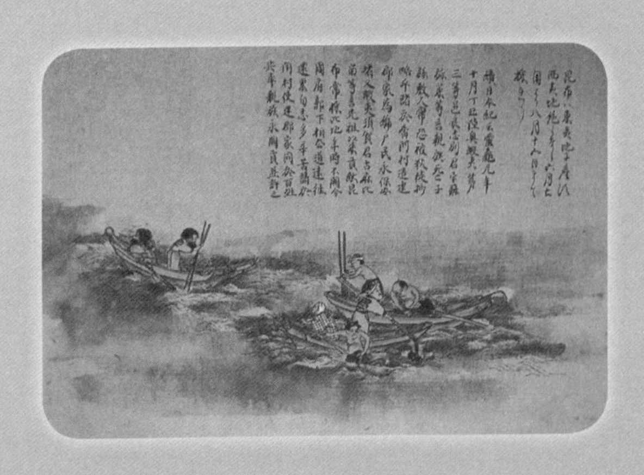

환동해의 잊힌 항구들

노토 반도에는 바다 건너 발해에서 건너온 사신이 왔던 것으로 유명한 항구가 있는데, 60퍼센트 이상이 미즈노미頭振였다. 지금은 작은 어촌으로 보이지만 에도 시대에는 많은 유녀遊女들을 거느리던 번영한 도시였다. 미즈노미는 토지를 소유하지 못했던 것이 아니라 그럴 필요가 없었던 것이다. 노토뿐만 아니라 이 같은 미즈노미가 일본 전역에 걸쳐 많이 있었다. 이처럼 지금까지 일본의 사회, 역사에 대한 상식이나 이미지는 상당 부분 사실과 다르며, 사실에 근거한 연구를 통해 이 상식적인 이미지가 틀렸음을 알 수 있다. 이런 오해들이 만들어진 것이 기껏해야 100년 정도밖에 되지 않았기 때문에 충분히 수정 가능하며, 앞으로 연구를 통해 일본의 해안이나 산간 지역 등에서 이미지의 대역전이라 할 만한

우라니혼을 살리기 위한 박람회(1953년).

일들이 얼마든지 있을 수 있다.[1]

그런 의미에서 도사미나토十三湊는 좋은 사례가 된다. 지금은 사람이 살지 않는 땅에서 버젓이 항구마을이 발굴된 것이니 언뜻 불가사의한 일로 보일 수도 있지만, 환동해권이 몰락했던 역사를 생각해본다면 당연한 일이다.

중세에서 주목할 점은 11세기에서 12세기에 걸친 헤이안平安 시대 말기에 에치젠에 있는 쓰루가와 와카사若狹의 오바마小浜 등에 중국의 당인唐人, 즉 송인宋人이 자주 왔다는 기록이다. 그 후 기록에는 송인의 내항이 줄어들었지만, 쓰루가에 당인마을이 있었고, 15세기 말~16세기 말 센고쿠 시대戰國時代에 에치젠에 있는 기타노쇼北庄에 당인좌唐人座(중국에서 들여온 수입품을 취급하던 곳)가 있던 것을 보면 대륙 사람의 내항이 끊이지 않았다.

그런데 해상교통에 관여하며 광범위한 활동을 벌이던 사람들을 기록한 일본의 문헌은 매우 드물다. 그래서 동해 연안에서 송인 혹은 한반도 사람들의 내항을 입증할 만한 문헌사료를 찾을 수가 없었다. 하지만 도사미나토에서 대량의 중국 청자, 백자, 동전이 발견되었고 안도씨安藤氏와도 깊은 관계가 있는 홋카이도 가미노쿠니초上ノ國町에서 중국 청자, 백자가 대량 발굴되었음은 일본해 연안과 중국 대륙의 불가분의 관계를 증명해준다.

그런데 환동해 연안에서 그대로 내륙을 거쳐 에도로 들어가는 통로가 존재했다. 고대에서부터 세토나이카이를 경유하는 것 이외에 와카사만若狹灣에서 육양하여 비와호琵琶湖를 경유하는 내륙 수운 체제가 있었다. 내륙 수운 루트에는 동해 변의 와카사만 이북에서 오는 물류 외에 와카사만 서쪽에서 쓰시마 해류를 타고 오는 물류도 연결되어 있었다. 이 내륙 수운 루트를 따라 교토에 무로마치室町 막부가 열리고 다시 키나이가 일본의 중심지가 되었다. 무로마치 시대 이후 와카사만 이북에서 오는 물류가 내륙 수운 루트의 주류가 되었다.

12세기 호쿠리쿠 지방에는 히에이산比叡山에 있는 엔랴쿠지延暦寺, 그것과 연

1 이하 환동해의 몰락한 항구에 관한 복원과 역사적 재고에 관해서는 아미노 요시히코의 연구에 의거한다(網野善彦, 『海民と日本社會』, 新人物往來社, 1998, 8~47쪽).

결된 히에이신사日吉神社의 진출이 상당히 현저해지기 시작했다. 기타큐슈北九州, 세토나이카이瀬戸内海에서 요도가와淀川, 우지가와宇治川를 거쳐, 비와호로 진입하여, 호수를 경유하여 환동해의 쓰루가, 와카사로 나올 수 있다. 일본 열도를 횡단하는 대동맥이라 할 수 있는 좋은 강과 바닷길이 있었다. 이 대동맥 곳곳에 금융업자이면서 선박인(廻船人)이었을 것으로 추정되는 히에지닌日吉神人(에도히에)신사에 소속되어 있으면서 헤이안 시대 말기부터 센고쿠 시대에 걸쳐 활약했던 다수의 신인神人, 즉 히에日吉의 신神에 직속된 특권을 가진 사람들이 활약하고 있었다. 이 신인은 호쿠리쿠의 히에지닌처럼 조직을 거느리고 있었으며, 에치고노쿠니越後國에는 수십 명의 신인이 있었다.

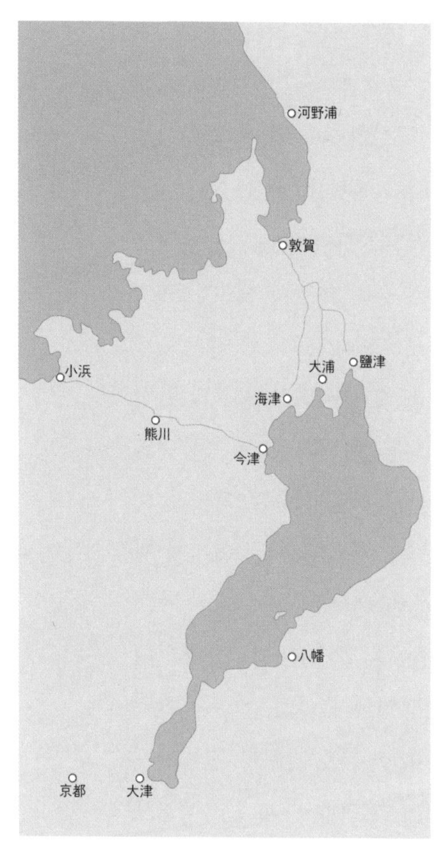

호쿠리쿠에서 비와호를 건너서 교토로 가는 내륙 수로(한자 표기는 에도 시대 지명임).

신인의 원류를 찾으려면 12세기보다 더 거슬러 올라가야 한다. 데와와 미치노쿠陸奧를 포함하여 동북쪽 동해 쪽에는 히에샤日吉社 혹은 산노샤山王社들이 많이 분포되어 있는데, 도사미나토의 산노보山王坊도 그 흐름 속에서 생각해볼 수 있다. 또한 호쿠리쿠에는 가모賀茂·가모샤鴨社의 신인도 활약하고 있었기에 동북 지방의 동해 쪽에 관한 가모·가모샤의 분포에 대해서도 주목해볼 필요가 있다.

환동해 대동맥은 당연히 북쪽과 남쪽으로도 연결되어 있어서, 15세 초두에 와카사의 오바마에 수마트라 팔렘방에서 온 남방선南蛮船이 앵무새와 코끼리를 싣고 입항했다는 기록이 있다. 이것은 일시적으로 우연히 일어난 일이 아니다. 이 배는 몇 번에 걸쳐서 왕래하고 있었고 일본 국왕에게 보낸 국서도 남아 있다.

환동해의 대동맥이 훨씬 남쪽인 동남아시아까지 이어졌다는 뜻이다. 바닷길은 무한하기 때문에 넓은 시야로 바라봐야 한다. 상상의 날개를 펼치면 도사미나토 항구에도 남방선 같은 배가 드나들었다는 것을 알 수 있다. 이처럼 도사미나토와 기타큐슈와는 바닷길로 연결되어 있었다. 기타큐슈와 연결되어 있으면 중국 대륙과도 연결된다는 것은 당연한 일이었다. 서쪽 현관인 하카타博多, 또는 이즈미和泉의 사카이堺 등을 통해서 서방으로 이어지는 큰 무역 루트가 열려 있었기 때문에 충분히 생각할 수 있는 일이다.

또 하나 주목할 점은 일본과 고려/조선의 관계다. 도사미나토에서 많은 고려청자가 출토되었다. 노토의 슈고守護였던 하타케야마畠山 씨가 조선 표류민의 송환을 이유로 조선과 독자적인 교역을 꾀했다. 조선 국왕을 상대로 와카사 서쪽해 영주들이 직접 관계를 맺으려 사신을 보낸 사실도 확인된다. 동해에서 활동했던 바다의 영주들은 독자적으로 조선과 교류했음을 말해준다.

사례를 하나 더 들자면, 도사미나토에서 그리 멀지 않은 아키타秋田의 인나이긴산院内銀山에는 17세기 초에 긴잔마치銀山町가 형성되어 있었다. 게이초慶長·겐나元和(1596~1624) 시대에 인나이긴산에는 세토나이카이를 필두로 전국에서 많은 상인과 기술자들이 모여들어 큰 도시가 형성되었고, 담배 가게나 기생집도 있었다. 이때 상황을 기록한 「우메즈 마사카게 일기」梅津政景日記 중 게이초 18년(1613) 4월 20일자에 '고려의 기치에이몬'高麗の吉右衛門이라는 인물이 나온다. 이 사람은 틀림없이 고려인일 것이다. 조선인이 기치에이몬이라는 평범한 이름으로 일본인과 섞여 있다는 사실을 생각해보면, 기록에는 그다지 많이 나오지 않지만 동해 변의 고려·조선과 도호쿠 지방과의 관계도 역시 예사롭지 않았음을 짐작할 수 있다.

이상과 같은 서쪽으로부터 시작되는 바다의 대동맥 말고도 북쪽 바다에서 시작되는 다양한 영향에 대해서도 생각해보아야 한다. 북쪽 바다에도 도사미나토 바닷길이 통했기 때문이다. 예를 들면 몽골은 기타큐슈를 습격했을 뿐만 아니라, 서쪽 사할린에서 네 차례에 걸쳐 같은 시기에 침입했다는 사실이 밝혀졌다. 그 규모나 의도에 대해서는 여러 가지 의견이 있다. 이와 관련하여 주목할 점은 동해에 면해 있던 와카사국若狹國 직속무사들이 몽골 때문에, 막부에서부터 겐지 원년(1275)에 어딘가를 경비할 것을 명령받았다는 사실이다. 단정할 수는 없지만 방어를 명령받은 곳은 기타큐슈가 아니라 쓰루가였을 것으로 짐작된다. 실제로 몽골이 일본해를 건너 다른 루트로 침입했을 가능성이 충분히 있으며, 또한 막부는 북쪽 몽골의 움직임과 사할린 침입에 대한 정보를 입수했었을지도 모른다.

다음으로 주목할 것은 일본 열도 내 교통이다. 비와호를 중심으로 북쪽은 일본해, 서남쪽은 요도가와강淀川을 거쳐 세토나이카이로 이어지는 바닷길은 일본 열도를 횡단하는 대동맥이라 해도 좋다. 이 대동맥과 일본해의 바닷길 대동맥의 접점이 쓰루가와 오바마다. 태평양과 일본 열도를 연결하는 열도횡단 루트는 비와호를 중심으로 한 루트뿐만 아니라 다양한 루트를 생각해볼 필요가 있다. 도사미나토가 혼슈의 최북항으로서 하카타 및 사카이와 비교해볼 만한 항구였다는 것은 결코 과장이 아니다. 도사미나토가 열도를 초월하여 광범위하게 다른 지역과 연결되던 중요한 항구였기 때문이다.

후쿠이현福井縣의 쓰루가는 에도 시대 초기에 홋코쿠北國, 호쿠리쿠北陸의 쌀을 교토로 운송하는 중계지였다. 쓰루가에서 수로를 이용하여 쌀을 비와호로 날랐는데 가이즈海津, 염진鹽津에 당도하여 비와호를 가로질러 오쓰大津에 당도했다. 오쓰에서 교토까지는 육로로 운송했다. 그 후 서회항로의 발달로 홋코쿠와 호쿠리쿠의 쌀을 실은 배가 시모노세키를 돌아 세토나이카이에서 곧바로 오사카로 가게 되면서 쓰루가의 비중은 크게 줄어들었다.

쓰루가는 에도 시대 후기에 에조치산 연어를 원료로 하는 비료가 집결되어 이를 키나이에 공급하는 중간 역할을 했으며, 마쓰마에松前, 오타루小樽, 에사시江差 등 북방으로 생활필수품을 공급하는 역할도 했다. 그러나 비와호를 이용함에 있어 상인들끼리 이해관계가 엇갈렸으며, 기타마에부네의 부상으로 예전의 명성은 사라지고 말았다.[2]

2 曲田洗和,「敦賀と地域社會」,『日本海域歷史大系』第5卷, 近世篇 (2), 清文堂出版, 2005, 237쪽.

홋카이도의 청어잡이(1910년).

이와 같이 카이민海民 네트워크는 일본 역사 및 동해의 역할에 대한 전혀 다른 역사적 교훈을 준다. 일본 열도 사회의 실태를 연구할 때 농업만을 중심으로 한 사회로 파악한다면 중요한 실수를 범하게 된다. 뒤처진 어로에 종사하는 사람들에게 농사짓게 해야 한다는 이유로 메이지 정부는 아이누족에게 강제로 농업을 시켰고 아이누 민족생활을 완전히 파괴해버렸다. 이러한 관점으로 일본사를 보면 동해의 역사가 보이지 않을 것이다. 분명 도사미나토나 유리시마由利島 같은 무인도는 역사 속에서 패배한 자의 흔적이라고 말할 수 있다. 하지만 이긴 인간, 승자의 역사만을 추구해서는 안 될 것이다. 때로는 패자가 승자보다 세상의 진실을 훨씬 잘 볼 수 있기 때문이다.

일본의 5대 도시였던 가나자와

에도 시대에 하이쿠俳句 시인들은 여행을 자주 했다. 오사카에서 태어난 요사노부손與謝蕪村(1716~1783)의 도호쿠 여행 일정표를 보자. 그는 에도에서 우쓰노미야宇都宮, 후쿠시마福島에 이른 다음 야마가타山形를 거쳐 동해로 갔다. 그리고 사

카타酒田에서 기사카타象潟로 가서 아키타 해안을 따라 걸으며 노시로能代를 지나 쓰가루 반도 동쪽 해안의 소토노하마そとの浜(지금의 민마야무라三廐村)에 당도했다. 돌아올 때는 아오모리에서 모리오카를 거쳐 히라이즈미平泉, 마쓰시마松島, 센다이仙臺를 지나 시로이시白石에서 후쿠시마를 거쳐 에도로 돌아왔다.[3] 40여 년간 도호쿠 지방을 여행한 문인 스기에 마스미管江眞澄(1754~1829)는 아키타, 아오모리, 마쓰마에, 하코다테 등 동북을 주로 누비고 다녔다.

무수한 하이쿠 시인들이 거쳐갔을 환동해 변을 달리면서 환동해의 풍토와 역사에 관한 생각에 젖어든다. 니가타에서 가나자와로 가자면 광활한 평야 지대를 지나간다. 왼쪽으로 산맥이 흘러가는 풍경이 한국의 동해안을 북상하는 느낌이다. 차이가 있다면, 우리 동해에 비해 평야 면적이 크다는 점이다. 평야를 1시간 30여 분 달리다 보면 해안가를 잠시 끼고 달릴 때도 있다. 절경이다. 역시 동해는 한국에서 보나 일본에서 보나 동일하게 '청해'青海다. 일각에서 동해, 일본해 싸우지 말고 청해로 하자고 주장한 이유도 늠름한 빛깔에서 비롯된 것이리라. 전형적인 농촌마을이 지나간다. 단층건물이 서 있는 오지의 농촌이다. 곳곳에서 작은 내가 동해로 흘러들어간다. 1시간 50분을 더 달리니 니가타보다 작지만 매우 중요한 나오에쓰直江津가 나온다. 에도 시대 기타마에부네가 들렀던 중요한 항구다. 나오에무라直江村에서 30분을 지나니 이토이가와糸負川에 당도한다. 니가타에서 출발할 때는 만개했던 벚꽃이 이토이가와에서는 이미 시들고 있는 것으로 보아 기후대가 달라졌다. 완연히 달라질 정도로 일본의 환동해는 길고도 길다.

환동해 도시들의 특징은 어쩌다 넓은 평야가 나타나면 으레 도시가 나온다는 점이다. 남쪽으로 흰 산을 머리에 인 산맥이 철길 및 해변도로와 함께 달리고, 계곡에서 내린 물은 동해로 곤두박질이다. 짤막한 조간대의 몽돌 자갈밭으로 물거품을 일으키면서 바다로 합수하기에, 한국이나 일본에서나 환동해 변은 유장한 강이 장엄하게 흐르는 풍경을 보기 어렵다. 백두대간의 동서처럼 환일본

3 다카하시 치하야, 김순희 옮김, 『에도의 여행자들』, 효형, 2004, 51쪽.

해의 남북은 교통이 쉽지 않다. 북은 빈곤하고 남은 따스하다. 세토나이카이는 아늑하고 섬들이 흩어져 있어 살기가 좋은 데 비해, 북쪽은 섬도 거의 없고 물고기 종류도 단순하다. 기타마에부네는 태평양으로 무작정 표류할 수 있는 위험성을 감안하여 북쪽 환동해 항구를 이용했고 한때 번성을 구가했으나, 뱃길의 퇴장은 환동해 전체의 쇠락으로 귀결되었다.

기찻길 옆 오두막살이 작은 집과 100여 평 남짓한 소농경영이 이루어짐은 경제적으로 곤궁함을 드러낸다. 그래도 문전옥답 대신에 푸른 바다가 있다. 우라니혼답게 도시다운 도시가 드문 지경이니 여기의 물류들이 모여서 광폭적인 유통망을 자체적으로 형성하기 곤란하다. 우리의 동해안을 보는 듯싶다. 규슈나 시마네현에서는 한국 관광객에게 지대한 관심을 표명하는데 니가타나 가나자와에서는 별 관심이 없다. 교통도 불편하다. 2015년 3월에 가나자와까지 공사 시간만 10년 걸린 신칸센이 가나자와에 온다. 도쿄와 오사카, 나고야에서 2시간 30분이니 150분 내로 거의 모든 지역을 갈 수 있게 되었다. 그런데 쓰나미 영향권에 있는 동해 신칸센이기 때문에 엉망이 될 수도 있다.

삼면이 바다로 둘러싸인 노토 반도는 바다의 절경이다. 동해안이 만에 면한 평온한 풍경이라면, 서해안은 험한 암초이며 동해의 거센 파도를 곧바로 받는 쪽이다. 반도 끝에는 오래된 화강암 등대가 서 있다. 일본 열도 환동해의 중심에 자리 잡아 동해의 거친 바다, 특히 겨울에는 말할 수 없이 강력한 파도가 단애斷崖를 때린다. 해안에서 바라보는 일본 3대 영산의 하나인 하쿠산白山이 장관을 이룬다.

기타마에부네는 우라니혼 역사의 원동력이었다. 가가번의 3대 번주 마에다 도시쓰네前田利常가 환동해의 쌀을 오사카로 가져가서 제값을 받으려고 1639년에 서회선西廻線을 시작했다. 오늘날로 치면 상사 경영 기법을 발휘하여 1항해에 1,000량의 이익을 얻었기에 기항지는 사실상의 상사기지商社基地였다. 아메리카와 밀무역을 했다는 전설이 있을 정도로 재부를 쌓는 데 능했다. 그런데 가나자와의 경제를 번영시킨 것은 중계무역이었다. 당시 사쓰마번薩摩藩은 경제적 어려움을 겪고 있었는데 홋카이도의 다시마를 중국에 수출하여 이를 타개하고자 했

예조치의 다시마 채취(1800년경).

다. 홋카이도 다시마는 '불로불사의 약'으로 알려져 중국에서 비싸게 팔렸다.

엣츄越中와 부산富山의 매약賣藥 상인들은 기타마에부네를 이용하여 홋카이도에서 다시마를 채집·수집하여 건조시키고, 이를 가고시마의 사쓰마번에 팔아 많은 이윤을 남겼다. 사쓰마번에서는 중국으로 다시마를 보내어 부를 축적하여 대포공장을 건설하고 방적산업을 일으키는 데 도움을 받았으며, 이러한 노력들은 훗날 사쓰마 같은 변방의 끝자락에서 메이지 유신의 저력이 나올 수 있는 바탕이 되었다. 사쓰마는 류큐국을 반식민 상태로 경영하고 있었으며, 이미 아마미오시마奄美大島에서 설탕 플랜테이션을 경영하여 부를 축적하고 있었다. 홋카이도에 가나자와를 거쳐 가고시마를 통해 중국으로 가는 '다시마의 길'이 만들어졌던 것이다.

가나자와의 오야마신사尾山神社는 메이지 8년(1875)에 건립된 화한和漢 절충식이다. 호쿠리쿠 중심가에는 오래된 오우미초近江町 시장이 있다. 오우미초 세력은 홋카이도로 진출하여 어업을 경영하던 당대의 막강한 물주들이었다. 가가加賀

요리는 이곳이 풍요로운 곳임을 상징한다. 가가 요리는 제철음식으로 만들어진다. 전국에서 생산된 쌀 850만 석 가운데 호쿠리쿠산 쌀이 7분의 1인 120만 석이었다. 물산이 풍부하다. 하쿠산에서 흘러내린 물로 술을 빚어 최고가 나온다.

메이지 시대에 들어오면서 조운업이 쇠퇴했지만 이를 주도하던 세력이 모두 몰락한 것은 아니었다. 그들의 재력은 은행, 보험, 운수 등 일본 환동해 경제의 토대를 이루었다. 금융왕 야스다재벌安田財閥의 창시자인 야스다 젠지로安田善次浪(1839~1921)도 본거지가 가나자와이며, 사립 측우소를 세울 정도로 가나자와는 부를 자랑했다. 가나자와는 당대 일본 5대 도시의 하나였다.

가나자와에서는 잡지 『Warm Topic』이 발행된다. 구로시오 난류에서 따온 제목이다. 호쿠리쿠경제협회(AJEC)는 1990년 초반 소련의 해체 이후에 환동해가 활발해질 것이라고 예상하여 이 잡지를 만들었다. 그때 이미 두만강 진출을 꿈꾸었다. 그러나 20년이 흘렀어도 어떤 징후도 보이지 않는다. 그만큼 환동해권의 경제가 낙후되어 있다.

긴키, 간사이, 규슈 등 일본의 9개 경제연합회에 호쿠리쿠가 포함된다. 전력이 독점되는 상황에서 호쿠리쿠전력회사가 만들어지고 산학 협력 조직인 호쿠리쿠경제협회가 만들어졌다. 러시아에서 석탄과 석유가 들어오고, 일본은 러시아에 중고차를 수출한다. 한국은 일본의 가장 중요한 파트너다. 한일은 경쟁관계였으나 이제는 협력관계로 들어섰다.

자본이 중국으로 빠져나가고, 다시 동남아시아로 옮겨갔다가 호쿠리쿠 지역으로 돌아오는 중이다. 토지와 인건비가 싸고 쓰나미나 지진 위험이 낮고 태풍 리스크도 적기 때문이다. 일본으로 공장이 돌아오는 상황이 지속된다면, 호쿠리쿠 지방은 우라니혼의 선두주자가 될 수도 있다. 호쿠리쿠 세 개 현은 경상남북도, 강원도, 대구 등과 경제교류협의회를 운영하고 있다. 선호도 전국 1위를 차지하는 가가와 료칸에서 회의가 열리는 중이다. 컨퍼런스에 대구가 끼어 있는 것은 애초에 도야마현富山縣에서 한방에 관심을 가지고 참여했기 때문이다. 도야마의 뛰어난 한방산업을 기반으로 대구의 한방산업진흥회 같은 곳이 제휴하여

가나자와성.

가나자와의 경제적 기반으로 만들어낸 정원 겐로쿠엔兼六園.

가나자와의 사무라이 집.

환동해 네트워크가 만들어지고 있다. 한국, 일본의 고령화에 따른 복합의료, 재생 자활의료 등이 예견되기 때문이다. 원주의 의료기기 클러스터도 연계되었다.[4]

북선 루트를 책임진 니가타

니가타현은 옛날에 에치고越後였던 육지부와 동해의 사도가시마로 구성되어 있다. 육지부는 조에쓰上越, 주에쓰中越, 가에쓰後越 세 지방으로 구분된다. 교토에서 가까운 순서대로 상, 중, 하로 나누어 명명한 것이다. 중심 도시인 조에쓰시上越市는 1946년, 옛날의 성시盛市였던 다카다시高田市와 동해에 접하는 항구 도시 나오에쓰시直江津市가 통합된 시다. 가에쓰 지방은 현청 소재지인 니가타시를 중심으로 한 지역이다. 세 곳 중 교토에서 가장 먼 지역으로 옛날에는 발전이 더뎠지만, 에도 시대 말에 니가타항이 개설된 이후에는 니가타현의 중심지가 되었다. 아가노강阿賀野川 이북은 기후나 문화에서 도호쿠 지방의 영향을 많이 받는다.

니가타현의 쌀 생산량은 홋카이도에 이어 일본 2위다. 고시히카리 품종이 많고, 특히 주에쓰 지방의 우오누마魚沼 지역에서 생산되는 쌀은 품질이 좋기로 유명하다. 종래 간바라군蒲原郡 일대인 니가타에는 '천정보'千町步 지주로 알려진 대지주를 정점으로 지주 경영이 탁월하게 발휘되던 지역이다. 근세 중기 이래 6제시齊市 시장이 전개되었고, 막부 말에 니가타는 전국의 시장들과 교역했다. 키나이가 장악하던 중앙시장이 향토의 시장으로 연결된 것은 기타마에부네가 환동해를 운행함으로써 홋카이도 에조치에서 생산된 어비魚肥가 혼슈로 공급되는 과정에서 비롯되었다. 그러나 농업 생산 측면에서는 니가타의 품질 좋은 쌀이 키나이로 유통되는 계기가 되었고, 이것이 지주의 성장을 도모했다.[5]

그러나 기타마에부네의 쇠퇴로 니가타항도 쇠락하기 시작했다. 메이지 시

4 北陸AJEC,『제14회 北陸·韓國經濟交流會議發表資料』, 대구, 2013.

5 原直史,「越後巨大地主と流通市場」,『日本海域歷史大系』第5卷, 近世篇 (2), 清文堂出版, 2005, 153쪽.

환동해로 급하게 흘러들어가는 내천. 니가타에서 가나자와로 가는 길.

활기를 띤 청어잡이. 〈강차빈연어지도〉江差浜鰊漁之圖 부분.

대에 산업경제 부흥이 이루어졌으나 수혜를 받은 곳은 주로 태평양 연안의 도시들이었고 니가타는 열외였다. 산업발흥의 종착 시기였던 1900년에 홋카이도와 도호쿠 환동해 연안에 설립된 자본금 5만 엔 이상의 회사가 34개였는데, 그중 절반이 홋카이도에 있었다. 홋카이도의 오타루와 하코다테에 근거지를 두었던 회사가 대부분으로 창고업, 기선업, 수산업 등이 주종이었다. 니가타에서는 강력한 힘을 지녔던 지주자본이 은행업, 운수업 등에 뛰어들었다. 막부 말기에 회선업廻船業에 종사하여 부를 획득한 이들이 니가타기선회사를 설립했으며, 니가타 최초의 니가타은행을 설립했다.[6]

니가타 항만은 저습지를 따라 발전했다. 시나노가와강信濃川 변에 화물선이 떠 있고 국제 화물선이 들어온다. 화강암으로 만든 유서 깊은 반다이교萬代橋는 난간 흔적만 남기고 도심으로 편입되었다. 신新반다이교를 건너서 고토히라신사에 닿는다. 신사에는 화선 모형을 봉헌하였다. 니가타를 드나들던 기타마에부네의 흔적이 신사 봉헌물로 이어지는 중이다. 미나토이나리신사湊稻荷神社는 고려견高麗犬이 유명한데, 어의로 보아 환동해를 통한 북방과의 교섭 흔적일 것이다. 강을 굽어보는 고층의 니가타 신문센터도 기타마에부네 모형이다. 니가타시는 지형이 완전히 변했지만 에도 시대 해운항만의 기억을 보존하기 위해 세심한 '기억 투쟁'을 벌이는 중이다.

벚꽃 길을 따라 시나노가와강 변을 걷다 보면 미나토피아(니가타시 역사박물관)와 구舊니가타 세관청사에 닿는다. 일본의 5대 개항장의 세관 중에서 유일하게 현존하는 양풍 건물은 메이지 시대의 양풍 물결을 반영한다. 박물관도 다리와 물과 층층의 대리석들이 수변水邊 건축임을 나타낸다. 제4은행 건물은 겉보다는 안이 더 좋은데, 그 장중한 형태가 그대로 남아 있어 근래 입점한 레스토랑조차도 오랜 역사가 있는 듯한 착각을 불러일으킨다. 복판의 반다이섬은 혹독한 개발을 거쳐서 한국으로 치자면 '여의도'로 변신했다.

6　中西聰, 「日本海沿岸地域の企業勃興」, 『日本海域歷史大系』 第5卷, 近世篇 (2), 清文堂出版, 2005, 363쪽.

메이지 시대 니가타의 양풍 스타일의 세관.

반다이섬에는 국제회의장 등이 있는 도키메세, 호텔 리코, 반다이섬 미술관, 그리고 한국 총영사관, 러시아 총영사관이 있다. 초현대식 빌딩인데 배 모양을 하고 있다. 사시마佐島 기선이 떠나는 곳으로 근처에는 잠시 정지된 상태이지만 훈춘행 국제터미널이 있어 옛 만주로 가는 국제 항로가 장기 지속 중이다. 홋카이도, 오타루, 아오모리로 떠나는 배는 기타마에부네의 장기 지속성을 확인시켜 준다. 반다이 수산시장은 수입 냉동보다 동해의 '날것'들이 장악하고 있다. 대게와 난반새우(감새우), 간부리(겨울 방어), 양식 굴, 오징어 등이 엿보인다. 시장 앞으로 옛 버드나무 거리가 그대로 남아 있고, 총련總聯 건물이 텅 빈 채 '고국왕래 기념비'만 남아 있다.

니가타역에서 서부두로 간다. 시내에서 부두까지 30분 거리인데 크레인 컨트롤타워가 4기 서 있는, 조금은 한가로운 풍경이다. 항구는 4등분으로 갈라진다. 항구 건너편에 러시아에서 온 에너지를 이용한 LNG 발전소, 도로변을 따라서 송전탑이 지나간다. 북방 교류의 완강한 흔적이 에너지에서 확인된다.

사구砂丘와 바다로 돌출한 긴 반도에 도시가 들어섰다. 늪지 호수인 후쿠시

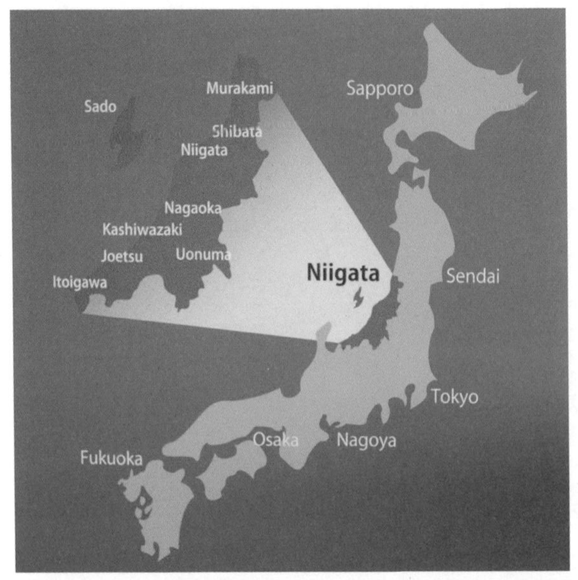

니가타시의 해양력을 보여주는 지도.

니가타항.

마가타福島潟는 저습지에 항구가 들어섰음을 말해준다. 서북풍에서 사구가 높고 길게 형성되어 바람을 막아주며, 사구 안쪽의 낮은 지형에 도시가 형성되어 있다. 사구의 풍경은 돗토리현에서 이곳 니가타까지 완연히 동일한 형식이다. 북서풍이 불면서 모래가 누적된 결과인데 사구 주변에 소나무가 자라고 해변 모래사장의 폭은 우리 동해에 비하면 험난할 정도로 좁다. 우리 동해도 강한 파도를 받지만 백두대간이 있어 북서풍을 덜 받는 반면, 니가타의 동해는 강한 바람을 직접 받기 때문에 사구가 높아진 반면 해변은 짧게 형성된 것이다.

발해에서 배가 온다면, 해안가에서는 다행히 좌초하는 일이 없이 닿았을 것이다. 니시카이간(서해안공원)으로 명명된 해안도로 곳곳에 쓰나미에 대비한 방파제가 서 있고, 사구에 과도하게 걸친 해안도로는 붕괴 위험에 처해 있다. 과도한 개발이 불러온 결과다. 해안의 사면이 짧고 파도가 강해 해안이 엉망인 상태다. 마린피아 수족관을 지나면 니가타 시청과 하쿠산신사가 나온다. 다테야마 연봉의 하쿠산은 동해 변을 따라 오가던 기타마에부네 뱃사람들이 뱃길 가늠의 표식지로, 신성하게 여겼다. 일본의 현존하는 최고의 의사당 건물인 현정縣政기념관 역시 오랜 양풍의 자태로 메이지 시대를 풍미하고 있다. 석유왕 니쓰 쓰네키치新津恒吉가 외국인 접객용 영빈관으로 지은 니쓰 기념관도 남아 있다. 니가타가 일본에서는 드물게 석유가 나오던 곳이고, 석유산업으로 자본을 축적했던 곳임을 증거한다. 니가타에 있는 북방문화박물관은 홋카이도 쪽으로 거래하던 흔적을 말해준다.

니가타의 밤거리는 200년 전통의 일본 3대 게이샤의 하나인 후루마치 게이샤의 동네다. 궁벽 진 환동해에 자리 잡았지만 그만큼 돈이 돌았다는 증거이며, 실제로 최고의 밥맛을 자랑하는 '따오기가 사는 고향의 쌀' 고시히카리를 생산하는 '제1의 쌀고장'으로 부농이 많았다. 니가타 앞의 사도가시마에는 에도 시대 초기인 1601년에 발견된 금광이 있었으나 1989년에 폐쇄되었다. 오늘의 사도가시마는 환동해를 아름답게 물들이는 꽃밭으로 유명하다.

니가타와 사할린으로 러시아의 천연가스와 석탄, 원유가 들어오고 있다. 러시아는 장차 에너지원으로 작용할 수 있을 것이다. 지형적으로 태평양 쪽보다는

니가타시 조감도. 1937년에 개최하려던 일본해대박람회 선전용 지도다.

한때 번영을 구가하던 니가타의 밤거리.

훨씬 유리한 점을 지니고 있다. 러시아의 전기를 끌어와서 평상시는 자체 전기를 쓰다가 피크타임에만 러시아의 전기를 쓰면 경쟁력이 있다. 환동해를 통한 전기 이입이 가능한 것이다. 홋카이도에서 발전을 해서 사할린으로 보내는 문제도 가능하다. 다음은 니가타시 항만산업국장의 말이다.

> 니가타항도 모래톱을 이용하여 고층 빌딩이 들어서고 신항이 만들어지면서 지형이 많이 변했습니다. 우리 일본은 한때 환일본해 프로젝트를 강하게 밀어붙였습니다. 그러나 중앙정부 차원에서는 이제 사라진 계획들입니다. 지금은 지방정부에서 환동해를 논의하고 있습니다.

일본 정부는 미련을 버리지 못하고 태평양에 접하는 요코하마와 오사카에 돈을 쏟아 붓고 있다. 그러나 부산항을 이길 수는 없다. 인천공항은 니가타 사람들에게 허브공항 역할을 한다. 니가타에서 나리타로 가는 항공편은 적은데 외려 인천공항이 많다. 고마쓰小松에서 하네다, 나리타 연결편보다는 고마쓰-인천편이 좋다. 일본의 지방과 인천공항이 잘 연결되고 있는 것이다.

도쿄에서는 북극해 항로에 관심이 없다. 환동해의 경쟁력이 높다고 생각하는 사람이 도쿄에는 별로 없다. 그런데 호쿠리쿠 3현은 서로 사이가 좋지 않다. 호쿠리쿠로 돌아오는 기업들이 자기 현으로 돌아오기를 바라기 때문이다. 환동해는 수십 년 안에 발생할 것으로 예상되는 도쿄 대지진에 대비한 재난 비즈니스의 적격한 대체지다.

20세기 들어와서 니가타의 부상은 동해를 중심으로 한 만주 배후기지로서의 병참 덕분이었다. 중일전쟁 이후 일제는 조선에서 대륙전진 병참기지론을 앞세웠다. 대륙전진 병참기지론은 기존의 선만일여론과 맥을 같이하는데 대동아공영권이 제기되면서 북방권이라는 새로운 개념이 등장하는 배경이 되었다. 그런데 선만일여론 등은 매우 일찍이 제기된 전략이었다.

에도 시대에 만주는 달단韃靼 혹은 산단山丹(흑룡黑龍) 등으로 불렸다. 일본인의 만주에 대한 지리적 인식을 보여주는 실례가 있다. 1804년 곤도 세이사이近藤正齋가 간행한 『변요분계도고』邊要分界圖考에 "서쪽은 가라후토(사할린) 지방에서

환동해 풍경. 니가타 해안도로.

만주 산단에 이르기까지 고금을 통해 아직 그 지리를 통달한 자 없고 (……) 하물며 극북極北의 절해, 융이의 소굴로서 이목으로 견문할 수 없는 지역이다"라고 적혀 있듯이, 만주는 미개척의 변방으로서 '융이의 소굴', 그러니까 야만인의 주거지로 여겨졌다.

그러나 막부 말기가 되면 만주는 일본의 운명과 밀접한 관련을 가진 지역으로 인식되었다. 정한론자였던 요시다 쇼인吉田松陰은 "국력을 배양하여 취하기 쉬운 조선, 만주, 지나를 종속시켜 러시아에게 잃는 바는 또한 조선과 만주의 토지로 보상해야 한다"라고 했다. 일본은 조선 반도를 '일본의 옆구리를 찌르는 비수'로 생각했으며 조선을 일차적으로 이익선으로 확보해야 한다고 주장했다. 그 '비수'를 침입해오는 것이 중국과 러시아라고 한다면, 청일전쟁, 러일전쟁은 피할 수 없는 일이 된다. 실제로 일본은 두 전쟁을 거치면서 조선을 확보한 후에도 조선의 앞쪽인 만주, 나아가 몽골까지 지배해야 한다는 만몽생명선 논의가 부각되었다.[7]

실제로 만몽을 지배 통치하기 위한 전쟁이 벌어지게 되자 일제는 전쟁 수행을 원활하게 지원할 수 있도록 조선 사회를 재편했으며, 물자 공급을 위해 '북방권 무역'을 활성화하고자 했다. 대동아공영권은 '북방권'과 '남방권'을 양 날개로 설정하고 일본이 두 경제권의 지도적 입장을 견지한다는 형태로 구상되었다. 북방권을 대륙경제권, 남방권을 해양경제권이라고도 지칭했다.

여러 정황상 일본제국 내에서 조선의 위치는 매우 중요했다. 관동군은 만주사변 이후 대륙 침략의 거점으로 만주국의 지위를 확고하게 하고자 '만주산업개발 5개년계획'을 수립했다. 미나미南次郎 조선 총독은 만주국과 정치적·경제적 협력을 강화하기 위해 대륙과 조선과의 협력관계를 더욱 확고히 하고자 했다. 당시 조선의 사명은 대륙전진 병참기지로서 국방 기초산업, 특히 중화학공업의 비약적 발전을 도모하기 위해 중공업 지대를 건설하는 것이었다. 조선 북부의 중공업 단지화는 이 때문에 생겨난 것이었다. 이러한 전략 속에서 니가타는 대

7 야마무로 신이치, 『키메라—만주국의 초상』, 306쪽.

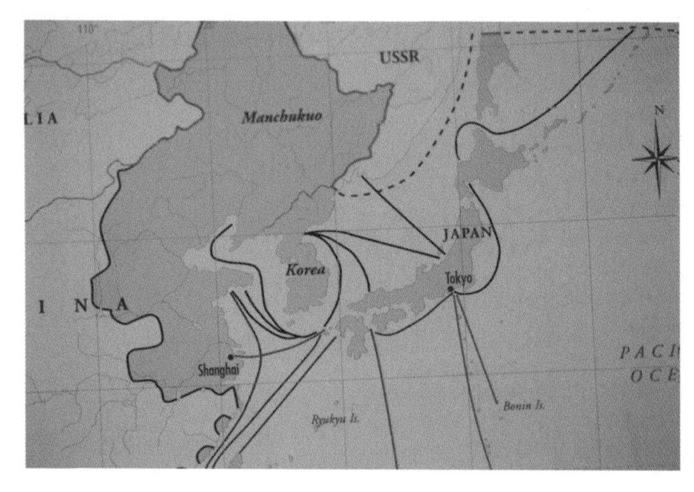

1940년대 일본의 동북 아시아 항로.

륙과 혼슈를 연결하는 역할에 충실했다. 니가타의 임무는 북선 루트를 책임지는 것이었다.

1930년대 신설된 철도 중에 둔화敦化와 투먼圖們을 연결하는 돈도선이 있다. 돈도선은 러일전쟁 이래 일본이 자주 요구하면서도 중국의 자주적 철도정책으로 실현이 저지되어온 노선이었다. 간도 지방을 통과하여 동북과 조선 북부를 연결하는 이 노선은 일본 제국주의의 대륙 정책에 큰 의미를 가지고 있었다. 이 때문에 만철은 일찍부터 1931년 만주사변 와중에도 돈도선의 측량을 시작했다. 공사 현장은 몇 번이나 중국 게릴라들의 공격을 받았고, 많은 사상자가 발생했다. 만철이 조선총독부에게 북조선 철도의 일부 경영을 수탁하고, 또 나진에 대규모 축항 공사를 청부한 것도 돈도선을 나진에 연결하여 동북東北의 중앙부에서 조선, 동해를 거쳐 최단 항해 루트를 독점으로 운영하기 위해서였다.[8] 일제가 중일전쟁 이후 대륙 루트를 몇 가지로 분류·정비하면서 놓은 철도를 이용하여 동해를 통해 일본과 연결되는 직항 노선이 만들어졌다.

이는 일제가 중일전쟁 이후에 설정한 세 개의 대륙 루트와 연관되어 있었

8 오카베 마키오, 『만주국의 탄생과 유산』, 70쪽.

다. 제1루트는 대한해협에서 부산을 거쳐 경부철도, 경의철도, 안봉(단둥-펑톈)철도를 경유하여 만주국 펑톈으로 연결하고, 거기에서 만주국 각지를 연결하거나 경봉선(베이징-펑톈)을 경유하여 화베이까지 이어져 몽골, 화중에 이르는 코스다. 제2루트는 '북선 루트'라고 하여 니가타, 쓰루가에 '명령 항로'를 개설하여 동해를 횡단하여 나진, 청진, 웅기, 성진의 북부 조선 4항을 거쳐 길회선, 경도선京圖線(신징-투먼)을 경유하여 만주와 연결되는 코스다. 제3루트는 이른바 황해 루트로, 중일전쟁 이후에 화베이를 점령한 일제가 세력권에 완전히 들어온 황해 지역으로 연결망을 확충한 것이다. 이러한 주요 교통로를 연결하기 위해 일제는 1941년 4월 1일 평원선(평양-원산)을 개통하여 경원선과 함께 황해와 동해를 잇는 철로를 완성했다.[9]

니가타를 중심으로 한 북선 루트는 역사적으로 끝이 난 것일까. 그렇지는 않다. 고구려·발해 이래로 끊임없이 이어져온 환동해 루트는 장기 지속적으로 이어졌다. 2차 세계대전 이후 냉전시대를 거치면서 북일관계는 여전히 얼어붙어 있고, 동해를 통한 직접적 교섭이 거의 없는 상황에서 20세기에 니가타의 북선 루트가 다시금 주목을 받게 된 것은 이른바 재일교포 '귀국 사건' 때문이었다. 1959년 12월, 일본에서 수만 명의 조선인들을 배에 실어 북한으로 보낼 준비를 마치게 된다. 그러자 한국 전역에서 반대 시위가 일어났다. 이 계획은 일본에서는 귀환 또는 귀국이라는 이름으로 알려졌지만 한국에서는 북송이라 불렀다. 이 사건은 한일관계를 최악의 상황으로 몰아갔다.

그런데 소련 선박들이 니가타에서 청진으로 항해한 지 반세기 만에 기밀문서가 해제되어 '귀국 계획'의 배후를 밝힐 수 있는 새로운 가능성을 던져주고 있다. 이 계획은 사회주의 공화국으로 이주하기를 갈망하는 사람들을 '인도주의적으로 귀국시켜준 것'이 아니라, 도쿄와 평양, 모스크바와 워싱턴에서 일련의 복잡하고 비상식적인 공작들이 빚어낸 산물이었다. 기밀 해제된 일본 정부 문서에 따르면, 일본 외무성 아시아국 5분과에서 '북조선 귀환 희망자의 송환 문제 처리

9 송규진, 「일제의 대륙 침략과 조선의 對 북방무역」, 『문명의 충격과 근대 동아시아의 전환』, 경진, 2009, 77쪽.

니가타시에 남아 있는 북송귀국기념비.

방침'이라는 문서의 초안을 작성했다.[10] 대규모의 가난한 조선인들을 북한으로 귀국하게 함으로써 일본은 전후 재일 조선인 문제를 '손쉽게 처리'하고자 했다.

이들은 고국으로 '귀국'한 것이 아니라 자신이 태어나지 않은 매우 낯선 사회로 떠나는 것이었으니 '이주'라 명명할 만하다. 그러나 이 대규모 사업에 참여한 조선인과 일본인들은 '귀국사업'으로 간주했고, 이 사건에 개입한 국제적십자위원회 같은 국제기구 문서에서도 일반적으로 '귀국'이라는 표현을 썼다. 그러나 실은 단순한 '북한행'이 아니라 냉전체제하 관련국들의 은밀하고도 거대한 이해관계와 공작의 산물이었다. 이 놀라운 사건에는 조선인만이 아니라 그들의 일본인 부인도 다수 포함되어 있었다. 이들 귀국자들은 북한 사회에서 차별대우를 받기도 했고, 일부는 남한 사회로 탈북하기도 했다. 이들의 행로는 아직 멈추지 않은 상태다.

니가타는 과거에 대륙 전진기지였고, 현재도 중앙이 손 놓은 로컬의 역할을

10 테사 모리스-스즈키, 한철호 옮김, 『북한행 엑서더스』, 책과함께, 2008, 4~8쪽.

북송귀국기념 푯말.

충실하게 수행하고 있다. '귀국선'이 비밀공작에 의한 음험한 선택이긴 하지만 니가타가 조일, 중일, 러일의 대륙으로 향한 출구였음을 일깨워준 사건이다. 그러나 러시아와 일본 사이의 북방 영토 문제 때문에 북방의 에네르기, 즉 러시아의 에네르기를 제대로 받지 못하는 니가타로서는 후방 물류거점의 역할을 못하고 있다. 공항도 영세하다. 2,500미터 활주로가 하나뿐인 시골 공항 수준이다. 그래도 이름만큼은 '국제공항'이다.

수산시장에서 조금 더 가면 버드나무가 서 있는 옛 거리가 나오고 그곳에 총련 사무실이 있다. 지금은 출근하는 사람은 아무도 없고 이웃 관리인만 있는 빈집이다. 그 건물 앞에 서 있는 작은 비석을 발견한다.

조선민주주의인민공화국으로의 귀국.

이렇게 환동해 루트는 거친 바람과 파도 속에서 멈추지 않고 니가타 항구에 강한 흔적을 남기고 있는 중이다.

이 섬에 강치가 무리지어 살고 있음을 실제로 목격한 것은 오래전 일이지만, 강치를 잡아 일본 내륙으로 운송하게 된 것은 불과 8~9년 전부터다. 지금부터 8~9년 전, 오키국 어부가 울릉도에 난파했다. 난파선은 어선을 수색하기 위해 섬에 오다가 강치가 무리지어 서식하는 걸 보고 50~60마리를 잡아 일본 내륙으로 보내 상당한 이익을 낸 적이 있다. 3~4년 전부터 사이고 주민 나카이 요자부로 씨 역시 강치잡이에 종사해왔는데 이 사업이 장차 유망한 사업이 될 것을 알았다. 각지의 어부들도 이 소식을 듣고 속속 건너와 경쟁한 결과 남획하기에 이르렀다. 나카이 씨는 이를 우려하여 그 절차로 영토 편입을 청원, 남획 예방과 강치보호법을 강구함과 동시에 강치어업 독점권을 얻기 위해 출원하였다. 이 일이 우연히 영토 편입의 계기를 만들어 결국 1905년 2월 22일자로 이 섬을 시마네현 소속으로 하고 오키 도사의 소관으로 정하게 되었다.

— 오쿠하라 헤키운奧原碧雲, 『죽도와 울릉도』竹島及鬱陵島

7장

문명의 가교이자 침략의 가교

일본의 환동해 바닷길:
산인 지방

18

문명의 교섭 통로

바다를 건너는 신들

동해의 거센 바람과 드높은 파도는 일본 해안 곳곳에 모래언덕을 만든다. 동해를 가로지른 바람만 언덕 위에 앉는 것이 아니라 동해를 건너온 대륙의 신과 영혼과 문물이 함께 앉는다. 일본의 그 넓은 동해 변에 신들이 유독 좋아하는 곳이 한 군데 있다. 시마네현島根縣 이즈모出雲다. 이즈모는 일본 신들의 본향과도 같기에 신들이 즐겨 찾는 곳이다.

이즈모는 일본 고대문화의 발상지이자 신화의 고장이다. 장구한 세월 이 도시의 변화를 지켜온 고분과 함께 모든 신이 모이는 이즈모타이샤出雲大社가 있다. 이즈모타이샤는 고대 한일관계사의 비밀을 안고 있는 도래신渡來神의 대표격이다. 이즈모의 세계는 고대 환동해에 관한 생각을 반영한다. 고대 이즈모는 동해와 호수가 연결되어 '북해'北海, '입해'入海로 불렀다.[1]

이즈모 신화는 한국에서 일본 열도로 가는 항로 중에서 동쪽을 택하여 이즈모로 이주한 사람들의 생각을 반영하며, 이는 그네들의 뿌리가 환동해를 관통하여 신라와 연결되어 있음을 반영한다. 고향을 떠나 동해 바다를 넘어서 오늘의 산인山陰 지방에 정착하여 산성을 구축한 이주민은 동남 지역, 즉 신라가 기원전 3~4세기경에 패권을 수립하게 되는 곳, 즉 진한辰韓에서 온 사람들이었다. 그들이 떠날 때는 신라와 무관했다 하더라도, 그들의 고국이 신라에 의해 통합됨에 따라 후대에는 신라와도 일정한 연계를 가졌을 것이다. 이즈모 세력이라 지칭할

1 關和彦, 「出雲國風土記の歷史的世界」, 『日本海域歷史大系』 第1卷, 古代篇 (1), 淸文堂出版, 2005, 45~67쪽.

만한 이들 이주민 집단은 산인은 말할 것도 없고, 동쪽은 고시국越國, 즉 호쿠리쿠 지방에 미쳤고, 남쪽으로는 산요山陽에 미쳤다.[2]

일본과의 교섭을 말해주는 박제상비.

산인 지방과 한반도의 밀접한 관계를 잘 말해주는 증거의 하나가 한반도로부터의 표류다. 경상도나 강원도에서 온 표류자들이 산인 지방에 다수 도착했음은, 해로가 자연스럽게 양국을 연결시켜주었음을 증거한다. 특히 경상도와 지리적으로 근접하여 동해를 가로질러 많은 사람들이 산인에 정착했기에 그곳 지명에서도 한국 관련 명칭이 두루 확인된다.[3] 733년 이즈모 호족이 지은 『이즈모국풍토기』出雲國風土記는, "우리 나라가 작아 신라의 세 개 항을 끌어와서 이어 붙여야 한다"고 했을 정도로 '경상도–산인'의 동해를 통한 고대 해양 네트워크를 확인할 수 있다. '연오랑과 세오녀' 전설도 경상도 동해 변으로부터 일본으로의 고대 해양 네트워크를 반영한다.

신라 제8대 아달라왕阿達羅王이 즉위한 해(157), 동해에 연오랑과 세오녀 부부가 살고 있었다. 어느 날 연오랑이 바다에 나가 해조를 따고 있는데 갑자기 바위 하나가 나타나더니 연오랑을 등에 업고 일본으로 가버렸다. 세오녀는 남편이 돌아오지 않

2 김석형, 『초기 조일관계사 연구』, 평양: 사회과학원출판사, 1966.

3 신라에서 일본으로의 내왕은 산인뿐 아니라 기타큐슈로도 많이 이루어졌다. 후쿠오카현 무나가타시宗像市의 오키노시마沖ノ島에서 1954년부터 세 차례에 걸쳐 학술 조사가 시작되었는데 한반도와 일본의 문화 교류를 반영한 유물이 다수 출토되어 '바다의 쇼소인正倉院'이라 부른다. 4~10세기 무렵의 제사 유적이 다수 확인되었고 귀중한 봉헌품이 발견되었다. 왕릉급 유물이 8만 점이나 발굴되었으며, 이중 6만 점이 국보로 지정되었다. 이곳에서 발굴된 신라 유물은 쓰시마에서 출토된 것보다 질적으로 뛰어나다. 신라의 본거지인 경주에서 기타큐슈까지 이어진 환동해 남쪽을 관통한 자연스러운 문명 교섭의 결과일 것이다(『해상실크로드 사전』, 236쪽).

자 이상해서 바닷가에 나가보니 남편이 벗어놓은 신이 있었다. 바위 위에 올랐더니 바위는 세오녀도 업고 그대로 일본으로 가버렸다. 사람들은 놀라고 이상히 여겨 왕에게 이 사실을 아뢰었다. 이리하여 부부가 서로 만나게 되어 그녀로 귀비를 삼았다. 이때 신라에서는 해와 달에 광채가 없었다. 두 부부가 일본으로 가버려 광채가 사라진 것이다. 왕이 사자를 보내오자 연오랑은 돌아갈 수 없음을 말하고 그 대신에 자신들이 짠 고운 비단을 주었다. 사자가 돌아와서 그 비단으로 하늘에 제사를 지내니 해와 달의 정기가 전과 같았다. 이에 그 비단을 임금의 창고에 간수하고 국보로 삼으니 그 창고를 귀비고貴妃庫라 하며, 하늘에 제사 지낸 곳은 영일현迎日縣이다.[4]

고구려·발해의 북방에서도 산인 지방으로 도래하고 있었다. 이즈모에도 당연히 발해 사신이 당도하였다. "출운국에서 아뢰기를, 발해국 대사 양중원 등 105인이 지난해 12월 26일에 해안에 도착하였습니다"라는 기사가 그것이다.[5] 따라서 산인 지방은 야마토 문화와는 달리 한반도 북부와 오늘의 연해주로부터 문명 교섭이 직접 이루어진 곳의 하나로 간주된다. 오늘날에도 환동해를 흘러내려온 한반도 동해 변의 쓰레기들이 산인 지방에 속속 쌓이고 있으며, 쓰레기 도래와 표착은 해류를 통한 고대 문명의 도래와 표착 가능성을 과학적으로 증명한다.

이즈모의 바다와 산, 숲과 들은 신이 내려온 곳이다. 『이즈모국풍토기』는 '신화로의 여행'으로 우리를 초대한다.[6] 이즈모 신화에 등장하는 오오쿠니누시大國主命는 대지를 상징한다. 오오쿠니는 다양한 여신과의 사이에서 180명의 아이를 낳았으며, 건국의 신, 농업의 신, 상업의 신, 의료의 신으로 추앙받는다. 이들 신의 다양한 존재는 한반도로부터의 문명 도래를 반영한다.

일제가 조선 침략을 합리화하려는 의도에서 제기된, 일본 학계의 통설적인 임나일본부설任那日本府說의 문제가 된 왜가 지배했다는 백제, 신라, 가야 등의 제

4 『三國遺事』 卷1, 奇異 1, 延烏郎 細烏女.
5 『日本三代實錄』 卷30, 後太上天皇 陽成天皇.
6 山田正昭 外, 『神話の旅』, 每日新聞社, 1973.

이즈모타이샤의 오도리이.

이즈모타이샤가 동해를 건너 울릉도 사동의 신사로 모셔졌다. 도리이 류조 사진(1917년).

국諸國은 실은 한국으로부터 이주해온 사람들이 세운 이즈모 같은 분국分國이었을 것이다. 임나일본부설은 그들 일본 열도 내의 제 분국을 통치하려는 기관에 불과하다. 『일본서기』를 위시한 일본의 고문헌은 한일관계를 한국 사신의 왕래와 한국에서 온 귀인의 이주로부터 시작해놓고서는, 기원전 200년 이후 약 5세기 동안 일본이 마치 한반도의 나라들을 지배한 것으로 서술하면서, 이주민 집단의 내주來住와 선진문화의 내전內傳을 무시하고 있다.

이즈모타이샤로 들어가본다. 울창한 숲을 배경으로 신성한 기운이 감도는 신사는 복을 부르고 인연을 맺어주는 다이코주신大國主神을 모신다. 입구의 목조 도리이에서 배전拜殿까지 이어지는 참배로는 1624년부터 1644년 사이에 조성되었으며, 길 양쪽에 늘어선 소나무 가로수가 품격 있는 터널을 이룬다. 배전은 1959년에 재건했으며, 길이 8미터, 굵기 4미터, 무게 1.5톤의 대형 새끼줄을 매달아놓아 복을 기원한다. 배전 뒤에는 지붕이 온통 초록빛 이끼로 뒤덮인 본전이 있다. 배전을 등지고 오른쪽으로 가면 각종 의식을 행하는 가구라덴神樂殿이 나온다. 배전과 비슷하게 입구에는 길이 13미터, 굵기 8미터, 무게 6톤의 초대형 새끼줄이 매달려 있다. 동전을 던져서 새끼줄에 꽂히면 행운이 온다는 속설 때문에 밑에서 동전을 던지는 사람들을 많이 보게 된다.

이즈모타이샤의 거대한 흰색 오도리이大鳥居는 보는 사람을 압도한다. 높이 23미터, 기둥 지름 2미터, 둘레 6미터로, 일본에서 최대 크기를 자랑한다. 이즈모가 얼마나 중요한 성소聖所였는가는 구 JR 타이샤역大社驛이 증명한다. 1912년부터 1990년까지 운영되던 JR의 역인데 '이즈모타이샤의 도시'임을 강조하기 위해서인지 역사驛舍를 전통 신사 양식으로 지었다. 왕실 인사가 방문할 때를 대비하여 별도 귀빈실을 마련하는 등 각별한 신경을 썼다. 전성기에는 매일 4,000여 명이 드나들었으며, 도쿄·오사카·교토·나고야까지 철길이 연결되었다. 지금은 오랫동안 기차가 다니지 않아 선로에 잡초만 무성하고 사진 촬영 장소로 인기가 높다.

이즈모 역전 풍경.

산인 지방은 한반도에서 흘러온 각종 쓰레기로 뒤덮이곤 한다.[7] 라면 봉지, 스티로폼, 페트병, 플라스틱 통, 각종 어구류, 심지어 냉장고까지 흘러온다. 해류가 직통으로 흐른다는 증거다. 따라서 신들만 도래한 것이 아니라 쓰레기를 비롯한 문물이 도래했으며, 무수한 인간들이 표류 또는 표착했을 것이다. 일본 고문헌에서 최초로 울릉도를 언급하는 1004년의 문서에도 울릉도 사람들이 인바주因幡州로 표류해왔음을 밝히고 있다.

> 관홍寬弘 원년(1004), 고려 번도藩徒인 우릉도芋陵島 사람들이 인바에 표류하여 도착하였다. 양식을 주고 본국에 돌려보냈다.[8]

표류 사건은 그 후에도 수없이 일어났다. 조선에서 표류하여 일본에 표착할 경우, 남쪽으로 내려가 류큐琉球-사쓰마薩摩 해안의 여러 섬으로는 제주도, 전라도 표류자가 가장 많았으며, 쓰시마-나가토長門 구간에는 동해와 경상도 남쪽 해안에서 표류한 사람이, 그리고 산인-홋카이도 지방에는 동해안에서 표류한 사람이 많이 표착했다. 마찬가지로 산인-홋카이도 지방에서 표류한 일본인이 조선에 주로 닿는 곳도 한반도 동쪽 해안이었다.[9] 산인 지방 쪽으로 동해에서의 표류가 가장 빈번했음을 알 수 있다. 표류가 발생하는 시기는 10월부터 2월까지 집중되었으며, 특히 가을에서 겨울로 접어드는 절기에 북서 계절풍을 따라서 표류하는 일이 많았다. 쓰시마 해류가 동쪽으로 치고 올라왔기 때문에 필연적으로 산인 지역에 표착할 확률이 높았다.

따라서 나가토쿠니長門國 기타우라北浦 지방(지금의 야마구치 동해 연안)에 가

7 산인山陰은 동해에 면하며 한반도와 가장 가까운 혼슈 서부 지역이다. 산인 지방은 시마네현과 돗토리현, 야마구치현의 북부 지방이다.

8 『權記』, 寬弘 元年條.

9 정성일, 「표류·표착의 지역적 특성과 그 현재적 의의」, 『조선시대 한일 표류민 연구』, 국학자료원, 2001, 68쪽.

장 많은 조선인이 표착했다. 규슈에서는 당연히 쓰시마와 히젠肥前, 산인에서는 나가토와 이와미石見에 표착하는 일이 가장 많았다. 표착민이 발생하면 현지 주민이 구조에 나섰고 식량 제공 등 경제적 지출이 요구되었다. 따라서 환동해 변 산인 지방에서는 빈번하게 발생하는 조선인 표착자 처리가 곤란한 사회문제가 되었다. 물론 나가토로 표착한 사람들은 조선인에 국한되지 않았다. 난징이나 취안저우, 광저우, 푸저우, 푸젠, 닝보 등 중국 남부의 당선唐船들이 조선인보다는 빈도수가 적지만 자주 표착했다.[10]

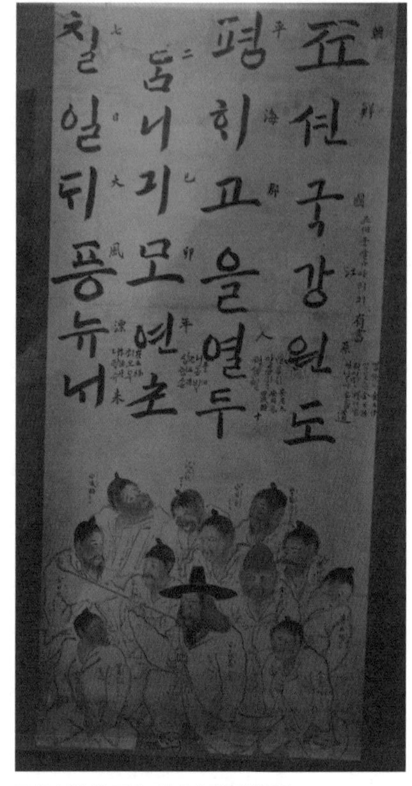

조선 사람의 표류. 시마네 현립박물관.

쇄국과 해금으로 일관한 에도 시대에 표류·표착은 외국인과 접촉하는 중요한 기회였다. 막부는 외국과의 자유로운 통상을 금지하고 나가사키, 쓰시마, 류큐, 에조치에 한정하여 외교 창구를 열어놓았다. 막부의 엄격한 관리 아래 무역과 외교가 이루어졌기에 이국과의 교류는 사실상 차단되었다. 그런 상황에서 외국인의 느닷없는 표착은 대외관계와 무관한 일이었으나 이국인과 접촉하는 중요한 계기가 되었다. 조선인 표류자는 나가사키에서 송환 절차를 밟았다. 송환 과정도 일본인이 외국인을 접촉할 수 있는 중요한 기회였다.

그런데 표류 건수에서는 당연히 일본 서부 쪽이 많았지만 기타마에부네가 활성화되면서 호쿠리쿠 지방에서도 홋카이도를 오고 가던 배들이 표류하는 일이 자주 일어났다. 동해를 가로질러 경상남도 방면 또는 규슈를 돌아서 가고시

10 「環日本海の漂流民」,『日本海域歴史大系』第4卷, 近世篇 (1), 清文堂出版, 2005, 71~79쪽.

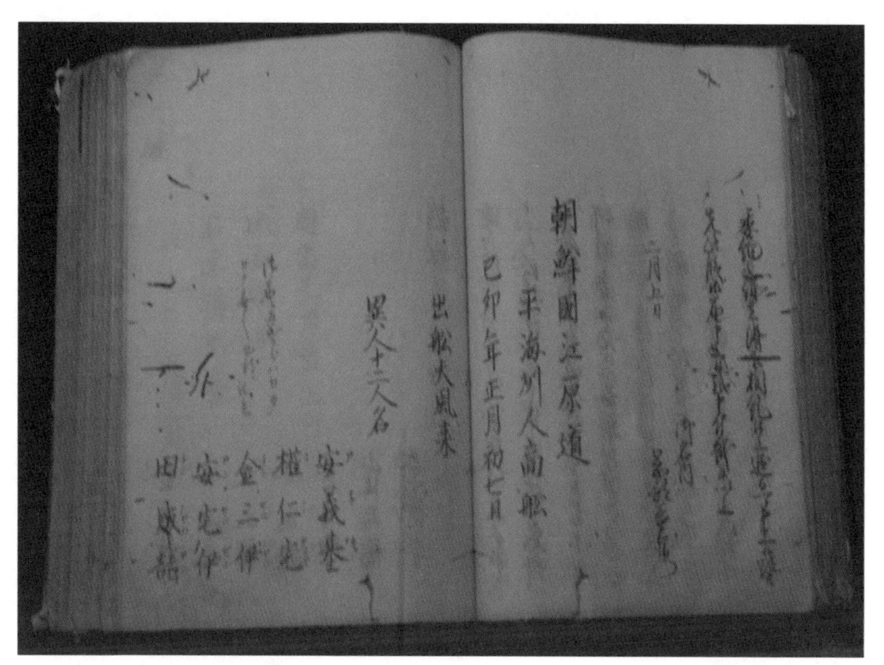
朝鮮國江原道
平海州人
己卯年正月初七日
出船大風来

조선의 표류자 명부. 시마네 현립박물관.

마 남단의 다네가시마種子島나 상하이까지 흘러갔다. 해류의 흐름상으로 환동해에서 경상도 동해로 표착하는 일이 많았음이 흥미롭다. 호쿠리쿠 지방에서 표류한 사람들의 표착지를 문서로 확인된 것만 살펴보면 아래와 같다.[11] 산인 지방과 거의 비슷하게 경상남도 쪽에 많이 표착하고 있다. 이는 일본 열도가 비스듬히 누워 있는 상태에서 환동해 해류의 움직임이 산인이나 호쿠리쿠나 비슷하기 때문이다.

1736년 조선 장기 표착

1774년 조선 감포 표착

1774년 북고려 표착

11 佃和雄, 『新能登·加賀漂流物語』, 北國新聞社出版國, 2006.

기타마에부네의 표류. 고토히라신사 소장.

1786년 조선 율포 표착

1791년 조선 감포 표착

1804년 조선 울산 표착

1842년 조선 휘라진揮羅津 표착

1874년 조선 울산 표착

표류·표착의 빈번성이나 쓰레기 군집의 일상성은 울릉도와 오늘의 시마네현이 해류상으로 해상 교류에 적절한 파트너임을 암시한다. 블라디보스토크에서 시마네현으로 가는 최단거리는 울릉도와 독도를 거치는 것이다. 일명 '죽도일건'이라 불리는 안용복 사건으로 울릉도-시마네현을 오갔던 안용복의 거사 역시 이러한 해류를 적절하게 이용한 것이다. 오늘날은 독도를 둘러싼 논란의 대상이 되는 해역이지만 본디 환동해를 통한 문명 교류의 길목이었다. 오키 제도에서 울릉도로 이주한 일본인들이 굳이 이즈모타이샤에서 신을 모셔다가 울릉도에 신사를 만든 것은 상징하는 바가 크다. 시마네현과 울릉도의 거리적 간극을 이즈모타이샤의 신들이 메워주는 상징적 행위였기 때문이다.

19

침략의 해양 루트

메이지 유신의 본류 조슈파의 하기

일본 환동해의 남서쪽 범주는 기타큐슈로부터 시작됨이 정당하다. 기타큐슈에서 곧바로 북상하면 경상도와 강원도 앞바다에 당도하기 때문이다. 구로시오 난류의 지류인 쓰시마 난류는 기타큐슈를 휘돌아 북상하다가 도호쿠 지방으로 올라간다. 한류는 남하하다가 난류의 거센 도전에 부딪혀서 한반도 동남 해안쯤에서 좌절한다. 환동해권의 영역을 일본 열도 전체로 본다면, 세토나이카이에서 시모노세키의 간몬 해협을 통과하여 북상하는, 혼슈가 시작되는 지점으로부터 동해권역을 설정함이 옳을 것이다. 시모노세키를 포함하는 오늘의 야마구치현

하기의 옛 모습. 하기기념관.

하기의 성문 밖으로 보이는 동해.

하기성.

은 여러 측면에서 일본 근대 해양사의 본류를 형성한 해역이다.

현재 야마구치현의 중심지는 조금 내륙 쪽에 붙은 야마구치시에 있다. 전체적으로 구릉 같은 지형인데 현청사가 있는 곳답지 않게 한적하고 조용하다. 일본인에게는 유다온천湯田溫泉으로 잘 알려진 곳이지만 한국인은 거의 찾지 않는다. 막부 말기인 1863년, 이 지역의 통치자 모리毛利는 본디 환동해 변의 하기萩에 있던 조슈의 번청藩廳을 지금의 야마구치로 옮겼다. 하기는 모리의 36만석 영지로 메이지 유신이 싹튼 곳이기도 하다.

야마구치 시내 곳곳에 이곳 통치자였던 오우치大內의 흔적이 남아 있다. 싸우다가 무너진 오우치 요시히로大內義弘의 넋을 추모하기 위해 1442년에 세워진 루리코지瑠璃光寺 5층탑, 오우치를 꺾은 모리가 오히려 적장의 사적을 모아놓은 용복사龍福寺가 있다. 이곳에도 어김없이 사비에르 신부의 족적이 읽히고 있으니, 1952년에 그가 당도한 400주년을 기념하여 세운 성당이 시내 복판에 있다.[1] 규슈 남단 가고시마에 당도한 사비에르의 선교 족적이 야마구치까지 북상했다는 증거다. 사비에르는 히라도平戶－하카타博多－야마구치－미야코宮古－히라도－

1 화재로 파괴되어 1992년에 다시 현대식으로 건립하였다.

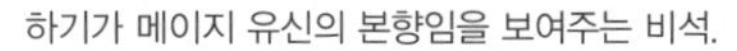
하기가 메이지 유신의 본향임을 보여주는 비석.

하기에서 만날 수 있는 메이지 유신의 주역들.

야마구치-붕고豊後를 거쳐 인도로 갔다.

야마구치에서 주목되는 풍경은 유신 사적이다. 정한론征韓論의 원조인 기도 다카요시木戶孝允를 모신 기도신사木戶神社, 지금까지 영웅 대접을 받는 이토 히로부미의 기념관, 도요토미 히데요시의 묘지 등이 야마구치현에 있어 조선 출병과 관련한 인물들을 도처에서 만날 수 있다. 조슈번長州藩의 중심지였던 북쪽 바닷가에 하기가 있고, 하기 바로 서쪽에 나가토, 나가토 옆은 시모노세키다. 모두 야마구치시에서 1시간이 채 걸리지 않는다. 무심하고도 평화롭게 연락선이 부산과 시모노세키를 오가고 있으며 관광객을 부려놓고 있지만 해협의 파고는 높기만 하다. 조슈번의 옛 땅은 그렇게 거친 환동해 물결과 더불어 흘러온 것이며 그네들 열도 사람들은 섬으로 존재하는 한 부단 없이 배를 타고 환동해를 통해 한반도로, 대륙으로 나가고자 하는 욕망을 숨기지 못할 것이다.

메이지 유신의 주역들이자 한반도 침략의 원흉이 바로 바닷가 출신들이다.

우리에게 익숙한 하기의 이름들.

사쓰마, 조슈, 히젠, 도사土佐의 네 바닷가에서 정치적 헤게모니를 잡고 있음이 확인된다. 메이지 유신의 핵심인 사초동맹薩長同盟의 주역 사쓰마와 조슈도 바닷가다. 그중 환동해의 좌장은 조슈다. 조슈가 막부 타도의 선봉으로 나선 것은 깊은 역사적 맥락을 지닌다. 조슈는 반도쿠가와反德川였고, 도사는 친도쿠가와親德川였다. 조슈와 사쓰마는 막부가 있는 에도에서 멀리 떨어져 있는 데다가 해상무역을 통해 돈을 벌어 경제력이 상당했다. 막부 말기에 도쿠가와는 조슈를 정벌하려 했지만 실패하고 만다. 조슈는 일찍부터 외국과 교전을 벌이면서 신무기로 무장하고 있었기 때문이다.

하기는 조그마한 동네에 불과하여 읍치 소재지 정도의 규모다. 걷거나 자전거를 타고 반나절이면 돌아볼 수 있는 동네에 옛 조슈번의 현청이 있던 유지가 남아 있으며 환동해에 면한 성터가 있다. 이곳에서 바로 직진하면 경상도나 강원도, 또는 울릉도와 연해주까지 닿을 수 있다. 환동해의 야망을 키우기 적당한 곳이라는 생각이 든다.

동네를 걷다 보면 메이지 유신의 주역이자 한반도 침략의 원흉들을 두루 한자리에서 만나게 된다. 정한론의 주역들이다. 메이지 시대 정한론을 이해하기 위한 하나의 전제가 있다. 메이지 정한론의 원조가 조슈나 사쓰마 사족임이 분명하나 기실 정한론은 이미 18세기 후반부터 등장한다.[2] 1785년에 하야시 시헤이林子平는 『삼국통람도설』三國通覽圖說에서 정한론의 소지가 엿보이는 '무비지사'

2 정한론의 계보에 대해서는 다음을 참조. 三宅英利, 『近世アジアの日本と朝鮮半島』, 日朝新聞社, 1993(미야케 히데토시, 김세민 외 옮김, 『조선통신사와 일본』, 지성의샘, 1996, 198~215쪽).

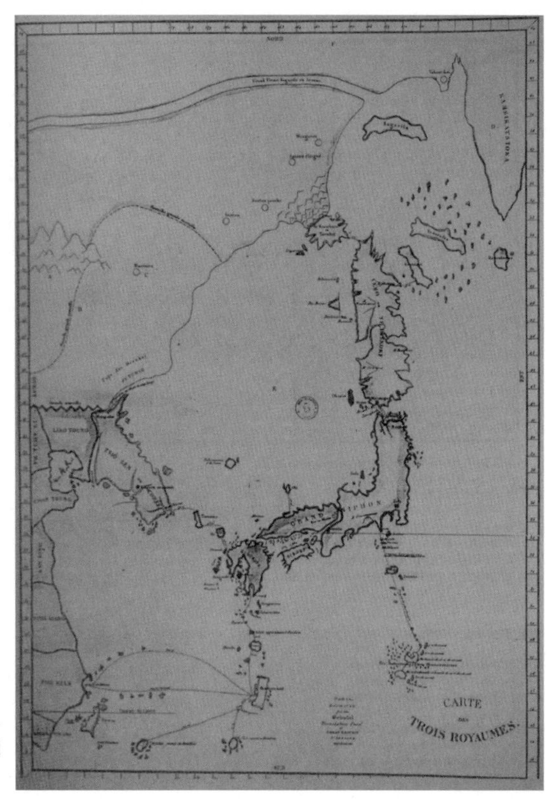

하야시 시헤이의 『삼국통람도설』(1785년, 프랑스어판). 독도와 울릉도 등 환동해의 전반적인 모습이 잘 드러나 있다.

武備之事를 역설했다.

> 일본은 조선·유구·에조蝦夷, 이 삼국과 경계를 접하였으므로 만일 이 나라들에 의해 불의의 변이 생긴다거나 잘 훈련된 병마가 밀어닥친다면 일본은 파죽과 같이 붕괴되기 때문에 부디 천하 주의 병마를 조련해두는 일에 관심을 가져야 합니다.

국경을 조선·류큐·홋카이도로 하여 이 세 방면에서 침입을 받을 때, 국가의 패배를 예상하여 방비해야 한다는 인식이다. 그의 생각은 조슈번의 중심인물인 기도 다카요시에게 이어지며, 기도는 정한론의 원조 중의 원조로서 오랜 대외정벌의 전통을 이어받았다. 기도는 조슈 명문가 출신으로 사쓰마번과 비밀리

강학을 열었던 하기의 요시다 쇼인과 그의 제자들. 이들은 메이지 유신의 주역이 된다. 쇼카손주쿠松下村塾 150주년기념지출판위원회.

에 막부 타도의 밀약을 맺었다. 그는 오쿠보 도시미치大久保利通, 사이고 다카모리西鄕隆盛와 더불어 '유신3걸'維新三傑로 불리며, 수도를 교토에서 에도로 옮기고 번을 폐지하여 천황에게 넘기는 일을 주도하는 등 혁명을 이끌었다. 기도는 1868년(메이지 원년) 12월 14일의 일기에 이렇게 썼다.

> 사절을 조선에 파견하여 그들의 무례함을 문책하고 그들이 만약 불복할 때는 죄를 따지기 위하여 그 나라를 공격하여 크게 신주神州(일본의 자존적 표현)의 위엄을 신장시킬 것을 바란다.

1869년에는 이와쿠라岩倉에게 "조선을 정벌하면 일본의 국위가 세계에 떨쳐지고, 국내의 인심을 국외로 향하게 할 수 있다"고 말한다. 이러한 생각에서 그는 조선에 사절을 파견할 것을 내각에 제안한다. 그의 제안에 따라서 이듬해인 1870년 10월, 메이지 정부는 조선에 사절을 보내어 국교 회복, 즉 침략의 빌미를 잡으려 한다. 당시 조선에서는 흥선대원군이 정권을 잡고 쇄국정책을 펴고 있었다. 사절로 조선에 다녀온 사다 소이치로佐田素一郎는 귀국하자 '건백서'建白書를 제출하여 정한론 불꽃에 기름을 끼얹는다.

운요호.

조선은 불구대천의 적으로 반드시 정벌하지 않으면 황위皇威가 서지 않는다. 실로 함께 하늘을 같이할 수 없는 도적이다. 반드시 이를 쳐버려야 한다. 30개 대대 병력만 동원하면 50일 내에 정복이 가능하다. 프랑스와 미국이 조선 침공을 계획하고 러시아가 호시탐탐 노리는데 일본이 우유부단하면 기회를 잃을 것이다.

막부 말기 이래의 해외웅비론海外雄飛論에다가 메이지 유신으로 입지가 흔들린 불평 사무라이의 눈을 해외로 돌리기 위한 전쟁론이 결합된 것이다. 그러나 기도 다카요시는 1871년 이와쿠라 사절단에 속해 유럽 시찰을 마치고 1873년에 귀국한 후 내치內治의 시급성을 통감하며 정한론을 반대하면서 사이고 다카모리西鄕隆盛와 대립한다. 정한론 반대론자는 내치 우선을 강조하여 속도 조절을 요구했을 뿐, 조선 정벌 자체를 반대한 것은 아니었다. 기도가 주창한 조선 침략론은 사이고가 주창한 '유한대사론'遺韓大使論으로 발전하여 정부 수뇌부 사이에 대논쟁을 일으킨다. 결말은 주지하는 바와 같이 사이고를 비롯하여 그를 지지하는 이타가키 다이스케板垣退助, 에토 신페이江藤新平, 소에지마 다네오미副島種臣 등 여러 관료의 사직으로 끝난다. 유신 주도 세력들의 분열은 사가佐賀, 구마모토熊本, 하기의 반란, 그리고 종내는 세이난 전쟁西南戰爭(1877)으로 귀결되었다.

1875년에 강화도 사건이 일어난다. 운요호雲揚號가 불법으로 강화도 수역을 침범하자 조선 측에서 발포한다. 두말할 것도 없이 조선 측에 압력을 가하기 위해 군함을 근해에 출몰시켜 교란시킨 결과다. 수도의 길목인 강화도까지 운요호가 들어온 것은 명백한 도발이었다. 그 운요호를 보낸 곳이 바로 조슈의 해역권인 시모노세키였다.

20세기의 다나카 기이치田中義一, 기시 노부스케岸信介 등 역대 일본 내각을 통틀어 가장 많은 총리를 배출한 곳이 야마구치현, 즉 조슈번이다. 대신급은 너무 많아서 일일이 이름을 나열할 수 없을 정도다. 한국인에게 매우 '친숙한' 이토 히로부미도 눈에 띈다. 만약 조슈 같은 강력한 힘의 배경이 없었던들, 이토 히로부미가 그렇게 높은 자리까지 승승장구하지 못했을 것이다. 하기라는 조그마한 환동해 변에서 한반도와 대륙 정벌의 꿈을 키우며 환동해를 넘어갈 준비가 착착 무르익었던 것이다.

북방 마쓰마에와 남방 사쓰난의 중간 기착지 오키 제도

환동해는 우리의 동해와 마찬가지로 섬이 거의 없다. 그런 점에서 오키 제도隠岐諸島는 매우 각별하다. 돗토리와 요나고米子에서 야마구치를 연결하는 디젤 특급열차 슈퍼오키는 야마구치로 향하는 유일한 특급열차로 명맥을 유지한다. 열차 이름도 오키 제도에서 유래했다. 환동해권에서 살아가는 일본인에게 오키가 그만큼 중요하다는 뜻이다. 우리에게 울릉도가 있다면, 일본에는 오키 제도가 있기 때문이다.

오키 제도.

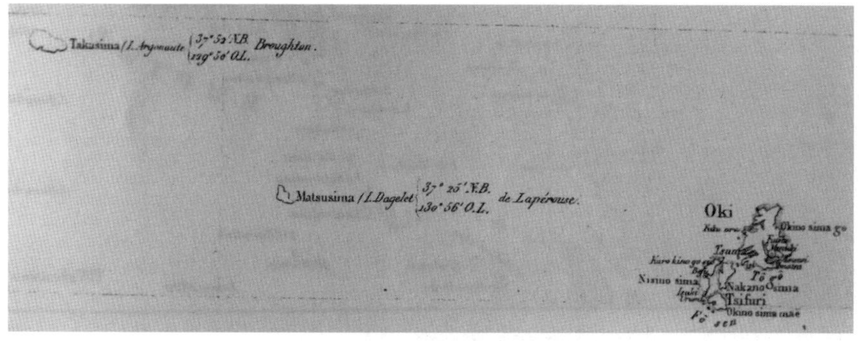

지볼트의 『일본』Nippon에 실린 오키 제도. 좌측 상단에 독도가 다케시마로 표기되어 있다.

시마네현은 한반도와 최단거리다. 특히 시마네현 오키는 울릉도와 지척이다. 동해를 마주 보는 지리적 특성상 한반도를 통한 문물의 유입 경로로 자주 활용되었다. 우리 고문헌에도 오키에 대한 설명이 자주 등장한다. 조선 초기 자료인 신숙주의 『해동제국기』海東諸國記에 은기주隱岐州(오키 제도)가 정확하게 묘사되어 있으며, 조선 후기 자료인 『오주연문장전산고』五洲衍文長箋散稿에도 아래와 같이 은기주가 등장한다.

> 울진현은 은기주와 서로 가까우니, 곧 산음도 은기주이다. 은기주 가운데 4군 또한 하나의 섬으로 되어 있는데, 섬은 산음도 북쪽에 위치하며, 오곡은 없고 해조와 꿀이 많이 나는 곳으로 일본의 하국下國이다. 은기주 끝에는 후오우后烏羽라는 작은 섬이 있다.
>
> —『오주연문장전산고』, 경사편 5, 울릉도변증

오키는 시마네현 오키군에 속하며, 역사적으로 오키국이라는 구니國가 설치되기도 했다. 오키는 커다란 도고섬島後島, 그리고 지부리섬知夫里島·니시노시마西ノ島·나카노시마中ノ島 등 세 개의 조그만 섬을 합쳐 도젠島前이라 한다. 네 개 섬은 해안선 길이가 총 359킬로미터, 면적은 348제곱킬로미터다. 가장 큰 도시는 사이고西鄕로, 도고섬에 있으며 산인의 사카이미나토境港에서 약 80킬로미

오키의 흑요석.

길바닥에 각인된 오키 흑요석의 길.

터 떨어져 있다.

오키는 조몬시대縄文時代부터 일본 본토와 왕래를 했다. 산인 각지 유적에서 발굴되는 흑요석黑曜石이 그 증거다. 흑요석은 선사시대의 각별한 물질도구로 칼, 도구, 장신구 등을 만드는 데 요긴하여 바다를 건너 수출되었다. 흑요석이 전파 분포된 경로를 통해 오키의 문명 교섭 범주를 확인할 수 있다.

율령시대에 오키국은 4군 12향의 작은 나라였으며, 에도 시대에는 마쓰에번松江藩의 관할이었다. 에도 시대에 오키는 기타마에부네 기항지로 번영을 구가했으며, 메이지 4년(1871)에 돗토리번으로 이관되었다가, 1878년에 돗토리번을 병합하여 시마네현이 되었으며, 1881년에 돗토리현을 재설치하면서 오키는 시마네현에 잔류하게 되었다. 고대 이래 오키는 유배의 섬이었으며 천황을 비롯한 많은 역사적 인물들이 귀양을 오던 곳이었다. 무엇보다 오키는 환동해의 풍부한 물산을 기반으로 성장했으며, 특히 해산물이 풍부하여 혼슈로 들어가는 생산지였다. 섬이지만 쌀이 많이 생산되는 논농사 지대이기도 하다.[3]

오키섬의 육지 관문인 사이고항에 당도하면 '다케시마와 바다를 돌려달라'는 입간판부터 눈길을 끈다. 일본은 오키에 자위대, 해상보안청 등의 국가기관

3 錦織勤 · 池内民,『鳥取 · 米子と隱岐』, 吉川弘文館, 2005, 48~50쪽.

오키 제도의 신사에 봉헌한 기타마에부네. 1876년. 고토히라신사.

을 설치하는 방안을 추진 중이다. 자국 안보와 해양 질서에 중요한 섬을 '특정국경낙도'로 지정하여 국가기관 설치 등을 지원하는 '특정국경낙도 보전·진흥 특별조치법안'에 따른 것이다. 오키 제도, 센카쿠尖閣(중국명은 댜오위다오) 열도, 오키나와현沖繩縣 요나구니섬與那國島, 러시아와 가까운 홋카이도 인근 레분섬禮文島 등도 이 법에 따른다. 독도와 센카쿠 열도, 쿠릴 열도를 놓고 분쟁을 벌이고 있는 한국, 중국, 러시아를 염두에 둔 조치다.

전국시대 말기 오키는 모리씨毛利氏의 지배를 받고 있었다. 오키는 섬이지만 벼농사를 많이 짓는다. 에도 막부 시절, 전체 섬에서 1,200석 내외가 소출되었다. 오키는 구로시오 난류에서 북상한 쓰시마 난류의 영향을 받는 섬으로 남방 특산물인 흑우黑牛가 산출된다. 과거 제주도에도 흑우가 있었고, 오키나와에는 지금도 흑우가 있으니 흑우가 환동해 루트까지 북상한 결과다.

인구는 1만 8,000명가량으로 150여 년 동안 1만여 명이 증가했다. 근세 중기 이후에 50퍼센트가 증가한 셈이다. 이는 해운업이 번성한 결과다. 기타마에부네의 중간 기착지로 명성이 높아지면서 섬에는 농사를 짓는 하층 백성 이외에 간협間脇이라고 운송업에 종사하는 하층민이 존재했다. 북방 마쓰마에에서 사쓰난 제도로 이어지는 항로의 중요한 지점이었다. 그래서 '중심지로서의 사이고', '기항지로서의 사이고'라는 애칭이 남아 있다. 일찍이 『은주시청합기』隱州視聽合記

여관에 걸려 있는 오키의 옛 경관 사진.

오키의 해식동굴.

오키의 무인도들.

울릉도와 흡사한 오키의 경관.

배가 집에서 바다로 바로 빠져나갈 수 있는 특이한 선착장 구조.

'다케시마'를 강조하는 입간판.

에 "서국 동국의 배가 왕래하는 정박지, 남포 북포의 상박이 머무는 곳"으로 기록되어 있다. 북방의 마쓰마에에서 홋카이도를 배경으로 한 물산을 남방의 사쓰난까지 실어가고, 반대로 남방의 물산을 북방으로 실어가는 중간 지점이었다.

오키는 동해의 찬물에서 다시마昆布를 다량 생산했고 그 질이 뛰어났다. 오키의 다시마는 이들 기타마에부네에 적재하는 중요한 산물이었다. 건너편 육지 와카사若狹와의 교류도 빈번했다. 계절풍을 이용하면 자연스럽게 와카사에 닿았다. 후쿠이현 북서부의 와카사만은 교토에 속했고, 환동해에 위치한 교통의 요지인 오바마와 면한다. 호쿠리쿠의 물류가 오바마나 쓰루가에서 수로를 따라 비와호에 당도하고, 다시 수로를 통해 호수 건너편에 당도하여 교토로 들어갔다. 환동해권 후쿠이현의 쓰루가항은 고대부터 번영하여 아시아 대륙과의 교역 중심지였고, 옛 수도 나라와 교토의 주요 선적지였으므로 오키 제도로서는 가장 빈번한 교통의 요지였던 와카사만으로 연결하여 키나이畿內와의 연결고리를 유지한 것이다.[4]

4 胡桃 澤 勘司, 『近世海運民俗史研究』, 芙蓉書房出版, 2012, 55쪽.

오키의 부유층은 많은 배를 소유하고 있었고, 대항해가 가능했기 때문에 일찍이 독도로 출어했으며 울릉도를 넘보게 되었다. 그런 의미에서 메이지 유신 이후에 시마네현 사카이미나토와 가까워졌으며, 울릉도와의 직항 노선이 생겨난 것은 오키의 역사에서는 매우 늦은 후대의 일이다.

사카이미나토 출신 향토사가로 사카이도서관을 창설한 고이즈미 노리사다小泉憲貞(1851~1922)는 『오키지』隱岐誌(1903)에 울릉도를 오가던 오키 사람들의 이야기를 적어두었다. 울릉도의 울창한 숲에서 벌목하여 오키 신사를 짓는 데 썼다는 사실을 밝히고 있다. 그러면서 "다케시마는 조선 영토로 우리한테는 요원한 땅이다"라고 하여 울릉도는 넘볼 수 없는 땅임을 명기했다.

> 다케시마(울릉도) 출발지는 오키국 오치군穩地郡의 기타가타촌北方村 후쿠우라항福浦港으로 이미 간에이寬永 연간(1624~1644)에 다케시마 도해업자가 그곳에서 가지고 돌아온 양질의 목재로 후쿠우라만의 작은 섬에 신사를 건립했다. 지금도 그 신사가 존재한다.

사카이미나토와 시마네현과 울릉도

시마네현은 북풍으로부터 배들을 보호할 아늑한 항구가 빈약하다. 접경에 있는 돗토리현도 항구 입지가 빈약하다. 일본 쪽 환동해 해역의 항구 사정이 전반적으로 취약하다. 거센 북풍과 모진 파도를 일으키는 동해의 위엄과 강렬한 힘을 쉽게 당해낼 수 없기 때문이다. 사카이미나토는 그런 면에서 아주 독특한 입지다.

시마네현은 한반도에서 일본으로 진출하는 길목과도 같은 곳이다. 부산·경상남도에서 최단거리는 쓰시마·이키를 거쳐 하카타로 가는 길이지만, 일단 기타큐슈에 당도해도 시모노세키 근처로 진입해야 세토나이카이를 거쳐 일본 수도로 접어들 수 있다. 그러나 시마네현으로 바로 가면 세토나이카이를 거치는 수고를 피할 수 있다. 시마네현의 선사·고대 유적에서 한반도 도래 문화와 직결되는 유구가 발굴되는 것은 이 같은 지리적 조건 때문이다.

사카이미나토의 한반도와의 교섭 기능이 본격적으로 부각되기 시작한 것은 일제강점기였다. 무엇보다 통신이 울릉도－함경도로 연결되었다. 당시 통신은 제국주의의 대동맥 역할을 했다. 덕분에 울릉도 통신의 역사는 상당히 이르다. 러일전쟁 직전, 일본 해군은 러시아 극동함대를 감시할 목적으로 동해안 죽변과 울릉도 서북부, 동북부에 망루를 설치했다. 죽변 망루와 울릉도 망루를 연결하는 해저전선이 1904년 9월 30일에 완성되었다. 1906년 7월 20일부터는 마쓰에松江와 울릉도 도동－함경도(울진, 죽변 경유) 사이에 해저전선을 매설하고, 같은 해 6월 1일에는 울릉군 도동에 일본인 사설우편소를 개설했다.[5]

원산과는 해저전선으로 중계했기 때문에 아침 저녁으로 8시에 한 번씩 통신을 접수해야 하는 답답한 상황이었다. 그 때문에 일본인들은 라디오를 듣고 요점을 채록하여 등사판으로 박은 '라듸오 일보'라는 한 장짜리 종이를 자기들끼리 매일 돌려보았다고 한다.[6] 개항 당시에 울릉도 거주 일본인은 96호 303호였는데 시마네현 출신이 64호 218호로 가장 많았고, 그다음이 돗토리 12호, 오사카, 효고, 나가사키, 고치, 사가, 에히메, 후쿠이 등이었다.[7] 시마네현과 돗토리현이 절대 다수인 것은 동해를 통한 울릉도와의 가까운 거리를 상징한다.

마쓰에는 독도 분쟁을 주도하는 시마네현의 현청 소재지이니 시마네현과 울릉도의 오랜 관계가 통신을 통해서 연결되고 있었던 것이다. 시마네현 사람들이 '독도－다케시마' 전선에 전면적으로 나섬은 이 같은 '향토적 취향'과도 관계가 있다. 시마네현 향토사가들이 옛 '울릉도－시마네현' 연락선과 통신선, 이주어촌과 어업 자원 획득, 독도 강치잡이 따위를 얼기설기 이론화시켜 수준 낮은 독도 영유권론으로 포장하는 것도 이 같은 '향토적 취향'과 결부되어 있다.[8]

동해를 가로질러 시마네현 쪽으로 직항로가 이어지고 있었던 것도 주목할

5 『울릉군지』, 301쪽.
6 『동아일보』, 1928년 9월 2일.
7 유미림, 『'독도와 울릉도' 번역 및 해제』, 한국해양수산개발원, 2009, 73쪽.
8 주강현, 『독도견문록』, 웅진지식하우스, 2008.

1	2
3	4
5	6

❶ 해상에서 바라본 도동. ❷ 울릉보통학교. ❸ 일본인이 다니던 심상소학교. ❹ 산에서 바라본 도동.
❺ 하늘에서 바라본 독도. ❻ 도동의 신사, 1917년, 도리이 류조, 국립중앙박물관.

1	2
3	4
	5

❶ 도동의 일본인 이주촌, 1917년, 도리이 류조, 국립중앙박물관. ❷ 독도에 상륙하여 푯대를 세우는 오키 사람들. ❸ 독도의 일본 어민. 옆에 제주 해녀가 보인다. ❹ 독도의 일본 어민. ❺ 태하동 풍경.

일이다. 한 달에 4회 정기노선이 동해를 가로질러 울릉도를 오고 갔다. 니가타항에서 청진·원산으로 대형 객선이 왕복하던 조건에서 울릉도 방향은 사카이미나토가 전담했다. 다음은 1930년대의 한 신문 기사다.

> 일본 직통 정기 항로는 1931년부터 개통하였으며, 포항·원산·청진을 거치지 아니하면 내왕이 없는 불편. 오늘 4월부터 일본의 강전岡田기선회사에서 시마네현과 울릉도 간 인양환因洋丸(241톤)을 한 달에 한 번씩 통함, 경상북도에서 연 600원 보조금. 그리고 백양환伯洋丸(471톤) 두 척으로 운행, 포항운수주식회가 대리점 사무를 취급. 포항도 기항.[9]

독도 분쟁을 야기하는 시마네현과 울릉도가 교통상 중요한 관계를 맺고 있었다는 증거이며, 이는 시마네현 사람들이 울릉도와 독도 근해에서 활발한 어업을 전개하며 강치잡이 등에 종사하던 사정과도 연계된다. 1940년부터 한반도는 시마네현과 항공기로도 연결되었다. 주목할 일이다. "후쿠오카와 울산 사이에서 항로는 시모노세키, 이키, 쓰시마와 부산-마산을 잇는 항공 금지 구역을 우회한다. 그 외에도 도쿄와 서울 간의 요나고를 경유하는 5시간 걸리는 직항로가 있다"고 하였으니, 오늘날의 시마네현 요나고 공항과 서울이 직항으로 연결되었음을 알 수 있다.[10]

시마네현이 독도에 관심이 많은 것은 위의 어업 침탈처럼 역사적, 문화적으로 축적된 어떤 정서적인 측면에 도사리고 있음을 알 수 있다. 울릉도 도동은 최초의 일본인 암학岩鶴이 돗토리현에서 도래하여 잡화상 대방貸房을 포설한 후, 도민 다수가 위집하여 호상 교역하므로 본동명을 도방이라고 했다는 사실, 최초의 일본인 입도주入島住가 독도와 분쟁 중인 시마네현 출신이라는 사실을 주목할

9 『동아일보』, 1931년 2월 25일.

10 헤르만 라우텐자흐, 김종규 외 옮김, 『코리아: 답사와 문헌에 기초한 1930년대의 한국 지리, 지지, 지형 II』, 민음사, 1998, 810쪽.

필요가 있다.[11] 이들은 사카이미나토에서 배를 타거나 울릉도로 출어하는 어선을 이용했을 것이다. 시마네현 고시에 입각한 1905년의 독도 편입까지 포함한다면 시마네현 사람들의 울릉도에 대한 관심은 당연한 일이다.

그러나 엄밀하게 역사를 조망한다면 이 모든 것들이 '만들어진 역사'일 뿐이다. 쓰시마와 공모하여 울릉도를 무단으로 침략하려 했던 사실, 독도에서 저지른 불법적·야만적인 바다사자 학살, 러일전쟁 이후 대륙 침략의 필요에 의한 통신·교통시설의 설비, 천혜의 어장인 울릉도·독도를 수탈하기 위한 이주 어촌, 이즈모타이샤를 비롯한 식민 통치의 시스템 구축 등이 야기한 19~20세기적 '제국의 바다, 식민의 바다'의 결과물들이다. '만들어진 역사'가 현실로 둔갑하여 세뇌시키고, 착각은 신념으로 굳어져서 엄중한 국제적 분란을 일으키고 있는 중이다.

시마네현의 이른바 향토사가들은 연일 『은주시청합기』를 다시 분석하고, 비분강개하는 글을 쓰거나 강연을 준비하고 있다. 한반도와 문명 교류를 했던 시마네현 일대가 분란의 화점火點이 된 것이다. 그리하여 시마네현은 불행하게도 그 유서 깊은 '신들의 도시'에서 '다케시마 행동대원들이 집결하는 도시'로 전락하고 만 것이다.

그런데 환동해에서 만난 일본인들은 독도와 다케시마에 대해 생각 이상으로 관심이 적다. '그런 걸 왜 묻냐'는 표정이 역력하다. 국민국가의 권력이 만들어낸 담론에 휘둘리는 것이 분명하다. 그래서 환동해는 아직은 '평화롭다'고 해도 좋을 것이다.

11 『동아일보』, 1931년 2월 25일.

"산인山陰에 오신 것을 환영합니다." 요나고 공항의 입간판은 그렇게 한글로 시작한다. 일본의 도시들이 대개 그러하듯이 한국어와 중국어가 익숙하게 다가온다. 사주Sand bar가 해안을 따라 길게 형성되고 차는 사주 위를 달리는 식이다. 왼쪽으로는 신지호宍道湖, 오른쪽으로는 나카우미中海, 두 개의 호수를 가로지른다. 호키伯耆 간판이 보이는데 안용복이 지나갔던 길이다. 여기서 시마네현과 돗토리현이 갈린다. 해변도로를 따라 산인본선山陰本線이 함께 달린다. 환동해 노선이다. 요나고 공항에서 시내로 들어가는 4차선 도로 좌측으로 송림과 모래사장이 보이는 것이 우리 동해와 같은 풍광이다. 가끔 가는 하천이 동해로 달려 내려간

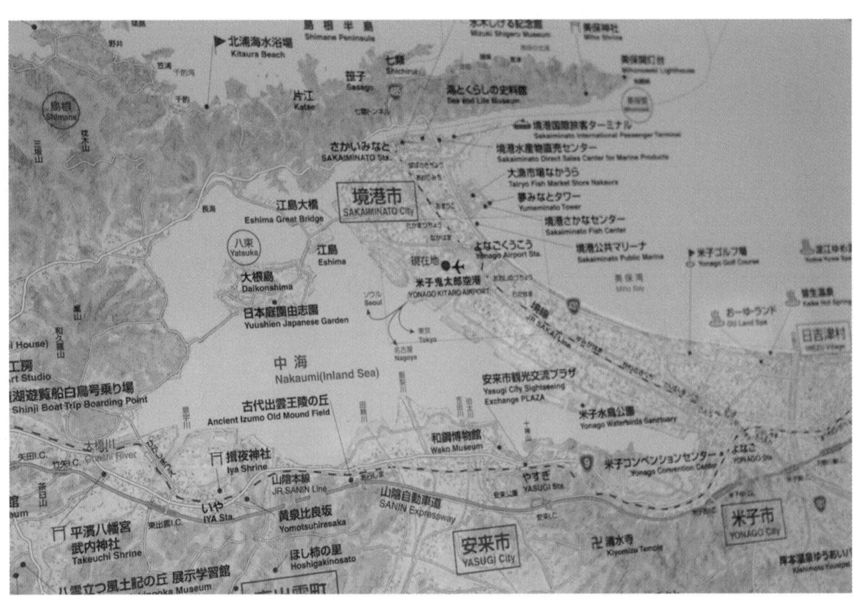

요나고 주변도.

다. 이 역시 같은 풍광이다. 동해에서 밀어붙이는 모래가 길게 둑을 쌓고, 돗토리에 가서는 거대한 사구를 만들어냈다. 바람은 강한데 서울보다 따습다. 구로시오 난류의 영향이리라. 사카이미나토의 수산물센터에는 동해의 심해에서 사는 홍게, 그리고 전갱이(아지)와 오징어가 보인다. 환동해 수산물의 공통점이 확인된다. 아지가 다수 보이는 것으로 보아 구로시오 난류가 따스한 바다를 만들고 있음이 분명하다. 이 로컬 시장에서 냉동 생선은 거의 보이지 않는다. '날것'들이다. 동해의 힘, '날것'의 힘이 느껴지는 항구다.

사카이미나토는 미즈키 시게루의 고향이기도 하다. 요나고에서 항구로 갈 때도 그의 요괴기차를 타고 달린다. 그의 요괴는 무섭지 않다. 시게루 기념관에서 그가 이 자그마한 항구에서 고등학교를 마쳤음을 안다. 시게루 키즈들이 중년 또는 노년이 되어 찾아온다. 만화가 있는 환동해의 풍경은 이렇게 21세기답다. 먼저 돗토리현 서부 출장소에서 시청과 항만 관계자들을 만났다.

시마네현과 돗토리현이 같이 항구를 관리하고 있습니다. 두 개 현에서 조합을 구성하여 하나의 항구를 운영하는 곳은 일본에서 유일하게 이곳뿐입니다.

모래톱 끝자락에 항구가 있고 안쪽으로 아늑한 항로가 들어와 있어 태풍에도 비교적 안전하다. 돗토리현에 속한 사카이미나토시와 이웃 마쓰에시松江市가 하나의 항구를 공유하는 이유다. '사카이'란 경계를 뜻한다. 경계의 숙명은 공동운명체다. 돗토리현은 1995년부터 강원도 동해시와 환동해 교류를 하고 있다. '경제적 교류 협력이 게이트웨이'라는 생각에서다. 돗토리현과 강원도가 운항 보조금을 지원하여 시작한 사업인데 강원도는 중간에 발을 뺐다. 그럼에도 돗토리현은 계속 보조금을 내어서라도 항로를 유지시키고 있다. 이러한 교류를 실현하게 하는 인프라가 사카이미나토 항구다. 환동해에 대한 의지가 강함을 알 수 있다. '사카이미나토-동해-블라디보스토크'는 삼각관계로 '일본-한국-러시아'를 환동해 네트워크로 연결해준다. 현재 페리선이 인가되어 있는데 여객은 안정적 상태를 보여준다. 화물은 물동량이 적어 '사카이미나토-동해'는 매우 약

사카이미나토 수산시장의 동해 해산물. 우리의 동해와 유사하
다. 맨 아래는 니가타 수산시장의 표식.

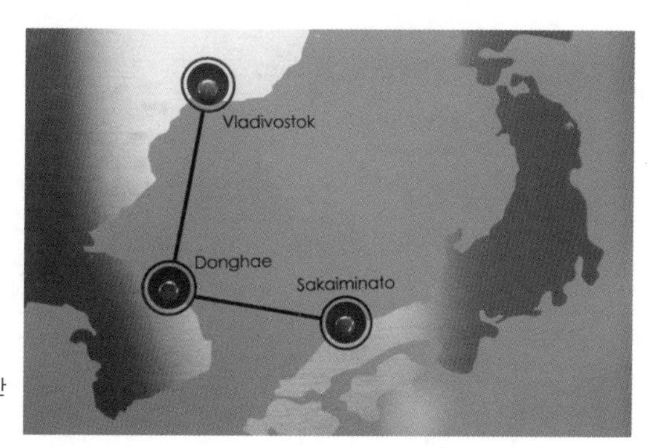

사카이미나토, 동해시, 블라디보스토크 간의 네트워크.

하다. 일본에서 연해주까지 직접 가는 노선은 사카이미나토가 유일하다. 그런 점에서 사카이미나토는 과거 일본 열도와 대륙을 연결하던 환동해 루트의 명맥을 유일하게 이어가고 있는 항구다.

> 창춘, 훈춘, 투먼까지 포함해서 발전시키려고 연구 중입니다. 사카이미나토에서 고치四國까지 무료 고속도로가 뚫려 있어 물류의 융통성이 있지요. 동해에서 태평양으로 직결됩니다.

21세기에 DBS크루즈가 사카이미나토—동해시 동해항—연해주 블라디보스토크를 순회 운항하고 있다. 일본-한국-러시아를 연결하는 이 노선은 과거에 일본-한국-북선北鮮을 연결하던 전통적인 노선을 변형한 것이다. 북한 나진항의 3호 부두를 러시아가 49년간 계약하기 전에 사카이미나토가 제안을 받았으나 무산되었다. 그러나 여전히 사카이미나토는 나진항과 대표 사무소를 두고 화물선이 오간다. 중국·러시아 물건을 가지고 가는데 '조선 물건'은 안 된다. 사카이미나토와 나진의 거래는 아주 오래된 환동해 항로가 형식만 변형된 채로 이어지는 중이다. 지난날 '만주 전략'이 계승되는 중이고, 에도 시대에 호쿠리쿠에서 비와호를 거쳐서 교토로, 태평양 연안으로 이어지던 열도의 운송 방식도 고속도로를 통해서 그대로 이어지고 있는 것이다.

20

동해의 해양생물 잔혹사

동해로의 어장 침탈

인류 문명사는 오로지 인간 중심의 서사로 그득 채워져 있다. 그러나 식물과 동물의 입장에서 본다면, 그 문명사는 바다와 숲의 잔혹사였으며 육상 동물과 해상 동물을 포함한 동물의 잔혹사였다. 환동해 문명사 역시 숲을 베어내고 동물을 잡아들이는 잔혹의 서사에서 예외가 아니다. 이 장에서는 환동해 잔혹사의 대표격으로 바다사자와 고래를 예증 삼아 인류 건너편에 존재하던 이들 생물의 비극과 문명 간의 관계를 살펴보는 데 지면을 할애하고자 한다.

에도 시대 중기에 간행된 『왜한삼재도회』倭漢三才圖會에는 울릉도에서 일본인의 해산물 채취에 관한 사항과 어로 행위에 관한 사항이 소개되어 있다. 이를 통해서 일본인들의 울릉도에 대한 인식과 함께 주기적인 범경犯境이 있어왔음을 알 수 있다.[1] 일본 어민의 울릉도 침투는 오래전에 시작되었지만 1876년 강화도 조약을 기점으로 본격화되었다. 같은 해 7월 25일에 전문 제42조의 조일통상장정朝日通商章程이 체결되는바, 이 엄청난 불평등 조약에 기초하여 한반도 해역에서 수탈적·약탈적 어업이 시작된다. 일본 어민에게는 전라도, 경상도, 강원도, 함경도의 네 개 도에 진출할 수 있도록 하고, 조선 어민에게는 히젠, 나가노, 이즈모, 쓰시마 등에서 조업할 수 있도록 허락했다. 조약의 허구성이 분명하다. 도대체 배도 제대로 없는 조선 어민이 어떻게 일본 해역으로 진출할 수 있으랴! 1890년 관보에 고시된 조일통상장정 전문 제12조(제1956호)를 통하여 조선에서의 어업이 합법적으로 인정된다. 그네들이 조선의 바다에서 표한 놀라움을 보자.

1 데라시마 료안寺島良安, 『왜한삼재도회』(국학자료원 영인), 2002.

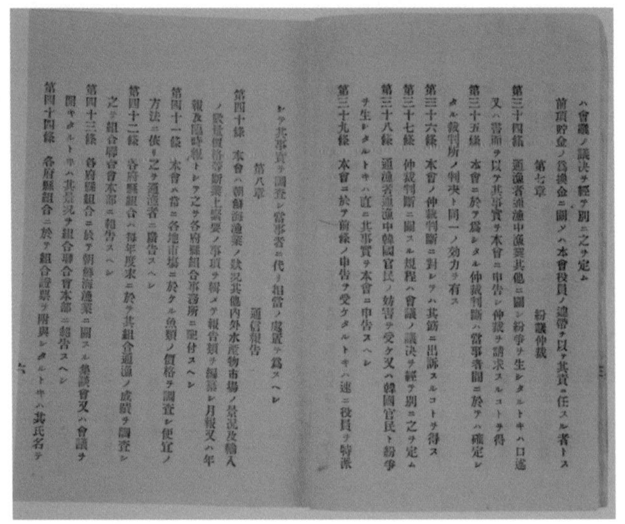
ハ會議ノ議決ヲ經テ別ニ之ヲ定ム
前項貯金ノ爲換金ニ關シテハ本會役員ノ連帶ヲ以テ其責ニ任スル者トス
第七章　紛議仲裁
第三十四條　通漁者漁業中漁業其他ニ關シ紛爭ヲ生シタルトキハ口述又ハ書面ヲ以テ其事實ヲ本會ニ申告シ仲裁ヲ請求スルコトヲ得
第三十五條　本會ニ於テ爲シタル仲裁判斷ハ當事者間ニ於テハ確定シタル裁判所ノ判決ト同一ノ效力ヲ有ス
第三十六條　本會ノ仲裁判斷ニ對シテハ其筋ニ出訴スルコトヲ得ス
第三十七條　仲裁判斷ニ關スル規程ハ會議ノ議決ヲ經テ別ニ之ヲ定ム
第三十八條　通漁者通漁中韓國官民ノ妨害ヲ受ケ又ハ韓國官民ト紛爭ヲ生シタルトキハ直ニ其事實ヲ本會ニ申告スヘシ
第三十九條　本會ニ於テ前條ノ申告ヲ受ケタルトキハ速ニ役員ヲ特派シテ其事實ヲ調査シ當事者ニ代リ相當ノ處置ヲ爲スヘシ
第八章　通信報告
第四十條　本會ハ朝鮮海漁業ノ狀況其他内外水産物市場ノ景況及輸入ノ狀態價格等漁業上緊要ノ事項ヲ調査シ報告類ヲ編纂シ月報又ハ年報及臨時報トシテ之ヲ各府縣組合事務所ニ配付スヘシ
第四十一條　本會ハ常ニ各地市場ニ於ケル魚類ノ價格ヲ調査シ便宜ノ方法ニ依リ之ヲ通漁者ニ報告スヘシ
第四十二條　各府縣組合ハ毎年度末ニ於テ其組合通漁ノ成績ヲ調査シ之ヲ組合聯合會本部ニ報告スヘシ
第四十三條　各府縣組合ニ於テ朝鮮海漁業ニ關スル集談會又ハ會議ヲ開キタルトキハ其景況ヲ組合聯合會本部ニ報告スヘシ
第四十四條　各府縣組合ニ於テ組合證票ヲ附與シタルトキハ其氏名ヲ

조선통해어조합 문서.

일본 해안이나 많은 섬을 대부분 답사하였으나 조선해만큼 고기가 많은 것을 본 적이 없었다. 어떤 때는 거의 거짓말같이 수면으로부터 높이 뛰어올라 떼를 지어 고기가 밀고 오는 것을 보았다. (……) 이것을 보더라도 조선해에 고기가 많은 것은 말할 필요도 없고, 고래 같은 것은 수를 헤아릴 수 없을 정도로 얼마든지 무진장 잡히는 것이 아니겠는가.[2]

일본 어민들은 한반도 해역에서 가히 무자비할 정도로 남획했다. 한반도 해역은 '물 반 고기 반'이라 할 정도로 어획자원이 넘쳐났으나 일본 어민들이 수십 년 동안 집중적으로 잡아들이는 바람에 자원이 절반 이하로 줄어들었다. 동해안 울릉도 해역으로 가장 많이 진출한 어민들은 역시 근접한 지역의 어민들이었다.

1878년(고종 15)에 울릉도 개척령이 발포되면서 개척민이 들어오기 시작했는데, 그 당시에도 도동에는 일본인들이 진치고 있어 제법 저잣거리를 이루었다. 1888년(고종 25)부터 일본 어민이 전복을 채취하기 위해 울릉도 근해에 출몰했

2 『大日本水産會報』 제301호, 1907년 10월 10일(『韓日漁業關係調査資料』, 독도박물관, 2000, 8쪽 재인용).

울릉도와 마찬가지로 오징어는 오키 어민들에게 매우 중요하다. 맨홀 뚜껑에도 오징어가 각인되어 있다.

는데, 그 규모가 어선 24척, 선원 186명에 달했다. 그들 가운데 일부가 도동에 점포를 가설하여 상판商販을 행하기도 했고, 일부는 농촌을 돌아다니면서 수확해놓은 곡물을 무단 수거하기도 했다.[3] 일제강점기 이전에 이미 일본인들은 도동에 죽치면서 포악한 행동을 서슴지 않았던 것이다. 1897년(고종 34)과 1901년(광무 4)에 동래에서 의정부 외부대신에게 보낸 보고문에는 일본인들의 포악한 행위, 도민들의 개간토지 크기, 조선인의 수 등이 상세히 적혀 있다.[4]

울릉도 도동의 급격한 발전은 일본인들의 집단 거주와 더불어 본격화된다. 수심이 깊고 양쪽의 협곡이 바람과 파도를 막아주는 천혜의 입지 덕분에 울릉도 유수의 항구로 간택된 것이다. 개척이 이루어진 지 40여 년 뒤인 1923년의 기사는 당시 도동이 발전한 모습을 잘 보여준다.

울릉도에서 상업에 종사하는 사람들 대다수는 일본인 잡화상 겸 중매업자였으며, 대부분 도동에 거주했다. 어족자원이 풍부하여 대풍이 드는 해에는 도동이 떠들썩했고, 고기가 고갈되어 흉년이 계속되면 일본인 이주자들은 대거 다른 곳으로 옮겨가곤 했다. 어업 부진의 영향이 금융권에 긴박을 주고 잡화상에도 타격을 주었기 때문이다.[5]

대다수 울릉도 거주 조선인들이 농업에 종사하던 상황에서 일본인들은 이주 어촌을 건설하고 어업을 도맡아하면서 잡화물류 판매, 거간 중개 등의 일을 했기 때문에 어획고의 변동에 큰 영향을 받았다. 일제강점기 조선인의 비율이

3 『江原道關草』(1886~1895).

4 『各司謄錄』(국사편찬위원회 영인본), 1987.

5 李乙, 「동해의 一點碧인 울릉도를 찾고서」, 『開闢』 제41호, 1923년 11월 1일.

환동해 산인 지방의 상징이기도 한 바다사자를 형상화한 요괴.

월등히 높았던 다른 포구들과 다르게 도동에는 일본인이 더 많았다는 사실은 주목을 요한다. 최초 일본인 입도주가 독도와 분쟁이 붙고 있는 시마네현 출신이라는 사실도 주목을 요한다.[6] 시마네현에서 울릉도까지 정기연락선이 다녔던 점도 주목해야 한다.

일본인들은 주로 오징어를 잡았는데, 1906년 일제 통감부 시기 초반 울릉도의 어업 개황은 다음과 같았다.

> ① 오징어. 수출 중요품의 하나로 한인의 어업이 없으므로 본방인의 전업에 속한다. 5월 이래로 7월의 한여름 초반까지 잡는 오징어를 여름오징어라 칭하며, 9월부터 잡는 것을 가을오징어라 칭한다. 9월을 넘기면 오징어잡이를 종료하게 되며, 양 기간에 잡은 오징어는 모두 수출하게 되는데 그 수출액수가 매년 증가하고 있다.
>
> ② 해태海苔(김). 11월부터 익년 3월까지 전도全島 연안에서 발생하는데 부녀자 손으로 채취하며, 채취량이 늘어났지만 방법은 불안전하다. 채취 방법이 개량된다면

6 『동아일보』, 1931년 2월 25일.

장래 수출품으로 중요할 것이다.

③ 전복. 울릉도에 유留한 본국인이 채취하는데 일본 시마志摩 지방의 기계선 2~3척과 해녀 30명이 매년 5월부터 9월까지 일본에서 울릉도로 넘어가서 채취에 종사한다.

④ 약포若布(미역). 울릉도 전도에서 생산되는데 조선인 독점사업이다. 채취 방법이 조악한 상태인데 본국인이 이 분야로 진출하자 갈등이 생겨 멈춘 상태다.[7]

오징어, 김, 전복, 다시마 등을 집중적으로 채취했으며, 일본의 해녀들이 울릉도까지 진출했음을 알 수 있다. 동해의 오징어 어업이 조선인과 무관하게 일본인의 영향권에서 시작되었음은 어법漁法 자체에서 확인된다. 우선 오징어잡이 배는 테우, 강꼬, 채낚기 배로 진화했다. 처음에는 뗏목처럼 생긴 '테우'에서 잡다가 두세 명이 타는 '강꼬' 배를 거쳐, 채낚기 배로 귀착되었다. 나무물레를 돌리는 물레치기로 잡았으나 자동조절기가 등장했다. 20여 명분의 일을 기계가 하게 되면서 노동력 감소에 결정적인 영향을 미쳤다. 어로 기술 명칭에 일본어가 많은 것은 이들 어법이 일본의 영향을 받았음을 방증한다. 가장 보편적이었던 '돔보어법'도 오키 제도에서 들어왔다. 독도 문제로 말썽을 일으키는 오키 어민들이 일제강점기에 울릉도에 집단촌을 형성하여 살았으니, '게다'짝을 딱딱거리며 저동항을 오갔던 바로 그들에 의해 어법이 전파된 것이다.

일본인이 한말에 기록한 여러 문서에는 한국인이 오징어잡이에 신경을 쓰지 않음을 보고하고 있다. "거문도나 부산 근역으로 규슈 어민이 진출하여 오징어를 잡는데 조선 어민은 전문적으로 잡는 이들이 거의 없다"라고 하였다.[8] 당연히 울릉도 및 동해에서도 일본인들이 오징어 산업을 본격화시켰다.

『한국수산지』 제1집(1908)에 "어구는 한국인들은 외줄낚시를 주로 사용하나 수조망과 어전으로 혼획하고 있다. 일본인들은 수망, 외줄낚시 등을 주로 사

7 『大日本水産會報』 제282호, 1906년 2월 10일.

8 『大日本水産會報』 제131호, 1893.

용하고 때로는 안강망, 수조망, 예망 등을 사용하고 있다. 외줄낚시는 한국인과 일본인이 모두 속임낚시를 사용한다"라는 대목이 나온다. 종합적으로 검토해볼 때, 일본이 한국보다 오징어 어업에서 선발국이었다. 일본의 어구는 소쿠마티, 톤보, 쓰노의 세 종류였다. 한말을 전후하여 한반도로 진출한 사시마와 오키 제도의 오징어 어업자들이 바로 이런 어구들을 사용했다. 『한국수산지』에 따르면, 일본인들은 울릉도 연해에 오징어 자원이 풍부한 것을 발견하고 1903년부터 그곳에서 오징어 어업에 착수했고, 그로부터 수년 뒤에 한국인들도 그 유용성을 깨닫고 오징어 어업에 나섰다고 한다.

앞에서 언급한 소쿠마타는 야마데, 쓰노는 하네고, 톤보는 돔보라는 이름으로 1950년대까지 널리 보급되었으며, 한국에서도 그대로 통용되었다. 야마데山手는 1960년대까지 많이 사용되었으며, 울릉도에서는 이를 사도라고 부른다. 사시마佐島에서 전래한 낚시이므로 그렇게 불렀던 것 같다. 지금도 울릉도에서는 돔보낚시라고 하면 다들 알아듣는다.

1920년대 후반, 울릉도 도동항에서 해마다 일본 방면으로 오징어 9만 원, 말린 고등어 14만 원, 생우生牛 200두, 해초 등 도합 50만 원(요즘으로 치면 총 600억 원)어치가 나갔다. 이 같은 1차 생산품의 반출은 자원 약탈의 성격이 강했다. 어찌되었건 도동은 '배만 들어오면'이라는 통념이 정확히 들어맞는 항구였다. 생필품을 비롯한 박래품을 떨구고 토산물을 사가면서 현금을 뿌리고 갔으니 도동은 잠시나마 들뜬 분위기였을 것이다.

오징어잡이가 서서히 울릉도의 경제력을 좌우하게 된다. 1923년과 1963년의 기록은 40여 년의 간격을 두고 오징어 풍년과 흉년을 둘러싼 울릉도의 애환을 잘 설명해준다. 오징어 흉년이 근래의 일만도 아니고 주기적으로 흥망성쇠를 계속해왔음이 드러난다. 가령 1918년 이래로 흉어였으나 1923년부터는 풍어였기 때문이다.[9]

9 『동아일보』, 1923년 12월 6일.

종래 오징어 어업으로 주로 생계를 유지하였으나 대정 7년(1918) 이래 계속되는 흉어로 인하여 궁핍에 달한 어민 대부분이 타지방으로 이주하고 잔존한 자는 잡어로 약간 수입을 얻고 기타 노동으로 호구지책 중. 그리하여 수년 전까지 번영의 중심지였던 도동도 적막강산이 된 감이 들다. 그러나 금춘부터 점차 오징어가 연해 부근에 다수 들어오고 있다.[10]

강치 씨 말리기

강치는 바다사자로 불린다. 귓바퀴가 있고, 앞발이 납작한 지느러미이며, 네 지느러미로 땅에서 걸을 수 있는 것이 특징이다. 북극해에서 적도까지, 남반구와 북반구의 해양에 분포하는데 먹을 것이 풍부한 해변의 얕은 물에서 볼 수 있다. 가죽이 두꺼워 말안장 등에 요긴하며 기름이 많아 기름을 짰다. 강치는 우리 문헌에 자주 등장했다. 해마海馬라고도 불렀으며, 독도에 '가지어'(강치)가 많다는 뜻에서 독도를 가지도可支島라고 부르기도 했다.

유언비어처럼 퍼진 '유토피아의 섬' 삼봉도三峰島를 찾기 위해 영흥 사람 김자주金自周가 1476년 종성 바닷가에서 배를 타고 나흘 낮과 사흘 밤을 가니 우뚝 솟은 섬이 보였는데 흰옷 입은 사람 30여 명이 섬 어귀에 줄을 지어 서 있었다. 흰옷 입은 사람들은 두말할 것도 없이 강치였으리라. 영안도 관찰사 이극균이 급히 보고하기를, "영흥 사람 김자주가 삼봉도에 가보고 그 지형을 그렸다고 하기에 자주를 보내어 그것을 바칩니다"라고 하였다. 임금은 김자주에게 물어보라고 명했다. 그러자 김자주는 다음과 같이 대답했다.

종성 바닷가에서 배를 타고 나흘 낮과 나흘 밤을 가니 우뚝 솟은 섬이 보였다. 섬 북쪽에 세 바위가 벌여 섰고, 그다음은 작은 섬, 다음은 암석이 벌여 섰으며, 다음은

10 李乙, 「동해의 一點碧인 울릉도를 찾고서」, 『開闢』 제41호, 1923년 11월 1일.

복판 섬이고, 복판 섬 서쪽에 또 작은 섬이 있는데, 다 바닷물이 통합니다. 또 바다 섬 사이에는 인형 같은 것이 별도로 선 것이 30여 개나 되므로 의심이 나고 두려워서 곧바로 갈 수가 없어 섬 모양을 그려왔습니다.[11]

섬이 배치된 양상, 그리고 섬 사이에 바닷물이 통하는 것으로 보아 울릉도 같지는 않고 필경 독도 같다. 섬 사이에 사람 형태 같은 것이 30개나 되었다고 한 것은 강치로 보아야 할 것 같다. 『문헌비고』文獻備考에는 다음과 같이 적혀 있다.

바닷속에 소처럼 생긴 큰 짐승이 있는데 눈동자는 붉고 꼬리는 없으며 떼를 지어 바닷가 언덕에 나와 누웠다가 혼자 가는 사람을 보면 해하고 많은 사람을 만나면 달아나 물속으로 들어가는데 이를 가지可之라 한다. 상고하건대 그 짐승의 가죽은 물에 젖지 않으므로 안장, 풀무, 가죽신을 만들 수 있다.

한말에 감찰사 이규원李圭元(1890~1945)이 울릉도를 순방했을 때도 해변의 동굴마다 물개와 물소가 우글거렸다. "각 포구의 해안에는 아홉 굴이 있었는데 물개〔海狗〕와 물소〔水牛〕가 자라는 곳"이라고 『울릉도감찰일기』鬱陵島監察日記에 적었다. 강치가 비단 독도에만 있는 것이 아니라 울릉도 해변에도 무수하게 나다녔다는 증거다.

독도의 강치만 멸종된 것이 아니다. 강원도 고성의 오호리五湖里에는 송지호, 금지호, 번개, 버덩개, 황포로 불리는 다섯 개의 개〔浦〕가 있는데, 석호에서 쉬임 없이 민물을 바다로 흘려 보낸다. 모래밭에는 오염에 민감한 명지조개가 자라고 있어 청정해역임을 입증한다. 천혜의 황금모래밭 앞에는 죽도가 떠 있다. 한 개로 겹쳐 보이는데 대죽도, 소죽도로 떨어져 있어 두 섬 사이로 배가 지나갈 정도다. 그 오호리 해변에서 만난 장용수(1933년생) 어민에게서 놀라운 증언을 들을 수 있었다.[12]

11 『성종실록』, 성종 7년 10월 27일.

나진항 주변의 일명 '물개섬'의 물범들. 북한의 최근 자료 사진.

소죽도에 강치가 집단 서식했다. 함경도 성진포 내와 울릉도 변에서 해표海豹·해구海狗를 보았다는 1906년의 사료를 보면,[13] 적어도 20세기 전반에는 독도와 소죽도뿐 아니라 동해안 전체가 강치의 밀집 서식처였음을 알 수 있다. 샌프란시스코에 가면 평화롭게 누워 있는 물개들을 보게 된다. 그 같은 평화로운 풍경이 동해안 전역에서 일상적으로 연출되었을 것이다.

일제가 들어오기 전, 우리 어민들은 강치를 잡지 않았으니 그야말로 자연과 공생하는 삶이었다. 그런데 일제가 들어오면서 극성을 떨었다. 한 번에 수십여 마리씩 잡아들여 껍질을 벗겨갔다. 후리질로 모래사장에서 그물을 끌어당겨 많게는 60여 마리까지 잡았다. 잡은 강치는 껍질을 벗겨서 일본인이 가져가고 고기는 조선 사람에게 던져주었다. 이들 강치는 알록달록하게 생겼으며 일명 '오

12 2004년 9월 20일 면담조사(주강현, 『관해기』(동해편), 웅진지식하우스, 2006 참조).

13 자락당自樂堂, 「海底旅行奇譚」, 『태극학보』 제16호, 1906년 8월 24일.

토세'라 불렸다. 일본인들이 잡기 전에는 사람과도 친하게 지냈다고 한다. 해방될 무렵에는 멸종 단계에 이르렀으며, 일부 남은 강치들은 한국전쟁 시에 군인들이 폭약을 터뜨려 학살했다. 그나마 지금도 봄이 오면 이따금 한누 마리가 섬에 나타나곤 한단다. 완전히 멸종한 것은 아니라는 증거다.

일본인들이 울릉도 및 독도 어장에서 어획을 한 것은 15세기 이후의 공도화 정책에 따른 빈틈을 이용한 것이었다. 16세기 말엽에서 17세기 초엽에 산인山陰 각지의 일본인이 울릉도(당시 일본인들의 표기는 '竹島')로 건너와서 주변 이권을 둘러싸고 서로 경쟁했다. 그러던 중 1625년 돗토리번의 요나고 주민인 오타니大谷와 무라카와村川 양가兩家가 '죽도 도해 면허'를 받아서 위의 이권을 배타적으로 확보하게 되었다. 울릉도 도해는 1년에 한 번 봄에서 여름까지 행해졌는데 오타니와 무라카와 집안은 각각 배를 만들어서 매년 번갈아 출어했다.

오타니와 무라카와 양가는 출어 전해에 돗토리번으로부터 은 4관 500목의 대출을 받고 나중에 수확한 전복과 강치 기름을 상납하는 방식으로 대출금을 갚았다. 돗토리번은 이렇게 얻은 전복을 '죽도 꼬치전복'이라 하여 막부의 장군들에게 헌상하였다. 이와 같이 양가는 울릉도에서의 이권을 배타적으로 확보했다. 그런데 1692년 3월 울릉도 바다에서 많은 수의 조선 어민들과 조우하게 되고, 결국 아무런 수확도 얻지 못한 채 돌아가야 했다. 이에 양가는 울릉도에서 조선인 2명을 데리고 나와 돗토리번에서 처리해주도록 요청했다. 양가의 이권을 지켜달라고 에도 막부에 청원한 것이다.[14] 이것이 그 유명한 '죽도일건'竹島一件, 즉 안용복 사건이다.

이제 동해의 강치 씨 말리기는 일본의 독도 침탈과 직결된다. 강치가 얼마나 흔했는가는 다음의 자료에서 쉽게 확인할 수 있다. '해마'라는 표현을 쓴 점이 특이하다.

> 해마海馬는 울릉도를 지나 100여 리쯤에 작은 섬이 있는데, 여기에 떼를 지어 살고

14 池內敏, 「竹島一件의 재검토」, 『독도논문번역선 3』, 71~76쪽.

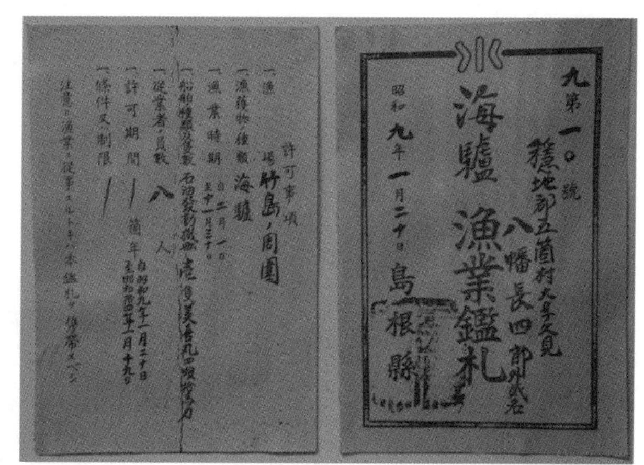
第一〇號
穏地郡五箇村大字久見 八幡長四郎
海驢漁業鑑札
昭和九年一月二十日
島根縣

許可事項
一、漁　場 竹島ノ周圍
一、漁獲物ノ種類 海驢
一、漁業時期 自二月一日 至十一月三十日
一、船舶種類及隻数
一、従業者ノ員数 八人
一、許可期間 一箇年 自昭和九年一月二十日 至昭和拾年一月十九日
一、條件又ハ制限
注意ハ漁業ニ従事スルトキハ本鑑札ヲ携帯スヘシ

독도에서의 강치 어업권(1934년).

있으며, 배를 타고 다가가도 도망하지 않아 맨손으로 잡을 수 있다고 한다.[15]

나카이 요사부로中井養三郎가 세운 다케시마어렵합자회사의 강치 포획 자료를 보면, 몸집이 큰 수컷은 총으로 잡고 암컷과 새끼는 몽둥이로 때려 잡았는데 그 수가 1903년에만 수컷 850마리, 암컷 900마리, 새끼 1,000마리, 합계 2,750마리로서 이들로부터 염장 피혁 7,690관을 얻었다고 한다. 1905년부터 1909년까지 5년 동안 연평균 1,360여 마리를 포획했다. 그 후 수가 줄어들어 1910년에는 670마리를 잡았으며, 1920년경에는 강치가 없어 숙련 기술자들을 타지로 출장 보낼 정도였다.[16] 이 회사는 일본 국내 박람회와 1910년의 영일박람회(런던)에 강치 가죽으로 만든 손가방을 출품하여 은상을 수상했다. 1908년에서 1916년까지 쿠릴 열도 중부의 시무시루섬新知島 방면까지 출어하기도 했다.

강치잡이꾼 나카이는 강치잡이를 기회로 독도 편입을 시도했다. 그가 쓴 사업경영서에 독도 편입 정황이 상세하게 밝혀져 있다. 나카이는 1890년부터 외

15 「韓海出漁者の通信」, 『大日本水産會報』 158호, 1895, 75쪽.
16 한국해양수산개발원, 『독도사전』, 푸른길, 2011, 15쪽.

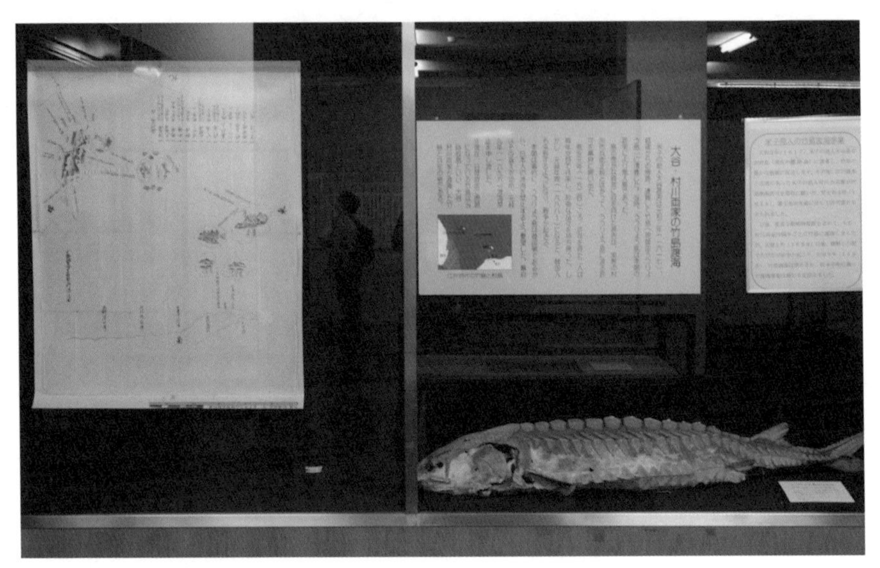
울릉도로 출어한 두 가문(산인역사관).

국 영해에서 잠수기 어업에 착수했으며, 1893년에는 경상도, 전라도 연안에서도 잠수기를 이용하여 해표잡이에 나섰다. 1903년에는 독도에서 강치잡이를 시도했는데 다른 업자들이 끼어들자 독점하려고 관료들과 접촉하게 된다. 아래 문서는 나카이가 자신의 이력서와 함께 별첨으로 시마네현에 제출하여 독도를 자국의 영토로 편입시킬 것을 촉구하는 내용이다.

> 죽도에 강치가 많이 군집함은 종래 울릉도 방면 어부들이 잘 알고 있는 바이지만, 하루 아침 그 포획을 개시하면 홀연히 흩어져서 도망치거나 포획해도 그 용도와 판로가 불투명하여 전혀 그 이익이 불명하였다. 이 때문에 종래 이의 포획을 기도하는 일이 없어서 헛되이 방치해둔 상태였다. 그러나 방치하지 않고 여하히 이 자원을 용이하게 개발해야 한다. 이에 손해를 무릅쓰고 포획을 시도하게 되었다. 그리하여 유망 자원임을 확실하게 할 수 있었다. 그러나 홀연히 여러 곳에서 다수의 잡이꾼이 흘러들어와 경쟁 남획에 이르게 되었고, 용도와 판로가 아직 충분히 강구되지 않은 상태에서 강치가 절멸해가려고 함에 이르렀다. 이에 어떻게 하면 그 폐해를 방지하

고 자원을 영구히 지속함으로써 본도 경영을 온전히 할까 고심참담하지 않을 수 없었다.[17]

이 교묘한 사냥업자는 사업경영서를 시마네현에 제출하면서 "독도가 울릉도에 부속하여 한국 소령所領이라는 생각을 갖고서 장차 통감부에 가서 할 바가 있지 않을까 하여 상경해서 여러 가지 획책 중에, 당시 수산국장 마키 보쿠신牧朴眞씨의 주의로 말미암아 반드시 한국령에 속하는 것이 아닐까 의문이 생겨서", 이러한 이유로 나카이는 독도가 무소속이라는 확신을 갖게 되었고, 독도의 시마네현 편입을 요청하게 된다. 일본 정부는 이 청원서를 절호의 계기로 여기고 독도 편입을 서두르게 된다. 독도를 일본 영토로 편입시키려는 고도의 공작이 외무성과 해군성을 중심으로 이루어졌으니, 기실 시마네현은 '행동대원'에 지나지 않았을 것이다. 메이지 이후 도쿄 외무성과 해군성의 전략적 차원에서 독도 편입이 결정된 것이다. 독도의 강치 사냥이라는 단순한 매개 고리가 매우 중대한 역할을 했음을 알 수 있다.

향토사가 오쿠하라 헤키운奧原碧雲은 1873년에 시마네현에서 태어났다. 일본은 1905년 2월에 독도를 편입하고, 8월에 시마네현 지사를 파견하여 독도를 시찰하게 했으며, 1906년에 45명 규모의 2차 시찰단이 파견되었다. 오쿠하라는 2차 시찰단의 일원으로 독도를 방문하고 돌아온 후 『죽도와 울릉도』竹島及鬱陵島라는 보고서를 썼다.

이 섬에 강치가 무리 지어 살고 있음을 실제로 목격한 것은 오래전 일이지만, 강치를 잡아 일본 내륙으로 운송하게 된 것은 불과 8~9년 전부터다. 지금부터 8~9년 전, 오키국 어부가 울릉도에 난파했다. 난파선은 어선을 수색하기 위해 섬에 오다가 강치가 무리 지어 서식하는 걸 보고 50~60마리를 잡아 일본 내륙으로 보내 상당한

17 中井養三郎,『事業經營概要』, 1911.

이익을 낸 적이 있다. 3~4년 전부터 사이고 주민 나카이 요사부로 씨 역시 강치잡이에 종사해왔는데 이 사업이 장차 유망한 사업이 될 것을 알았다. 각지의 어부들도 이 소식을 듣고 속속 건너와 경쟁한 결과 남획하기에 이르렀다. 나카이 씨는 이를 깊이 우려하여 그 절차로 영토 편입을 청원, 남획 예방과 강치보호법을 강구함과 동시에 강치어업 독점권을 얻기 위해 출원하였다. 이 일이 우연히 영토 편입의 계기를 만들어 결국 1905년 2월 22일자로 이 섬을 시마네현 소속으로 하고 오키 도사의 소관으로 정하게 되었다. 그리하여 시마네현은 강치 어업을 정식으로 하가하고, 같은 해 6월에 나카이 요사부로 외 3인에게 어렵을 허가하였으며, 그들은 합자조직회사를 설립, 공동 영업을 하여 오늘에 이르렀다.[18]

강치 사냥꾼 나카이 요사부로의 독도 일본 영토 편입 노력을 역사적으로 이해하려면 시기를 소급하여 이른바 '죽도일건' 사건으로 올라가야 한다. 나카이의 독도 편입 시도가 20세기 벽두의 사건이었다면, 17세기에 비슷한 사건의 뿌리가 역사적으로 드리우기 때문이다. 독도 문제의 핵심적 사건인 일명 '죽도일건', 한국인들에게는 '안용복 사건'으로 알려져 있다. 나고야 대학의 이케우치 사토시池內敏[19]는 '죽도일건'을 다음과 같이 정리한 바 있다.

돗토리번령 요나고米子의 오타니大谷가 무라카와村川와 함께 막부에 죽도竹島(울릉도) 도항에 대한 허가를 신청하였고, 겐나元和 4년(1618)에 막부가 '도해 면허'를 발급하였다. 오타니와 무라카와의 양가兩家는 번갈아서 죽도에 도해하였고, 간분寬文 1년(1661)경에는 송도松島(독도)로의 도해 면허도 발급받았다. 그러나 겐로쿠元錄 6년(1693) 죽도에서 오타니 일행과 조선 어민 사이에 분쟁이 일어나서, 오타니와 무라카와 양가가 그 일을 막부에 보고하였다. 그 때문에 죽도의 어업권과 영유권을 차지하려는 일·조 간의 외교 교섭인 '죽도일건'으로 발전하였다. 겐로쿠 9년 1월에는 오

18 유미림, 『'독도와 울릉도' 번역 및 해제』, 한국해양수산개발원, 2009, 99쪽.
19 『독도논문번역선2』, 바른역사정립기획단, 2005.

타니와 무라카와 양가의 죽도 도항이 금지되어 죽도일건은 끝이 났다.[20]

일본에서는 16세기 이래로 울릉도를 이소다케시마磯竹島 또는 다케시마竹島로 불렀다. 임진왜란으로 인한 극심한 피폐 속에, 더군다나 조선 정부가 공도정책을 유지하는 것을 알아차리고 술책을 부려 울릉도를 가로채려고 했다.[21] 죽도일건을 촉발한 도해 면허가 그것이다. 에도 막부는 1618년 7월 8일부로 오타니·무라카와 두 가문에게 도해 면허를 부여한다. 1617년에 죽도(울릉도)로 표류했던 오타니가 무라카와와 함께 에도 막부에 요청하여 죽도 도해 면허를 받는다. 좀 더 정확하게 말하면, 당시에 돗토리번 번주였던 이케다 미쓰마사池田光政에게 막부가 도해 면허를 발부한 것이다. 미쓰마사는 이나바因幡(지금의 돗토리현 서부), 호키(지금의 돗토리현 동부)의 32만 석 영지를 영유하고 있었다.

국경을 이탈한 조업을 금지했던 에도 시대에 '도해 면허'를 부여했음은 조선 땅임을 인정했다는 뜻이다. 자국의 땅에 대해 '도해 면허', 오늘날로 치면 자기 나라에 가는 데 비자가 필요하지는 않을 것이다. 이들 두 가문은 처음에는 울릉도, 나중에는 독도로 들어가 어업을 행한다. 당시에 돗토리번 사람들에게 송도松島, 즉 독도는 울릉도 가는 길목의 중요한 좌표였다. 오타니와 무라카와 두 집안은 격년으로 번갈아가면서 울릉도와 독도를 다녔는데, 독도로 들어간 것은 강치를 잡기 위해서였다. 다음과 같은 자료가 확인된다.

> 송도에 70에서 80석 크기의 작은 배를 보내어 철포로 강치를 쏘아 잡으면 작은 섬이기 때문에 강치가 죽도로 도망가서, 죽도에서 많이 잡을 수 있을 것이라고 이치베이가 말하였습니다. 거창한 계획이라고 합니다.

무라카와 집안에 전해져 내려오는 편지다. 그런데 울릉도와 독도로의 출어

20 「竹島渡海와 鳥取藩 ―元祿竹島一件考·序說」, 『鳥取地域史研究』 제1호, 1999.
21 『朝鮮通交大紀』 5, 1614.

는 흉어와 풍어가 반복되었고 배가 파손되어 손해를 입는 경우도 있었다. 그래서 양가가 수지손익을 합쳐서 계산하기로 하고 협약을 맺는다. 어획량이 감소하자 어획물을 절반씩 나누어 가지는 방식으로 바뀌게 된다. 돗토리번으로부터 은銀으로 지급받고, 나중에 수확한 전복과 강치 기름을 상납함으로써 상쇄했다.

조선에 표류한 울릉도 도항선의 화물

1637년(무라카와 집안)	1666년(오타니 집안)
강치 기름 314준樽(동이) 말린 전복 406연連 통째로 말린 전복 4표반俵半 강치 가죽 53매 해파리 8표俵 강치 살 60표俵	꼬치전복 60연連 강치 가죽 350장張 강치 기름 70준 목재 9주株

울릉도와 독도에서 엄청난 양의 강치 따위를 잡아들였음을 확인할 수 있다. 돗토리번은 양 집안의 도해를 적극 지원하는 대신에 그들로부터 상납받은 꼬치전복을 '죽도 꼬치전복'이라고 하여 장군가 및 에도 막부의 요직에 있는 사람들에게 진상했다. 그들은 울릉도뿐 아니라 독도까지 근 70여 년 동안 독점적으로 출어했다. 1년에 한 번, 2~7월경에 출어했다. 2~3월경에 요나고를 출발한 배는 이즈모구모즈出雲雲津 미오세키三尾關·美尾關[22] 및 오키섬을 경유하여 4월 전후에 죽도(울릉도)에 도착하고, 그 후 수개월 동안 거기서 체류하면서 채취와 어로를 한 후 6~7월경에 죽도를 떠나 귀항했다. 동쪽으로는 이나바에서, 서쪽으로는 나가토(오늘날의 야마구치현 서부)와 쓰시마에 이르기까지 산인 지방 해역에는 죽도 도해와 관련한 경험과 지식을 가진 사람이 적지 않았을 것이다.[23] 이 잠재적 경합 세력을 배제하거나 또는 휘하에 두고 이권을 독점하기 위해 오타니와 무라카와

22 신숙주의 『해동제국기』에 등장하는 삼미관포三尾關浦가 바로 미오세키다. 중세 산인의 중요한 출구였다(錦織勤·池內民, 『鳥取·米子と隱岐』, 吉川弘文館, 2005, 83쪽).

23 池內敏, 「17~19세기 울릉도 해역의 생업과 교류」, 『독도논문번역선 3』, 바른역사정립기획단, 2005, 135~136쪽.

독도의 강치잡이.

양가가 공모하여 죽도 도해 면허 발급을 막부에 요청하고, 이를 획득한 것으로 여겨진다. 에도 시대의 기사에 이런 내용이 등장한다.

> 오타니, 무라카와 두 사람이 바다를 건너 왕래한 일. 오타니, 무라카와 두 사람은 각기 요나고에 주거하는 사람으로서 대대로 이름 있는 시민이다. 그 자손이 지금 이 도시의 노인역(年寄役)으로 근무한다. 이 두 사람이 죽도에 바다를 건너는 면허를 얻은 것은 다음과 같다.[24]

요나고가 어디인가. 오늘날 시마네현의 요나고 공항이 있는 바로 그곳이다. 그 요나고 지방의 상인 두 가문이 죽도 도해 면허를 에도 막부로부터 받았다가 취소되어 도항이 금지된 내력을 밝힌 문서다. 시마네현 사람들이 일찍부터 울릉도에 눈독을 들이고 있었다는 구체적인 정황이다.

"임신년(1692)에 바다를 건너가니까 외국 사람들이 무리 지어 살면서 고기잡이를 하고 있으므로, 두 사람은 그것을 제지하려 했지만 받아들여지지 않아 정박하기에 위험하다고 여겨 귀항했다"는 기록이 전한다. 많은 조선 사람들이 울릉도로 진출하고 있었고, 오타니와 무라카와의 배는 아무런 수확도 얻지 못한 채 귀항하고 만다. 조선 어민들이 대대적으로 울릉도 근해에서 고기잡이와 전복, 해초 등을 채취하고 있던 정황을 정확하게 설명해준다.

> 그다음 해 계유년(1693)에도 바다를 건너가니까 '외국 사람들'이 많이 건너와 집을 짓고 마음대로 고기잡이를 하고 있었다.

울릉도에서 조선 어민들과 극심한 경쟁을 벌이게 된 것이다. 공도정책으로 조선인의 울릉도 거주가 제한되어 있던 조건에서 일본인들이 마음 놓고 전복 따

24 『伯耆民談記』 1.

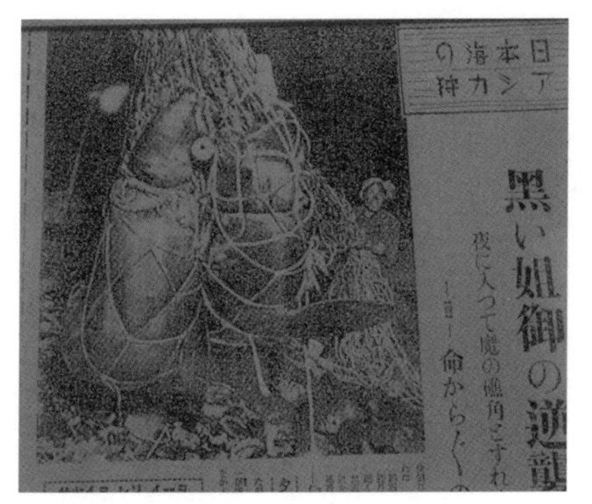

日本海のアシカ狩

黒い姐御の逆

日本海のアシカ狩

독도의 강치잡이를 다룬 신문 기사.

위를 채취하다가 조선 어민들을 만나게 된 것이다. 임진왜란 이후 100여 년, 전란의 상처가 아물자 조선 어민들이 활발하게 진출하던 시점이다.

겐로쿠 6년, 출어기를 맞아 무라카와 집안의 선장 구로베에가 다시 울릉도에 갔더니 섬에는 조선인의 오두막이 있었고, 그 안에 전복과 미역이 널려 있었다. 조선인 '통역'에게 물어보았더니 세 척의 배에 42명이 나누어 타고 왔다고 했다. 이대로 가면 앞으로 울릉도에서 어로를 할 수 없을 것이라고 우려한 구로베에 선장 일행은 "죄송하지만 부디 말씀드릴 것이 있다"며 출어 중인 조선인 2명을 요나고로 데리고 가서는 울릉도 출어를 보호해달라고 하는 탄원을 돗토리번에게 내게 된다. 조선 어민들 중에 통역이 있었다고 일본 측 기록은 분명히 전한다.[25] 그렇다면 일본말을 할 줄 아는 그 2명의 외국인은 누구일까. 조선 어부 대표였던 안용복과 박어둔이다. 이로부터 안용복의 맹활약이 시작되는 것이다.

25 『鳥取藩史』 6.

고래 씨 말리기

동해 고래의 표징은 아무래도 선사시대 반구대盤龜臺 암각화다. 경상남도 울산 반구대에 각인된 고래는 귀신고래, 긴수염고래, 혹등고래 따위라는 게 학계의 정설이다. 배의 밭고랑 무늬가 돋보이는 참고래, 배를 타고 고래를 잡는 선사인의 어로 활동, 아기를 업고 가는 어미고래, 고래 고기를 분육分肉하여 분배하는 듯한 그림도 엿보인다. 캐나다 밴쿠버의 누트카, 알래스카의 에스키모, 쿠릴 열도의 아이누, 태평양 알류트 등의 고래잡이와 비교되는 소중한 해양 문화유산이다.[26]

동해의 별칭은 본디 경해鯨海, 즉 '고래의 바다'이다. 그만큼 고래가 많았던 바다이다. 특히 난류와 한류가 교차하는 영일만 일대를 예부터 경해로 불렀다. 한반도는 '고래의 낙원'이었다. 국립수산과학원이 파악하고 있는 한반도 연해의 서식 고래류는 대형 고래류 9종, 소형 고래류 26종, 도합 35종이다. 전 세계 오대양과 강에 80여 종이 분포하는 것에 비하면 한반도에 서식하는 고래는 꽤 다양한 편이다.

동해안에 자주 회유해오는 고래는 긴수염고래과(북극고래, 긴수염고래), 참고래과(브라이드고래, 밍크고래, 참고래, 보리고래, 돌고래, 흰긴수염고래), 향고래과(향유고래), 참돌고래과(흰옆돌고래, 돌고래, 참돌고래), 곱시기과(곱시기, 흑곱시기), 귀신고래과(귀신고래) 등이다. 반구대 암각화는 우리 선조들의 주식이 고래였음을 시사하는 증거물이다.

환동해의 수많은 고래 중에서 가장 인상 깊은 고래는 역시 귀신고래다. 예부터 귀신고래가 많아서 19세기 말 일본 선단에 잡힌 고래의 태반이 귀신고래였다. 세계 고래 학명에서 우리와 관련된 학명이 붙은 고래는 귀신고래를 뜻하는 'Korean Grey Whale'뿐이다. 1899년 일본의 한 포경선의 항해 일지를 보면, 영일만에서 100두의 귀신고래 떼를 목격한 기록이 나온다. 그랬던 고래가 동해에서 사라졌다. 일부일처제로 금실이 좋아 암놈이 죽으면 수놈이 곁을 지키다가

26 주강현, 『우리 문화의 수수께끼 2』, 한겨레신문사, 1996.

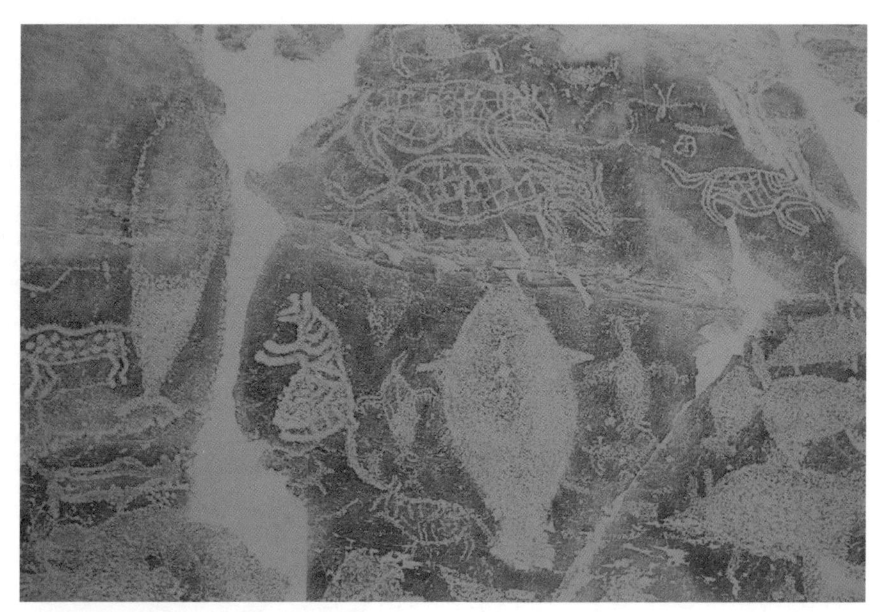
반구대에 새겨진 고래의 모습.

시베리아에서 발견된 고래 사냥하는 그림.

알류트족의 고래사냥.

함께 잡혀 죽음을 맞는다. 새끼가 먼저 작살을 맞으면 암수 어미가 새끼 곁을 빙빙 돌다가 또한 같이 잡힌다. 동물의 정을 역이용한 인간의 야비한 사냥 방식이다.

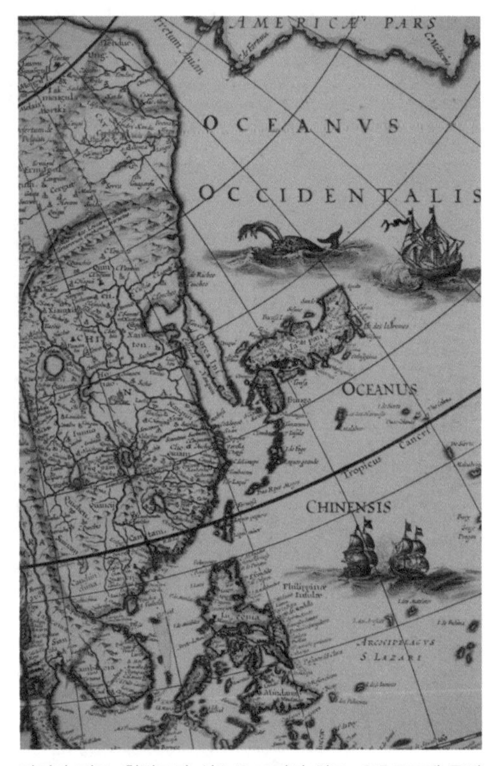

아시아 지도. 한반도가 섬으로 그려져 있고, 오호츠크해 등이 '고래의 바다'로 묘사되어 있다(1595년).

고래 자원의 대규모 산업적 남획은 17세기경에 시작되었다. 유럽 제국들이 북극해 노르웨이령 스피츠베르겐 제도 연안에서 북극 고래 어장을 발견하고, 미국에서는 뉴잉글랜드 긴수염고래와 향고래를 잡으면서부터다. 산업적 남획에 나섰던 유럽 열강, 그리고 후발 주자 일본 등은 고래 기름과 부산물로 양초, 윤활유 및 수백 가지 공산품을 생산했다. 오로지 공산품을 만들기 위해 수많은 고래들이 떼죽음을 당한 것이다. 석유가 발견되어 고래 기름의 필요성이 사라질 즈음에는 이미 고래 자체가 희귀해졌고, 포경 금지가 논의되기 시작했다.

미국 포경선이 동해에 진입하기 시작한 것은 1848년(헌종 14) 봄이었다. 같은 해 5월에 함경도 지방에서 수 척의 이양선異樣船이 목격되었다. 단천부 해상에 이양선 한 척이 통과하였고, 또 한 척은 심해에 떠 있었다. 이런 식으로 여러 척의 이양선이 목격되었다. 1849년 무렵 한반도 연안에서 조업한 미국 포경선의 포경 일지에는 "많은 고래들이 보인다. 수많은 혹등고래와 대왕고래, 참고래, 긴수염고래가 사방팔방에서 뛰어논다. 셀 수조차 없다"라고 기록되어 있다. 아주 많은 고래(great number of whales), 많은 고래(plenty of whales), 사방팔방에 고래(you can see whales every direction), 고래가 무수히 보였다(whales in sight

귀신고래.

without number) 등의 기록으로 미루어 대형 고래가 많았던 것 같다.

20세기 미국의 위대한 극작가인 유진 오닐Eugene O'Neill의 「고래 기름」ILE에서는 증기고래선 애틀랜틱퀸호의 선원들이 주인공으로 나온다. 소설, 극작, 노래, 시 등 다양한 장르에서 고래잡이를 다루었음은 그만큼 당대 미국 산업에서 고래가 큰 비중을 차지했음을 짐작하게 한다. 물론 그 고래잡이는 미국 본토를 벗어나서 전 세계에서 이루어진 것이었으니, 과거 유럽의 구세력들이 제국주의 전쟁을 벌이는 와중에 미국이나 노르웨이, 일본 등은 고래 학살극이라는 또 다른 바다 전쟁을 벌이고 있었다.

본디 우리의 전통 포경은 근대에 이르기까지도 간혹 해변으로 몰아서 잡거나 기력을 잃고 떠내려온 놈을 생포하는 그야말로 '소박한 수준'이었다.

함경도의 해안을 씻어 내리는 해류 중에는 무수한 청어, 리본피시, 외해에 서식하는 타 어종 어군이 유영하고 있다. 이들 어류를 먹고사는 고래 떼가 바짝 뒤따르고 있다. 어기가 되면 내륙과 해안 지방 마을의 주민들이 와서 어로를 한다. (……) 그들은 이따금 심해에서 고래를 잡거나 얕은 수역에서 고래를 해안으로 몰아 좌초시켜 잡는다.[27]

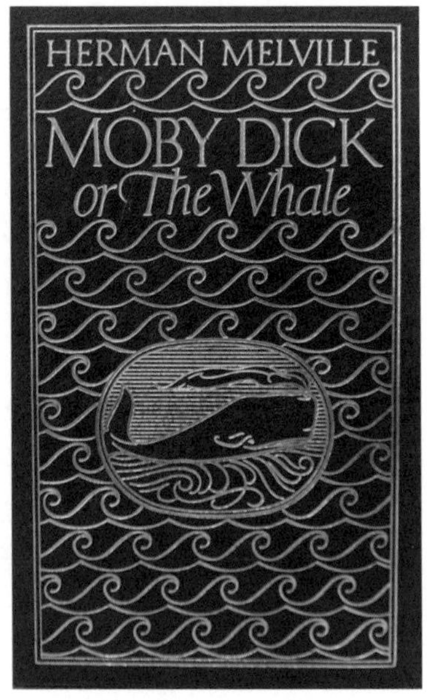

대항해 시대의 고래잡이를 소재로 한 허먼 멜빌의 소설 『백경』.

포경이 주민들에 의해 제한적으로 이루어졌음을 알 수 있다. 개항 이후에 조선 정부는 포경의 유용성에 눈을 뜨기 시작했다. 1883년 3월 17일 김옥균을 동남제도개척사겸관포경사東南諸島開拓使兼菅捕鯨使에 임명한 것이 좋은 사례다. 그러나 동해를 '피바다'로 만들었던 '광란의 역사'는 무능한 조선 정부를 무시하고 몰려든 일본과 미국, 프랑스, 노르웨이 등의 포경선에서 비롯되었다. 19세기 중반 우리 바다는 서구 열강에 의해 완벽히 포위당한다. 1849년 한 해만 미국의 350톤급 포경선 120척이 우리 바다에서 고래를 잡았고, 프랑스, 독일, 러시아, 영국, 일본 등이 뒤따른다. 1899년 러시아는 동해안 곳곳에 포경기지를 설치하고 고래잡이를 했다.[28]

1891년 러시아에 의해 포경사업이 시작된 이래 점차 포경업이 증가했다. 특히 일본은 일본원양어업회사를 설립하여 러시아의 태평양어업주식회사와 경쟁했다.[29] 러일전쟁 이후 사업을 독점하면서 동양포경주식회사로 확대 개편하였다. 조선의 포경업은 일본 원양어업주식회사, 동양어업주식회사, 동양포경주식회사를 거치면서 수탈 일로를 걷게 되었다.[30] 다음 자료에서 보듯이 처음에는 러

27 William Eliot Griffis, *The COREA: The Hermit Nation*, W. H. ALLEN & Co., 1882.

28 John R. Bockstoce, *Whales, Ice, and Men: The History of Whaling in the Western Arctic*, University of Washington Press, 1986.

29 「朝鮮海の捕鯨」, 『大日本水産會報告』 제130호, 1893년 4월, 61쪽.

30 이기복, 「일제하 '水産博覽會'와 조선수산업의 동향」, 부산대 박사학위 논문, 2010, 105쪽.

조슈번의 고래잡이.

시아가 등장하고, 러일전쟁 이후에는 일본이 주도하는 것을 알 수 있다.

광무 2년(1898) 5월 11일

외부대신 조병직이 러시아 공사 마츄닌에게 조회하여 울산군 구정포 등지에서 러시아 배 네 척이 한국문빙韓國文憑을 가졌다고 하고 포경을 자행하는바, 한아韓我 양국 간에는 아직 장정이 의정되지 못하고 있으므로 러시아 배의 본국 해안에서의 포경을 엄금해줄 것을 바란다.[31]

광무 3년(1899) 3월 10일

외부대신 박제순이 러시아 공사에 조회하여 경상남도 울산만 등 미개구안未開口岸

31 『구한국외교문서』 제17권, 『我案』 1054호, 광무 2년 5월 11일.

이키쓰키시마生月島 고래박물관의 고래 그림.

에 러시아 연박沿船이 와서 포경하고 가공영업을 하는 데 대하여 단속을 요청한다.[32]

광무 4년(1900) 2월 14일

일본원양어업회사 사람 가와기다 간시치河北勘七에게 경상도, 강원도, 함경도 3도 해빈海濱에서의 포경을 허가한다.[33]

광무 6년(1902) 1월 6일

러시아가 외부에 러시아 포경회사인 계이셀닌이 요구한 손해보상금을 통고한다.[34]

광무 7년(1903) 4월 30일

원양어업회사 감독 하북河北의 포경속약捕鯨續約을 특별 하거한다고 통고한다.[35]

광무 8년(1904) 11월 25일

포경사업을 나가사키 포경합자회사에 전임全任하였는데, 동 계약은 정부의 허가로 설립된 대한수산회사와 일본 나가사키 포경회사 간에 대한수산회사장정 제6조의 취지에 따라 대리권을 양도한 것이다.[36]

광무 9년(1905) 5월 1일

한국 정부와 포경 계약을 한 일본원양어업주식회사의 포경기지가 함경도 신포·강원도 장전동·경상도 울산에 있는바, 해당 기지들이 협소하여 업무에 불편하다 하여 러시아인 카이예링Henry Keiyering이 사용하던 포경기지의 사용을 허가한다.[37]

32 『구한국외교문서』 제18권, 『我案』 1335호, 광무 3년 3월 10일.
33 『皇城新聞』, 광무 4년 2월 19일; 『大韓季年史』 下, 광무 4년 2월 14일.
34 『구한국외교문서』 제18권, 『我案』 1780호, 광무 6년 1월 6일.
35 『구한국외교문서』 제16권, 『日案』 7193호, 광무 7년 1월 12일.
36 『구한국외교문서』 제7권, 『日案』 8395호, 광무 8년 11월 23일.
37 『구한국외교문서』 제7권, 『日案』 8570호, 광무 9년 4월 11일.

장생포의 고래 해체 작업장.

광무 11년(1907) 9월 30일

법률 제7호 포경업관리법을 반포한다.[38]

1904년 러일전쟁 이후부터 1945년까지는 일본이 한반도의 고래잡이를 독점한다. 얼마나 많이 잡아들였는지 정확한 통계조차 없다. 일본은 일찍부터 환동해에서 고래잡이에 나섰다. 고고학적 발굴에 따르면, 나가사키현에서 조몬시대 전기의 유구가 나오며, 쓰시마 아래의 이키壹岐에서도 선사시대 고래잡이 흔적이 확인된다. 고래가 동해로 북상하거나 내려오는 기타큐슈의 이키쓰키시마生月島, 세토나이카이에서 환동해로 진입한 나가토의 오오미섬青海島은 고래 전진기지로 명성이 높았다. 산인 지방에서도 이와미石見와 이즈모에서 왕성한 고래잡이 흔적이 발견된다.[39]

38 『官報』, 융희 원년 10월 2일.

해방 이후에 대형 고래는 거의 사라지고 어쩌다 등장하는 참고래, 그리고 예전에는 포경 대상에 끼지도 못했던 소형 고래 밍크고래 따위만이 남게 되었다. 미국, 일본, 러시아, 노르웨이의 남획이 불러온 비참한 결과였다. 해방 후에는 우리도 그 비참한 전쟁에 동참한다. 해방 직후 일본인이 남겨놓은 배와 기술을 담보로 상업적 고래잡이를 하기 시작했다. 1958년부터 1985년 사이에 포획한 대형 고래류는 참고래 921두, 밍크고래 1만 4,587두, 혹등고래 13두, 보리고래 3두, 귀신고래 32두, 브라이드고래 1두, 기타 고래 33두 등 총 1만 5,609두에 이른다. 1960년대 멸종 위기에 놓인 귀신고래가 다시 나타나지 않을 때까지 잡았으며, 심지어 헬기를 동원하여 참고래를 끝까지 추적했다. 대형 고래가 사라지자 밍크고래를 포획하기 시작했으며 전 세계 포획량의 15.9퍼센트에 달하였다.

39 内田律雄, 「近世捕鯨船鐵の成立と展開」, 『日本海域歷史大系』 第5巻, 近世篇 (2), 清文堂出版, 2005, 269쪽.

조속히 무비를 정비하고 에조를 개간한 다음, 류큐를 거두고 조선을 취해야 한다. 만주를 꺾고 중국을 누르며 인도에 임하는 진취의 기세를 펴고 물러나서 굳게 지켜야 한다. 그것은 진구황후와 도요토미 히데요시가 이루지 못한 바를 이루는 것과 같다.

—요시다 쇼인吉田松陰, 19세기

8장

환동해 북부와 오호츠크해 교역망

북방 바다의 문명 교섭:
홋카이도, 사할린, 쿠릴

21

환동해 문명 교섭의 네트워크

동해를 포괄하는 오호츠크 문화권

일본의 해양 전문기관에 으레 걸려 있는 〈환일본해지도〉는 사할린과 대륙, 쓰시마와 한반도가 얼마나 가까운지를 보여준다. 일본은 흡사 태평양의 체인처럼 길게 누워 있으며, 그 복판에 둥글게 둘러싸인 호수 같은 동해가 놓여 있다. 〈환일본해지도〉는 일반 지도에서 느낄 수 없는 독특한 동해의 면모를 선사한다. 동해를 관통하여 일본 서부에 당도했던 대륙과 일본의 문명 교섭 못지않게 오호츠크해와 동해 접경에서 북방 바다를 통하여 이루어졌던 문명 교섭도 소중하다. 북

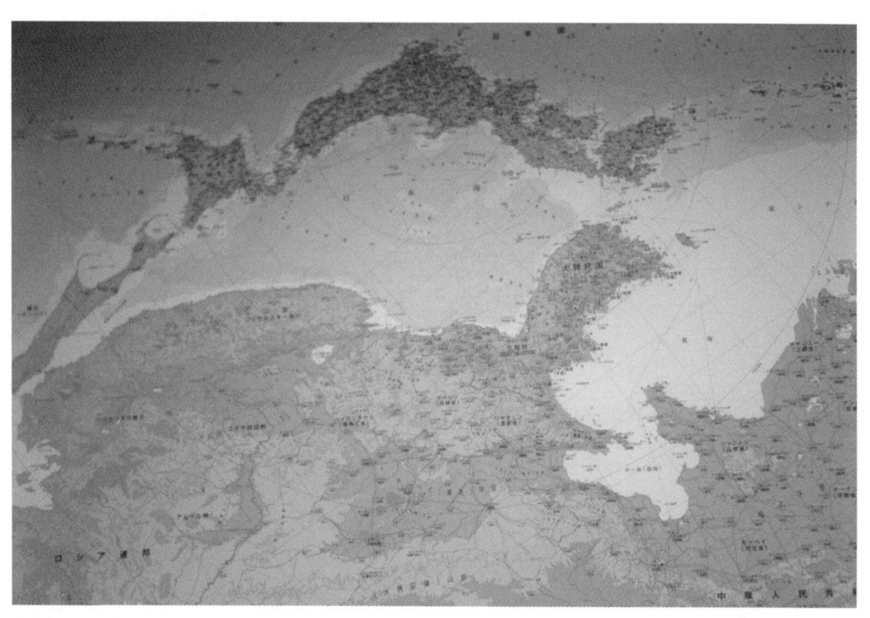

〈환일본해지도〉는 일반 지도에서 느낄 수 없는, 둥글게 둘러싸인 호수 같은 동해의 모습을 보여준다.

태평양 선주민이 구석기시대부터 시베리아에서 환동해와 오호츠크해를 무대로 활발한 연계가 있었기 때문이다.[1]

쿠릴 열도는 홋카이도와 캄차카 반도를 연결하면서 오호츠크해를 형성한다. 알류샨 열도는 위로 베링해를 형성하면서 끝자락에서 캄차카와 연결된다. 홋카이도는 좁은 해협을 사이에 두고 사할린과 연결되며, 사할린과 홋카이도 서쪽은 두말할 것 없이 동해다. 한국인의 동해관은 대체적으로 경상도에서 함경도에 걸친 바다로 인식되는 반면, 일본인의 동해관은 규슈 북동부에서 홋카이도에 이르는 좀 더 넓은 해역으로 받아들여진다.

빙하기에 북방은 마른 육지였을 테고, 바닷물은 빙하 속에 갇혀 수위는 현재보다 약 150미터 아래였을 것이다. 최북단 홋카이도는 오늘날 사할린에서 러시아 본토로 이어지는 곳을 잇는 다리 역할을 했고, 남쪽 규슈는 한반도 남쪽을 오늘날의 대한해협을 통해 다른 섬과 이어주는 다리였다. 일본의 모든 섬은 연결되어 있었고, 황해와 동중국해는 중국 본토까지 육지로 확장되어 있었다. 매머드가 다리처럼 이어진 육지를 통해 일본으로 걸어 들어가고, 그 무리에 현재 일본의 곰이나 원숭이 조상뿐 아니라 고대 인류의 조상이 포함되었을 것이라는 가정도 생각해볼 일이다. 석기는 50만 년 전부터 사용되기 시작했다. 일본 북부에서 쓰던 고대 석기는 시베리아와 중국 북부의 그것과 흡사하다. 약 1만 3,000년 빙하가 급속도로 녹기 시작했고, 일본은 그제야 섬이 되었다.[2]

약 4,000년 전, 연해주 사람들은 움집에 살면서 어로 및 채집 생활과 작물재배를 함께 영위하고 있었다. 시간이 흘러감에 따라 양식을 바꾸면서 토기를 만드는 한편, 중국 북부에서 온 사람들과 접촉하면서 차츰 청동기 제작과 양돈기술을 익히게 되었다. 조개 껍데기 무덤 유적을 보면, 3,000년 전에는 해안에서 살던 사람들이 해양 포유동물을 잡기 위해 멀리 오호츠크해까지 용감하게 건너

1 大塚和義, 「北太平洋の先住民交易とその歴史的意義」, 『北太平洋の先住民交易と工藝』, 思文閣出版, 2003, 7쪽.

2 재레드 다이아몬드, 『총·균·쇠』, 650쪽.

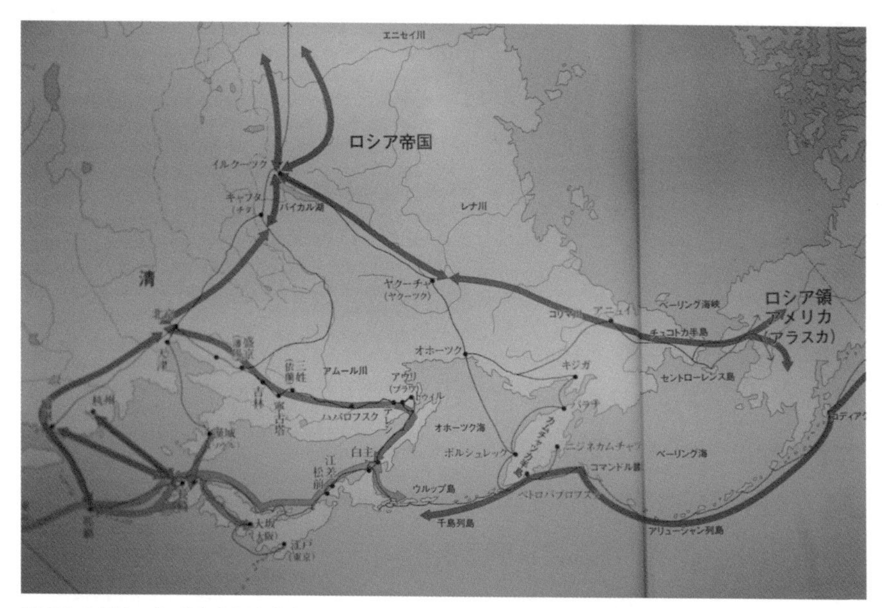

환동해, 오호츠크해, 베링해가 연결되는 북방 교역로. 大塚和義, 『北太平洋の先住民交易と工藝』.

가서 시베리아 북쪽 끝 극지방 거주자들이 사용하던 것과 같은 작살을 사용했음을 알 수 있다. 기원후 최초의 수 세기 동안 이 지역에는 새로운 유형의 사회활동이 그 모습을 분명히 드러내게 된다. 이 지역 남부와 동부에는 1세기의 것으로 추정되는, 언덕 위 거주지에서 돼지와 말을 사육하던 유적이 남아 있다. 북쪽 아무르강과 타타르 해안 사이에도 어로와 농경 생활을 하던 언덕 위의 공동체가 3세기 무렵에 나타난다.

7세기 후반부터 10세기에 이르기까지 이 지역의 남부는 발해 왕국에 편입되어 있었다. 926년에 발해는 붕괴되었지만 새로운 국가인 금이 출현했다. 금제국은 12세기 초부터 13세기 초까지 번영했다. 발해와 금제국은 '오호츠크 문화'로 알려진 상호 교섭 영역에서 공존했다. 이 영역은 대략 3세기부터 13세기까지 남부 오호츠크에 걸쳐서 쿠릴 열도와 홋카이도 북부 해안을 따라 사할린과 아무르강 하구까지 확대되어 있었다. 오호츠크 문화권 거주민은 그 이전의 같은 해양 지역에 살던 사람들과 마찬가지로 해양 포유동물을 포획했을 뿐만 아니라 대형 움집에 살면서 개와 돼지를 사육했다. 홋카이도 북부 해안, 지금의 아바시리 網走 부근에는 보리 등의 곡물을 재배하는 공동체도 있었다. 교역의 연쇄는 오호츠크 문화권을 아시아 본토의 연안 사회와 연결해주었다. 오호츠크해의 광범위한 교역망은 이 지역 남부 거주민인 중국인뿐 아니라, 어로에 종사하며 해양동물을 잡는 북부 공동체도 연결시키고 있었다. 이러한 교역망의 존재는 당대 중국 화폐가 홋카이도 북부의 유적뿐 아니라 캄차카 반도 북단에 가까운 스레드니아에서도 발견되는 것을 보더라도 분명한 사실이다.[3]

교역의 역사는 실로 오래된 것이었다. 고고학적 기록에 따르면, 빙하기 선조들은 이미 수만 년 전에 무역을 하고 있었다. 모든 현대 사회가 그렇듯이, 대부분의 전통사회는 적잖은 물건을 수입했다. 자급자족할 수 있었던 전통사회도 자급자족하는 길을 택하지 않고, 물물교환으로 구하는 방법을 선호했다.[4]

유라시아 문명의 바다 쪽 징검다리

오늘날 러시아의 사할린주에는 사할린 본섬과 쿠릴 열도가 모두 포함된다. 쿠릴 제도가 캄차카에 붙어 있지만 이를 캄차카주에 붙이지 않고 사할린주에 붙인 것이다. 사할린주에는 니브흐, 오로치, 에벤키, 나나이 등의 원주민이 3,400여 명 살고 있다. 50년 전 사할린과 쿠릴 열도에 살던 니브흐와 아이누는 선사 이래의 원주민으로 사냥을 하거나 오호츠크해 연안에서 어업에 종사하던 고아시아족이다. 아무르 남부에서 건너온 나나이족은 1947년에 집단농장 콜호스로 강제 귀속되어 사할린으로 이주당한 경우다. 그들은 대부분 고기잡이에 종사한다.[5] 오늘날 사할린 북부에 사는 니브흐족은 정착민이다. 바다 포유류를 사냥하며 개를

3 테사 모리스-스즈키, 『변경에서 바라본 근대』, 106쪽.
4 재레드 다이아몬드, 강주헌 옮김, 『어제까지의 세계』, 김영사, 2013, 92~93쪽.
5 Josh Newell, *The Russian Far East*, Daniel & Daniel Publishers Inc., 2004, 49쪽.

사할린의 길랴크족(1895년). 작자 불명, 『北海道 寫眞史』, 1983.

니브흐족. 길랴크족이라고도 부른다.

사육하고 썰매타기와 보트 만들기 등 전통적 삶을 일부 누리고 있다. 니브흐족의 주된 업종은 어로와 임산물 채취다. 유목 순록꾼(오로치, 울치)과 에벤키는 사할린 건너편 아무르 쪽에서 후대에 들어왔다. 오로치에 관한 기록은 18세기 일본의 연대기에 처음 보인다. 에벤키는 1860년대에 아무르에서 천연두가 돌자 북방 사할린으로 이주해왔다. 에벤키는 지금도 순록 키우기, 사냥, 고기잡이 등으로 살아간다.

사할린과 홋카이도, 쿠릴 열도의 주인공은 단연 아이누다. 아이누는 홋카이도와 쿠릴, 사할린에 걸쳐서 환동해권과 오호츠크해권에서 서로 지리적·환경적 경계가 되는 지역을 점령하면서 살아왔다. 아이누의 주 무대는 동아시아 대륙의 일부분, 동부 시베리아의 타이가, 홋카이도와 쿠릴의 서부 해양권으로 나뉜다. 고대 역사는 고고유적을 통해서 그들의 북방 문명이 홋카이도는 물론이고 혼슈 동북까지 영향을 미쳤음을 말해준다. 동시에 사할린과 쿠릴 열도, 아무르강 하구, 시베리아, 캄차카의 선사 문명이 밀접히 연관되었고 북방의 영향을 받고 있었다. 아이누는 일본의 역사보다는 오히려 북아메리카 에스키모나 아메리카 북서 해안의 인종과 친연성을 가진다.

사할린의 아이누(1877년). 서 있는 서양인은 애머스트 대학의 윌리엄 클라크 박사. 武林盛一, ピーホテイ博物館 소장.

아이누의 북방 영향은 가까운 지리적 관계가 설명해준다. 홋카이도와 사할린은 소야 해협宗谷海峽(라페루즈 해협)에서 불과 42킬로미터 떨어져 있다. 사할린은 아무르강 입구의 '타타르'가 사는 곳과 20킬로미터 거리에 지나지 않는 천해淺海인 데다가 겨울에는 유빙이 떠다녀 그대로 건너다닐 수 있다. 무수한 동식물이 좁은 타타르 해협을 넘나들었다. 따라서 사할린은 '문명의 징검다리'로서 유라시아 동해안 끝자락과 홋카이도를 연결하여 일본 열도와 대륙을 연결하는 북방 루트의 본거지다. 좁은 물목을 쉬임 없이 넘나든 이러한 관계가 선사, 고대는 물론이고 중세와 근세까지 이어졌다.[6]

아이누는 '문명의 징검다리'에 걸쳐 살면서 이들 문명을 이어주는 담지자로서 '문명의 매개자' 역할을 해냈다. 자바이칼, 숭가리강의 남쪽 문명도 아이누 문화에 영향을 미쳤다. 고고학적 연구는 시베리아 문명과 에스키모의 태평양 서안

6 佐々木史郎,『北方から來た交易民』, 日本放送出版協會, 1996.

문명이 서로 영향을 주고받았다고 보고 있다.

그렇다면 이들 아이누는 어떻게 환동해와 오호츠크권에서 문명의 네트워크를 형성하고 있었을까. 오호츠크해의 광범위한 교역망은 일본 북부의 경제권과 연결되었다. 대륙에서 무수한 사람들이 일본 열도로 건너오기 훨씬 전부터 토착민들이 홋카이도에 살고 있었을 것이다. 홋카이도와 사할린은 일본의 동해를 통한 선사 및 고대 문명의 교류에 중요한 역할을 했던 가교다. 북방과의 관계에서 오호츠크를 통해서 조몬시대 전기 이전부터 아무르강 지역과 관계있는 문화가 홋카이도로 유입된 것을 볼 수 있고, 조몬 후기 대륙과의 관계를 말해주는 유물의 출현은 대륙 사회의 격심한 변화가 파급된 결과로 보인다. 홋카이도의 속조몬기續縄文期 우에베즈가와植別川 유적에서 발견된 은제품은 대륙에서 온 도래인의 무덤에 부장된 것이다. 8세기에서 13세기에 걸쳐 바다를 무대로 전개된 것으로 보이는 오호츠크 문화의 물결이 몇 차례에 걸쳐 홋카이도 동부에 유입하여 속조몬 문화를 계승한 사쓰몬擦文 문화와 병존한다. 이 시기의 문화 담당자는 사할린, 아무르강 유역, 남쿠릴과 관계가 깊다. 이처럼 북방에서 오호츠크해를 경유하는 문화의 흐름은 장기 지속적이었다.[7]

북방의 문명 교섭이 저평가된 이면에는 사할린·홋카이도 원주민인 아이누를 극단적으로 과소평가한 데서 비롯되며, 속조몬인 사쓰몬인에 대해서도 저평가되는 것은 마찬가지다. 일본 민속학의 주류 야나기다 구니오柳田國男(1875~1962)도 도작문명稻作文明에 기반하여 남방기원설을 주장했듯이 '쌀'을 중심으로 사고했을 뿐 북방과의 문명 교섭은 소홀히 다루었다.[8]

그러나 북방문화가 도호쿠 최북부까지 미쳤고, 10~11세기경에도 여전히 일본국 외곽에 머물렀던 도호쿠 최북부와 홋카이도 남부 사이에 깊은 관계가 있었던 것으로 확인된다. 12~13세기 사쓰몬 문화와 오호츠크 문화의 교섭 과정에서 아이누 문화가 형성된 이후, 아이누의 활동 영역은 홋카이도에서 사할린까지

7 아미노 요시히코, 『일본이란 무엇인가』, 59쪽.

8 柳田國男, 『海上の道』(『柳田國男全集』 第21卷, 筑摩書房, 1999).

매우 활발했던 것으로 밝혀졌다.

활기찬 교역민이었던 아이누는 북으로는 사할린에서 아무르강 상류, 남으로는 도호쿠 북부에 걸쳐 배로 교역 활동을 전개했다.[9] 사할린에 사는 아이누들은 아무르강 하구나 연해주 사람들과 교류하고 있었는데 이는 선사시대로 소급될 것이다. 생활에 필요한 물자를 입수했을 뿐만 아니라 북의 물품을 남으로, 남의 물자를 북으로 전해주었다. 헤이안 말기에서 중세에 걸쳐 북방 물산을 열도로 유입하는 데 큰 역할을 했다. 예를 들어 다시마는 북방에서 다량 유입되어 일본 열도 곳곳의 시장으로 들어갔다.[10]

표류 같은 우연한 사건을 통해서 대륙과 아이누가 접촉하는 일도 있었다. 727년에 파견된 최초의 발해 사절단이 폭풍에 휘말려 홋카이도로 표류했다. 이때 아이누족이 사절단을 습격하여 상호 접전을 벌인 끝에 8명만 살아남았다. 786년에도 발해국 사신 이원태 등 65명이 배 한 척을 타고 표류하다가 부하에 도착했는데, 12명이 아이누에게 노략질당하고 41명이 살아남은 기록이 전해온다. 이와 같이 발해와 아이누가 조우하는 일이 가끔 있었던 것으로 여겨진다.[11]

13세기 후반 원元은 두 차례 규슈를 침범하고 아무르강까지 진출하다가 아이누와 마찰을 빚었고, 이 때문에 원나라 군대가 사할린을 네 차례 침략했다. 가마쿠라鎌倉 막부가 동해를 건너온 원군이 호쿠리쿠를 공격할 가능성을 상정했다는 기록이 있으며, 이 같은 정보는 북방에서 흘러나왔을 것이다.[12]

대략 13세기부터 오호츠크 해역의 일상생활과 문화적 교섭의 패턴이 변하기 시작했다. 역사적 변동의 원인은 불분명하다. 그러나 13세기 후반 원나라가 아무르강 하류와 사할린을 침략한 것이 중요한 요인이었을 것이다. 15세기 이후

9 佐々木史郎, 『北方から來た交易民』, 日本放送出版協會, 1996.

10 『일본서기』 권26에 655년 아이누들을 난바難波까지 초청하여 잔치를 베풀었다는 기록이 있다. "사이메이 천황 원년(655) 7월, 난바의 조정에서 기타에조北蝦夷 99명, 히가시에조東蝦夷 65명에게 잔치를 베풀었다. 아울러 백제의 조사 150명에게도 잔치를 베풀었다."

11 『續日本書紀』 권39.

12 아미노 요시히코, 『일본이란 무엇인가』, 61쪽.

이 지역에서 일본 경제가 미치는 영향력이 증대하고, 기후가 변화한 것도 한 요인이었을 것이다.

원인이야 어찌됐건, 이 해역의 대부분에서 특정한 경제활동(예컨대 양돈)이 소멸하고 새로운 경제활동(예컨대 내륙에서의 수렵)이 활발하게 이루어졌다. 순록 사육이 시베리아 본토에서 온 이주자들(나중에 윌타로 알려진 집단의 선조)에 의해 사할린으로 도입된 것도 이 무렵일 것이다. 홋카이도 각지에서 도기 생산이 점차 사라지고 어로와 삼림에서의 수렵이 중요해지는 생활양식이 출현했다(나중에 고고학자나 인류학자들은 이것을 '아이누 문화'라고 불렀다). 아이누 문화는 도기 제작 기술을 몰랐던 것이 특징이라고 하지만, 실제 고고학적 증거가 보여주듯이 최근까지도 몇몇 지역에서 도기가 제작되었다. 남부 사할린 유적에서는 담배 파이프 유물에 섞여서 대량의 도기 파편이 출토되었는데, 이 파편들은 담배가 유입된 16세기 이후의 것으로 추정된다. 시계 톱니바퀴를 이용해서 만들어진 것이 분명한 문양이 새겨진 도기 파편과 함께 곰 발자국을 눌러 장식한 도기 파편도 출토되었다. 홋카이도와 사할린의 아이누 문화가 지닌 또 다른 특징은 기계 직조 기술이 발달했다는 점이다. 이때 사용된 직기는 프랑스의 탐험가 라페루즈가 1780년대에 남긴 기록에 따르면 일본 직기와 '비슷한 것'이었다.

이 머나먼 동북아시아의 끝자락도 중화제국의 영고성쇠에 따라 좌우되었다. 몽골이 아무르강 유역을 지배하고 군대를 사할린으로 파견하자 아이누와 대륙 주거자 사이에 물품 교환이 극적으로 늘어났다. 원의 사할린 정벌은 아무르강 삼각주에서 사할린에 걸쳐 경제적·사회적 충격을 안겨주었다. 원은 통치 지역에 사는 토착민들을 휩쓸기보다는 장기적 관점에서 조공 체제를 원했다. 조공이란 본디 한쪽에서 일방으로 바치는 것이 아니라 상호 주고받는 것이었다. 토착민들은 원나라에 모피 등을 공납하고 원은 그들에게 비단 등을 내렸다. 아직 국가체제를 갖추지 못한 아이누 등은 이러한 조공 체제를 통해 나름의 공식적·정규적 시스템을 만들어냈고, 원이 멸망하고 명과 청이 들어선 뒤에도 이러한 시스템은 무너지지 않았다. 청조 초기 쑹화강 하류에 인접한 소사회들이 그랬듯이, 제국 확장의 시대에 북중국과 만주의 사회·문화 세계에 흡수되어버린 집단도 있었다.

한편 17세기에 아무르강 하류나 사할린의 나나이, 울치, 니브흐, 아이누 민족이 중국의 조공국으로 복속한 사례처럼, 좀 더 느슨하게 제국의 궤도에 편입된 사회도 있었다. 이처럼 느슨한 관계 속에서는 지역 사회가 중국과 만주의 물자, 기술, 디자인, 사회 시스템(새로운 마을의 권력구조 창출까지 포함해서)의 영향에 노출되었지만, 그 지역의 고유한 지식의 근본적인 하부 구조는 변함없이 살아남았다.[13]

청조는 아무르와 사할린 사이의 조공무역을 전례 없이 강화했다. 러시아의 남하가 지속되면서 변방 단속의 필요성을 느꼈기 때문이다. 1688년 네르친스크 조약으로 청·러의 국경이 획정되자 청은 다시금 사할린으로 군대를 보냈고 사할린의 아이누에게 조공을 요구했다. 청은 이 같은 방식으로 사할린 남쪽 끝을 제외한 대부분의 영역을 통치했다. 원주민은 호구를 등록해야 했고, 1732년에는 6개 씨족, 18개 마을, 148호가 모피 조공자로 등록, 1750년에는 2,398호가 모피 공여자로 등록되었다. 대신 청 왕조는 부족과 마을 지도자에게 중국 비단으로 만든 옷을 하사했다.

홋카이도, 사할린, 아무르강의 결합

18세기에 오호츠크 해역 전체의 교섭이 사라져버린 것 같지만, 홋카이도 북서부, 서부 사할린, 아무르강 유역 사이의 결합은 강화되었다. 청 왕조는 아무르강을 따라서 차츰 교역소를 건설하여 1730년대에는 타타르 해협 건너 사할린까지 영향력을 확대했다. 청 왕조는 아무르강 하구에서 사할린까지 모피를 얻기 위해 무단강을 따라 닝구타 요새를 세웠다. 청 왕조는 아무르강 서쪽 연안의 유력한 촌민을 성장城長이나 향장鄕長으로 임명했다. 성장이나 향장은 아무르강의 교역소

13 테사 모리스-스즈키, 『변경에서 바라본 근대』, 42쪽.

에 바치는 공물인 모피를 수집하는 책임을 맡았다. 이 공납 시스템은 서부 사할린에 거주하는 아이누어나 니브흐어를 쓰는 촌민들, 지금은 니브흐, 오로치, 울치, 나나이라고 알려진 아무르강 유역의 선주민 공동체들과 교섭을 촉진시켰다.

18세기 후반 라페루즈의 관찰에 따르면, 남서 사할린의 아이누 촌민은 사할린 동부 해안에 대해서는 잘 몰랐지만, 타타르해 연안과 아무르강 하류에 대해서는 자세하게 알고 있었다. 사할린 사람들은 서기書記 체계를 갖추고 있지 않았으나, 어떤 젊은 남자는 "그가 탐초카라고 부른 사할린 서부 연안과 아무르강까지 포함한 만주족의 나라"에 대해 정확한 지도를 그릴 수 있었다. 그는 하구가 "이 섬 북단의 곶보다 좀 더 남쪽으로 내려간 곳"에 있다며 아무르강의 위치를 정확히 언급했다. 더 나아가서 강 하구에서 교역소가 있는 곳까지 뗏목을 타고 거슬러 오르는 데 걸리는 날짜를 일곱 개의 줄로 표시했다.

라페루즈는, 사할린이 섬이라는 것을 '발견'했다고 나중에 유럽에서 받아들여지게 되는 정보를 자신의 관찰에 의해서가 아니라 이 지역에 거주하는 원주민들로부터 입수했다. 마미야 린조도 일본에서 사할린이 섬이라는 것을 발견한 인물로 알려져 있지만, 정보의 원천은 사할린 북부의 니브흐 촌민이었다. 마미야 린조는 1809년에 촌민의 안내를 받아 아무르강을 따라 내려가는 여행을 하면서 이 지역 소사회에서 일어나는 긴밀한 교역을 관찰할 수 있었다. 예컨대 아무르강 하류 부근에 거주하는 상당수의 촌민은 여러 개의 언어를 썼으며, 어떤 촌민들은 작은 배 만들기의 명수로 유명해서 아무르강 유역과 서부 사할린 사람들에게 선체용으로 가공한 소나무 판자를 팔았다.

아이누는 와진和人(혼슈 이남의 야마토인)은 물론이고 만주족, 그리고 윌타, 니브흐 등 북방 공동체 사이에서도 교역을 했다. 이 장거리 교역 네트워크 가운데 두 개의 루트가 도쿠가와 시대 초기에 크게 번창했다. 하나는 산단山丹 교역이라 불리던 루트였다. 아무르강 하류의 교역 공동체를 매개로 사할린을 경유하여 마쓰마에번과 그 이남 지역까지 이어진 교역이었다. 1843년 공문서에 따르면, 산단 교역로를 통한 물품은 문양이 새겨진 견직물, 청옥을 비롯한 각종 보석과 잡화였다. 북방 아이누는 아직 철기문명에 도달하지 않았기 때문에 이들에게

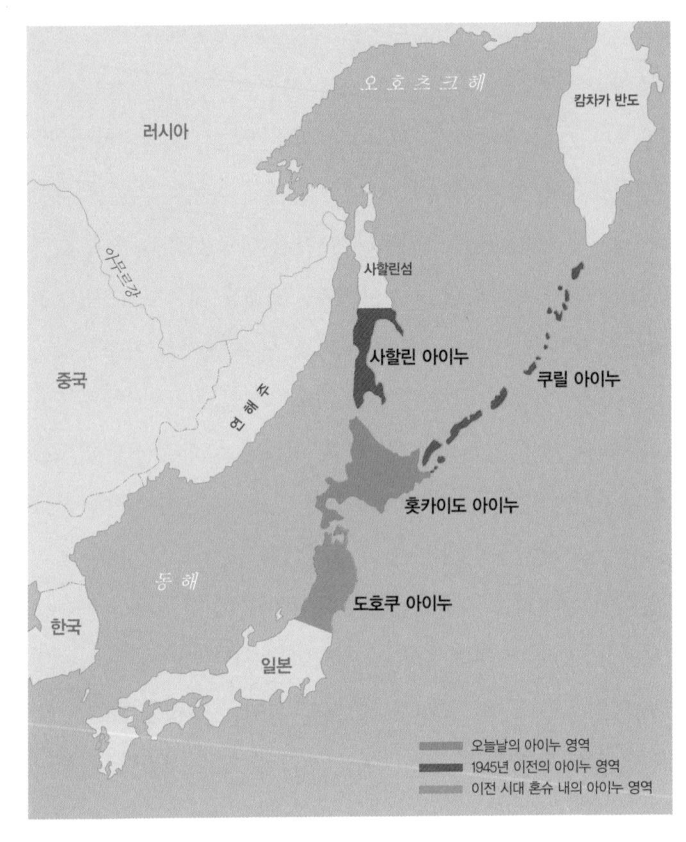

과거와 현재의 아이누족 영역도. 대략 1400년부터 1945년까지 일본의 경략에 따른 영역 축소 과정을 말해준다.『AINU』, University of Washington Press, 1999.

쇠로 만든 솥 같은 용기는 매우 값진 것이었다.[14] 한편 북방 루트에서는 쿠릴의 아이누를 매개로 러시아인과의 교역이 이루어졌다. 러시아인이 제작한 각종 장신구들이 아이누에게 전해져 장신구의 일대 변화가 목격되기도 했다.

18세기에 러시아인들의 남하에 대응한 것은 청뿐만이 아니었다. 1780년대까지 에도 막부는 러시아의 위협에 맞서 에조蝦夷에 대한 정치적·경제적 영향력을 강화했다. 마쓰마에번은 아이누에게 받은 중국산 비단을 혼슈에 고가로 팔아 왔으나, 아이누는 비단을 구하기 위해 빚을 져야 했으며 돈을 조달하기 위해 모

14 月田賢一郎,「鐵鍋と山丹交易」,『北太平洋の先住民交易と工藝』, 思文閣出版, 2003, 95쪽.

피 사냥을 늘려야 했다. 18세기 후기에 일본에서 에조 비단의 수요 증대는 중국과 일본 사이에서 무역을 하던 아이누에게 정치적·경제적 혼란을 주었다. 이런 상황에서 에도 막부는 마쓰마에번이 이런 문제에 대국적으로 대처할 능력이 없다고 보고 에조에 대한 직접 관할 및 통제에 나서게 된다.

이런 사실은 유사 이전의 안개로 영원히 휩싸인 사회들이 정체되었음을 시사하는 것이 아니다. 오히려 수많은 소규모 사회집단의 급격한 변화, 그리고 그런 사회집단들 사이에 역동적인 상호 교섭이 이루어졌음을 보여준다. 이 같은 교섭은 다른 공동체와의 접촉이 이루어지는 가운데 상품이 교환되기 시작했다는 카를 마르크스의 주장(『자본론』)과도 일치한다. 초기 형태의 상품 교환이 근세 직전까지 북방 교역에 남아 있었던 것으로 여겨진다. 그렇다고 해서 이런 교섭들이 19세기 이론이 묘사하는 진보의 이미지와 겹치는 것은 아니다. 변화의 위상 중에는 순록 사육과 기계 직조 기술의 전파, 새로운 교역의 연쇄와 소형 선박 건조로 특화된 작업장의 발전처럼 그야말로 '진보'라는 정의와 딱 부합하는 것도 있지만, 양돈의 소멸, 도기 생산의 쇠퇴처럼 낮은 차원의 발전 단계로 '후퇴' 했다고 간주되는 것도 있다. 결국 오호츠크해의 역사 이야기는 이런 질문을 건네고 있는 셈이다. 대량 입식入植이나 노동집약적 농업에 부적합한 곳에서 생활하는 소규모 공동체들이 오랫동안 배양해온 전근대의 경험을 묘사할 때, 종래의 사회적·경제적 '진보'의 이미지는 과연 유용한 것인가라는 질문이 그것이다.[15]

15 테사 모리스-스즈키, 『변경에서 바라본 근대』, 111쪽.

『정조실록』 1797년(정조 21) 9월 6일 기사에 동래 용당포 앞바다에 표류한 이국의 배에 대해 논의하는 내용이 나온다.

경상도 관찰사 이형원이 치계하기를,

"이국異國의 배 한 척이 동래東萊 용당포龍塘浦 앞바다에 표류해 이르렀습니다. 배 안의 50인이 모두 머리를 땋아 늘였는데, 어떤 사람은 뒤로 드리우고 백전립白氈笠을 썼으며, 어떤 사람은 등藤으로 전립을 묶어 매었는데 모양새가 전립戰笠과 같았습니다. 몸에는 석새[三升] 흑전의黑氈衣를 입었는데 모양새가 우리의 협수挾袖와 같았으며 속에는 홑바지를 입었습니다. 모두 코가 높고 눈이 파랗습니다. 역학譯學을 시켜 그 국호國號 및 표류 연유를 물었더니, 한어漢語·청어淸語·왜어倭語·몽골어蒙古語를 모두 알지 못하였습니다. 붓을 주어 쓰게 하였더니 모양새가 구름과 산과 같은 그림을 그려 알 수 없었습니다. 배 길이는 18파把이고, 너비는 7파, 좌우 아래에 삼목杉木 판때기를 대고 모두 동철銅鐵 조각을 깔아 튼튼하고 정밀하게 하였으므로 물방울 하나 스며들지 않는다고 하였습니다."

하고, 삼도통제사三道統制使 윤득규尹得逵가 치계하기를,

"'동래부사東萊府使 정상우鄭尙愚의 정문呈文에 '용당포에 달려가서 표류해온 사람을 보았더니 코는 높고 눈은 푸른 것이 서양 사람인 듯하였다. 또 그 배에 실은 물건을 보니 곧 유리병, 천리경千里鏡, 무공은전無孔銀錢으로 모두 서양 물산이었다. 언어와 말소리는 알아들을 수 없고, 오직 '낭가사기'浪加沙其라는 네 글자가 나왔는데 이는 바로 왜어倭語로 장기도長崎島이니, 아마도 상선 장기도부터 표류하여 이곳에 도착한 것 같다. 손으로 쓰시마 근처를 가리키면서 입으로 바람을 내고 있는데, 이는 순풍을 기다리는 뜻인 듯하다' 하였습니다."

하니, 그들이 원하는 대로 순풍이 불면 떠나보내도록 하라고 명하였다.[16]

이들이 바로 브로튼William Robert Broughton 일행으로 북태평양 탐험 항해의 일환으로 87톤급 스쿠너선을 타고 있었다. 1795년 영국을 떠날 때는 400톤급 슬루프형 포함 프로비던스를 타고 항해했으나 1797년 5월에 배가 류큐 열도에서 산호초에 난파되어 조그마한 스쿠너선 프로비던스호로 옮겨 탔다. 당시 영국에서는 해군이 주도하여 자연지리학적 탐사를 크게 벌이고 있었다. 브로튼은 제임스 쿡의 유업을 이어받아 서북항로를 찾아내기 위해 동북아시아 해안 탐사를 하고 있었다. 그들은 혼슈와 홋카이도 사이의 쓰가루 해협을 통과한 후 홋카이도 서쪽 해안을 따라 북상했다. 그들은 10년 전인 1787년 라페루즈 일행이 통과한 해협을 보지 못하고, 사할린을 타타르 연안으로 착각하여 북위 52도까지 올라와서는 더 이상 북상할 수 없다는 판단을 내리고 반대편 해안선을 따라 남하하여 9월 24일 북위 46도 지점에 이르렀다. 이들은 자신들이 항해한 곳을 하나의 커다란 만으로 생각하여 타타르만Gulf of Tartary이라고 명명했다.

브로튼 일행은 1797년 10월 3일 청진 근해에서 10월 13일 저녁 부산 용당포에 닻을 내리기까지 우리나라 동해안의 해안선을 경위도 측정과 함께 스케치했다. 이들은 부산항에 정박하여 식수와 땔나무를 보급받으며 휴식을 취하는 동안 부산항 해도를 작성하고 현지 주민들로부터 우리말 어휘를 채집했다. 이들은 1799년 2월에 영국으로 귀항했으며, 브로튼은 1804년 북태평양 항해기를 두 권의 책으로 출간했다.[17] 과학적 탐사 장비와 인원을 갖추고 있던 이 함대는 동해와 타타르 해협, 쓰가루 해협과 홋카이도 등에 관한 정확한 조사 기록을 남겨 환동해 탐사의 기초를 만들었다.

16 『정조실록』, 정조 21년 9월 6일.

17 한상복, 『해양학에서 본 한국학』, 해조사, 1988, 33쪽, 47~49쪽.

22

환동해와 오호츠크해의 교섭자 아이누

작고 국가 없는 사회의 기록 없는 역사

홋카이도가 일본인의 땅으로 접수되면서 아이누를 바라보는 시각은 이전과 달라졌다. 전기 중국과 교섭할 때 상부 구조는 영향을 받았으나 하부 토대는 변화하지 않았다면, 일본의 침략과 병합을 통하여 아이누 전체가 변화하기 시작했다. 테사 모리스-스즈키Tessa Morris-Suzuki가 제기한, '변경에서 바라보기'의 시선이 요구된 것이다.

> 모든 분쟁에는 한 가지 공통점이 있다. 하나같이 국가 중심부 관점에서 변경을 바라본다는 것이다. 변경은 국민국가의 접촉 면, 즉 경합하는 국가/국민적 서사들이 만

아이누를 그린 일본인들의 그림. 좌측 가키자키 하쿄 1700년대, 가운데 고지마 데이키 1843년, 우측 고지마 데이키 1843년. 『AINU』, University of Washington Press, 1999, 18쪽, 28쪽.

나는 지점으로만 간주된다. 과거 50년 동안 세계 각지의 역사가들은 증거나 기록이 거의 없었는데도 불구하고 대大사회의 민중의 역사를 그려내기 위해 노력을 기울여왔다. 마찬가지로 불완전하기는 하지만, '작고 국가가 없는 사회의 기록 없는 역사'에 아로새겨진 과거의 궤적을 그려내는 시도 또한 중요하다고 생각한다. 최근까지 지구의 대부분을 차지해온, '문명'과 '국가'의 틈새에 자리 잡은, '국가 형태를 취하지 않은' 수많은 사회들이 만들어낸 다양한 역사는 어떤 식으로 접근하든 들어설 여지가 거의 없다. '문명의 범주'에서 벗어나 있는 미지의 사회체계는 지리상으로뿐만 아니라 연대기상으로도 석기시대, 또는 유사 이전처럼 유물을 표현하는 기회에 의해 정의된다. 그리고 타자로 규정되어 근대의 지리에서 지워진다. (……) 국경 연구는 오랫동안 지리학자나 외교관이 도맡아왔던 분야다. 자연적 경계와 인위적 경계를 구분하고, 장기간 존속해온 경계와 분쟁의 불씨가 될지 모르는 경계가 어째서 존재하는지를 이해하려는 것이었다. 또한 국가/국민들을 서로 분리시키고 제국끼리 서로 구획하려 애쓰면서, 국제 교섭의 장에서 자신의 주도권을 발휘하려는 의도도 숨어 있었다. 오늘날의 새로운 연구는 이들 국경을 '방위되고 법에 의해 분절되거나 침해받은' 장소로만 보지 않고, '이러한 경계에서 살아 움직이는 사람들의 생활'을 탐사하고자 한다. 이처럼 변경에 대한 관심이 고조되는 것은 정체성identity/혼종성hybridity의 문제에 초점을 맞추고 고투해온 최근의 치열한 논의가 있었기 때문이다.[1]

일본 역사의 거의 절반에 걸쳐서 북쪽 국경선은 지도상 고정불변으로 그어진 선으로서 존재하지 않았다. 북쪽 국경선은 와진이 에조라고 부르던 북방 인근 사람들과 뒤섞여 살고 교역하고 때로는 전투를 치르던 지역이었다. 일본은 이 지역에 대해 정치적 지배의 경계를 점차 확장해나갔다. 8~9세기에 일본 호족은 혼슈 북부 각지에 지배 거점을 확립했으며, 그 과정에서 아이누 거주민은 차츰 쫓겨나거나 일본에 동화되어갔다.

1 테사 모리스-스즈키, 『변경에서 바라본 근대』, 23쪽.

1	
2	3
4	5

❶ 19세기 말의 아이누. ❷ 늠름한 자태의 아이누 남자(1905년). ❸ 아이누 일가(1877년).
❹ 아이누 초상. ❺ 아이누족 아이들(1877년).

홋카이도 지방은 에조치蝦夷地로 일본인들에게 알려져 있었고, 8~9세기경 도호쿠 지방 전체가 천황의 판도에 들어갈 무렵에 오시마渡島의 아이누인이 조정에 모피를 보내온 일도 있다. 그것은 우연한 일이었으며 오랫동안 일본 정권과 에조치는 공식 관계를 맺지 않았다. 12세기 이후 일본 개척 이민이 에조치 남쪽 해안으로 이주하기 시작했다. 이주자 대다수는 어로, 모피, 어류, 해초 교역, 또는 아이누에게 팔기 위한 칼과 냄비 등의 상품 생산을 생활기반으로 삼았다. 와진 이주자는 소수의 유력한 신분층이 지배하던 다테館를 중심으로 모여 살았다. 이주자와 아이누의 관계는 대개 서로에게 유익한 것이었지만 가끔 불온한 사태도 벌어졌다. 이 관계는 아이누와 그 북부의 거주자들, 즉 사할린의 윌타, 니브흐, 울치, 남부 캄차카의 코랴크, 이텔멘 등의 관계와 비슷한 것이었다.[2]

더할 나위없이 행복했던 아이누의 축제. 근세의 뛰어난 아이누 예술가였던 히라사와 뵤잔(1822~1876)의 그림.

아이누 문화는 15세기가 되도록 외부의 영향을 거의 받지 않았다. 아이누는 사할린을 통해 북방과 교섭하면서 독자적 생존을 이어나가고 있었고, 도호쿠 북방과 제한적으로 교섭하고 있었다. 그러나 15세기에 접어들어 일본이 무역과 약탈을 위해 홋카이도 남쪽에 발판을 마련하면서 상황이 달라졌다. 일찍이 13~14세기에 에조치로 건너가 에사시江差 방면에서 어장을 개척하고 오시마 반도에서 사금을 채취하거나 아이누인과 교역하는 사람이 점차 많아졌다. 15세기 중엽인 1452년 와카사若狹의 무사 다케다 노부히로武田信廣

2 테사 모리스-스즈키, 『변경에서 바라본 근대』, 58~59쪽.

칼과 화살을 든 아이누. 무라카미 시마노조 그림(18세기).

가 오시마의 마쓰다松田 일대의 에조치를 굴복시켰으며, 그 자손이 마쓰마에라는 이름을 썼다. 도요토미 히데요시風神秀吉가 전국을 제패하는 와중에 마쓰마에도 복속당했다. 홋카이도가 일본 중앙정부의 지배 아래에 들어갔다는 의미이며, 홋카이도가 일본 영토가 된 것은 이때부터다.[3] 막부 체제에서 에조치는 언어와 풍속이 다른 이민족 아이누가 사는 이역이며, 마쓰마에번의 통치를 받았다.

해협을 건너온 세력은 국가권력체가 아닌 지방호족이었다. 무장 저항에도 불구하고 아이누는 일본인 집단에 굴복하여 급속도로 일본 사회에 동화되었다. 이후 아이누에 대한 착취가 강화되었다. 일본 상인은 땅을 공여받아 아이누족을 노예로 부릴 수 있었다. 아이누인은 혼슈에서 들어온 질병과 잔혹한 학대로 수가 크게 줄었으며 고유 문화와 사회가 심각하게 훼손되었다.

17세기 중엽부터 에조치에서는 상장지행제商場知行制(마쓰마에번 등 특정 번이 특정 지역의 상장에서 아이누와 교역하는 권리를 지행으로 분여한 제도)가 바뀌어 특정 상인이 마쓰마에번 영업세를 기불하고 그 상장에서 교역과 어업을 경영하는 장소청부제場所請負制가 일반화되었다. 농경이 불가능한 에조치에서는 일본으로부터 쌀, 술 등의 물자를 들여와야 했다. 아이누와의 거래품인 에조치의 해산물은 나가사키에서 중국으로 수출되는 품목에서 큰 비중을 차지했고, 청어깻묵은 키나이 상품경제지대에서 부족했던 말린 정어리를 대신하는 중요한 금비金肥가 되었다. 그것은 서회항로 운반 비용을 고려해도 풍부한 어획량과 아이누의 값싼 노동력 덕분에 충분히 유효한 금비였다. 이 점에서 에조치는 상품 유통기구에

3 이노우에 기요시, 서동만 옮김, 『일본의 역사』, 이론과실천, 1989, 150쪽.

일본 어민과 아이누의 조우. 아이누가 잡은 물고기를 교역하고 있다. 고다마 데이신 그림.

필수적인 지역으로 편입되었다고 할 수 있다.

청어는 한 해에 알을 여러 번 낳는 다란성 어종이다. 홋카이도 연안에서 잡히는 청어는 심해에서 잡히는 대서양 청어와 다르다. 봄이 오면 연안에 접근하여 수심 10미터 이내의 얕은 바다에서 자라는 해초에 알을 낳는다. 동해 어부들은 자망을 쳐서 청어를 잡아들이는데 '물 반 고기 반'이었다. 에도 말기에서 메이지 초기에 대량 어획이 본격화하여 자원이 고갈되기에 이른다. 청어는 배를 갈라 내장을 제거하고 20~30마리씩 엮어서 3주 정도 건조장에 내건다. 머리나 뼈 같은 부산물은 키나이 목화밭의 1급 비료로 활용되며, 기름은 짜서 오사카로 운반한다. 상상을 초월할 정도로 많은 양의 말린 청어와 비료, 기름 등이 운반되었음은 생산력 극대화를 위해 홋카이도의 자연환경이 심각하게 소모되었음을 뜻한다.[4]

마쓰마에번은 북방의 산물을 받아들여 환동해를 통하여 혼슈로 교역했다. 마쓰마에는 '발송지의 원동력'을 지닌 강력한 북방 항구로 발돋움했다. 마쓰마

4 大阪市立博物館,『北前船と大阪』(第95回 特別展圖錄), 1983, 45쪽.

에의 화가(龍丹齊小玉負良)가 그린 6곡병풍(江差屛風, 松前屛風)을 보면, 변재선弁材船이 해안에 정박해 있고 청어를 잡는 봄 풍경이 활기를 띠는데, 후쿠야마성福山城 아래에 오미近江 상인의 점포와 창고가 줄지어 있어 당대의 번영을 잘 말해준다.[5]

후쿠야마福山, 에사시江差, 하코다테箱館는 마쓰마에의 '3진秦'이었으며, 이들 포구는 오늘날 '마쓰다정松田町, 에사시정江差町, 하코다테시函館市'로 변해 있다.[6] 마쓰마에는 '어상漁商 50집集'이라 불리는 강력한 수산세력이 존재하여 홋카이도를 경영하면서 물산을 집하하여 혼슈로 실어 날랐다. 50집의 출현은 이미 18세기 사료에 등장한다.[7] 마쓰마에번에서 유통되는 물산을 아예 '松田物'이라 불렀으며, 이는 홋카이도 해산물을 뜻했다.[8]

『진경일통지』津輕一統志(1669)에 따르면, 당시 일본인의 홋카이도 인구 분포는 서쪽 환동해 변에 44개소, 동쪽에 25개소였다. 일본인은 1만 4,000~1만 5,000명이었다.[9] 이 같은 인구 급증은 청어잡이를 위해 많은 어민이 들어왔기 때문이었다. 특히 에사시 근처의 촌락은 청어잡이가 주업이었으며, 오미 상인이 어장을 전대하여 자금을 투자하고 고기를 잡아서 생계비를 지급하는 방식이 17세기 말의 어업 생산력에 힘입어 발전했다.[10] 오미 상인의 강력한 수산자본이 홋카이도의 이민촌 형성에 동력을 부여한 것이다.

마쓰마에성과 에사시가 환동해 변에 위치한다면 하코다테는 쓰가루 해협에서 태평양 쪽으로 위치하여 각각 역할이 달랐다. 하코다테가 본격적으로 주목받기 시작한 것은 개항 이후다. 하코다테는 널찍한 천연 항구의 동쪽 경계선을 이루는 바위로 된 갑岬의 북서 기슭을 따라 건설되었다. 일본 정부는 이 항구의 관

5 大阪市立博物館, 『北前船と大阪』(第95回 特別展圖錄), 1983.
6 官原浩, 「日本海の交流中の江差」, 『日本海域歷史大系』 第5卷, 近世篇 (2), 清文堂出版, 2005, 115쪽.
7 胡桃澤勘司, 『近世海運民俗史硏究』, 芙蓉書房出版, 2012, 9~53쪽.
8 菊池勇夫, 「食文化のなかの松田物」, 『北太平洋の先住民交易と工藝』, 思文閣出版, 2003, 22쪽.
9 『福山秘府』(1701)에는 2만 86인으로 나타난다.
10 田端宏, 『蝦夷地から北海道へ』, 吉川弘文館, 2004, 39~40쪽.

할권을 장악하기 위해 노력했지만, 하코다테는 18세기 중엽까지 아이누족의 땅이었다. 마쓰마에번이 장악하면서 본격적으로 어업 전진기지가 되었다. 메이지 유신 뒤에는 외국에서 구매한 신형 군함을 이끌고 에도만을 탈주한 구막부 세력이 하코다테를 점령하여 에조치 공화국을 세우려 한 일도 있었다. 메이지 정부가 하코다테에 재판소를 설치하고 직접 통치에 나섰으나 해운의 혼란, 화물의 적체, 회미回米의 부족 등으로 물가가 오르고 주민의 생활이 궁핍하게 되어 오타루 어민 600여 명이 반란을 일으키는 사건이 벌어졌다. 이 기회에 구막부의 해군 부총재가 에조치 개척을 명목으로 진입하여 '하코다테 전쟁'이 벌어진 것이다.

오늘날 하코다테에는 19세기에 개항장이 되면서 네덜란드인의 기술로 세워진 서양식 요새 고료카쿠五稜郭가 남아 있다.[11] 남하하던 러시아는 1859년 비잔틴 양식의 교회를 세웠다. 개척의 시대가 되면서 개척사開拓使가 자리 잡은 삿포로가 주도가 되었지만 하코다테는 오랫동안 홋카이도의 수도로 여겨져왔다. 2차 세계대전 이후 쇠퇴했지만 여전히 홋카이도와 혼슈를 이어주는 항공 및 해상 교통의 중심지다. 1980년 초반 하코다테와 혼슈의 아오모리를 잇는 세이칸青函 터널이 건설된 것이 좋은 예다. 오타루와 하코다테에 들어선 서양풍 건물은 북방 러시아의 남하와 미국의 서진 등이 빚어낸 메이지적 산물로서 현장을 증거해주는 중이다.[12]

만들어진 아이누

일본은 실체와 다른 아이누관을 창조 및 날조했다. 일본인들이 홋카이도에 이주하기 전까지 아이누는 사냥꾼/어부였다는 것이 통념이다. 전형적인 수렵채취 사

11 關秀志 外, 『北海道歷史(下)』, 北海道新聞社, 2012, 28쪽.

12 角幸博, 『函館の建築探訪』, 北海道新聞社, 1997; 小樽再生フォーラム 編, 『小樽の建築探訪』, 北海道新聞社, 1995.

사냥을 업으로 삼는 숲 속의 사람들로 이미지화된 아이누. 고운테이 사다히데五雲亭貞秀 그림, 〈大日本北蝦夷狩獵地圖〉, 1860년.

곰을 신성시했던 아이누의 곰 사냥.

회로 만들어낸 것이다. 아이누족이 농업의 역사를 가지고 있었다는 사실은 근대 지식이 만들어낸 패러다임과 모순되기 때문에 농업의 역사 자체를 왜곡시키고 수렵채취 단계의 사회로 전락시킬 필요가 있었다. 그러나 실상은 식민화 과정에서 아이누의 농업 전통이 파괴되어간 것이다. 아이누의 탈농업화에는 그다지 명료하지 않은 다른 요인들도 작용했다.

전통적으로 아이누는 가죽, 모피, 털로 옷을 만들었다. 연어 가죽으로 만든 옷이 제일 비쌌다. 강하고 가볍고 오래 가고 방수되는 옷으로 사할린의 아이누들은 물고기 가죽 옷으로 장식하고 아무르강 하구 사람들과 같이 살아갔다. 건너편 아무르강 하구의 나나이족도 연어 가죽으로 만든 옷을 입었다. 섬세하게 연어 가죽을 벗기고 안쪽에 붙은 살을 떼어낸 다음, 적당히 말리고 나서 나무로 두드려 옷감을 만들었다. 이처럼 대륙 북방 해안가 원주민에게 연어는 중요한 자원이었다. 가을에 연어와 송어가 산란하기 위해 아이누 생활권이 있는 강으로 헤엄쳐오면 사람들은 창과 작은 그물을 가지고 연어와 송어를 잡았다. 원주민은 「우리 땅은 숲이었다」라는 글에서 이렇게 회고하고 있다.[13]

> 그 옛날에는 시시리무카라고 불리던 사루강에 연어가 상상할 수 없을 만큼 많이 헤엄쳐 올라왔다고 한다. 한 할머니가 내게 불러주곤 했던 가무이 유카르는 연어들이 물결을 거슬러 올라오는 모습이 수면에 큰 물결이 일렁이듯 했다고 노래했다. 수면에서 헤엄치던 연어의 등은 볕에 그을릴 판이었고, 바닥에서 헤엄치던 연어들은 바위 위에 거의 긁힐 지경이었다.

물고기가 많았지만 아이누는 연어와 송어를 소량만 잡았다. 그런데 와진들이 몰려와서 대규모 그물로 하구로 들어오는 물고기를 잡아들이면서 강으로 회귀하는 연어와 송어의 수가 크게 줄어들었다. 아이누들은 곤궁과 기아에 시달렸고, 대부분 어업 노동자로 고용되는 길을 밟았다. 그들은 일본인들에게 고용되

13 데이비드 스즈키·쓰지 신이치, 이한중 옮김, 『강이, 나무가, 꽃이 돼 보라』, 나무와숲, 2004, 156쪽.

연어 껍질로 만든 어린아이 옷.

연어 껍질로 옷을 만드는 공정.

어 생선 세척과 건조 작업을 했다. 바다표범의 가죽을 담배, 칠기, 음탕한 춘화와 거래하기도 했다. 아이누는 전통적인 농업기반을 상실한 채 어업 노동자로 내몰렸다. 아이누 경제의 특징인 수렵, 어로, 작물 재배의 균형이 붕괴되어갔다. 일본은 아이누 사회를 자신들의 교역망에 편입시키고 교역 의존도를 높임으로써, 분산적이고 자급자족적이었던 아이누 사회의 경제를 차츰 수렵과 어업으로 한정시켰다.[14]

그 결과 농업뿐만 아니라 금속공예 같은 다른 경제활동도 쇠퇴해갔다. 교역 증가는 일본과 아이누 사이의 분업을 촉진했다. 아이누 생활권은 어업과 수렵으로 국한되고, 일본은 농업과 금속가공을 특화하는 식으로 분업화가 촉진되었다. 그런 의미에서 아이누 농업의 쇠퇴는 도쿠가와 시기 일본 농업기술의 발전과 동전의 양면처럼 진행되었다고 볼 수 있다. 메이지 국가는 일본과 농업을 동일시하는 시각에서 농사를 짓지 않게 된 아이누에게 농업을 다시금 '전파'함으로써 아이누를 '구토인'舊土人으로 만들어냈다.[15]

1789년 아이누가 봉기하여 장소청부인場所請負人 70여 명을 살해하는 구나시리國後, 메나시目梨의 난이 일어났다. 일본의 학정에 맞선 아이누의 무장봉기는

14 大塚和義, 『アイヌ―海浜と水邊の民』, 新宿書房, 1995.
15 테사 모리스-스즈키, 『변경에서 바라본 근대』, 93~95쪽.

1456년과 1669년에도 일어난 적이 있었다. 1456년 일본인이 바다를 건너 홋카이도 남단의 '아이누모시리'(인간의 대지를 뜻함)를 침입했을 때, 아이누 민족은 이를 민족적 위기로 보고 격렬하게 저항했다. 1789년에 봉기가 일어난 배경에는 아이누와 일본인의 경제적 대립이 있었다. 이 난은 일본인이 아이누와의 기존 질서관계를 일방적으로 침범한 것에 대해 아이누 관습에 따라 행한 제재 행위였다. 따라서 이 사건은 이른바 이문화 마찰이라 할 수 있다. 두 달 후 마쓰에번은 이 난을 진압했다. 이후 아이누의 조직적인 반란은 일어나지 않았다.

1869년, 에조치는 홋카이도로 개명되었고, 완전히 일본 영토로 편입되었다. 그 후의 역사는 오로지 개척사, 개척 이민, 개척의 역사 등으로 기록될 뿐이다. 미국 서부개척이 아메리카 원주민을 몰살하거나 무시하고 세워진 결과물이라면 일본의 홋카이도 개척도 같은 반열일 뿐이다. 개척 시기의 포스터에는 소와 말과 돼지가 푸른 들판에서 뛰놀고, 그림 같은 산과 호수, 옥수수와 과일과 양파, 감자, 채소, 벼가 그득하다. "홋카이도로 가는 길은 북문北門의 보고를 여는 키"라는 문구가 '홋카이도 유토피아'의 당대 미혹迷惑을 잘 말해준다.[16]

세인트루이스 박람회장의 아이누 전시

오호츠크해를 둘러싼 일본의 북진은 도쿠가와 시대에서 일종의 색깔을 띠고 있던 '문화의 시대'(1804~1816)에 좀 더 구체적으로 가시화되었다. 이 시기는 매우 흥미로운 시대로 일본의 인간정신이 어느 정도 활동하고 있었다. 러시아의 남하라는 경보가 자주 전해져서 북문의 요해지가 위험하다는 인식이 널리 퍼졌다. 이 형세를 내다보고 하야시 시헤이林子平(1738~1793)는 『삼국통람도설』三國通覽圖說에서 북방을 경계해야 함을 일찍이 주창했다. 삼국三國은 조선朝鮮, 류큐琉球, 에조蝦夷(홋카이도)를 가리킨다. 그는 1767년부터 식산흥업과 학제 개혁을 주장한

16 『北海道移住手引草』, 北海道廳, 1907.

선각자로서, 1775년 나가사키에 가서 네덜란드인에게 서양의 지리지식을 습득하고, 러시아의 남하정책에 대해서도 알게 되었다. 그는 『해국병담』海國兵談을 저술하여 해방체제海防體制를 논하였다. 하지만 막부는 『삼국통람도설』을 모두 분서갱유하였다. 일본 국민들이 무릉도원에서 태평을 노래하고 있을 때 하야시는 『삼국통람도설』을 저술하여 경종을 울린 것이다. 주변의 조선, 류큐, 에조치 이 세 지방의 형세를 분명히 해두지 않으면 안 된다는 것이었다. 일반 국민들은 사할린이나 치시마, 심지어 가까운 홋카이도도 잘 모르던 상황이었다.[17]

에도 시대의 '고산자 김정호'라 할 수 있는 이노 다다타카伊能忠敬(1745~1818)도 주목된다. 이노는 데릴사위로 들어간 처갓집을 일으킨 뒤 편안히 은거생활에 들어갈 쉰여섯 살의 나이에 에조치로 측량 여행을 떠났다. 이후 십수 년 동안 일본 전국을 측량하는 데 제2의 인생을 바쳐 『대일본연해여지전도』大日本沿海與地全圖를 완성한다. 1800년 윤 4월 19일, 다다타카 일행이 걸어서 쓰가루 반도 끝의 민마야三廐에 당도한 것은 21일 만인 5월 10일이었다. 여행의 명분은 에조치의 지도 제작이었다. 러시아 배가 자주 나타나서 통상을 요구하는 일이 있었기에 에조치의 지도 제작이 매우 시급했다. 일행은 걸음수로 재어가면서 측량을 했다. 마쓰마에로 배를 타고 들어가서 하코다테를 거쳤으며, 에조치 북동단인 베쓰카이정別海町에 당도한 것은 하코다테를 떠난 지 67일째 되던 날이었다. 180일의 힘든 여행을 마친 다다타카는 에조치를 11매의 지도(축적 3만 6,000분의 1)로 만들어 막부에 제출했다.[18]

마쓰우라 다케시로松浦武四郎(1818~1888)도 중요한 인물이다. 오늘날 홋카이도 루모이有萌항의 명소 황금곶黃金岬에 청어 떼가 들어오는지 살펴보던 감시탑이 있으며 곁에 마쓰우라의 동상이 서 있다. 이세伊勢 출신으로 1845년부터 도자이에조치東西蝦夷地, 기타에조치北蝦夷地(사할린), 쿠릴 열도의 구나시리(쿠나시르), 에토로후擇捉(이투루프)를 탐험하여, 에조치의 실상을 전하면서 일본인의 아이누

17 도리이 류조, 『인류학자와 일본의 식민지 통치』, 422쪽.
18 다카하시 치하야, 『에도의 여행자들』, 124~126쪽.

수탈 중단을 호소했다. 1855년 막부의 에조치고요가카리蝦夷地御用掛가 되었으며 유신 후에는 1869년에 홋카이도 개척을 위해 설치한 개척사의 개척판관開拓判官이 되어 홋카이도의 도명, 국명, 군명 선정 작업을 했다. 저작으로 『에조치일지』蝦夷地日誌, 『도자이에조치산천취조일지』東西蝦夷地山川取調日誌, 『근세에조치인물지』近世蝦夷地人物誌 등이 있다.

이 같은 사람들이 있었기에 홋카이도는 급속도로 일본인들에게 알려지게 되었다. 일본인의 대규모 이주와 홋카이도 식민화가 시작된 것은 1868년 메이지 정부가 들어서면서부터다. 홋카이도는 '주인 없는 땅'으로 분류되어 '제국의 소유'가 되었다. 세기가 바뀔 무렵에 구토착민보호법이 제정되었다. 보호법에는 아이누에 대한 일본인의 태도가 분명히 드러난다. 토착민이 동화되어 '더 이상 존재하지 않는다'고 명시해놓은 것이다. 러일전쟁 이후 사할린 남쪽 절반은 일본이 통치하게 되었다. 섬 북쪽 절반에는 러시아인이 살았다. 일본의 지배로 토착민은 심한 학대를 받았다.

특히 전통적으로 순록을 따라다니던 노마드였던 울치 사람들이 그랬다. 그들을 보호구역으로 밀어넣었으며, 일본어를 배우게 하고 울치 문화는 금지되었다. 홋카이도 역사는 북아메리카와 남아메리카의 인디언이 겪은 과거와 아주 닮았다. 아이누는 홋카이도 전체를 차지하고 있었지만 일본 정부는 산악 지대를 국가나 기업 소유로 만들어 빼앗았고, 강은 건설부에 넘겨버렸다.

일본은 철저한 동화정책을 시행했다. 1899년에 이른바 '홋카이도구토인보호법'北海道舊土人保護法을 근간으로 아이누의 언어와 문화를 야만으로 규정하였고, 수렵 생활을 버리고 농경 생활로 전환할 것을 강요했다. 근대화 과정에서 아이누 민족은 자신들의 언어와 문화를 떳떳하지 못한 것으로 생각하게 되었고, 와진 틈새에서 숨을 죽이며 살아가게 되었다. 아이누의 풍요로운 문화와 신들의 세계가 사라졌다.

아이누인의 세계는 크게 둘로 나누어져 있었다. 인간의 세계인 '아이누모시리', 신들의 세계인 '카무이모시리'가 그것이다. 신이 카무이모시리에 있을 때에는 인간의 형상으로 인간을 지켜주는데, 인간 세계에 내려올 때에는 여러 의상을 몸에 걸치고 온다. 삼라만상이 경배 대상이 되며 일상이 신들과의 대화 그 자체였다. 그러나 일본에 강제 편입되면서 신과 인간의 대화는 축출당하고 말았다.[19]

오호츠크 해역에서 기존 소사회들은 경합하는 식민지 지배질서의 출현에 대해 매우 다양한 방식으로 대응했다. 어떤 경우 새로운 영향력은 기존의 사회적 지식의 구조로 포섭되는 것으로 이해되었다. 예컨대 선주민족은 죽음을 초래하는 각종 질병, 즉 러시아인 또는 일본인과의 접촉을 통해 전염되는 인플루엔자 따위로 익히 알려져 있던 친숙한 서사유형narrative genre의 틀 속에 자리매김함으로써 이해할 수 있다. 그러나 식민화가 진행되면서 지식체계의 상호작용은 180도 바뀌게 된다. 종래처럼 유입된 지식이 고유한 지식체계의 양식에 따라 해석되는 것이 아니라, 이제는 오히려 식민화된 소사회의 고유 지식이 국가/국민적, 혹은 전 지구적 지식체계에 의해 정식화된 원칙에 따라서 재해석되고 표현되었다. 선주민족 지식은 인류학, 언어학, 민속학, 환경학이 사용하는 용어로 다시 쓰이고, 단행본, 잡지, 정치적 탄원서, 박물관 전시물, 교실에서의 발표(그리고 나중에는 영화, 텔레비전, 비디오)라는 새로운 미디어를 통해서 전달되기 시작했다.[20]

서양인들은 포르투갈이 일본과 교섭하던 매우 이른 시기부터 아이누의 존재를 알고 있었다. 가고시마를 통해 천주교를 동아시아에 처음으로 전교한 프란시스코 사비에르Francisco Xavier(1506~1552) 신부는 아이누의 긴 머리, 물러설 줄 모르는 용맹성 등을 보고했다. 그로부터 50여 년 뒤인 1565년에 루이스 프로이스Louis Frois(1532~1592) 신부는 더 상세한 기록을 남겼다. 아이누 문화를 자세하게 다루면서 긴 머리에 관해 길게 서술했는데, 이는 서양인에게 아이누가 야생의 인간wild man, 혹은 '절반은 인간, 절반은 요정'으로 숲에 살면서 공연을 즐기고 예술품을 만드는 사람이라는 인상을 남겼다. 프로이스 뒤로도 많은 신부들이 기록을 남겼다.

루소에 의해 '고귀한 야만'noble savage 담론이 확산되면서 이런 이론이 아이

19 山田孝子, 『アイヌの世界観』, 講談社, 1996.
20 테사 모리스-스즈키, 『변경에서 바라본 근대』, 45쪽.

누에게도 적용되었다. 당대 유럽인은 미지의 세계에서 만난 이국인을 사회진화론적 방식으로 해석하고 있었는데, '고귀한 야만'은 아이누에게 잘 어울리는 담론이었다. 끝없는 평화와 조화롭게 살던, 매우 정직하고 예의 바르고 대화가 되는 인간들, 그러면서도 머리를 길게 기른 이들 아이누 '야만'에 대해 그들은 '고귀하지만 야만', '야만이지만 고귀'라는 틀을 들이댔다.

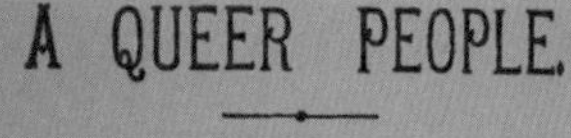

They Live in the Kuriles and Northern Japan.

BY ROMEYN HITCHCOCK.

E who in distant lands leaves the beaten paths and seeks for adventure or discovery, may often find either nearer than he thinks. The far East is not all unknown, yet it teems with unstudied problems of the deepest interest to those who will but think of them and pass but a few steps beyond the narrow bounds of the foreign settlements.

The small group of islands known as Japan is inhabited by a people of unknown origin. We are content to speak of them as Japanese, and for our present purpose it is not required to know more concerning them. But scattered along the coasts from the north as far as to the extreme southern end of Kiushiu, there are found traces of a different people, who must have occupied the country in prehistoric times.

Recent explorations have led to the conclusion that these aborigines are representatives of a race known as Ainos, who are now confined to the island of Yezo, in the north of Japan.

특이한 인종으로 소개된 아이누.
『워싱턴 이브닝스타』, 1890년 4월 15일.

이제 일본에 도착한 외국인들이 좀 더 전문적인 글을 쓰기 시작했다. 지볼트Philipp Franz von Siebold는 독일 출신으로 네덜란드에서 공부한 뒤 일본에 당도하여 나가사키 데지마出島의 네덜란드 동인도회사 상관에서 근무했는데(1823~1829), 아이누가 수천 년 동안 유라시아 대륙과 연계되어 있으며 그들의 문명은 인류 문명의 매우 긴 시간을 징표한다고 보았다. 그는 네덜란드로 돌아간 뒤 라이덴 대학에서 『일본』Nippon이라는 괄목할 만한 책을 저술했는데 북방 탐사 희귀자료인 에조치 지도까지 수록하여 파문을 일으켰다. 지볼트는 아이누어 연구에 다양한 서적을 참고했으며 『일본』에 많은 아이누어 어휘를 실었다. 그의 아들 지볼트(1869~1896)도 부친을 따라 일본에 들어왔다. 그는 박물학자로서 일본 문화에 관심이 많았던 모스Edward S. Morse의 이론을 따라 아이누에게 선사시대의 그 무언가가 잔존해 있을 것이라는 믿음을 가졌다. 잔존문화론에 입각하여 선사와 현대를 연결시키는 시각을 보여주었다.

이제 아이누족은 북아메리카 원주민처럼 박제된 잔존 집단으로 잔류하게 되었다. 1872년 12월 도쿄 박람회가 열렸을 때 아이누는 대대적인 관심을 불러일으켰으며, 이듬해 오스트리아 빈 박람회에서도 전 세계에 소개되었다. 독일 힐데스하임의 뢰메르Roemer 박물관은 사할린의 아이누 남편과 부인을 실제로 전

시위하는 아이누들(1989년 11월, 삿포로).

시했다. 러시아, 미국, 영국, 독일, 이탈리아, 스웨덴 등 각국 박물관이 아이누 컬렉션을 속속 마련했다. 상트페테르부르크의 아이누 컬렉션, 미국 스미스소니언의 아이누 컬렉션 등은 이러한 '아이누 열풍'을 반영한다.[21]

나폴레옹의 루이지애나 매입Louisiana Purchase 100주년을 기념하기 위해 세인트루이스 박람회(1904)가 개최되었을 때, 아이누족은 피그미와 함께 박람회장의 스타가 되었다. 영국 선교사의 도움으로 홋카이도에서 출발한 아이누 세 가족은 시애틀의 기차역에서부터 세인트루이스의 교회에 이르기까지 가는 곳마다 엄청난 군중을 끌어 모았다. 과학자들은 그들의 머리 둘레를 잿으며, 강의 도중에 그들의 몸을 막대기로 찔러댔다. 대중은 그들에게 '해도 좋을 질문과 해서는 안 될 질문'을 끝없이 던졌다.[22]

박람회는 산업의 디스플레이인 동시에 제국의 디스플레이였다.[23] 박람회가 근대국가의 입장에서 볼 때 최대 축전으로서 매우 중요한 의미를 가졌던 1851년에서 1940년까지, 이 공간은 다양한 방식으로 반복되면서 제국주의와 식민주

21 *AINU: Spirit of a Northern People*, National Museum of Natural History/Smithsonian Institution, University of Washington Press, 1999.

22 안나 레이드, 『샤먼의 코트』, 255쪽.

23 주강현, 『세계박람회 1851~2012』, 블루&노트, 2012.

❶ 삿포로에 위치한 개척사 사무소(1871년).
❷ 홋카이도 개척의 선봉이었던 철도(1900년).
❸ 개척으로 황폐화된 홋카이도의 숲(1897년).
❹ 아이누의 땅을 개척하기 위한 토지 측량 선발대(1911년).
출전: 『北海道 寫眞史』, 1983.

홋카이도 이주를 권유하는 안내서(1907년).

홋카이도 이주를 권유하는 안내서(1925년).

의가 교묘히 대규모로 '전시'되었다.[24] 식민지가 어떤 의미에서 '근대의 실험실' laboratories of modernity이었다고 한다면, 식민지와 동떨어진 근대의 담론이란 있을 수 없기에 박람회에서도 제국과 식민이라는 관점은 중요한 것이었다.[25] 사실 인종전시ethnological expositions로 명명되는 인간 동물원Human Zoo은 서구 제국주의 국가들의 식민화 정당화 논리를 가장 집약적으로 보여주는 방식이었다. 19세기 초 호텐토트의 비너스Hottentot Venus라 불린 남아프리카 여성을 유럽에서 전시한 이

24 요시미 순야, 이태문 옮김, 『박람회—근대의 시선』, 논형, 2004, 41~42쪽.
25 강상중, 이경덕·임성모 옮김, 『오리엔탈리즘을 넘어서』, 이산, 1997, 15쪽.

래 인간 동물원은 박람회에 단골로 등장했다.[26] 과학적 인종주의와 사회진화론에 입각한 이 같은 '저주받은 인종'[27] 전시는 박람회의 '인기 품목'이었다. 아이누 전시도 이 같은 세계사적 맥락에서 이루어진 것이었다.

1904년의 세인트루이스 박람회에서 인류학자 윌리엄 존 맥기William John MacGee(1853~1912)는 우생학적 입장에서 일본인의 피가 복잡성을 지녔다고 보았다. 일본은 앵글로색슨처럼 동양에서 가장 복잡한 피를 지닌 인종이라고 했다. 맥기는 아이누 원주민 8명을 전시하면서 일본인이 왜 그들을 지배할 수밖에 없으며, 또한 아이누를 지배함으로써 일본인이 동양에서 가장 우수한 민족이라는 사실을 대중에게 전달하고자 했다. 아이누인은 집에 갇힌 채로 손노동에 종사하면서 관람객에게 동물처럼 전시되었고, 그러한 전시가 대중의 흥미를 끌수록 일본은 문명국가로 승격되었다.[28]

26 이재원, 「식민주의와 인간동물원Human Zoo: 호텐토트의 비너스에서 파리의 식인종까지」, 『식민주의와 식민책임』(제53회 전국역사학대회자료집), 2010년 5월, 376~377쪽.

27 마르크 페로 엮음, 고선일 옮김, 『식민주의 흑서』, 소나무, 2008, 112~156쪽.

28 Robert W. Rydell, *All the World's a FAIR*, Chicago: University of Chicago Press, 1984, 180~181쪽.

23

북진하는 일본, 남진하는 러시아

북방 바다의 러시아 출현

1771년 7월의 일이었다. 베뇨프스키M. Benyovsky라는 사람이 표류 중 아와阿波와 아마미오시마奄美大島에 도착하여 식량을 보급받았다. 이때 그는 나가사키 데지마의 네덜란드 상관장 앞으로 편지를 보내 러시아가 이듬해 마쓰마에 부근을 습격할 것이라고 거짓말을 했다. 당시 러시아는 18세기 초부터 치시마千島 열도를 따라 남하정책을 준비하고 있었고, 18세기 중기에는 이르쿠츠크에 일본어 학교를 세우는 등 남하정책을 본격화하고 있었다. '거짓말쟁이' 베뇨프스키의 정보는 쉽게 거짓으로 판명 났으나 이는 일본 지식계에 큰 파문을 일으켜서 에조치 문제를 러시아의 남하 문제와 연관 지어 인식하게 했다. 하야시 시헤이가 러시아의 위협을 환기하고 서양에 대응하는 해국 일본의 국방 대책 필요성을 주장한 『해국병담』을 집필했음은 앞에서 밝힌 바와 같다.[1]

일본이 오호츠크해로 북진하는 동안 러시아가 남진을 거듭한 것이다. 아무르강과 연해주 동해 변의 러시아 출현이 역사적 사건이었다면, 오호츠크해에 러시아인들이 출현하여 아이누를 비롯한 주변 소민족, 그리고 일본과 조우하게 된 것도 역사적 사건이었다. 북방에서 내려오는 이 가공할 세력에 대해 일본은 공포감을 지녔으며, 북방 러시아에 대한 공포감은 사회주의 혁명 이후 반공 신드롬과 더불어 오늘날 일본의 러시아에 대한 적대감 및 거부감에 대한 출발점이 되었다.

1792년 러시아 사절 라크스만A. K. Laksman이 이세의 시로코白子 출신 표류민

1 아사오 나오히로 엮음, 이계황 외 옮김, 『새로 쓴 일본사』, 창비, 2003, 311쪽.

다이고쿠야 고다야大黒屋光太夫를 호송하여 네무로根室에 내항했다. 일본은 표류민은 인수했지만 국서·헌상물의 수리는 거부했다. 그리고 나가사키 입항 허가 신패信牌를 수여하는, 이른바 한정무역의 가능성을 시사하는 태도로 임했다. 12년 후인 1804년, 러시아의 견일遣日대사 니콜라이 레자노프Nikolai Rezanov 일행이 라크스만에게 주었던 신패와 통상을 요구하는 국서를 가지고 나가사키에 입항했다. 막부가 전과 달리 일체를 거부했기 때문에 일행은 나가사키 우메가사키梅ヶ崎에 반년 동안 유배자처럼 갇혔다. 이 전면 거부의 배경에는 도다 우지노리戸田氏教를 수반으로 하는 당시의 막각幕閣이 쇄국정책을 취하고 있었던 데다 무역 독점을 노리고 러시아의 남하를 거부하는 네덜란드의 의지가 작용했다. 이 조치에 대한 보복으로 러시아는 1808년 사할린의 쿠슌코탄, 그 이듬해 치시마의 에토로후(러시아령 명칭은 이투루프)의 여러 시설을 습격했다. 이것은 일본이 러시아와 벌인 최초의 전투였으며, 전쟁이 일본인들에게 준 충격과 위기의식은 컸다.

푸탸틴이 몰고 온 팔라다호. 나가사키, 1854년.

막부는 1785년과 1786년 두 차례에 걸쳐 10명으로 구성된 에조치 조사대를 처음 파견했다. 마쓰마에번도 참가한 조사대는 동쪽으로 구나시리(러시아령 명칭은 쿠나시르), 서쪽으로 사할린과 오쿠에조奥蝦夷까지 답사하여, 농경의 가부, 러시아의 교역, 영토 문제 등을 조사했다. 그 결과 116만 정보를 농경지로 조성하는 에조치 개발계획이 세워지지만, 다누마田沼 정권의 붕괴와 함께 소멸된다. 러시아와의 긴장이 고조되는 가운데 1798년부터 이듬해에 걸쳐 100명이 넘는 조사대가 파견되었다. 이때 곤도 주조近藤重蔵가 에토로후로 건너가 러시아 국경에 '대일본에토로후'大日本恵土呂府 푯대를 세운 사실은 유명하다.

러시아의 에조 침략도. 에조를 침략하는 러시아 함대를 그린 목판화로 출처와 시기는 불분명하다.

이러한 움직임의 연장선상에서 막부는 히가시에조치東蝦夷地를 직할지로 삼았다. 러시아와 최초의 전투가 끝난 직후인 1807년 군사적 긴장에 대비하여 마쓰마에번은 에조치 전역을 직할지로 삼았다. 그러나 에조치를 마쓰마에번에 위임하는 체제가 끝나고 막부 직할지로 넘어가게 된다. 아이누를 북방 방비의 최전선으로 만들기 위한 일본화 정책이 시행되었다. 일본어와 일본식 이름의 사용은 물론이고 풍속개량이라는 명분을 내세워 의식주, 특히 아이누의 풍속인 머리를 풀어헤치고 수염을 기르는 피발장자被髮長髭를 금지시키고 일본풍으로 바꾸었다. 아이누인들은 이런 일본화 정책에 저항했다. 그러나 이 정책은 여러 형태의 경제적 수탈과도 맞물려 막부 말기 아이누의 인구를 급속히 감소시키는 원인이 되었다.

이러한 상황에서 1853년에 페리가 네 척의 군함을 끌고 내항했다. 페리가 다시 오기 전인 1853년에는 러시아 푸탸틴E. V. Putyatin(1803~1883)이 내항했다. 푸탸틴은 팔라다호를 기함으로 네 척의 함대를 보내 1885년에 일본과 통상협정을 맺고, 이어서 1858년에는 중국과 톈진조약天津條約을 체결했다.[2] 푸탸틴과의 교섭에서는 외교 통상 문제와 함께 북방 국경이 논의되었다. 1854년에 러일 화친조약이 세 개 항구의 개항 등 미일 화친조약에 기초하여 체결되었으며, 국경은 치시마는 에토로후섬擇捉島과 우루프섬得撫島 사이, 사할린은 양국 잡거雜居로 정해졌다.

에도 시대 에조치 지도.

1875년 사할린과 치시마의 교환 조건으로 일본-러시아 간의 국경 문제가 해결되면서 북방의 긴장 완화가 찾아오고, 러시아는 연해주와 사할린에서 본격적인 개발사업에 착수했다. 러시아는 1891년에 시베리아 횡단철도에 착수하는 등 극동으로 영향력을 확대했다. 또한 캐나다 태평양 철도의 아메리카 대륙 횡단(1886) 등은 세계사적으로 북방의 변화를 촉진했다.[3] 이러한 상황에서 북방을 중시한 막부는 에조치를 직할지로 삼고 조사도 하고 개척도 추진했다. 국경 교섭에서 아이누 민족의 귀속이 러시아와의 협상에서 문제가 되었기 때문에, 막부는 아이누인에게 복장이나 머리 모양 등을 일본식으로 하게 했다. 소민족 단위를 부정함으로써 국민국가의 경계를 자국의 이해관계에 따라 구획 지으려는 국가적 폭력이 소민족에게 가해졌으며, 이런 행동에는 부당한 차별의식도 포함되었다. 일본 본토에서 에조치로 많은 상인 등이 유입되어 아이누모시리에서 영위되던 아이누 민족의 독자적 생활이나 전통문화는 파괴되었다.[4] 이

2 한상복, 『해양학에서 본 한국학』, 해조사, 1988, 373쪽.
3 田端宏, 『蝦夷地から北海道へ』, 11쪽.
4 아사오 나오히로, 『새로 쓴 일본사』, 354쪽.

제 환동해권과 오호츠크해권에 살던 아이누의 민족문화는 어느 결에 '민족의 문화'에서 '지역의 문화'로 평가절하되었다.[5]

일본과 러시아의 사할린에서의 문명 교섭과 충돌

사할린은 오호츠크해를 둘러싸면서 부분적으로 태평양을 분리시키는 올가미 형태의 섬이다. 사할린이나 강 건너 연해주에는 아이누, 니브흐족, 윌타족 등이 살고 있었다. 이 때문에 예부터 이 지역에 거주하던 사람들은 사할린을 섬으로 인식했다. 1644년에 만들어진 일본의 지도에도 사할린은 섬으로 그려져 있었다. 일본인은 적어도 17세기 초 이래 사할린 남단 지역을 왕래하고 있었다. 따라서 사할린을 중국이나 일본에 속한 땅이라고 생각한 초기 러시아 탐험가들은 조심스럽게 접근할 수밖에 없었다. 1644년 러시아 보야르코흐 부대가 아무르강 하구 부근에서 월동을 하게 되었다. 그들은 여기에서 사할린 북서 해안을 탐색했고, 사할린이 섬이라는 것과 그곳에 사람이 산다는 것을 알게 되었다. 그러나 러시아는 사할린과 쿠릴 열도에 진출했으며, 그들의 홋카이도 출몰은 당대 일본인들의 주목을 끌었을 뿐 아니라 막부에게도 대책을 강구하게 했다.

1791년에 농민 출신 모가미 도쿠나이最上德內는 막부의 명을 받아 처음 치시마를 탐험하여 우루프섬에 이르렀고, 1792년에 관리 곤도 주조는 치시마를 탐험하여 에토로후섬에서 러시아인이 세운 십자가를 제거하고 '대일본에토로후'大日本惠土呂府라는 글자가 적힌 나무 기둥을 세워 이곳을 일본 영토로 삼으려는 의도를 보였다. 그 무렵 일본 어민들은 이미 남부 사할린에 진출하여 어장을 열고 있었다. 그런데 일본의 북방 진출에서 가장 주목할 만한 인물은 마미야 린조間宮林藏(1780~1844)였다.

1945년 전에 와카나이稚內와 사할린을 연결하던 정기선 발착장이 있던 '일

5　조아라, 『'관광'으로 읽는 홋카이도』, 서울대출판문화원, 2011.

본 최북단의 땅'에는 마미야 린조 동상이 해협을 바라보며 서 있다. 오늘날 타타르 해협 또는 마미야 해협間宮海峡은 유라시아 대륙과 사할린섬을 가르는 해협으로, 북으로 오호츠크해, 남으로 동해로 연결된다. 길이 약 663킬로미터, 깊이는 가장 얕은 곳이 약 8미터, 폭은 가장 좁은 곳이 약 7.3킬로미터다. 겨울 동안에는 얼어붙어서 해협을 가로질러 횡단할 수 있다. 타타르 해협이 마미야 해협이라고도 불리게 된 것은 마미야 린조가 이곳을 통과했기 때문이다.

북방을 바라보는 마미야 린조의 동상.

마미야 린조는 1808년에 막부의 명령으로 혼자 북부 사할린 서해안 길랴크족의 여러 마을을 탐험하고, 그해 겨울을 그곳에서 보냈다. 다음 해에 길랴크족의 배를 타고 그들과 함께 아무르강(헤이룽강)을 거슬러 올라가 소피히수크의 상류 데렌(북위 51도 41분)까지 갔으며, 이곳에서 다시 강을 따라 내려와서 사할린으로 돌아왔다. 사할린이 반도가 아니라 섬이라 추측한 그는 이를 확인하기 위해 혼자 사할린 탐험길에 올랐는데, 당시에는 사할린이 아무르강 하구의 남쪽에서 대륙과 연결되어 있다고 잘못 믿고 있었다. 마미야는 두 번째 탐험(1809)에서 북위 53도 15분 지점에 도달하여 사할린이 섬이라는 것을 확인했다. 나아가 건너편 대륙으로 넘어가 아무르강 하류 데렌까지 이르러 그곳의 청 관리와 만나 아무르강 하구와 사할린의 관계를 명확히 했다.

마미야 린조는 탐험에서 길랴크족은 물론이고 퉁구스의 각 민족과 접촉했으며, 『기타에조도설』北蝦夷圖說을 남기고 길랴크에 대해 상세한 그림을 함께 남겼다. 두 권의 저술이 유럽에서 번역 출간되었다. 당시 사할린 북쪽 및 헤이룽강 지방은 동달이라고 불렸다. 그는 「도다쓰지방기행」東韃地方紀行, 「호쿠이분카이요」福井分界余話, 「기타에조분카이요」北夷分界余話 등을 작성하여 에도로 돌아왔다. 1828년 그의 밀고로 다카하시 가게야스高橋景保가 독일인 지볼트와 이노伊能의 일본 지도, 마미야와 모가미 도쿠나이最上徳內의 사할린 지도를 러시아의 탐험가

곤도 주조의 저술들.

크루젠 슈테른의 항해기 등과 맞바꾼 사실이 폭로되었다. 지볼트는 이후 계속된 밀정 활동으로 인해 지리학자로서의 명성이 빛을 잃게 되었다. 그러나 지볼트는 귀국 후 쓴 저서 『일본』에서 마미야 린조의 학문적 업적을 높이 칭송했다.[6] 마미야 린조는 사할린이 섬이라는 것을 밝혀냄으로써, 러시아와 사할린 사이의 바다는 그의 이름을 딴 마미야 해협으로 명명되었다. 일본인으로서는 유일하게 세계 지도에 이름을 남긴 사람이 되었다.

에도 후기 탐험가 곤도 주조(1771~1829)는 1798년에 마쓰마에 에조어용취급松前蝦夷御用取扱 직급으로 홋카이도 탐험대장이 되어 모가미 도쿠나이와 함께 쿠릴 열도, 에토로후섬을 탐험하고 '대일본에토로후'大日本惠土呂府의 표주標柱를 세워 쿠릴이 일본 땅임을 표시했다. 히가시에조치가 막부 직할이 되면서 에토로후 담당에 임명되어 1800년에 착임하여 에토로후 개발의 기초를 마련했다. 곤도는 홋카이도를 무려 다섯 번이나 탐험했다. 그는 『변요분계지도』邊要分界地圖에

6 독일어 판본으로 나온 『일본』 책자에는 한국이 포함되어 있다(Franz von Siebold, *Nippon: Archiv Zur Beschreibung Von Japan Und Dessen Neben-Und Schutzlandern Jezo Mit Den Sudlichen Kurilen, Sachalin, Korea*, 1932~51).

에조치, 쿠릴 열도, 캄차카, 사할린, 만주, 산단 등에 관한 지리·풍속·역사·인물 등을 당대 지도 및 풍속도와 함께 상세히 그렸다.[7]

일본인들이 북쪽으로 나아가던 시기에 알래스카를 러시아 식민지로 만드는 작업의 터전을 닦은 바 있는 니콜라이 레자노프는 일본과의 직접 교역에 실패하자 무력을 쓰기로 했다. 그 결과 러시아 해군함대는 남부 사할린에 있는 일본 어업 거점에서 해적질을 감행했다. 그 후 러시아 배들은 쿠릴 열도의 에토로후섬과 홋카이도까지 진출하여 습격했다.[8]

러시아와 일본의 관계는 무라비요프가 동시베리아 총독·사령관으로 임명된 1840년대에 다시 악화되었다. 1849년에 사할린 재조사를 명령한 그는 마미야 린조의 발견이 옳다는 사실을 확인했다. 그는 니콜라이 1세에게 1차 아편전쟁의 결과로 중국이 약해지고 영국이 강해진 사실을 감안할 때 러시아의 태평양 해안을 굳건히 다질 필요가 있다는 상소를 거듭 올렸다. 신중한 니콜라이 1세도 결국 그의 설득에 넘어갔다. 1853년 러시아 정부가 사할린을 점령한 것은 영국·미국의 극동 문제 개입을 보고 내린 전략적 판단이기도 했다. 러시아는 사할린 전체를 러시아제국의 영토라고 주장했으나, 외교적 간섭을 받으면서 쿠릴 열도를 일본과 나누게 되었다. 메이지 유신 이후 사할린 남부와 중부에는 18세기 후반부터 일본인들이 러시아인보다 훨씬 일찍 정착하여 어장을 개척하고 있었다. 얼마 지나지 않아 러시아인이 북사할린에서 점차 남하하여 남사할린도 양 국민의 잡거雜居가 되었다. 즉 1855년의 시모다下田 조약으로 공동 소유가 된 것이다.

사할린에서 러·일 국경을 정하려는 교섭이 몇 차례 진행되었다. 영국 공사 파크스는 일본이 도저히 사할린을 소유할 힘이 없다고 보고 차라리 사할린을 포기하고 홋카이도 경영에 전념하라고 충고했다(1869년 8월). 일본 정부는 미국 공사에게 원조를 청했지만 그도 영국 공사와 같은 의견이었다. 정부 안에서도 사할린 포기설이 나왔다. 국권 외교로 유명한 외무경外務卿 소에지마 다네오미副島種臣

7 秋月俊幸, 『日本北邊の探險と地圖の歷史』, 北海道大學圖書刊行會, 1999.
8 이노우에 기요시, 『일본의 역사』, 150쪽.

는 사할린 전체를 러시아에 양도하고 그 대가를 교섭하던 도중(1872년 4월~1873년 10월)에 정한논쟁征韓論爭을 계기로 정변이 발생하자 사직하고, 진행 중이던 이 교섭도 취소되었다. 결국 1875년 5월에 일본이 사할린을 포기하는 대신에 치시마千島(쿠릴)는 일본이 영유한다는 소위 사할린-치시마 교환 조약이 성립되었다. 치시마 열도 중에서 에토로후섬 이남은 러시아인보다 훨씬 일찍부터 일본인이 개척·정주하여 공식적으로 영토 선언을 한 일본 영토였으며, 중부·북부에만 러시아인이 이따금씩 나타날 뿐이었다. 이 북부·중부 치시마를 일본 영토로 함은 면적으로나 경제적 가치로나 사할린과는 필적할 바가 아니었다.[9] 거의 20년을 끌었던 영토 획정이 1876년의 조약으로 귀결되었으며, 일본은 사할린에 대한 권리를 포기하고 그 대신 쿠릴 열도 전체를 할양받았다.[10]

20세기에 들어와서 시베리아의 전략적 중요성은 더욱 커졌다. 시베리아 횡단철도 건설은 영국의 대일정책을 급변시켰다. 지금까지 영국은 유럽에서 동아시아로 가장 중요한 통로인 지중해·수에즈 운하와 인도양을 지배함으로써 러시아의 극동 진출을 저지할 수 있었다. 하지만 시베리아 횡단철도 건설로 러시아 극동 진출의 대동맥이 뚫리는 상황이 되었다. 영국은 극동 신흥국으로 성장하는 일본을 억압할 것이 아니라 오히려 일본의 열망에 어느 정도 부응하여 일본을 한층 강하게 영국 측으로 끌어들이는 방식을 선택했다. 사할린에 가해진 중압은 1904~1905년에 벌어진 러일전쟁이었다. 일본군은 마지못해 징집된 러시아 죄수들을 제압하며 3주 만에 사할린을 점령했다. 1905년에 루스벨트 미국 대통령의 주선으로 두 나라는 포츠머스 조약을 체결했다. 러일전쟁에서 패배한 러시아는 일본과 15개조로 구성된 조약을 맺게 되는데 사할린의 분단, 쿠릴 열도의 분할 등이 포함되었다.[11]

9 위의 책, 265쪽.

10 제임스 포사이스, 『시베리아 원주민의 역사』, 211쪽.

11 김용구, 『세계외교사』, 446쪽.

러일전쟁 패전 후에 일본군을 맞이한 러시아군 수뇌부의 기념촬영. 『日露戰爭』, 河出書房, 2006.

— 북위 50도 이남의 사할린, 그 부속도서를 일본에 할양한다. 이 지역은 비무장지역으로 하며, 소야Soya, 宗谷, 타타르Tatar, 韃靼 해협의 자유 항행을 보장한다.

— 동해(일본해), 오호츠크해, 베링해의 러시아령 연안 어업권을 일본인에게 허용한다.[12]

15년 후 러시아가 내전의 혼란에 휩싸이자 일본은 사할린의 북위 50도 이북 러시아령을 재점령했다. 일본군은 저항하는 볼셰비키를 총살하거나 바다에 던져 버렸다. 그 후에 러시아가 사할린에 세운 알렉산드롭스크를 방문한 사람들은 이 도시가 유럽과 아시아를 기묘하게 섞은 도시라는 사실을 깨닫는다. 러시아와 일본의 '합작 도시'는 그렇게 생겨났다. 항해가 겐나디 네벨스크를 기념하기 위해 네벨스크로 개칭한 사할린 남단의 네벨스크항이 있고,[13] 타타르 해협에는 하바

12 위의 책, 446쪽.

일본군에 의해 죽은 볼셰비키 군대.

롭스크 지방에 속하는 와니노항 등이 타타르 해협에 걸쳐져 있다. 그런데 네벨스크는 전전에는 일본 이름으로 혼토本斗라 불리던 일본인 집거촌이었다.

1925년, 사할린을 분할했던 북위 50도선이 복원되었다. 그렇지만 일본은 북부의 석유와 석탄 채굴권을 계속 보유했다. 1930년대에 두 나라 모두 군국주의의 물결에 휩쓸렸다. 2차 세계대전 동안 소련과 일본 사이의 교전은 아무르강과 몽골 전선에서 있었던 소규모 충돌이 전부였다. 일본의 항복 소식은 사할린에 당도하지 않았다. 8월 20일에 홀름스크에서 끔찍한 전투가 벌어졌다. 양측 모두 극악무도한 짓을 저질렀다. 이틀 후 이름이 알려지지 않은 잠수함이 홋카이도로 가는 일본 피난선을 향해 어뢰를 발사하여 1,700명의 일본 민간인이 사망했다. 전투가 종결되자 소련군은 사할린에 사는 일본인들을 모두 시베리아 본토와 중앙아시아에 있는 노동수용소로 이송했다. 1946년부터 1949년 사이, 사할린에 남아

13 네벨스크는 대한항공기가 격추된 곳이기도 하다.

러시아 극동 해군. 블라디보스토크항.

있던 일본인 31만 2,452명이 홋카이도로 추방되었다. 일본군 전쟁포로 32만 명은 공식 집계에서 빠져 있었다. 오늘날 일본은 사할린에 대해 직접적인 영유권을 주장하지는 않지만, 원칙적으로는 사할린을 일본 영토로 간주하고 있다.[14]

러시아와 일본 정부 모두 자국의 사할린 침략을 정당화하는 방편으로 아이누족을 활용했다. 일본인이 사할린에서 쫓겨난 1949년에 100여 명가량의 아이누족이 일본인과 함께 떠나기로 결정했다. 그들은 홋카이도에 있는 동족과 합류했다. 그로부터 반세기 이상이 지난 시점에서 유즈노사할린스크에 거주하는 아이누는 거의 소멸했다. 아이누 운동가들은 이러한 문제를 지적하고 일본 열도에 맹렬히 호소했다. 그러나 그 어디에도 사할린으로 강제 징용된 조선인의 운명에 관한 조치나 언급은 없었다. 일본의 전후 문제 해결 과정에서 파렴치성이 드러나는 대목이지 조선인을 아이누 이상의 '없는 존재'로 치부하는 행위였다.

14 안나 레이드, 『샤먼의 코트』, 251쪽.

안톤 체호프와 슈테른베르크의 사할린

19세기 초까지 사할린은 여러 원주민들이 살던 삶의 터전이었다. 러시아인이 길랴크라 부르는 니브흐족도 사할린 원주민이었다. 니브흐족은 아이누족처럼 물고기를 잡고 개를 부렸으며, 곰잔치를 벌였다. 그러나 니브흐족은 천연두가 창궐하면서 혹독하게 사라졌다.

1884년부터 2년 8개월 이상의 유배형을 받은 죄수는 자동적으로 사할린으로 보내졌다. 20세기 초엽, 사할린 원주민 수는 4,000~5,000명가량이었지만 죄수는 1만 3,500명이었고, 관리와 교도관, 형기를 마쳤지만 고향으로 돌아갈 수단이 없는 개척자들이 7,000여 명이었다.

1890년 7월부터 10월까지 사할린에 거주하면서 가혹한 생활 여건을 조사한 안톤 체호프는 빼어난 보고서 『사할린섬』을 출간했다.[15] 『사할린섬』을 보고서 부끄러움을 산 러시아 정부는 조사단을 파견했다. 작가의 열정과 세밀한 묘사가 결합된 『사할린섬』은 당대 러시아의 가장 위대한 사회적 연구로 평가받아 마땅할 것이다. 체호프가 묘사한 알렉산드롭스크는 조그마한 목조 도시였다. 서비스 직종 종사자가 모두 죄수라는 것과 음악이 들리지 않는다는 점, 밤만 되면 거리에 주정뱅이가 넘쳐난다는 점이 눈에 뜨일 뿐이었다. 도시의 관리들은 천박한 인물들이었다. 총독사령관과 군사령관은 교양 있게 자란 사람들이었지만 거짓말쟁이였다. 체형을 가하는 일은 드물고, 강제노동은 그리 부담 가는 수준이 아니며, 일반적으로 볼 때 죄수들의 삶은 "러시아의 그 어느 곳보다 안락하다"고 그들은 주장했다. 그들의 주장은 어불성설이었다. 형기를 마친 죄수의 처지는 더욱 곤궁하여 끼니를 걸러야 했다.

15 안톤 체호프, 배대화 옮김, 『사할린섬』, 동북아역사재단, 2013.

토양은 농사를 짓기에 지력이 너무 떨어졌고, 학교와 교회는 서류상으로만 존재했다. 냄비 하나와 유리병 하나가 살림살이의 전부였던 개척자들은 카드를 치고 술을 마시며 시간을 보냈고, 무국적자, 잊힌 자, 20년형을 선고받은 자, 땅에 묻힌 자, 무신론자들이 족쇄 같은 삶에 갇혀 절망의 세월을 보냈다. 복역 죄수들 사이에는 잔인한 폭력이 난무했다. 죄수들은 끊임없이 채찍질을 당했다. 여자 죄수들은 성노예로 전락했다. 관리들은 새로 도착한 죄수 중에서 먼저 성노예를 선발했다. 사할린으로 유배 온 죄수 남편을 따라온 죄 없는 여인들조차 몸을 팔았다. 사할린에서는 할 수 있는 일이 아무것도 없었기 때문이다.[16]

안톤 체호프.

안톤 체호프의 『사할린섬』.

체호프가 사할린에서 제대로 알지 못했던 또 다른 사람들로 정치범이 있었다. 레프 슈테른베르크도 그중 한 명이었다. 1881년에 고도로 정치화된 상트페테르부르크의 도취적 분위기에 젖은 그는 알렉산드르 2세의 암살을 도모했던 아나키스트 조직 '인민의 의지파'에 가담했다. 그는 3년형을 선고받고 사할린으로 이송되었다. 슈테른베르크는 감옥에서 읽던 프리드리히 엥겔스Friedrich Engels의 『가족, 사유재산 및 국가의 기원』을 생각하면서,[17] 사할린 원주민 니브흐족의 복잡한 친족체계가 엥겔스가 묘사한 집단혼의 정확한 사례임을 깨달았다.

그는 자신을 도운 원주민 조수의 아내가 쾌활하고 훌륭한 주부이며 아이들의 어머니이면서도 남편의 승인 아래 14명과 사랑을 즐긴다는 사실을 발견

16 안나 레이드, 『샤먼의 코트』, 261쪽.

17 Friedrich Engels, *The Origin of the Family, Private Property and the State*, Penguin Classics, 2010.

하고는 깜짝 놀랐다. 슈테른베르크가 그런 친족체계를 이상하게 받아들인다는 사실을 알게 된 니브흐족 역시 놀라기는 마찬가지였다. 니브흐족이 그에게 물었다. "당신네들은 그렇게 하지 않는 게 가능한가요? 형수하고 자는 게 나쁜 일인가요?"

슈테른베르크가 석방된 1897년 무렵, 엥겔스 덕에 그의 명성은 학계뿐 아니라 혁명가 집단에서도 드높아져 있었다. 집단혼 이론의 살아 있는 증거를 얻게 되었음을 기뻐한 엥겔스의 후원까지 덧붙여졌다. 모르간의 『고대사회』[18]를 읽고 영향을 받은 엥겔스는 인류의 선사시대를 논하면서 가족의 변화가 사회적 생산력과 생산 관계의 역사적 발전, 그리고 그에 상응하는 총체적인 사회적 변화와 맞물려 발생한다고 생각했다. 그는 원시 상태의 무규율적 성교가 혈연 가족, 푸날루아punalua 가족, 대우혼 가족, 일부일처제 가족으로 발전하는 과정을 설명했다.

그렇다면 원시시대에는 집단 가족과 군혼이 지배적이었는데, 오늘날에는 왜 소가족 제도와 일부일처제가 지배적인가 하는 의문을 표하면서, 엥겔스는 '여성의 세계사적 패배'로 묘사하는 모권에 대한 부권의 승리가 대우혼 가족의 발전 단계에서 나타났다고 보았다. 엥겔스가 자신의 이론을 입증해준 슈테른베르크에게 지대한 관심과 지지를 표한 것은 너무도 당연했다.

1899년, 슈테른베르크는 상트페테르부르크 인류학 및 민족지학 박물관에 취직했다. 1905년에는 미국 인류학자 프란츠 보아스Franz Boas(1858~1942)의 초대를 받아 뉴욕을 방문했다. 보아스는 그에게 책을 써달라고 의뢰했는데, 그렇게 탄생한 『길랴크인의 사회 조직』에는 현재 우리가 알고 있는 혁명 이전 시기의 니브흐족에 대한 지식의 대부분이 담겨 있다. 1917년 혁명과 함께 그는 혁명가에서 민족지학의 영역으로 돌아왔다. 시베리아 원주민을 연구하는 동시에 원주민에게 공산주의를 가르칠 학생 겸 활동가를 육성하려 했다. 새로운 과학적 민족지학은 인류의 문화적 진보를 한데 아울러야 한다는 믿음에 따라 연구소를

18 Lewis Henry Morgan, *Ancient Society*, University of Arizona Press, 1985.

만들었으며, 커리큘럼에는 중국학, 이집트학, 철학, 신학, 프로이트주의뿐 아니라 역사학, 민속학, 고고학과 언어학 등이 포함되었다.

1930년대가 되자 인류학자, 민족지학자, 민족언어학자 등은 온건파, 강경파, 기회주의자 가릴 것 없이 비슷한 방식으로 스탈린의 공포정치에 휩쓸렸다. 슈테른베르크는 운이 좋은 편이었다. 1927년 자신의 다차에서 심장질환으로 사망했기 때문이다. 상트페테르부르크의 유대인 공동묘지에 세워진 그의 묘비에는 이렇게 간단한 문구가 새겨졌다.

인류는 하나다.

도리이 류조의 사할린

러시아 혁명과 반혁명의 와중에 북사할린을 일본군이 점령한 동안, 일본은 사할린을 포함한 오호츠크해와 환동해 일대에 걸쳐 대대적인 조사에 착수했다. 도리이 류조가 그 몫을 담당했다. 도리이 류조는 도쿄에서 펴낸 연구(『人類學及人種學上見東北亞細亞: 東白利·北滿·樺太』, 1924)에서 자신이 1919년에 동부 시베리아, 그리고 1921년에 북사할린에서 수행한 인류학, 인종학, 고고학적 조사를 기록한 여행 일지를 공개했다.

토속학적·민족학적 인류학 연구로 근대 일본 인류학의 토대를 개척하는 데 큰 역할을 한 도리이 류조의 연구는 인종학에 가까운 것이었다. 그는 인종의 형성, 그 최초의 형성지 및 분포에서부터 인종상의 유전, 인종 심리, 인종의 고유의 변화 요인, 언어, 고고학 등을 고찰하는 데 역사학적 접근의 중요성을 강조했다. 러시아 혁명기에 이루어진 도리이 류조의 보고서에는 시종일관 일본의 식민지 확보를 위한 전쟁을 긍정적으로 바라보는 태도가 드러난다. 다음은 그의 책의 한 대목과 안쿱스크 반도의 패총을 조사하는 과정에서 그가 느낀 단상 한 토막이다.

> 시베리아 출병의 목적이 어떠하든 간에 나는 그것을 통해 일본 세력이 이곳까지 뻗쳐 있다는 것을 느끼고 시베리아 출병이 무의미한 것은 아니라고 생각했다. 그것을 어떻게 이용하는가는 일본인의 임무이며 만약 기회를 간과하여 어떠한 이용도 하지 않는다면 시베리아 출병의 효과는 없을 것이다. 시베리아 출병이 의의가 있도록 하기 위해서는 오직 군대만이 아니라 일본 국민도 역시 그것을 이용하지 않으면 안 되는 것이다.

이 부근의 구릉 및 해안에 가깝게 살고 있는 사람들은 대부분 조선 사람들이고 러시아 사람들은 보이지 않는 것으로 보아 남부 우수리 지방 일대는 대체로 조선인의 거주지가 된 듯하다. 러시아 사람은 대부분 이 방면으로 이주해 살지 않는, 무정부 상태에 가까운 상황이라는 것을 알 수 있다. 이와 동시에 남부 우수리가 조선의 지대와 연결되어 있음은 알려져 있다. 이러한 것은 일본으로서도 일종의 감정에 얻어맞은 것과 같은 느낌이다.

조선인의 출현에 '얻어맞은 것 같은 느낌'을 받은 그의 조사는 당연히 도쿄제국대학, 조선총독부, 육군 당국의 허가와 보호 아래 시작되었다. 각 지역의 육군 주둔군, 각 영사관 등으로부터 많은 도움을 받는 과정이 보고서에 그대로 등장한다. 현지 일본 병참부의 지원과 일본 군부의 안내를 받았으며, 심지어 현지인이 안내를 거부할 경우에는 동행한 일본군이 권총으로 위협하기도 했다. 조사 영역은 북만주, 동부 시베리아, 북사할린이었다. 각 지역의 민족, 토속, 유적, 학자, 박물관, 도서관과 그 외 모든 조사, 견문에 관한 기록을 남겼다. 일본의 아시아 식민지 확보는 이제 막 인류학회가 발족하고 도쿄제국대학 안에 인류학 교실을 설치한 일본의 인류학계로서는 '혼합 민족설'을 증빙할 수 있는 절호의 기회였다. 이러한 '혼합 민족설'이 이후 일본의 식민 통치를 정당화하는 도구가 되었음은 잘 알려진 사실이다.[19] 다음은 그의 책의 한 대목이다.

나는 일찍부터 동부 시베리아, 그중에서도 헤이룽강 유역을 조사하고 싶은 열정적인 희망을 가지고 있었다. 이것은 이 지역이 아직 관련 학계에서 밝혀지지 않은 채 덮어져 있기 때문만이 아니라 일본 민족, 고대사 등과 밀접한 연쇄적 관계를 가지고 있기 때문이었다. 이 지역을 조사연구하지 않는 한, 동아시아의 인류학, 인종학, 고고학, 고대사 등은 아직 충분한 기초를 가지고 있다고 말할 수 없다.

19 도리이 류조, 『인류학자와 일본의 식민지 통치』, 453쪽.

도리이 류조는 북사할린 및 헤이룽강 하류 민족에 대해 고유 토착민으로 길랴크, 오로치, 퉁구스, 야쿠트를 꼽았다. 길랴크족은 헤이룽강 하류에서부터 사할린 북부에 걸쳐서 분포하기 때문에 당시 학자들은 헤이룽강 길랴크족, 사할린 길랴크족 두 파로 나누었다. 북사할린의 길랴크족은 원래 헤이룽강 하류로부터 흘러들어온 것이 분명하며, 그것을 보여주는 증거들이 많다고 했다. 그들의 본토는 헤이룽강 하류 지방으로, 고대에 사할린으로 옮겨온 것이다. 길랴크의 생활 본위는 어업이기 때문에 물고기 잡이에 편리한 강변 혹은 해안에 살았다. 일상식은 거의 어류이며, 육류는 겨우 먹을 정도다. 주로 어업 활동을 하기 때문에 나무로 만든 배가 교통 수단이며 걸어다니는 모습은 거의 볼 수 없었다. 길랴크족은 개를 키우며 겨울에 썰매를 끌게 했다. 재산은 배와 개이며, 부자는 이 두 가지를 많이 소유한 사람이다. 길랴크족은 유사 종족이 없으며 그야말로 고립된 길랴크족 자신만이 있을 뿐이다.

오로치족은 러시아인들이 오로촌이라 부르던 족속이다. 오로지 사할린섬에 사는 사람들로서 거주지에 따라 갑을 두 파가 될 수 있었다. 갑은 사할린 포로나이 강변 및 타라이카 호반에 살며, 을은 북사할린 해안 방면에 살았다. 그들은 어렵 생활을 하며 이동은 오로지 나무배를 이용했다. 가축은 순록을 기르며 어류뿐 아니라 수렵으로 잡은 짐승도 먹었다. 북사할린 동해안 방면의 오로치족은 소위 툰드라 지대에 살아가며, 순록태를 먹이면서 이동하였다. 오로치는 본래 대륙의 대안에 살았던 사람들로서 어느 시기에 순록을 찾아 결빙을 밟고 사할린섬으로 도래한 것으로 보았다. 그들과 가장 관계가 깊은 오후치는 사할린의 대안인 시호테알린 산속에서 순록을 유목하고 있었다.

퉁구스족은 북사할린에 살고 있으며, 그들과 근접 거주하고 있는 야쿠트족은 그들을 에벤키라 불렀다. 북사할린에 불과 50명 정도가 사는데 거주지는 오로지 동해안 방면이었다. 순록을 키우며 늘 툰드라로 이동하면서 살았다. 퉁구스라는 말은 '돼지'에서 유래했고, 그것은 진귀한 가축으로서 다른 민족에게 없는 돼지를 사육한다는 데서 그 이름을 얻은 것이다.

야쿠트족은 북사할린에 겨우 8명이 살고 있으며 순전히 투르크 민족에 속한다. '시베리아의 유대인'으로 불릴 정도로 시베리아 각지에 퍼져 살며 상업적 지식을 가장 많이 가지고 있으며, 러시아인과 원주민 사이에서 왕성하게 물품교환을 하였다. 그들은 순록 말고도 다른 가축을 키우고 상업 활동을 하면서 풍요로운 생활을 누렸다. "가장 무시하기 어려운 사람들이다. 만약 동부 시베리아에서 러시아인이 이외에 대신할 중심세력은 원주민 가운데 대개 야쿠트족이 될 것이다"라고 보았다. 도리이 류조는 이들 소수민족이 산재하는 것에 대해 다음과 같은 견해를 내놓았다.

> 대개 각각 고립된 별족으로서 서로 관계되는 바가 없다. 그리고 이 고아시아족으로 보는 사람들의 정의에 따르면, 그들은 오늘날 거주하는 것과 같이 시베리아의 극악 절원의 땅에 살던 이전의 사람들이 아니다. 모두 본래 시베리아 각지의 좋은 땅에 이전부터 거주하였는데 후에 우랄알타이족의 침입을 받게 되었다. 결국 그들과 접촉 충돌하고 패자가 되어 전전퇴각하여 오늘날 보듯이 극원의 해안, 혹은 도서로 할 수 없이 거처를 정하게 되었고, 당시 이상의 여러 민족의 패잔자와 우연히 전급거주하기에 이르렀다. 그러므로 그들은 인종상 동일하지 않은 것이다. 그들 가운데 고아시아족인 길랴크족은 일찍부터 사할린 북부에 거주지를 정하고 다시 오로치도 계속해서 중앙부로 온다. 이때에 비로소 아이누족도 홋카이도에 와서 그 중심부를 차지하였다. 이들 세 종족은 모두 사할린과 대륙, 혹은 홋카이도에 각각 정착하면서 서로 연결하지 않고 사는 것은 가장 주목할 만한 가치가 있다. 즉 길랴크족과 오로치는 각각 동일하게 대안 대륙과 관계가 없다. 또 아이누족은 홋카이도와 관계가 없다. 이와 같이 사할린은 그들 세 종족의 북진 남진 이동의 충돌, 만남의 중심점이다.[20]

고아시아족을 고시베리아족, 우랄알타이어족을 신시베리아족이라 부르게 된 사정을 설명하고 있다. 위의 설명에서 아이누가 홋카이도와 상관이 없다는 주장은 홋카이도 아이누의 민족적 정체성을 일본인으로 왜곡하여 러시아와의

20 도리이 류조, 『인류학자와 일본의 식민지 통치』, 419쪽.

국경 획정에서 유리한 입장을 확보하려는 날조된 설명일 것이다.

도리이 류조의 보고서에서 주목할 만한 사실 하나는 중국의 오호츠크 및 사할린 경략에 관한 물적 증거다. 오늘날 사할린에 대한 국민국가의 경략은 대체로 러시아와 일본에 국한되어 설명된다. 그런데 사할린을 본격적으로 경략한 것은 중국이었다. 중국은 연해주 일대에서 사할린에 이르는 광대한 환동해 북부와 오호츠크 서해 쪽에 관심을 드러냈다. 1709년 청나라 강희제는 아무르강 하류 유역에 예수회 선교사를 포함한 탐험대를 파견했다. 그들은 이 지역의 위도와 경도를 포함한 여러 실측을 실시했다. 다음 해에도 새로운 탐험대를 파견하여 사할린섬을 탐사했다. 18세기 중순, 청은 사할린의 일부 지역에 조공을 부과하기도 했다. 14세기 초 명나라 영토가 북으로 아무르강 하구의 누르칸에 이르렀으나, 18세기에 들어와서 조공 권역에 들어온 것이다. 18세기 말까지 사할린 북쪽의 원주민은 아무르 강변에 세워진 청조 요새에 조공을 바쳤다. 도리이 류조는 1921년 북사할린에서 토성을 발견했다. 북부 사할린의 주도인 알렉산드롭스크는 충적 평야가 펼쳐져 있고 그 평야를 가로질러 강이 흐르고 있었다. 원주민이 살던 유력한 장소였는데 그들이 떠난 자리에 러시아인들이 살고 있었다.

> 이 유적이 토성임은 틀림없지만 어느 시기 것인지는 연구하지 않으면 안 되는 문제이다. 토성 구조는 만주 및 동부 시베리아에 남아 있는 토성과 유사하다. 대륙 쪽에는 연해주 니콜리스크를 중심으로 하는 토성에 대해서 블라디보스토크의 고고학자 브츠세라는 사람이 논문을 썼다. 거기에는 그림이 실려 있으며 연해주에서 토성의 분포가 구체적으로 설명되어 있다. 즉 니콜리스크가 중심지이며 동쪽은 오루가 방면까지 분포하는데 오루가 동쪽 너머가 되면 전혀 토성이 없는 것이다. 이러한 토성들은 어느 시기의 것인가 하면 발해 혹은 금나라 시대의 것이다. 그러나 이 북사할린의 알렉산드롭스크 부근의 토성은 연해주의 토성과 상당히 유사하다. 이것도 발해 혹은 금나라의 것임에 분명하다. 어느 의미에서 말하면, 말갈족이 남긴 것이다. 이 같은 토성이 존재하는 것으로 미루어 그들은 이전 북사할린에서 활동하였으며 알렉산드롭스크 부근을 중심으로 살았다고 생각할 수 있다. 러시아가 이곳에 알렉

산드롭스크시를 설치하였음은 결코 우연이 아니다.[21]

도리이 류조는 하나의 그림을 제시했다. 러시아인이 처음으로 이곳에 도착했을 때, 단애 절단에 벽돌탑이 있었다. 이 벽돌탑은 무너져서 사라졌지만 이전에는 벽돌탑 옆에 관음당 및 영락永樂과 선덕宣德의 비문 두 기가 서 있었다. 도리이 류조는 이 토성과 닮은 것이 남사할린의 츠라누에도 있다고 보고했다. 사할린에 토성 두 개가 존재함은 당시 대륙 세력이 남사할린에까지 미쳤다는 것이다. 이 같은 토성은 홋카이도에서도 발견되었다. 이렇게 보면 북방 세력이 사할린에서 홋카이도까지 미치고 있었다는 것이다. "이러한 사실은 사소한 것처럼 생각되지만 북방민족이 남천南遷을 시도하려는 여러 역사적 관계에서 보면 중요한 것이라고 생각된다"고 했다.

도리이 류조의 보고서에 등장하는 사할린의 청나라 탑. 러시아인이 처음 당도했을 때 그린 스케치로, 탑 옆에 관음당과 비문 두 기가 있었다.

한문과 여진 문자, 몽골 문자로 되어 있는 영락사비문에 따르면, 영락 초기에 명나라가 사할린을 정벌했다. 사할린은 중국 쪽에 일찍부터 알려져 있었고 사할린이 명나라에 정복당했기 때문에 사할린의 길랴크족, 아이누족으로부터 조공을 받고 있었다. 일본이나 러시아가 알기 이전에 이미 중국에서 사할린의 존재를 명확하게 알고 있었다는 증거가 된다고 보았다. 20세기 말에 시베리아를 취재한 한 기록은 사할린을 '동양의 알자스-로렌'으로 평가했다. 그 기록 역시 "상류로 200킬로미터 올라가면 1850년대에 세워진 불교 사찰의 폐허가 아직도

21 위의 책, 395쪽.

영락사비. 프리모리에 박물관.

남아 있다. 절에는 한자와 몽골 문자로 영락사 현판과 '부처님의 손길이 온 누리에 뻗어나가길 기원한다'는 문구가 남아 있다"[22]고 전한다.

오늘날 이 비석은 블라디보스토크 프리모리에 박물관에 전시되어 있다. 인간 문명의 흔적은 이상한 것이어서 때로는 화려장엄했던 것이 일시에 흔적도 없이 사라지기도 하지만, 이처럼 환동해권 사할린의 어느 구석에 세워졌던 비석이 도심의 박물관까지 유전되어 흘러오기도 한다. 아르세니에프의 따스한 손길이 아직도 남아 있는 듯한 프리모리에 박물관의 발해 유물들 틈에서 영락사비는 금석문만이 발휘할 수 있는 역사적 진실을 증거하는 중이다.

22 안나 레이드, 『샤먼의 코트』, 248쪽.

일본과 러시아의 쿠릴 열도에서의 문명 교섭과 충돌

일본과 러시아의 쿠릴 열도를 둘러싼 해양 영토 분쟁은 오랜 역사성을 지닌다. 우선 쿠릴 열도에 대한 범주부터 문제가 된다. 러시아는 캄차카 반도에 인접한 슈무슈에서부터 홋카이도 북단의 이른바 쿠릴 4도를 포함한다고 보고, 일본은 고유 '북방 영토'인 하보마이 군도 여섯 개 섬(폴론스코고, 젤리오니, 탄필레바, 카이가라, 일루리, 아누치나), 시코탄, 쿠나시르(일본명 구나시리), 이투루프(일본명 에토로후)를 포함한다고 보고 있다. 섬을 부르는 명칭에서도 러시아는 쿠릴 열도, 일본은 북방 영토라고 달리 부른다.

쿠릴 열도는 일본과 러시아 사이에 최초의 국경 획정 조약인 시모다 조약 이후 양국 세력 관계의 변화에 따라 영유권이 여러 차례 변화했다. 시모다 조약에 따라 이투루프섬을 경계로 북쪽은 러시아령, 남쪽은 일본령으로 분할 통치했으나, 1875년 사할린 영유권을 러시아가 소유하는 조건으로 다시 일본에게 양도되었다. 1875년 5월에 쿠릴 열도 전역은 일본 영토, 사할린 전역은 러시아 영토로 한다는 합의가 그것이다.[23] 러일전쟁에서 일본이 승리함에 따라 일본은 북위 50도 이남의 남사할린과 쿠릴 열도 전체를 차지할 수 있었지만, 2차 세계대전에서 일본이 패배함으로써 쿠릴 열도 영유권은 또다시 바뀌게 되었다. 승전국 소련은 1951년의 샌프란시스코 강화조약에 서명하지 않은 채 사할린과 쿠릴 열도 전체를 다시 지배하기에 이른다.[24] 팽팽한 대립 속에서, 쿠릴 열도로 처음 진출한 쪽이 어디인가가 중요한 문제로 대두된다. 어느 한 국가가 새로운 지역을 자국 영토라고 주장하려면 해당 지역을 누가 최초로 발견하고 지속적으로 통치·점유했는가가 중요한 기준이 되기 때문이다.

쿠릴에 대한 러시아의 관심은 일본과의 관계를 정립하기 위한 러시아의 의

23 김용구, 『세계외교사』, 300~301쪽.

24 박원용, 「변경의 관점에서 본 쿠릴 열도 영유권 분쟁」, 『19세기 동북아 4개국의 도서 분쟁과 해양 경계』, 동북아역사재단, 2008, 233쪽.

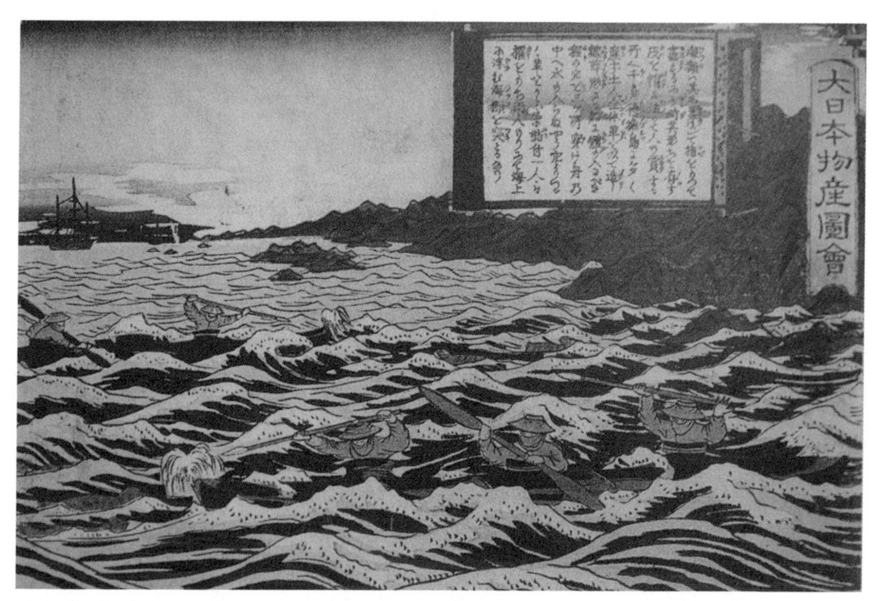

치시마(쿠릴) 열도의 바다 포유류 사냥. 〈대일본물산도회〉(1877년).

지에서 비롯되었다. 1647년에 러시아는 오호츠크해 연안에 도시를 건설하여 러시아인들을 이주시키기 시작하여 오호츠크해 북단의 캄차카까지 뻗어나갔고, 1733년에는 2차 베링 탐험대를 보내기도 했다. 그렇다고 러시아 북동쪽으로의 확장만을 시도한 것은 아니었다. 1700년에 러시아는 베링에 앞서 캄차카 반도를 탐험한 바 있는 블라디미르 아틀라소프를 통해서 일본이 캄차카에서 멀지 않은 곳에 위치한다는 정보를 입수했다. 아틀라소프에 따르면, 캄차카 반도와 가까운 섬 사이의 해협을 지나서 남쪽으로 내려가면 "도자기와 색깔이 있는 목면 옷을 입는 예사롭지 않은 사람"들이 거주하는 섬이 있다는 것이었다. 추가 정보는 이후에 캄차카 반도에 표류한 일본인들에게서 흘러나왔다. 그 섬들에 온갖 귀중한 물품과 황금이 넘쳐난다는 소문은 시베리아 총독과 상인들의 관심을 끌기에 충분했다.

그렇지만 이들 섬에 대한 접촉은 지극히 예외적인 방식으로 이루어졌다. 1711년 코사크인들의 반란이 진압된 이후, 처벌 강도를 낮추고자 캄차카 남쪽

섬에 대한 정복사업에 나선다. 첫 번째 섬 슈무슈와 두 번째 섬 파라무시르까지 나아간다. 그러나 아이누의 거센 저항과 무기 부족으로 되돌아온다. 그렇지만 러시아는 원정대 코지렙스키를 통해서 쿠릴에 대한 많은 정보와 지도를 얻게 된다.

그러나 일본 측의 주장은 많이 다르다. 일찍이 쿠릴 열도의 남쪽 섬들, 이른바 오늘날 북방 영토라고 부르는 섬들의 주민은 주 수입원인 바다표범 가죽이나 연어 등의 수산물을 도끼, 칼 등의 생활도구와 바꾸고 싶어했으며, 그 대상국이 일본이었다는 강력한 증거들을 내놓고 있다. 일찍이 일본인 표류민이 러시아를 통해 귀국했음을 감안하면 일본이 훨씬 더 빨리 쿠릴을 인지하고 있었을 것이다. 그러나 18세기 초반까지 러시아와 일본은 쿠릴 열도의 남쪽 섬에 대한 통제권을 갖고 있지 않았다. 일본과 러시아의 국경이 불투명한 상황에서 이들 지역은 두 나라 모두에게 열린 공간이었다. 다음은 1713년 코지렙스키의 쿠나시르섬에 대한 설명이다.[25]

> 주민은 마쓰마에까지 왕래하며 마쓰마에에서도 연 1회 이곳으로 나와 교역을 했다. 쿠나시르는 이투루프, 우루프섬보다 크며 주민도 많다. 쿠나시르섬 사람들이 마쓰마에의 신하인지는 충분한 정보가 없다. 이투루프와 우루프섬 사람들도 자기의 의지대로 살면서 누구에게도 복종하지 않으며 자유롭게 교역을 행하고 있다.

베링의 2차 탐험대 부사령관 스판베르크는 북아메리카 대륙 탐사 대신에 쿠릴 열도를 러시아의 땅으로 복속시키기 위한 과업을 맡게 된다. 원주민의 존재 여부와 무관하게, '쿠릴 열도는 그 누구에게도 속한 땅이 아니다'라는 결론에 따라 러시아인의 본격 이주가 시작된다. 예카테리나 2세는 쿠릴에 대한 좀 더 광범위한 지배권 확립의 필요성을 인식하여 해군성에 탐사를 지시하고 쿠릴 지배의 야욕을 불태운다. 이 소식이 일본으로 전해졌고, 당시 유일하게 일본에 무역

25 박원용, 「변경의 관점에서 본 쿠릴 열도 영유권 분쟁」, 242쪽 재인용.

기지를 차리고 있던 네덜란드가 자문에 응하여 러시아의 남진을 막을 대책을 논의하게 된다.

1730년 러시아 상인과 이주자가 북부 쿠릴로 이주하기 시작했고, 18세기 말에는 선교사들이 이주하여 선주민인 아이누와 이텔멘 공동체에 러시아 정교의 교리, 러시아식 이름, 유럽 의상 등을 전파한다. 18세기 중엽 이후 에도 막부는 러시아의 위협 속에 경계를 분명히 정립할 필요성을 느꼈다. 막부 쪽이 남부 쿠릴 지역이 자신들의 영토라고 주장하기 위해서는 북부 쿠릴 지역의 러시아화와 대조적으로 그곳에 이주한 공동체 사회에 '일본'이라는 점을 강조할 필요가 있었다. 예전에 마쓰마에번이 아이누와의 차이를 강조하던 것과 다르게 동화정책을 실행하기 시작한 것이다. 막부의 동화정책이 중점적으로 실시된 곳은 마쓰마에 근접 지역이 아니라 오히려 러시아 쪽에 인접한 남부 쿠릴의 구나시리섬과 에토로후섬 지역이었다. 일본 입장에서는 와진에 대한 아이누의 적개심을 누그러뜨려 아이누가 적의 편으로 돌아설 정책을 가능한 한 피하면서, 아이누를 와진과 동일시할 수 있는 가시적인 상징을 창출할 필요가 있었다.

다른 한편으로 북방 문제는 잠재적으로 경제적 몫이기도 했다. 국민 전체의 이익이 될 착취 가능한 자원이 풍부했기 때문이다. 이 개발론적 접근은 해당 지역에 와진의 이주를 촉진하고 농업을 장려하며, 그러는 가운데 아이누의 생활양식을 완전히 변화시킨다는 한층 철저한 정책을 함의하고 있었다.

일부 나나이족이 협동농장 정책으로 사할린으로 강제 이주를 당했듯이 쿠릴의 아이누도 19세기 말에 일본에 의해 강제 이주를 당했다. 쿠릴 열도의 많은 아이누들이 시코탄으로 이주당하였고, 수년 내에 기근과 병으로 대부분 죽었다. 일부 남은 아이누도 20세기 전반에 소멸하여 이제는 인종 집단에서 이름을 찾아볼 수 없게 되었다. 사할린에 일부 남아 있던 아이누도 '일본 시민'으로서 홋카이도로 옮겨왔으며, 그 후손들이 현재도 홋카이도에 살고 있다.

아이누가 자본주의의 희생물이었다면 니브흐와 오로치, 에벤키와 나나이는 집단농장화의 희생물이다. 소비에트는 이들을 집단농장Kolkhozes, Sovkhozes에 수용했다. 1930년대에 니브흐가 강제된 곳의 하나는 '새생활'New Life이라는 이름의

쿠릴 열도의 아이누(1891년). 『北海道 寫眞史』, 1983.

채소농장이었다. 오늘날 많은 니브흐가 지도상으로만 북부 사할린에 존재할 뿐이다.[26]

국경 개념이 명확하지 않고 변경 주민도 특정 국가로의 귀속의식이 불명확했던 시기에 쿠릴 열도는 어떤 의미에서건 열린 공간이었다. 쿠릴 열도의 주민들이 외형적으로 근대국가의 신민으로 규정할 수 있는 공납을 러시아와 일본에 납부했다 하더라도 이 사실이 그 지역에 대한 영유권을 주장할 수 있는 근거는 아니라는 것이다. 그들은 생존하기 위해서 공납을 바쳤을 뿐이다. 어떤 의미에서 쿠릴에 대한 진정한 권리는 이미 소수자 위치로 전락한 아이누 원주민에게 있는 것이다.[27]

26 1970년대 말부터 시작된 원주민 진흥운동을 주목한다. 1979년에 현대 니브흐 알파벳이 제정되고 1981년부터 니브흐 언어를 학교에서 가르친다. 1980년 말에는 새로운 경제활동이 보급되고 원주민의 씨족적 전통을 다시 살리려는 노력이 전개되었다.

27 박원용, 「변경의 관점에서 본 쿠릴 열도 영유권 분쟁」, 262쪽.

그러한 점에서 현재 분쟁 중인 러시아와 일본의 국경 문제를 해결하기 위해서는 아이누 민족의 존재가 중요하다. 과거 내셔널리즘의 확대에 의해 무시되어 왔던 아이누 민족 문제가 향후 국경 문제 해결 요소로 고려되어야 할 것이다. 일본 정부는 아이누를 선주민으로 인정하지 않고 어디까지나 일본의 한 '문화'로만 인식하려고 한다. 그것은 주인 없는 땅의 선점에 의한 영토 획득의 정당성을 내세우기 위해서다.[28]

러시아, 일본, 북한, 남한에서 부인된 카레이스키 유랑민

수많은 종족들이 거론되고 그들의 생존권과 자결권이 논의된다. 심지어 2차 세계대전 이후에 이주해온 원주민에 대한 보호책도 논의된다. 그렇지만 일제 전 시기에 걸쳐서 강제노동에 종사했으나 일본이 포기하거나 무시했고 조국인 한국마저 포기하거나 무시했던 종족이 있다. '조선족'(고려인)이다. 일찍이 안톤 체호프는 이미 1880년 전후에 한국인 노동자가 남사할린에 상당수 거주한다고 적었다. 이것은 근대 사할린 거주 한국인에 대한 최초의 기록이다. 체호프가 본 한국인 노동자는 상대적으로 온화한 기후의 마우카(현재 홀름스크 시)에서 만주인, 러시아인과 함께 다시마 채취 사업에 고용되었다.[29] 그러나 러시아의 극동 역사 서술에서 '카레이스키'는 존재하지 않거나 무시된다. 그런 측면에서 북방 바다에서 잊힌 또 하나의 종족은 '카레이스키'였다.

환동해권 동북 철도변의 목침에는 조선인 징용자의 시신들이 누워 있다고 말할 수 있을 정도로 조선인은 엄청난 희생을 강요당했다. 조선인 광부들의 강제징용은 홋카이도 문제가 비단 일본과 원주민 아이누만의 문제가 아님을 알 수 있다. 홋카이도 탄광의 역사를 배경으로, 1863년에 개광하여 1964년에 폐광될

28 최장근, 『일본의 영토 분쟁』, 백산자료원, 2005, 242쪽.
29 안톤 체호프, 『사할린섬』.

때까지 100년의 역사를 가지고 있는 가야누마 탄광의 역사와 조선인 강제동원이 좋은 사례일 것이다. 홋카이도 오타루시에서 서쪽으로 1시간가량 더 들어가야 하는 도마리무라泊村는 평화로운 작은 마을이지만 전쟁 시기에는 1,000명 이상의 조선인이 탄을 캤던 곳이다. 조선인을 강제동원한 사실은 오타루시 시민운동가 노야마 유코能山優子에 의해 2002년에야 세상에 알려졌다.[30] 그러나 아이누 문제가 해결되지 못한 것처럼 이 역시 그냥 '밝혀졌을 뿐'이다.[31]

종전과 동시에 이른바 적성국 소련의 땅이 된 사할린에서는 더 큰 비극이 기다리고 있었다. 일제의 패망이 해방이 아니라 새로운 억류의 시작인 사람들이 있었다. 식민지 백성으로서 일제의 징병으로 만주에 끌려갔던 이들이 해방 뒤에는 소련군 포로가 되어 시베리아에 억류되어 수년간 강제노동에 시달렸다. 고국에 돌아와서 38선을 넘을 때는 총알 세례를 받고 엄격한 심문을 받은 사람들. 식민 지배와 조국 분단, 그리고 전쟁으로 이어지는 가혹한 역사의 짐을 고스란히 짊어져야 했던 사람, 그들은 누구인가?[32]

일제 말기 만주(현재의 동북3성), 쿠릴 열도, 사할린의 일본군 부대에서 복무하던 조선인들이 있었다. 식민지 백성으로서 일제의 징병 정책으로 인해 끌려간 사람들이다. 일본이 항복하기 직전인 1945년 8월 9일, 소련은 한때 승승장구하던 관동군을 궤멸시키고 만주 등지에서 일본군 60여만 명을 포로로 잡았다. 스탈린은 8월 하순, 포로들을 시베리아 각지로 이송하라는 극비 지령을 내렸다. 이른바 '시베리아 억류'로 알려진 사건이다. 시베리아 삭풍회 회원이었던 이규철은 다음과 같이 증언했다.

> 블라고베셴스크 강변 언덕을 올라가서 보니, 우리를 싣고 갈 지옥행 포로수송 화물열차가 대기하고 있었다. 화차에는 입추의 여지가 없을 만큼 많이 타고 보니, 눕기

30 정혜경, 『홋카이도 최초의 탄광 가야누마와 조선인 강제동원』, 선인, 2013.

31 *AINU: Spirit of a Northern People*, National Museum of Natural History/Smithsonian Institution, University of Washington Press, 1999.

32 김효순, 『나는 일본군, 인민군, 국군이었다』, 서해문집, 2009.

쿠릴에서 전투하는 러시아군. 파블롭스크 전쟁박물관.

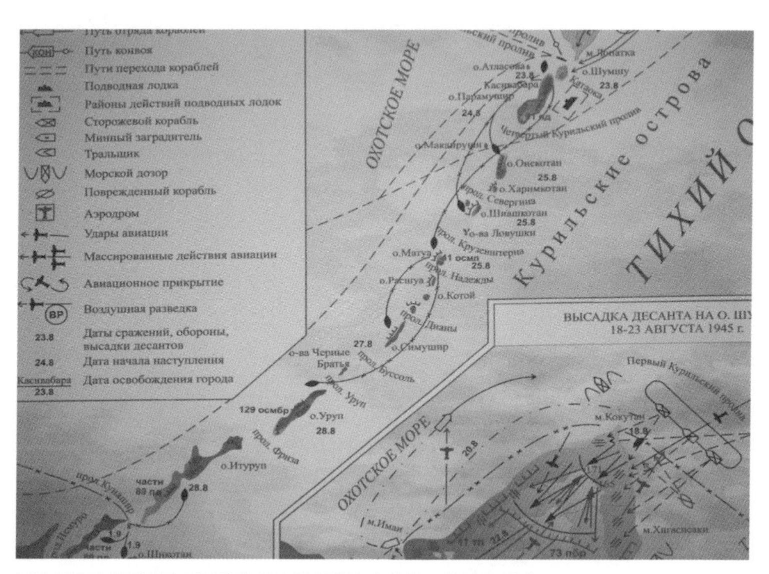

쿠릴 열도에서 벌어진 러시아와 일본의 전투를 나타내는 지도(1945년).

> 는 고사하고 다리조차 펼 수 없었다. 마치 콩나물시루를 연상케 했다. 화차의 출입문에 자물쇠가 채워졌다. 가다가는 멈추고, 멈추었다가는 또 달린다. 이 화차 안에서 이틀 동안 불 한 모금, 빵 한 조각 먹지 못하고 공포와 수심에 찬 포로들은 한 마디 말도 없이 넋을 잃고 앉아 있었다. 사흘 만에 포로수송 열차는 개선을 구가한 듯이 시골 역에 들어섰다. 여기가 죽음과 싸운 생지옥 세레칸이다.

이런 식으로 시베리아 각지에 끌려간 카레이스키들은 평균 영하 40~50도의 혹한 속에서 굶주림과 강제노동, 그리고 고독과 싸우며 오로지 집으로 돌아갈 날만을 기다렸다. 이들의 굶주림은 상상을 초월하는 것이었다.

일본군 포로는 1946년 가을에 소위 미소협정의 체결로 그해 12월 5일부터 귀환이 시작되었으나, 한국인 포로는 미군정이 어떠한 조치도 취하지 않았다. 문제는 일본군에 끼어 있던 조선 청년들이었다. 이들은 일본 군인으로 간주되어 혹한의 시베리아 등지에서 중노동을 하고 3~4년 만에야 고국으로 돌아올 수 있었다. 1948년 12월 말 약 2,200명이 소련 화물선을 타고 흥남항으로 귀환했다. 만주나 북한이 연고지인 사람들은 가족을 찾아 떠났지만, 남한이 고향인 사람 500여 명은 골칫거리로 남았다. 남북에 별도 정부가 수립되어 38선을 경계로 팽팽하게 대치하던 때였다. 북한 당국은 남쪽과 이들의 송환을 공식적으로 협의하지 않고 1949년 1~2월께 한밤중에 38선을 넘도록 했다. 이들은 고향에 돌아와서도 오랜 기간 요시찰 대상이 되어 감시를 받았다. 한국전쟁의 소용돌이 속에서 목숨을 부지한 이들에게 남북이 대치하는 상황이 엄연히 계속되는 상황에서 소련 체험은 천형 같은 낙인이었다. 분단과 전쟁을 거치면서 그들 중 다수는 다시 도망자가 되거나 일본군-국군, 일본군-미군 카투사-국군, 일본군-인민군-국군, 일본군-인민군-미군 군속, 일본군-빨치산, 일본군-북파 공작원 등의 인생 궤적을 그렸다.[33]

억눌렸던 이들이 시베리아 삭풍회라는 모임을 결성한 것은 1991년이었다.

33 한승동, 「서평—삭풍보다 혹독했던 삶」, 『한겨레』, 2009년 8월 16일.

초창기에는 러시아 정부로부터 노동증명서를 발급받는 일에 주력하면서 정부에 시베리아 억류의 억울함을 호소하고 문제 해결을 요청했다. 되돌아온 것은 성의 없는 회신뿐이었고, 정권이 바뀌어도 마찬가지였다. 일본 군국주의의 피해자이면서 시베리아 포로 생활을 같이했던 일본 억류자 단체와 교류하면서 서울, 모스크바, 도쿄를 오가면서 보상 촉구 운동을 벌이고 있다. 이들의 삶은 한국 현대사에서 가장 큰 피해자의 하나로 꼽힌다. 그러나 그들이 겪은 서러움과 고난에 비하면 이들의 삶은 기이할 정도로 우리에게 거의 알려지지 않았다. 이토 다카하시伊藤孝司가 펴낸 사진첩에는 영원히 떠도는 사할린의 유랑민들이 촉촉이 젖어 있다. 무국적자에서 북한 국적, 러시아 국적 혹은 한국 국적 등을 하염없이 떠돌면서 그들은 제국의 희생, 분단의 희생, 반공주의의 희생자로 떠돌아야 했던 것이다.[34]

34 이토 다카시, 『사할린 아리랑—카레이스키의 증언』, 눈빛, 1997.

모든 곳의 식생은 아직 가을 서리를 맞지 않아 거의 열대지방과 같은 풍요로움을 보여주는 것 같았다. 높게 자란 야생잡초는 다양한 색깔의 꽃들과 뒤섞여 강가 끄트머리까지 뻗어 있었다. 에델바이스와 양지꽃이 강둑을 따라 빽빽하게 자라 있었고, 마치 맑고 잔잔한 수면 위에 떠 있는 아름다운 보트처럼 분홍색, 노란색 꽃잎들이 강물 위에 떨어져 있었다. 노란 매발톱꽃은 강물에 비친 장대한 화산 모습 옆에 있는 자신의 우아한 모습을 바라보기라도 하는 듯 강 위로 고개를 낮게 수그리고 있었다. 그리고 이상하게도 검은색인 나리꽃은 마치 장례 예복을 입고 어떤 알 수 없는 꽃의 죽음을 애도하는 듯한 슬픈 자태로 여기저기 서 있었다.

— 조지 케넌, 『시베리아 탐험기』, 1870

9장

거대한 문명의 육교, 베링해

유라시아와 아메리카 바닷길:
캄차카, 베링해, 알류샨

24

캄차카 연대기

대륙을 넘어

중심부가 쇠락하는 가장 큰 이유는 변화하지 못하기 때문이다. 변방이 새로운 중심이 되는 것은 그곳이 변화의 공간이고, 창조의 공간이고, 생명의 공간이기 때문이다.[1] 캄차카와 베링해가 그러하다. 지구 온난화가 가져온 북극해 해빙은 새로운 항로, 새로운 항구를 요구하고 있기에 북방의 변방이 새로운 중심부로 등장할 수도 있다.

아시아 대륙(시베리아 북동부)과 북아메리카(알래스카)를 가르는 태평양 북단의 바다를 베링해라 부른다. 해수 면적은 230만 4,000제곱킬로미터이며, 북극해는 베링 해협을 통해 태평양과 이어진다. 미국·러시아의 국경선이 베링해와 베링 해협을 지난다. 베링해는 대략 삼각형을 이루는데, 북쪽을 꼭짓점으로 해서 그 밑변은 미국 알래스카주의 일부를 이루는 알래스카 반도와 알류샨 열도를 잇는 1,600킬로미터의 긴 호弧를 이룬다. 베링해에는 알류샨 열도(3만 7,986제곱킬로미터), 누니바크섬(5,044제곱킬로미터), 세인트로렌스섬(2,600제곱킬로미터), 카라긴스키섬(2,556제곱킬로미터), 넬슨섬(2,301제곱킬로미터) 등 수많은 섬이 있다.

위에서 내려다본 캄차카 지형은 베링해, 오호츠크해와 드넓은 태평양을 헤엄치는 커다랗고 이국적인 바다물고기처럼 보인다. 캄차카의 면적은 27만 제곱킬로미터이며, 반도를 둘러싼 가혹한 해양 조건이 반도 모든 부분에 영향을 미친다. 북동에서 남서로 1,200킬로미터를 길게 뻗은 반도는 두 개의 거대한 중앙 산맥과 동부 산맥이 나란히 지나고, 강과 호수가 많이 분포한다. 반도는 러시아 본

[1] 신영복, 『변방을 찾아서』, 돌베개, 2012, 26쪽.

토와 93킬로미터 지협인 파라폴스키돌Parapolsky Dol로 연결된다. 창조주가 처음에는 캄차카 반도를 다른 세계와 연결하지 않으려 했다가 마지막 순간에 마음을 바꾼 것처럼 보인다.[2]

20세기 초반에 아르세니에프가 찍은 화산의 모습. 클류쳅스카야 화산.

태평양은 화산이 만든 '종합 작품'이다.[3] 환태평양 '불의 꼬리'는 알류샨 열도에서 캄차카 반도를 거쳐 일본 열도를 관통하면서 내려간다. 거대한 판구조가 충돌하면서 일으키는 계기적 화산 폭발은 늘 극적인 결과를 가져왔다. 환태평양 화산 지대인 캄차카에서는 인간이 정주하기 전부터 여러 번 화산이 폭발했다. 광대한 지역에 재와 파편이 뒤덮였으며, 마치 땅을 감싸듯 반원형 불사슬 목걸이가 놓여 있다. 화산대를 구성하는 300개의 중대형 화산 중 활화산이 29개다. 유라시아에서 가장 큰 화산인 해발 4,750미터의 클류쳅스카야 소프카가 반도에 위치한다. 화산과 더불어 '지구의 기적'이라고 불리는 간헐천이 있다. 간헐천은 끓는 물을 지구 표면으로 사출하는 분수이지만 본질적으로 화산에서 파생되었다. 화산은 용암, 화산재, 심지어 돌 '폭탄'을 뿜어낸다. 캄차카의 간헐천 계곡은 크로노트스코예주 생물권보전지역에 위치하며, 유네스코 세계문화유산으로 등재되어 있다. 그래서 캄차카는 '차가운 바다, 뜨거운 땅'으로 소개되곤 한다.[4]

2 반도 동부 해안은 상당히 불규칙하며 아바친스키, 크로노트스키, 오제르노이 같은 커다란 만, 아바친스카야, 카라가, 오소라 같은 작은 만으로 이루어진다. 시푼스키, 크로노트스키, 캄차트스키, 오제르노이와 같이 암석으로 이루어진 반도가 바다 쪽으로 튀어나와 있다.

3 주강현, 『적도의 침묵』, 김영사, 2008.

4 Andrei Nechayev, *Kamchatka: Hot Land at the Cold Sea*, Petropavlovsk, 2007.

베링섬의 물개들(1920년대).

캄차카 동쪽은 베링해, 서쪽은 오호츠크해다. 베링해는 면적이 거의 같은 두 부분으로 나뉜다. 평균 깊이가 150미터를 넘지 않는 비교적 얕은 바다가 북쪽과 동쪽 대륙붕 및 섬의 모래톱을 따라 뻗어 있다. 베링해 남서부는 이보다 훨씬 깊은 바다로 수심이 3,700~4,000미터에 이른다. 베링해 바닷물은 거의 태평양에서 흘러든다. 해양생물이 풍부하여 연어, 청어, 대구, 가자미 등이 대량으로 잡힌다. 베링해의 섬들은 물개와 해달의 서식지이며, 북부 해역에는 바다코끼리, 바다표범, 바다사자 등이 살고 있다.

미국 스미스소니언 박물관에서 빙하시대에 얼어붙은 베링해를 넘어서 아시아인이 북아메리카로 넘어간 행적을 추적하는 문명사적 보고서를 발간한 바 있다.[5] 초기 인류가 아시아 동쪽의 캄차카 반도와 추코트카 반도를 향해 나아간 것

5 William W. Fitzhugh and Aron Crowell, *Crossroads of Continents: Cultures of Siberia and Alaska*, Smithsonian, 1988.

유일한 교통수단이었던 눈썰매와 개 떼(캄차카). 아마도 베링해를 건너갈 때 도보뿐 아니라 이 같은 수단도 이용했음직하다.

은 3만 년 전, 수천 킬로미터가 넘는 베링해를 건너는 통로가 만들어져 사람들을 아메리카 대륙으로 이끌었다. 고고학 연구에 따르면, 사르탄Sartan 빙하시대인 1만 5,000년 이전부터 캄차카에는 이미 사람이 살고 있었다. 고대 사냥꾼 유물이 우시콥스키에서 출토되었는데 이 사냥꾼은 캄차카와 추코트카를 건너가 북아메리카의 최초 정착민이 되었다. 베링해는 실제로 겨울에는 심한 폭풍이 불어 바다가 평균 두께 1.2~1.5미터의 빙판으로 뒤덮인다. 한여름에도 얼음이 떠다닌다. 해면 높이가 100미터 이하로 낮아졌던 빙하기(약 2만~3만 5,000년 전)에 아시아와 북아메리카를 잇는 육교 역할을 했는데, 이 거대한 '문명의 육교'를 통해 상당한 수의 동식물과 사람들이 이주했다. 빙하시대 베링 해협을 건너 아메리카 대륙으로 넘어간 고아시아족이 북아메리카와 남아메리카 원주민이 되었다. 따라서 동부 시베리아 끝단의 에벤, 축치, 코랴크 등의 제 민족은 알래스카 에스키모족과 유전인자가 완전히 동일하다. 북아메리카 대륙으로 넘어간 일부가 북서해안으로 흩어져 퍼시픽 에스키모족을 형성했고, 다른 일부는 알류샨 열도로 들어가 알류트족을 이루었다.

오호츠크해 연안에는 주로 에벤 퉁구스족(라무트)[6]이 살았다. 아시아 에스키모족은 북극 해안을 따라 콜리마강 하구의 동쪽 끝에서부터 태평양 해안을 따라 남동쪽으로 아나디르강까지 퍼져 살고 있었다. 곶처럼 툭 튀어나온 시베리아 동단은 이웃 알래스카처럼 에스키모의 고향이었다. 좁은 베링 해협은 너무도 가까워서 이들은 같은 문화를 가지고 있었다. 아시아 에스키모족은 스스로를 '사람'이라는 뜻의 유기트yugit 혹은 유피기트yupigit라고 불렀는데, 이들은 해안가에 사는 종족으로 물개, 바다코끼리, 고래 등의 바다 포유동물 사냥과 밀접한 관련이 있었다. 반지하 오두막집에서 살았는데 벽은 돌과 고래 갈비뼈 혹은 턱뼈로 만들고 흙과 눈을 덮었다. 일상생활에서 물개, 바다코끼리, 고래는 필요한 모든 것을 제공해주었다. 그들의 제의에는 자연에 관한 정령, 특히 엄한 바다 여신인 미감 아그나Migam Agna와 여신을 보조하는 범고래와 화해하는 의식이 포함되어 있다. 의식은 극적인 사냥 장면의 재현이나 제의적 춤, 죽은 고래에게 음식을 먹이는 일 등으로 이루어졌으며, 다음 해에도 사냥이 잘되기를 기원했다.[7]

바로 옆에 축치족이 살았는데, 이들은 캄차카 반도의 안쪽뿐만 아니라 해안지대 대부분을 차지하고 있었다. 축치족과 관련 있는 수많은 종족들이 태평양, 즉 베링해의 북서쪽 해안을 차지하고 있었다. 아나디르만에서 남쪽으로 캄차카 반도의 목 부분까지, 그리고 오호츠크해 북쪽 해안 부근에는 코랴크족의 조상이 살고 있었다. 캄차카 반도 대부분에는 이텔멘족이 살고 있었다.[8] 캄차카 반도의 남쪽 끝부분과 쿠릴 열도, 그리고 사할린섬에는 아이누족이 살고 있었다.

이와 같이 북방 시베리아와 북아메리카 북서부 사람들의 유사성은 오랫동

6 라무트족 혹은 에벤족은 북방 퉁구스족의 하나로 시베리아 동북부에 분포한다. 사하공화국, 마가단주, 하바롭스크 지방, 축치 자치구, 캄차카주 북부의 코랴크 자치구에 살고 있다.

7 Waldemar Bogoras, *The Eskimo of Siberia, Jesup North Pacific Expedition: Memory of the American Museum of Natural History* Vol.8(3), Leiden and New York, 1913.

8 캄차달족은 비교적 근대에 나타난 인종으로 러시아인과 이텔멘인 사이에 태어난 후세를 부르는 말이다. '캄차달'이라는 이름은 17세기에 생겨났으며 주로 낚시, 사냥, 수렵을 한다.

북태평양과 베링해의 인종 분포도. 스미스소니언 자료(1988년).

안 고고학, 인종학, 역사학, 인류학, 민속학 등 여러 학문의 남다른 주목을 받아왔다. 양 대륙에 걸친 인종의 유사성은 선사 및 역사 문화에서의 오랜 친연성의 결과다. 베링해 연안에서 불과 90킬로미터라는 거리는 두 대륙이 거래를 하는데 아무런 장애가 되지 않았기 때문이다. 종족학적으로 '에스키모-코랴크'와 '에스키모-축치'는 언어적 유사성을 보여준다.[9]

고아시아족(코랴크, 축치, 유카기르, 이텔멘, 니브흐)은 북방에 널리 퍼진 공통의 도구기술과 사용을 공유한다. 베링 해협을 넘어가는데 눈신발snow shoes이 지대한 역할을 감당했다. 아무르강 하구의 고아시아인은(니브흐족을 포함해서) 북아메리카 원주민과 매우 유사한 문화를 보여준다. 역사시대에 접어들어 더 이상 눈신발을 신지 않고 스키를 이용하게 되지만 눈신발이 인류 문명사에 남긴 족적은 그만큼 중요한 것이다. 눈신발을 신고 한 발 한 발 대륙을 넘어서 아메리카로 떠났던 고아시아족의 족적이 아메리카 원주민의 문명을 만들었기 때문이다.[10]

남북으로 갈린 캄차카 반도

캄차카 반도와 베링 해협의 종족 구성을 구체적으로 살펴볼 필요가 있다. 알류트, '여기에 사는 사람'이라는 뜻의 이텔멘, '육지 코랴크'와 '순록 사육 코랴크' 모두를 일컫는 코랴크족, 시베리아 동북의 오랜 거주자로 타고난 순록 사냥꾼이자 어부인 축치족, 에벤족, 캄차달족 등이 주로 살고 있다. 이텔멘, 코랴크, 에벤은 최다 종족을 구성하며 원주민들의 큰 마을은 예전에 코랴크 자치구를 형성했던 반도 북부에 있다. 캄차카 반도는 북부의 코랴크 주와 남부의 캄차카로 나뉜다. 대부분의 원주민은 북부에 몰려 살며, 남부는 러시아인이 더 많다. 북부 코랴

9 William W. Fitzhugh and Aron Crowell, *Crossroads of Continents: Cultures of Siberia and Alaska*, Smithsonian, 1988, 17쪽.

10 Josh Newell, *The Russian Far East*.

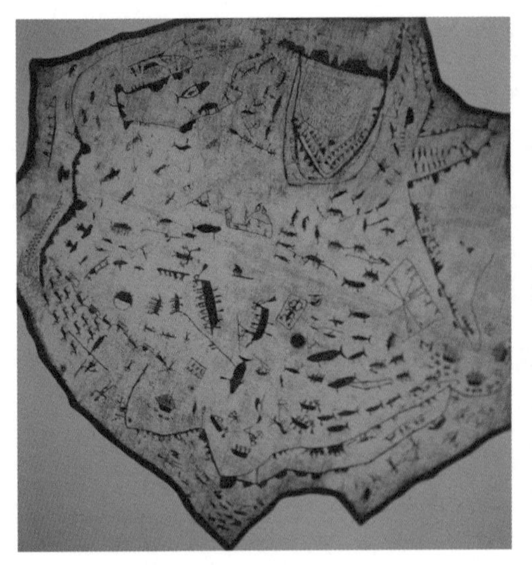

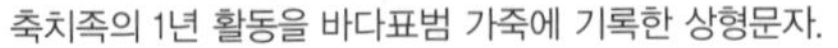

축치족의 1년 활동을 바다표범 가죽에 기록한 상형문자.

축치 사냥꾼(1881년). 아르세니에프 사진.

크 주에는 코랴크, 축치, 이텔멘과 에벤이 사는데 그들의 문화와 언어 집단, 심지어 자세히 살펴보면 종족상의 구분은 좀 더 복잡해진다. 그러나 러시아 학자들의 오랜 종족 구분법에 종속되기도 하고, 소비에트 시대부터 공식적인 종족 신분 표시를 카드화하면서 종족 등록상 현재의 종족 분류로 정형화되었다.

에벤족은 더 남쪽에서 올라왔으며, 그들은 캄차카 반도의 세 곳에서 살아간다. 에벤 언어는 알타이 언어 계통인 퉁구스-만주어 집단에 속한다. 순록을 탄다거나 특별한 제의, 옷 디자인, 장식 등의 전통에서 세 종족과 다른 모습을 보여준다. 그러나 우주관이나 사냥 기술, 사회 조직 등은 유사하다.

캄차카 북단은 순록 축치와 해양 축치족의 전통적인 본거지다. 바닷가 축치족은 스스로를 '바다'나 '바닷가 사람'을 뜻하는 앙칼리트angkalit 혹은 라마글라트ramaglat라 불렀다. 내륙 종족은 '순록이 많은 사람들'이라고 불렀다. 순록을 잡는 종족과 물개를 잡는 종족은 종종 물물교환을 했다. 그들은 집단 결혼을 하기도 했다. 형제를 제외하고 보통 육촌이나 팔촌, 그리고 같은 집단에 속하지 않는 구성원들인 남자 여러 명이 '아내의 친구'로서 서로의 아내들과 성관계를 가질 수

축치족.

있었다. 자기 집을 방문한 손님에게 아내를 같이 잠자리에 들게끔 하는 것 또한 호의를 표시하는 정상적 관습이었다. 이러한 성적 관계는 관습에 의해 조절되었으며, 평화 시나 전쟁 시에는 상호 협조 및 사회 결집의 토대가 되었다. 무절제하고 문란한 성관계를 의미하는 것은 아니었다.

코랴크는 축치와 유사한 면모를 보여준다. 정착 생활을 하는 코랴크족은 캄차카 반도 중앙의 해변과 강을 따라서 분포한다. 코랴크는 순록 사냥꾼으로 '순록을 소유한 자'라는 뜻이다. 유목 코랴크족은 순록을 사육하면서 내륙 쪽에 산다. 해양 코랴크는 개 떼를 사육하고 이끌면서 교통에 이용하고, 카약과 작살 등을 이용하여 고래를 사냥했다. 고기잡이는 해양 코랴크족에게 중요한 생계수단인데 그물과 작살을 이용했으며, 잡힌 물고기는 건조와 훈제를 거쳐서 저장·활용하였다.[11]

종족 사이의 여러 차이에도 불구하고 공동체의 정체성을 밝히는 중요한 요소는 환경에 의해 지배받는 생활방식이었다. 바닷가에 사느냐, 아니면 내륙에 사느냐에 따라 코랴크족과 축치족 두 집단으로 나뉘었다. 바닷가에 정착하여 사는 사람들은 주로 바다 포유동물을 잡아서 의식주를 해결했다. 옷가지나 생활방식은 에스키모족과 동일했다. 남부에는 원주민이 페트로파블롭스크 캄차츠키에서 북쪽으로 500킬로미터에 위치한 아나브가이와 에소 마을에 모여 산다. 그 밖에 흩어진 소사회가 북쪽에 산재하는데 비행기나 헬기, 눈썰매 등으로 접근 가능하며, 여름에는 차량 접근이 가능하다.

샤머니즘에 기반한 노래와 춤의 앙상블을 통해 전통문화를 실천하는 것은

11 Jochelson Waldemar, *The Koryak, Jesup North Pacific Expedition: Memory of the American Museum of Natural History*, Vol.6(2), Leiden, 1908.

1	2
3	
4	

❶ 코랴크족. ❷ 해양 코랴크족. ❸ 코랴크 바다 사냥꾼들. 19세기. ❹ 코랴크족의 거주지.

북방 소수민족이 자신들의 정체성을 유지하고 조상의 관습을 보전하는 데 도움이 되었으나, 이는 '위대한 근대 문명화'와 거리를 두고 사는 북방 소수민족에게도 요즘 같은 세계에서는 쉬운 일이 아니다. 이 외딴 반도는 신화적 창조물과 신비로운 일로 넘쳐난다. 코랴크족과 이텔멘족이 섬기는 캄차카의 창조신, 즉 신화적 존재로서의 국가 창시자의 이미지는 동일하다. 빅 레이븐Big Raven은 이텔멘어로 쿠트크, 코랴크어로 쿠트킨냐쿠로 코랴크와 이텔멘 신화에 등장하는 창조신이며, 신앙과 관습에 지대한 영향을 미쳤다.[12] 빅 레이븐은 베링 해협 건너에 사는 캐나다 밴쿠버 원주민들의 신이기도 해서 양 대륙의 문명적 친화성을 보여준다.

영민하고 신체 우월했던 석기시대인 이텔멘의 멸종

캄차카에서 거의 사라진 이텔멘은 좀 더 상세히 살펴볼 필요가 있다. 반도 북부에 한때 코랴크 자치구가 있었을 정도로 코랴크는 나름 생존해왔는데 이텔멘은 실제 멸종되었기 때문이다. 언어도 잃고 코사크와 혼혈 결혼한 후손들인 '현대 이텔멘'만이 남아 있을 뿐 순종은 소멸한 것으로 보아야 할 것이다.

고고학적 증거에 따르면, 남부 캄차카에는 1만 년 전에 이미 인류가 살고 있었다. 17세기 말 러시아가 캄차카 남단의 로포트카곶에 당도했을 때, 이텔멘과 아이누가 살고 있었다. 러시아 코사크가 캄차카에 입성할 당시 약 2만 5,000여 명의 이텔멘이 반도에 거주하고 있었다. 하지만 불과 100년 뒤에는 고작 3,000~4,000여 명이 흩어져 살고 있을 뿐이었다. 이텔멘의 급격한 인구 감소와 혼혈 현상은 인종학적으로 특이한 것이었다. 훨씬 전에 러시아인과 접촉하고 정복당한 시베리아 소수민족들이 19세기 중엽까지도 전통 생활을 보존하면서 존재한 것에 반하여, 이텔멘은 러시아 코사크가 처음 당도한 지 불과 40년 뒤에 베

12 레오니드 알라뱐, 「새로운 해양관광루트, 캄차카와 북방관광」, 『The OCEAN』 1호, KMI, 2014.

바닷가의 이텔멘.

불을 이용하는 이텔멘. 『Kamchatka』, 2003.

링 탐험대가 당도했을 때 이미 소멸하고 있었다.

이텔멘은 석기시대의 살아 있는 징표를 보여주기에 과정고고학Processual Archeology 연구에 적합한 종족이었다. 이텔멘 언어는 코랴크나 축치족과는 다른 계열이다. 일본과 코사크에 의해 철기가 전해졌을 뿐 쇠를 다루는 문명이 아니었다. 그럼에도 불구하고 그들은 불도 없이 오로지 돌 하나를 가지고 쇠를 다루어 뛰어난 금속공예를 창조해냈다. 베링 탐사대의 슈텔러는 이텔멘의 뛰어난 기억력, 총명함, 생생한 이미지화 능력 등에 주목하여 그들을 신뢰할 만한 인간으로 칭송했다. 이텔멘은 시베리아의 어떤 부족보다도 뛰어난 능력을 가지고 있었다. 러시아 침입자들은 그들을 매력 없는 인간, 씻지도 않는 인간, 개와 함께 같은 접시에서 밥을 먹는 지저분한 인간으로 묘사했다. 일상에서 중심이 되는 개는 존중받았으며, 사람과 같은 접시로 밥을 먹었다. 이텔멘은 문명화된 유럽인에게는 지저분한 인간으로 비쳤지만, 그들은 매우 건강하여 유럽인이 오기 전에는 전염병도 없었다. 문명으로부터 격리된 반도에 떨어져 사는 이들 '야만인'들은 오직 두 종류의 고통을 겪었을 뿐이다. 천막을 뒤덮는 연기와 자극적인 흰 눈이 초래한 눈부심이 그것이다.

캄차카의 원주민들(아르세니에프 사진).

이텔멘은 17세기에 러시아에게 정복당한 후 매년 야삭yasak을 바쳐야 했다. 잔혹한 식민 통치가 이어지자 원주민들은 봉기를 일으켰으나 강압적으로 진압되었다. 그들은 차, 설탕, 기타 공업제품 등의 공장에서 노예처럼 강제노동에 시달렸다. 할당량이 정해진 모피 야삭 제도는 야생동물이 멸종될 정도로 고강도로 부과되었다. 러시아 모피 상인의 역할이 19세기에 이르러 고갈되어갈 때, 미국 포경선이 커다란 배를 이끌고 들어왔다. 그들은 캄차카 반도의 원주민들의 세계관과 생활에 많은 영향을 끼쳤다.

대부분의 이텔멘은 70~80세까지 살았고, 60세까지 검은 머리를 유지했다. 60세까지 숨차지 않고 뛸 수 있는 우월한 체력을 지녔다. 건강은 다이어트의 결과였다. 가볍고 간단한 식사, 생선과 채소 위주의 식사, 화식을 하지 않고 구운 고기를 먹지 않는 식사, 끓이지 않은 차가운 물을 마음껏 마시는 식생활을 유지했다. 건강했던 그들은 훗날 이방인이 가지고 온 천연두, 열병 등에 의해 맥없이 스러졌다. 스페인과 포르투갈이 가져온 질병이 남아메리카를 휩쓸었듯이 이텔멘은 질병의 공격으로 소멸하였다.

이텔멘은 충분한 식사를 할 수 없었다. 가을 고기잡이철에는 마음껏 배불리

먹을 수 있었으나 겨울로 접어들면 저장한 고기들이 봄이 되기 전에 떨어졌다. 그들은 배고픔을 잘 견디었으며 가을의 체력 보강으로 겨울을 났다. 동물이 겨울잠을 자듯이 가을의 보충으로 겨울을 견디었다. 인구 밀도가 높아지면 생존이 힘들어짐을 알고 있기에 고통을 일종의 숙명으로 받아들였다. 연어고기와 말린 연어 캐비어가 그들의 주식이었다. 사라나 관목의 열매도 훌륭한 먹을거리였다. 북방 시베리아 민족 중에서 오직 이텔멘만이 채소나 야생의 백합뿌리 등을 고기나 생선과 함께 먹는 문화를 가지고 있었다.

이텔멘은 연어 떼가 올라오는 강변에서 사냥이나 어로, 식물 채집 등을 하며 살아왔다. 주거지는 대부분 고기잡이에 유리한 강변에 위치했다. 여름 주거지는 발라간balagan이라 하여 4~5미터 높이의 장대를 세우고 그 위에 집을 얹는 방식이었다. 바람이 통과하는 아래 공간은 생선을 말리는 장소로 활용했다. 바람이 심하게 불면 집도 심하게 흔들렸다. 겨울 집은 반지하 움막이어서 1미터 정도 파고 들어가 절반이 묻히고 지붕에도 나뭇가지와 흙으로 뒤덮어서 둥근 언덕처럼 보였다. 지붕 중간에는 창을 대신하는 구멍이 있어 이곳으로 드나들었고 연기가 빠져나갔다. 아래쪽에 난 낮은 문은 부인과 어린이가 드나들었다. 남자들은 낮은 문으로 다니는 것을 수치스럽게 생각했는데, 이는 침입자 코사크가 낮은 문을 이용했기 때문이다. '코사크 같은 놈'이란 소리를 들었던 것이다. 코사크에게 수모를 당하는 입장에서 코사크가 자신들의 문화를 모르고 하는 행동은 그들의 입장에서는 반문명적인 것으로 간주되었다. 문명을 바라보는 관점 자체가 달랐던 것이다.

이텔멘은 물개 가죽과 순록 가죽으로 옷을 만들어 입었다. 심지어 새의 가죽, 개의 가죽으로도 옷을 만들었다. 옷은 노란색으로 염색했다. 바늘은 담비의 뼈로 만들었다. 이들에게는 친구를 사귀는 일이 매우 중요했다. 친구와의 만남은 특별 의식을 통해 이루어졌다. 친구가 되고자 하는 사람을 초청하여, 손님이 오기 전에 유르트를 따스하게 데우고 음식을 준비했다. 그들의 행복에 친구는 절대적으로 중요한 존재였다. 이텔멘은 기본적으로 모권제 사회였고, 일부일처제는 지켜지지 않았다. 남자는 마음에 드는 여자가 있으면 집으로 찾아가서 그녀의 가족을 모시고 4년여를 같은 집에서 살았다. 4년이 지난 뒤에 여자의 부모가 결혼을 허락하면 여자를 데리고 나왔다. 그러나 여자 쪽 부모가 허락하지 않으면 모든 것을 포기하고 빈손으로 돌아와야 했다. 그만큼 모권이 강했다.

일부일처제는 지켜질 필요가 없는 사회였다. 사할린 원주민들의 다혼제에 관한 보고서가 엥겔스의 주목을 끌었듯이 이텔멘 역시 아내를 공유하는 것은 보편적인 문화였다. 남편이 다른 여자에게 관심이 있으면 부인에게 허락을 얻어 같은 집에서 두 부인을 데리고 함께 살았으며, 부인이 거부하면 옆에 집을 지어 새 부인과 동거했다. 남편은 새 여자의 집을 방문하여 성관계를 유지했다. 이 같은 이텔멘의 다중적인 부부관계는 러시아인들이 보기에 도저히 이해할 수 없는 풍습이었다.

출산은 언제나 야외에서 이루어지며, 아무리 추운 겨울이라도 반드시 밖에서 아이를 낳았다. 연어는 산모에게 아주 각별한 음식이어서 아이를 낳으면 연어 수프를 먹였다. 육아는 매우 인간적이어서 아이에게 욕하거나 때리는 일은 있을 수 없었다. 그런데 이상할 정도로 아이들은 부모에게 냉정한 태도를 취했다. 부모가 연로하여 힘이 없을 때, 자녀들은 자연의 순리를 그대로 받아들일 뿐, 냉정하다고 할까 지극히 객관적인 태도를 취했다.

그들의 문화에서 곰 제의는 매우 중요한 것이어서 곰 사냥의 전 과정이 제의처럼 행해지고, 사후 처리도 제의에 포함되었다. 하늘과 땅의 친손자 쿠트쿠를 경배했으며, 이는 전적으로 샤머니즘의 전통 위에 놓였다. 이텔멘은 죽어갈 때 개에게 먹히는 것을 영광으로 여겼다. 그들의 일상에서 가장 소중한 동물인 개에게 먹히면 편안하게 지하세계로 들어가는 것으로 믿었다. 그들은 죽음을 두려워하지 않았다. 코사크에 의해 노예의 삶을 강요받았을 때, 많은 사람들이 자살을 택했다. 죽으면 더 이상 코사크가 없는 지하세계로 갈 수 있다고 믿었기 때문이다. 이텔멘의 문화는 러시아인들이 들어오면서 산산이 흩어졌으며, 인종 자체가 박멸되고 남은 소수의 생존자마저 혼혈되어 순종 이텔멘은 지구상에서 소멸했다. 이렇듯 오호츠크와 베링해에서는 건너편 홋카이도의 아이누나 알래스카의 에스키모족, 알류트족과 같이 종족 소멸의 길을 걸었다.

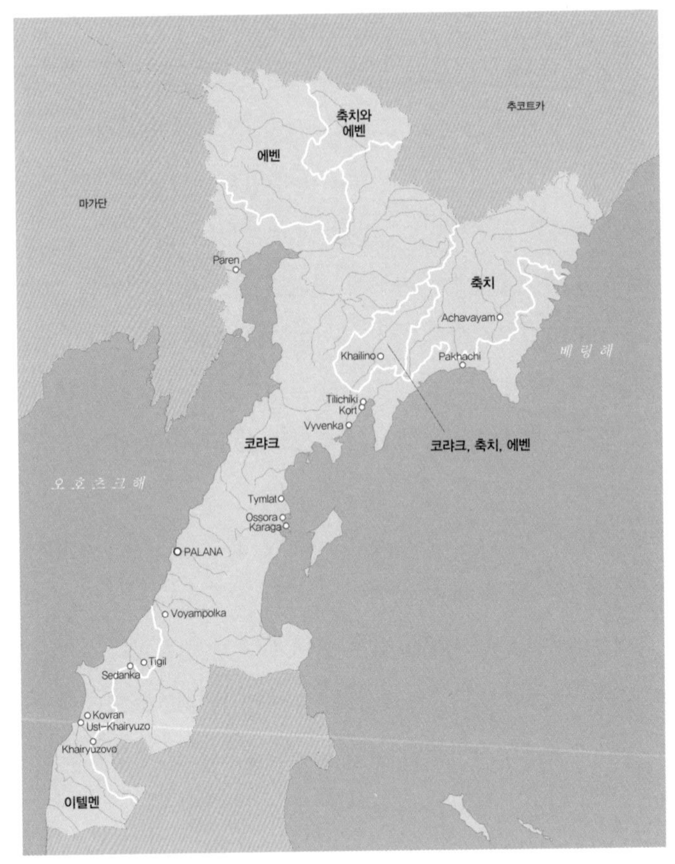

캄차카 반도 북부 코랴크 자치구의 원주민 분포.

러시아에 정복되기 전에 동북부 시베리아의 전체 인구는 유카기르족, 축치족, 코랴크족, 이텔멘족, 에스키모족, 아이누족 모두를 합해서 4만 명 정도였을 것이다(시베리아 전체 원주민 수는 22만 명). 75제곱킬로미터당 한 명 정도로 인구가 희박했기 때문에 주어진 기후와 가혹한 기후 조건에서 자연은 원주민에게 제공될 수 있었던 최대한의 의지처였다.[13] 러시아의 지배가 지속되면서 인구는 오히려 계속 줄어들었다. 캄차카에서는 많은 여성들이 코사크 용병에게 강간을 당

13 제임스 포사이스, 『시베리아 원주민의 역사』, 79쪽.

했다.

남아 있던 이텔멘도 러시아인과의 혼혈로 사라졌으며, 그 혼혈들은 캄차달로 불린다. 캄차달은 원래 이텔멘족을 뜻하는 이름이었는데 반쪽 러시아인이나 캄차카에 정착한 러시아 토착민을 뜻하게 되었다. 그들은 러시아인에게 배운 정원 가꾸기, 동물 사육 등 새로운 경제활동에 종사한다. 새로운 형태의 그물과 총, 강철 덫이 그들의 손에 쥐어졌을 때 이텔멘은 명목상으로만 잔존할 뿐, 거의 사라졌다.

외국인들이 가져온 전염병과 사회적 압력에 의해 오늘날 이텔멘족의 수는 약 1,200명에 불과하다. 특히 1940년대부터 시작하여 1984년까지 이텔멘족 일부가 코랴크 마을 쪽으로 강제 이주를 당하는 소위 사회주의 협동화 과정으로 최후를 장식하고야 만다. 20여 년 이상을 협동농장에서 강제노동을 했던 코랴크와 축치, 이텔멘 등은 1990년대 이후 새로운 생존의 길을 모색했다. 연어를 잡아서 캐비어를 돈으로 바꾼다거나 개를 훈련시키는 직종 등에 종사한다. 휘발유를 사용하는 비싼 스노카를 포기하고 그들은 여전히 개썰매를 선호한다.

원주민의 세계관은 기본적으로 자연과 인간의 관계를 신성한 것으로 간주한다. 숲과 바다에 대한 관념은 유럽인들이 갖지 못한 장기적인 미래와 연관된다. 그러나 오늘의 원주민들은 실생활에서는 '자연과의 조화'에 자리매김하지 못한다. 고기잡이, 화전 등의 제 문제에서 생존을 뛰어넘는 인식이 부족하고, 지역의 자원과 쓰레기로 인한 환경 오염에도 익숙해진 상태다.

극동 경영의 중심, 페트로파블롭스크 캄차츠키

아바차만에는 개척 시대나 지금이나 유수의 항구 페트로파블롭스크 캄차츠키가 자리 잡고 있다. 아바차만은 남북 길이 13킬로미터, 동서 길이 17킬로미터의 천혜의 만으로 두 개의 큰 강 아바차강과 프라툰카강, 그리고 45개의 작은 천이 흘러든다. 만의 중앙은 모래와 진흙 바닥으로 수심 20미터이며 주변에 화산들이

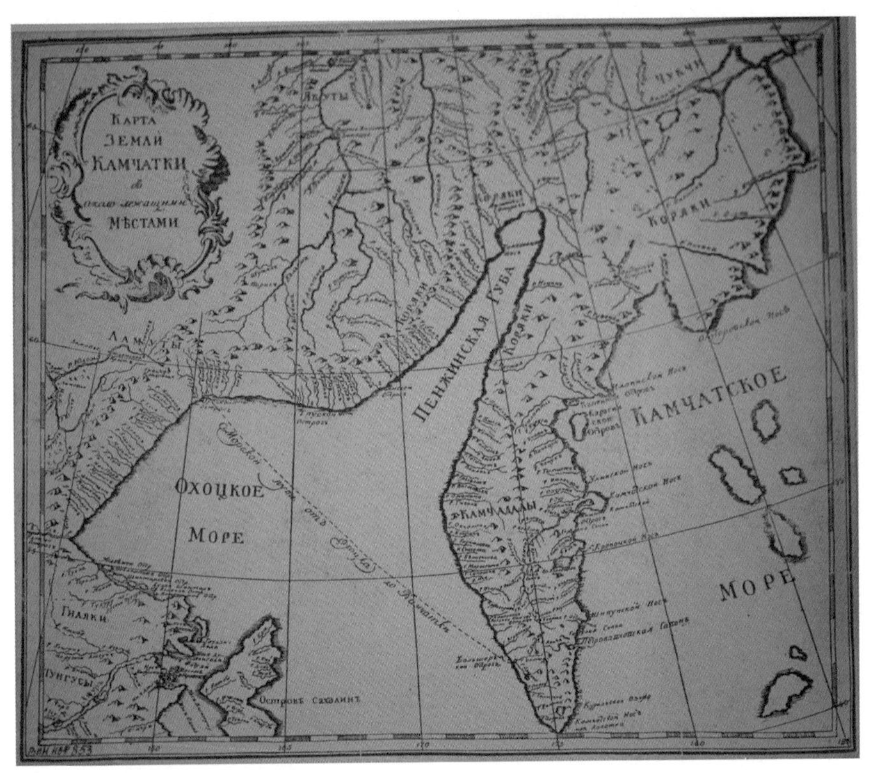

17세기의 캄차카 지도. 『Kamchatka』, 2003.

줄지어 서 있다. 북서쪽 해안은 낮은 습지로 북방 새들의 천국이다. 세계에서도 손색이 없는 항구 입지와 크기, 방어 전략에 유리한 점, 자연과 생태가 숨 쉬는 항구라는 점에서 각별하다. 만의 남동 해안으로 북태평양 연어가 쉬임 없이 올라오며, 높은 생물학적 생산성과 다양성이 확보된 항구다.

17세기 중반까지 시베리아 정복의 세 번째 단계가 두 방향으로 전개되고 있었다. 야쿠츠크에서 동쪽으로 720킬로미터를 더 가서 오호츠크로 알려진 태평양 연안에 당도했으며, 1638년에 오호츠크 요새가 세워졌다. 오호츠크 요새는 향후 200년 동안 태평양 연안에서 러시아의 중요한 기지가 되었다. 러시아 북태평양 극동 경영의 최종 거점은 캄차카였다. 러시아가 동방 경영의 날개를 펴서 시베리아를 석권하자마자 끝내 북태평양 베링 해협으로 진출하여 코랴크, 축치족 등이 살던 땅으로 침입한 것이었다. 17세기 중반에 캄차카는 유럽에서 가장 먼 곳인데도 불구하고 베링이 탐험하기 훨씬 전에 러시아의 탐험가 및 모험가들이 해협에 당도하고 있었다.

1648년 데즈네프Semjon Jwanowitsch Dezhnev(1605~1673) 탐험대는 콜리마강에서 바다에 접어드는 데 성공하여 동쪽으로 방향을 잡았다. 일곱 척의 배로 이루어진 탐험대는 아시아 대륙의 최첨단이며 오늘날 데즈네프곶이라 불리는 곳을 배를 타고 들어갔다. 탐험선단은 도중에 폭풍을 만나 난파했으나 남쪽으로 떠내려가서 아나디르강 입구를 스치면서 육지에 던져졌다. 이들이 베링해 해안에 표착한 것은 북극해에서 태평양으로 나아가서 베링보다 80년, 쿡 선장보다 100년 앞서 베링 해협을 발견했음을 의미한다.[14]

데즈네프의 경쟁자이자 유명한 콜리마 탐험가였던 스타두킨Mikhail Stadukhin은 1651년에 펜지나강을 내려와 오호츠크해에 이르렀고, 거기서 동쪽으로 가서 그때까지 사람이 당도하거나 알지 못했던 캄차카 해안을 발견했다. 그 뒤 10여 년 동안 여러 러시아 코사크들이 그 모르는 땅의 내륙으로 들어갔다. 루베츠Ivan Rubetz, 라프테프Fiodor Laptev, 페도토프Leontiy Fedotov 같은 코사크들이었다. 캄차카강에서 따온 캄차카라는 명칭을 부여한 사람은 루베츠였는데, 불행하게도 이들에 관한 기록은 거의 남아 있지 않다.

캄차카의 지리적 발견을 가장 정확하게 성취한 인물은 1697년에 캄차카에 당도한 블라디미르 아틀라소프Vladimir Atlasov였다. 그는 1695년에 아나디르곶에 당도했으며, 1697년에 코사크 병사들을 지휘하여 아나디르곶 남쪽으로 수천 킬로미터를 횡단하는 극한의 고난 끝에 마침내 캄차카에 당도했다. 아틀라소프는 캄차카 강둑에 나무 십자가를 세워 이 땅이 마침내 차르의 영토가 되었음을 선언했다. 그의 노정은 언제나 위험에 노출되어 있었으나 용케 죽지 않고 원주민을 제압해나갔다. 원주민에게 야삭으로 담비, 여우, 늑대 등의 모피를 요구하여 거부하는 사람은 죽였으며 주거지를 불태웠다. 아틀라소프는 잔인한 인간이었

14 이철, 『시베리아 개발사』, 민음사, 1990, 47쪽.

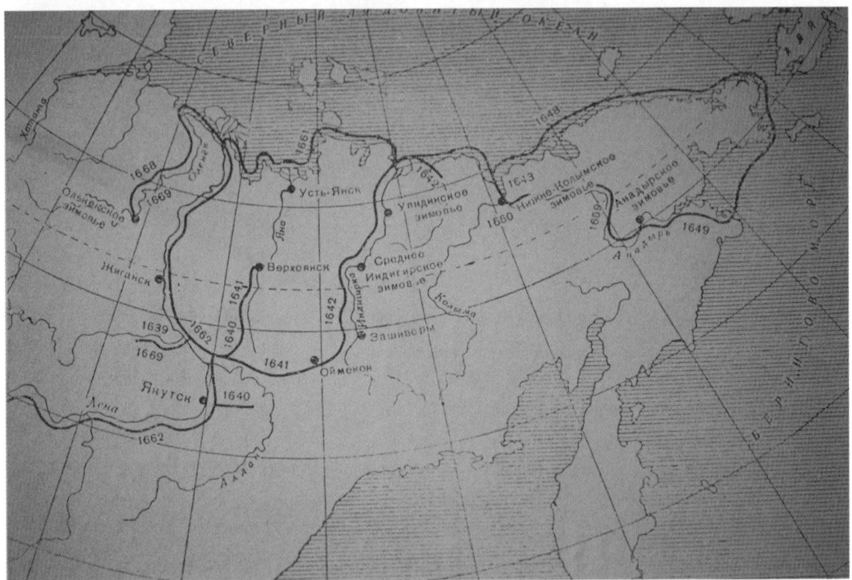

❶ 유라시아와 북아메리카 사이의 해협을 처음으로 발견한 탐험가 데즈네프. ❷ 데즈네프의 탐험 보고. ❸ 북극해 권역을 탐험한 데즈네프의 행로. 페트로파블롭스크 캄차츠키 자연사박물관(2014년 촬영).

다. 워낙 많은 이텔멘, 게다가 러시아인조차 그의 손에 죽임을 당했다. 아틀라소프는 캄차카의 '군주'가 되었다. 그는 원주민들을 궁녀로 만들었다. 그는 러시아 사람으로서는 처음으로 쿠릴 열도에 대한 이야기를 들었다.

아틀라소프는 1711년 자신의 코사크 부하에게 살해당했다. 그렇지만 그는 냉정한 마음과 천부적인 관찰력으로 캄차카 반도의 자연적 가치와 원주민의 가치를 주목했다. 아틀라소프가 캄차카에 나타났을 때, 원주민들은 자기들 중에 러시아 사람이 한 명 살고 있다고 말해주었다. 알아본 결과, 그는 일본 사람으로 판명되었다. 그는 오사카에서 온 덴벵이었다. 아틀라소프의 정보를 전해들은 과학자와 정치가들이 캄차카에 관심을 가졌으며, 특히 장사꾼과 사냥꾼들이 주목했다. 당시 기준으로 볼 때 캄차카는 모험가에게 남아 있는 마지막 '모피동물 학살 터'였다.[15]

기지 건설에 대한 퉁구스인의 저항은 매우 거셌다. 때로는 활로 무장한 1,000여 명의 원주민이 요새를 포위하기도 했다. 러시아는 끝내 퉁구스족을 제압했다. 17세기 말에 이르면 코랴크족이 러시아인들의 집중 공격을 받았으나 그래도 굴복하지 않았다. 축치족과 코랴크족의 소규모 전쟁은 외부 세계의 관심을 전혀 끌지 못했지만, 아시아의 먼 구석에 떨어져 있는 원주민에게는 절대적인 일이었다. 코랴크족, 축치족, 에스키모족은 외부 침략자로부터 자신들의 자유, 영토, 생활방식 등을 지키기 위해 필사적으로 투쟁했다. 이들은 자기들 땅에 들어온 백인 세력에게 저항했던 북아메리카 원주민과 비교될 수 있을 것이다.[16]

침입자들이 바닷길로 갔건 육지로 들어갔건 간에 캄차카는 오랜 세월 동안 옛날 그대로였다. 행정관리, 부대장, 코사크 우두머리 어느 누구 할 것 없이 줄기차게 모피를 거두어들였을 뿐이다. 이들은 그 대가로 원주민에게 죽임을 당했으며, 원주민들은 후임으로 오는 사람들에게 죽임을 당했다. 이런 상황이 반복되면서 누구의 목숨이 더 오래 붙어 있느냐는 오히려 부대장들이나 코사크 우두머

15 Andrei Nechayev, *Kamchatka: Hot land at the Cold sea*, Petropavlovsk, 2007, 8쪽.
16 제임스 포사이스, 『시베리아 원주민의 역사』, 156쪽.

리들 쪽이 더 유리했다.[17] 반란은 제압되었지만 원주민의 생활은 비참하기 이를 데 없었다. 야삭으로 모피를 징발당했을 뿐 아니라 강제부역으로 노동력을 착취당했고, 풍부한 자연자원이 있음에도 불구하고 생활은 가난에 찌들어갔다. 국고 수입을 도모하기 위해 파견된 징세관들은 자신의 지위를 남용하여, 값비싼 모피를 부당하게 수집하여 배를 채웠다. 이로 인해 징수관들 사이에서도 세력 투쟁이 벌어졌으며, 원주민의 반감은 더욱 높아져갔다. 17세기 말 캄차카 원정 탐험이 시작된 이후 시베리아 동북부 변경의 캄차카에서는 새로운 이주자의 대부분인 코사크인들과 원주민 사이에 끊임없는 싸움이 반복되었다.[18]

러시아 코사크들의 캄차카 탐험은 원주민들에게는 비극이었다. 코사크들은 차르에게 보낼 물건, 동시에 개인적 착복을 위해 원주민의 고혈을 쥐어짰다. 이텔멘들이 고기를 잡아 생계를 도모해야 할 시간을 빼앗아 사냥에 몰두하도록 내몰았다. 겨울이 오자 원주민들은 저장해둔 식량이 없어 굶어 죽어갔다. 실질적으로 이텔멘들은 노예가 되어갔다. 코사크들은 '노예'를 차지하기 위해 서로 싸움질을 벌였으며, 수많은 이텔멘들이 자살로 생을 마감했다. 이텔멘들은 비극적인 삶을 살기보다는 사후에 행복한 삶을 보장받는 길로 자신의 운명을 선택했다. 원주민들은 자신들이 고안한 독화살과 창으로 많은 코사크들을 죽였으며 나무에 매달아 불태우기도 했다. 코사크들은 이에 대한 보복으로 부인과 아이들을 죽였으며 집을 불태워 생존을 박탈했다. 1731년 캄차카에서 마지막 반란이 일어났다. 차르 정부는 착취를 일삼던 캄차카의 관료들을 내쫓았으며, 모처럼 평화가 찾아들었다. 그러나 시련은 그치지 않았다. 1767년 오호츠크에서 건너온 천연두가 휩쓸어 저항력 없는 많은 원주민들이 죽었으며, 1799년에는 발열로 인구의 40퍼센트가 감소했다.[19]

18세기 중엽에 무한 착취의 대가로 캄차카에서는 반란이 자주 일어났으나

17 Juri Semjionow, 『시베리아 정복사』, 240쪽.
18 이철, 『시베리아 개발사』, 66쪽.
19 Andrei Nechayev, *Kamchatka: Hot Land at the Cold Sea*, 14~15쪽.

페트로파블롭스크 캄차츠키.
1798년.

20세기 초반의 페트로파블롭스크
캄차츠키(아르세니에프 사진).

이 반도는 문명 세계와 동떨어져 있었기 때문에 유럽인들은 아무것도 모르고 있었다. 1688년 러시아는 압도적인 무기를 앞세워 원주민들의 캄차카 반도 동쪽 해안의 페트로파블롭스크 캄차츠키에 근거지를 마련했다. 페트로파블롭스크 캄차츠키는 반도 허리보다 아래쪽에 위치하여 남쪽 쿠릴 열도를 거느리고 있다. 그러나 러시아인들은 이때까지도 쿠릴 열도가 있는 것을 몰랐다. 그런데 일본 상선이 난파하여 캄차카에 표류하면서 처음으로 캄차카 로바토곶 남쪽에 쿠릴 열도가 있다는 것을 알았으며, 이때부터 러시아는 그 방면에 크게 주목하기 시작했다.

캄차카 반도는 마치 섬처럼 러시아의 나머지 지역으로부터 고립되어 있었으므로 변방 극동의 중심지인 블라디보스토크와는 바다를 통해서만 간헐적으로 접촉했다. 1년에 두 차례 배가 오갔다. 결과적으로 러시아인의 이주는 북극권 초입에 있는 페트로파블롭스크 캄차츠키, 오호츠크 등 항구 도시가 위치한 해안가를 벗어나지 못했다. 내륙으로는 길도 없었고 거의 미개척지로 남았다.[20]

20 제임스 포사이스, 『시베리아 원주민의 역사』, 265쪽.

웨스턴유니온 전신회사Western Union Telegraph Company가 1865년부터 1867년까지 알래스카, 베링 해협, 시베리아를 거쳐 대륙을 횡단하여 유럽에 이르는 전선케이블을 설치하려 한 계획은 경쟁사 애틀랜틱 전신회사Atlantic Cable가 화려한 성공을 거두자 대중들에게서 잊혀갔다. 웨스턴유니온 전신회사의 사업에 참여한 사람들은 2년여에 걸쳐서 밴쿠버섬에서부터 베링 해협까지, 또 베링에서 북부 시베리아를 거쳐서 중국 국경까지 거의 1만 킬로미터에 달한 야생 지대를 탐험했다. 이 여정은 완전히 묻힐 뻔했으나 1870년 조지 케넌의 북방 인류학 보고서이

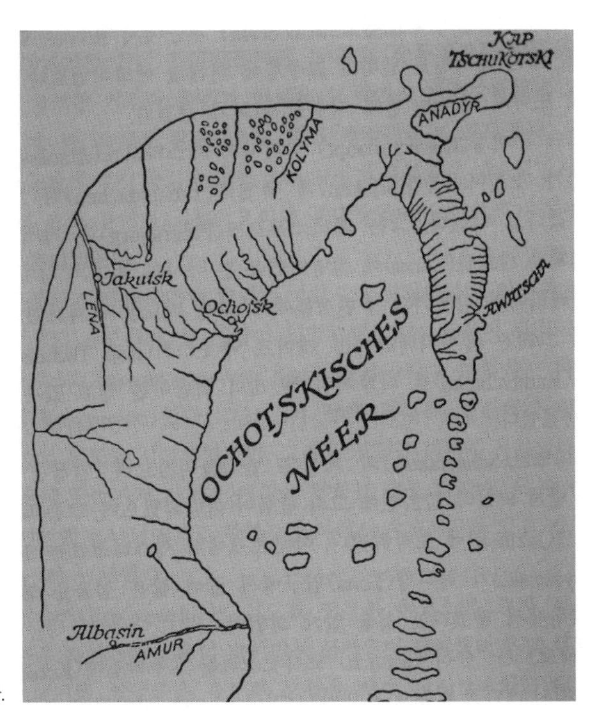

셰스타코프Schestakov가 그린 캄차카.

자 탐험 문학의 고전인 『시베리아 탐험기』*Tent Life in Siberia*에 의해 되살아났다.

미국에서 베링 해협을 거쳐 유럽까지 전신선을 구축하겠다는 발상은 많은 기술자들이 오랫동안 마음속에 품어오던 이상이었다. 1857년 북아시아 대륙을 횡단한 페리 콜린스Perry McDonald Collins가 처음 제안했다. 웨스턴유니온 전신회사의 구상은 미국과 러시아 전신 체계를 하나로 연결하는 방안으로 브리티시컬럼비아, 러시아령 미국 알래스카, 북동부 시베리아를 통과하는 전신선이 대륙 해안가의 아무르강 하구에 있는 러시아 전신선과 연결됨으로써 거의 지구 한 바퀴를 도는 하나의 띠를 형성한다는 원대한 프로젝트였다. 웨스턴유니온 전신회사는 러시아 전신선을 경유하여 아무르강 하구까지 연장하는 계약을 러시아 정부와 체결했다. 이에 따라 조지 케넌은 시베리아 극동을 누비게 되었다.

케넌이 방문했을 때 페트로파블롭스크 캄차츠키는 캄차카 반도에서 가장 중요한 정착지의 하나가 되었다. 인구는 원주민, 러시아 농민, 그리고 무역 때문에 이곳까지 이끌려온 소수의 독일인 및 미국인 상인을 포함하여 약 200~300명이었다.

> 이곳은 엄밀하게 말하면 캄차달족 원주민의 대표적 도시는 아니다. 외국인과의 교통으로 상당한 정도로 문명의 영향력을 느낄 수 있는 곳이며, 또한 생활 양식과 사고에서 현대적 산업과 계몽의 흔적을 일부분 보여주고 있는 곳이기 때문이다. 18세기 초부터 정착지로 존재해왔으므로 그 나름의 문화를 갖고 있다. 캄차카는 5,000여 명의 인구가 3계급으로 구성되어 있다. 러시아인, 캄차달인, 혹은 정착 원주민, 그리고 유목 코랴크족이다. 처음에는 러시아인이 원래 원주민인 이텔멘족을 캄차달이라 부르다가 나중에 이텔멘족이 학살당하여 줄어들면서 반쪽의 러시아인까지 모두 캄차달이라 부르게 되었다.

연어에 생계를 의지하는데, 매년 여름에 알을 낳으러 강으로 올라오면 작살, 그물, 덫 등으로 수천 마리씩 잡았다. 소금 간을 하지 않은 상태로 야외에서 말려 춥고 긴 북방의 겨울 동안 캄차달 사람들과 개들의 식량이 되었다. 여름이 되면 이들 식단은 더 다양해지는데, 캄차카 남부의 토양과 기후에서는 호밀, 감자, 순무를 재배하고 반도 전체에 걸쳐 동물이 풍성해진다. 이끼 많은 평원과 풀 많은 계곡에는 순록과 검은색 곰과 갈색 곰이 돌아다니고, 산에는 야생 염소와 양들이 빈번하게 눈에 띄고, 강과 늪지에는 오리, 거위, 백조 등이 떼를 지어 몰려들었다.

연어가 주식이기 때문에 캄차카 북부의 정착 원주민은 계절에 따라 다른 주거지를 갖고 있었다. 겨울 주거지는 짐니아zimnia, 여름 주거지는 레토바letova라 불렀다. 짐니아는 보통 해안가에서 수 킬로미터 떨어진 곳에 있으며, 9월부터 이듬해 6월까지 보냈다. 6월이 되면 주민들은 물고기를 잡기 위해 레토바로 이동했다. 개와 까마귀조차 풍요로운 강으로 이동했다. 강 상류로 올라온 연어는 겉 모습이 크게 변하여 맛이 없다. 이런 이유로 캄차카 사람들은 강어귀에서 물고기를 잡았다.

> 먼 거리에도 불구하고 어마어마한 떼의 연어가 시베리아 강으로 거슬러 올라가는 모습은 놀라운 광경이다. 바닷가에서 약 100킬로미터 정도 떨어진 캄차카 내륙이 작은 강마다 죽어가는, 이미 죽은, 죽어서 썩어가는 수천 마리의 연어로 가득 차서 그 강물은 다른 용도로 쓸 수 없을 정도다. 이들 연어는 바다에서 강으로 올라오다가 원주민이 쳐놓은 덫에 잡힌다. 여인네들은 날렵한 솜씨로 연어의 배를 가르고 뼈를 발라내고 깨끗이 한 다음에 긴 수평 건조대에 널어 말린다. 연어는 목적지에 이르기 전에 강 밖으로 끌어올려진다. 그런 다음 큰 칼에 배를 찢기고, 등뼈는 제거되고, 머리는 잘리고, 내장은 도려지고, 절단된 몸은 장대 위에 걸려 7월의 뜨거운 태양 아래 말라가게 된다. 이런 단계를 거친 연어는 더 이상 물고기가 아니므로 유칼라Yookala라는 새로운 이름을 부여받는다.[21]

북동부 시베리아에 사는 사람들의 생계는 산란을 위해 강을 거슬러 올라오

21 조지 케넌, 정재겸 옮김, 『시베리아 탐험기』, 우리역사연구재단, 2011.

는 연어에 달려 있다. 이 풍부한 물고기가 없다면 순록 유목민 코랴크족을 제외하고 전 지역이 사람이 살 수 없는 곳이 될 것이라고 케넌은 말했다. 고기잡이철이 끝나자마자 원주민들은 말린 유칼라를 물고기 건조 곳간인 볼로간bologan에 저장해놓고 겨울 집으로 돌아가서 담비 사냥을 준비했다.[22]

이 같은 순환형, 계절형 연어잡이는 북아메리카 극지의 원주민에게서도 동일하게 나타나는 것으로 보아 베링해를 사이에 두고 양 대륙 극지의 문화적 친연성이 확인된다. 북아메리카 북극해 대서양 연안의 북극 사냥꾼 넷실릭 에스키모도 연어잡이로 살아간다.[23] 넷실릭은 얼음집 이글루에 사는 물개와 순록 사냥꾼 에스키모 집단이다. 이른바 물개잡이꾼으로 불리는 그들은 여름철만 되면 연어를 잡으러 먼 길을 떠나서 돌살을 설치하고 물고기를 잡았다. 여름철 연어는 넷실릭들에게 절대적이다. 연어는 7월이 되면 떼를 지어 바닷가로 나간다. 해마다 연중행사로 벌어지는 대이동을 위해 넷실릭들은 오래전부터 돌살을 세워왔으며, 이는 일종의 댐과 같다. 이들 돌살을 이용하여 연어를 작살로 찍어 잡았다.[24]

러시아인 또는 정착하여 토착민이 된 러시아인도 캄차달이라 불렀다. 가장 많은 수의 계급을 형성하고 있는 캄차달인은 산맥의 중부 능선에서 발원하여 오호츠크해와 태평양으로 흘러드는, 반도에 산재한 작은 강들의 하구 근처에서 작은 통나무집을 짓고 마을을 이루어 살았다. 생업은 어업, 모피 사냥, 그리고 호밀·순무·양배추·감자 등을 경작하는데 감자는 북위 58도에서도 잘 자란다. 가장 큰 정착촌은 페트로파블롭스크 캄차츠키와 클루치 사이에 있는 캄차카강의 비옥한 계곡 안에 있다. 비교적 수가 적은 러시아인은 캄차달인 마을들 사이에 여기저기 흩어져 살면서, 캄차달인 또는 북쪽 유목민과의 모피 무역에 종사했다. 유목 코랴크족은 반도에서 가장 사납고, 강하고, 독립적인 원주민으로 무역 거래를 할 때 외에는 북위 58도선 이남으로 거의 내려오지 않는다. 이들이 선

22 조지 케넌, 『시베리아 탐험기』, 191~193쪽.

23 Asen Balikci, *The Netsilik Eskimo*, New York: The Natural History Press, 1970.

24 주강현, 『돌살』, 들녘, 2006, 63~85쪽.

택한 주거지는 펜진스카야만 동쪽에 있는 거대하고 황량한 초원 지대인데, 여기에서 이들은 작은 무리를 이루어 이곳저곳으로 이동하며, 커다란 모피 텐트 안에서 살면서 길들인 수많은 순록 떼로 생계를 유지한다.[25]

오늘날 캄차카는 연어와 순록, 곰, 간헐천과 활화산 등의 비경을 연출하여 수많은 관광객을 끌어들이고 있다. 『The OCEAN』(KMI)을 편집하면서 2014년 여름에 캄차카에서 만난 교통관광청 직원 레오니드 알라뱐Leonid Alabyan의 원고를 받았다. 그녀는 캄차카를 '존재 자체만으로도 특별한 곳'으로 자평했다.

> 캄차카에 가려 한다고 말하면 반드시 해답을 얻을 수 없는 질문을 포함하여 수백 가지 질문을 받을 것이다. 심지어 유럽계 러시아인도 라디오에서 알려주는 '모스크바가 오후 4시일 때 페트로파블롭스크 캄차츠키는 오전 12시'라는 것 이외에는 잘 모른다. 캄차카는 러시아의 반대편 끝, 지도의 가장 끄트머리에 위치해 있기 때문에 긴 비행을 해야만 도착할 수 있는 곳이다. 캄차카의 일반적인 특징을 떠올리는 사람도 있을 것이다. 화산, 간헐천, 바다, 게, 캐비어 등…… 그게 전부일까? 제대로 된 설명 없이는 캄차카에 대해 아는 사람이 얼마 없을 것이다. 그러나 이 광활하고 놀라운 지형과 문화를 가진 캄차카는 '존재 자체만으로도 특별한 곳'이다.[26]

25 조지 케넌, 『시베리아 탐험기』, 96~98쪽.

26 레오니드 알라뱐, 「캄차카와 북방관광」, 『The OCEAN』, KMI, 2015.

비투스 베링이 남긴 것들

앞에서 17세기 중반에 캄차카 및 베링해를 탐험한 사람들을 열거했다면, 본격적인 대항해 탐험은 좀 더 시기를 기다려야 했다. 100여 년이 지난 1732년, 선장 이반 피오도로브Jwan Fjodorow는 베링 해협을 지나서 디오메데스 군도까지 항해하여 상륙했다. 그는 주민들에게 조공을 바칠 것을 제안했으나 거절당하자 전혀 알지 못하는 '거대한 땅'을 향해 계속 항해했다. '프린스 오브 웨일스곶'Prince-of-Wales-Kap으로 추측되는 이 '거대한 땅'의 해안에서 4킬로미터 떨어진 곳에 닻을 내리고는 그들을 향해 노를 저어오는 에스키모들과 이야기를 나눈 결과, 이 거대한 땅에 밀림과 강이 많고 짐승이 많이 살고 있다는 것을 알았다. 이로써 이반은 서쪽에서부터 알래스카 해안에 도착한 첫 번째 뱃사람이었으며, 또한 베링 해협의 양쪽 언덕을 본 첫 번째 사람이었으니, 그가 진정한 베링 해협의 발견자였다. 그러나 괴혈병으로 생을 마감했으므로 행운아는 아니었다. 공식 탐험은 차르에 의해 이루어지게 되었다.

표트르 대제는 아시아와 아메리카 사이의 바다를 탐험할 것을 비망록으로 남겼다. 그는 이미 1720년대에 쿠릴 열도를 조사하기 위해 비밀리에 탐험대를 보내어 쿠릴의 다섯 개 섬을 발견했다. 표트르 대제는 친서를 해군사령관에게 주었다.

> 첫째, 캄차카 또는 다른 어떤 곳에서 배를 한 척이나 두 척을 만들어라. 둘째, 아직은 어떻게 생겼는지 알지 못하지만, 아메리카 대륙 해안선의 일부라고 추측되니, 이 배를 타고 이 해안선을 따라 북쪽으로 항해하라. 셋째, 이 해안선이 어디에서 아메리카 대륙과 연결되는가를 확인하라. 그리고 유럽 사람들이 점령하고 있는 장소를 처음 만나는 곳까지 항해하여, 이 해안선의 이름이 무엇인가를 알아보라. 그리고 상륙하여서 정확한 조사를 하고 지도를 작성하여 돌아오라.[27]

27 Juri Semjionow, 『시베리아 정복사』, 270쪽.

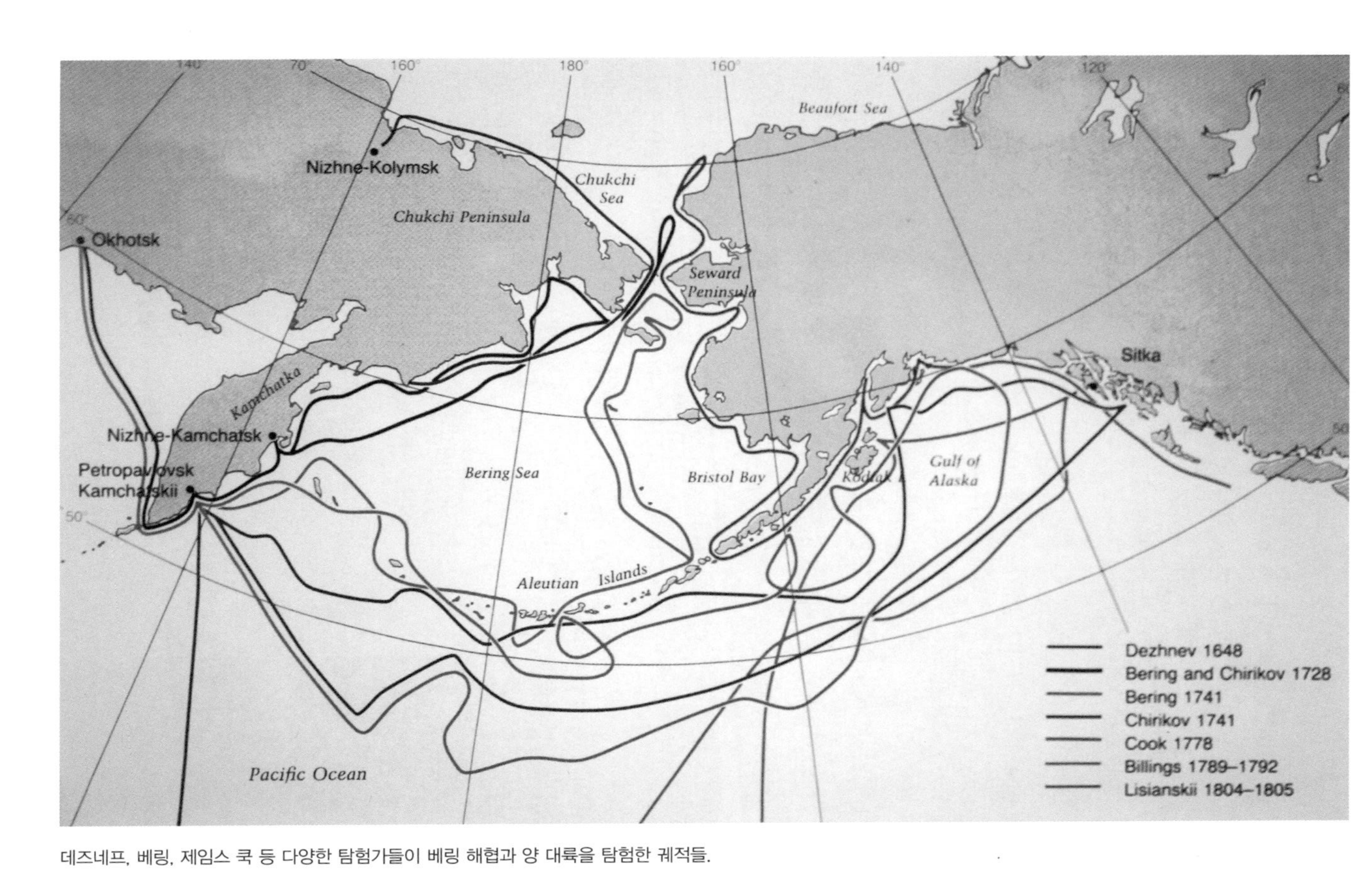

데즈네프, 베링, 제임스 쿡 등 다양한 탐험가들이 베링 해협과 양 대륙을 탐험한 궤적들.

『Crossroads of Continents』, Smithsonian Institution, 1988.

표트르 대제의 세 가지 지시는 북극해를 거쳐서 중국에 이르는 뱃길을 찾아내는 위대한 과업에서 중요한 부분이었다. 표트르 대제는 항해자를 직접 선발했는데, 비투스 베링이었다. 베링은 덴마크 태생의 항해사로 세계를 떠돌았으며 러시아 해군에서 20여 년 복무했는데, 러시아 선원들은 베링을 이반 이바노비치라고도 불렀다. 표트르 대제의 명을 받아 아시아와 아메리카 두 대륙 사이의 해협을 탐험했을 때 그의 나이는 마흔네 살이었다. 베링은 용감한 장교였으며, 노련한 뱃사람이었고 또 힘이 대단했다.

베링섬의 베링 기념 동상.

탐험은 표트르 대제가 세상을 떠나고 나서 시작되었다. 1728년 7월 북쪽으로 출발하여 훗날 자신의 이름을 딴 베링 해협을 통과했다가 귀환했다. 오호츠크에서 베링은 배 한 척을 만들어 포르투나Fortuna라는 이름을 붙였다. 1728년 6월 8일에는 페트로파블롭스크 캄차츠키에서 두 번째 배 상크트 가브리엘Sankt Gabriel을 진수시켰다. 포르투나호는 두 번 항해하여 캄차카의 서쪽 해안을 탐험했으며, 이곳에서 탐험대와 장비를 여러 개의 산을 넘어 900킬로미터나 되는 페트로파블롭스크 캄차츠키까지 운반했다. 보급품과 장비를 항구까지 운송하는 데만도 수백 명이 동원되었다. 베링은 가는 곳마다 사람과 개를 동원했고, 강을 지날 때마다 조그만 함대를 지어야 했다. 베링이 이끄는 1개 조의 인원만 하더라도 800명에서 1,000여 명에 이르렀기 때문이다. 베링이 총동원한 캄차카의 개들이 도중에 거의 죽어버리자 1730~1731년에 캄차카 사람들이 폭동을 일으키기도 했다. 베링은 1차 탐험에서는 건너편 아메리카 대륙을 보지 못했으므로 베링 해협이 두 대륙을 가로지르는 해협인 줄도 모르고 귀환했다. 그런 의미에서 1732년에 이반 피오도로브 선장이 두 대륙을 모두 목격한 것은 실로 의미가 있는 일이었으나 항해 목적이 본격 탐험이 아니었기에 두 대륙과 해협의 중

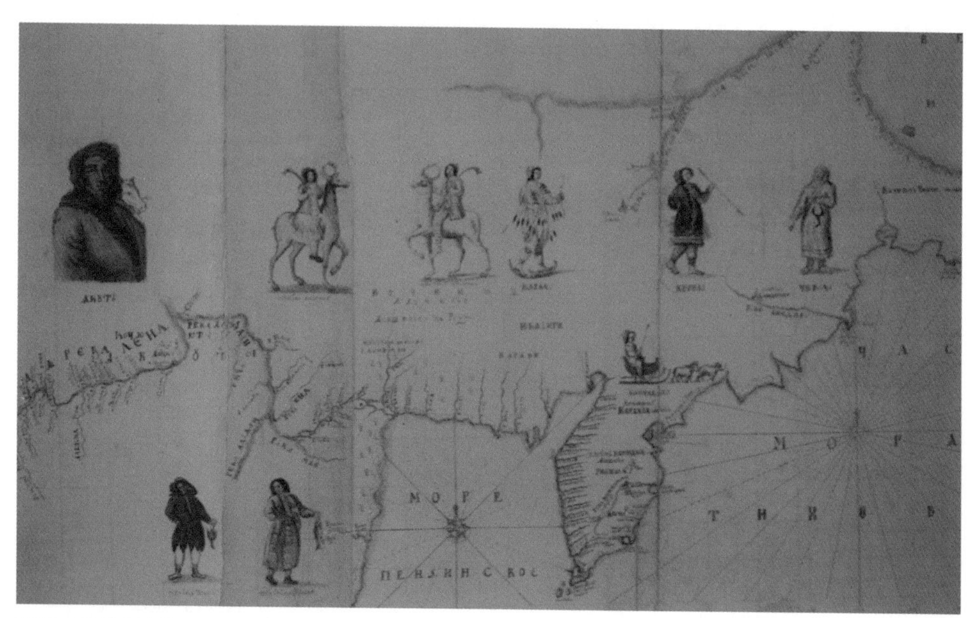

베링의 1차 세계 탐험.

요성을 깨닫지 못했을 것이다.

1733년 2차 탐험대가 거대한 마차 행렬을 이끌고 상트페테르부르크를 출발했다. 2차 탐험은 대규모로 진행되었다. 7개 조로 나뉘어 5개 조는 러시아 북극권, 6번 조는 쿠릴 열도, 베링이 직접 지휘를 맡은 7번 조는 동쪽으로 가서 아메리카 해안을 찾았다. 많은 과학자와 보조 인력이 탐험에 참여했다. 베링은 1733년 상트페테르부르크를 떠났으나 물자의 육상 운송을 감독하느라 몇 년을 보냈다. 1740년 9월 베링은 두 척의 배로 아바차만에 이르렀다. 이곳에 페트로파블롭스크 캄차츠키항 건설의 주춧돌을 놓았다. 1741년 5월 29일에야 베링은 배 두 척으로 페트로파블롭스크 캄차츠키에서 다시 출발했다. 상트페테르부르크호는 그가 지휘했고, 상트파울호는 알렉세이 치리코프Aleksey Chirikov가 함장이었다. 두 척의 배는 6월 20일 돌풍을 만나 헤어진 뒤 다시 만나지 못했다. 함대는 알류샨 열도와 컴맨드 제도를 발견했다.

1741년 7월 17일 오후 베링은 알래스카의 높은 산을 발견하고 세인트일라

이어스라고 이름을 붙였다. 그 후 북쪽과 북서쪽으로 가서 코디액섬에 상륙하여 물을 채웠다. 이 배에 탔던 젊은 박물학자 게오르크 슈텔러는 그 짧은 시간에 식물을 채집하고 원주민 생활을 조사하는 활동을 수행했다. 상트페테르부르크호는 해안을 따라 북서쪽, 서쪽, 남서쪽으로 항해한 끝에 알래스카만에 이르렀다. 그러나 8월에 베링을 포함한 21명이 괴혈병에 걸렸다. 8월 30일에 그들은 슘긴섬에 상륙하여 물을 보급했다. 바로 그날 괴혈병으로 첫 번째 사망자가 발생했다. 슈텔러는 해안에서 괴혈병을 치료하는 식물을 채집했다. 어느 정도 효험을 보았으나 얼마 뒤에 다시 발병하여 거의 매일 사망자가 속출했다.

11월 5일에 육지를 발견했다. 선원들은 캄차카로 여겼지만 컴맨드 제도에 속한 베링섬이었다. 그때까지 사망자 수는 전체 선원의 28퍼센트인 21명에 달했다. 이튿날 상트페테르부르크호는 암초에 부딪혀 크게 파손되었다. 선원들은 병자를 해안으로 옮기고 야영을 준비했다. 슈텔러는 또다시 괴혈병을 치료하는 식물을 채집했다. 바다수달, 바다사자, 바다코끼리 등을 잡아 식량을 마련했으나 사망자는 끊이지 않았다. 그들은 반지하 오두막을 짓고 혹독한 겨울을 났다. 베링은 12월 8일에 그곳에서 죽었는데 유일하게 시신이 입관되었다.

끊임없이 식량과 장작을 구하며 힘든 겨울을 보낸 뒤, 생존자들은 부서진 선박을 해체하여 작은 배를 만들었다. 부사령관 스벤 박셀의 지휘 아래 생존자들은 1742년 8월 26일 아바차만으로 무사히 돌아왔다. 그로부터 250여 년이 지난 1991년 8월, 덴마크와 러시아 고고학자는 베링섬의 야영지 유적에서 여섯 구의 시신을 발굴했다. 그중 유일하게 관에 담긴 키가 큰 시신은 바로 베링이었다. 그의 유골은 모스크바에서 조사를 거친 뒤 베링섬에 다시 매장되었다.

목숨을 잃는 비극이 있었지만 이 탐험은 중요한 결과를 낳았다. 알래스카만과 알류샨 열도의 해안을 상세하게 보여주는 지도가 최초로 완성된 것이다. 이로써 베링해를 사이에 두고 유라시아 대륙의 동단과 아메리카 대륙의 서단이 마주보고 있다는 사실이 확인되었다. 베링 해협, 베링해, 베링섬 등의 지명은 모두 비투스 베링의 이름을 딴 것이다. 탐험대는 베링섬을 떠나기 전에 나무 십자가를 세웠으며, 이는 러시아의 영유권을 표시하는 뜻이기도 했다.[28] 또한 베링의 대탐

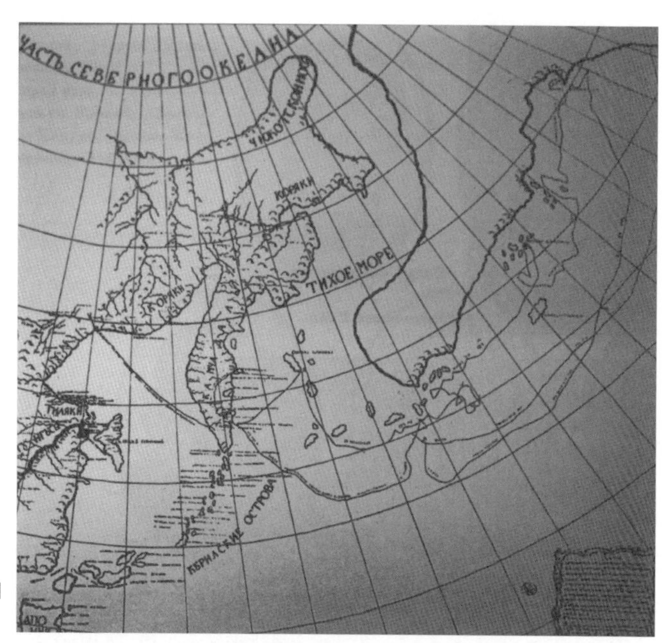

베링 탐험대의 유라시아 동단과 북아메리카 서단의 탐험로(1741년).

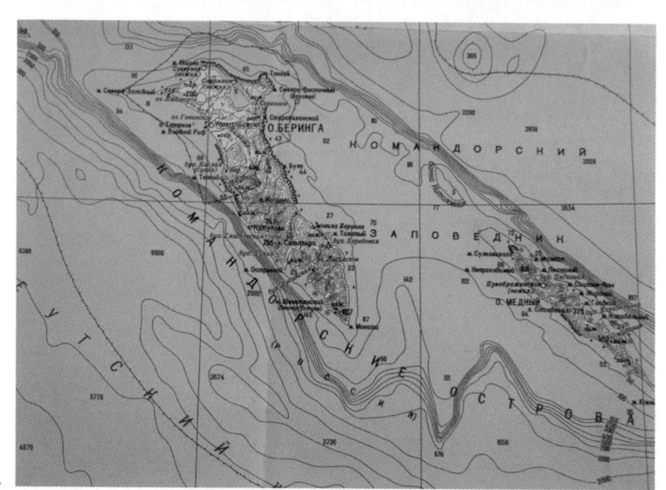

베링이 죽은 베링섬.

1920년대 베링섬의 니콜스코예 촌락(아르세니에프 사진).

험은 과학적인 시베리아 연구의 씨앗이 되었다. 유명한 학자들이 대거 참여했는데 앞에서 언급한, 당시 스물두 살의 '박물학 조수'였던 게오르크 빌헬름 슈텔러Georg Wilhelm Steller는 오늘날까지 바다소 '스텔러'에 이름을 남기고 있다.[29]

슈텔러에 대해서는 좀 더 상세한 설명이 필요할 것이다. 그는 25세 때 의학과 자연사 학위를 받고 상트페테르부르크 과학 아카데미 회원이 되었다. 그는 능력을 인정받아 1737년의 캄차카 탐험대 일원이 되었다. 탐험대의 지휘자 그멜린J. F. Gmelin(1748~1804)은 그를 재능 있는 자연과학자로 인정했다. 베링이 오늘날 베링섬이라 불리는 미지의 섬에 도착했을 때, 해변 가득 물개들이 노닐고 있었다. 탐험대는 바다사자와 바다소도 사냥했다. 바다소는 이상하게 생긴 짐승으로 슈텔러가 처음으로 발견하고 기록에 남겼기 때문에 '자랑스러운 스텔러의 바다소'라는 이름이 붙었다. 바다소가 해변가의 바다풀숲에서 먹이를 찾아 가까이 오면 사냥꾼들은 바다소를 잡아 살코기와 비계를 얻었다. 오늘날에는 완전히 멸종하여 바다소는 'Rhytina Steller'라는 이름으로 자연사 교과서에서만 바다풀을 뜯고 있다. 슈텔러는 불과 10여 시간 체류한 코디액섬에서 160종의 식물을 채집했고, 베링섬에서는 지질학적 가치가 높은 노트를 완성했다.[30]

2차 탐험대에 참여한 독일의 과학자 밀러G. F. Miller의 조수였던 슈테판 크라셰닌니코프Stepan Krasheninnikov도 주목된다. 1711년 모스크바 출생으로 부친은 군인이었다. 1724~1732년 모스크바의 진정한 최초의 대학이었던 이코노스파스키Iconospassky 대학에서 공부했으며, 상트페테르부르크로 보내져서 2차 원정대에 참여하게 되었다. 그가 탄 포르투나호는 오호츠크해를 건너 캄차카로 들어갔다. 그는 과학 팀에게 유리한 연구 조건을 만들어주는 임무를 지니고 1737년에 선발대로 캄차카로 파견되었다. 많은 과학자들이 시베리아에 잔류하며 캄차카에

28 Juri Semjionow, 『시베리아 정복사』, 260~270쪽.

29 Georg Steller, *Steller's History of Kamchatka: Collected Information Concerning the History of Kamchatka*, University of Alaska Press, 2003.

30 William Barr, *Vitus Bering, The Seventy Great Journeys in History*, Thames & Hudson, 2006, 138~139쪽.

게오르크 슈텔러가 베링섬에서 그린 스케치.

현재 베링섬의 물개들.

당도하지 못한 조건에서 그는 자유롭게 캄차카의 마을들을 돌아다니면서 조사를 했다. 3년 6개월 동안 개썰매와 보트, 때로는 걸어서 이텔멘이나 코랴크족과 동행하거나 혼자서 무수한 산과 화산, 호수를 둘러보았고, 지진을 겪기도 했다. 그는 호기심에 가득한 열정적인 연구자로서 청년의 예민한 감수성과 지식으로 보고 듣고 경험한 바를 책으로 썼다. 그는 타고난 탐험가였다. 상트페테르부르크로 돌아오자마자 집필에 매달렸으며, 10여 년 뒤에는 어느덧 상트페테르부르크 과학 아카데미의 존경받는 교수가 되었다. 그러나 책이 출간되던 1755년에 눈을 감았다. 책의 제목은 『An Account of the Land of Kamchtka』로 러시아에서만 5판을 찍었고 많은 외국어로 번역되었다.

그 뒤로도 탐험은 그치지 않았다. 1828년 에르마A. Erma, 폰 디트마르von Ditmar(1851~1855), 튜쉐프V. N. Tyushev(1896~1898), 코마로프V. L. Komarov와 오토 슈미트Otto Yul'evich Shmidt(1908~1910) 등이 대표적인 탐험가다. 베링을 비롯한 많은 탐험가들의 소식이 전해지자 상인과 사냥꾼들이 몰려들었다. 담비, 은여우, 붉은 여우, 바다밍크 종류인 칼란 같은 모피를 얻으려 혈안이 되었다. 과학적 탐험과 조사 보고서가 모피 사냥의 교본이 되어버렸다. 칼란은 밀물 때 해안가로 나왔다가 썰물 때 돌아가곤 하는데 짧은 다리 때문에 손쉽게 사람 손에 잡혔다. 100년이 채 안 되어 캄차카의 자연이 고갈되었다. 19세기 중엽에는 칼란과 바다코끼리가 멸종했으며 바다사자도 귀해졌다.

사냥꾼들은 고갈되어가는 자연을 보면서 사냥을 그만둘 때가 되었음을 깨달았다. 19세기 말에는 동부 해안에서 담비 사냥이 금지되었다. 1934년에는 크로노트스키 자포베드니크는 러시아에서 제일 큰 자연보호구역이 되었다.

라페루즈.

베링과 더불어 또 한 명의 중요한 북태평양 탐험가는 프랑스인이었다. 루이 16세는 세계일주 탐사 항해를 계획하고 해군 출신 라페루즈La Pérouse(1741~1788경)에게 중임을 맡겼다. 제임스 쿡James Cook(1728~1779)과 부갱빌Louis-Antoine de Bougainville(1729~1811)의 세계일주 항해에 자극을 받은 라페루즈는 왕실 원정대를 이끌게 된다. 라페루즈는 아스트롤라베호Astrolabe를 대동한 선박 라부솔호La Boussole('나침반'이라는 뜻)를 지휘하고, 1785년 8월 1일에 프랑스를 출발했다. 모피 무역으로 막대한 이익을 얻고 있던 영국을 제압하기 위한 새로운 항로 개척이 목적이었다. 케이프혼을 돌아 남태평양 이스터섬을 통과했으며, 적도 해역을 탐사한 뒤 샌드위치 군도(지금의 하와이)를 방문하고, 태평양 북서항로를 개척하기 위해 북아메리카로 나아갔다. 1786년 6월에는 알래스카 남쪽 해안의 세인트일라이어스산 근처에 도달하여 샌프란시스코를 넘었으며, 몬터레이에 이르는 남쪽 해안을 탐사했다.

태평양을 건너 마카오에 당도했으며, 한반도 동해안을 가로질러 중국 북동 지방과 사할린섬 사이에 있는 타타르 해협에 도달했다. 타타르와 사할린 해안은 유럽인에게 알려지지 않은 곳이었다. 사할린과 홋카이도를 가르는, 그의 이름을 붙인 라페루즈 해협을 통과했으며, 캄차카의 시베리아 반도에 있는 페트로파블롭스크 캄차츠키에서 항해 일지와 지도를 육로를 통해 프랑스로 보냈다. 배들은 남하하여 네비게이토스 군도(지금의 사모아)로 향했는데, 이곳에서 아스트롤라베호의 선장과 그의 부하 11명이 살해당했다.

루이 16세가 내린 칙서에 조선 서해안과 남해안, 타타르 연안(동해에서 오호츠크해로 흐르는 러시아와 사할린 사이)과 일본 해안을 탐사하라고 쓰여 있듯이 그는 동해와 북방 해안을 탐사했던 것이다.[31] 라페루즈는 울릉도를 발견했으며 천문학자 다즐레의 이름을 따서 다즐레섬Dagelet Island이라 명명했다. 그는 행방불명이 되었지만 다행히 페트로파블롭스크 캄차츠키에서 프랑스로 보낸 탐험 기록이 남았다. 1797년 밀레-뮈로Milet-Mureau는 『라페루즈의 세계 항해』*Voyage de La Pérouse autour du monde*(총 4권)를 펴냈다.

다이고쿠야 고다유大黑屋光太夫(1751~1828)라는 독특한 인물도 있다. 1782년 12월 이세에서 신쇼마루神昌丸에 쌀과 목면을 싣고 에도로 가던 중에 태풍을 만나 7개월 동안 표류하다가 이듬해 여름 알류샨 열도의 암치트카섬에 도착했다. 4년 뒤에 러시아 배를 타고 캄차카 반도를 건너갔으며, 1789년에 이르쿠츠크를 거쳐 1791년 상트페테르부르크로 갔다. 마침 상트페테르부르크 대학의 교수 라크스만Adam Erikovich Laksman이 그에게 흥미를 느끼고 예카테리나 2세에게 청원하여 일본 방문을 지원하겠다는 약속을 얻어냈다. 표류민을 송환하는 김에 일본과 우호관계를 맺고 교역을 하자고 제안한 것이었다. 고다유는 예카테리나 2세를 알현하고 이듬해 수교사절이 된 라크스만의 배를 타고 귀국했다. 러시아가 일본을 침략할지도 모른다는 풍문이 나도는 와중에 러시아 사절단이 고다유를 데리고 홋카이도에 온 것이다. 표류민을 송환한다는 이유로 방문한 것이었기에 일본 막부는 우호적으로 받아들였다. 고다유는 쇼군에게 견문을 전했으며, 외국 사정을 함부로 말하지 말라는 명령을 받았다. 『호쿠사분랴쿠』北槎聞略는 그가 러시아에서 보고 들은 이야기를 가쓰라가와 호슈桂川甫周가 정리한 책으로 본문 11권, 부록 1권의 방대한 기록이다.

1811년에는 흥미로운 사건이 벌어졌다. 쿠릴을 측량하고 있던 러시아 선박이 물과 식량을 찾아 남쿠릴의 쿠나시르섬을 찾아온 것이다. 함장 바실리 골로브

31 1826~1827년 영국 탐험대 대장 피터 딜론 선장이 산타크루스 제도의 하나인(지금의 솔로몬 제도에 속함) 바니코로섬 근처에서 탐험선들이 있었다는 증거를 발견할 때까지, 라페루즈에 관해 알려진 내용은 없었다. 1828년 프랑스의 탐험가 뒤몽 뒤르빌은 배의 잔해들을 발견했는데, 약 30명가량의 선원이 해안에서 학살당하고, 무장이 잘된 다른 사람들은 가까스로 탈출했다는 이야기를 섬사람들로부터 들었다.

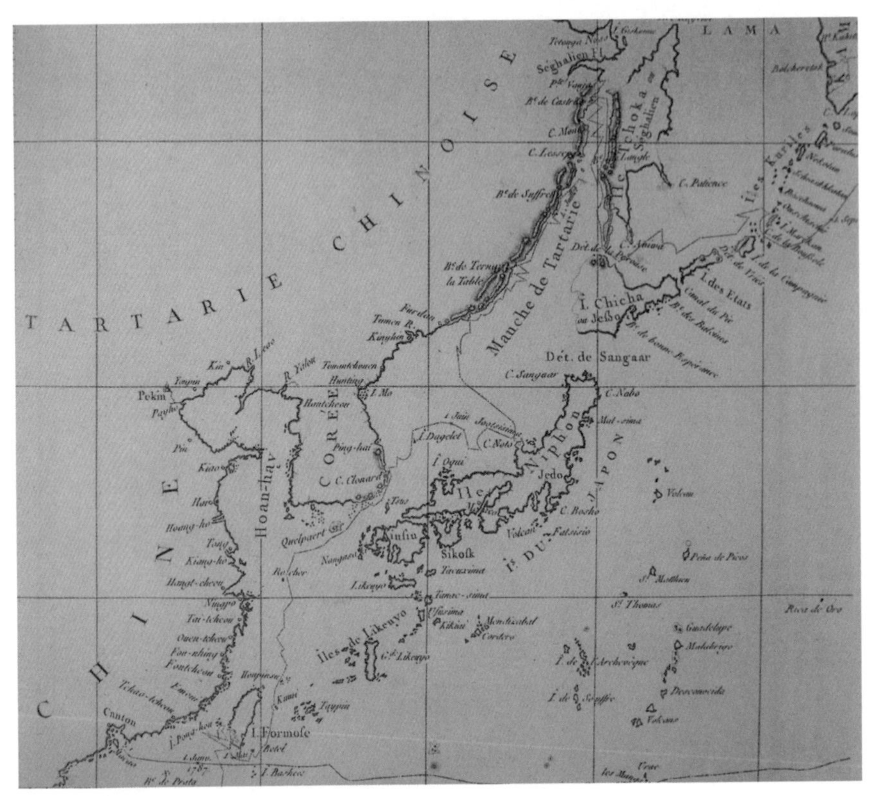

『라페루즈 세계 항해』의 아시아 해안. 부분도, 1797년.

닌Vasily Golovnin(1776~1831)은 처음에는 경계하며 행동했지만 위험한 조짐이 전혀 보이지 않으므로 상륙했다. 그런데 식사와 술이 충분히 돌고 난 후, 상황은 일변했다. 골로브닌은 일본의 포로가 되어 러시아에 관해 꼼꼼하게 심문을 받았다. 니콜라이 레자노프가 사할린섬과 이투루프섬[32] 등에서 번소를 습격한 사건이 막부의 위신을 크게 손상시킨 일을 막부는 잊지 않고 있었던 것이다. 러시아의 공포가 유포되어 당시 막부는 잡설금지령雜說禁止令까지 내린 상황이었다. 이듬해에 부선장 리코르드P. I. Rikord가 쿠릴을 다시 찾아와서 골로브닌의 상황을 탐색하고,

32 일본은 아이누 명칭인 이투루프를 거부하고 에토로후섬으로 부른다.

러시아 여제 예카테리나 2세.

고다유와 그를 데리고 들어온 러시아인.

일본인 인질을 확보하여 신병을 교환하려고 교역 상인 다카다야 가헤高田屋嘉兵衛(1769~1827)를 잡아갔다. 리코르드와 가헤는 차츰 서로에게 경의를 표하는 사이가 되었다. 그리하여 1813년에 양자의 공조로 가헤와 골로브닌은 석방되었다.

골로브닌의 포로생활은 2년 동안 지속되었는데 그사이에 일본인들의 러시아에 대한 관심이 고조되었다. 그들이 수감되었던 하코다테에는 일본 학자가 파견되어 러시아와 국제 정세를 수집했다. 러시아인들도 일본인의 우정을 확보하여 전략에 도움이 되는 이문화 정보를 얻었다. 골로브닌은 1817년에 자신의 체험을 책으로 펴냈는데(『*Captivity in Japan During the Year, 1811, 1812, 1813*』), 네덜란드어·독일어·프랑스어·영어 등으로 번역되어 세상에 일본을 알렸다. 당시까지 일본에 관한 정보는 네덜란드 책자가 장악했는데 이 책의 출간으로 상황이 바뀌었다. 막부가 쇄국정책을 펴고 있었음에도 불구하고 이 책은 1825년에 『조액일본기사』遭厄日本紀事[33]로 번역되었으며, 일본인에게 러시아의 내정을 알려주었다.[34]

33 일본어본 제목은 『日本幽囚記』.

34 미타니 히로시 외, 『다시 보는 동아시아 근대사』, 까치글방, 2011, 92쪽.

약한 고리였던 극동에서의 혁명과 반혁명

1854년 크림전쟁 때 영국 동인도 함대의 스털링J. Stirling이 함대를 이끌고 와서 적국 러시아 함대를 수색하기 위해서 내항했다고 언명했다. 이때 영국과 프랑스 연합함대는 페트로파블롭스크 캄차츠키의 러시아 요새를 공격하여 육상전투 병력을 상륙시켰다. 러시아군은 영국·프랑스 연합함대를 격퇴했다. 싸움에서 패배한 영국·프랑스 함대는 동아시아의 상업 항로를 확보하기 위해서 빈번하게 북상하여 홋카이도 하코다테항에 입항했다.

모스크바에서 캄차카는 너무도 먼 거리였다. 모스크바의 성공이 캄차카의 성공으로 그대로 직결되지는 않았다. 러시아 혁명기에는 극동 정벌에 나섰던 코사크족 공동체들이 볼셰비키에 반대하는 경향을 보였다. 야쿠티아는 1918년에 독립을 선언했다. 백군의 또 다른 강력한 기지는 만주의 동북 철도 변에서도 나왔다. 1918~1925년 시베리아에서 내전과 외국의 개입이 지속되었다. 연합국은 러시아 사회주의 혁명을 압살하기 위해 직접적인 간섭전쟁에 들어갔다. 미국, 영국, 프랑스, 일본의 직접적·연합적 군사 개입은 4년 이상 지속되었다.

크림전쟁 시기 영국과 프랑스가 캄차카를 침입했을 때의 전몰자 무덤.

서구 연합세력은 볼셰비키를 몰아내고 러시아 혁명정부를 무너뜨리는 것이 목적이었고, 일본은 시베리아 영토를 정복하는 것이 목적이었다. 1차 세계대전 말기 새로 집권한 러시아의 공산정권이 벨라루스에서 맺은 브레스트리톱스크 조약으로 독일과 단독 강화를 맺으려 하자 미국, 영국을 비롯한 연합국이 이를 저지하려는 의도도 있었다. 역사학자 레너드 험프리스Leonard Humphreys는 당시 일본의 참여에 대해, "일본은 영토 획득의 야심, 러일전쟁 후에 획득하지 못했던 이권 탈취, 지정학적 이유뿐만 아니라 정치적 이데올로기의 이유도 있었다. 즉 천황제와 양립할 수 없는 공산주의가 일본에 파급되는 것을 저지할 필요가 있었다"라고 분석했다.

영일동맹에 의거하여 연합군의 일원이었던 일본은 지리적으로 가깝다는 이유로 시베리아에 국력 이상을 투입했다. 1918년 1월에 일본과 영국 군함은 동쪽의 블라디보스토크항에 들어가고, 2월과 3월에 영국과 미국의 육전대는 북방의 무르만스크에 상륙하여 페트로파블롭스크 캄차츠키 진격을 준비했다. 혁명 전에 제정 러시아의 포로가 되었던 오스트리아 제국의 체코 병사들은 혁명 이후에 그들을 지배하던 오스트리아 제국에 반대하여 연합군에 참가했기 때문에 소비에트 정부와 협정하여 블라디보스토크에서 프랑스로 가게 되어 있었다. 그러나 시베리아에서 영국·프랑스 모략부대의 원조를 받아 뜻밖에 소비에트 정권에 무력 공격을 감행하면서 각지를 점령했다. 이에 호응하여 6월에는 일본·영국의 육전대가 블라디보스토크를 점령했다.

일본은 아직 러시아 혁명의 최종적 승리를 믿지 않고, 차르 제국이 무너진 기회에 동부 시베리아를 점령하여 그곳을 지배하거나 현지에 괴뢰정권을 세우려 했다. 시베리아와 일본 세력 하의 남만주 사이에 있는 북만주와 몽골이 저절로 일본의 세력 안으로 들어오게 되고, 나아가서 중국에 압도적인 세력을 미쳐 대전이 종결된 후 승산이 있을 것이라는 판단이었다. 미국은 일본의 의도를 간파하고 일본의 시베리아 단독 간섭은 일본을 이롭게 할 뿐이라며 반대했다. 그러나 일본이 단독 출병으로 기울자 미국도 일본을 견제하기 위해 마침내 공동 출병에 동의했다. 미국은 7,000명, 영국·프랑스는 도합 5,800명, 일본은 1만 2,000명을 출동시키기로 합의했다. 일본은 가장 먼저 시베리아 출병을 선언했으며, 최다 7만 5,000명의 병사를 보냈다. 서부전선에 병력이 묶여 있던 다른 연합국에 비해 일본군은 대규모 병력을 파병할 수 있었다.

일본 육군은 당초 블라디보스토크 이상은 진격하지 않겠다는 연합국과의 약속을 무시하고, 사할린·연해주·만주 철도 등을 침공했다. 일본군은 아무르강 지역 전체와 트랜스바이칼 지역까지 점령하여 최종적으로는 바이칼 호수 서쪽의 이르쿠츠크까지 점령지를 확대했다. 일본의 병력은 다른 연합국에 비해 수십 배 많았으며, 다른 연합국이 철수한 후에도 시베리아에 계속 주둔하면서 점령지에 괴뢰국가를 세우려 했다.

러시아뿐만 아니라 영국, 미국, 프랑스 같은 연합국도 일본의 영토 욕심에 의구심을 품기 시작했다. 일본군은 전례 없을 정도로 잔인한 작전을 수행하면서 러시아의 백군과 적군 모두를 무참하게 다루었다. 이런 비인간적 행위는 내전 기간에 광범위하게 전개된 게릴라전을 야기했다.

백군이 쇠퇴해가는 와중에 일본은 총공격을 단행하여 하바롭스크를 공격했으며, 연해주 지방을 1년 반 동안 점령했다. 그러나 백군을 쫓아내는 데 각 지역의 원주민들이 합세했다. 대규모 병력을 파병했으나, 광대한 시베리아를 통제하기는 불가능했기에 교통의 요지만을 점령하는 데 급급했으며, 그 빈 공간에는 붉은 군대와 이에 동조하는 파르티잔이 매복해 있다가 게릴라 전법으로 공격했다. 일본군은 단독 혹은 백군과의 협동으로 이들을 진압했고, 아군이 당한 보복으로 민간인을 학살하고 게릴라전의 배후 마을을 불태웠으나 오히려 일본군과 반혁명 세력에 대한 지지를 떨어뜨렸다. 일본군은 볼셰비키 혁명군과 토착 농민군 게릴라 부대에 의해 각지에서 곤란을 겪었다. 니콜라옙스크의 전멸에서 보듯이 군사적 패배를 계속했다.

미국은 1920년 초 철병을 천명했으나, 일본은 만주-조선 국경의 안전을 유지한다는 명분으로 계속 주둔했다. 민심은 점점 공산당 쪽으로 기울었고, 1920년 반혁명 세력이 시베리아에서 수립한 알렉산드르 콜차크 정부가 붉은 군대의 공세로 붕괴하자 일본군도 철수할 수밖에 없었다. 일본은 7만 3,000명의 병력을 투입하고, 당시 4억 3,859만 엔이라는 거금의 전비를 투입했으나, 아무 성과 없이 3,000~5,000여 명의 사상자를 내고 철수했다. 1922년 6월 간섭국 중에서 가장 비참한 상태로 시베리아에서 철병하지 않을 수 없었다. 파병은 반혁명군을 지원하기 위한 것이었으나, 결국 러시아인이 외세와 외세를 등에 업은 백군에게 등을 돌리고 공산정부와 붉은 군대를 지지함으로써 공산 정부가 승리하고 소비에트 연방이 수립되었다. 일본 제국주의가 대외전쟁에서 겪은 최초의 패전이었다.[35] 1922년 일본 군대가 배를 타고 블라디보스토크를 떠날 때 러시아제국으로 남아 있던 유일한 지역은 일본이 점령했던 사할린 북부 절반이었으나 그마저 포기하고 1925년에 철수해야 했다.

혁명 과정에서 원주민 다수는 적군을 지지하여 백군을 쫓아내는 데 협조했다. 그러나 혁명 이후 러시아인들은 다시 주인처럼 행동했으며, 원주민은 오로지 '새로운 문화의 수용자'일 뿐이었다. 원주민 지역에서 백군을 몰아낸 적군 역시 축치족, 에스키모족, 코랴크족, 퉁구스족에게는 이해할 수도 없고 또 필요하지도 않은 정치이념을 강요하는 이방인에 불과했다.

볼셰비키파가 원주민들에게서 없애고자 했던 낡은 생활 중 하나는 종교였다. 러시아 정교가 박탈당했으며, 샤머니즘이 공격의 대상이 되었다. 캄차카의 이텔멘족은 아예 민족 자체를 없애려고 시도했다. 많은 원주민들이 언어를 잃어버렸고 러시아어를 채택하면서 러시아의 생활방식을 따라야 했고, 러시아인과 비슷해져갔다. 따라서 이들은 모두 캄차달이라는 이름으로 한 덩어리가 되었다. 19세기 말에는 인구가 약 4,000명이었으나, 1926년에 이르면 캄차달이라는 민족은 존재하지 않으며 이텔멘어를 쓰지 않는 사람은 모두 러시아인이라는 결정이 내려졌다. 결과적으로 서류상으로 러시아어 발음이 나는 이름의 이텔멘족 사람들은 자신들의 민족성을 빼앗기게 되었다.

35 이노우에 기요시, 『일본의 역사』, 391쪽.

아바차만은 북쪽과 달리 겨울에도 얼지 않는다. 부동항이다. 겨울에는 물개가 내려와 페트로파블롭스크 캄차츠키 외곽 바닷가의 바위에 올라앉는다. 에벤키, 우크라이나인, 캄차달, 아르메니아인, 러시아인이 85퍼센트를 차지하는 캄차카 반도 남부. 북쪽에는 코랴크족 등이 몰려 살지만 남부에서는 내륙으로 들어가야 마을을 만날 수 있는 정도다. 고려인도 1,100명이 산다. 북방 캄차카에서 고려인 1,100명이란 수는 결코 적지 않다. 코리안 디아스포라가 북방 캄차카까지 이르렀으니, 그 역사적 사연은 물을 필요가 없다. 해방 이후에 흘러들어온 사람이 거의 없다는 것만은 정확한 사실일 것이다.

캄차카의 총인구 40만 명, 페트로파블롭스크 캄차츠키 인구는 18만 명이다. 인구만으로 보면 페트로파블롭스크 캄차츠키는 과밀 집중이고, 캄차카의 '메가시티'다. 그렇지만 헐거운 시골 풍경에 가깝다. 북해를 배경으로 러시아풍 건축

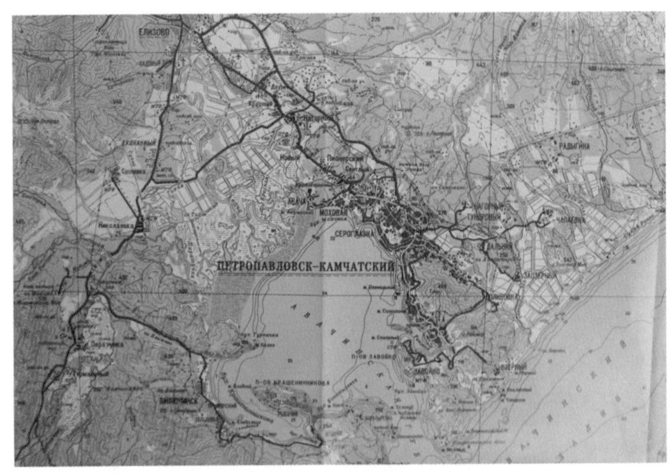

아바차만.

페트로파블롭스크 캄차츠키의 항만.

물이 도시와 시골의 조화를 만들어내고 있다. 러시아풍 시베리아의 목조 건물, 시멘트로 지어진 유럽풍, 유리 등을 과도할 정도로 쓴 미니멀리즘의 미국풍, 도발적인 모던한 건물, 조립식 건물 등 갖가지 양식이 혼합되어 있다.

노르웨이 북방 트롬쇠와 가까운 느낌의 도시. 쌀쌀하면서도 경쾌하고 끈적거림이 없이 가벼우면서도 장중한 그런 도시다. 곁에 다가와 있는 베링해의 잔물결은 확실하고 분명한 무게를 보여주며 해초 냄새와 생선 비린내로 상징되는 그런 익숙한 바다 냄새가 없다. 한여름에도 만년설을 머리에 이고 있는 화산이 정확히 삼각꼴로 다가와서 그대로 바다에 내리꽂히는 경사각의 긴장감을 선사하기에 밋밋한 느낌이 전혀 들지 않는다. 일부를 제외하고는 포장도로 자체가 짧다. 따라서 도시를 벗어나서 고속도로를 달리듯이 캄차카 북쪽으로 손쉽게 다녀오겠다는 꿈은 꾸지 않는 것이 좋다. 도요타 같은 차량에 대형 트랙터의 바퀴를 달아 개조한 높은 차들이 비포장 산악길을 굴러간다. 야생이란 무엇인가를 생각해보게 하는 반도다.

화산이 즐비하고 더군다나 해안에서 5킬로미터까지 쓰나미로 파도가 몰려드는 곳, 또한 일상적인 지진의 땅. 덕분에 자연이 살아 있을 수밖에 없는 땅이다. 화산은 '신의 선물'인가. 돌연한 분출, 화산이 터질 때면 곰과 여우와 새들이 미리 알고 이동한다. 뜨거운 화산이 흘러내려 목마른 산등성이 용암을 적시고, 유황과 온갖 광물질이 흘러내린다. 거친 황무지에 순록이 좋아하는 북방 이끼가 자라고, 바람이 스쳐간 자리에 풀씨가 내려앉아 식물이 자란다. 황량한 화산토와 화려한 야생화의 극적인 경계에 풍경의 긴장감이 멈추어 서 있다.

북극권의 겨울은 길고도 잔인하다. 온도계가 얼어붙을 지경인 데다가 햇빛은 빛나고 추운 공기는 삐걱삐걱 소리를 내는 듯하며, 온 세상이 쥐 죽은 듯 고요하다. 지구상에서 겨울과 여름의 온도차가 섭씨 100도씩 되는 곳은 없을 것이다. 겨울에는 최하 영하 60도까지 내려가다가 여름에는 최고 40도까지 오른다. 그래서 북극 사람들이 가장 기다리는 계절은 역시나 봄이다. 정확하게 말하면 봄은 없으며, 봄이 올 듯하다가 바로 여름으로 넘어간다. 짧은 여름이야말로 북극권 사람들에게는 생명의 계절, 환희의 계절 그 자체다. 여름에는 온갖 꽃들의

아바차만을 벗어난 베링해.

페트로파블롭스크 캄차츠키 도심의 앞바다.

캄차카의 화산 풍경.

향연으로 무채색 들판을 채색으로 물들이며 야성의 아름다움으로 빛난다. 백야白夜에 접어들어 박명薄明이 계속되는 여름밤은 정말 붉고도 밝고 길기만 하다.

캄차카의 여름은 유난히 진하고 강렬하다. 짧은 순간에 종족을 번식시켜야 하기에 놀라울 정도로 빠르게 쑥쑥 자라 꽃을 피워낸다. 붉은빛, 보랏빛, 노랗고 파란 꽃들이 화산토 위에 색의 향연을 펼친다. 거친 바위와 송이들이 가파른 능선을 이루고 녹다 만 눈이 계곡을 채운다. 송이의 힘은 대단하다. 송이가 툰드라 지대를 스펀지처럼 뒤덮어 수만 년을 버텨왔으리라. 만년설이 녹아내려 졸졸 시냇물을 만들며 계곡을 흘러내린다. 단순히 차가운 물이 아니다. 신령스러운 화산의 선물이라서일까. 강한 맛으로 목구멍을 넘어가는데 냉장고에 얼린 그 어떤 시원한 물맛으로도 화산의 빙하 계곡 눈 녹은 물을 대신할 수는 없다. 같은 빙점의 물이지만 '결'이 다르다.

산에는 독수리가 날개를 펴고 이 바위 저 바위로 날아다니고, 영민한 여우가 출몰한다. 화산 산록에는 곰도 출현한다. 캄차카의 곰은 본디 인간을 물어 죽이질 않았다. 그런데 알래스카와 캄차카에 미쳐서 살아가던 일본 사진작가를 곰이 물어 죽인 사건이 있었다.[36] 사람들은 물어 죽인 곰과 비슷한 크기의 곰들을 모조리 죽였다. 어느 놈이 그 '죽을 짓'을 했는지 알 수 없으니까. 사람 맛을 본 곰이라고, 피 냄새, 인간 냄새, 자극적인 맛을 본 놈이라고, 갑장들을 모두 쓸어버렸다. 역시 인간다운 대처법이다.

세련된 팔순의 할머니로 여전히 현장 안내를 뛰는 마그리트와 러시아 사투리가 섞인 영어 통역사 율리안이 곰 사진 앨범을 갖고 왔다. 낚시꾼이 연어를 낚는데 곰도 똑같이 서서 연어를 낚는다. 인간과 곰의 조화와 공생…… 곰은 북방사람들 삶의 절대적인 영혼의 동물이다. 관광 카탈로그에 사라져가는 곰 축제를 어떤 이벤트로 진행하는 사진이 등장했는데, 한국식으로 전통문화 콘텐츠 스토리텔링 같은, 뭐 그런 거다. 그러면서 보존도 되고 박제화도 되겠지…….

수프에 사슴고기가 오른다. 사슴 수프는 수렵채취 시대의 메뉴가 식탁에 불려나온 느낌이다. 쇠고기를 즐겨 먹는데 충분히 러시아식이다. 시베리아 야생딸기를 먹는데 야쿠츠크 레나 강변으로 소풍 나가서 따 먹던 1993년의 추억을 되살렸다. 들판에 쥐방울만 한 빨간 열매가 지천이어서 그걸로 잼도 만들고 생식도 한다. 그냥 블루베리라고 번역 소개해주었다. 블루베리가 툰드라에 가면 더없이 커진다. 블루베리는 시베리아 최고의 성찬盛饌이다. 작디작은 블루베리에는 겨울을 이겨낸 유라시아 대륙의 힘과 열정이 농축되어 있기 때문이다.

해물은 핼리벗(넙치의 일종)과 연어가 주로 오른다. 핼리벗은 굽거나 훈제로 먹는다. 핼리벗은 일단 크다. 큰 걸 뚝 잘라서 리핏으로 먹거나 구워 먹는다. 새우가 크고 맛있다. 조개관자가 다양하고 관자구이가 일품이다. 킹크랩은 잘게 쪼개서 접시에 올리며, 북방 특유의 털게가 맛을 유혹한다. 강원도 거진이나 대진항 정도에서 털게를 먹을 수 있으니 우리가 털게의 남방 기점이다. 연어는 킹

36 호시노 미치오, 이규원 옮김, 『알래스카, 바람 같은 이야기』, 청어람미디어, 2005.

캄차카 화산 지대의 만년설.

야생화가 흐드러지게 핀 캄차카의 여름 풍경.

연어를 낚는 캄차카의 곰.

캄차카 수산시장의 연어.

연어King Salmon가 최고다. 노르웨이산은 양식이지만 북방 피오르드의 싱싱한 물에서 자라난 양식으로 그 역시 최고다. 그러나 자연산 킹연어를 입에 넣는 순간, 차원이 다르다는 느낌이 혀 끝에서 전달된다. 언제나 최고의 느낌은 혀에서 오기 때문이다. 붉은 연어도 나온다. 굉장히 신선한데도 리핏으로 먹거나 굽거나 또는 훈제로 먹는다. 핼리벗과 연어 문화는 바로 베링해 건너 알래스카 인디언과 동일한 문화임을 말해준다. 수년 전에 번역했던 미국 워싱턴 대학의 힐러리 스튜어트Hilary Stewart가 펴냈던 밴쿠버를 중심으로 한 북미 서부 연안의 트링깃 원주민 고기잡이와 동일한 연어 문화권이었다.[37] 문명의 교섭이 연어와 넙치에서 확인되고 완성되었다.

캄차카에도 한국 식당이 있다. 한국에서 배워왔다고 하는데 메뉴판이 체계적이고 엄숙하다. 항구의 언덕배기에 자리 잡아 경관이 좋은데 시설도 좋고 비빔밥, 버섯찌개의 맛이 일품이다. 붉은 빛이 도는 짙은 갈색의 시원한 맛이 도는 로컬 맥주, 호밀로 빚은 흑빵, 호박과 가지를 지져서 내오는 생선 요리도 일품이다. 북방 사람들은 다양한 버섯을 이용한다. 화산으로 가는 길목의 오픈 마켓에서도 버섯을 팔고 있었다. 율리아는 버섯을 조금 간하여 유리병에 젓갈처럼 담가왔었다. 바이칼에서는 차가버섯을 암 예방 특효약으로 선전한다. 시베리아 사람들에게 버섯은 채소이자 약재이기 때문이다.

율리아는 모친이 노보시비르스크에서 오고, 부친은 아르메니아인, 조모는 조선인이다. 캄차카에서 모스크바까지 날아가서 영어를 공부하고 캄차카 대학에서 영어를 가르친다. 요트를 좋아하여 수련생을 태운 큰 요트로 캄차카에서 오호츠크해와 동해를 가로질러 제주도를 거쳐서 다롄까지 다녀왔다고 한다. 환동해 순례를 제대로 한 셈이다. 헤어질 때 율리아는 울었다. 그만큼 이 땅에는 순진성이 남아 있다.

베링해로 나아간다. 캄차카의 여름은 맑고 강렬하다. 겨울이었다면 사정이 전혀 다를 것이다. 조그만 배가 만을 빠져나간다. 도시는 만을 중심으로 베링해

37 힐러리 스튜어트, 주강현 옮김, 『인디언의 바다』, 블루&노트, 2010.

쪽으로 길게 형성되어 있다. 아바차만은 천혜의 거대한 만이다. 만을 빠져나가는 데만 2시간 넘게 걸린다. 달력에 흔히 등장하는 멋진 삼형제 바위도 있고, 만의 남쪽 정상에는 방공 레이더 기지가 즐비하다. 미국이나 일본을 겨냥하던 군사지대의 추억이다. 시내에서도 군인들이 쉽게 눈에 띈다. 페레스트로이카 직후까지 외부인은 캄차카에 출입할 수 없었다. 그만큼 중요한 군사기지였다. 반대로 이웃 알류산 열도에는 미국의 군사기지가 즐비하다. 대한항공기가 추락할 때, 캄차카 방공망에서 경고하고 사할린에서 비행기가 떴었다. 미국은 아직도 러시아를 가상의 적으로 상정한다. 일본의 시베리아 출병, 사할린과 쿠릴 열도에서 빚어졌던 2차 세계대전의 추억으로 미국, 일본, 러시아는 아직도 전쟁 중이다. 일본의 러시아에 대한 공포증은 매우 오래된 것이다. 자신들이 잘못하고 자신들이 먼저 공포감을 가진다. 일본인들은 대충 그런 식으로 러시아 공포증을 증폭시키고 북방 4도 반환을 외쳐댄다. 일본의 대러 공포증은 한국에서는 반공주의로 정확히 번역되었다.

동해는 필연적으로 사할린과 홋카이도를 매개로 오호츠크 해양 세계로 연계된다. 오호츠크는 아이누의 땅이었고 귀신고래가 서식하는 곳이다. 오호츠크 바다는 베링해보다 얕다. 수심이 얕아 식생이 다양하다. 시베리아에서 내려오는 민물로 천혜의 어장기에 캄차카의 주요 어항도 오호츠크해에 있다. 베링해는 수심이 깊어 캄차카 반도를 중심으로 한국처럼 서해와 동해가 있는 셈이다.

배는 천천히 남쪽으로 연안을 따라 내려간다. 화산이 흘러내려 울릉도·독도와 비슷한 바위들을 만난다. 울릉도와 독도의 바위 풍경은 시마네현 오키 제도에서도 비슷했는데 캄차카까지 비슷한 풍경이다. 캄차카의 바닷가에서 버드나무를 만난 것은 의외다. 두만강 하구 쪽 훈춘에서도 버드나무가 가로수로 서 있었고, 몽골에서도, 니가타의 환동해 변에도 버드나무가 서 있었는데[38] 버드나무를 통한 북방 루트, 그 길을 따라온 것이다. 평양도 유경柳京이라 했다. 북방 버드나무의 풍경들……. 그런데 베링해의 모래 둔덕에서 한국에서는 거의 사라진

38 재일동포를 북송하기 위한 치밀한 전략 속에 의도적으로 버드나무를 일종의 '치장용'으로 심었다고 들었다.

해당화도 만난다.

어느 결에 해식동굴이 산재한 곳에 도달했다. 바다의 기암괴석은 사실은 암초지만 아바차만 좌우로 등대가 벌여 있어 천혜의 안전한 만입灣入이다. 해식동굴의 아래는 물개, 위는 새들의 서식처다. 선원이 물로 떠어들어 성게를 잡아온다. 해삼만큼이나 북방 바다에 어울리는 성게다. 어촌은 주로 캄차카 반도 서쪽에 산재한다. 서쪽은 상대적으로 저지대다. 그렇지만 캄차카의 어디에나 강과 계곡으로 연어가 올라와서 어장이 된다. 강 연어는 먹지 않기에 강구江口가 포인트다. 사람만 연어를 낚는 것이 아니다. 곰들은 연어의 길목을 지켜보며 자신들의 두뇌와 손을 최대한 활용한다. 곰은 연어를 먹고 기름을 비축하여 겨울을 난다. 계곡에서 연어를 기다리는 노련한 사냥꾼인 곰을 찍은 사진은 이곳의 익숙한 '이발관 사진'이다. 곰들은 해안가보다는 캄차카 남쪽 쿠릴 호수 주변에 많이 산다고 한다.

암초 주변의 물색은 녹색이다. 다시마와 그 밖의 해초들이 왕성하다. 천연림이 적어도 수만 년을 이어왔다면 해초들이 그 이상의 세월을 버텨왔다. 그러나 조금만 나가면 베링의 심해다. 컴맨드섬은 수심이 처음에는 20미터, 80미터, 170미터 정도로 깊어지다가 물경 6,000미터까지 깊어진다. 대단한 심해저다. 모두 솟구친 화산 활동의 결과물이다. 유라시아 동단의 거창한 바다 협곡과 산들이 수심 6킬로미터 내려갔으니 고도 3킬로미터의 산정까지 계산하면 거의 10킬로미터의 격차를 둔다. 히말라야가 8,800미터로 최고봉이라고는 하나, 이는 어디까지나 해수면을 기준으로 고도를 측정한 결과치다. 바다 속 뿌리까지 계산한다면 10킬로미터에 달하는 컴맨드섬의 규모와 깊이가 엄청난 것임을 알 수 있다.

이곳은 아직 관광 시스템이 돌아가지 않는다. 캄차카는 여름이 불과 3개월이다. 다행이다. 겨울에는 스키를 타고 헬기로 실어 나른다. 새를 관찰하러 여기까지 오는 갑부들이 많다. 방값도 비싸다. 후진 방이 30만 원 넘기도 한다. 글로벌스탠더드가 되기에는 어정쩡하다. 관광 시스템을 정비하려는 노력이 엿보인다. 그런데 그러한 시스템 정비가 지금보다 더 좋아지리라는 어떤 약속도 할 수 없다. 그게 문제다.

침엽수림이 무성한 산록에서 내려온 곰들은 들로 강으로 뛰어든다. 그 숲과 강과 바다 덕분에 야생이 살 만한 곳이 되었을 것이다. 곰들이 사라지고 연어가 사라진 자연에서 무슨 문명을 논할 것인가. 앞에서 길게 서술한 이 땅의 연대기는 이렇게 과도해져가는 인간 폭력의 오랜 역사에 관한 것이리라.

자궁과도 같은 오호츠크해 북방 수산

캄차카 반도 서쪽에 오호츠크해가 위치한다. 오호츠크 북단인 셸리호바만은 세계에서 가장 생산적인 해역이다. 10월부터 4월까지 언제나 얼음으로 뒤덮여 있으며 강한 해류가 흐르는 이곳은 러시아 학자들의 표현을 빌리면, '자궁'Maternity house 같은 곳이다. 캄차카 게와 넙치 같은 다른 종류들이 이곳에서 어린 생활을 보낸다. 오호츠크의 물개와 고래도 이곳에서 양육된다.[39] 오호츠크의 자궁에서 배양된 고래가 동해로 들어오며, 오호츠크해와 동해가 교섭하면서 생물의 이동을 촉진한다. 동해의 환경은 독자적으로만 존재하는 것이 아니라 또 하나의 거대한 바다 오호츠크해 해양 세계와 연계하여 병존한다.

오호츠크해에서 베링해, 알래스카에 이르는 드넓은 해역은 인류에게 남겨진 '아직은' 살아 있는 어장이다. 그러나 '아직은'이란 단서가 붙어 있다. 인류도, 정치도, 문화도, 오늘 아침 식탁 위에 올라온 음식들이 만들어낸 것이다.[40] 오호츠크해와 베링해는 우리의 식탁을 채워주는 거대한 공장인 셈이다. 오호츠크해에서 양육된 물개와 고래가 환동해 북단으로 출몰하는 공간이며, 환동해에서 사라진 귀신고래가 여전히 남아 있는 곳이기도 하다.

생태 환경을 가장 먼저 망친 것은 앞에서 살펴본 대로 러시아와 미국, 그리고 일본의 해수海獸와 고래 사냥이었다. 연이어 수산물 소비 선진국인 일본의 물고기 남획이 본격화되었다. 일본은 러일전쟁 전에 이미 사할린 어장, 즉 환동해 어장과 오호츠크해 어장을 착취했다. 일본이 에도 시대 이래로 홋카이도와 북단에서 고기잡이에 본격적으로 나서면서 어획량이 점차 감소했다. 원주민의 적정량 어획과 공정한 소비의 틀을 벗어나서 생계형 어로가 수산업이 되었을 때, 자본의 압력은 북방 해양 생태계에 치명적인 결과를 가져올 수밖에 없는 것이다.

1890년대 말까지 일본의 어업은 제한이 거의 없었다. 러일전쟁으로 사할린

39 Josh Newell, *The Russian Far East*, Daniel & Daniel Pulishers, Inc., 2004, 325쪽.

40 톰 스탠디지, 박중서 옮김, 『식량의 세계사』, 웅진지식하우스, 2012.

이 둘로 나뉘었을 때, 일본의 게잡이는 더욱 활기를 띠었다. 러시아와 일본의 어업협정(1907)도 일본 남획의 상황을 제어하지 못했다. 그래도 1950년대 초반까지는 어획량이 제한적이어서 북방 어업으로 인한 종의 소멸까지 걱정할 상황은 아니었다.

그러나 구소련에서 1950년대에 본격적으로 수산 자동화를 도입하면서 다량 어획이 시작되었다. 소련은 폴란드, 독일, 후일에는 우크라이나의 조선소에서 대규모 어선을 건조했다. 소련은 자그마한 어선만 만들던 상황이었다. 단백질 공급량을 현저하게 늘리기 위해 어획량을 늘렸다. 1950년대의 중급 트롤어선은 불과 2년 만에 캄차카 연안을 혼란에 빠뜨렸다. 자원이 고갈될 조짐이 보이자 아메리카 연안, 심지어 하와이 쪽으로 어장을 넓혔다. 북극해로 올라가서는 고래의 주식인 크릴을 잡아들였다. 1970년대에 배타적 경제 수역(EEZ)이 선포되자 극동선단은 다시 캄차카 연안으로 돌아왔다.

1950년대에 연간 100만 톤을 넘지 않았던 어획고는 1970년대에는 600만 톤 이상, 1980년대에는 거의 1,000만 톤에 이르렀으며, 대부분 태평양에서 올린 어획고였다. 이렇게 되자 구소련은 일본 다음으로 최대 어획고를 올리는 나라가 되었으며, 1인당 수산물 소비량이 미국의 3배가 넘는 20킬로그램에 달했다. 그러나 연어, 대구, 킹크랩 등 고급 어종이 국제시장에서 거의 팔리지 않았고, 90퍼센트 이상이 내수용으로 적게 팔렸다. 그러다가 개혁개방 이후에 수산업도 개방체제를 도입하면서 극적인 변화를 맞게 된 것이다. 이 같은 변화는 어획 자원의 지속 가능성이라는 점에서 심각한 위험을 예고한다. 수산물 쿼터제는 이 같은 현실에서 만들어졌다. 1990년대를 기점으로 어획고가 줄어들기 시작한 것이다.

베링해와 알류샨 열도 근해의 수산자원적 가치는 '지금까지' 무한하다. 세계는 자원 경쟁에 몰두하고 있으며 알류샨 열도도 예외가 아니다. 양식, 저장, 운송 등을 모두 포함한 수산업은 러시아 극동에서 가장 큰 산업이다. 캄차카나 코랴크주에서는 수산업이야말로 유일한 경제활동의 징표다. 물고기와 수산 생산품이 극동 수출의 거의 절반을 차지한다.

극동의 수산업은 1990년대 이래로 개인화, 자본화되었다. 소련 국내 시장에서는 낮은 가격이나 국제적으로 높은 가격을 받기 때문에 극동의 수산업은 국제 경쟁 시스템 위에 놓여 있다. 그러나 비효율적인 수산 경영과 쿼터제도 등은 수산업의 건강성을 해치는 요인의 하나이며 차츰 줄어드는 자원도 다가올 위험을 예고해준다.[41]

캄차카의 어업자원은 여러 위험 신호를 보내는 중이다. 연어나 대구 같은 어종이 남획으로 줄어들고 있고, 어종이 고갈되어가자 이를 식량으로 삼는 바다 포유동물이 감소하여 지난 10년간 스텔라 바다소가 10분의 1로 줄어들었다. 바다에서 원유 채굴이 이루어지고 바다 쓰레기가 생성되어 바다를 위협하고 있다. 오늘날 수백 개의 러시아 및 외국 회사가 어획과 시푸드 생산에 몰두하고 있으며, 가장 큰 캄차카 연어 회사는 연간 13만 톤의 연어를 생산하고 있다. 캄차카 정부는 연어나 명태의 지속 가능한 보존에 대해 신경을 쓰지 않고 있다.

41 Josh Newell, *The Russian Far East*, 49쪽.

오늘날 한국인이 먹는 명태는 오호츠크해에서 많이 잡히기 때문에 그 이름이 'alaska pollack'이다. 중국 명칭은 사쉐狹鱈 또는 밍타이위明太魚, 일본 명칭은 멘타이メンタイ다. 우리의 명태에서 밍타이위와 멘타이가 비롯되었을 것이다.

명태는 대구과에 속하는 한류성 어종이다. 일본의 중부 이북, 중국 연해, 북대서양의 동서 연해에도 분포한다. 일본 명태는 우리의 것과 비슷하거나 같은 종이지만, 베링해의 명태는 몸길이가 길고 몸집이 크고 맛도 많이 달라 일부 수산학자들은 종이 다르다고 여기기도 한다.

캄차카 선단은 베링해에서 거대한 명태 괴塊를 발견했다. 명태는 식량 이전에 사료나 비료 등으로 쓰였다. 명태는 베링해 수산업을 구해주는 구세주였다. 그러나 아메리카 대륙 쪽의 명태American nomadic pollack까지 위험수위에 도달할 정도로 명태 자원은 점점 줄어들고 있다. 캄차카 반도 서쪽, 즉 오호츠크 해역도 매우 중요한 명태 어장이다.

사할린 동부에 해당하는 오호츠크 해역에서는 1975년부터 명태잡이가 시작되었는데 1년에 15만 톤을 넘지 않았다. 이곳의 명태는 오호츠크 북방 바다와 남부 쿠릴에서 온다. 1980~1990년대에 오호츠크 명태가 감소하기 시작하여 어획량이 1986년에 14만 톤, 1998년에 540톤이었으며, 남부 쿠릴에서는 1976~1982년 30만 톤에서 20만 톤까지 내려갔다. 명태가 일본 북부 해안에서 타타르 해협으로 옮겨졌다. 1980년대 중반에 사할린의 타타르 해협에서 1,000톤, 1992년에 1만 6,000톤이 어획되었다. 그럼에도 불구하고 북방 일본의 명태는 지난 20여 년 동안 거의 60퍼센트가 감소했으며, 명태 자원의 지속 가능성에 관한 논쟁이 시작되고 있다.

명태는 우리 민족이 가장 선호하는 생선이다. 그 자리를 넘보는 생선은 없

함경도 환동해 변의 명태 덕장.

다. 1980년대까지 5만여 톤에 육박하던 연근해 명태잡이가 2000년대 들어와서는 연간 1톤도 안 되며, 근년에는 아예 사라졌다. 그래도 우리의 밥상에는 여전히 명태가 오른다. 북양태 덕분이다. 북양태는 오호츠크해와 베링해에서 잡아온다. 1960년대 보릿고개 시절부터 북양으로 진출하여 잡아들였다. 이른바 한일어업협력자금으로 들여온 낡은 배로 거친 파도를 가르며 북양으로 나아갔다.

북양에서 잡힌 명태가 모두 우리 밥상에 그대로 오르는 것은 아니다. 명태 알은 부산 감만항에서 경매되며 일본에서까지 바이어들이 찾아온다. 살코기는 연육제품으로 가공되어 세계로 수출된다. 어묵은 물론이고 게맛살이라고 알려진 연육이 대체로 명태 살이다.

북양은 험한 바다이다. 그러나 그 험한 바다 아니고서는 우리가 원하는 명태를 먹을 수 없다. 오늘날 한국의 원양선단은 오호츠크해와 베링해로 나가서 명태를 공급하고 있다. 이해 당사국의 쿼터를 받아 세금을 내가면서 잡아들이는 중이다. 중부 베링해 명태자원보전협약(CBSPC)[42]은 베링 공해에서의 명태 자원 보호를 주요 내용으로 하는 협약이다. 당사국은 미국, 러시아, 일본, 중국, 폴란드 등 6개국이다. 사무국은 캐나다 밴쿠버에 있다. 대한민국은 1995년 12월에 가입했다.

42 Convention on the Conservation and Management of Pollack resources in the Central Bering Sea.

25

알류샨 연대기

바다의 사냥꾼 알류트

베링해에 수천 킬로미터를 건너는 통로가 만들어지면서 아메리카 대륙으로 사람들을 이끌었다. 알류샨 열도를 따라가던 인류의 이동은 알래스카 남쪽과 북아메리카 서해안을 따라 더 남쪽으로 이어졌다. 따라서 아메리카 해안에 존재하는 인류의 흔적은 적어도 1만 4,000년 이상으로 소급될 수 있다. 알래스카에서 남아메리카 파타고니아까지는 1만 4,000킬로미터가 넘는 머나먼 길이다. 하지만 수천 년 동안 이동했다고 보면 그리 먼 길이 아니다. 한 해에 고작 수십 킬로미터만 이동해도 남단에 당도할 수 있었다. 거주 가능한 대륙으로 이동하던 인류

베링 해협의 원주민들.

해양 포유동물 가죽으로 만든 에스키모 천막. 블라디미르 보고라스 촬영. 『Crossroads of Continents』, Smithsonian Institution, 1988.

의 확산은 마침내 종지부를 찍었다. 거대한 얼음장이 녹아내리면서 해수면이 높아졌고, 유라시아와 북아메리카를 연결하던 '문명의 육교'도 갑자기 사라졌다. 결과적으로 아메리카 대륙에 정착한 사람들은 자신들만의 땅을 갖게 되었다.[1] 알류샨 열도도 이러한 과정에서 만들어졌는데 아메리카 본토와 달리 고립된 섬들의 연쇄 망으로 대양 속에서 격절隔絶되었다.

알래스카 끝에서 무려 1,800킬로미터, 70여 개의 섬으로 이루어진 열도가 뻗어 있다. 이들 섬은 환태평양 활화산 지대에 위치하여 강렬한 화산 활동을 한 흔적이 곳곳에 남아 있으며 지금도 일부 화산 활동이 진행중이다. 북극해로 진입하는 거친 파도와 험난한 산세, 날카로운 바위, 떠도는 유빙 등 자연지리적 환경이 열악한 열도다. 게다가 대양으로 돌출해 있어 안개가 자주 끼는 묘한 열도의 특성상 오랜 세월 환경에 익숙해진 사람들 외에는 살기가 어렵다. 그렇지만 알류트족이야말로 바다에서 적응하며 살아온 대표적인 해양민족일 것이다.

알류트라는 말은 러시아인들이 들어와서 알래스카 반도에 사는 사람들을

1 헨리 폴락, 선세갑 옮김, 『얼음 없는 세상』, 추수밭, 2010, 126쪽.

알류샨 열도. 왼쪽 알류트에 원주민들이 집중적으로 모여 산다. 『The Seventy Great Journeys in History』, Thames & Hudson, 2006.

뭉뚱그려 알류트로 부르면서 통상 명칭이 되었다. 에스키모 언어 계통과 서쪽의 우난간Unangan으로 나뉜다. 전통적으로 알류트인은 열도의 북쪽, 즉 북극해로 열린 베링해보다는 남쪽에 모여 살고 있었다. 상대적으로 따뜻하기 때문이다. 남쪽에는 커다란 코디액섬과 아포그낙섬이 있다. 지도에서 보듯이 양분되어 있는 태평양으로 진출한 우난간과 대륙 쪽 사람들은 상호 적대적인 관계였으며 피 흘리는 전투를 치르고 있었다. 이들은 군장사회에도 도달하지 못한 상태에서 흩어져 있는 씨족 또는 가족 단위로 움직였다. 전투가 있을 때 군집하기는 했으나 절대적인 통치계급을 가진 사회발전 단계가 아니었다.

러시아인의 도래는 이들의 사회구조와 거주지, 신념 등을 전면적으로 바꾸어버리는 전환점이 되었다. 유럽의 물건과 돈이 들어왔으며, 알류트 영토 안에 두 개의 무역기지를 세워 원주민으로 하여금 모피 사냥에 전념하게 했다. 18~19세기 알류트인들은 모피 장사꾼을 위해 강제 사냥에 내몰렸다. 그 대신에 러시아인들은 옷감, 설탕, 차, 쇠 등을 선물했다. 1800년대 들어서면서 러시아 정교 사제들이 정례적으로 알류트 집단촌을 방문하여 개종을 요구했다. 전통적인 자연신앙에 의지하면서 험한 바다 일을 영위해온 알류트인들은 러시아 정교로 개종할 것을 강요당했다. 개종은 반강압적으로 이루어졌으며 이로 인해 전통적인 삶이 와해되고 정신적 혼란이 원주민 사회에 초래되었다. 샤머니즘을 믿던 많은 사람들이 러시아 정교로 개종했다.[2] 그런데 러시아의 지배는 원주민들로 하여금 그들의 공통적인 정체성을 깨닫게 해준 측면도 있다. 러시아인의 경제활동과 포교 덕분에 흩어져 있던 원주민들이 자주 접촉하게 되면서 공통의 언어와 문화에 대해 자각하게 된 것이다.[3]

움막집 앞에 서 있는 원주민 아이(1917년).

러시아인과 원주민 사이에 혼혈이 태어났으며, 혼혈들은 세금을 내면 강제노동을 하지 않아도 되었다. 19세기에 러시안 아메리카 컴퍼니Russian America Company의 감시 아래 알류트는 프리빌로프(미국령), 컴맨드 제도(러시아령)에 정착하게 된다. 오늘날 미국령에 11개 알류트 부류, 러시아령 베링 해협에 하나의 집단이 살고 있다. 바다 생활에 의존하는 알류트 정착촌은 방어에 유리하고 연어가 지나가는 만의 물가에 위치한다.[4]

알류트의 삶이 세상에 알려진 것은 러시아인 방문자들이 보고서를 발간하면서부터다. 19세기 러시아 정교회 선교사들(이오안 베니아미노프Ioann Veniaminov, 이아코프 네츠베토프Iakov Netsvetov)은 알류트의 전통과 삶을 기록했다. 중요한 인물의 장례에 노예를 순장殉葬하는 풍습이 확인되는데 노예들은 범죄자나 포로로 잡은 적이었다. 알류트의 집은 문이 지붕에 있으며 러시아인들이 들어온 후에야

2 Patricia H. Partnow, *Making History: Alutiiq/Sugpiaq Life on the Alaska Peninsula*, University of Alaska Press, 2001, 16~31쪽.

3 위의 책.

4 William W. Fitzhugh and Aron Crowell, *Crossroads of Continents: Cultures of Siberia and Alaska*, Smithsonian, 1988, 52쪽.

알류트의 겨울집. 출입문이 위로 나 있다.

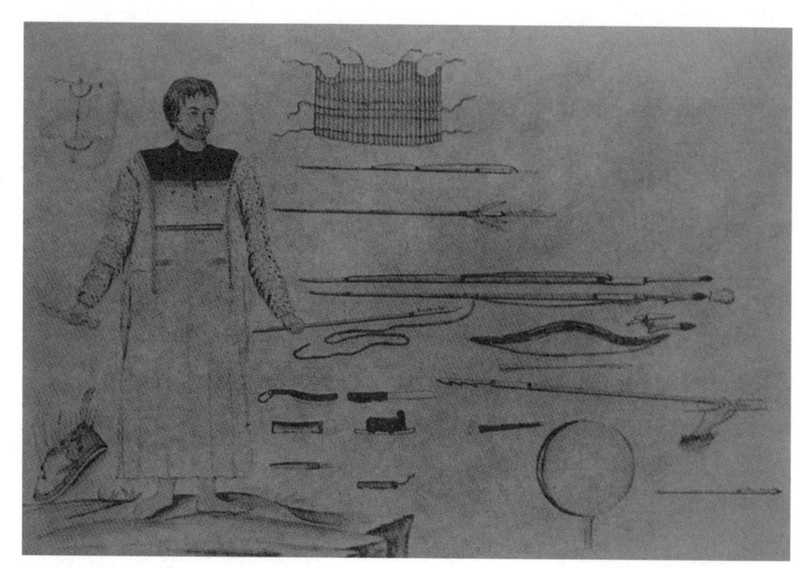
알류트족 남자. 1798년. 스미스소니언 자료.

베링해 에스키모의 겨울집.

창과 문을 달았다. 유리창은 바다 포유류 가죽으로 만들었으며 러시아에서 보급된 목욕탕이 널리 보편화되었다. 배는 나무로 만들어 포유류 가죽을 씌워 방수를 했다. 알류트는 혹독한 자연환경 속에서 토착 기술을 발달시켰고 환경에 잘 적응하여 무리 없이 살아가고 있었다.

알류트가 결정적으로 뒤바뀌는 계기는 18세기 후반에 찾아왔다. 1741년, 러시아 차르는 덴마크인 비투스 베링을 파견했다. 베링은 두 번째이자 마지막 탐사에서 알류트 열도의 바다를 모두 항해했다. 물론 그의 항해는 남부에 한정되었다. 캄차카 반도에서 출발하여 알래스카에 당도했으며, 다시 코디액섬을 거쳐 긴 항해를 했다. 오늘날 베링섬으로 명명된 캄차카로 돌아왔을 때 베링의 탐사대에 비극이 닥쳤다. 알류샨 열도에 바다표범이나 푸른 여우 같은 모피용 동물이 많다는 사실이 알려지자 시베리아에서 사냥개를 몰고 러시아 모피 장사꾼이 밀어닥쳤다. 이때부터 알류샨 열도가 알래스카와 더불어 미국에 팔릴 때까지(1741~1867) 러시아 지배기이자 포유동물 수난시대가 시작되었다.

러시아 모피회사는 유럽과 아시아의 시장에 모피를 팔기 위한 단 하나의 목적으로 배들을 보냈다. 러시아인들은 러시아 정부에 의해 강제노동이 금지될 때까지, 즉 1818년까지 원주민 우난간과 알류트 사람들을 동원하여 대량 사냥에 나섰다. 차르는 북아메리카에서의 모피 독점권을 개인 회사에 부여했다. 1799년부터 1820년까지 러시안 아메리카 컴퍼니는 거의 식민 통치에 준하는 권한을 부여받았다. 모피 장사꾼에 의해 원주민들은 전통적인 물개잡이의 삶을 포기한 채 '노예노동'에 준하는 강제노동을 해야 했다.

1818년부터 더 이상 원주민 착취에 의한 사냥이 어렵게 되자 법을 바꾸어 원주민을 고용하는 방식으로 전환한다. 하지만 원주민들은 3년간 의무적으로 모피회사에 부역하도록 강요당했으며, 3년이 지나야 소위 '자유 알류트인'으로 해방되었다. 경쟁 상대가 없이 오로지 독점적 모피회사가 지배하는 조건에서 알류트인들은 생계를 유지하기 위해 모피회사에 종속되지 않을 수 없었다. 알류트인은 노예는 아니더라도 곤궁한 삶에서 벗어날 수 없었으며, 고갈되어가는 바다표범 등 해양자원의 멸종 속에서 점점 더 나락으로 떨어졌다.

알류트족의 바구니. 스미스소니언 자료.

1871년부터 러시아 정부는 알류트족이 살던 컴맨드 제도를 미국의 여러 모피 수집 회사들에 임대했으며, 미국 북동부 시베리아 회사에는 축치족의 땅에서 금, 철, 흑연 등의 시굴권을 부여했다. 미국 자본이 침투하여 알래스카 및 알류샨의 경제적 이권은 속속 미국 자본에 넘어갔다. 19세기 축치족의 땅은 알래스카와 마주 보았기에 러시아인보다는 미국인들과 더 밀접한 경제관계를 발전시켜갔다. 순수한 에스키모와 축치족을 속이는 경향은 러시아인이나 미국인이나 매한가지였지만 러시아인들이 부정부패한 관리와 상인들만 간헐적으로 들르는 반면, 미국인은 쓸모 있는 물건들, 무기, 사치품 등을 정기적으로 공급해주었다. 에스키모족과 축치족이 미국인과 접촉하며 더듬더듬 영어를 배우려 한 것은 베링해와 오호츠크 해안에서 고래잡이가 크게 번성하고 있었기 때문이다.

19세기 중엽 러시아 영토였던 알래스카에서 한 해에 300~400척의 미국 및 캐나다 포경선이 조업했고, 19세기 말에는 오호츠크해에서만 250척이 조업을 했다. 1860년대 말 알래스카가 미국에 팔리자 고래잡이 수가 크게 늘어났으며, 1900년경에는 회색고래와 그린란드 고래가 멸종 단계에 이르렀다. 러시아 정부의 후원을 받고 있던 고래잡이 업체들은 동해와 오호츠크해 남부로 조업이 제한되었고, 오호츠크해, 베링해, 북해 등에서 조업하는 것은 외국 업체뿐이었다. 19세기 말부터 해적 같은 미국, 캐나다, 영국, 노르웨이, 일본 등의 포경업체들은 이 수역을 순찰하려는 러시아의 미숙한 기도를 무시한 채 무자비하게 고래, 물개, 바다코끼리를 대량 학살하고 그 사체들을 버림으로써 에스키모족과 해안 축치족의 주요 식량 공급에 재앙에 가까운 영향을 미쳤다. 원주민에게서 북극곰과 여우의 가죽, 바다코끼리의 상아 등을 얻으려고 해안가에 온 외국 선원들도 역시 원주민에게 술을 가져다주는 등 재앙에 가까운 영향을 미치는 데 기여했다.

알래스카에서 경제적 이득이 상당함을 깨달은 미국은 아예 알래스카를 포함한 알류트 전체를 사들이고자 한다. 아직 석유나 가스 등 천연자원에 대한 절박한 이해가 없던 상황에서 모피 수출 대금을 챙기는 것보다는 얼음투성이 '불모의 땅'을 일괄 처분하여 목돈을 챙기는 편을 택한 차르의 희망은 사실상 러시아의 땅도 아닌 원주민의 역사와 자연을 제3자가 팔아먹은 '봉이 김선달' 방식이었고, 미국은 이를 구매한 것에 지나지 않았다. 하여간 미국 국무장관 윌리엄 헨리 슈어드가 알래스카를 1867년에 사들이면서 미국 지배기(1867~1912)가 시작된다.

미국령이 되자 미국인들도 본격적으로 이곳을 탐험하게 된다. 발데마르 Jochelson Waldemar 같은 사람은 아예 1909년부터 1910년까지 알류트에 거주하면서 민족학, 고고학, 언어학에 기초를 둔 연구서를 출간했다.[5] 미국 소유로 바뀌었지만 알류트 원주민의 삶이 바뀐 것은 아니었다. 미국은 원주민의 동의 없이 땅을 사고 판 것에 대해 아무런 이야기도 들려주지 않았다. 실질적으로는 샌프란시스코의 알래스카 커머셜 컴퍼니Alaska Commercial Company가 러시아의 모피회사에서 사들인 폭이었다. 미국도 러시아와 마찬가지로 무한대로 모피를 생산했기에 바다동물이 고갈되었다. 그로 인해 19세기가 끝나갈 무렵에는 더 이상 모피 공장이 굴러가지 않았다.

모피 대신 금이 발견되었다. 1880~1990년대에 금이 발견되자 미국인 정착이 촉진되었고, 1912년에는 의회의 인준을 받아 알래스카를 준주로 승격시켰다. 알류트의 운명도 당연히 알래스카 본토를 뒤따랐다. 이제 상업적 어업이 원주민들의 생계수단이 되었다. 미국식 그물이 들어오고 미국식 낚싯바늘이 보급되었다. 전통적 카약이 여전히 사용되었으나 수산업을 위한 대형 어선이 미국인에 의해 보급되었다. 기술만 보급된 것이 아니라 미국식 개신교가 보급되었다. 이전

5 Jochelson Waldemar, *History, Ethnology and Anthropology Of The Aleut*(Anthropology of Pacific North America), University of Utah Press, 2002.

알래스카의 원주민(1928년).

베링 해협의 에스키모(아르세니에프 사진).

에 러시아 정교회가 그러했던 것처럼 개신교도 매우 집요할 정도로 강요되었다.

1909년 루이스 앤드 클라크 만국박람회 직후에 시애틀에서 알래스카-유콘-퍼시픽 박람회가 열렸다. 박람회는 알래스카 원주민의 토템폴과 오락거리를 포함했다. 케임브리지 대학에서 앨프리드 하든Alfred C. Haddon이 인종 전시를 위해 초청되었으며 박람회 기간 동안 인종에 대한 원리와 문화를 가르쳤다. 원주민 촌락과 다른 전시를 통해서였다. 전시 공간의 중심에 있던 이고로트족의 촌락은 아이들이 좋아하는 구경거리였다. 다른 인류학 전시는 에스키모 촌락이었는데 여기에는 시베리아와 다른 알래스카 종족이 포함되었다. 이들 전시는 인류 진보에 종족이 가장 중요한 요인임을 강조하는 것이었다.[6]

러시아 혁명 당시인 1917년쯤에는 일본 배가 오호츠크해와 캄차카 주변에서 어업을 지배했다. 혁명 이후에도 사정은 변하지 않았다. 차르 제국의 붕괴를 기회로 여겨 혁명과 반혁명의 전쟁이 잇따르는 가운데 미국과 일본 간섭군이 블라디보스토크에 밀어닥치면서 시베리아 북동부 오지는 미국과 일본, 그리고 기타 다른 나라의 기업에 전면 개방되었다. 영국·미국·일본 기업은 고래·물개·물고기 등을 잡기 위해, 그리고 모피·금·바다코끼리와 매머드의 상아를 구입하

6 주강현, 『세계박람회 1851~2012』, 블루&노트, 2012, 139쪽.

알류샨 열도의 바다코끼리(1917년).

기 위해 오호츠크해와 베링해 해안으로 몰려들었다. 일부 일본과 미국의 해적은 해안가와 컴맨드 제도를 습격하고 바다코끼리, 물개, 극지 여우 등을 마구잡이로 죽였다.

2차 세계대전 때는 일본의 적대 활동을 막는다는 미명하에 주민들이 소개되었고, 미국 해군기지가 알류트 연안에 들어섰다. 이 기간에 미국인을 포함한 인구가 급증했다. 미국식 교육과 미국식 교회, 심지어 미국식 야구가 보급되어 알류트 열도에서 처음으로 야구단이 창설되었다. 미국령이 된 후에도 연근해에서 외국 어선의 자원 획득은 여전히 무한 착취 수준으로 진행되었다. 1959년에 알래스카가 미합중국의 마흔아홉 번째 주가 되면서 알류샨의 역사적·주체적 운명은 종을 친다.

지난 시절 러시아와 미국에 이어, 2차 세계대전에서 일본군의 위협이 남긴 상처는 너무도 컸다. 바다 포유류에 의존하는 전통적인 삶을 고수하기가 불가능해졌다. 그래도 알류트인들은 정체성을 잃지 않기 위해 고유의 신앙과 관습을 유지하려 했다. 모진 날씨에 적응한 결과 지하로 땅을 파고 집을 짓는 전통가옥

알류트식 카약(1900년대). 『Alaska and Pola Regions Department Archives』. University of Alaska Press.

양식도 남아 있다. 알류트인의 전통문화는 오히려 박물관을 찾아야 더 많이 접할 수 있게 되었다. 주된 생업이 사냥에서 근대적 수산업으로 전환되었으며, 그나마 예전처럼 어족자원이 풍부하지도 않다.

알류트뿐 아니라 알래스카, 시베리아 등지의 바닷가 원주민들은 전통적으로 카약을 이용해 고기를 잡았다. 카약은 사람의 몸만 겨우 들어갈 구멍이 있어 물이 덜 스며들게 설계되었으며, 물개 가죽 등으로 만들어 자연 방수가 되는 가벼운 배다. 배는 좁고 길지만 험한 파도를 능히 견딜 수 있도록 설계되어 알류트인들의 역사에서 빼놓을 수 없는 요소다. 고래·물개·바다사자 등 바다를 둘러싼 온갖 동물과 물고기, 이들 생물과 연관된 신화들이 무수히 남아 있다.

이들은 북아메리카 원주민, 즉 밴쿠버의 틀링깃Tlingit 같은 원주민과 마찬가지로 모든 생물에는 영험한 신이 깃들어 있으며, 그 생물을 잡는 행위는 신의 힘에 따른 것이라고 믿어왔다.[7] 그러나 작살 대신 총이 들어오고, 전통적인 낚싯바

7 힐러리 스튜어트, 『인디언의 바다』.

늘 대신 다량 어획을 하는 그물 등이 도입되고, 카약이 사라진 자리를 모터보트가 채우게 되었다. 영성이 있는 삶과 고기잡이 노동은 더 이상 존속할 수 없게 되었다. 그렇지만 험한 파도와 바다의 고된 노동, 자연의 예측 불가능성 등이 유난히도 강한 알류샨 열도이기에 그들의 전통적 이이덴티티가 의외로 강하다. 알류트 출신 지도자들에 의해 자신들의 역사를 스스로 기록하고 이를 원주민 사회에 알리려는 노력이 지속되고 있다.

북극해 메가 프로젝트는 행운일까

유라시아를 넘어서 아메리카 대륙에 당도하고, 먼 문명의 바닷길은 아메리카 태평양 연안의 원주민들을 거쳐서 남쪽으로 내려가야 할 것이다. 그러나 이쯤에서 멈추기로 한다. 이제 사람들은 북극해를 관통하여 유럽으로 가고, 유럽에서 아시

북극해를 탐험 항해한 바렌츠의 족적. 노르웨이 트롬쇠 극지박물관.

베가호 원정대장인 에리크 노르덴셜드.

아로 넘어오는 새로운 문명의 바닷길을 꿈꾸고 있다. 향후 많은 배들이 북극해에서 넘어와 베링해에서 아시아로 가거나 아메리카로 가는 항로로 갈라질 것이다. 지구 온난화로 인한 북빙양 해빙 이전에 이 항로를 꿈꾸던 이들이 존재했다.

핀란드의 명문가에서 태어나 훗날 러시아 대공이 된 에리크 노르덴셜드Adolf Erik Nordenskiöld는 최초의 북동 항로를 개척하기 위해 증기포경선 베가호를 구입했다. 예전에도 빌렘 바렌츠Willem Barents를 비롯해 유럽과 러시아 북해안을 돌아 극동으로 가는 해상무역로, 곧 대서양과 태평양을 잇는 해로를 찾으려는 시도가 여러 차례 있었지만 그때까지 아무도 성공하지 못했다.

베가호는 299톤급으로 동물학자, 식물학자, 지의류학자, 선장을 겸한 수로학자 등이 탔다. 베가호는 1878년 6월 22일 스웨덴 해군기지가 있는 카를스크로나를 출발하여 트롬쇠에 도착, 거기서 북극해를 거쳐서 베링해를 통과하고 일본 요코하마에 당도했다. 대서양에서 태평양으로 가는 북동 항로를 최초로 모색한 것이다. 두말할 것도 없이 끝없는 빙산·유빙 등의 온갖 악조건 끝에 탐험을 성공시킨 것이다.

한편 바렌츠는 1594년 북동 항로를 통해 암스테르담에서 출발하여 항해에 나섰으나 여러 차례의 시도(1594~1597)에도 끝내 성공하지 못했고, 다만 그들의 노력은 후대 탐험의 바탕이 되었다.[8] 그들의 행로를 따라서 많은 쇄빙선들이 북극해 항로를 개척하는 중이다. 21세기형 개척의 시대가 열리고 있다.

북극해 해빙을 기다리는 자본의 뜨거운 욕망이 바렌츠의 욕망과 또 다른 차

8 William Barr, *The Northeast Passage, The Seventy Great Journeys in History*, Thames & Hudson, 2006, 215~218쪽.

베가호의 북동 항로 개척.

북극해에서 겨울을 나는 바렌츠.

북극해에서의 바렌츠.

캄차카의 태평양 항로와 북극해 항로(페트로파블롭스크 캄차츠키 항만청).

원에서 들끓고 있다. 인류는 어디로 가고 있는가. 얼음은 지구의 온도를 조절하고 대양의 조류에 영향을 주고 인간의 거주 조건까지 마련해왔다. 인류를 태운 방주가 항해 지도나 선장도 없이 기후 변화의 바다를 위태롭게 표류하는 것은 아닐까. 얼음이 북극해에서 줄어들기를 기다리는 사람들이 있지만, 그 얼음 없이 우리가 생존할 수 있을까. 해안선을 송두리째 삼키는 바닷물의 범람을 피할 수 있을까. 불행하게도 그 위험성은 거부할 수 없는 운명처럼 다가오는 중이다. 기후 체계뿐만 아니라 산업경제의 관성 때문에라도 질주하는 지구의 시동을 끄고 세우는 것이 현재로서는 불가능하다. 이런 변화는 조타수가 배의 방향타를 돌려도 뒤늦게 선회하는 거대한 항공모함과 같기 때문이다. 기후 체계에서 이런 관성이 나타나는 것은 과거에 배출했던 온실가스의 효과가 상당 기간 지속되기 때문이다.[9]

또 하나의 지구권 메가 프로젝트가 준비되고 있다. 빙하시대 베링 해협 '문명의 육교'를 지하 터널로 재현하는 원대한 사업이 그것이다. 베링해 연결 프로젝트는 1905년 러시아의 마지막 차르 니콜라이 2세의 지지를 받았지만 러시아 혁명 이후에 무산되었다. 다시금 21세기에 주목을 받는 중이며, 특히 푸틴 대통령에 의해 탄력을 받고 있다. 러시아 추코트카 반도의 데즈네프곶과 알래스카 프린스 오브 웨일스곶 사이에 위치한 베링 해협은 이론적으로 교량 혹은 터널을

9 헨리 폴락, 『얼음 없는 세상』.

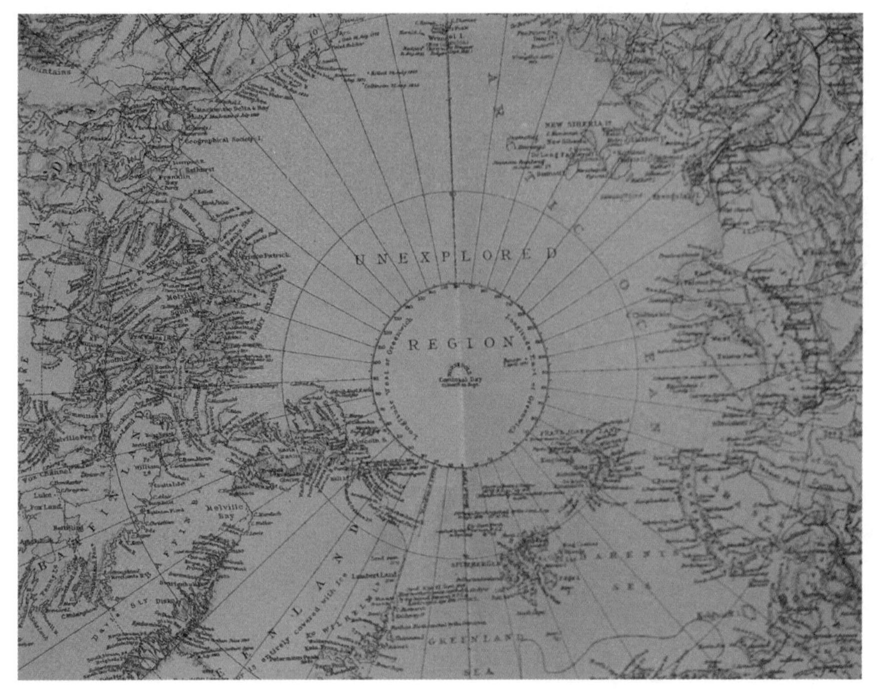

북극해가 미개척으로 표기되어 있다. 『타임스 아틀라스』, 1897년.

통해 연계될 수 있다.

베링 해협 연계는 오스트레일리아 대륙을 제외한 모든 대륙, 아시아, 북아메리카와 남아메리카, 유럽, 아프리카와 육로로 이어짐을 의미한다. 교량으로는 80.45킬로미터이며, 터널로는 103킬로미터가 예상된다. 영국과 프랑스가 도버 해협으로 연결되어 있으므로, 베링 해저터널을 통해서 아메리카의 뉴욕에서 유라시아 대륙을 관통하여 런던까지 철도로 연계됨을 의미한다. 이렇게 세계가 하나로 연결되는 것이 좋기만 한 일일까. 생태적 차원에서 본다면, 전혀 새로운 방식의 문명 침탈이 시작될 조짐은 아닐까.

유라시아 동단의 가혹한 조건과 환경을 그대로 두는 것이 인류에게 희망의 근거를 남겨두는 일일 수도 있다. 바다 밑으로 터널이 뚫리면, 인간은 반드시 연결되는 육지에 철길과 도로를 놓고 도시를 만들어 신성한 대지와 무궁한 바다를 망쳐버릴 것이 분명하다. 캄차카에 기차가 없음은 외려 즐거운 일이다. 기차가 없음으로 해서 지속 가능했던 자연적인 삶이, 바다의 새로운 동력인 항로 개척으로 인해 오일탱크를 실은 배들이 수선을 떨면서 북극해를 누비게 될 때, 어떤 결과가 초래될지 아무도 모른다. 시애틀 추장의 경고처럼,[10] 신성한 대지와 바다에 관한 능욕을 함부로 할 일은 못 된다. 대항해 시대 이래 지난 500여 년 이상 인류 자체가 충분히 자연의 재앙임을 입증했기 때문이다. 알류트족이 바다에 경의를 표하던 바다 여신 미감 아그나와 범고래가 분노할 것이다. 미감 아그나와 범고래를 그대로 숨 쉬게 하고 잠들게 하라.

10 Chief Seattle, *How Can One Sell The Air?*, Native Voices, 2004.

찾아보기

ㄱ

ㄴ

ㄷ

ㄹ

ㅁ

ㅂ

ㅅ

ㅇ

ㅈ

ㅊ

ㅋ

ㅌ

ㅍ

ㅎ